Schwerpunkte Pflichtfach   Schwab · Zivilprozessrecht

Schwerpunkte

Eine systematische Darstellung der wichtigsten Rechtsgebiete anhand von Fällen
Begründet von Professor Dr. Harry Westermann †

Zivilprozessrecht

von

Dr. Martin Schwab
o. Professor an der Universität Bielefeld

5., neu bearbeitete und erweiterte Auflage

 C.F. Müller

Martin Schwab, Dr. iur., von Oktober 2003 bis September 2015 Professor an der Freien Universität Berlin, seit Oktober 2015 Professor an der Universität Bielefeld.

Bibliografische Information der Deutschen Nationalbibliothek
Die Deutsche Nationalbibliothek verzeichnet diese Publikation in der Deutschen Nationalbibliografie; detaillierte bibliografische Daten sind im Internet über http://dnb.d-nb.de abrufbar.

ISBN 978-3-8114-4018-0

E-Mail: kundenservice@cfmueller.de
Telefon: +49 89 2183 7923
Telefax: +49 89 2183 7620

www.cfmueller.de
www.cfmueller-campus.de

© 2016 C.F. Müller GmbH, Waldhofer Straße 100, 69123 Heidelberg

Satz: Gottemeyer, Rot
Druck: CPI books, Leck

Vorwort

Das hier vorgelegte Lehrbuch entstand aus einem Vorlesungsskript, das ich während meines Vertretungstrimesters an der Bucerius Law School (Frühjahr 2003) erstellt und nach meiner Berufung an die Freie Universität Berlin fortgeschrieben habe. Rechtsprechung und Literatur sind bis Juni 2016 berücksichtigt. Meinem früheren Mitarbeiter, Herrn Rechtsanwalt *Marcel Templin*, sowie meinen derzeitigen Mitarbeitern/innen, Frau *Shabnam Ahmadzai*, Herrn *Patrick Brinkmann*, Frau *Luise Drude*, Frau *Charlotte Fleher*, Frau *Gökcen Hatilcik*, Herrn *Saman Karami*, Frau *Sylvia Stracke-Austermann*, Frau Rechtsanwältin *Eva Tiemann* und Herrn *Julian Ziegler* danke ich für die Unterstützung bei Recherchearbeiten für die 5. Auflage sowie für die sorgsame Hilfe beim Korrekturlesen des Manuskripts.

Dieses Lehrbuch erhebt nicht den Anspruch einer systematischen Gesamtdarstellung des Zivilprozessrechts. Vielmehr richtet es sich an Studierende vor dem ersten juristischen Staatsexamen und blendet konsequent sämtliche Problemfelder aus, die für dieses Examen (noch) nicht relevant erscheinen. Ich habe daher z.B. auf die Darstellung der Abänderungsklage, des Wiederaufnahmeverfahrens, des Urkundenprozesses, des selbstständigen Beweisverfahrens sowie des gesamten Familienprozessrechts vollständig verzichtet. Stattdessen werden die examensrelevanten Bereiche umso ausführlicher behandelt: Einzelnen Problemen aus den Gerichtsstandsvorschriften, der Prozessbeendigung sowie der Rechtskraftlehre habe ich mich wesentlich eingehender gewidmet, als es in Kurzlehrbüchern sonst üblich ist. Große Schwierigkeiten hat mir die Darstellung der Rechtsmittellehre bereitet: Das Recht der Rechtsmittelzulassung sowie der Prozessstoff des Berufungsverfahrens erfordern ausführliche Darlegungen, wenn man keinen Verlust an Präzision riskieren will. Manche/r Leser/in mag sich mit dem Hinweis trösten, dass das Recht der Rechtsmittel nicht in allen Bundesländern Prüfungsstoff ist.

Dieses Lehrbuch will nicht nur den Studierenden eine Hilfestellung geben, um die Vorbereitung im Fach Zivilprozessrecht sinnvoll zu beschränken (BGB I–III ist im Examen definitiv wesentlich wichtiger!), sondern zugleich einen Appell an Prüfer und Prüfungsämter aussenden: Der Ausuferung des Prüfungsstoffs im Pflichtfachbereich muss endlich wirkungsvoll Einhalt geboten werden! Mit Rücksicht auf die allenthalben bekannten Nöte von Studierenden in der Examensvorbereitung habe ich zwei Abstufungen vorgenommen: Zum einen habe ich Informationen, die mir für besonders interessierte Leser/innen nützlich erscheinen, die nach meinem Eindruck aber auf keinen Fall als präsentes Wissen im Examen vorgehalten werden sollten, klein gedruckt und als Vertiefungswissen ausdrücklich gekennzeichnet. Zum anderen habe ich seit der 3. Auflage eine Hilfestellung für alle diejenigen eingefügt, die aus Zeitnot gezwungen sind, ZPO „auf Lücke" zu lernen und sich auf die „eiserne Ration" zu beschränken: Denjenigen Teil des Stoffes, den ich für den absolut unverzichtbaren Minimalstandard erachte, habe ich am Rande mit einem „G" (für „Grundwissen") gekennzeichnet.

Bielefeld, im Juli 2016   *Martin Schwab*

Inhaltsverzeichnis

Einleitung

I. Das Ziel des Zivilprozesses

„Vor Gericht und auf hoher See sind wir in Gottes Hand." Mit diesem bekannten **1** Sprichwort kommt sehr plastisch zum Ausdruck, dass der Zivilprozess **Ungewissheit** zu verarbeiten hat, und zwar in zweierlei Hinsicht:

- Ungewiss ist zum einen, *was passiert ist*, d. h. der *Sachverhalt*. Es herrscht also *tatsächliche* Ungewissheit.
- Ungewiss ist zum anderen, *wie* das, was passiert ist, rechtlich zu würdigen ist. Es herrscht mithin auch *rechtliche* Ungewissheit.

Der Zivilprozess ist darauf angelegt, diese Ungewissheit zu beseitigen. Die Klärung der Sach- und Rechtslage ist indes kein Selbstzweck. Vielmehr ist die Funktion des Zivilprozesses vor seinem rechtsstaatlichen Hintergrund zu begreifen: Wenn jemand der Meinung ist, von einem anderen etwas verlangen zu können, darf er seinen Anspruch nicht einfach auf eigene Faust verfolgen. Denn der Staat beansprucht für sich ein *Gewaltmonopol*: Die zwangsweise Durchsetzung von Rechten obliegt ausschließlich staatlichen Organen. Konsequent richtet der Staat die Gerichtsbarkeit ein, um dem einzelnen zur Durchsetzung seiner Rechte zu verhelfen. Für jene Durchsetzung muss zweierlei geschehen: Zunächst muss *erkannt* werden, was Recht ist; man spricht deshalb auch vom **Erkenntnisverfahren**. Nur wenn sich ergibt, dass der eine von dem anderen etwas verlangen kann, besteht ein Bedürfnis danach, den anderen zur Erfüllung des Anspruchs zu zwingen. Jener Zwang muss sodann seinerseits in rechtsstaatlichen Formen ausgeübt werden; deshalb folgt auf das Erkenntnis- ein **Vollstreckungsverfahren**.

Gegenstand dieses Lehrbuchs ist ausschließlich das Erkenntnisverfahren. Ziel der nachfolgenden Darstellung ist es, die wesentlichen Elemente dieses Verfahrens zur Anschauung zu bringen. Die Rechtsfiguren des Verfahrensrechts sind nur in ihrem Zusammenhang verständlich. Als „Wegweiser" durch dieses Buch mag daher das nachfolgende Musterverfahren dienen.

II. Musterverfahren

1. Prozesseröffnung

a) Die Parteien

Der Rechtsstreit beginnt damit, dass die Partei, die Rechtsschutz sucht (der **Kläger**) **2** eine Klage gegen denjenigen erhebt, gegen den er Rechtsschutz sucht (den **Beklagten**). Kläger und Beklagte nennt man **Parteien**. Die Klageschrift (§ 253 ZPO) könnte etwa so aussehen:

Rechtsanwalt Hubertus von Reibach
Mechtildstraße 212
10117 Berlin

An das Landgericht Berlin
Littenstraße 12–17
10179 Berlin

Berlin, den 15.12.2015

In dem Rechtsstreit
Volker Vielberth
Lisastraße 276a
12247 Berlin
– Kläger –

gegen
Auto Export Klingmüller GmbH
Marienstraße 322b
12209 Berlin
vertreten durch den Geschäftsführer Gerhard Greiff
– Beklagte –

zeige ich an, dass ich den Kläger vertrete. Namens und im Auftrag des Klägers erhebe ich

Klage

und beantrage für Recht zu erkennen:
1. **Die Beklagte wird verurteilt, an den Kläger 6000 Euro nebst 5 % Zinsen über dem jeweiligen Basiszinssatz seit Zustellung der Klageschrift zu zahlen.**
2. **Die Beklagte trägt die Kosten des Rechtsstreits**
3. **Das Urteil ist vorläufig vollstreckbar**

Begründung:
Die Beklagte betreibt gewerbsmäßig den An- und Verkauf von Kraftfahrzeugen. Am 23.10. 2015 betrat der Kläger die Geschäftsräume der Beklagten. Dort traf er auf den für den Ankauf von Fahrzeugen zuständigen Angestellten der Beklagten, Herrn Andreas Almhofer, und bot ihm seinen gebrauchten PKW VW Golf, Baujahr 2000, Fahrgestell-Nummer 2198-95656 zum Kauf an. Herr Almhofer besichtigte den Wagen und bekundete Interesse am Ankauf dieses Fahrzeugs. Der Kläger und Herr Almhofer, letzterer handelnd im Namen der Beklagten, schlossen einen schriftlichen Kaufvertrag. In diesem Vertrag vereinbarten die Parteien einen Kaufpreis von 6000 Euro.

Beweis:
1. Vorlage der Vertragsurkunde im Original
2. Zeugnis des Herrn Andreas Almhofer, zu laden über die Beklagte

Der Kläger überließ der Beklagten sofort den Wagen. Die Zahlung des Kaufpreises ist die Beklagte bisher schuldig geblieben. Jeglicher Versuch, die Beklagte außergerichtlich zur Zahlung des Kaufpreises zu bewegen, ist bislang erfolglos geblieben. Auf anwaltliche Mahnung vom 30.11.2015 hat die Beklagte nicht reagiert. Daher ist Klage geboten.

(Unterschrift)

Kläger ist in unserem Musterfall also Volker Vielberth (im Folgenden: V), Beklagte 3
die Auto Export Klingmüller GmbH (im folgenden: K-GmbH). Die GmbH ist juristische Person. Sie kann nicht nur selbstständig materielle Rechte erwerben, sondern
auch als solche klagen und verklagt werden; sie ist **parteifähig**. Dass jeder, der rechtsfähig ist, auch parteifähig ist, ist allgemein in § 50 I ZPO geregelt. Für die GmbH wird
die Parteifähigkeit auch noch einmal besonders in § 13 I GmbHG hervorgehoben[1].

Die Klageschrift erweckt freilich nicht gerade den Eindruck, dass der Fall das Gericht
intellektuell sonderlich fordern wird: Jemand hat einen Wagen verkauft und dafür bis
heute kein Geld gesehen. Das erscheint rechtlich nicht eben schwierig. Man fragt sich
sogleich: Hätte V diese Klageschrift nicht auch selbst hinbekommen? Indes – dieser
Schein trügt in doppelter Hinsicht. Denn zum einen hat Rechtsanwalt Hubertus von
Reibach (im Folgenden: R) sich einiges überlegen müssen, bevor er die Klageschrift
einreichte (sogleich b); zum anderen hätte V die Klage gar nicht selbst erheben dürfen
(sodann c):

b) Überlegungen zur Klageschrift

In den Anforderungen an die Klageschrift, wie sie in § 253 II ZPO niedergelegt sind, 4
kommt ein Prinzip zum Ausdruck, das Sie aus der Prüfung materiellrechtlicher Fälle
bereits kennen: *Wer will was von wem woraus*? Die Klageschrift muss nämlich unter
anderem enthalten:

• die Bezeichnung der Parteien (*wer will von wem*?)
• einen bestimmten Antrag[2] (*was* wird gewollt?)

Beide Erfordernisse zeigen, dass der Teufel im Detail steckt: Bei der Bezeichnung der
Parteien darf man nicht einfach „das Autohaus Klingmüller" angeben, sondern muss
die *Rechtsform* (GmbH) und die exakte *Firma* (Auto Export Klingmüller) nennen. Die
GmbH ist als juristische Person außerdem nur **prozessfähig**, wenn ihre gesetzliche
Vertretung sichergestellt ist (§ 51 ZPO)[3]; deshalb muss auch der Name des gesetzlichen Vertreters angegeben werden. Gesetzlicher Vertreter der GmbH ist nach §§ 35,
37 GmbHG der Geschäftsführer. Um dessen Namen ausfindig zu machen, muss notfalls das Handelsregister eingesehen werden. Und auch das Erfordernis eines bestimmten Antrags kann sich für den juristischen Laien rasch als Fallstrick entpuppen:
Es reicht nicht, als Klageziel „Zahlung des Kaufpreises" anzugeben. Vielmehr muss
auf Euro und Cent genau angegeben werden, wieviel Geld der Kläger haben will. Nur
über diesen Betrag darf das Gericht entscheiden (vgl. § 308 I ZPO). Hierin kommt ein
wesentliches Prinzip des Zivilprozesses zum Ausdruck, nämlich die **Dispositionsmaxime**[4]: Allein die Parteien bestimmen, worüber gestritten wird. Beim Anspruch auf
Prozesszinsen (§ 291 BGB), den R namens des V ebenfalls geltend gemacht hat
gestattet man dem Kläger allerdings die Angabe „5 Prozent über dem *jeweiligen*

---

1   Näher zur Parteifähigkeit § 1 II Rn. 19 ff.
2   Dazu näher § 5 I 2 Rn. 174 ff.
3   Zur Prozessfähigkeit näher § 1 III Rn. 24 f.
4   Zu ihr näher § 4 I Rn. 154 ff.

Basiszinssatz". Das hängt damit zusammen, dass der Basiszinssatz sich nach § 247 I BGB jedes halbe Jahr verändert. Hier will man dem Kläger den Aufwand ersparen, während des Prozesses permanent den Klageantrag anpassen zu müssen.

5 Auch im Übrigen erweist sich bei näherem Hinsehen der Zivilprozess als wahres Exerzierfeld juristischer Präzision. Denn bei der Darstellung des klagebegründenden Sachverhalts (die ebenfalls nach § 253 II Nr. 2 ZPO erforderlich ist) muss ebenfalls auf eine möglichst genaue Schilderung des Sachverhalts geachtet werden. Wenn nämlich als Käuferin eine GmbH auftritt, reicht die Angabe, man habe „an die GmbH" verkauft, nicht aus. Es muss darüber hinaus angegeben werden, wer für die GmbH gehandelt hat (hier: Andreas Almhofer; im Folgenden: A) und mit welcher Berechtigung (hier: rechtsgeschäftliche Stellvertretung). Im Übrigen wird das Gericht nicht etwa von sich aus nach Anhaltspunkten forschen, aus denen sich ergibt, ob der Vortrag der Parteien der Wahrheit entspricht. Es ist vielmehr Aufgabe der Parteien, nicht nur Tatsachen vorzutragen, sondern auch Beweismittel dafür zu benennen. Hier tritt ein weiteres Prinzip des Zivilprozesses zum Vorschein, nämlich der sog. **Beibringungsgrundsatz**[5].

6 R hat die Klageschrift mit dem Bemerken geschlossen, mit Rücksicht auf die vorgerichtliche Korrespondenz sei Klage „geboten". Solche Ausführungen sind in einer Klageschrift nicht zwingend; denn das Gericht hat die Aufgabe, Rechtsschutz zu gewähren, ohne Rücksicht darauf zu nehmen, ob die Parteien eine gütliche Einigung versucht haben. Gleichwohl ist eine Begründung dafür, dass und warum Anlass zur Klageerhebung besteht, dringend zu empfehlen. Denn die Frage, ob die K-GmbH Veranlassung zur Klageerhebung gegeben hat, kann sich auf die Beurteilung auswirken, wer die **Kosten des Rechtsstreits** trägt:

- Grundsätzlich trägt die unterlegene Partei die Kosten des Rechtsstreits (§ 91 I 1 ZPO): *Wer verliert, zahlt* – und zwar nicht bloß die Gerichtsgebühren, sondern auch das Honorar des gegnerischen Anwalts (§ 91 II 1 ZPO).
- Wenn aber der Beklagte keine Veranlassung zur Klage gegeben hat, kann er der Kostenlast entgehen, indem er den Anspruch sofort anerkennt (§ 93 ZPO). Dann trägt auf einmal der siegreiche Kläger die Prozesskosten[6].

Um diese unannehmliche Folge zu vermeiden, ist der Kläger bzw. sein Anwalt gut beraten, sogleich klarzustellen, dass der Beklagte sehr wohl Veranlassung zur Klage gegeben hat – etwa indem er auf eine außergerichtliche Zahlungsaufforderung nicht reagiert.

c) Zuständiges Gericht und Anwaltszwang

7 Bereits dieser kurze Abriss zeigt, dass ein juristischer Laie sich häufig schon in scheinbar einfachen Fällen mit der Aufgabe, eine ordnungsgemäße Klage zu erheben, schwertun wird. In etlichen Fällen ordnet das Gesetz zum Schutz der rechtlich un-

---

5 Zu diesem Grundsatz – auch genannt: Verhandlungsmaxime – näher § 4 II Rn. 156 ff.
6 Dazu näher § 6 IV 2 Rn. 286 ff.

bewanderten Partei, aber auch zum Schutz des Gerichts vor unqualifizierten Schriftsätzen an, dass die Partei sich von einem Anwalt vertreten lassen muss. Man spricht dann von **Anwaltszwang**. Die Partei ist in diesen Fällen ohne Anwalt nicht in der Lage, Prozesshandlungen vorzunehmen; sie ist nicht **postulationsfähig**[7].

Anwaltszwang besteht namentlich im Verfahren vor den Landgerichten (§ 78 I ZPO). Nun fragt sich, welches Gericht für die Klage des V eigentlich zuständig ist. Denn angesichts der Flut von Zivilprozessen, die jedes Jahr an die deutschen Gerichte herangetragen wird, ist es schlicht ausgeschlossen, dass über jeden Fall dasselbe Gericht entscheidet. Das Gesetz enthält daher Vorschriften über die **örtliche** und die **sachliche Zuständigkeit** des Gerichts[8]. Örtlich zuständig ist im Musterfall das Landgericht Berlin, weil die K-GmbH ihren Sitz in Berlin hat (§ 17 ZPO). Sachlich zuständig ist das Landgericht Berlin nach § 71 I GVG, weil der Streitwert 5000 Euro übersteigt und daher die Schwelle für die Zuständigkeit des Amtsgerichts (§ 23 Nr. 1 GVG) überschritten ist. Die Klage *musste* also vor dem Landgericht erhoben werden, und hier *musste* sich V eines Rechtsanwalts bedienen: Eine von V persönlich unterzeichnete Klage hätte das Gericht abgewiesen, ohne dem Klagevorbringen überhaupt in der Sache näherzutreten: Die Klage wäre ohne Sachurteil, mithin als **unzulässig** abgewiesen worden.

Auch dort, wo kein Anwaltszwang besteht, empfiehlt sich häufig die Einschaltung eines Anwalts. Denn auch Streitigkeiten mit geringem Streitwert können schwierige Rechtsfragen aufwerfen; und selbst einfach scheinende Fälle können sich im Laufe des Rechtsstreits verkomplizieren.

2. Die Einlassung des Prozessgegners

Das Gericht, das über die Klage des V zu entscheiden hat, kennt nun (nach der Lektüre der Klageschrift) den Standpunkt des V. Wenn die Angaben des V zutreffen, hat es keine andere Wahl, als die K-GmbH zu verurteilen. Denn V hat vorgetragen, er habe einen Vertrag mit der K-GmbH geschlossen. Die Willenserklärung der K-GmbH sei von A abgegeben worden. A habe im Namen der K-GmbH gehandelt. Er sei als Angestellter in den Verkaufsräumen der K-GmbH für den Ankauf von Fahrzeugen zuständig gewesen. Wenn diese Angaben stimmen, hatte A auch die zum Vertragsschluss erforderliche Vertretungsmacht. Diese ergibt sich nämlich für A aus § 54 I HGB: Die K-GmbH ist nach § 13 III GmbHG i. V. m. § 6 I HGB Kaufmann. A ist damit Handlungsbevollmächtigter eines Kaufmanns. Ihm war die Vollmacht erteilt worden, generell Ankäufe von Kraftfahrzeugen vorzunehmen. Es handelt sich um eine sog. *Arthandlungsvollmacht*. Wenn man also *unterstellt*, dass der Vortrag des V *in tatsächlicher Hinsicht zutrifft*, ist der Anspruch, dessen Erfüllung V begehrt, *gegeben*. Die Klage ist, wie man sagt, **schlüssig**.

8

---

7 Dazu näher § 1 IV Rn. 30 ff.
8 Dazu näher § 3 III, IV Rn. 99 ff. örtliche Zuständigkeit, Rn. 129 ff. sachliche Zuständigkeit.

9 Das Gericht darf freilich die K-GmbH nicht verurteilen, ohne ihr Gelegenheit zu geben, ihren eigenen Standpunkt vorzutragen. Das gebietet der Grundsatz des **rechtlichen Gehörs**, der nach Art. 103 I GG mit Verfassungsrang ausgestattet ist[9]. Daraus folgt zweierlei: Zum einen muss die Klageschrift der K-GmbH **zugestellt** werden (§ 253 I ZPO). Zum anderen erhält die K-GmbH Gelegenheit zur schriftlichen Klageerwiderung (§§ 275 I, 276 I ZPO): Es kann immerhin sein, dass das, was V vorträgt, nicht zutrifft; es kann des Weiteren sein, dass V wesentliche Tatsachen verschwiegen hat. Und schließlich muss jede Partei auch die Möglichkeit haben, rechtliche Argumente vorzutragen. Für das weitere Verfahren hat das Gericht die Möglichkeit, entweder frühen ersten Termin (§ 275 ZPO) oder schriftliches Vorverfahren (§ 276 ZPO) anzuordnen[10]. Wir nehmen für die weitere Darstellung an, dass das Gericht den Weg des schriftlichen Vorverfahrens wählt: Der Rechtsstreit wird zunächst nur in Schriftsätzen ausgefochten. Einen Termin zur mündlichen Verhandlung wird das Gericht erst anberaumen, wenn sich absehen lässt, dass sich in ihm der Rechtsstreit als Ganzes erledigen lässt.

10 Auch für die Klageerwiderung gilt, da das Verfahren vor dem Landgericht ausgefochten wird, nach § 78 I ZPO Anwaltszwang. Lesen wir also nun, was die K-GmbH über ihren Anwalt auf die Klage des V erwidern lässt:

Rechtsanwalt Dr. Winfried Zaster
Dieterstraße 316
14195 Berlin

An das Landgericht Berlin
Littenstraße 12–17
10179 Berlin

Berlin, den 8.1.2016

In dem Rechtsstreit
Volker Vielberth
Lisastraße 276a
12247 Berlin
– Kläger –

gegen
Auto Export Klingmüller GmbH
Marienstraße 322b
12209 Berlin
vertreten durch den Geschäftsführer Gerhard Greiff
– Beklagte –

zeige ich an, dass ich die Beklagte vertrete. Namens und im Auftrag der Beklagten beantrage ich,

die Klage abzuweisen.

---

9 Dazu näher § 4 III Rn. 165 ff.
10 Dazu näher § 5 III 1 Rn. 209 ff.

Begründung:

Es trifft zwar zu, dass Herr Andreas Almhofer, den der Kläger als Zeugen benannt hat, den Wagen gekauft hat. Er hat dies aber nicht im Namen der Beklagten, sondern im eigenen Namen getan. Die Vertragsurkunde weist lediglich den Kaufgegenstand, den Kaufpreis und die Unterschriften des Klägers und des Herrn Almhofer aus. Dass Letzterer im Namen der Beklagten gehandelt hat, steht in der Vertragsurkunde nirgends geschrieben. Zum Kauf im Namen der Beklagten fehlte Herrn Almhofer zudem die Vertretungsmacht. Zwar bestand sein Aufgabenbereich im An- und Verkauf von Fahrzeugen. Doch war Herrn Almhofer die Anweisung erteilt worden, dass jeder Ankauf eines Kraftfahrzeugs dem Geschäftsführer der Beklagten vorab vorzulegen sei. Eine solche Vorlage ist hier nicht erfolgt.

Beweis: Zeugnis des Herrn Andreas Almhofer, zu laden über die Beklagte

Fürsorglich sei darauf hingewiesen, dass das Fahrzeug, das der Kläger – wem auch immer – verkauft hat, nicht den Zusagen entspricht, die der Kläger bei Vertragsschluss gemacht hat. Der Kläger hatte angegeben, die bisherige Gesamtfahrleistung des Wagens betrage 90 000 km. Diesen km-Stand wies auch der Tachometer des Wagens auf.

Beweis: Zeugnis des Herrn Andreas Almhofer, bereits benannt

In Wahrheit war das Fahrzeug jedoch schon in dem Zeitpunkt, da der Kläger es auf dem Betriebsgelände zurückließ, 220 000 km gefahren.

Beweis: Sachverständigengutachten

Der Wagen ist daher im Rechtssinne unbehebbar mangelhaft. Namens und im Auftrag der Beklagten erkläre ich hiermit fürsorglich den Rücktritt vom Kaufvertrag. Insgesamt hat der Kläger unter keinem rechtlichen Gesichtspunkt etwas von der Beklagten zu beanspruchen. Die Klage ist unbegründet und daher abzuweisen.

(Unterschrift)

Die K-GmbH wendet gegen ihre Verurteilung zweierlei ein: Zum einen sei gar kein Vertrag zwischen ihr und V zustande gekommen; jedenfalls sei sie aber, wenn sich gleichwohl ein solcher Vertragsschluss erweisen sollte, spätestens jetzt von diesem Vertrag zurückgetreten. Das Gericht wird diese beiden Verteidigungslinien höchst unterschiedlich würdigen:

- Die Verteidigung der K-GmbH gegen die Behauptung des V, es sei zwischen beiden ein Kaufvertrag zustande gekommen, ist *unerheblich*; denn selbst wenn das, was die K-GmbH insoweit vorträgt, in tatsächlicher Hinsicht zutrifft, ist gleichwohl zwischen ihr und V ein Kaufvertrag zustande gekommen. A hat zwar nicht ausdrücklich im Namen der K-GmbH gehandelt. Dass seine Willenserklärung für und gegen die K-GmbH wirken sollte, ergibt sich aber i. S. des § 164 I 2 BGB: A ist Angestellter der K-GmbH und hat im Kernbereich von deren Unternehmensgegenstand in deren Geschäftsräumen einen Vertrag geschlossen. Als sog. *unternehmensbezogenes Rechtsgeschäft*[11] ist diese Erklärung auch ohne ausdrückliche Klar-

---

11 Dazu statt aller *Medicus*, Allgemeiner Teil des BGB, Rn. 917.

stellung als eine im Namen der K-GmbH abgegebene Erklärung zu werten. Die Vertretungsmacht des A ergibt sich aus § 54 I HGB, ohne dass die dem A erteilte gegenteilige Anweisung daran etwas ändern kann: Beschränkungen der Art, wie die K-GmbH sie hier behauptet, wirken nach § 54 III HGB nur dann gegen V, wenn V sie kannte oder kennen musste. Diese Kenntnis bzw. dies Kennenmüssen ist vom Gesetz als Ausnahmetatbestand formuliert. Daraus folgt, dass die K-GmbH darlegen (und im Streitfall beweisen) muss, dass V die an A erteilte Anweisung kannte oder kennen musste (sog. **Darlegungs- und Beweislast**[12]). Dazu hat die K-GmbH bis jetzt nichts vorgetragen. Das heißt: Selbst wenn die Vertragsurkunde tatsächlich die K-GmbH nicht ausdrücklich als Vertragspartnerin ausweist und selbst wenn der Geschäftsführer der K-GmbH dem A tatsächlich verboten hatte, Fahrzeuge ohne seine Genehmigung anzukaufen, würde sich nichts an der Beurteilung ändern, dass zwischen V und der K-GmbH ein Kaufvertrag zustande gekommen ist.

- Dagegen ist die Behauptung der K-GmbH, V habe einen km-Stand von 90 000 zugesagt, in Wahrheit sei jedoch das Fahrzeug schon 220 000 km gefahren, und die daran anknüpfende Erklärung der K-GmbH, sie trete vom Vertrag zurück, geeignet, den Kaufpreisanspruch zu Fall zu bringen. Wenn dieser Vortrag nämlich zutrifft, ist der Kaufpreisanspruch des V nach § 346 I BGB erloschen, weil die K-GmbH nämlich dann nach §§ 437 Nr. 2, 326 V BGB berechtigt vom Kaufvertrag zurückgetreten ist. Denn nach dem Vortrag der K-GmbH fehlt dem Wagen i. S. des § 434 I 1 BGB die vereinbarte Beschaffenheit. Dieser Mangel lag nach dem Vortrag der K-GmbH bereits bei Überlassung an sie und damit bereits bei Gefahrübergang vor. Er kann nicht behoben werden: Eine einmal zurückgelegte Fahrleistung lässt sich nicht mehr rückgängig machen. V ist in diesem Fall zwar nach § 275 I BGB von der Verpflichtung zur mangelfreien Leistung befreit, muss aber nach § 326 V BGB den Rücktritt ohne vorherige Fristsetzung gewärtigen. Die Abweichung von den Angaben des V ist, wenn der Vortrag der K-GmbH zutrifft, auch i. S. des § 323 V 2 BGB erheblich. Die Rücktrittserklärung ist in der Klageerwiderung enthalten.

11 Zum Beweis der Tatsache, dass der Wagen bereits einen km-Stand von 220 000 hatte, hat die K-GmbH Beweis durch Sachverständigengutachten angeboten. Konkreter musste sie dies Beweismittel nicht bezeichnen; insbesondere musste sie keinen bestimmten (namentlich benannten) Sachverständigen vorschlagen. Vielmehr bestimmt § 404 I 1 ZPO, dass das Gericht den Sachverständigen auswählt. Das Gericht kann auf Vorschläge der Parteien schon deshalb nicht beschränkt sein, weil die Parteien dazu neigen werden, ihnen wohlgesonnene Sachverständige zu benennen. Das Gutachten des Sachverständigen muss aber von größtmöglicher Objektivität und Neutralität und daher von betonter Distanz zu den Parteien getragen sein.

---

12 Dazu noch unten 7 Rn. 16 sowie ausführlich § 9 III Rn. 493 ff.

3. Das Gespräch des Gerichts mit den Parteien

Die Klageerwiderung zeigt also, dass das Gericht noch viel zu tun hat, bevor es den **12** Fall abschließend entscheiden kann. Es muss nunmehr wiederum **rechtliches Gehör** gewähren, und zwar in zweierlei Richtung:

- Offenbar hat die K-GmbH (und ebenso ihr Rechtsanwalt Dr. Zaster – im Folgenden: Z) im Zusammenhang mit der Frage des Vertragsschlusses die Grundsätze zu unternehmensbezogenen Rechtsgeschäften sowie die Vorschrift des § 54 I HGB übersehen. In diesem Rechtsirrtum darf das Gericht die K-GmbH nicht verharren lassen – selbst dann nicht, wenn sie, wie hier, anwaltlich vertreten ist. Vielmehr muss es nach § 139 II 1 ZPO auf die beiden genannten Gesichtspunkte hinweisen und der K-GmbH Gelegenheit geben, sich dazu zu äußern, ggf. ihren Vortrag zu ergänzen[13].
- Des weiteren hat das Gericht den V noch nicht zu dem Mängeleinwand der K-GmbH gehört. Es wird daher dem V Gelegenheit geben müssen, auf die Klageerwiderung seinerseits zu replizieren.

4. Drittbeteiligung im Zivilprozess

Für V ist die Klageerwiderung ein Alarmsignal: Er muss – ungeachtet dessen, dass der **13** diesbezügliche Vortrag der K-GmbH noch ergänzt werden muss – damit rechnen, dass das Gericht bereits einen Vertragsschluss zwischen ihm und der K-GmbH verneint. V ist sich aber sicher, dass er *jedenfalls einen* Vertrag geschlossen hat. Wenn A im eigenen Namen gehandelt hat, schuldet *er* den Kaufpreis. Wenn A zwar im Namen der K-GmbH gehandelt hat, ihm aber die Vertretungsmacht fehlte, schuldet er den Kaufpreis nach § 179 I BGB. V steht nun vor folgendem Dilemma: Wenn seine Klage abgewiesen wird, weil es an einem Vertragsschluss zwischen ihm und der K-GmbH fehle, ist A an dieses Urteil nicht gebunden. Denn er ist nicht Partei des Prozesses (§ 325 I ZPO). Gegen ihn wirkt also die **Rechtskraft** des Urteils nicht. Wenn V also in einem zweiten Prozess den A verklagt, kann das dann zur Entscheidung berufene Gericht ohne weiteres zu dem Ergebnis gelangen, A hafte nicht, weil er die K-GmbH wirksam vertreten habe. Aus dieser Zwickmühle hilft ihm die ZPO hinaus, indem sie dem V die Möglichkeit eröffnet, dem A den **Streit** zu **verkünden** (§ 72 ZPO)[14]. Die Streitverkündung berechtigt den A, dem Rechtsstreit als sog. **Nebenintervenient** beizutreten und auf das weitere Verfahren Einfluss zu nehmen. Unabhängig davon, ob er von diesem Recht Gebrauch macht, tritt zu seinen Lasten nach §§ 74 III, 68 ZPO die sog. *Interventionswirkung* ein: Wenn das Gericht die Klage des V gegen die K-GmbH abweist, weil A im eigenen Namen gehandelt habe oder keine Vertretungsmacht handelte, kann diese Feststellung in einem späteren Prozess zwischen V und A nicht mehr in Frage gestellt werden.

---

13 Zu § 139 ZPO (materielle Verhandlungsleitung) näher unten § 5 IV 3 Rn. 230 ff.
14 Dazu näher § 1 VIII Rn. 61 ff.

5. Die Überlegungen des Gerichts bis zum Haupttermin zur mündlichen Verhandlung

14 V lässt nun auf die Klageerwiderung Folgendes antworten:

Rechtsanwalt Hubertus von Reibach
Mechtildstraße 212
10117 Berlin

An das Landgericht Berlin
Littenstraße 12–17
10179 Berlin

Berlin, den 29.1.2016

In dem Rechtsstreit
Volker Vielberth
Lisastraße 276a
12247 Berlin
– Kläger –

gegen
Auto Export Klingmüller GmbH
Marienstraße 322b
12209 Berlin
vertreten durch den Geschäftsführer Gerhard Greiff
– Beklagte –

nehme ich zum Schriftsatz der Beklagten vom 8.1.2016 wie folgt Stellung:

Es trifft zu, dass der PKW, den der Kläger dem Beklagten verkauft hat, bereits bei Übergabe an die Beklagte einen km-Stand von 220 000 aufwies. Entgegen der Darstellung der Beklagten hat der Kläger dies aber in den Gesprächen mit Herrn Andreas Almhofer von Anfang an deutlich gemacht. Der Tachometer wies, als der Kläger der Beklagten diesen Wagen überließ, auch exakt diesen km-Stand aus. Die Ehefrau des Klägers, Frau Friederike Vielberth, hatte den Wagen noch am Morgen des 23.10.2015 benutzt. Sie hat auf dem Tachometer gesehen, dass dort der km-Stand mit 220 000 notiert war.

Beweis: Zeugnis der Frau Friederike Vielberth, Lisastraße 276a, 12247 Berlin

Wenn die Beklagte nunmehr behauptet, der Tachometer weise eine Fahrleistung von 90 000 km aus, so muss entweder sie selbst oder ein Dritter den Tachometer manipuliert haben. Das Fahrzeug entsprach daher sämtlichen vertraglichen Absprachen. Ein Recht, vom Vertrag zurückzutreten, steht der Beklagten nicht zu. Der bisherige Klageantrag bleibt daher aufrechterhalten.

(Unterschrift)

Weiterer Vortrag der Parteien erfolgt nicht. Das Gericht ist spätestens jetzt in der Lage, einen **Termin zur mündlichen Verhandlung** anzuberaumen. Denn es zeichnet sich nunmehr ab, dass der Rechtsstreit zur Entscheidungsreife gelangen kann:
- Zur Frage des Vertragsschlusses hat die K-GmbH ihren Vortrag nicht ergänzt. Es kann daher ohne Beweisaufnahme festgestellt werden, dass ein Kaufvertrag zwischen V und der K-GmbH zustande gekommen ist. Insbesondere muss A nicht zur

Frage vernommen werden, ob ihm die Weisung erteilt wurde, Fahrzeuge nicht ohne Zustimmung des Geschäftsführers anzukaufen. Denn wegen § 54 I, III HGB kommt es auf diese Tatsache nicht an; sie ist **nicht entscheidungserheblich.** Über sie braucht daher **kein Beweis** erhoben zu werden.

- Zur Frage des Sachmangels ist unstreitig, dass der Wagen eine Gesamtfahrleistung von 220 000 km zurückgelegt hat. Über **unstreitige Tatsachen** braucht **kein Beweis** erhoben werden (§ 288 I ZPO). Auch das ist eine Ausprägung des Beibringungsgrundsatzes. Das Sachverständigengutachten, um dessen Einholung die K-GmbH nachgesucht hatte, kann das Gericht sich damit sparen.
- Es bleibt die Frage, welche Angaben V gemacht hat, als er der K-GmbH den Wagen zum Kauf anbot: Hat er die Fahrleistung wahrheitsgemäß mit 220 000 km angegeben, so ist der Wagen mangelfrei und ein Rücktrittsrecht der K-GmbH ausgeschlossen. Hat er sie mit 90 000 km angegeben, so ist der Wagen unbehebbar mangelhaft und die K-GmbH berechtigt vom Vertrag zurückgetreten. Die Tatsache ist sowohl streitig als auch entscheidungserheblich; sie bedarf daher des Beweises.

Das Gericht wird zum einen den A darüber vernehmen, welche Angaben V gemacht hat. Wenn allerdings der Vortrag des V stimmt, dass der Tachometer bei Ablieferung an die K-GmbH noch einen km-Stand 220 000 auswies, spricht alles dagegen, dass er im mündlichen Verkaufsgespräch gegenüber A abweichende Angaben gemacht hat. Wenn Frau Friederike Vielberth (im Folgenden: F) bezeugen kann, dass der Tachometer noch am Morgen des Vertragsschlusses einen km-Stand von 220 000 km zeigte, kann dies ein gewichtiges Indiz dafür sein, dass V gegenüber A die Wahrheit gesagt hat – wenn er nicht den Tachometer noch kurz vorher manipuliert hat. Das Gericht wird daher auch die F vernehmen. Das Gericht wird sich außerdem einen unmittelbaren Eindruck von der Glaubwürdigkeit des V machen wollen und daher nach § 141 I 1 ZPO das persönliche Erscheinen des V anordnen.

6. Mündliche Verhandlung und Beweisaufnahme

Das Gericht bestimmt nun Termin zur mündlichen Verhandlung auf den 26.2.2016 **15** und beschließt, dass über die streitige Tatsache, ob V bei Vertragsschluss die Gesamtfahrleistung des Fahrzeugs mit 90 000 oder mit 220 000 km angegeben hat, Beweis erhoben werden soll durch Vernehmung von A und F.

Protokoll

Öffentliche Sitzung des Landgerichts vom 26.2.2016

In dem Rechtsstreit
Volker Vielberth
Lisastraße 276a
12247 Berlin
– Kläger –

gegen
Auto Export Klingmüller GmbH
Marienstraße 322b
12209 Berlin
vertreten durch den Geschäftsführer Gerhard Greiff
– Beklagte –

erschienen bei Aufruf:
– der Kläger in Person und für ihn Rechtsanwalt von Reibach
– für die Beklagte Rechtsanwalt Dr. Zaster

Klägervertreter verliest Antrag aus der Klageschrift (Aktenseite 1); Beklagtenvertreter beantragt Klagabweisung gemäß Schriftsatz vom 8.1.2016 (Aktenseite 45).

Die Parteien verhandeln streitig zur Sache.

Nach Aufruf des Gerichts erscheint die Zeugin Friederike Vielberth. Sie wird vom Gericht über ihre Wahrheitspflicht belehrt und macht sodann folgende Angaben.
Zur Person: Friederike Vielberth, Lisastraße 276a, 12247 Berlin, 49 Jahre alt, Bürokauffrau, Ehefrau des Klägers.
Das Gericht belehrt die Zeugin über ihr Zeugnisverweigerungsrecht. Die Zeugin erklärt, dass sie keine Angaben zur Sache machen wolle.

Sodann erscheint nach Aufruf des Gerichts der Zeuge Andreas Almhofer. Er wird vom Gericht über seine Wahrheitspflicht belehrt und macht folgende Angaben.
Zur Person: Andreas Almhofer, Susannenstraße 194c, 12357 Berlin, 30 Jahre alt, kaufmännischer Angestellter, mit den Parteien nicht verwandt und nicht verschwägert.
Zur Sache: Am 23.10.2015 betrat der Kläger die Geschäftsräume der Beklagten. Ich war in diesem Zeitpunkt anwesend. Der Kläger bot seinen gebrauchten PKW zum Kauf an. Ich sah mir den Wagen an und schloss mit ihm einen schriftlichen Kaufvertrag. Zur Person des Käufers trug ich in das Vertragsformular nichts ein, weil ich dachte, es sei ohnehin klar, dass der Wagen an die Beklagte verkauft werden sollte. Über den km-Stand auf dem Tachometer haben wir auch gesprochen. Dazu mache ich keine näheren Angaben, da ich sonst Nachteile von Seiten der Beklagten befürchten müsste.
Der Zeuge bleibt unbeeidigt und wird entlassen.

Die Parteien verhandeln streitig zum Ergebnis der Beweisaufnahme.

Beschlossen und verkündet:
Eine Entscheidung ergeht am Ende der Sitzung.

Das Beweisergebnis ist mehr als dürftig: F sagt gar nichts, A jedenfalls nicht das, was die Parteien und das Gericht interessiert. Dass A nur die K-GmbH vertreten und nicht etwa für sich selbst gehandelt hat, war bereits vorher bekannt; zum eigentlichen Beweisthema, der Darstellung des km-Standes durch V im seinerzeit geführten Verkaufsgespräch, hat A keine Angaben gemacht. Indes: Sowohl F als auch A durften die erbetenen Angaben verweigern[15]:

- F ist als Ehefrau des Klägers (V) nach § 383 I Nr. 2 ZPO berechtigt, das Zeugnis zu verweigern. Sie soll damit vor einem unlösbaren Konflikt bewahrt werden: Es mag sein, dass sie die Wahrheit sagt und damit ihren eigenen Ehemann ans Messer liefert; es mag sein, dass sie ihren Ehemann nicht belasten will und deshalb lügen muss. Die Wahrheitspflicht, die F als Zeugin zu beachten hat, kollidiert mit der ehelichen Loyalitätspflicht. Das Gesetz befreit die F aus dieser Zwickmühle: F muss *gar nichts* sagen. Wenn F aber Angaben gemacht hätte, wäre sie zur Wahrheit verpflichtet gewesen.
- A sieht sich offenbar ebenfalls einer Zwickmühle ausgesetzt. Denn wenn V seinerseits beim Verkaufsgespräch tatsächlich den km-Stand richtig angegeben hatte und dieser auch auf dem Tachometer ausgewiesen war, droht dem A schlimmes Ungemach von Seiten der K-GmbH. Denn A war in diesem Fall verpflichtet, die K-GmbH wahrheitsgemäß über den Inhalt des Verkaufsgesprächs zu informieren, damit die K-GmbH nicht in einen aussichtslosen Prozess getrieben wurde, dessen Kosten sie sodann zu tragen hat. A hätte in diesem Fall jene Pflicht verletzt und wäre der K-GmbH gegenüber nach § 280 I BGB schadensersatzpflichtig. Damit A sich nicht einer solchen Haftung aussetzen muss, gestattet ihm § 384 Nr. 1 ZPO, die ihm nachteiligen Angaben zu verweigern.

7. Die Entscheidung des Gerichts

Aber es hilft alles nichts: Es sind alle Beweismittel ausgeschöpft. Das Gericht kann nicht zuwarten, bis vielleicht noch weitere Beweise zutage gefördert werden; es muss entscheiden. Dabei kommen theoretisch zweierlei Vorgehensweisen in Betracht:

16

- Das Gericht mag versuchen, aus dem Aussageverhalten von A und F Rückschlüsse zu ziehen: Irgendeinen Grund muss es doch haben, dass F gar keine und A keine sachdienlichen Angaben machen wollten. Dabei ist jedoch Vorsicht geboten: Müsste F befürchten, dass ihr Schweigen zum Nachteil ihres Ehemannes V ausgelegt wird, so wäre das Zeugnisverweigerungsrecht weitgehend entwertet. Denn dann könnte F der Gefahr, V zu belasten, letztlich doch nur durch eine Lüge entrinnen. Deshalb darf das Schweigen der F nicht gegen V verwendet werden[16]. Wohl aber darf das Schweigen des A bei der Beweiswürdigung grundsätzlich zum Nachteil der K-GmbH berücksichtigt werden[17]. A ist weniger schutzwürdig, weil er sich, wenn seine Befürchtung zutrifft, selbst in diese Lage manövriert hat. Auch hier ist

---

15 Zum Zeugnisverweigerungsrecht näher § 9 I 2 Rn. 471 ff.
16 Statt aller Zöller/*Greger*, ZPO, 31. Aufl. 2016, § 383 Rn. 7.
17 OLG München NJW 2011, 80, 81; Zöller/*Greger*, ZPO, 31. Aufl. 2016, § 384 Rn. 3.

der Rückschluss von der Ausübung des Verweigerungsrechts auf das tatsächlich Geschehene aber nicht immer zwingend.

• Das Gericht wird daher die zweite denkbare Verfahrensweise bevorzugen: Es ist nicht zu leugnen, dass der Prozess die Ungewissheit über die Angaben des V im Zuge des Verkaufsgesprächs nicht beseitigt hat. Wenn das Gericht gleichwohl nunmehr entscheiden muss, so muss das Gesetz Regeln bereithalten, wie mit dieser Ungewissheit umzugehen ist, genauer: zu wessen Lasten die Ungewissheit geht, wer m. a. W. die **Beweislast** trägt[18]. Die K-GmbH stützt ihr Rücktrittsrecht auf einen Mangel der Kaufsache. Sie rügt mithin, die Leistung des V sei qualitativ unvollständig gewesen. Nun hat die K-GmbH aber die Leistung des V entgegengenommen. Daher hat sie nach § 363 BGB zu beweisen, dass der Wagen nicht die vereinbarte Beschaffenheit hat. Die K-GmbH hätte daher beweisen müssen, dass V ihr einen km-Stand von 90 000 zugesagt hatte. Diesen Beweis hat sie nicht erbracht. Deshalb *geht das Gericht mangels gegenteiligen Beweises davon aus*, dass V seinerzeit beim Verkaufsgespräch den km-Stand wahrheitsgemäß mit 220 000 angegeben hat.

Der Rechtsstreit ist damit zur Entscheidung reif. Das Gericht wird nach § 300 I ZPO ein **Endurteil** erlassen. Es wird die K-GmbH antragsgemäß verurteilen.

---

18 Dazu unten § 9 III Rn. 493 ff.

§ 1 Parteien des Rechtsstreits

I. Der Parteibegriff

Fall 1: K verklagt den B auf Zahlung von 10 000 Euro aus einem Kaufvertrag. Im Prozess **17 G** stellt sich heraus, dass K die Forderung bereits vor Prozessbeginn an X abgetreten hat. K beantragt daraufhin Leistung an X.

Lange Zeit redete die Prozessrechtslehre einem sog. **materiellen Parteibegriff** das Wort: Partei konnte daher nur sein, wer zumindest behauptete, selbst Subjekt des streitigen Rechtsverhältnisses zu sein. Wenn sich herausstellt, dass K die Forderung an X abgetreten hat, und K nun Leistung an X beantragt, behauptet K nicht, selbst Inhaber der streitigen Forderung zu sein. K hätte nach diesem Parteibegriff nicht Partei sein können; seine Klage wäre daher unzulässig.

Heute geht man demgegenüber vom **formellen Parteibegriff** aus: Kläger ist, wer im eigenen Namen Rechtsschutz begehrt; Beklagter ist, gegen wen Rechtsschutz begehrt wird. K ist Partei, da er im eigenen Namen Rechtsschutz begehrt – wenn auch nicht für sich selbst, sondern für X. Davon zu trennen ist die Frage, ob er die richtige Partei ist. Das ist er nur, wenn er selbst Inhaber der Forderung ist (hier nicht der Fall, da K nicht mehr Gläubiger ist, § 398 S. 2 BGB) oder befugt ist, über das Recht des X einen Prozess zu führen.

- Wer Leistung an sich begehrt, weil er Rechtsinhaber zu sein behauptet, es aber nicht ist, wird mit seiner Klage als unbegründet abgewiesen.
- Wer Leistung an einen Dritten begehrt, über dessen Recht er behauptet prozessieren zu dürfen, aber diese Befugnis nicht hat, wird mit seiner Klage als unzulässig abgewiesen.

Fall 2: S ist zahlungsunfähig; B ist zum Insolvenzverwalter über sein Vermögen bestellt. **18 G** K hatte dem S vor Insolvenzeröffnung Waren im Wert von 1000 Euro unter Eigentumsvorbehalt geliefert, die S trotz Fristsetzung nicht bezahlt hat. K ist deswegen vom Kaufvertrag zurückgetreten.
a) K verlangt von B Aussonderung der gelieferten Waren.
b) K verlangt von B Schadensersatz, weil B die gelieferte Ware an einen gutgläubigen Dritten veräußert hat und der dabei erzielte Erlös nicht mehr unterscheidbar in der Masse vorhanden ist. K hat für die Waren insgesamt nur 300 Euro aus der Masse erlangen können.

Im **Fall 2a** ist B **Partei kraft Amtes**: Er wird nicht persönlich verklagt, sondern in seiner Eigenschaft als Insolvenzverwalter über das Vermögen des S. Der Aussonderungsanspruch ergibt sich aus § 47 InsO: K ist Eigentümer der Waren geblieben und kann nun, da der Kaufvertrag mit B durch Rücktritt aufgelöst wurde und das Besitzrecht des B entfallen ist, Herausgabe der Waren verlangen.

Im **Fall 2b** ist B **persönlich Partei**: Er soll nach § 61 InsO auf Schadensersatz haften. Ursprünglich war K zur Aussonderung berechtigt; danach hatte K gegen S einen Anspruch aus § 816 I 1 BGB auf Herausgabe des Veräußerungserlöses und konnte diesen nach § 48 S. 2 InsO aus der Masse verlangen, solange dieser dort noch unterscheidbar vorhanden war. Da dies nicht mehr der Fall war, haftete die Masse nach §§ 55 I Nr. 3 InsO, 816 I 1 BGB auf den Warenwert[1]. Wenn diese Masseverbindlichkeit nicht vollständig erfüllt wird, muss der Insolvenzverwalter nach § 61 S. 1 InsO aus seinem eigenen Vermögen die Differenz begleichen.

Der Beklagte B ist also in Person in beiden Fällen derselbe; und dennoch treten hier *rechtlich* zwei *verschiedene* Parteien auf: B ist im **Fall 2a** mit fremdem, im **Fall 2b** mit eigenem Vermögen Partei. Wenn B zunächst als Verwalter und dann persönlich verklagt wird, ist das ein *Parteiwechsel*[2]. Es kommt also darauf an, in welcher *Funktion* B verklagt wird; man spricht hier auch vom **funktionellen Parteibegriff**.

II. Parteifähigkeit

1. Parteifähige Rechtssubjekte

G 19   **Fall 3:** Die K-GmbH hat der B-OHG eine Maschine verkauft und geliefert. B ist den Kaufpreis schuldig geblieben. K verklagt daher die B auf Zahlung.

Die Parteifähigkeit der K ergibt sich aus § 50 I ZPO, da K als juristische Person rechtsfähig ist. Die Parteifähigkeit der B ist in § 124 I HGB ausdrücklich gesetzlich festgeschrieben.

G 20   **Fall 4:** Die Werbeagentur B & Partner GbR hat sich verpflichtet, für die Gewerkschaft K, die sich als nicht rechtsfähiger Verein betätigt, ein Plakat zu entwerfen, auf dem die Mitglieder ermuntert werden sollen, sich an einer Urabstimmung für einen Streik zu beteiligen und für den Streik zu stimmen. Als Honorar sind 2000 Euro vereinbart. Das von B persönlich entworfene Plakat ist jedoch so missverständlich gestaltet, dass Mitglieder der Gewerkschaft es möglicherweise als Aufforderung verstehen, *gegen* den Streik zu stimmen. K verlangt deshalb von B Nacherfüllung. Als B diese trotz Fristsetzung schuldig bleibt, gibt K das Plakat bei D für ein Honorar für 2500 Euro in Auftrag und verklagt B auf die Honorardifferenz von 500 Euro.

Die B-GbR ist nach neuester Rechtsprechung des BGH parteifähig:
- Die **Außengesellschaft bürgerlichen Rechts**, eine GbR also, die ein Gesellschaftsvermögen gebildet hat und, vertreten durch die hierzu berufenen Gesellschafter, selbstständig unter eigenem Namen im Rechtsverkehr auftritt, ist danach **rechtsfähig**. Argumente[3]:

---

1   BGH ZIP 1982, 845, 846.
2   BGHZ 21, 285.
3   BGH NZG 2001, 311, 312.

16

– Wenn man die Rechtsfähigkeit nicht anerkennt und die Gesellschafter sich verpflichten, einen unteilbaren Gegenstand aus dem Gesellschaftsvermögen zu leisten, so sind sie zwar nach § 431 BGB Gesamtschuldner. Die Folge ist, dass der Gläubiger nach § 421 BGB jeden von ihnen einzeln in Anspruch nehmen kann. § 719 I BGB verhindert aber, dass der in Anspruch genommene Gesellschafter einzeln über den Gegenstand verfügen kann.

– Nur die Anerkennung der Rechtsfähigkeit vermeidet die Notwendigkeit, beim Mitgliederwechsel mit dem neu eintretenden Gesellschafter Beitrittsvereinbarungen zu bestehenden Haftungsverhältnissen zu treffen.

– Eine GbR kann sich jederzeit in eine OHG umwandeln; dies geschieht *ipso iure*, sobald die Tätigkeit der B einen nach kaufmännischen Grundsätzen eingerichteten Gewerbebetrieb erfordert (§ 105 I HGB). Eine OHG ist aber auf jeden Fall nach § 124 I HGB rechtsfähig. Sähe man in der GbR die Gesellschafter (in ihrer gesamthänderischen Verbundenheit) als Inhaber des Gesellschaftsvermögens an, so würde sich in dem Zeitpunkt, da ein kaufmännisch eingerichteter Betrieb geführt wird, die *materielle Rechtszuständigkeit ändern*: Inhaber der Gegenstände des Gesellschaftsvermögens wäre *ab dann* die Gesellschaft. Die Umwandlung von einer GbR in eine OHG, die sich rechtlich von selbst vollzieht, sobald die Voraussetzungen des § 105 I HGB eingetreten sind, kann aber kaum einen solchen Wechsel in der Rechtszuständigkeit herbeiführen.

• Wo Rechtsfähigkeit zu bejahen ist, ist aber nach **§ 50 I ZPO** immer auch **Parteifähigkeit** gegeben. Dafür sprechen bei der GbR auch die folgenden Gesichtspunkte[4]:

– Die Alternative zur Parteifähigkeit der GbR ist die, dass alle Gesellschafter gemeinsam verklagt werden müssen – und zwar als sog. materiellrechtlich notwendige Streitgenossen, weil sie nur gemeinschaftlich über das Gesellschaftsvermögen verfügen können (§ 719 I BGB; dazu unten VI 2 b). Wenn nun in die Gesellschaft ein neuer Gesellschafter eintritt oder ein vorhandener Gesellschafter die Gesellschaft verlässt, müsste im laufenden Verfahren eine neue Partei verklagt werden (sog. *Parteiwechsel*). Das wäre vor allem in höheren Instanzen misslich; denn spätestens dort lässt sich eine Partei nicht mehr ohne weiteres austauschen.

– Die GbR ist nirgends registriert, geschweige denn existiert ein öffentlich zugängliches Verzeichnis über ihre Mitglieder. Das bedeutet, dass vor Rechtshängigkeit unerkannt ein Gesellschafterwechsel eingetreten sein kann. Wenn aber auch nur ein Gesellschafter nicht verklagt wurde, obwohl er Gesellschafter geworden ist, wird die Klage gegen alle Gesellschafter abgewiesen, weil sie wegen § 719 I BGB materiellrechtlich notwendige Streitgenossen sind und einzelne von ihnen daher die im Urteil festgesetzte Leistungspflicht aus dem Gesellschaftsvermögen nicht erfüllen können.

– § 736 ZPO steht der Anerkennung der Parteifähigkeit der Gesellschaft nicht entgegen: Ein Urteil gegen die Gesellschaft ist im Sinne dieser Vorschrift ein

---

4 BGH NZG 2001, 311, 313 ff.; NJW 2003, 1043. Im Ergebnis zustimmend *Hess*, ZZP 117 (2004), 267, 301 ff.; ausführlich *Wagner*, ZZP 117 (2004), 305, 333 ff.

Urteil gegen alle Gesellschafter, weil es die Zwangsvollstreckung in das Vermögen der Gesellschaft ermöglicht. § 736 ZPO will das Gesellschaftsvermögen nur vor der Vollstreckung durch den Privatgläubiger eines einzelnen Gesellschafters schützen.

G 21 **Parteifähigkeit der Gewerkschaft K:**

K ist ein **nicht rechtsfähiger Verein** und als solcher nach **§ 50 II ZPO** parteifähig.

Die aktive Parteifähigkeit nicht rechtsfähiger Vereine wurde erst 2009 ausdrücklich gesetzlich anerkannt. Vorher hatte es allerhand Versuche gegeben, solche Vereine im Zivilverfahren für parteifähig zu erklären: Der BGH leitete die Parteifähigkeit von Gewerkschaften zunächst aus Art. 9 III GG ab.[5] Nachdem er die Parteifähigkeit der Gesellschaft bürgerlichen Rechts anerkannt hatte, hielt er folgerichtig auch die Rechts- und Parteifähigkeit nicht rechtsfähiger Vereine ganz allgemein für gegeben und stützte sie darauf, dass § 54 S. 1 BGB auf das Recht der Gesellschaft bürgerlichen Rechts verweist: Der nicht rechtsfähige Verein wird im Regelfall nach außen hin als Verband wahrgenommen und ist daher zu behandeln wie eine Außengesellschaft bürgerlichen Rechts; er ist folglich als rechts- und parteifähig zu behandeln[6]. Auf derartige Überlegungen muss seit der Klarstellung im neu gefassten § 50 II ZPO nicht mehr zurückgegriffen werden.

Materiellrechtlich ergibt sich der Anspruch der K aus §§ 634 Nr. 4, 280 I, III, 281 I 1, 3 BGB. Die Klage ist also nicht nur zulässig, sondern auch begründet.

2. Verlust der Parteifähigkeit während des Prozesses

22 **Fall 5:** K und die B-GmbH stehen miteinander im Wettbewerb auf dem Gebiet der Herstellung von Kosmetika. Der Geschäftsführer der B-GmbH behauptet auf einer Werbeveranstaltung bewusst wahrheitswidrig, einige von K hergestellte Hautcremes hätten im Tierversuch zu Verätzungen geführt. K verklagt die B-GmbH auf Unterlassung dieser Behauptung.
a) Während des Prozesses beschließen die Gesellschafter der B-GmbH, die Gesellschaft aufzulösen.
b) Während des Prozesses wird die B-GmbH aufgelöst und vollständig liquidiert.

B hat im **Fall 5a** ihre Parteifähigkeit noch nicht verloren: Auch GmbH, AG, OHG und KG in Liquidation sind bis zur Vollbeendigung existent und rechtsfähig. Lediglich der Gesellschaftszweck hat sich geändert: Sie sind nicht mehr auf eine werbende Tätigkeit gerichtet, sondern auf die Abwicklung des Gesellschaftsvermögens (Liquidation). Die Klage bleibt daher zulässig.

23 Erst im **Fall 5b** ist der Liquidationszweck erfüllt und folglich die Existenz der B und damit auch ihre Parteifähigkeit entfallen. Die Klage ist damit unzulässig geworden[7].

---

5 BGHZ 50, 325.
6 BGH MDR 2007, 1446.
7 Vgl. für den eingetragenen Verein BGHZ 74, 212.

Vergleichbare Grundsätze gelten bei juristischen Personen: Allein die Tatsache, dass die Auflösung einer GmbH im Handelsregister eingetragen ist, führt noch nicht zum Verlust der Parteifähigkeit[8]. Wohl aber führt die Löschung der GmbH im Handelsregister zum Verlust der Parteifähigkeit; anders nur dann, wenn Anhaltspunkte für die Annahme bestehen, dass die Gesellschaft trotz der Löschung noch über verwertbares Vermögen verfügt.[9]

Zur Vertiefung: Wenn die Klage als unzulässig abgewiesen wird, trägt K nach § 91 I ZPO als unterlegene Partei die Kosten des Rechtsstreits, obwohl die Klage ursprünglich zulässig und nach § 4 Nr. 8 UWG auch begründet war: Es ist schlicht verboten, mit wahrheitswidrigen Behauptungen die Konkurrenz in der Öffentlichkeit anzuschwärzen. Sehr zweifelhaft ist, ob K eine Möglichkeit hat, der Klagabweisung mitsamt der Kostenfolge zu entgehen. Der BGH[10] meint, mit der Vollbeendigung der B habe sich die *Hauptsache erledigt*. Es bestehe also die Möglichkeit, dass
- entweder K und B *übereinstimmend* die Hauptsache für erledigt erklären; B könne dann nach § 91a ZPO in die Kosten verurteilt werden, da sie vermutlich verloren hätte;
- oder K *einseitig* die Hauptsache für erledigt erklärt, also die Feststellung beantragt, dass die Klage ursprünglich zulässig und begründet war, sich aber nunmehr erledigt habe. Ein solches Urteil könne gegen B noch ergehen; wenn es ergehe, sei B im Rechtsstreit unterlegen und trage dessen Kosten.

Diese Überlegungen erscheinen durchaus angreifbar: Wenn B nicht mehr Partei sein kann, kann sie weder eine Erledigungserklärung abgeben, noch kann gegen sie ein Feststellungsurteil oder ein Kostenbeschluss nach § 91a ZPO ergehen[11]. Allerdings ist der BGH der Ansicht, dass bei einer Klage gegen eine nicht existente GmbH diese die Möglichkeit haben muss, im Prozess ihre Nichtexistenz (und damit ihre fehlende Parteifähigkeit) geltend zu machen; für den Streit um die Parteifähigkeit wird diese fingiert[12]. Dringt sie mit ihrer Auffassung, sie sei tatsächlich nicht mehr existent, durch, so steht ihr, so der BGH weiter, gegen die Klägerpartei nach § 91 ZPO ein Anspruch auf Kostenerstattung zu[13]. Das bedeutet aber nur, dass der erfolgreiche Vortrag, die beklagte Partei sei nicht parteifähig, zu deren Gunsten einen *Anspruch* auf Kostenerstattung nach sich ziehen kann. Dagegen kann die nicht existente Partei niemals zur Kostenerstattung *verpflichtet* sein und folglich auch niemals in die Kosten verurteilt werden.

III. Prozessfähigkeit

Fall 6: Der 12-jährige K hat von der B-GmbH, deren Geschäftsführer G ist, eine Modelleisenbahn gekauft. Einer der gelieferten Waggons ist defekt; die von K angeforderte Nachlieferung wird von B verweigert. K verklagt daraufhin „die B-GmbH" auf Lieferung eines neuen Waggons Typ X aus der Fabrikation des Herstellers H.   **24 G**

K ist natürliche, B juristische Person. Daher sind auf jeden Fall beide *parteifähig*; sie können also Partei eines Zivilprozesses sein. *Fraglich* aber, ob sie auch **prozessfähig** sind (§ 51 ZPO), ob sie also die Möglichkeit haben, selbst den Prozess zu führen, oder ob sie sich von anderen vertreten lassen müssen.

---

8 BGH NJW 2003, 2231, 2232.
9 BGH NJW 2015, 2424 Rn. 19.
10 BGH NJW 1982, 238.
11 Vgl. *Huber*, ZZP 82 (1969), 224, 250 f.
12 BGH NJW 2008, 527, 528; NJW 2008, 528 f.
13 BGH NJW 2008, 528, 529; zustimmend *Deubner*, JuS 2008, 504, 506; anders aber mit beachtlichen Gründen *Stieper*, ZZP 121 (2008), 351, 375 ff.: Der Kostenerstattungsanspruch stehe unmittelbar demjenigen zu, der für die nicht existente GmbH aufgetreten sei.

1. Minderjährige

G 25 K ist beschränkt geschäftsfähig (§§ 2, 106 ff. BGB) und damit nach § 52 ZPO *nicht* prozessfähig; denn K kann sich nicht selbstständig durch Verträge verpflichten. Verpflichtungen aus Verträgen bedeuten für ihn rechtliche Nachteile und machen daher die Einwilligung des gesetzlichen Vertreters erforderlich (§ 107 BGB). *Eine beschränkte Prozessfähigkeit gibt es nicht.*

26 **Zur Vertiefung:** Man kann die Prozessfähigkeit im **Fall 6** auch nicht mit der Überlegung begründen, K habe sich die Eisenbahn von seinem Taschengeld gekauft, sodass § 110 BGB einschlägig sei. Zwar ist der Vertrag in der Tat voll wirksam, sobald K den Kaufpreis mithilfe seines Taschengeldes *bewirkt*, weil hier die Gefahr, dass er sich finanziell übernimmt, ausgeschlossen ist und weil der bereits eingetretene rechtliche Nachteil (Verpflichtung zur Zahlung des Kaufpreises und Verlust des Geldes) aus erzieherischen Gründen hingenommen wird: K soll durch das Taschengeld an den selbstständigen Umgang mit Geld herangeführt werden. Durch die Prozessführung droht aber nun ein *neuer*, nicht von § 110 BGB schon aufgefangener rechtlicher Nachteil: Der Prozess kann verloren werden mit der Folge, dass K nach § 91 I ZPO die Kosten zu tragen hat; und der Prozess kann deshalb verloren werden, weil K ihn mangelhaft führt, sodass er seinen an sich nach §§ 437 Nr. 1, 439 I BGB gegebenen Nacherfüllungsanspruch „verprozessiert“. Davor muss der Minderjährige geschützt werden. Allgemein sieht die ZPO die Prozessfähigkeit als *generelles* Merkmal eines Rechtssubjekts an, das entweder *insgesamt vorliegt* oder *insgesamt fehlt*, aber nicht nach den Umständen des Einzelfalls bald bejaht und bald verneint werden kann. K ist als Minderjähriger daher *absolut prozessunfähig.*

G 27 **Rechtsfolge:**
- Die Klage eines Prozessunfähigen ist unzulässig (Prozessvoraussetzung) und wird daher abgewiesen. Die Kostenpflicht aus § 91 I ZPO trifft – etwas konträr zum Schutzzweck des § 51 ZPO! – auch den Prozessunfähigen, der deswegen verliert.
- Bevor die Klage aus diesem Grund abgewiesen wird, muss aber der gesetzliche Vertreter Gelegenheit erhalten, die Prozessführung zu genehmigen und die Vertretung des K zu übernehmen. Das Gericht muss m. a. W. den Kläger auf die fehlende Prozessfähigkeit hinweisen und ihm die Möglichkeit einräumen, für eine ordnungsgemäße Vertretung zu sorgen[14]. Die Klage wird dann zulässig, sobald der Mangel der Prozessfähigkeit behoben ist.
- Um dem Prozessunfähigen die Kosten aus § 91 I ZPO zu ersparen, ist (in Aktivprozessen des Prozessunfähigen; Beispiel **Fall 6**: Klage des minderjährigen K) zumindest in eindeutigen Fällen die Möglichkeit des Gerichts zu bejahen, die Klage dem Beklagten *gar nicht erst zuzustellen.*

2. Juristische Personen

G 28 Die Prozessfähigkeit der B ist ebenfalls Prozessvoraussetzung, die Frage nach ihr aber vorliegend schwerer zu beantworten, da B juristische Person ist. Denn es besteht ein gravierender Unterschied zu natürlichen Personen: Natürliche Personen können rein

---

14 BAG NJW 2009, 3051; BGH NJW-RR 2011, 284, 285.

theoretisch selbst handeln oder sich vertreten lassen, und die Frage nach der Prozessfähigkeit ist nichts anderes als die Frage, ob sie sich kraft Gesetzes vertreten lassen *müssen* (etwa nach § 1629 I 1 BGB). Juristische Personen *können* dagegen überhaupt nur durch Vertreter handeln. § 26 I HS 2 BGB formuliert für den Verein, dass der Vorstand die *Stellung eines gesetzlichen Vertreters* hat. Man kann also nicht wirklich zwischen „prozessfähigen" und „prozessunfähigen" juristischen Personen unterscheiden. Die Frage nach der Prozessfähigkeit ist vielmehr gleichbedeutend mit der Frage, ob für die juristische Person ein organschaftlicher Vertreter existiert; wenn nicht, ist die juristische Person ebenso schutzlos wie eine natürliche, der gesetzlichen Vertretung bedürftige Person. Eine juristische Person, die nicht durch ein dafür vorgesehenes Organ vertreten ist, kann also weder klagen noch verklagt werden; insoweit mag man sie als „prozessunfähig" bezeichnen.

Wenn K die B-GmbH verklagt, *soll* er nach §§ 253 IV, 130 I Nr. 1 ZPO die gesetzlichen Vertreter, d. h. hier deren Geschäftsführer, bereits in der Klageschrift bezeichnen: Er verklagt also die B-GmbH, vertreten durch den Geschäftsführer G. Wenn die B-GmbH keinen Geschäftsführer hat, kann K nach § 57 I ZPO beantragen, dass für sie ein Prozesspfleger bestellt wird. Das Gericht wird dem Antrag entsprechen, wenn die Rechtsverfolgung des K nicht warten kann, bis die Gesellschafterversammlung der B-GmbH nach § 46 Nr. 5 GmbHG einen Geschäftsführer bestellt (Gefahr im Verzug).

Zur Vertiefung: 29

(1) Der Wortlaut des § 57 ZPO legt die Annahme nahe, dass die Bestellung eines Prozesspflegers selbst dann ausscheidet, wenn die Möglichkeit besteht, dass das zuständige Amtsgericht *analog § 29 BGB* einen *Notgeschäftsführer* bestellt: Auch ein solcher Geschäftsführer ist gesetzlicher Vertreter der GmbH. Nach der zutreffenden Ansicht des OLG Dresden hat aber jedenfalls in *Passivprozessen* der GmbH (also wenn die GmbH Beklagte ist) die Bestellung eines Prozesspflegers nach § 57 ZPO *Vorrang* vor der Bestellung eines Notgeschäftsführers nach § 29 BGB[15]: Sowohl der Prozesspfleger als auch der Notgeschäftsführer werden der GmbH durch Gerichtsbeschluss aufgezwungen; es wird in die Freiheit der GmbH zur Selbstorganisation eingegriffen. Dieser Eingriff hat den Grundsatz der Verhältnismäßigkeit zu beachten. Der Notgeschäftsführer vertritt die GmbH umfassend, kann sie also rechtsgeschäftlich unbeschränkt und unbeschränkbar (§ 37 II GmbHG) verpflichten; der Prozesspfleger vertritt sie dagegen nur im laufenden Rechtsstreit. Der Eingriff nach § 57 ZPO ist daher das mildere (und folglich vorrangige) Mittel, um die Prozessführung gegen die GmbH zu ermöglichen.

(2) Die Notwendigkeit einer gesetzlichen Vertretung ergibt sich nicht bloß für juristische Personen, sondern ebenso für Personengesellschaften. Die OHG und die KG werden durch jene Gesellschafter vertreten, die zur Vertretung der Gesellschaft berechtigt sind (§§ 125 ff. HGB). Mit der Anerkennung der Parteifähigkeit einer GbR erhebt sich die Frage, durch wen diese im Prozess vertreten wird. Der BGH greift hier mit Recht auf § 714 BGB zurück: Die Gesellschaft wird durch alle geschäftsführenden Gesellschafter vertreten[16].

---

15 OLG Dresden GmbHR 2002, 163.
16 BGH NJW 2010, 2886, 2887.

IV. Postulationsfähigkeit

G 30 **Fall 7:** K hat B beauftragt, für ihn auf seinem Grundstück ein Verwaltungsgebäude zu errichten. Das von B fertig gestellte Gebäude weist zahlreiche Mängel auf, die B trotz Fristsetzung durch K nicht beseitigt. K verklagt nunmehr B vor dem örtlich und sachlich zuständigen Landgericht Hamburg auf Schadensersatz. Die Klageschrift unterschreibt er selbst.

K ist parteifähig und als natürliche volljährige Person auch prozessfähig – in dem Sinne, dass er überhaupt vor Gericht stehen, klagen und verklagt werden kann. Die Prozessfähigkeit bedeutet *im Grundsatz* auch, dass eine Partei wirksam vor Gericht *Prozesshandlungen* vornehmen kann (sog. **Postulationsfähigkeit**). Dieser Grundsatz wird aber in § 78 ZPO spürbar eingeschränkt: So muss sich K nach § 78 I ZPO vor dem Landgericht durch einen Anwalt vertreten lassen. Nur der Anwalt kann also Prozesshandlungen für K vornehmen; da die Klageerhebung eine Prozesshandlung ist, kann auch sie in zulässiger Weise nur von einem Anwalt erhoben werden. Die Klage des K ist daher im **Fall 7** unzulässig. K ist vor dem Landgericht Hamburg *nicht postulationsfähig*.

G 31 Der **praktische Unterschied** zwischen **Prozessfähigkeit** und **Postulationsfähigkeit** zeigt sich **deutlicher** auf der **Beklagtenseite**: Die Klage gegen einen *nicht prozessfähigen*, weil nicht ordnungsgemäß *gesetzlich* vertretenen Beklagten ist *unzulässig*; die Klage gegen einen prozessfähigen, aber nicht postulationsfähigen, weil nicht *anwaltlich* vertretenen Beklagten ist *zulässig*. Wenn der Beklagte keinen Anwalt bestellt, insbesondere keinen solchen zur mündlichen Verhandlung mitnimmt, wird er so behandelt, als wäre er nicht erschienen; er ist *säumig*, sodass gegen ihn ein *Versäumnisurteil* nach § 331 ZPO ergehen kann.

Eine für Anwälte, die als Partei am Rechtsstreit beteiligt sind, wichtige Sonderregelung ist in § 78 IV ZPO vorgesehen: Eine Partei, die *selbst Anwalt* und als solcher bei dem Gericht zugelassen ist, bei dem der Prozess geführt wird, kann sich selbst vertreten.

V. Prozessstandschaft

G 32 Normalerweise streiten die Parteien um eigene Rechte und Pflichten. Prozessstandschaft ist die Befugnis, ausnahmsweise fremde Rechte geltend zu machen oder fremde Pflichten abzuwehren.

1. Gesetzliche Prozessstandschaft

G 33 Ein wichtiger Fall der gesetzlichen Prozessstandschaft wurde oben (sub I., Fall 2) bereits gestreift: der Insolvenzverwalter, der die Verwaltungsbefugnis über das Vermögen des Schuldners und damit auch die Prozessführungsbefugnis über dessen Vermögensgegenstände und Verbindlichkeiten innehat (vgl. § 80 I InsO). Der Insolvenzverwalter macht die Rechte des Schuldners im eigenen Namen geltend (*aktive*

Prozessstandschaft) und wehrt im eigenen Namen die Verbindlichkeiten ab, die den Schuldner nach Behauptung seiner Gläubiger treffen (*passive* Prozessstandschaft). Weitere Fälle:

Fall 8: M und F sind im gesetzlichen Güterstand miteinander verheiratet. M ist Eigentümer eines PKW, den beide für gemeinsame Reisen, für Fahrten zum Arbeitsplatz und bei Besorgungen des täglichen Lebens benutzen. M veräußert den Wagen ohne Zustimmung der F an D. F verlangt von D, den Wagen wieder an M herauszugeben.   **34 G**

Der PKW ist Gegenstand des ehelichen Haushalts. M blieb zwar nach § 1363 II BGB Eigentümer, konnte den Wagen aber nur veräußern und sich hierzu nur verpflichten, wenn F einwilligte (§ 1369 I BGB). Kaufvertrag und Übereignung waren daher schwebend unwirksam; sie konnten nur durch Genehmigung der F noch wirksam werden (§§ 1369 III, 1366 I BGB). F hat die Genehmigung konkludent verweigert, indem sie von D Rückgewähr an M verlangte; deshalb sind Kaufvertrag und Übereignung nach §§ 1369 III, 1366 IV BGB unwirksam.

M kann damit von D nach §§ 985 und 812 I 1 1. Alt. BGB Rückgabe des Wagens verlangen, freilich nur Zug um Zug (§§ 273 I, 274 I BGB) gegen Rückzahlung des Kaufpreises. Nach §§ 1369 III, 1368 BGB kann F diese Ansprüche des M im eigenen Namen geltend machen. Es handelt sich um eine **gesetzliche Prozessstandschaft** – allerdings abweichend vom Insolvenzverwalter nicht um eine ausschließliche, sondern um eine **konkurrierende**: Neben F bleibt M zur Durchsetzung seiner Rechte befugt (vgl. Wortlaut des § 1368 BGB: Es kann *auch* der andere Ehegatte die Ansprüche geltend machen).

Fall 9: M und F leben getrennt; vor dem zuständigen Gericht ist das Scheidungsverfahren anhängig. Aus der Ehe ist Sohn S hervorgegangen, der bei F lebt. F beantragt außer der Scheidung Unterhalt für S.   **35 G**

Die Unterhaltsklage der F wird von ihr als Partei erhoben. F klagt nach § 1629 III 1 BGB in gesetzlicher Prozessstandschaft für S; sie fungiert also nicht etwa als dessen gesetzliche Vertreterin. Die Prozessstandschaft ist eine **ausschließliche**: S kann nicht daneben selbst als Partei klagen. Die *ratio legis* dieser Prozessstandschaft erschließt sich vor dem Hintergrund des Scheidungsverfahrens nach §§ 121 Nr. 1, 133 ff. FamFG: S soll nicht als Partei in den Scheidungsrechtsstreit zwischen M und F mit hineingezogen werden[17].

2. Gewillkürte Prozessstandschaft

Nicht immer leitet sich die Befugnis eines Rechtsfremden, über das Recht eines anderen zu prozessieren, aus dem Gesetz her. Vielmehr beruht diese Befugnis häufig auf   **36 G**

---

17 Näher zu § 1629 III BGB *Gießler*, FamRZ 1994, 800 ff.

dem Willen des Rechtsinhabers. Man spricht dann von **gewillkürter Prozessstandschaft**. Diese ist unter zwei Voraussetzungen zulässig[18]:
*   **Ermächtigung** durch den Berechtigten
*   Eigenes **rechtliches Interesse** des Prozessstandschafters.

a)   auf der Aktivseite

G 37 | **Fall 10:** K hat gegen B eine Forderung aus Darlehen. Diese Forderung verkauft er an X. Als das Darlehen zur Rückzahlung fällig wird, ermächtigt X den K, die Forderung im eigenen Namen gerichtlich geltend zu machen.

K klagt im **Fall 10** in gewillkürter Prozessstandschaft aus dem Recht des X. Eine Ermächtigung durch X liegt vor. Ebenso ist ein eigenes rechtliches Interesse des K gegeben, weil K dem X für den rechtlichen Bestand der Forderung haftet[19], also dafür, dass sie frei von Einwendungen des B ist (§§ 453 I, 434 ff. BGB).

Einen weiteren wichtigen Fall der gewillkürten Prozessstandschaft bildet die Sicherungsübereignung: Der Sicherungsgeber (= Schuldner der gesicherten Forderung) hat ein eigenes rechtliches Interesse daran, die Ansprüche des Sicherungsnehmers (= Gläubiger der gesicherten Forderung) zu verfolgen, die aus dem Eigentum gegen Dritte erwachsen[20]. Denn es gereicht auch zum Vorteil des Sicherungsgebers, wenn das Sicherungsgut unversehrt in seinem Besitz verbleibt: Solange noch keine Verwertungsreife eingetreten ist, kann der Sicherungsgeber für eigene Rechnung damit wirtschaften. Sobald Verwertungsreife eingetreten ist, liegt es im Interesse des Sicherungsgebers, dass der Sicherungsnehmer aus dem Sicherungsgut Befriedigung erlangt und damit die gesicherte Forderung beglichen wird. Unabhängig von der Frage der Verwertungsreife kann die Sicherungsabrede den Sicherungsnehmer verpflichten, an der Stelle von Sicherungsgut, das zerstört oder in die Hände eines Dritten gelangt ist, neue Sicherheiten zu stellen. Werden diese Belange durch das Verhalten eines Dritten in Frage gestellt (etwa durch Diebstahl oder Zerstörung des Sicherungsguts), darf der Sicherungsgeber, sofern der Sicherungsnehmer ihn dazu ermächtigt, gegen den Dritten vorgehen.

Die Prozessführungsermächtigung erlischt, sobald sie vom Rechtsinhaber **widerrufen** wird. Wenn derjenige, der die Ermächtigung erteilt hat, die Forderung später **abtritt**, erlischt die Ermächtigung dann, wenn die Abtretung dem Schuldner offengelegt wird[21]. Denn wegen § 407 I BGB kann der Schuldner in diesem Fall nicht mehr schuldbefreiend leisten, und wegen § 407 II BGB kann er sich auch nicht auf ein ihm günstiges Urteil berufen, das er gegen den Zedenten erstritten hat. Konsequent muss der Schuldner sich auch nicht auf einen Prozess gegen den Zedenten einlassen. Dann aber muss er sich auch nicht auf einen Prozess gegen einen Dritten einlassen, der vom Zedenten zur Prozessführung ermächtigt wurde. Wird die Forderung, über die gestrit-

---

18 Siehe statt vieler BGH NJW 1989, 1932, 1933.
19 BGH NJW 1979, 924, 925; NJW 2003, 2231, 2232; OLG Köln MDR 2008, 165.
20 LG Heilbronn NJW-RR 2015, 1019.
21 BGH NJW 2014, 1970 unter II 2 b bb der Gründe = Rn. 12.

ten wird, freilich erst während des Rechtsstreits abgetreten, so ist § 265 II 1 ZPO zu beachten (dazu unten Rn. 395 ff.): Derjenige, den der bisherige Gläubiger zur Prozessführung ermächtigt hatte, bleibt gemäß dieser Vorschrift auch nach der Abtretung zur Prozessführung befugt[22].

Von der Prozessführungsermächtigung streng zu **unterscheiden** ist die **Einziehungsermächtigung**. Letztere ist geregelt in §§ 362 II, 185 I BGB. Ihre Erteilung hat zur Folge, dass der Ermächtigte Leistung *an sich selbst* verlangen kann. Der Ermächtigte klagt dann nicht mehr in Prozessstandschaft, sondern aus eigener materieller Rechtszuständigkeit. Demgegenüber ist die Prozessführungsermächtigung darauf gerichtet, dass der Prozessstandschafter aus fremder materieller Berechtigung auf Leistung *an den Rechtsinhaber* klagt.

b) auf der Passivseite

Stark **umstritten** ist die Frage, ob eine gewillkürte Prozessstandschaft auch auf *Beklagtenseite* denkbar ist. Dabei sind zwei Fragen zu trennen: **38**
(1) *Kann* der Kläger eine andere Person als den seiner Meinung nach Verpflichteten verklagen, wenn dieser jene Person zur Prozessführung ermächtigt hat?
- **Dagegen**[23]: Eine Prozessführung im eigenen Namen über fremde Pflichten ist ebenso wenig anzuerkennen, wie auf der Ebene des materiellen Rechts die Möglichkeit anzuerkennen ist, durch Erklärung im eigenen Namen Pflichten eines Dritten zu begründen. Diese Möglichkeit besteht selbst dann nicht, wenn der Dritte einverstanden ist; die sog. *Verpflichtungsermächtigung* ist *unzulässig*. Ob das auf die Prozessführung ohne weiteres übertragbar ist, erscheint indes äußerst zweifelhaft: Der passive Prozessstandschafter verpflichtet nicht im eigenen Namen den nach materiellem Recht tatsächlich Verpflichteten, sondern streitet um die Existenz einer bereits begründeten Pflicht.
- **Für** die Möglichkeit einer passiven gewillkürten Prozessstandschaft spricht sich freilich ebenfalls ein Teil der Literatur aus[24].
- **Nach hier vertretener Ansicht** kann die Zulässigkeit der gewillkürten Prozessstandschaft nicht von der Parteirolle abhängen. Die Parallelüberlegung aus dem materiellen Recht, dass niemand einen Dritten ermächtigen kann, durch Erklärung im eigenen Namen Pflichten für ihn zu begründen (Verpflichtungsermächtigung), setzt voraus, dass der materiellrechtlich Verpflichtete im Prozess immer als Beklagter auftritt und der Berechtigte immer als Kläger. Das ist aber gerade *nicht* immer der Fall, wie namentlich § 256 ZPO zeigt: Danach kann die Feststellungsklage auch darauf gerichtet sein, das *Nichtbestehen* eines Rechtsverhältnisses festzustellen, also insbesondere das Nichtbestehen einer Pflicht. Dann tritt der Verpflichtete als Kläger und der Berechtigte als Beklagter auf. Die gewillkürte passive Prozessstandschaft ist daher zulässig.

---

22 BGH NJW 1989, 1932, 1933.
23 *Zöller/Vollkommer*, ZPO, 31. Aufl. 2016, Rn. 43 vor § 50.
24 Stein/Jonas/*Jacoby*, ZPO, 23. Aufl. 2015, Rn. 47 vor § 50.

(2) Wenn man demnach die gewillkürte passive Prozessstandschaft für zulässig hält: *Muss* der Kläger den gewillkürten Prozessstandschafter anstelle des materiellrechtlich Verpflichteten verklagen? Das muss man grundsätzlich verneinen: Niemand kann dem Gläubiger verbieten, den Schuldner persönlich zu verklagen. Anders nur, wenn der Kläger sich selbst dahin gebunden hat, dass er die Klage gegen den Prozessstandschafter richtet.[25]

VI. Streitgenossenschaft

1. Einfache Streitgenossenschaft

G 39 §§ 59, 60 ZPO beschreiben die Voraussetzungen, unter denen mehrere Personen gemeinsam klagen und verklagt werden können. Die mehreren Kläger oder Beklagten sind dann **Streitgenossen**; man spricht also von *Streitgenossenschaft.*

G 40 **Fall 11:** M und F verkaufen an K ein Hausgrundstück, dessen Miteigentümer sie sind. K bezahlt den Kaufpreis. Als M und F nicht leisten, verklagt K sie beide auf Übereignung und Übergabe des Grundstücks.

M und F sind im **Fall 11** einfache Streitgenossen nach § 59 1. Alt. ZPO: M und F stehen als Beklagte in Rechtsgemeinschaft, weil sie Miteigentümer (§§ 1008 ff. BGB) des Grundstücks sind, das sie übereignen sollen (Bruchteilsgemeinschaft nach §§ 741 ff. BGB), bzw. Mitbesitzer (§ 866 BGB) des Grundstücks, das sie übergeben sollen. Außerdem sind sie einfache Streitgenossen nach § 59 2. Alt. ZPO: M und F sind aus demselben rechtlichen Grund, nämlich aus dem mit K geschlossenen Kaufvertrag verpflichtet.

Zur Vertiefung: Nach Ansicht des BGH liegt im Fall 11 sogar eine notwendige Streitgenossenschaft aus materiellrechtlichen Gründen (dazu Rn. 48 ff.) vor. Denn nach § 747 S. 2 BGB könnten mehrere Miteigentümer nur gemeinsam über die Sache verfügen[26]. Diese Sicht überzeugt nicht[27]; denn sie verkennt die Bedeutung des § 747 S. *1* BGB. Danach kann jeder Teilhaber über seinen Anteil an dem Gegenstand verfügen. K könnte also zunächst den M auf Übertragung seines Miteigentums verklagen und, sofern er obsiegt, aus dem Urteil vollstrecken; er wäre dann zusammen mit F Miteigentümer des Grundstücks. Sodann könnte er in einem separaten neuen Prozess F auf Übertragung ihres Miteigentums verklagen. Obsiegt er auch hier, so kann er gegen F die Vollstreckung betreiben und ist dann Alleineigentümer; unterliegt er, so bleibt er zusammen mit F Miteigentümer. Für eine materiellrechtlich notwendige Streitgenossenschaft besteht daher weder Anlass noch Bedürfnis.

---

25 Zutreffend Stein/Jonas/*Jacoby*, ZPO, 23. Aufl. 2014, Rn. 47 vor § 50.
26 BGH NJW 1996, 1060, 1061.
27 Zu Recht ablehnend auch Zöller/*Vollkommer*, ZPO, 31. Aufl. 2016, § 62 Rn. 17.

Fall 12: K wird bei einem Verkehrsunfall verletzt, weil A ihm die Vorfahrt genommen hat. Der Wagen, den A gefahren hat, gehört dem B, der auch als Halter im Fahrzeugbrief steht. Das Auto des B ist bei der C-AG haftpflichtversichert.

41 G

A, B und C sind im **Fall 12** einfache Streitgenossen nach § 60 ZPO: A ist aus §§ 823 I BGB, 18 StVG, B aus § 7 I StVG und C aus § 115 I Nr. 1 VVG verpflichtet, dem K seinen Schaden zu ersetzen. Der tatsächliche Grund ist derselbe (*dieser* Verkehrsunfall), der rechtliche Grund im Wesentlichen gleichartig.

Zur Vertiefung: Wegen § 124 I VVG kann man die Frage erörtern, ob B als Halter (und Versicherungsnehmer) und C als Haftpflichtversicherer sogar *notwendige Streitgenossen aus prozessualen Gründen* sind: Man könnte in § 124 I VVG nämlich eine *Rechtskrafterstreckung* erblicken, die dazu führt, dass das streitige Rechtsverhältnis (Schadensersatzanspruch) im Verhältnis zwischen B und C nur einheitlich festgestellt werden kann. Der BGH[28] hat dies verneint, weil es möglich sei, dass C als Versicherer sich mit Einwänden verteidige, welche dem B als Versicherungsnehmer nicht zustünden; C könne sich etwa auf einen vertraglichen Ausschluss von Haftungsrisiken berufen. Vgl. dazu auch noch unten Rn. 411 ff.

42

Die **gemeinsame Grundaussage** der §§ 59, 60 ZPO ist die Folgende: Wann immer es **zweckmäßig** erscheint, dass über die Klage mehrerer oder gegen mehrere Personen in **einem Prozess** verhandelt und entschieden wird, ist die Streitgenossenschaft zulässig. Mehrere Parteien auf einer Seite bilden aber *rechtlich keine Einheit*: Jeder handelt für sich, ohne dass das irgendwelche Auswirkungen auf den anderen hat (§ 61 ZPO). Es kann also z. B. A den von K geschilderten Unfallhergang gestehen und B ihn bestreiten. Das Gericht muss aber in ein und demselben Prozess eine einheitliche Beweiswürdigung vornehmen. Das bedeutet beim *Geständnis*:

43 G

- A ist nach Maßgabe des zugestandenen Sachverhalts zu verurteilen. Die Möglichkeit, dass das Gericht das Geständnis des A nicht glaubt, gibt es zwar im Straf-, nicht aber im Zivilprozess.
- Für B und C muss das Geständnis des A frei gewürdigt werden, und zwar einheitlich. Das Gericht kann also dem Geständnis nicht im Verhältnis zu B Glauben schenken und den B verurteilen, während es gleichzeitig dies Geständnis gegenüber C anzweifelt.

Fall 13: K verklagt den A auf Zahlung des Kaufpreises aus einem Grundstückskaufvertrag und den B auf Herausgabe seines PKW.

44 G

A und B können weder nach § 59 noch nach § 60 ZPO als Streitgenossen verklagt werden: Beide Ansprüche haben miteinander schlicht nichts zu tun. Deshalb muss aber die Klage des K nicht abgewiesen werden. Vielmehr werden beide Prozesse nach § 145 I ZPO getrennt.

---

28 BGHZ 63, 51, 55.

2. Notwendige Streitgenossenschaft

a) aus prozessualen Gründen

G 45 **§ 62 I 1. Alt. ZPO** nennt als notwendige Streitgenossenschaft den Fall, dass das streitige Rechtsverhältnis allen Streitgenossen gegenüber nur einheitlich festgestellt werden kann. Man spricht hier von einer notwendigen Streitgenossenschaft aus prozessualen Gründen. Sie liegt immer dann vor, wenn sich die **Rechtskraft** des Urteils
gegen einen Streitgenossen, wenn er einzeln verklagt *würde*, auch auf den anderen
Streitgenossen **erstrecken** würde. Die Rechtskrafterstreckung bei einem gedachten
Nacheinander von Prozessen führt zur notwendigen Streitgenossenschaft beim Miteinander der Prozesse (*Rosenberg*).

aa) bei allseitiger Rechtskrafterstreckung

G 46 **Fall 14:** E ist verstorben, hat den im Zeitpunkt des Erbfalls 19 Jahre alten B in einem form-
gültigen Testament zum Alleinerben bestimmt und Testamentsvollstreckung durch T angeordnet, bis B das 25. Lebensjahr vollendet. K behauptet, E habe ihn zu seinen Lebzeiten bei einem
Verkehrsunfall körperlich verletzt, und verklagt B und T auf Schadensersatz.

Der Anspruch ist eine Nachlassverbindlichkeit (§ 1967 II 1. Alt. BGB); für sie haftet
B nach §§ 823 I, 1967 I BGB. K kann sie nach seinem Belieben gegen B, T oder beide
geltend machen (§ 2213 I 1 BGB). Wenn er den T verklagt, wirkt das Urteil auch für
und gegen B (§ 327 II ZPO), und zwar *im Erfolgsfalle ebenso wie im Fall eines
Misserfolgs* (sog. **allseitige Rechtskrafterstreckung**). Deshalb sind B und T prozessual notwendige Streitgenossen.

bb) bei einseitiger Rechtskrafterstreckung

47 **Fall 15:** A ist Aktionär der X-AG. Auf der Jahreshauptversammlung der X richtet er eine
Reihe von Fragen an den Vorstand der X, welche die Verwaltung der von X beherrschten
Beteiligungsgesellschaften betreffen. Der Vorstand verweigert die Auskunft mit dem Bemerken, jene Gesellschaften seien rechtlich selbstständig; Informationen über sie hätten auf der
Hauptversammlung der X nichts verloren. Die Hauptversammlung erteilt im weiteren Verlauf
dem Vorstand Entlastung für das vergangene Geschäftsjahr. A erhebt gegen den Entlastungsbeschluss zunächst Protokollwiderspruch und sodann Anfechtungsklage; B, dem das Gebaren
des Vorstands auf der Hauptversammlung ebenfalls nicht gefallen hat, tut das Gleiche.

Wenn der Vorstand einer AG die Auskunft entgegen § 131 AktG rechtswidrig verweigert, ist der daraufhin von der Hauptversammlung gefasste Entlastungsbeschluss
rechtswidrig und kann nach § 243 I AktG angefochten werden.[29] Im Erfolgsfall werden alle Aktionäre von der Rechtskraft des Urteils begünstigt, § 248 I 1 AktG – *nicht*
aber bei Misserfolg: Die *Abweisung* der Anfechtungsklage wirkt Rechtskraft nur *inter
partes*, nämlich zwischen dem klagenden Aktionär und der Gesellschaft. Man spricht

---

29 Vgl. beispielsweise OLG München AG 2002, 294, 295.

hier von einer **einseitigen Rechtskrafterstreckung**. Sie reicht für eine prozessual notwendige Streitgenossenschaft nach § 62 I 1. Alt. ZPO aus. Deshalb sind A und B prozessual notwendige Streitgenossen.

b) aus materiellrechtlichen Gründen

Wenn das Gesetz in **§ 62 I 2. Alt. ZPO** den Fall nennt, dass die Streitgenossenschaft aus einem sonstigen Grunde eine notwendige ist, so sind damit die Konstellationen gemeint, in denen das materielle Recht gebietet, alle Streitgenossen zusammen zu verklagen, weil ihnen die streitige Berechtigung nur gemeinschaftlich zusteht oder weil sie die streitige Verpflichtung nur gemeinschaftlich erfüllen können. Man spricht dann von einer notwendigen Streitgenossenschaft aus materiellrechtlichen Gründen.
48 G

Fall 16: A, B und C haben sich zu einer Tippgemeinschaft zusammengeschlossen und kaufen jede Woche gemeinsam ein Los. Die Lottogesellschaft L zahlt eines Tages aus Versehen einen Gewinn von 3 Mio. Euro an A, B und C aus, weil sie übersehen hat, dass auf diesem Los eine Ziffer falsch getippt war. Das Geld befindet sich auf einem gemeinsamen Konto von A, B und C. L verlangt von A Rückzahlung.
49 G

aa) Gesamthandsklage

A, B und C sind eine Innengesellschaft bürgerlichen Rechts; für sie gilt die Rechts- und Parteifähigkeit der GbR nach neuerer BGH-Rechtsprechung noch nicht. Sie sind vielmehr *in gesamthänderischer Verbundenheit* Inhaber der Guthabenforderung gegen die kontoführende Bank, § 718 I BGB. Über das Guthaben kann A nach § 719 I BGB nicht allein verfügen. Deshalb kann er auch nicht allein verklagt werden, aus *diesem* Guthaben an L zu leisten; vielmehr muss L die Klage aus § 812 I 1 1. Alt. BGB gegen A, B und C richten. A, B und C sind **materiellrechtlich notwendige Streitgenossen**. Sie müssen, wenn Leistung aus dem Gesellschaftsvermögen begehrt wird, notwendig zusammen verklagt werden. Die Klage der L gegen A allein auf Zahlung der auf diesem Konto liegenden 3 Mio. Euro ist daher *unzulässig*. Wenn L dieses Geld für sich begehrt, muss sie A, B und C gemeinschaftlich verklagen (sog. **Gesamthandsklage**).

bb) Gesamtschuldklage

Die Einzelklage der L gegen A kann nur Erfolg haben, wenn A als Gesamtschuldner neben B und C (§ 421 BGB) auch mit seinem Privatvermögen (außerhalb des Gesellschaftsvermögens) persönlich haftet. Das ist hier abzulehnen, weil A insoweit nichts erlangt hat. Bereicherungsansprüche gegen Gesellschafter einer BGB-Gesellschaft sind allenfalls denkbar, wenn sie sich als Kehrseite einer gescheiterten Vertragsbeziehung begreifen lassen.
50 G

Beispiel: A, B und C sind Eigentümer eines Grundstücks, das sie erworben haben, um dort gemeinsam Freizeitsport zu betreiben. Sie verkaufen das Grundstück an L; der Vertrag ist nichtig. L hat den Kaufpreis schon bezahlt.

A, B und C wären nach § 431 BGB Gesamtschuldner bezüglich der Übereignung des Grundstücks gewesen, wenn der Kaufvertrag wirksam gewesen wäre. A, B und C sind nach § 427 BGB auch Gesamtschuldner bezüglich der Rückgewähr des Kaufpreises, wenn man sagen kann, die Mehrheit von Schuldnern und Gläubigern richte sich im Recht der ungerechtfertigten Bereicherung nach denselben Regeln, denen der Vertrag, seine Wirksamkeit unterstellt, gefolgt wäre. Diese Frage ist hoch **umstritten**:

- Nach einer Meinung[30] ist die Leistungskondiktion die Reaktion des Rechts auf den gescheiterten Versuch der Parteien, ein Schuldverhältnis zu begründen. Wäre nach dem inaugurierten Vertrag eine Gesamtschuld zu bejahen gewesen, so dauere das einigende Band der gemeinsamen Verpflichtung fort; somit sei auch die bereicherungsrechtliche Rückgabepflicht eine Gesamtschuld.
- Nach einer Gegenansicht[31] haftet demgegenüber jeder Empfänger allein auf das, was er selbst erhalten hat. Eine rechtliche Zurechnung der Leistung an die anderen Parteien, die nach dem unwirksamen Vertrag Gesamtschuldner sein sollten, sei nicht möglich, da nicht aus dem Gesetz begründbar.
- Nach einer dritten Auffassung[32] soll eine nach der Art des gescheiterten Vertrags differenzierende Lösung Platz greifen: Wo etwa mehrere Personen ein (nichtiges) Darlehen empfangen hätten, sei die Rückgewährschuld aus § 812 BGB Gesamtschuld, weil auch die vertragliche Rückgewährschuld aus § 488 I 2 BGB eine solche gewesen wäre; da die Darlehensnehmer ohnehin zurückzahlen müssten und das Schuldverhältnis von Anfang an hierauf gerichtet gewesen sei, bleibe es bei der Gesamtschuldvereinbarung. Demgegenüber finde beim nichtigen Kauf- oder Werkvertrag mit mehreren „Verkäufern" oder „Unternehmern" die Kondiktion des Kaufpreises allein beim tatsächlichen Leistungsempfänger bzw., wenn mehrere je einen Teil empfangen haben, bei jedem entsprechend diesem Teil statt. Das müsste m. E. entsprechend für die Miete gelten, wenn auf der *Vermieterseite* mehrere Personen beteiligt sind. Das Argumentationsmuster ist bei Kauf, Miete und Werkvertrag dasselbe: Da Verkäufer, Vermieter und Unternehmer den Kaufpreis, Mietzins und Werklohn nicht kraft originärer vertraglicher Intention mit der Maßgabe erhalten haben, ihn später gemeinsam zurückzuzahlen (wie dies beim Darlehen der Fall wäre), bleibt es dabei, dass der Bereicherungsanspruch sich gegen jeden Einzelnen nur auf das gerade von ihm Empfangene richtet.

G 51 Sofern also eine Gesamtschuld auch im Rahmen des § 812 BGB angenommen wird, beruht dies immer auf dem Gedanken, dass die Empfänger der rechtsgrundlosen Leistung zumindest irgendwann einmal willentlich eine gemeinsame Verbindlichkeit begründet haben. Im **Fall 16** ist eine wertungsmäßig vergleichbare Konstellation ersichtlich *nicht* gegeben: Die Bereicherung ist über A, B und C gegen deren Willen „hereingebrochen". Die Einzelklage der L gegen A (sog. **Gesamtschuldklage**) ist daher zwar zulässig, aber (in Ermangelung eines Bereicherungsanspruchs L gegen A) *unbegründet*.

---

30 *Ehmann*, Die Gesamtschuld, 1972, S. 206 ff.
31 *Selb*, Mehrheit von Gläubigern und Schuldnern, S. 64 f.
32 *Reuter/Martinek*, Ungerechtfertigte Bereicherung, S. 613.

Fall 17: K, L und B betreiben in der Rechtsform der OHG ein Bauunternehmen. K und L   **52 G**
kommen eines Tages dahinter, dass B ein abgeschlossenes Bauvorhaben beim Auftraggeber A
eigenmächtig (und ohne K und L zu informieren) in Rechnung gestellt und den Rechnungsbe-
trag auf sein Privatkonto hat überweisen lassen. K und L klagen daher gegen B auf Ausschluss
aus der Gesellschaft.

Materiellrechtliche Grundlage dieser Klage ist § 140 HGB: Wenn ein Gesellschafter
einer OHG einen wichtigen Grund gesetzt hat, der die Fortsetzung des Gesellschafts-
verhältnisses mit ihm unzumutbar macht, kann dieser Gesellschafter aus der Gesellschaft ausgeschlossen werden. Rechtstechnisch erfolgt der Ausschluss nicht dadurch,
dass dem auszuschließenden Gesellschafter durch einseitige rechtsgestaltende Erklärung gekündigt wird. Vielmehr muss, um das Gesellschaftsverhältnis zu beenden,
Klage erhoben werden. Diese Klage tritt funktional an die Stelle einer rechtsgestal-
tenden Erklärung; sie ist *Gestaltungsklage*: Mit Rechtskraft des Urteils scheidet der
beklagte Gesellschafter aus der Gesellschaft aus. Das Gestaltungsurteil ändert also
konstitutiv die Rechtslage: Es hebt das Gesellschaftsverhältnis mit Wirkung ex nunc
auf.

Die Gestaltungsklage ist die rechtstechnische Verkürzung eines *Anspruchs der einen
Partei auf Umgestaltung der Rechtslage*: Der Gesetzgeber hätte § 140 HGB auch so
fassen können, dass die übrigen Gesellschafter gegen den Ausschlussbeklagten einen
Anspruch auf Einwilligung in sein Ausscheiden aus der Gesellschaft haben. Der Ausschlussklage liegt also ein materiell-rechtlicher Anspruch gegen B zugrunde, aus der
Gesellschaft auszuscheiden. Dieser Ausschlussanspruch steht nach ganz überwiegender Meinung den übrigen Gesellschaftern (hier: K und L) gemeinschaftlich zu; deshalb sind K und L materiellrechtlich notwendige Streitgenossen[33]. Eine Einzelklage
von K oder L wäre *unzulässig*.

c)   Notwendige Streitgenossenschaft bei Schuldnermehrheiten?

Fall 18: K verklagt die X-KG und ihren persönlich haftenden Gesellschafter B auf Erfüllung   **53 G**
einer Kaufpreisschuld aus Warenlieferung; ebenso den C, der sich für die Kaufpreisschuld
verbürgt hat.

Fall 18 wirft Probleme der notwendigen Streitgenossenschaft in zweierlei Richtung
auf:
- Besteht notwendige Streitgenossenschaft zwischen einer OHG/KG und ihrem persönlich haftenden Gesellschafter, wenn ein Gläubiger der Gesellschaft Leistung
  verlangt?
- Besteht notwendige Streitgenossenschaft zwischen dem Hauptschuldner und dem
  Bürgen, wenn der Gläubiger Leistung verlangt?

---

33 Vgl. statt aller BGHZ 30, 195, 197; *Mayer*, Jura 2015, 1095, 1096.

aa) OHG und Gesellschafter

G 54 Man könnte zwischen der X-KG und B prozessual notwendige Streitgenossenschaft annehmen mit der Begründung, die Rechtskraft des Urteils gegen die OHG wirke nach § 129 I HGB auch gegen B. § 129 I HGB ist aber keine Rechtskrafterstreckung. Die Personengesellschaft (hier: X) und ihre Gesellschafter (hier: B) sind daher nicht prozessual notwendige Streitgenossen[34]. Wäre hierin eine Rechtskrafterstreckung enthalten, so stünde mit Verurteilung der Gesellschaft fest, dass auch der Gesellschafter zur Leistung verpflichtet ist. Das müsste zur Konsequenz haben, dass K aus dem Urteil gegen X ohne weiteres auch gegen B vollstrecken kann. Eben dies ist aber nach § 129 IV HGB ausgeschlossen. § 129 I HGB spricht denn auch nicht von Rechtskrafterstreckung, sondern davon, dass B die Einwendungen der X – *materiellrechtlich* – nur geltend machen kann, sofern sie der X noch zustehen. Wenn X verurteilt wird und ihr damit Einwendungen rechtskräftig aberkannt werden, sind jene Einwendungen auch ihrem Gesellschafter B verschlossen. *Diese* Bindung des B an das Urteil gegen X ist aber eine Bindung nicht durch Rechtskraft, also nicht kraft Prozessrechts, sondern kraft *materiellen Rechts*. Das materielle Handelsrecht verwehrt es dem B, Einwendungen geltend zu machen, die der X nicht mehr zustehen. § 129 I HGB bringt die Akzessorietät von Gesellschafts- und Gesellschafterschuld zum Ausdruck. An eine Rechtskrafterstreckung ist deshalb nicht zu denken, weil B sich mit persönlichen Einwendungen verteidigen kann: Ihm sei die Forderung gestundet worden usw. Der Inhalt der Sachentscheidung ist also nicht notwendig der gleiche.

bb) Hauptschuldner und Bürge

G 55 Ebenso wenig besteht prozessual notwendige Streitgenossenschaft zwischen der X-OHG und C: Die Rechtskraft des Urteils gegen die Gesellschaft (X) kann sich nicht auf den Bürgen (C) erstrecken[35]. Der Inhalt der Sachentscheidung ist schon wegen § 768 II BGB nicht notwendig der gleiche. Einreden des Hauptschuldners stehen nach dieser Vorschrift dem Bürgen selbst dann zu, wenn der Hauptschuldner auf sie verzichtet hat. Auch hier kann B außerdem persönliche Einwendungen geltend machen – so zum Beispiel die Einwendung aus § 776 BGB, dass der Gläubiger nicht dingliche Sicherheiten aufgeben und anschließend den Bürgen in Anspruch nehmen darf.

56 **Zur Vertiefung:** Allerdings soll der Bürge sich auf ein dem Hauptschuldner *günstiges* Urteil berufen dürfen. Er soll also die Leistung verweigern dürfen, wenn die Klage des Gläubigers gegen den Hauptschuldner als unbegründet abgewiesen worden sei. *Diese* Urteilswirkung ist aber ebenfalls *keine Rechtskrafterstreckung*, sondern *materiellrechtliche* Folge aus *§ 768 I 1 BGB:* Wenn dem Gläubiger der Anspruch gegen den Hauptschuldner rechtskräftig aberkannt ist, kann dieser, selbst wenn der Anspruch materiellrechtlich dennoch bestehen sollte, mit Rücksicht auf die Rechtskraft die Leistung endgültig verweigern. Die rechtskräftige Klagabweisung gibt daher dem Hauptschuldner eine *peremptorische Einrede*. Auf sie kann sich nach § 768 BGB auch der Bürge berufen[36].

---

34 BGH NJW 1988, 2113; *Mayer*, Jura 2015, 1095, 1100.
35 BGHZ 3, 385, 390; 76, 222, 229 f.; 107, 92, 96; *U. Huber*, JuS 1972, 621, 627; *Jauernig*, ZZP 101 (1988), 361, 376 ff.; MK-*Habersack*, BGB, 6. Aufl. 2013, § 768 Rn. 11; *Schack*, NJW 1988, 865, 870.
36 Zutreffend *Schack*, NJW 1988, 865, 870.

Man mag es vereinfacht so ausdrücken: Die **akzessorische Haftung** führt nicht zur 57 G
prozessual **notwendigen Streitgenossenschaft**, weil
- jedenfalls immer die Möglichkeit verbleibt, dass der akzessorische Schuldner persönliche Einwendungen vorträgt (z. B. er sei nicht Gesellschafter, habe sich nicht wirksam verbürgt, sei vom Gläubiger aus der Haftung entlassen worden usw.)
- und daher denkbar ist, dass die Klage gegen den Primärschuldner (Gesellschaft/Hauptschuldner) Erfolg hat und zugleich die Klage gegen den akzessorisch haftenden Nebenschuldner (Gesellschafter/Bürge) abgewiesen wird.

Allein die Tatsache, dass ein solcher Ausgang des Rechtsstreits möglich ist, steht der Annahme entgegen, dass das Rechtsverhältnis gegenüber Primärschuldner und Nebenschuldner „einheitlich" festgestellt werden muss. Wo aber eine solche einheitliche Feststellung nicht zwingend ist, kann von einer prozessual notwendigen Streitgenossenschaft keine Rede sein

cc) Gesamtschuldner

Fall 19: B und C haben bei der A-Bank gemeinsam ein Darlehen aufgenommen. Als die plan- 57a G
mäßigen Zins- und Tilgungszahlungen ausbleiben, kündigt die A-Bank das Darlehen gegenüber B und C fristlos und verlangt von beiden Rückzahlung des noch offenen Restbetrags.

B und C sind nach § 427 BGB Gesamtschuldner, weil sie gemeinschaftlich das Darlehen aufgenommen und sich gemeinschaftlich zur Rückzahlung des Darlehens (§ 488 I BGB) verpflichtet haben. Deswegen sind sie aber nicht prozessual notwendige Streitgenossen, wie sich klar aus § 425 II BGB ergibt: Das rechtskräftige Urteil gegen einen Gesamtschuldner wirkt nicht gegen den anderen. Eine notwendige Streitgenossenschaft besteht auch nicht aus materiellrechtlichen Gründen; vielmehr zeigt gerade § 421 BGB, dass der Gläubiger nach seinem Belieben jeden Gesamtschuldner einzeln in Anspruch nehmen darf.

VII. Hauptintervention

Fall 20: V hat an B eine Maschine unter Eigentumsvorbehalt geliefert, die B seinerseits zur 58 G
Sicherheit für einen Kredit an die X-Bank übereignet hat. B soll dabei die Maschine für X verwahren. B gerät sowohl gegenüber V als auch gegenüber X mit seinen Zahlungen in Verzug. X kündigt das Darlehen und verklagt den B auf Herausgabe der Maschine zum Zwecke der Verwertung. V tritt nach erfolgloser Fristsetzung vom Kaufvertrag zurück und meint, die Maschine gehöre in Wahrheit ihm. Kann er diese Behauptung im Prozess zwischen X und B vortragen?

Materiellrechtlich liegt der Fall wie folgt:
- V hat einen Anspruch auf Rückgabe der Maschine aus § 346 I BGB, weil er nach § 323 I BGB berechtigt zurückgetreten ist.
- Außerdem folgt der Anspruch aus § 985 BGB. V ist trotz der Veräußerung der Maschine durch B an X Eigentümer geblieben:

- B hatte versucht, die Maschine nach §§ 929, 930 BGB an X zu übereignen. Der Verwahrungsvertrag bildete das Besitzkonstitut; er machte B zum unmittelbaren und X zum mittelbaren Besitzer. Die Verfügung konnte aber nicht nach §§ 929, 930 BGB wirksam werden, weil B noch nicht Eigentümer war und daher nicht als Berechtigter verfügte.
- Allenfalls wäre ein gutgläubiger Erwerb nach §§ 929, 930, 932, 933 BGB in Betracht gekommen. Das hätte aber vorausgesetzt, dass die Maschine an X übergeben worden wäre. Das ist im **Fall 20** gerade nicht erfolgt.
- X hat allerdings die Mobiliaranwartschaft des B analog § 929 S. 1 BGB vom Berechtigten erworben. Diese ist jedoch erloschen, weil die Bedingung für den vollständigen Eigentumserwerb, nämlich die vollständige Kaufpreiszahlung, infolge des Rücktritts des V endgültig ausfällt. V ist also Eigentümer und B Besitzer. Durch den Rücktritt des V ist das Recht des B zum Besitz aus § 433 I 1 BGB entfallen.

59   In **prozessualer** Hinsicht kann V den Herausgabeanspruch im laufenden Prozess zwischen X und B realisieren, indem er als **Hauptintervenient** (**§ 64 ZPO**) auftritt: Diese Intervention erfolgt durch eine Klage gegen X und gegen B, nämlich
- eine Klage gegen B auf Herausgabe und
- eine Klage gegen X auf Feststellung, dass der Herausgabeanspruch ihm und nicht X zusteht.

60   Es gibt mehrere Möglichkeiten, den Sinn und Zweck des § 64 ZPO zu bestimmen:
- Nach h. M.[37] dient § 64 ZPO der Prozessökonomie: Es wird die Notwendigkeit vermieden, dass V eine separate Herausgabeklage gegen B erheben und einen separaten Feststellungsprozess gegen X führen muss. Etwa notwendige Beweise können in einem Prozess erhoben und einheitlich für und gegen alle Parteien gewürdigt werden. Es ergeht ein einheitliches Urteil gegen alle Beteiligten. Damit wird auch die Gefahr vermieden, dass die Eigentumslage im Prozess V gegen B oder V gegen X anders festgestellt wird als im Prozess X gegen B. § 64 ZPO soll also auch dazu dienen, einander widersprechende Entscheidungen zu vermeiden.
- Eine Gegenansicht[38] gibt sich mit dieser Erklärung des Normzwecks nicht zufrieden, sondern misst in § 64 ZPO außerdem einen materiellrechtlichen Gehalt bei: Der Hauptintervenient wehrt sich dagegen, dass ein anderer einen Prozess über ein Recht führt, dass seiner Meinung nach ihm (dem Intervenienten) zusteht. § 64 ZPO aktualisiert auf diese Weise einen *materiellrechtlichen Abwehranspruch*: Die Prozessführung über ein fremdes Recht gegen den Willen seines Inhabers ist eine Störung der Rechtsausübung durch den Berechtigten. § 64 ZPO ist damit funktional eine *Störungsabwehrklage des Intervenienten gegen den Kläger des Ursprungsprozesses*. Am Beispiel des **Falles 20**: V als wahrer Eigentümer braucht es nicht hinzunehmen, dass X als Rechtsfremder einen Herausgabeprozess über die ihm (V) gehörige Sache führt. Um diese Rechtsanmaßung abzuwehren, stellt § 64 ZPO ihm das Instrument der Hauptintervention zur Verfügung.

---

37 Statt aller Wieczorek-*Mansel*, ZPO, § 64 Rn. 7.
38 Grundlegend *Picker*, FS Flume, Band I, 1978, S. 649, 664 ff.

VIII. Nebenintervention und Streitverkündung

Fall 21: Hersteller H liefert an Einzelhändler V Fernsehgeräte. Eines davon verkauft V an K   **G 61**
zum privaten Gebrauch. K bringt das Gerät alsbald wieder zu V zurück, da es nicht funktioniert. K verlangt Reparatur, was V zweimal erfolglos versucht; dabei ist einer seiner Mitarbeiter insgesamt 3 Stunden lang beschäftigt und erhält dafür einen Stundenlohn von 40 Euro
brutto. K tritt schließlich vom Kaufvertrag zurück und verlangt von V im Wege der Klage
Rückgewähr des bereits vollständig bezahlten Kaufpreises.
a) H will den Erfolg der Klage unbedingt verhindern, weil er befürchtet, ansonsten von V in
   Regress genommen zu werden. Was kann er tun?
b) V will seinerseits sichergehen, dass er im Falle einer Niederlage gegen K den H in Regress
   nehmen kann. Was kann er tun?

c) H tritt dem Prozess zwischen V und K bei und beantragt die Vernehmung der Ehefrau des
   K, die bezeugen soll, dass K das Gerät durch eigenes Verschulden beschädigt hat. V meint,
   wenn er damit anfange, verderbe er es sich endgültig mit seinen Kunden, und nimmt den
   Beweisantrag des H zurück. Muss die Ehefrau des K vernommen werden?
d) K obsiegt im Prozess gegen V, der nunmehr gegen H vorgeht. Kann H einwenden, das
   Gerät habe den Defekt bei Übergabe an K noch nicht gehabt?
e) K verklagt nun seinerseits den H: Bei der Bedienung des Geräts habe er infolge des Defekts
   einen elektrischen Schlag abbekommen und ärztlich behandelt werden müssen. K möchte
   von H die Kosten der Heilbehandlung ersetzt haben. Die Ehefrau des K verweigert das
   Zeugnis. H beantragt die Einholung eines Sachverständigengutachtens zum Beweis der
   Tatsache, dass das Gerät niemals defekt war, sondern nur von K unsachgemäß bedient
   worden sein kann. Darf das Gericht das Gutachten einholen und, wenn es die Behauptung
   des H bestätigt, die Klage des K abweisen?

1. Initiative des Intervenienten

Materiellrechtlich stellt sich die Rechtslage wie folgt dar:
- K ist nach zweimaligem erfolglosem Nachbesserungsversuch nach §§ 437 Nr. 2,
  440, 323 I BGB berechtigt ohne Fristsetzung zurückgetreten und hat nach § 346 I
  BGB gegen V einen Anspruch auf Rückgewähr des Kaufpreises.
- Sollte sich erweisen, dass das Gerät bereits bei Gefahrübergang von *H an V* mangelhaft war, steht dem V *gegen H* bezüglich *dieses* Geräts das Recht zu, nach
  §§ 437 Nr. 2, 323 I BGB vom Kaufvertrag zurückzutreten, und zwar, da er es im
  Verhältnis zu K mit Rücksicht auf den Sachmangel zurücknehmen *musste*, nach
  § 478 I BGB *ohne Fristsetzung*. Außerdem kann V in diesem Fall von H nach
  § 478 II BGB Ersatz für die nutzlos aufgewendeten Arbeitskosten in Höhe von
  120 Euro verlangen; denn diesen Aufwand hatte er nach § 439 II BGB gegenüber
  K selbst zu tragen. Dass der Nachbesserungsversuch misslungen ist, steht der
  Ersatzfähigkeit dieser Aufwendungen nicht entgegen: Die Struktur von Aufwen-
  dungsersatzansprüchen nach dem BGB ist durchweg dadurch gekennzeichnet, dass
  Aufwendungen ersetzt verlangt werden können, wenn derjenige, der sie getätigt
  hat, sie *ex ante für erforderlich halten durfte* (vgl. § 670 BGB) und daher ohne
  Rücksicht darauf, ob sie im Nachhinein auch tatsächlich den erwünschten Erfolg
  erbracht haben.

G 62 In **prozessualer** Hinsicht hat H daher ein erhebliches rechtliches Interesse daran, dass V den Prozess gegen K *gewinnt*: Dann wird V nicht auf die Idee kommen, gegen ihn (H) Regressansprüche der vorbezeichneten Art geltend zu machen. Um dies Interesse zu verwirklichen, kann H aufseiten des V als **Nebenintervenient** (auch genannt: Streithelfer) beitreten (**Fall 21a**), um Tatsachen vorzutragen, die eine Niederlage des V verhindern, die also die Annahme begründen, dass entweder bei Gefahrübergang kein Fehler vorlag oder aber die Voraussetzungen eines Rücktrittsrechts noch nicht gegeben waren.

62a **Zur Vertiefung:** § 66 ZPO fordert ein *rechtliches Interesse.* Der BGH definiert dieses rechtliche Interesse dahin, dass die Entscheidung über das Rechtsverhältnis des Hauptprozesses auf das Rechtsverhältnis zwischen dem Nebenintervenienten und der von ihm unterstützten Partei einwirkt[39]. Im **Fall 21a** ist das der Fall; denn wenn die Klage des K gegen V abgewiesen wird, braucht H keine Regressansprüche des V zu befürchten. *Nicht ausreichend* ist ein sog. tatsächliches oder wirtschaftliches Interesse. Insbesondere kann man nicht in einen fremden Rechtsstreit intervenieren, weil sich dort die gleichen Rechtsfragen stellen wie in einer rechtlichen Auseinandersetzung, in die man selbst verstrickt ist[40]. Diese Einsicht erlangt insbesondere im Rahmen von Prozessen Bedeutung, die sich um die Inhaltskontrolle von AGB ranken: Steht die Wirksamkeit einer Klausel zwischen zwei Parteien im Streit, so kann ein Dritter nicht mit der Begründung intervenieren, er verwende die gleich Klausel bzw. sei als Klauselgegner von der gleichen Klausel betroffen[41]. *Beispiel:* Käufer K hat bei Händler V einen mangelhaften Gebrauchtwagen gekauft; V verweigert die Rückabwicklung unter Hinweis auf eine Klausel in seinen AGB, deren Wirksamkeit K in Zweifel zieht. Händler H verwendet im Geschäftsverkehr mit seinen Kunden die gleiche Klausel und erfährt von dem Rechtsstreit zwischen K und V. H hat hier gewiss ein Interesse daran, dass das Gericht die Klausel für wirksam erklärt und V daher obsiegt. Denn ein solches Urteil würde seine eigene Position stärken, wenn er mit einem seiner Kunden in einen ähnlichen Konflikt geriete. Aber das ist eben kein *rechtliches* Interesse i. S. des § 66 ZPO. Denn ein Rechtsverhältnis, das H zu einer der Parteien unterhielte und dessen rechtliche Bewertung vom Ausgang des Prozesses zwischen V und K abhängig wäre, ist nirgends ersichtlich. H kann daher nicht mit der Begründung intervenieren, er wünsche sich, dass die Wirksamkeit der Klausel gerichtlich festgestellt werde.

2. Initiative der Hauptpartei

G 63 Wenn V selbst den Beitritt des H wünscht (**Fall 21b**), kann er ihm nach § 72 I ZPO den Streit verkünden. Die **Streitverkündung** ist zulässig, weil V für den Fall einer Niederlage gegen K einen Anspruch auf Gewährleistung (§§ 437 Nr. 2, 478 I, 323 I BGB) bzw. Schadloshaltung (§ 478 II BGB) gegen H haben kann. Die Nebenintervention wird nach § 70 I ZPO, die Streitverkündung nach § 73 ZPO mittels Schriftsatzes erklärt.

Die Streitverkündung zwingt den Empfänger (hier: H) nicht zum Beitritt. Wenn er diesen ablehnt, wird nach § 74 II ZPO der Prozess ohne Rücksicht auf ihn fortgesetzt.

---

39 BGH NJW-RR 2011, 907 Rn. 10; BGH NJW 2016, 1018 Rn. 13.
40 BGH NJW 2016, 1018 Rn. 13.
41 BGH NJW–RR 2011, 907 Rn. 11.

Zur Vertiefung: 63a

(1) § 72 ZPO dient dem Schutz der Partei, die sich in zwei inhaltlich voneinander abhängigen Rechtsverhältnissen befindet und befürchten muss, dass diese Rechtsverhältnisse vor unterschiedlichen Gerichten verhandelt werden und jene Gerichte immer zu der für die Parte jeweils ungünstigeren Auffassung gelangen. Der **Wortlaut** des § 72 ZPO ist gemessen an dieser Zielsetzung etwas **zu eng** geraten. Das zeigt sich etwa an folgendem Fall: V vermietet Räume an M, dieser vermietet sie weiter an U. U macht gegenüber M Mängel geltend, die Räume wiesen Mängel auf und die Miete sei daher nach § 536 I BGB gemindert. M tut seinerseits gegenüber V das gleiche und wird daher von V auf Zahlung der vollen Miete verklagt. Wenn das Gericht nunmehr feststellt, dass dem Objekt keine Mängel anhaften, bedeutet dies, dass auch U gegenüber M kein Minderungsrecht zusteht. M hat also im Fall einer Niederlage gegenüber V einen Anspruch gegen U auf Zahlung der vollen Miete. Dieser Anspruch M gegen U ist aber nicht, wie es der Wortlaut des § 72 ZPO an sich fordert, ein Anspruch auf „Gewährleistung" oder „Schadloshaltung", sondern ein primärer Erfüllungsanspruch. Gleichwohl hat der BGH mit Recht die Streitverkündung des M an U für zulässig erachtet[42]. Die Interventionswirkung zwischen M und U (§§ 74 III, 68 ZPO) kann freilich nur insoweit greifen, als der vertragliche Gebrauchszweck in beiden Mietverhältnissen identisch ist[43]: Was im Hauptmietverhältnis eine Beeinträchtigung des vertragsmäßigen Gebrauchs begründet, zieht im Untermietverhältnis die gleiche Folge nur insoweit nach sich, als der dort vereinbarte vertragsmäßige Gebrauch ebenfalls die Freiheit des Mietobjekts von den von M im Vorprozess gerügten Defiziten erfordert. In gleicher Weise ist die Streitverkündung zulässig, wenn die Frage einer wirksamen Stellvertretung im Raum steht: Wenn jemand seinen Vertragspartner auf Erfüllung verklagt und dieser einwendet, er sei bei Vertragsschluss vollmachtlos vertreten worden, mag der Kläger dem Vertreter den Streit verkünden. Denn wenn er den Prozess gegen seinen Vertragspartner aus diesem Grunde verliert, steht ihm gegen den Vertreter ein Anspruch aus § 179 BGB zu[44]. Wenn bei einer Vertragsübernahme zweifelhaft ist, ob eine bestimmte Verbindlichkeit mit auf den neu eintretenden Vertragspartner übergegangen ist, kann der Gläubiger dieser Verbindlichkeit wahlweise den bisherigen oder den neuen Vertragspartner verklagen und dem jeweils anderen den Streit verkünden[45]. Allgemein gewendet gilt § 72 ZPO immer dann, wenn der ungünstige Ausgang des Erstprozesses einen für den Streitverkünder günstigen Ausgang des Zweitprozesses erhoffen lässt[46].

(2) **Zweifelsfrei** vom Begriff Schadloshaltung erfasst sind **Rückgriffsansprüche** aller Art. Wenn etwa der Gläubiger den Bürgen verklagt und dieser sich mit dem Einwand wehrt, es bestehe keine Hauptforderung, kann der Bürge dem Hauptschuldner den Streit verkünden. Denn wenn der Bürge unterliegt, hat das Gericht unter anderem das Bestehen der Hauptforderung festgestellt. Nimmt der Bürge anschließend beim Hauptschuldner Regress (§ 774 I 1 BGB), kann dieser im Folgeprozess die Existenz der Hauptverbindlichkeit nicht mehr in Frage stellen[47]. Ebenso kann ein Gesamtschuldner, der vom Gläubiger belangt wird, dem anderen Gesamtschuldner mit Blick auf den Regressanspruch aus § 426 BGB den Streit verkünden[48].

(3) In dem Prozess, in dem eine Partei einem Dritten den Streit verkündet, wird die Zulässigkeit der Streitverkündung noch nicht geprüft. Diese Prüfung findet erst im Folgeprozess zwischen demjenigen, der den Streit verkündet hat, und dem Empfänger der Streitverkündung statt.[49] Nur wenn die Streitverkündung im Vorprozess zulässig war, kommt eine Interventionswirkung nach §§ 74 III, 68 ZPO in Betracht.

---

42 BGHZ 179, 361 Rn. 23 ff.
43 *Peters*, JR 2010, 161, 162.
44 *Knöringer*, JuS 2007, 335, 338.
45 BGH NJW 2010, 3576 f.
46 So auch (statt vieler) *Knöringer*, JuS 2007, 335, 338; *Schreiber*, Jura 2011, 503, 505 f.
47 *Schmitt/Wagner*, Jura 2014, 372, 378 f.
48 *Ghassemi-Tabar/Eckner*, MDR 2012, 1136, 1138.
49 BGHZ 188, 193 Rn. 7; OLG Köln NJW 2015, 3317 Rn. 2.

(4) Die Zustellung der Streitverkündungsschrift hemmt nach § 204 I Nr. 6 BGB die Verjährung. Diese Wirkung tritt im **Fall 21b** ohne weiteres ein, weil zugunsten des V ein Streitverkündungsgrund besteht. Nach Ansicht des BGH ist § 204 I Nr. 6 BGB dagegen *nicht* anwendbar, wenn eine Partei einem Dritten den Streit verkündet, obwohl es an einem Streitverkündungsgrund *fehlt* oder die Streitverkündung aus einem anderen Grunde unzulässig ist[50] Überzeugen kann das nicht[51]: Mit der Streitverkündung – egal ob zulässig oder nicht – ist der Streitverkündungsempfänger gewarnt, dass aus Anlass des aktuellen Prozesses ein potentieller Folgerechtsstreit auf ihn zukommt. Das allein ist für die Hemmung der Verjährung entscheidend.

3. Die Abhängigkeit des Intervenienten von der Hauptpartei

G 64   Der Intervenient hat allerdings auf den ersten Blick von seinem Beitritt nur Nachteile zu erwarten. Einer davon steht in § 67 ZPO: Der Intervenient kann **keine Prozesshandlungen im Widerspruch zur Hauptpartei** vornehmen. V kann also Beweisanträge des H, ja selbst ein von H eingelegtes Rechtsmittel zurücknehmen. Die Ehefrau des K muss daher im **Fall 21c** nicht vernommen werden, ja sie darf es nicht einmal: Zeugen dürfen ohne wirksamen Beweisantrag einer Partei nicht vernommen werden. Das kommt im Gesetz zum Ausdruck in § 373 ZPO: Der Zeugenbeweis wird dadurch angetreten, dass eine Partei den Zeugen benennt. In die gleiche Richtung weist § 273 II Nr. 4 ZPO: Zur Vorbereitung der mündlichen Verhandlung darf das Gericht Zeugen nur laden, wenn sich eine Partei auf sie berufen hat (während die Vorlegung von Urkunden, die Einnahme eines Augenscheins und der Sachverständigenbeweis auch von Amts wegen angeordnet werden können, §§ 273 II Nr. 5, 142, 144 ZPO).

65   **Zur Vertiefung:** *Ausnahmsweise* kann der Intervenient Prozesshandlungen gegen den Widerspruch der unterstützten Hauptpartei vornehmen, wenn die Rechtskraft für sein Rechtsverhältnis zum Gegner der Hauptpartei von Bedeutung ist. In diesem Falle ist er *streitgenössischer Nebenintervenient* (§ 69 ZPO). **Beispiel:** A ficht einen Hauptversammlungsbeschluss der X-AG an; Mitaktionär B tritt als Nebenintervenient bei. Die Intervention ist eine streitgenössische nach § 69 ZPO, weil das stattgebende Anfechtungsurteil nach § 248 AktG auch Rechtskraft zwischen B und X wirkt. Im **Fall 21** liegt jedoch eine vergleichbare Konstellation nicht vor: Das Urteil zwischen K und V hat für sich gesehen gegen H keine Wirkung.

4. Die Interventionswirkung

a) Die Sperre des § 68 ZPO

G 66   Der zweite Nachteil, den der Nebenintervenient zu gewärtigen hat, ist die **Interventionswirkung**: Wenn V nunmehr H verklagt, wird H nach § **68 S. 1 ZPO** nicht mit der Behauptung gehört, der Prozess zwischen V und K sei zu seinem Nachteil unrichtig entschieden worden. Wenn also das Gericht dort einen bestimmten Defekt als Mangel bewertet hat, ist dies nun im Prozess zwischen V und H ebenso hinzunehmen wie die Annahme, K sei nach § 440 BGB trotz fehlender Fristsetzung berechtigt zurückge-

---

50 BGHZ 175, 1 Rn. 11 ff.; BGHZ 179, 361 Rn. 18 ff.
51 Berechtigte Kritik bei *Althammer/Würdinger*, NJW 2008, 2620 f.

treten. Die Annahme, der Fehler sei bereits bei Übergabe vorhanden gewesen, darf H allerdings im **Fall 21d** nach **§ 68 S. 2 ZPO** mit dem Hinweis in Frage stellen, er sei an seinem Angebot, die Ehefrau des K zu dessen eigener Verantwortlichkeit für den Defekt zu hören, durch den Widerspruch des V gehindert worden. H kann daher nunmehr die Vernehmung der Ehefrau beantragen, die allerdings nach § 383 I Nr. 2 ZPO das Zeugnis verweigern darf.

b) Keine Interventionswirkung zugunsten des Intervenienten

Die einfache Nebenintervention nach § 66 ZPO hat daher kaum praktische Bedeutung, wohl aber die Streitverkündung; denn nach § 74 III ZPO gilt die Interventionswirkung zugunsten des Streitverkünders und zulasten des Empfängers auch dann, wenn dieser *nicht* beitritt. Die Interventionswirkung gilt dagegen *niemals zugunsten des Intervenienten*[52]. Wenn also das Gericht etwa festgestellt hätte, K hätte vor dem Rücktritt nach § 323 I BGB eine Frist setzen müssen, so hätte V trotzdem im Folgeprozess gegen H mit der Begründung obsiegen können, er habe das Gerät infolge eines Mangels zurücknehmen müssen, weil K berechtigt zurückgetreten sei, und könne daher seinerseits nach §§ 437 Nr. 2, 478 I, 323 I BGB zurücktreten. **67 G**

c) Keine Interventionswirkung zugunsten des Gegners der Hauptpartei

Die Klage des K (§ 1 ProdHG oder § 823 I BGB in der Form der deliktischen Produzentenhaftung) gegen H muss im **Fall 21e** komplett neu verhandelt und entschieden werden. Für sie spielt § 68 ZPO keine Rolle, weil die Vorschrift nur zwischen Intervenient und der *unterstützten Hauptpartei*, also hier zwischen H und V gilt, *niemals* aber zwischen Intervenient und *Gegner* der Hauptpartei[53]. K kann sich also auf die Feststellung im Prozess zwischen ihm und V, dass ein Defekt vorhanden gewesen sei, im Prozess gegen H nicht berufen. Die Frage wird vielmehr neu aufgerollt und unter Würdigung des Sachverständigengutachtens entschieden werden. Die Klage des K gegen H wird daher abgewiesen werden, wenn das Gutachten den Vortrag des H bestätigt. **68 G**

IX. Zusammenfassung: Wichtige Grundbegriffe **69 G**

Partei	**Kläger:** Derjenige, der im eigenen Namen Rechtsschutz begehrt. **Beklagter:** Derjenige, gegen den Rechtsschutz begehrt wird.
Parteifähigkeit	Setzt Rechtsfähigkeit voraus, § 50 I ZPO.
Prozessfähigkeit	Setzt voraus, dass sich die Partei durch Verträge verpflichten kann. Sofern das nicht der Fall ist: Gesetzliche Vertretung der Partei notwendig.

---

52 BGH NJW 2016, 1018 Rn. 21; BGH NJW 1997, 2385, 2386; OLG Saarbrücken NJW 2010, 3662, 3664 f.
53 BGH NJW 1993, 122, 123; aus der Literatur statt vieler *Schmitt/Wagner*, Jura 2014, 372, 377; *Schreiber*, Jura 2011, 503, 504.

Postulationsfähigkeit	Ist in Anwaltsprozessen (§ 78 I ZPO) nur gegeben, wenn die Partei anwaltlich vertreten ist.
Prozessstandschaft	Kläger klagt *im eigenen Namen*, aber *aus fremdem Recht*. Klage ist gerichtet *auf Leistung an den Rechtsinhaber*. **Wichtiger Gegenbegriff: Einziehungsermächtigung**: Wer zur Einziehung ermächtigt ist, darf nach §§ 362 II, 185 I BGB Leistung *an sich selbst* fordern.
Streitgenossenschaft	Mehrere Parteien klagen zusammen (aktive Streitgenossenschaft) oder werden zusammen verklagt (passive Streitgenossenschaft).
Notwendige Streitgenossenschaft	Aus **prozessualen Gründen** (§ 62 I 1. Alt. ZPO): Entscheidung kann nur einheitlich ergehen, weil Rechtskraft des Urteils gegen einen Streitgenossen, würde er einzeln klagen oder verklagt werden, sich auf den anderen erstrecken würde. Streitgenossen können einzeln klagen oder verklagt werden; *wenn* sie aber gemeinsam verklagt werden, sind sie notwendige Streitgenossen. Aus **materiellrechtlichen Gründen**: Gemeinsame Rechtsinhaberschaft bzw. gemeinsame Verfügungsmacht über den Streitgegenstand. Parteien können nur gemeinsam klagen bzw. verklagt werden; Klage einzelner oder gegen einzelne ist unzulässig. **Rechtsfolge**: Vertretungsfiktion des § 62 ZPO.
Nebenintervention	Beteiligung einer Person am Rechtsstreit, die nicht Rechtsschutz begehrt und gegen die auch nicht Rechtsschutz begehrt wird (deshalb keine Partei), die aber als Dritter am Ausgang des Rechtsstreits interessiert ist und deshalb auf das Verfahren Einfluss zu nehmen sucht. Zulässig, wenn rechtliches Interesse (§ 66 ZPO).
Streitverkündung	Prozessuales Instrument, mit dessen Hilfe eine Partei, die für den Fall ihres Unterliegens Ansprüche gegen Dritte reklamiert oder von Ansprüchen Dritter freigestellt zu sein glaubt, in den Prozess einbezieht (§ 72 ZPO). **Hintergrund**: Partei will, dass Dritter im Folgeprozess die Richtigkeit des Urteils im ursprünglichen Prozess nicht mehr in Frage stellen darf (§ 68 ZPO).
Hauptintervention	Prozessuales Instrument, mit dessen Hilfe eine Partei einen Anspruch, den ein Dritter einklagt, den sie aber ausschließlich für sich selbst reklamiert, im laufenden Verfahren geltend macht: Klage gegen den Urbeklagten auf Leistung und gegen den Urkläger auf Feststellung, dass Anspruch statt diesem dem Hauptintervenienten zusteht.

Übersicht 1: Die Fähigkeit, vor Gericht aufzutreten **70 G**

Parteifähigkeit
Parteifähig ist, wer *überhaupt* klagen und verklagt werden kann: • jede natürliche Person • jede juristische Person • OHG und KG • nach BGH: auch Außengesellschaft bürgerlichen Rechts; ebenso Gewerkschaft in der Rechtsform des nicht rechtsfähigen Vereins *Fehlende Parteifähigkeit* auf Kläger- oder Beklagtenseite macht die Klage *unzulässig*.

Prozessfähigkeit
Fähigkeit eines parteifähigen Subjekts, sich selbst im Prozess zu vertreten. Sie **fehlt** • bei nicht oder beschränkt geschäftsfähigen natürlichen Personen, § 52 ZPO • bei juristischen Personen dann, wenn sie kein Vertretungsorgan (Vorstand, Geschäftsführer) haben. *Fehlende Prozessfähigkeit* auf Kläger- oder Beklagtenseite macht die Klage *unzulässig*.

Postulationsfähigkeit
Fähigkeit eines partei- und prozessfähigen Subjekts, wirksame *Prozesshandlungen* vorzunehmen. • Grundsätzlich bei jeder prozessfähigen Partei gegeben • Ausnahme: Anwaltszwang nach § 78 ZPO *Fehlende Postulationsfähigkeit* des Klägers im Zeitpunkt der Klageerhebung führt zur Unzulässigkeit der Klage. Fehlende Postulationsfähigkeit des Klägers zu einem späteren Zeitpunkt sowie des Beklagten allgemein führt zur Unwirksamkeit der jeweiligen Prozesshandlung. Entgegen § 78 I ZPO in der mündlichen Verhandlung nicht vertretene Partei ist im Sinne der §§ 330 ff. ZPO *säumig*.

G 71 **Übersicht 2:** Prozessstandschaft

Prozessstandschaft

Befugnis, im eigenen Namen aus einem *fremden Recht* zu klagen (aktive Prozessstandschaft) oder eine *fremde Verpflichtung* abzuwehren (passive Prozessstandschaft).

Gewillkürte Prozessstandschaft

Prozessführungsbefugnis der prozessführenden Partei (sog. Prozessstandschafter) leitet sich vom *Willen des Rechtsinhabers* her. Auf *Klägerseite* unstreitig möglich, auf Beklagtenseite strittig.

Voraussetzungen:

- Ermächtigung des Prozessstandschafters durch den Rechtsinhaber
- Eigenes rechtliches Interesse des Prozessstandschafters an der Rechtsverfolgung

---

Gesetzliche Prozessstandschaft

Prozessführungsbefugnis der prozessführenden Partei leitet sich aus dem Gesetz her. Sowohl auf Klägerseite als auch auf Beklagtenseite möglich.

Ausschließliche gesetzliche Prozess-standschaft: Es ist *nur* der Prozessstandschafter zur Prozessführung befugt.

Beispiel: Insolvenzverwalter (§ 80 I 2 InsO); Elternteil bei Streit um Kindesunterhalt im Scheidungsverbund, § 1629 III BGB

Konkurrierende gesetzliche Prozessstandschaft: Es bleibt neben dem Prozessstandschafter *auch* der Rechts-inhaber selbst zur Prozessführung befugt.

Beispiel: Revokationsrecht des Ehegatten bei Verfügung des anderen Ehegatten über Gegenstände des ehelichen Haushalts, § 1368 BGB

§ 2   Gegenstand des Rechtsstreits

I.   Klagearten

1.   Leistungsklage

Fall 22: V hat an K ein Grundstück verkauft und übereignet und verlangt im Wege der Klage   72 G
Zahlung des Kaufpreises.
a) Der Kaufpreis ist sofort fällig.
b) Der Kaufpreis ist am 1.4.2018 fällig.
c) V muss noch eine Grundschuld beseitigen, die auf dem Grundstück lastet. Der Kaufpreis
   wird nach den Vereinbarungen zwischen V und K erst fällig, wenn die Grundschuld gelöscht ist. K hat aber erklärt, er werde so oder so nicht bezahlen, da der Boden auf dem
   Grundstück mit Altlasten aus einer Mülldeponie kontaminiert sei, die in den 1970er-Jahren
   betrieben worden sei. V bestreitet dies und besteht auf Zahlung nach Löschung der Grundschuld.

Fall 22a zeigt den klassischen Fall einer **Leistungsklage**: V erhebt Klage auf gegenwärtige Leistung, nämlich auf Zahlung des Kaufpreises. Eine solche Klage ist grundsätzlich *immer zulässig*, es sei denn, dem Kläger fehlt ausnahmsweise das Rechtsschutzbedürfnis. Die Bedürfnis ist dem Kläger nur dann abzusprechen, wenn er sein
Recht auf einem einfacheren und billigeren Weg erhalten kann – etwa indem er aus
einem Prozessvergleich (§ 794 I Nr. 1 ZPO) oder aus einer notariellen Urkunde
(§ 794 I Nr. 5 ZPO) vollstreckt[1].

Im **Fall 22b** begehrt V die Zahlung des Kaufpreises nicht jetzt, sondern zu einem
späteren Zeitpunkt: Seine Klage ist eine Klage auf **künftige Leistung**. Sie ist nach
§ 257 ZPO zulässig: Der Anspruch des V aus § 433 II BGB war zwar von einer
Gegenleistung – Übereignung und Übergabe des Grundstücks – abhängig, ist es aber
jetzt nicht mehr, weil V jene Gegenleistung bereits erbracht hat.

Im **Fall 22c** erhebt V ebenfalls eine Klage auf künftige Leistung. Sie ist nach § 259
ZPO zulässig, da die Besorgnis besteht, dass K sich der streitigen Verpflichtung zur
Zahlung des Kaufpreises entziehen werde. An die „Besorgnis der Entziehung" sind
keine allzu strengen Voraussetzungen zu stellen. Vielmehr genügt es, dass
• der Beklagte den geltend gemachten Anspruch ernstlich bestreitet[2];
• oder Zahlungsunfähigkeit des Beklagten eingetreten ist[3];
• oder der Beklagte die Forderung trotz Fälligkeit und Klage nicht erfüllt hat[4].

---

1   Vgl. *Schreiber*, Jura 2004, 385, 386.
2   Zuletzt BGH NJW 2003, 1395; MDR 2005, 1364, 1365.
3   BGH NJW 2003, 1395 f.
4   *Gsell*, JZ 2004, 110, 115 m. w. N.

Im **Fall 22c** behauptet K einen wirksamen Rücktritt vom Kaufvertrag nach § 323 I BGB und somit das Erlöschen des Kaufpreisanspruchs nach § 346 I BGB. Ein ernstliches Bestreiten liegt damit vor. Die Klage ist nach § 259 ZPO zulässig.

G 73 **Fall 23:** F ist vom M geschieden und verklagt ihn auf Zahlung von Ehegattenunterhalt (§§ 1569 ff. BGB) in Höhe von monatlich 500 Euro ab dem 1.2.2016.

Im **Fall 23** begehrt F ebenfalls eine künftige Leistung, nämlich Unterhalt für die Zukunft. Es wäre wenig praxisgerecht, wenn sie jeden Monat den Unterhalt neu einklagen müsste. Deshalb lässt § 258 ZPO eine Klage auf künftige wiederkehrende Leistung zu. Wird M verurteilt, so hat er auf unbestimmte Zeit monatlich den ausgeurteilten Betrag an F zu zahlen. Ändern sich die Umstände, aufgrund derer M zum Unterhalt verpflichtet ist, und entfällt oder sinkt dadurch die Unterhaltspflicht, so kann M nach § 323 ZPO *Abänderungsklage* mit dem Ziel erheben, den monatlichen Unterhaltsbetrag abzusenken. Umgekehrt kann F mit dem Ziel Abänderungsklage erheben, den Unterhaltsbetrag zu erhöhen, wenn Umstände eintreten, welche eine Erhöhung des geschuldeten Unterhalts nahelegen. Gerade bei Unterhaltsprozessen darf freilich nicht unbesehen auf die Vorschriften der ZPO zurückgegriffen werden. Denn es gelten die Vorschriften des Gesetzes über das Verfahren in Familiensachen sowie in Angelegenheiten der freiwilligen Gerichtsbarkeit (FamFG). Für die Zulässigkeit eines Antrags auf künftige wiederkehrende Leistung verweist § 113 I 2 FamFG auf § 258 ZPO; an die Stelle der Abänderungs*klage* tritt nach §§ 238 ff. FamFG der Abänderungs*antrag*.

G 74 **Fall 24:** M hat beim Verlag Z eine Tageszeitung zum monatlichen Abonnementspreis von 20 Euro bestellt. Z verklagt M auf Zahlung des monatlichen Abonnementspreises ab dem 1.2.2016.

Der Abonnementspreis wird jeden Monat aufs Neue fällig; es handelt sich also um eine künftige wiederkehrende Leistung. § 258 ZPO will dem Gläubiger solcher Leistungen ersparen, eine Vielzahl von Prozessen führen bzw. anhängige Klagen mit jeder neuen fälligen Rate nach § 264 Nr. 2 ZPO erweitern zu müssen. Dieses Interesse darf indes nicht zu einer Schlechterstellung des Schuldners führen, insbesondere darf er nicht sehenden Auges wegen Einwendungen, die aller Voraussicht nach entstehen werden, auf §§ 323 oder 767 ZPO verwiesen werden. Daher ist anerkannt, dass die Anwendung von § 258 ZPO ausscheidet, wenn die eingeklagte künftige Leistung von einer *Gegenleistung abhängig ist*, die dem Beklagten entsprechende Einwendungen eröffnet, wenn sie nicht oder nicht ordnungsgemäß erbracht wird[5]. In Fall 24 scheidet daher die Anwendung des § 258 ZPO aus.

75 **Zur Vertiefung:** Welche auf künftige wiederkehrende Leistungen gerichtete Forderungen in diesem Sinne von einer Gegenleistung abhängig sind, ist in Einzelfällen zweifelhaft. So neigt der BGH dazu, die Klage aus § 546a BGB auf künftige Fortzahlung der Vertragsmiete bei verspäteter Rückgabe *nicht* nach § 258 ZPO zuzulassen: Dieser Anspruch trete als vertraglicher Anspruch

---

5 Grundlegend RGZ 61, 333. Vgl. ferner *Schreiber*, Jura 2009, 754, 755; Zöller/*Greger*, ZPO, 31. Aufl. 2016, § 258 Rn. 1.

eigener Art an die Stelle des Mietzinsanspruchs und finde seine Ursache gleichfalls in der Gewährung einer Leistung durch den Vermieter[6]. Dieser Beurteilung ist nur im Ergebnis, nicht aber in der Begründung zuzustimmen: Nach Beendigung des Mietverhältnisses entfällt die für den Mietvertrag typusprägende Instandhaltungspflicht des Vermieters. Der Vermieter erbringt keine „Leistung" an den Mieter; vielmehr nimmt sich der Mieter von sich aus den Nutzungsvorteil an der Mietsache gegen den Willen des Vermieters. Demgegenüber erscheint es angezeigt, sich zu besinnen, *warum* man § 258 ZPO nicht anwendet, wenn die Klageforderung von einer Gegenleistung abhängt: Es handelt sich um eine *teleologische Reduktion* der Norm. Das Entscheidende an § 258 ZPO ist die damit verbundene Erleichterung für den Kläger: Er kann aus einem stattgebenden Urteil so lange vollstrecken, bis der Beklagte mit Erfolg Vollstreckungsabwehrklage (§ 767 ZPO) oder Abänderungsklage (§ 323 ZPO) erhebt. Dieser Vorteil ist von der *Interessenlage* her *nicht gerechtfertigt*, wenn der Kläger sich die künftige Leistung erst noch verdienen muss. Zu fragen ist nunmehr, ob die gleiche teleologische Reduktion des § 258 ZPO in den Fällen des § 546a BGB geboten ist, ob also auch hier die Interessenlage den genannten Vorteil für den Kläger ungerechtfertigt erscheinen lässt. Stellt man die Frage in dieser Weise, so erscheint es völlig irrelevant, ob der Anspruch aus § 546a BGB den Charakter einer „Gegenleistung" für die vom Mieter in Anspruch genommene Nutzung des Mietobjekts trägt. Die Interessenlage ist vielmehr *eigenständig zu bewerten.* Und in der Tat sprechen im Ergebnis die besseren Gründe *gegen* eine Anwendung des § 258 ZPO: Der Anspruch aus § 546a BGB endet in dem Moment, da der Mieter die Mietsache zurückgibt. Würde nun der Mieter zum künftigen Nutzungsersatz aus dieser Vorschrift verurteilt, so könnte gegen ihn ohne Rücksicht auf die bereits erfolgte Rückgabe vollstreckt werden. Der Mieter wäre damit faktisch gezwungen, zeitgleich mit der Rückgabe der Mietsache Klage nach § 323 oder § 767 ZPO zu erheben. Dies würde die Rückabwicklung des Mietverhältnisses ungebührlich verzögern.

▶ **Wichtiger Hinweis**
Wenn eine Klage auf künftige Leistung nicht schon nach § 258 ZPO zulässig ist, ist *immer* in einem weiteren Schritt noch zu prüfen, ob sie nicht nach § 259 ZPO zugelassen werden kann. Die Notwendigkeit einer Klage ergibt sich nämlich häufig erst aus dem Umstand, dass der Beklagte sich gegen seine Verpflichtung wehrt. Dann liegt ein ernstliches Bestreiten vor, das die Voraussetzungen des § 259 ZPO erfüllt. **§ 259 ZPO wird nicht etwa von § 258 ZPO verdrängt.** So ist z. B. eine Klage auf künftige Miete (§ 535 II BGB) oder künftige Nutzungsentschädigung (§ 546a BGB) nach § 259 ZPO zulässig, wenn der Mieter erhebliche Mietrückstände auflaufen lässt[7]: Dann nämlich ist die Befürchtung gerechtfertigt, dass der Mieter auch in Zukunft nicht oder jedenfalls nicht rechtzeitig bezahlen wird.

2. Feststellungsklagen

Die Klage muss sich nicht notwendig immer darauf richten, dass der Beklagte irgend- 76 G
etwas tut oder unterlässt. Das Rechtsschutzbegehren des Klägers kann sich vielmehr auch darin erschöpfen, dass er einen bestimmten Rechtszustand festgestellt wissen will. Die **Feststellungsklage** nach **§ 256 ZPO** kann sich darauf richten, dass

- das *Bestehen* eines Rechtsverhältnisses festgestellt wird (*positive* Feststellungsklage)
- das *Nichtbestehen* eines Rechtsverhältnisses festgestellt wird (*negative* Feststellungsklage).

---

6 BGH NJW 2003, 1395; im Ergebnis ebenso Musielak/Voith/*Foerste*, ZPO, 13. Aufl. 2016, § 258 Rn. 2; dagegen *für* die Anwendung des § 258 ZPO MüKo/*Lüke*, 4. Aufl. 2013, ZPO, § 258 Rn. 9.
7 BGH NJW 2011, 2886, 2887.

a) Das Rechtsverhältnis

G 77 Das **Rechtsverhältnis** wird **definiert** als die rechtlich geregelte Beziehung einer Person zu einer anderen Person oder Sache. Mit dieser Definition werden die folgenden Fälle aus dem Begriff des Rechtsverhältnisses ausgeschieden:

- *Kein* **Rechtsverhältnis** ist eine lediglich **abstrakte Rechtsfrage**. Es ist also zum **Beispiel** unzulässig, Klage mit folgendem Antrag zu erheben: „Es wird festgestellt, dass die §§ 987 ff. BGB auf den nicht mehr berechtigten Besitzer anwendbar sind". Das ist eine abstrakte Rechtsfrage, die ohne konkreten Fall zu klären die Gerichte nicht berechtigt sind.
- *Kein* **Rechtsverhältnis** ist eine bloße **Tatfrage**. Es ist also zum **Beispiel** unzulässig, Klage mit folgendem Antrag zu erheben: „Es wird festgestellt, dass die Schmerzen des Klägers am Handgelenk Folge des Verkehrsunfalls zwischen dem Kläger und dem Beklagten vom 22.2.2016 sind"[8]. Die Gerichte sind nicht dazu da, bloße Sachverhalte aufzuklären. Vielmehr besteht ihre Aufgabe darin, diese rechtlich zu würdigen und Rechtsfolgen auszusprechen, und zwar nur diejenigen, die auszusprechen der Kläger beantragt (§ 308 I ZPO). Zur Feststellungsklage gehört m. a. W. immer zwingend eine **Rechtsfolgenbehauptung** (etwa: „Es wird festgestellt, dass der Beklagte dem Kläger zum *Ersatz* der Schäden *verpflichtet* ist, die auf dem Unfallereignis zwischen den Parteien am 22.2.2016 resultieren").
- *Kein* **Rechtsverhältnis** sollen schließlich bloße **Elemente eines Rechtsverhältnisses** sein. Das führt in die schwierige Fragestellung, was schon ein eigenständiges Rechtsverhältnis und was „nur" Element eines anderen Rechtsverhältnisses ist. So hat der **BGH** in jüngerer Zeit die Klage auf Feststellung, dass der Beklagte sich im *Schuldnerverzug* befinde, für unzulässig gehalten[9]: Der Schuldnerverzug sei nicht Rechtsverhältnis, sondern Teil eines anderen Rechtsverhältnisses, nämlich der aus dem Verzug resultierenden Schadensersatzpflicht. Zulässig wäre die Klage daher wohl nur gewesen, wenn der Kläger die Feststellung begehrt hätte, dass der Beklagte ihm verpflichtet sei, diejenigen Schäden zu ersetzen, die ihm dadurch entstehen, dass die Leistung X am Datum Y nicht erbracht worden ist. Ebensowenig soll die Klage auf Feststellung sein, dass der Beklagte sich im *Annahmeverzug* befinde[10]. Ausnahmsweise soll eine solche Feststellungsklage aber zulässig sein bei Klage auf Leistung durch den Beklagten, die Zug um Zug gegen eine Leistung des Klägers zu erbringen sei[11]: Hier benötige nämlich der Kläger die Feststellung des Annahmeverzugs, um die Zwangsvollstreckung wegen des Anspruchs auf die Gegenleistung betreiben zu können (vgl. §§ 756, 765 ZPO: Der Annahmeverzug muss durch öffentliche Urkunden nachgewiesen werden, wozu u. a. auch ein gerichtliches Urteil gehört). Wenn man mit dem Ausgangspunkt des **BGH** Ernst macht, dass der Annahmeverzug kein selbstständiges Rechtsverhältnis ist, so ist diese Ausnahme durch nichts zu rechtfertigen; sie ist schlicht *contra legem*. Nach hier vertretener Ansicht sollte man aber im Interesse eines lückenlosen

---

8 Zutreffend AG Vechta NJW 2004, 80.
9 BGH NJW 2000, 2280, 2281.
10 BGH NJW 2000, 2663, 2664; *Rimmelspacher*, JuS 2004, 560, 563.
11 BGH NJW 2000, 2663, 2664; LG Berlin NJW 2004, 2831, 2833; *Rimmelspacher*, JuS 2004, 560, 563.

Rechtsschutzes mit der Annahme eines Rechtsverhältnisses großzügiger verfahren: Ebenso wie das Schuldverhältnis, welches den geltend gemachten Anspruch trägt, als solches feststellungsfähig ist, muss seine Veränderung (durch Verzugseintritt mit den besonderen Rechtsfolgen der §§ 280 I, II, 286, des § 287 und des § 288 BGB) feststellungsfähig sein. Dann aber ist auch der Verzugseintritt – Schuldnerebenso wie Gläubigerverzug – eine rechtlich geregelte Beziehung zwischen Gläubiger und Schuldner und damit ein feststellungsfähiges Rechtsverhältnis[12].

b) Die einfache Feststellungsklage

Fall 25: K ist von B bei einem Verkehrsunfall schwer verletzt worden. Er verklagt den B auf Zahlung von 20 000 Euro, die an Heilbehandlungskosten bereits angefallen sind, sowie auf Feststellung, dass B ihm zum Ersatz sämtlicher künftigen Schäden aus dem Unfallereignis verpflichtet ist.   78 G

Soweit K die Kosten bereits beziffern kann, muss er Leistungsklage erheben. Einer Feststellungsklage fehlt das **Feststellungsinteresse**, weil K im Wege der Leistungsklage einen zur Zwangsvollstreckung geeigneten Titel erwerben und damit effektiveren Rechtsschutz erlangen kann. Wo also eine Leistungsklage möglich ist, scheidet eine Feststellungsklage aus[13]. Bezüglich der bereits bezifferbaren 20 000 Euro hat K eben dies getan: Er hat Klage auf Zahlung dieses Betrags erhoben. Der BGH verfährt freilich in Konstellationen wie dem hier gegebenen **Fall 25** nachsichtig mit dem Kläger: Wenn ein Teil des Schadens bereits entstanden ist und beziffert werden kann, aber absehbar ist, dass noch weitere Schäden entstehen werden, muss der Kläger die Klage nicht in eine Leistungs- und eine Feststellungsklage aufspalten. Er darf vielmehr den gesamten Schaden im Wege der Feststellungsklage verfolgen[14].

Soweit K die weiteren Schäden ersetzt haben will, könnte es am Interesse an einer *alsbaldigen* Feststellung fehlen: Man könnte argumentieren, K solle erst einmal abwarten, ob ihm noch ein weiterer Schaden entsteht. So einfach ist es aber nicht:

- Der Ersatzanspruch des K gegen B aus § 823 I BGB verjährt nach §§ 195, 199 I BGB in drei Jahren ab Entstehung des Anspruchs plus Kenntnis des K von den anspruchsbegründenden Tatsachen.
- Zu den anspruchsbegründenden Tatsachen gehört bei einem Schadensersatzanspruch auch, dass ein Schaden entstanden ist. Soweit ein solcher Schaden bereits eingetreten ist (Kosten der Heilbehandlung) und K ihn kennt (was hier der Fall ist), beginnt die Verjährungsfrist bereits jetzt zu laufen.
- Soweit *künftig* ein Schaden entsteht, könnte man argumentieren, dass K ihn auch erst in Zukunft zur Kenntnis nehmen und erst dann die Verjährung zu laufen beginnen wird, die sodann erst spätestens 30 Jahre nach dem Unfall enden wird (§ 199 II BGB). Gerade dies ist jedoch *nicht* der Fall. Vielmehr gilt nach der Rechtsprechung des BGH der *Grundsatz der Schadenseinheit*[15]: Sobald aus dem Unfall *einmal* ein

---

12 Zutreffend *Schilken*, JZ 2001, 199, 200; *Zeuner*, FS Schumann, 2001, S. 595, 604.
13 Vgl. nur BGH NJW 2003, 3274, 3275; OLG Karlsruhe NJW 2004, 2243, 2245.
14 BGH NJW 2003, 2827; BGH MDR 2016, 786 Rn. 6 ff.
15 BGHZ 50, 21, 23 f. und ständig.

Schaden entstanden ist und der Geschädigte hiervon Kenntnis erlangt oder ohne grobe Fahrlässigkeit hätte erlangen müssen, beginnt die regelmäßige Verjährung von 3 Jahren nach §§ 195, 199 I BGB für den *gesamten Schadensersatzanspruch* zu laufen (um Missverständnisse zu vermeiden: Die 30 Jahre nach § 199 II BGB verkörpern lediglich eine *Maximalfrist*, innerhalb derer der Ersatzanspruch *ohne* Rücksicht auf die Kenntnis des Gläubigers verjährt!).

- Bei einem Unfall mit schweren Körperschäden weiß man aber nie, was für Spätfolgen nach Jahren noch auftreten können; es besteht nach der Lebenserfahrung sogar eine gewisse Wahrscheinlichkeit, dass solche Folgen sich irgendwann einstellen werden. Damit der Anspruch auf Ersatz dieser Schäden nicht bereits verjährt ist, bevor sie auftreten, muss bereits jetzt ein Tatbestand geschaffen werden, der die Verjährung hinauszögert. Ein solcher Tatbestand ist nach § 197 I Nr. 3 BGB die *rechtskräftige Feststellung* des Anspruchs: Die Verjährung beträgt dann 30 Jahre ab Rechtskraft der Entscheidung (§ 201 S. 1 1. Alt. BGB). Bis dahin gilt zwar noch die Regelverjährung nach §§ 195, 199 I BGB; sie ist aber nach § 204 I Nr. 1 BGB gehemmt.

Man kann diese Erkenntnisse ganz generell auf Schadensersatzansprüche übertragen und auf die folgende Formel bringen: Bei Schadensersatzansprüchen besteht ein Feststellungsinteresse immer dann, wenn sich der Schaden noch in der Entwicklung befindet und daher gegenwärtig nicht endgültig beziffert werden kann[16].

▷ **Wichtiger Hinweis**
Nach § 201 S. 1 a.E. BGB beginnt die Titelverjährung, selbst wenn die Rechtskraft der Entscheidung eingetreten ist, nicht vor Entstehung des Anspruchs. Man könnte hier argumentieren, der Anspruch auf Ersatz der Spätschäden entstehe erst, wenn diese Schäden eintreten. Gerade dies ist jedoch in Konstellationen, wie sie im **Fall 25** beschrieben sind, *nicht* der Fall: Der Ersatzanspruch ist *insgesamt* entstanden, sobald der *erste* durch das Ereignis verursachte Schaden eingetreten ist. Im **Fall 25** ist der Ersatzanspruch *insgesamt* in dem Moment entstanden, da feststand, dass K sich einer mit Kosten verbundenen Heilbehandlung würde unterziehen müssen. Im **Fall 25** beginnt daher die Verjährung, wenn B verurteilt wird, sofort mit Rechtskraft des Urteils zu laufen.

K ist daher gezwungen, wegen eventueller Spätschäden bereits jetzt Feststellungsklage zu erheben, um die Verjährung zu verhindern. Gerade in seinem Bestreben hiernach liegt auch das erforderliche Feststellungsinteresse nach § 256 ZPO begründet. Das Feststellungsinteresse wegen eventueller Spätschäden darf nach Ansicht des **BGH** nur verneint werden, wenn aus Sicht des Klägers bei verständiger Würdigung kein Grund besteht, wenigstens mit dem künftigen Eintritt solcher Schäden zu rechnen[17].

---

79 **Zur Vertiefung:**

(1) Die vorstehenden Grundsätze gelten ebenso für *Schmerzensgeldklagen*. Schmerzensgeld (§ 253 II BGB) wird für den gesamten Schadensfall, auch für künftige und bereits jetzt vorhersehbare immaterielle Schäden, einheitlich unter Berücksichtigung aller Umstände des Einzelfalls

---

16 OLG Schleswig NJW 2016, 1744 Rn. 61.
17 BGH NJW 2001, 1431; BGH NJW 2001, 3414, 3415; MDR 2007, 792.

begehrt. Einen Nachschlag kann nur verlangen, wer im Folgeprozess immaterielle Schäden geltend macht, deren Eintritt im Zeitpunkt der letzten mündlichen Verhandlung im Vorprozess objektiv noch nicht vorhersehbar war. Wer einen immateriellen Schaden erlitten hat und solche nicht vorhersehbaren Spätfolgen fürchtet, kann den bereits eingetretenen bzw. vorhersehbaren Schaden im Wege der Leistungsklage und den künftigen, jetzt noch nicht vorhersehbaren Schaden im Wege der Feststellungsklage geltend machen[18].

(2) Einen weiteren Anwendungsfall der auf Feststellung künftiger Ersatzpflicht gerichteten Klage hatte das OLG Koblenz zu entscheiden[19]: S war bei einem von B verschuldeten Verkehrsunfall ums Leben gekommen. Die Eltern M und F begehrten im Wege der Klage die Feststellung, dass B ihnen zum Schadensersatz nach § 844 II BGB verpflichtet sei: Aktuell waren sie zwar noch nicht unterhaltsbedürftig (§ 1603 I BGB). Doch war denkbar, dass die Bedürftigkeit später eintreten würde. In diesem Fall hätten sie gegen S nach § 1601 BGB einen Unterhaltsanspruch gehabt. Dieser Anspruch ist ihnen durch den von B verschuldeten Unfall entgangen. Die auf Feststellung der künftigen Unterhaltspflicht gerichtete Klage war nach § 256 ZPO zulässig: Es war nicht auszuschließen, dass M und F, wenn sie aus dem Erwerbsleben ausschieden, auf fremde Unterhaltsleistungen angewiesen sein würden.

(3) Besteht das Rechtsverhältnis, dessen Feststellung der Kläger begehrt, in einem bereits **gegenwärtig bestehenden Leistungsanspruch**, so ist das Feststellungsinteresse grundsätzlich nur gegeben, wenn der Kläger den Anspruch **nicht beziffern** bzw., soweit es nicht um Geldforderungen geht, nicht in einer hinreichend bestimmten Weise umschreiben kann. Zu bejahen ist das Feststellungsinteresse in folgendem Fall: B schüttet eine giftige Flüssigkeit in einen Brunnen, von dem aus auch das Grundstück des K mit Trinkwasser versorgt wird. Zur Behebung des Schadens muss das Rohrleitungssystem saniert werden; es kann aber noch nicht ermittelt werden, was genau dazu unternommen werden kann und mit welchen Kosten dies verbunden sein wird. Hier ist die Klage des K auf Feststellung zulässig, dass B ihm den aus der Kontamination des Brunnens entstandenen Schaden zu ersetzen hat[20]. Wird der Anspruch, der im Zeitpunkt der Rechtshängigkeit überhaupt nicht beziffert werden konnte, während des Rechtsstreits **teilweise bezifferbar**, so bleibt die Feststellungsklage insgesamt zulässig[21].

(4) Ein feststellungsfähiges Rechtsverhältnis besteht zwischen **Erblasser** und **Pflichtteilsberechtigtem** selbst vor dem Tod des Erblassers, das z. B. nach Maßgabe der §§ 2333 ff. BGB das Recht des Erblassers zur Entziehung des Pflichtteils beinhalten kann[22]. Ein berechtigtes Interesse an der alsbaldigen Feststellung dieses Rechts zur Pflichtteilsentziehung hat in jedem Fall der Erblasser; denn er muss vor seinem Tod wissen, welchen Grenzen er in seiner Testierfreiheit unterworfen ist[23]. Desgleichen hat der potenzielle Pflichtteilsberechtigte jedenfalls dann ein Interesse an der alsbaldigen Feststellung, wenn der Erblasser sein Recht zur Entziehung des Pflichtteils bereits durch Errichtung einer entsprechenden letztwilligen Verfügung *ausgeübt* hat. Zwar kann der Erblasser diese Entziehung jederzeit wieder rückgängig machen. Doch hat der Pflichtteilsberechtigte ein schutzwürdiges Interesse an Klarheit darüber, ob er wirksam über seinen Pflichtteil verfügen kann (§ 311b V BGB), und weil ganz allgemein bis zum Tod des Erblassers Beweismittel zu seinen Gunsten verloren gehen können, wenn die Umstände, auf welche die Pflichtteilsentziehung gestützt wird, streitig bleiben[24]. Der Erblasser greift in die Rechtsposition des Pflichtteilsberechtigten ein; dann hat er auch die Abwehr dieses Eingriffs mittels Feststellungsklage hinzunehmen[25]. Müsste der Pflichtteilsberechtigte zuwarten, bis der

18 BGH NJW 2004, 1243, 1244. Zur offenen Teilklage auf Schmerzensgeld näher unten § 7 IV 4 e Rn. 441 ff.
19 OLG Koblenz NJW 2003, 521.
20 BGH MDR 2008, 461, 462.
21 OLG Düsseldorf NJW 2012, 85, 87; OLG Frankfurt NJW 2012, 1740, 1743.
22 BGH NJW 2004, 1874.
23 BGHZ 109, 306, 309; BGH NJW 2004, 1874, 1875.
24 BGH NJW 2004, 1874, 1875.
25 Zutreffend *K. Schmidt*, JuS 2004, 724, 725.

Erblasser verstirbt, und es dann auf eine Leistungsklage gegen die Erben ankommen lassen, so bestünde die Gefahr, dass ihm günstige Beweismittel zwischenzeitlich verloren gegangen sind[26].

(5) Das berechtigte Interesse an der Feststellung eines Rechtsverhältnisses kann sich auch auf **vergangene Rechtsverhältnisse** beziehen. Das wichtigste Beispiel für die Feststellung eines vergangenen Rechtsverhältnisses ist die einseitige Erledigung der Hauptsache[27]: Hier begehrt der Kläger die Feststellung, dass die Klage bis zum Erledigungsereignis zulässig und begründet *war*. Ein fortwirkendes Feststellungsinteresse kann sich ferner daraus ergeben, dass der Kläger seine persönliche Ehre wiederherstellen will (sog. *Rehabilitationsinteresse*) – so etwa, wenn gegen einen Fußballfan wegen dessen angeblicher Neigung zu Gewalttaten ein befristetes Stadionverbot verhängt wurde und dieses mittlerweile abgelaufen ist: Der betroffene Fan hat auch nach Ablauf der Frist ein Feststellungsinteresse, weil der mit dem Stadionverbot verbundene Vorwurf der Gewaltneigung die persönliche Ehre beeinträchtigt[28].

(6) Das berechtigte Interesse an der Feststellung eines Rechtsverhältnisses kann sich ferner auf den **Zeitpunkt der streitigen Leistungspflicht** beziehen. So kann der Schuldner gegen den Gläubiger eine negative Feststellungsklage mit dem Ziel erheben, dass das Gericht möge feststellen, dass eine bestimmte Leistung erst zu bzw. nicht vor einem bestimmten Zeitpunkt X fällig wird[29]. Das Feststellungsinteresse entfällt aber, wenn der Schuldner die Leistung bereits (trotz seiner Meinung nach fehlender Fälligkeit) erfüllt hat. Denn aus der begehrten Feststellung kann er fortan keine Vorteile mehr ziehen; die Rückforderung des Geleisteten ist nämlich nach § 813 II BGB ausgeschlossen[30]. Ausnahmsweise bleibt die Klage auf Feststellung der fehlenden Fälligkeit selbst bei vorheriger Zahlung zulässig, wenn der Beklagte die vorzeitige Zahlung nicht annehmen durfte und der Bereicherungsanspruch des Klägers daher auf § 817 S. 1 BGB beruht; denn § 813 II BGB ist auf den Anspruch aus § 817 S. 1 BGB nicht anzuwenden[31].

G 80 Die Klage nach § 256 I ZPO kann auch als **negative Feststellungsklage** erhoben werden: Wer wegen einer ihn angeblich treffenden Verbindlichkeit in Anspruch genommen zu werden befürchtet, kann so aus eigenem Antrieb für gerichtliche Klärung sorgen. Das Feststellungsinteresse ergibt sich in diesem Fall daraus, dass der Gegner sich eines Anspruchs gegen den Feststellungskläger berühmt[32]. Fehlt es an einem solchen „Berühmen", kann sich das Feststellungsinteresse auch daraus ergeben, dass der Gegner sich auf Nachfrage nicht zum Bestand der Verbindlichkeit äußert, obwohl nach Treu und Glauben eine Erklärung von ihm erwartet werden durfte. So liegt es etwa dann, wenn eine Vertragspartei sich durch AGB bestimmte Rechte gegen die andere Vertragspartei ausbedungen hatte, letztere die Geltung der AGB in Frage stellt und erstere sich auf Anfrage nicht dazu erklärt, ob sie auf der Geltung der AGB bestehe[33]: Der Klauselgegner muss in einem solchen Fall befürchten, dass der Klauselverwender sich in einem späteren Rechtsstreit auf die AGB beruft. Das Urteil, das auf eine solche negative Feststellungsklage hin ergeht, muss man dann gewissermaßen mit „umgekehrten Vorzeichen" lesen: Ein Urteil, das dieser Klage stattgibt, stellt fest, dass die streitige Verbindlichkeit *nicht* besteht. Ein Urteil, das die Klage abweist, stellt dagegen fest, dass die streitige Verbindlichkeit *besteht*.

---

26 *K. Schmidt*, JuS 2004, 724, 725.
27 Dazu unten § 6 VI, Rn. 293 ff.
28 BGH NJW 2010, 534, 535.
29 BGH NJW 2012, 2659, 2661 unter II 2 a = Rn. 25.
30 BGH NJW 2012, 2659, 2661 unter II 2 a = Rn. 25.
31 MüKo/*Schwab*, BGB, § 817 Rn. 8.
32 BGHZ 91, 37, 41; BGH NJW 2006, 2780, 2781; MDR 2007, 104 f.
33 BGH NJW 2010, 1877, 1879.

Zur Vertiefung: Das Urteil, das die negative Feststellungsklage abweist und damit das Beste- **81** hen der Verbindlichkeit feststellt, vermittelt dem Feststellungsbeklagten (also dem *Gläubiger* der streitigen Verbindlichkeit) noch keinen Vollstreckungstitel. Der Gläubiger wird daher geneigt sein, über dieselbe Verbindlichkeit seinerseits Leistungsklage zu erheben. Tut er dies, so scheint sich die Rechtsbehauptung des Schuldners zu erledigen: Der Leistungsprozess wird ebenfalls über die streitige Verbindlichkeit geführt und kann, anders als der Feststellungsprozess, außerdem zu einem Titel führen. Daher ist der **BGH** der Ansicht, dass das Feststellungsinteresse für die negative Klage des Schuldners in dem Moment entfällt, in dem der Gläubiger **Leistungsklage** erhebt und diese nicht mehr einseitig zurücknehmen kann (vgl. dazu § 269 ZPO)[34]. Im Schrifttum werden dagegen Bedenken erhoben: Der Gläubiger müsse die Leistungsklage nicht notwendig vor demselben Gericht erheben, vor dem der Feststellungsprozess ausgefochten werde: § 33 ZPO gebe ihm nur die Möglichkeit, die Leistungsklage als Widerklage vor demselben Gericht zu er- heben, zwinge ihn aber nicht dazu. Der Gläubiger könne vielmehr ebensogut ein anderes zustän- diges Gericht anrufen, etwa das am Wohnsitz des Schuldners (§§ 12, 13 ZPO). Dann aber könne es geschehen, dass der Gläubiger im Extremfall Leistungsklage erhebe, nachdem die negative Feststellungsklage vor einem anderen Gericht schon in zwei Instanzen erfolgreich geführt wor- den sei und nunmehr in der Revisionsinstanz schwebe[35]. Auf diese Weise könne der Gläubiger dem Schuldner die Früchte eines bislang erfolgreichen Prozesses nehmen. Eine solche einseitige Verschiebung der Prozesslage zu seinen Gunsten dürfe man dem Gläubiger nicht gestatten. Des- halb falle das Feststellungsinteresse für die negative Feststellungsklage des Schuldners *nicht* be- reits mit Erhebung der Leistungsklage durch den Gläubiger weg[36]. Vielmehr sei der Leistungs- prozess bis zur rechtskräftigen Entscheidung über die negative Feststellungsklage nach § 148 ZPO auszusetzen[37]. Der Ansicht des BGH ist für den Fall zuzustimmen, dass die Leistungsklage als Widerklage vor demselben Gericht erhoben wird, vor dem der Feststellungsprozess schwebt[38]: Der Schuldner kann in diesem Fall mit der Fortsetzung der Feststellungsklage nichts erreichen, was er nicht auch mit einem Antrag auf Abweisung der Leistungsklage erreichen kann. Ihm werden auch die bisherigen Prozesserfolge nicht genommen, da die bereits erreichte Prozesslage auch für die Widerklage maßgeblich ist. Dem Gläubiger kann man andererseits nicht verwehren, in jenem Prozess, in dem ohnehin schon über den Bestand seiner Forderung entschieden wird, einen Vollstreckungstitel zu erlangen. Dagegen erweist sich die Ansicht der Literatur als zutref- fend für den Fall, dass der Leistungsprozess vor einem anderen Gericht angestrengt wird: Der Gläubiger, der die prozessökonomischen Vorteile der Widerklage nicht nutzt, muss es hinnehmen, dass er keinen Vollstreckungstitel erlangen kann, bevor der vom Schuldner angestrengte negative Feststellungsprozess rechtskräftig abgeschlossen ist. Die weitergehende Ansicht, wonach der Gläubiger die Leistungsklage zwingend bei dem Gericht erheben muss, bei dem die negative Feststellungsklage anhängig ist[39], verwirklicht zwar ein Maximum an Effizienz, ist aber aus den §§ 12 ff. ZPO, insbesondere aus § 33 ZPO nicht begründbar: Diese Vorschrift berechtigt den Gläubiger zur Erhebung der (Leistungs-) Widerklage bei dem Gericht der (negativen Feststel- lungs-) Hauptklage, verpflichtet ihn aber nicht dazu. Eine Pflicht, die Leistungswiderklage beim Gericht der negativen Feststellungsklage zu erheben, lässt sich auch nicht unter Berufung auf § 261 III Nr. 1 begründen[40]. Der Leistungs- geht über den Feststellungsantrag hinaus. Die Streit- gegenstände sind insoweit nicht identisch.

---

34 BGHZ 99, 340, 341 f.; BGH ZZP 119 (2006), 357, 359; ebenso *Stein*, JuS 2016, 122, 124..
35 Ein solcher Extremfall ist in BGH ZZP 119 (2006), 357 tatsächlich eingetreten.
36 *Assmann*, ZZP 119 (2006), 361, 362 ff.; *Gruber*, ZZP 117 (2004), 133, 156; *Herrmann*, JR 1988, 375,
   377 f.; Stein/Jonas/*Schumann*, ZPO, 21. Aufl. 1997, § 256 Rn. 126.
37 *Assmann*, ZZP 119 (2006), 361, 365; *Herrmann*, JR 1988, 375, 377.
38 Ebenso Stein/Jonas/*Schumann*, ZPO, 21. Aufl. 1997, § 256 Rn. 125.
39 *Roth*, JZ 2009, 194, 201; Stein/Jonas/*Roth*, ZPO, 22. Aufl. 2005, § 256 Rn. 96.
40 So aber Stein/Jonas/*Roth*, ZPO, 22. Aufl. 2005, § 256 Rn. 96 ; *Thole*, NJW 2013, 1192, 1195.

82 In jedem Fall bleibt das Feststellungsinteresse bestehen, wenn der Gläubiger bloß eine **Teilklage** auf die Leistung erhebt: Wenn nämlich nur ein Teil der Forderung eingeklagt wird, beschränkt sich die Rechtskraft des Urteils auf diesen Teil[41]. Dann kann man dem Schuldner nicht verwehren, eine abschließende Klärung der Rechtslage in Bezug auf die streitige Forderung anzustreben.

c) Die Zwischenfeststellungsklage

83 **Fall 26:** Die K-Bank hat dem S im Abstand von einem halben Jahr zwei Darlehen in Höhe von jeweils 200 000 Euro gewährt. Für das Erste dieser Darlehen hat B sich verbürgt. Auf dem von B unterzeichneten Bürgschaftsformular, das K regelmäßig verwendet, ist in Kleindruck vermerkt: „Die Bürgschaft erstreckt sich auf alle gegenwärtigen und künftigen Forderungen der Bank gegen den Hauptschuldner." Als S die Darlehen nicht bedienen kann, nimmt K den B in Anspruch. B tilgt das erste Darlehen in voller Höhe, weigert sich aber, auch nur einen Cent auf das Zweite zu bezahlen: Davon sei damals bei den Verhandlungen über die Bürgschaft nie die Rede gewesen. K verklagt den B auf einen Teilbetrag von 10 000 Euro vom zweiten Darlehen. Außerdem zeigt K dem B an, dass X ihr eine Forderung gegen S abgetreten habe, die selbstverständlich ebenso vom Sicherungszweck der Bürgschaft umfasst sei. Dem B wird dies alles zu bunt. Er will ein für alle Mal sichergehen, dass er für kein anderes als das erste Darlehen haftet.

Materiellrechtlich ist die Klausel, wonach B für alle gegenwärtigen und künftigen Forderungen einzustehen hat, nach § 307 II Nr. 1 BGB unwirksam, weil sie zum Nachteil des B von § 767 I 3 BGB abweicht und diese Vorschrift einen wesentlichen Grundgedanken der gesetzlichen Regelung verkörpert, nämlich das *Verbot der Fremddisposition* durch Gläubiger und Hauptschuldner über den Umfang der Bürgenhaftung[42]. Im Kleindruck ist die Klausel außerdem überraschend (§ 305c I BGB)[43]. B haftet nur für den Kredit, aus dessen Anlass er die Bürgschaft eingegangen ist (sog. *Anlasskredit*), nicht für die jetzt noch streitigen Forderungen. K hat daher gegen B keine Ansprüche mehr; die Klage gegen B ist als unbegründet abzuweisen.

84 In **prozessualer** Hinsicht ist von Bedeutung, dass die Rechtskraft dieses Urteils nur den streitigen Betrag von 10 000 Euro erfasst (§ 322 I ZPO). B befindet sich daher in der misslichen Situation, dass K möglicherweise den Rest in einem neuen Prozess geltend macht und das Gericht, das dann entscheidet, die Klausel anders bewertet. B hat folglich ein gewichtiges Interesse daran, die Unsicherheit insgesamt zu beseitigen. Dafür stehen ihm die folgenden Wege zur Verfügung:
- B kann (im Wege der Widerklage, § 33 ZPO) eine **negative Feststellungsklage** erheben: Er kann beantragen, dass der K gegen ihn aus der Bürgschaft keine Ansprüche mehr zustehen. Auch insoweit handelt es sich um eine *einfache* Feststellungsklage nach *§ 256 I ZPO*: Es wird das Nichtbestehen eines Rechtsverhältnisses, nämlich eines Bürgschaftsanspruchs festgestellt. Das Feststellungsinteresse ergibt sich hier schon aus der Möglichkeit, dass K weitere Forderungen aus der Bürgschaft geltend macht.

---

41 Näher unten § 7 IV 4 Rn. 423 ff.
42 BGHZ 130, 19, 32 ff.
43 BGHZ 130, 19, 24 ff.

- Wenn die Klage gegen B abgewiesen oder auf Antrag des B das gänzliche Nicht-bestehen eines Bürgschaftsanspruchs festgestellt wird, erfasst die Rechtskraft des Urteils nur diesen Ausspruch. Dagegen wird nicht rechtskräftig festgestellt, *warum kein Anspruch besteht*. Nur der Urteilstenor erwächst in Rechtskraft, nicht die Entscheidungsgründe und daher auch nicht die Überlegungen des Gerichts, welche dazu führen, dass K gegen B keinen Anspruch hat. Wenn B befürchtet, K werde unter Berufung auf die Klausel immer neue Forderungen gegen S auftischen, die angeblich von der Bürgschaft gedeckt sein sollen, so kann er (abermals im Wege der Widerklage) auf Feststellung klagen, dass die von ihm zusammen mit dem Formular unterzeichnete Globalsicherungsklausel unwirksam ist. Es handelt sich um eine **negative Zwischenfeststellungsklage** nach *§ 256 II ZPO*. Ein Urteil zu-gunsten des B stellt ein *vorgreifliches Rechtsverhältnis* fest, nämlich dass die Klau-sel zu keiner Bindung des B in Bezug auf Forderungen der K gegen S geführt hat, die nicht Anlass der Bürgschaft waren.

▷ **Wichtiger Hinweis**
Auch § 256 II ZPO erfordert ein feststellungsfähiges *Rechtsverhältnis. Nicht* für eine Klage nach § 256 II ZPO geeignet wäre daher etwa im **Fall 26** das Begehren des B, festzustellen, dass Klauseln dieser Art *generell* unwirksam oder überraschend seien. Wie gesehen, steht das Gericht zur Beantwortung *abstrakter Rechtsfragen* nicht zur Verfügung. Die Zwischenfest-stellungsklage muss sich vielmehr auf einen konkreten Sachverhalt beziehen, hier auf die von B unterzeichnete Klausel.

Weitere Beispiele: Eine Zwischenfeststellungsklage wäre ebenso zulässig, wenn K den B auf Herausgabe einer Sache aus § 985 BGB verklagt: Gibt das Gericht dieser Klage statt, so steht nur die Herausgabepflicht des B als solche fest, nicht aber, dass zwischen K und B ein Eigentümer-Besitzer-Verhältnis besteht. Daher kann K nach § 256 II ZPO die Feststellung begehren, dass zwischen K und B ein solches Verhältnis besteht, da möglicherweise im Rahmen von Klagen aus § 987 BGB oder § 989 BGB nochmals darüber gestritten wird[44]. Verklagt U den B auf Zahlung des Werklohns und wehrt sich dieser mit der Begründung, er verweigere die Abnahme wegen Mängeln, kann U im Wege der Zwischenfeststellungsklage die Feststellung begehren, dass B zur Abnahme verpflichtet ist[45]. Eine Zwischenfeststellungsklage kann sich ferner auf die Frage bezie-hen, ob der Kläger einen Vertrag mit dem Beklagten aus wichtigem Grund gekündigt hat[46].

Die Zwischenfeststellungsklage verlangt kein besonderes Feststellungsinteresse. Die-ses Interesse ergibt sich vielmehr von selbst daraus, dass das festzustellende Rechts-verhältnis für die Entscheidung des Gerichts über den ursprünglichen Streitgegenstand vorgreiflich ist. Die Zwischenfeststellungsklage ist aber mangels Rechtsschutzbe-dürfnisses unzulässig, wenn der Gegenstand des Rechtsstreits die Rechtsbeziehungen zwischen den Parteien erschöpft, ein anderer als der im Streit befindliche Anspruch sich also aus dem festzustellenden Rechtsverhältnis unter keinem denkbaren Ge-sichtspunkt ergeben kann[47]. Hat der Prozess freilich eine *Mehrheit* von Ansprüchen zum Gegenstand, die in ihrer *Gesamtheit* die Rechtsbeziehungen zwischen den Par-teien erschöpfen, so bleibt die Zwischenfeststellungsklage zulässig. Denn es verbleibt in diesem Fall die Möglichkeit, dass über einen dieser Ansprüche ein Teilurteil ergeht;

---

44 *Schreiber*, Jura 2004, 385, 388.
45 BGH MDR 2008, 158, 159.
46 BGH NJW 2013, 1744 Rn. 16.
47 BGHZ 169, 153 Rn. 12; BGH NJW 2013, 1744 Rn. 19.

dann hilft die Feststellung des vorgreiflichen Rechtsverhältnisses den Parteien bei den noch anhängig bleibenden Streitpunkten[48]. *Beispiel*[49]: K hat einen Bauvertrag mit B gekündigt und Arbeiten zur Beseitigung restlicher Mängel an einen Dritten vergeben. K verlangt von B Schadensersatz nach §§ 634 Nr. 4, 280 I, III, 281 BGB. B erwidert, sein Werk sei nicht mangelhaft gewesen; jedenfalls aber sei ihm keine Frist zur Nacherfüllung gesetzt worden. Die Kündigung könne daher nur als freie Kündigung nach § 649 S. 1 BGB Bestand haben. B erhebt Widerklage auf Zahlung des Werklohns abzüglich ersparter Aufwendungen nach § 649 S. 2, 3 BGB. In dieser Situation ist eine Klage des K auf Feststellung, dass er aus wichtigem Grund zur vorzeitigen Kündigung berechtigt war, zulässig. Denn es ist zumindest möglich, dass das Gericht die Widerklage des B durch Teilurteil abweist, weil K zur Kündigung aus wichtigem Grund berechtigt war, und sich die Entscheidung über die Klage des K verzögert, weil das Gericht noch einzelne Schadenspositionen hinterfragt. Dann hilft es dem K für das Schlussurteil, wenn die Frage der Berechtigung der Kündigung im weiteren Verfahren nicht mehr in Frage gestellt werden darf.

3. Gestaltungsklagen

G 85   **Fall 27:** M und F sind verheiratet; die Ehe ist zerrüttet. M „kündigt" daher die Ehe „aus wichtigem Grund nach § 314 BGB" und meint, jetzt könne er wieder neu heiraten.

Die Ehescheidung kann nur durch gerichtliches Urteil ausgesprochen werden (§ 1564 BGB); mit der Rechtskraft des Urteils ist die Ehe aufgelöst. Das Scheidungsurteil hat also *rechtsgestaltende Wirkung*: Die einmal geschlossene Ehe besteht (ex nunc) nicht mehr. Es handelt sich somit um ein *Gestaltungsurteil*. Andere Möglichkeiten der Auflösung scheiden aus:
- Keine Kündigung aus wichtigem Grund nach § 314 BGB
- Kein Aufhebungsvertrag zwischen M und F.

Die Mitwirkung des Richters ist also unverzichtbar. Man nennt ein solches Urteil daher ein *echtes Gestaltungsurteil*, die darauf gerichtete Klage daher eine **echte Gestaltungsklage**.

G 86   **Fall 28:** Der X-OHG gehören die Gesellschafter A, B und C an. B hat erhebliche Beträge aus der Gesellschaftskasse veruntreut. A und C sehen daher keine Basis für die weitere Zusammenarbeit mit ihm.

A und C können nach § 140 HGB Ausschlussklage erheben. B hat durch die finanziellen Unregelmäßigkeiten einen wichtigen Grund gesetzt, der die weitere Zusammenarbeit mit ihm für A und B unzumutbar macht. Mit Rechtskraft des Urteils scheidet B aus der Gesellschaft aus. Das Urteil hebt also die Mitgliedschaft des B in der X-OHG

---

48 BGH NJW 2013, 1744 Rn. 19.
49 In Anlehnung an BGH NJW 2013, 1744 – vereinfacht.

und damit ein Rechtsverhältnis auf; es hat daher rechtsgestaltende Wirkung. Abermals handelt es sich um ein *Gestaltungsurteil*, und zwar diesmal um ein *unechtes*: Es ist nämlich zulässig, wenn A, B und C im Gesellschaftsvertrag vereinbaren, dass ein Gesellschafter bei einem wichtigen Grund auch durch bloßen Beschluss der Übrigen ausgeschlossen werden kann (Modell des § 737 BGB). Ebenso ist ein Vertrag möglich, wonach B aus der Gesellschaft ausscheidet. Das Gestaltungsurteil lässt sich also durch eine privatautonome Vereinbarung substituieren; man spricht daher von einem *unechten Gestaltungsurteil*. Die hierauf gerichtete Klage ist eine **unechte Gestaltungsklage**.

Allgemein substituiert die Gestaltungsklage eine (sonst denkbare) privatautonome **87 G** Gestaltung durch die Parteien. Die Gestaltung des Rechtsverhältnisses erfolgt nicht durch eine Vereinbarung zwischen den Parteien, auch nicht durch die einseitige Erklärung einer Partei, sondern auf Antrag einer Partei durch gerichtliches Urteil.

II. Der Streitgegenstand

1. Begriff

Fall 29: B entwendet bei einem Besuch in der Wohnung des K heimlich ein Schmuck- **88 G** kästchen, das dem K gehört. K kann B als Dieb ermitteln und verklagt B auf Herausgabe.

Von erheblicher Bedeutung für den Begriff des Streitgegenstands ist *§ 253 II Nr. 2 ZPO*, wonach die Klageschrift die Angabe des tatsächlichen und rechtlichen *Grundes* der Klage und einen bestimmten *Antrag* enthalten muss.
* **Klagegrund** ist der *Sachverhalt*, aus dem das Leistungs-, Feststellungs- oder Gestaltungsbegehren hergeleitet wird. **Nicht** zum Klagegrund gehören materiellrechtliche Anspruchsnormen. Die Entwendung des Kästchens ist *ein* Sachverhalt und begründet zusammen mit dem Antrag *einen Streitgegenstand*, also *einen* Anspruch im prozessualen Sinne, obwohl der Herausgabeanspruch *materiellrechtlich* aus *vier Anspruchsgrundlagen*, nämlich aus § 985 BGB, aus §§ 823 I, 249 I BGB, aus §§ 823 II BGB, 242 StGB, 249 I BGB und aus § 812 I 1 2. Alt. BGB (Eingriffskondiktion) folgt.
* **Antrag** ist das Begehren, das der Kläger in der Klageschrift formuliert: Der Kläger muss klar und deutlich zum Ausdruck bringen, was er vom Beklagten will.

Die Definition des Streitgegenstandes lässt sich damit auf die folgende Kurzformel bringen: Der Streitgegenstand ist **Antrag plus Sachverhalt**[50] (sog. zweigliedriger Streitgegenstandsbegriff).

---

50 Siehe etwa BGHZ 198, 294 Rn. 15; BGH NJW 2001, 3713; BGH NJW 2004, 1252, 1253; BGH MDR 2006, 1359; BGH NJW 2008, 1953, 1954; BGH NJW 2008, 3570, 3571; BGH NJW 2011, 3653 Rn. 11.

2. Bedeutung

G 89 Der Streitgegenstand ist von zentraler Bedeutung für die folgenden prozessualen Vorschriften:

- **§ 261 I ZPO:** Die Klageerhebung begründet die Rechtshängigkeit der *Streitsache* (also des Streitgegenstands). Die Rechtshängigkeit wird also durch den Streitgegenstand begrenzt.
- **§ 322 I ZPO:** Urteile sind der Rechtskraft fähig, soweit über den *Anspruch* entschieden ist. Mit dem Wort „Anspruch" ist der *prozessuale Anspruch* gemeint, also der Streitgegenstand. Der Streitgegenstand begrenzt daher den Umfang der Rechtskraft.
- **§ 308 I ZPO:** Was nicht beantragt ist, darf nicht zugesprochen werden (Grundsatz *ne ultra petita: Ne eat iudex ultra petita partium*). Der Streitgegenstand begrenzt daher die richterliche Entscheidungsbefugnis. Das gilt zum einen für den **Klageantrag**: Das Gericht darf *nicht mehr* zusprechen als beantragt (z. B. uneingeschränkte Verurteilung, wenn nur Verurteilung Zug um Zug begehrt wurde); es darf *nichts anderes* zusprechen als beantragt (z. B. Unterlassung, wenn Schadensersatz begehrt wurde). Es darf des Weiteren *nicht* dem Klageantrag entsprechen, wenn es sich dabei auf einen *anderen* als den vom Kläger vorgetragenen **Sachverhalt** stützt[51]: § 308 I ZPO verbietet jede eigenmächtige Auswechslung des Streitgegenstands sowohl hinsichtlich des Antrags als auch hinsichtlich des Sachverhalts.

3. Zweifelsfälle

89a Die Bestimmung des Streitgegenstands bereitet gelegentlich Schwierigkeiten. Hier einige ausgewählte Einzelfälle:

- Der Anspruch auf Vorschuss auf voraussichtliche Mängelbeseitigungskosten nach §§ 634 Nr. 2, 637 III BGB ist ein anderer Streitgegenstand als der Anspruch auf Schadensersatz statt der Nacherfüllung gemäß § 634 Nr. 4, 280 I, III, 281 BGB. Der Vorschuss muss nämlich vom Besteller gerade für die Beseitigung des Werkmangels verwendet werden; der Schadensersatzbetrag steht dagegen dem Besteller zur freien Verwendung zur Verfügung[52].
- Wenn der Mandant seinen Anwalt mit der Begründung verklagt, er habe einen Prozess mangelhaft geführt, so ist dies ein anderer Streitgegenstand, als wenn er ihn mit der Begründung verklagt, er hätte ihm zu diesem Prozess gar nicht erst raten dürfen[53]. Im ersten Fall besteht der Schaden darin, dass ein Anspruch, der einmal bestand, nicht mehr durchsetzbar ist; zu ersetzen ist also nach §§ 280 I, 251 I BGB der Wert dieses Anspruchs. Im zweiten Fall besteht der Schaden darin, dass der verlorene Prozess zum Nachteil des Mandanten Kosten verursacht hat, weil der Mandant nach § 91 I ZPO als unterlegene Partei die Kosten des Rechtsstreits trägt. Die Berechnung des Schadens vollzieht sich also nach ganz unterschiedlichen

---

51 BGH NJW 2003, 2317, 2318 f.
52 OLG Schleswig NJW 2016, 1744 Rn. 56.
53 BGH NJW 2011, 3653 Rn. 13.

Parametern und bedarf tatsächlicher Feststellungen, die in beiden Fällen gänzlich voneinander abweichen.

* Der Anspruch eines fehlerhaft beratenen Kapitalanlegers auf Ersatz der Anlagezinsen, die er erzielt hätte, wenn er statt der Anlage, zu der ihm geraten wurde, eine andere und lukrative Anlage gezeichnet hätte, ist gerichtet auf Ersatz des entgangenen Gewinns (§ 252 BGB) in Gestalt entgangener Aktivzinsen. Dieser Anspruch bildet einen anderen Streitgegenstand als der Anspruch des Anlegers auf Ersatz der Passivzinsen, die er für ein Darlehen entrichten muss, das er zur Finanzierung der fehlgeleiteten Kapitalanlage aufgenommen hat. Ist die Klage auf Erstattung gezahlter Darlehenszinsen gestützt, verstößt daher das Gericht gegen § 308 I ZPO, wenn es den Anlageberater deshalb antragsgemäß verurteilt, weil dem Anleger in der streitigen Höhe Zinsgewinne aus einer (hypothetischen) anderen Anlage entgangen sind[54].

* Wenn ein Kapitalanleger wegen fehlerhafter Anlageberatung Schadensersatz begehrt, bilden sämtliche (angeblichen oder tatsächlichen) Beratungsfehler einen einheitlichen Lebenssachverhalt. Folglich stellt der auf jene Fehler gestützte Schadensersatzanspruch einen einheitlichen Streitgegenstand dar[55]. Das gleiche gilt für einen Schadensersatzanspruch unter dem Gesichtspunkt der Prospekthaftung: Auch hier liegt selbst dann ein einheitlicher Streitgegenstand vor, wenn mehrere Prospektmängel gerügt werden[56]. Ist die Schadensersatzklage rechtskräftig abgewiesen worden, so kann eine neue Klage nicht auf weitere Beratungs- oder Prospektfehler gestützt werden, die im Vorprozess nicht vorgetragen worden waren. Denn unabhängig davon waren sie Streitgegenstand des Vorprozesses. Einer neuen Klage des Anlegers steht damit der Einwand anderweitiger rechtskräftiger Entscheidung in derselben Sache entgegen.

III. Zusammenfassung: Wichtige Grundbegriffe   90 G

Leistungsklage	Die Aufgabe der Gerichte in bürgerlichen Rechtsstreitigkeiten besteht darin, dem rechtsuchenden Bürger die Durchsetzung seiner Rechte zu ermöglichen. Die Leistungsklage ist daher die Urform der Klage: Mit ihr verfolgt der Bürger das Ziel, das Gericht möge dem Beklagten ein bestimmtes Tun oder Unterlassen befehlen, auf das der Kläger einen Anspruch zu haben glaubt.
Feststellungsklage	Hier begehrt der Kläger keine Leistung, sondern die Feststellung, dass in einem bestimmten Sachverhalt bestimmte Rechte zugunsten des Klägers *bestehen* oder zugunsten des Beklagten *nicht bestehen*. Im letzteren Fall spricht man von einer negativen Feststellungsklage.

---

54 Überzeugend OLG Schleswig NJW-RR 2015, 636, 637.
55 BGHZ 198, 294 Rn. 15 ff.
56 BGH NJW 2015, 3040 Rn. 15.

Gestaltungsklage	Ein gewöhnliches Urteil verändert die Rechtslage grundsätzlich nicht, sondern stellt nur eine bereits existente Rechtslage als bestehend fest (sog. *prozessuale Rechtskrafttheorie*). Anders liegt es bei Gestaltungsklagen: Durch sie wird konstitutiv die Rechtslage verändert, z. B. die Ehe aufgelöst, ein Gesellschafter aus einer OHG ausgeschlossen etc. Bei Klagen, die auf ein solches Ziel gerichtet sind, spricht man von Gestaltungsklagen.
Rechtsverhältnis	Rechtlich geregelte Beziehung einer Person zu einer anderen Person oder Sache. Wichtig für Feststellungsklage (§ 256 ZPO): Diese kann sich nur auf Rechtsverhältnisse beziehen.
Feststellungsinteresse	Wichtig für die Feststellungsklage: Wer gegenwärtig keine Leistung vom Beklagten begehrt, sondern lediglich ein Rechtsverhältnis gerichtlich festgestellt wissen will, muss dartun, warum er sich auf dies Rechtsschutzziel beschränkt.
Streitgegenstand	Wird gebildet aus dem Klageantrag und dem zugrunde liegenden Lebenssachverhalt.

Übersicht 3: Klagearten 91 G

Übersicht 4: Streitgegenstand (prozessualer Anspruchsbegriff) 92 G

Begriff	Bedeutung
• **Antrag** (= der bestimmte Klageantrag im Sinne des § 253 II Nr. 2 ZPO) • **Sachverhalt** (= der Gegenstand und Grund des erhobenen Anspruchs im Sinne des § 253 II Nr. 2 ZPO) **Wichtig:** *Nicht* zur Begrenzung des Streitgegenstandes geeignet sind die *materiellrechtlichen Anspruchsgrundlagen*: Ein Anspruch aus einem Sachverhalt ist auch dann *ein* Streitgegenstand, wenn er sich *materiellrechtlich* auf *mehrere Anspruchsnormen* stützen lässt (z. B. § 280 I BGB und § 823 I BGB)	Der Streitgegenstand begrenzt • den Umfang der *Rechtshängigkeit*, § 261 I ZPO (und damit auch der damit einhergehenden *materiellrechtlichen Wirkungen*, z. B. der Hemmung der Verjährung nach § 204 I Nr. 1 BGB) • den Umfang der *Rechtskraft*, § 322 I ZPO • den Umfang der *richterlichen Entscheidungsbefugnis*, § 308 I ZPO

§ 3 Der zur Entscheidung berufene Richter

I. Das Recht auf den gesetzlichen Richter

G 93 Art. 101 I 2 GG gewährleistet das Recht auf den gesetzlichen Richter. Die Vorschrift formuliert Anforderungen

- an das Gericht selbst: Zuständigkeitsvorschriften und Vorschriften über die Besetzung der Kammern und ebenso der Geschäftsverteilungsplan (§ 21e, § 21g GVG) sind akkurat anzuwenden.
- an den Gesetzgeber: Die Vorschriften über die Zuständigkeit und die Besetzung der Gerichte sollen eine möglichst genaue Bestimmung des zur Entscheidung berufenen Richters ermöglichen.

II. Aufbau der Gerichtsbarkeit

1. Gerichtstypen

G 94 Die ordentliche Gerichtsbarkeit (zu der auch die Zivilgerichtsbarkeit gehört) ist unterteilt in:

- Amtsgerichte, §§ 22 ff. GVG
- Landgerichte, §§ 59 ff. GVG
- Oberlandesgerichte, §§ 115 ff. GVG
- Bundesgerichtshof, §§ 123 ff. GVG

G 95 ### 2. Zuständigkeit (Überblick)

a) Amtsgerichte entscheiden, sofern sie zuständig sind, *immer* als erste Instanz, §§ 23 ff. GVG. *Zuständig* vor allem
- für vermögensrechtliche Ansprüche, wenn der Streitwert 5000 Euro nicht übersteigt (§ 23 Nr. 1 GVG)
- für Streitigkeiten aus Wohnraummietverhältnissen ohne Rücksicht auf den Streitwert (§ 23 Nr. 2a GVG)
- in Familiensachen, §§ 23a, b GVG

G 96 **b) Landgerichte** entscheiden
- als erste Instanz, § 71 GVG, wenn nicht Amtsgerichte zuständig sind. Vor allem bei vermögensrechtlichen Streitigkeiten mit Streitwert über 5000 Euro, bei nicht vermögensrechtlichen Streitigkeiten und nach § 71 II Nr. 2 GVG bei Amtshaftungsansprüchen
- *grundsätzlich* als zweite Instanz (Berufung), wenn als erste Instanz das Amtsgericht entschieden hat, § 72 GVG

c) Oberlandesgerichte entscheiden, sofern sie zuständig sind, *immer* als zweite Ins-   97 G
tanz (Berufung), und zwar immer bei erstinstanzlichen Urteilen der Landgerichte
(§ 119 I Nr. 2 GVG), in bestimmten Fällen auch bei erstinstanzlichen Urteilen der
Amtsgerichte (§ 119 I Nr. 1 GVG; der praktisch wichtigste Fall ist Buchstabe a: Entscheidung über Berufung gegen Entscheidung der Familiengerichte, die immer Abtei-
lungen der Amtsgerichte sind, § 23b GVG)

d) Der **Bundesgerichtshof** entscheidet über die Rechtsmittel der Revision, der   98 G
Sprungrevision und der Rechtsbeschwerde (§ 133 GVG). Man wird geneigt sein, dies
als „dritte Instanz" zu bezeichnen, doch stimmt dies uneingeschränkt nur bei der gewöhnlichen Revision, wenn also ein Ausgangs- und ein Berufungsurteil vorausgegangen sind. Die Sprungrevision richtet sich dagegen direkt gegen das erstinstanzliche
Urteil (§ 566 ZPO). Bei der Rechtsbeschwerde ergibt sich aus § 574 I Nr. 2 ZPO
mittelbar, dass der Gesetzgeber jedenfalls grundsätzlich davon ausgeht, dass vorher
schon zwei Gerichte befasst waren.

III. Örtliche Zuständigkeit

Die Zuständigkeit der Gerichte ist verstreut geregelt: Die *örtliche* Zuständigkeit in   99 G
§§ 12 ff. ZPO, die *sachliche* Zuständigkeit im GVG. Die örtliche Zuständigkeit heißt
in der ZPO *Gerichtsstand*.

1. Allgemeiner Gerichtsstand

Fall 30: Der in München wohnende K ist Eigentümer eines Fahrrades (Wert: 1000 Euro), das   100 G
ihm von D gestohlen und an den gutgläubigen B weiterveräußert wurde. K verlangt von B, der
in Bremen wohnt, Herausgabe.

Materiellrechtlich ist der Anspruch des K nach § 985 BGB begründet. Durch die
Veräußerung seitens des D konnte B wegen § 935 I 1 BGB nicht gutgläubig nach
§§ 929 S. 1, 932 I 1, II BGB Eigentum erwerben.

Will K diesen Anspruch **gerichtlich durchsetzen**, so muss er die Klage auf Herausgabe nach §§ 12, 13 ZPO in Bremen erheben, wo B seinen **Wohnsitz** und damit seinen
allgemeinen Gerichtsstand hat, und zwar vor dem dortigen Amtsgericht (§ 23 Nr. 1
GVG), da die Streitwertgrenze von 5000 Euro nicht überschritten ist.

Fall 31: K hat an die B-GmbH mit Sitz in Hamburg Waren geliefert und verklagt die B
nunmehr auf Zahlung.

B ist eine juristische Person; ihr allgemeiner Gerichtsstand wird nach § 17 ZPO durch
ihren **Verwaltungssitz** bestimmt. K muss die Klage gegen B daher in Hamburg erheben.

101 **Zur Vertiefung:** Wenn die *Mitglieder* einer rechtlich selbstständigen Gesellschaft *untereinander* Streitigkeiten ausfechten, steht der Sitz der Gesellschaft als *besonderer Gerichtsstand* (dazu unten 2.) nach § 22 ZPO zur Verfügung. Das betrifft namentlich Streitigkeiten unter Mitgliedern einer OHG, KG, GmbH oder AG. Sofern die Gesellschaft bürgerlichen Rechts rechtsfähig ist (dazu oben § 1 II 1), können auch ihre Gesellschafter sich gemäß § 22 ZPO bei aus dem Gesellschaftsverhältnis resultierenden Streitigkeiten gegenseitig am Sitz der Gesellschaft verklagen[1].

2. Besonderer Gerichtsstand

G 102 **Besondere Gerichtsstände** gelten immer *neben* dem allgemeinen. § 12 ZPO schließt die Klage am allgemeinen Gerichtsstand nur aus, wenn ein abweichender *ausschließlicher* Gerichtsstand begründet ist. Besondere Gerichtsstände eröffnen also eine *zusätzliche* Zuständigkeit, einen *weiteren* Ort außer dem (Wohn-) Sitz, an dem der Kläger die Klage erheben kann.

a) Zweigniederlassung

G 103 **Fall 32:** Nehmen Sie im **Fall 31** an, K hat die Lieferung an die Zweigniederlassung der B-GmbH in Düsseldorf erbracht.

K kann auch hier nach § 17 ZPO die B an ihrem Sitz in Hamburg verklagen. Ebenso steht ihm aber die Möglichkeit offen, in Düsseldorf zu klagen (§ 21 I ZPO).

b) Erfüllungsort

aa) Erfüllungsort aus der Natur des Schuldverhältnisses

G 104 **Fall 33:** K in Köln hat den Berliner Bauunternehmer B beauftragt, für ihn ein Gebäude zu errichten. Das Gebäude soll auf einem Grundstück in Köln gebaut werden. B stellt das Gebäude fertig.
a) K verklagt den B in Köln auf Beseitigung einiger Baumängel.
b) Als B trotz Fristsetzung die Mängelbeseitigung schuldig bleibt, lässt K die Mängel durch einen Dritten beseitigen und verlangt die Kosten als Schadensersatz statt der Leistung ersetzt.
c) Als B trotz Fristsetzung die Mängelbeseitigung schuldig bleibt, mindert K den Werklohn und verklagt den B auf Rückgewähr des Überschussbetrags.

Der von K geltend gemachte Anspruch ist ein Anspruch auf Nacherfüllung nach §§ 634 Nr. 1, 635 I BGB. Für die Klage sind im **Fall 33a** die Gerichte in Köln zuständig; denn die Nacherfüllung war dort zu erbringen. Es greift damit der Gerichtsstand des Erfüllungsortes nach § 29 I ZPO ein.

▶ **Wichtiger Hinweis**
Im **Fall 33a** ergibt sich der Erfüllungsort schon aus der Natur des Schuldverhältnisses (§ 269 I BGB): Gebaut wird dort, wo sich das zu bebauende Grundstück befindet. *Nur deshalb* lässt

---

1 OLG Köln NJW 2004, 862.

sich daher auch ein Gerichtsstand am Ort des Baugrundstücks rechtlich begründen. Wo dagegen ein bestimmter Erfüllungsort auf Vereinbarung der Parteien beruht, eignet er sich zur Bestimmung des örtlich zuständigen Gerichts nur in den Fällen des § 29 II ZPO. Vgl. dazu sogleich b).

Im **Fall 33b** verlangt K von B die Zahlung von Geld. Erfüllungsort für diese Verpflichtung ist normalerweise nach §§ 270 IV, 269 I, II BGB der Wohn- bzw. Geschäftssitz des B[2]. Das hätte zur Folge, dass K auf Schadensersatz nur in Berlin klagen könnte. Doch hat der BGH ausgesprochen, dass schon nach materiellem Recht (!) der Anspruch auf Schadensersatz statt der Leistung dort zu erfüllen ist, wo die ursprüngliche Primärleistung zu erfüllen war[3]. Daher kann K auch seinen aus §§ 634 Nr. 4, 280 I, III, 281 BGB resultierenden Ersatzanspruch in Köln gerichtlich geltend machen.

105 G

Erhebliche Schwierigkeiten bereitet dagegen die Bestimmung des Erfüllungsorts bei vertraglichen Rückgewähransprüchen. Um einen solchen handelt es sich im **Fall 33c**: K erhebt einen Anspruch aus §§ 634 Nr. 3, 638 I, IV 1 BGB auf Rückzahlung eines Teils des Werklohns. Im *Kaufrecht* nimmt man überwiegend an, dass im Falle des *Rücktritts* sämtliche Ansprüche des Käufers wegen Mängeln der Kaufsache dort zu erfüllen seien, wo sich die Kaufsache vertragsgemäß befinde[4] – nämlich regelmäßig am Wohn- und Geschäftssitz des *Käufers*. Unstreitig gilt dies für den Nacherfüllungsanspruch[5]; diese Bestimmung des Erfüllungsorts soll sich aber eben auf den Rückgewähranspruch aus § 346 I BGB erstrecken. Dagegen soll es für den Fall der *Minderung* bei der in §§ 270 IV, 269 I, II BGB getroffenen Regelung verbleiben: Die Klage auf Rückgewähr des überzahlten Kaufpreises soll am Wohn- oder Geschäftssitz des *Verkäufers* erhoben werden müssen[6]. Verlangt der Käufer Schadensersatz statt der ganzen Leistung Zug um Zug gegen Rückgewähr der Kaufsache, so soll er ebenfalls am Wohn- oder Geschäftssitz des Verkäufers klagen müssen[7]. Legt man dies auch für den hier gegebenen Werkvertrag zugrunde, so müsste K im **Fall 33c** die Klage auf Rückgewähr der Werklohnüberzahlung in Berlin erheben.

106 G

Die unterschiedliche Handhabung der Rückgewähransprüche nach Rücktritt einerseits, Minderung andererseits ist mit Recht kritisiert worden[8]: Die Rückgewähransprüche unterscheiden sich nicht qualitativ in ihrer Rechtsnatur; deshalb ist auch eine unterschiedliche Bestimmung des Erfüllungsorts nicht gerechtfertigt. Darüber hinaus ist ganz allgemein der Vorstellung zu widersprechen, der Ort, an dem die Kaufsache (oder das Werk oder eine sonstige vom Rückzahlung fordernden Gläubiger

107 G

---

2 Diese Handhabung entspricht gängiger deutscher Rechtslehre (statt vieler NK/*Schwab*, BGB, 3. Aufl. 2016, § 270 Rn. 1; MüKo/*Krüger*, BGB, 7. Aufl. 2016, § 270 Rn 16 f.), ist aber durch ein jüngeres Urteil des EuGH (NJW 2008, 1935 f.) in Frage gestellt. Auf dieses Problem kann hier nicht näher eingegangen werden (näher dazu *Schwab*, NJW 2011, 2833 ff.; *Heyers*, JZ 2012, 398 ff.).
3 BGH NJW 1993, 1073, 1076; ebenso OLG Hamm NJW-RR 1995, 187, 188; OLG Saarbrücken NJW 2000, 670, 671; OLG Zweibrücken NJW-RR 2012, 831 f.
4 BayObLG MDR 2004, 646; OLG Saarbrücken NJW 2005, 906, 907; MüKo/*Patzina*, ZPO, 4. Aufl. 2013, § 29 Rn. 62; Musielak/Voit/*Heinrich*, ZPO, 13. Aufl. 2016, § 29 Rn. 28; Stein/Jonas/*Roth*, ZPO, 23. Aufl. 2014, § 29 Rn. 21, 45.
5 BGHZ 87, 104, 109.
6 MüKo/*Krüger*, BGB, , 7. Aufl. 2016, § 269 Rn. 37; Stein/Jonas/*Roth*, ZPO, 23. Aufl. 2014, § 29 Rn. 46.
7 LG Aurich MDR 2007, 424.
8 *Stöber*, NJW 2006, 2661, 2663.

empfangene Leistung) zurückgegeben werden müsse, sei zugleich der Ort, an dem auch der Käufer (bzw. Besteller etc.) den gezahlten Preis zurückverlangen könne[9]: Dies läuft auf die Idee eines einheitlichen Erfüllungsorts der vertragscharakteristischen Leistung hinaus, die sich, wie unten cc) zu zeigen sein wird, rechtlich nicht halten lässt. Aus dem gleichen Grund erscheint es verfehlt, den Ort der Baustelle als einheitlichen Erfüllungsort für alle wechselseitigen Ansprüche aus dem Bauvertrag anzusehen[10]. Die Rückgewähr von Geld muss daher grundsätzlich am Wohn- oder Geschäftssitz des Schuldners begehrt werden. Damit ist auch im **Fall 33c** Köln nicht Erfüllungsort für die Rückerstattung überzahlten Werklohns. K muss den B vielmehr nach §§ 12, 13 ZPO in Berlin verklagen.

bb) Vereinbarungen über den Erfüllungsort

G 108   **Fall 34:** Kaufmann K wohnt in Mannheim und hat bei Kaufmann B in Heidelberg einen Gebrauchtwagen gekauft; nach dem Vertrag ist Mannheim Erfüllungsort für alle aus dem Vertrag resultierenden Verbindlichkeiten. B hat ihm dabei auf Nachfrage bewusst wahrheitswidrig erklärt, dass der Wagen unfallfrei sei. Als K das merkt, ficht er den Kaufvertrag wegen arglistiger Täuschung an und verlangt den Kaufpreis zurück. Er klagt in Mannheim.

Wäre K im **Fall 34** nach §§ 437 Nr. 2, 326 V BGB zurückgetreten, so hätte er in Mannheim nach § 29 I ZPO klagen können, da bezüglich der Primärpflicht aus § 433 I 1 BGB Bringschuld und damit Mannheim als Erfüllungsort vereinbart war. Die Vereinbarung über den Erfüllungsort konnte nach § 29 II ZPO den besonderen Gerichtsstand begründen, weil K und B Kaufleute sind. Doch begründet die Anfechtung nach § 142 I BGB *ex tunc* die Nichtigkeit des Kaufvertrags und damit lediglich einen Anspruch aus § 812 I 1 1. Alt. BGB. Dafür steht § 29 ZPO nach h. M.[11] nicht zur Verfügung. K muss in Heidelberg klagen, §§ 12, 13 ZPO.

G 109   Diese h. M. erscheint durchaus angreifbar. Denn K hätte, statt anzufechten, ebenso gut nach §§ 437 Nr. 2, 326 V BGB von Kaufvertrag zurücktreten können. In diesem Fall wäre der Gerichtsstand nach § 29 I ZPO auch für die Klage auf Rückzahlung des Kaufpreises gegeben gewesen. Ob nun aber der Käufer im konkreten Fall den Kaufvertrag wegen arglistiger Täuschung anficht oder wegen eines Mangels von ihm zurücktritt, beruht eher auf Zufall. Das eigentliche Ziel, den Kaufpreis zurückzubekommen, erreicht K mit beiden Rechtsbehelfen gleichermaßen. Dies spricht dafür, auch für den Bereicherungsanspruch nach erklärter Anfechtung den besonderen Gerichtsstand des Erfüllungsortes nach § 29 ZPO, also im **Fall 34** den Gerichtsstand Mannheim zu öffnen[12].

---

9 NK-*Schwab*, BGB, § 269 Rn. 43 ff.; *Döhmel*, Der Leistungsort bei Rückabwicklung von Verträgen, 1997, S. 109 ff.; *Stöber*, NJW 2006, 2661, 2663 ff.
10 So aber BGH NJW 1986, 935; dazu noch unten cc).
11 RGZ 49, 421, 424 f.; BGH NJW 1962, 739.
12 Generell in diesem Sinne für Bereicherungsansprüche aus nichtigen Verträgen *Spickhoff*, ZZP 109 (1996), 493, 509 f.

Zur Vertiefung: Die Argumentationsfigur, die zu diesem Ergebnis führt, kennen Sie aus einem **110** anderen Zusammenhang, nämlich aus dem *Bereicherungsrecht*: Wenn bei einem nichtigen gegenseitigen Vertrag eine Partei die empfangene Leistung nicht mehr zurückgewähren kann und nach § 818 III BGB auch keinen Wertersatz (§ 818 II BGB) schuldet, muss auch die Gegenseite die ihrerseits empfangene Gegenleistung nicht mehr herausgeben (sog. *Saldotheorie*). Von diesem Grundsatz macht der BGH aber eine *Ausnahme*, wenn es sich um einen Kaufvertrag handelt und dieser nach § 123 I BGB angefochten wird, weil der Verkäufer einen Mangel arglistig verschwiegen hat[13]: Dann ist zwar der Vertrag nach § 142 I BGB nichtig; der Käufer hätte aber ebenso nach §§ 437 Nr. 2, 323 oder 326 V BGB zurücktreten können und sich damit die Möglichkeit einer Rückabwicklung nach §§ 346 ff. BGB eröffnet. Die in diesen Vorschriften angelegten Wertungen gelten daher auch für die bereicherungsrechtliche Rückabwicklung[14].

---

cc) Erfüllungsort der Sachleistung als Erfüllungsort auch der Gegenleistung

Sehr *umstritten* ist die Anwendung des § 29 ZPO bei gegenseitigen Verträgen, wenn **111 G** diejenige Partei, welche die vertragstypische *Sachleistung* erbracht hat, nunmehr auf *Zahlung* klagt.

> **Fall 35**: Arzt A hat in seiner Praxis in Hamburg den Patienten P behandelt, der in Kiel wohnt. A verklagt den P auf Zahlung des Honorars.

Erfüllungsort für die *Zahlungspflicht des P* ist nach §§ 270 IV, 269 I BGB der Wohnsitz des P, also Kiel. Stellt man für § 29 ZPO hierauf ab, so muss A den P in Kiel verklagen. Dagegen hielt sich in der Rechtsprechung bis vor kurzem nachhaltig die Tendenz, bei *ortsgebundenen* Leistungen den Ort der *vertragstypischen Sachleistung* als Erfüllungsort sowohl für jene Sachleistung als auch für die Bezahlung der Vergütung (Gegenleistung) anzusehen: So sollte Erfüllungsort für die Honorarforderung des **Rechtsanwalts**[15] und eines **Steuerberaters**[16] der Ort seiner Kanzlei sein; ebenso soll Erfüllungsort für die Honorarforderung einer **Klinik** gegen ihren Patienten der Sitz der Klinik sein[17].

Die besseren Gründe sprechen indes *gegen* eine solche Bestimmung des Erfüllungsorts; vielmehr ist daran festzuhalten, dass **selbst bei gegenseitigen Verträgen** der **Erfüllungsort** für beide Leistungen jeweils **getrennt** zu bestimmen ist. In diesem Sinne haben sich denn auch in neuerer Zeit zahlreiche Gerichte geäußert[18]. § 29 ZPO

---

13 BGHZ 53, 144.
14 Zu den Auswirkungen der reformierten §§ 346 ff. BGB auf das Bereicherungsrecht vgl. *M. Schwab*, in: *ders./Witt*, Examenswissen zum neuen Schuldrecht, 2. Aufl. 2003, S. 343, 382 ff.
15 BGH NJW 1991, 3095, 3096; BayObLG NJW 2003, 366 f.; OLG Celle NJW 1966, 1975; LG München I MDR 2001, 591; *Krügermeyer-Kalthoff/Reutershan*, MDR 2001, 1216, 1217 ff.
16 BayObLG NJW 2003, 1196, 1197.
17 BGH NJW 2012, 860 ff.; OLG Celle NJW 1990, 777 f.; MDR 2007, 604 f.
18 Vgl. für die Honorarforderung des Arztes gegen seinen Patienten LG Mainz NJW 2003, 1612 f.; AG Frankfurt/Main NJW 2000, 1802; *Balthasar*, JuS 2004, 571, 573; *Prechtel*, MDR 2006, 246 ff.; für die Honorarforderung des Anwalts gegen seinen Mandanten BGH NJW 2004, 54 ff.; OLG Karlsruhe NJW 2003, 2174, 2175 f.; *Balthasar*, JuS 2004, 571, 572 f.; *Prechtel*, NJW 1999, 3617 ff.; *ders.*, MDR 2001, 591, 592; *Siemon*, MDR 2002, 366 ff.; *Vossler*, NJW 2003, 1164, 1166; unabhängig vom Vertragstyp *Einsiedler*, NJW 2001, 1549 f.

knüpft an den Begriff des Erfüllungsortes an, wie er im BGB niedergelegt ist. Danach ist Erfüllungsort bei der Geldschuld der Wohnsitz des Schuldners (§§ 270 IV, 269 I BGB). Einen Erfüllungsort der vertragstypischen Leistung kennt das BGB nicht; die ZPO führt keinen eigenen Begriff des Erfüllungsortes ein. Es entspricht, wie das AG Frankfurt mit Recht betont, auch der gerechten Lastenverteilung im Prozess, wenn der zur Gegenleistung in Geld Verpflichtete (im **Fall 35:** P) an seinem Wohnsitz verklagt werden muss. Den Vorschriften über die örtliche Zuständigkeit kommt nämlich nicht nur formal die Funktion zu, dasjenige Gericht als das zuständige zu bestimmen, das zweckmäßigerweise über den Rechtsstreit entscheidet; vielmehr wohnt jenen Vorschriften ein gewichtiger materieller Gerechtigkeitsgehalt inne[19]: Der Kläger bestimmt, ob, wann und mit welchem Gegenstand geklagt wird; dann muss er jedoch im Gegenzug die Mühe auf sich nehmen, den Beklagten an seinem Wohnsitz zu verklagen. Es besteht kein Anlass, von dieser Lastenverteilung nur deshalb abzuweichen, weil Ärzte und Anwälte ihre Leistung typischerweise an einem bestimmten feststehenden Ort (Praxis bzw. Kanzlei) erbringen. Namentlich ist die Vorstellung unzutreffend, die für den Vertrag charakteristische Leistung sei die wichtigere: Die Parteien gehen von der Äquivalenz beider Leistungen aus. Im Gegenteil: Wäre der Ort der Sachleistung einheitlich Erfüllungsort für alle wechselseitigen Verbindlichkeiten aus dem Vertrag, so würde man ganz entgegen der in §§ 12, 13 ZPO angelegten Interessenbewertung in weiten Bereichen zu einem allgemeinen Klägergerichtsstand gelangen. Bei Freiberuflern kommt hinzu, dass sie ihre Leistungen keineswegs immer am Ort ihrer Praxis erbringen: Der Anwalt erbringt seine Leistung vor Gericht, wenn er den Mandanten dort vertritt. Er erbringt sie in der Haftanstalt, wenn er den Mandanten dort besucht. Der Arzt erbringt seine Leistung am Wohnsitz des Patienten, wenn er Hausbesuche macht. Der Ort der Leistungserbringung ist daher insgesamt kein handhabbares Kriterium für die Bestimmung des Erfüllungsorts.

---

112 **Zur Vertiefung:** Der **Anwalt**, der für seinen Mandanten einen **Prozess führt**, kann sein Honorar auch am Gerichtsstand des Hauptprozesses nach § 34 ZPO einklagen. Dieser Gerichtsstand ist aber, da er nicht ausdrücklich als ausschließlicher Gerichtsstand bezeichnet wird, lediglich Wahlgerichtsstand, d. h. der Anwalt kann den Mandanten nach seiner Wahl (§ 35 ZPO) auch an dessen allgemeinem Gerichtsstand (§§ 12, 13 ZPO) verklagen[20].

G 113 Einen einheitlichen Erfüllungsort der für den Vertrag charakteristischen Leistung will der BGH ferner für **Bauleistungen**[21], **Architektenleistungen**[22] sowie für **Versorgungsverträge** über die Lieferung von Strom, Wasser oder Gas[23] annehmen. Für diese Ansicht könnte man in der Tat immerhin Aspekte der prozessualen Praktikabilität ins Feld führen: Eine eventuelle Beweisaufnahme über etwaige Mängel der erbrachten Leistung, die notwendig auch den Vergütungsanspruch beeinflussen, kann in diesem Fall vom Gericht vor Ort durchgeführt werden. Beim Bau- und Architektenvertrag

---

19 So im Ergebnis auch *Coester-Waltjen*, Jura 2010, 821, 822.
20 OLG Brandenburg NJW 2004, 780 f.
21 Dafür BGH NJW 1986, 935: Ort der Baustelle; selbst dagegen aber LG Mainz NJW 2003, 1612, 1613.
22 BGH NJW 2001, 1936, 1937: ebenfalls Ort der Baustelle.
23 BGH NJW 2003, 3418: Ort des Grundstücks, auf dem diese Versorgungsleistungen entnommen werden.

kommt hinzu, dass der Besteller jedenfalls seine Abnahmepflicht (§ 640 I BGB) an der Baustelle erfüllen muss. Indes ist selbst für diese Vertragstypen die Lehre vom einheitlichen Erfüllungsort abzulehnen: Der Gerichtsstand des **§ 29 I ZPO** verhält sich **akzessorisch** zum Erfüllungsort nach **§ 269 BGB**. Das bedeutet, dass der Erfüllungsort ohne Rücksicht auf prozessuale Vorzüge oder Nachteile allein aus der Perspektive des materiellen Rechts zu bestimmen ist. Nur der so definierte Erfüllungsort ist dann Gerichtsstand nach § 29 ZPO.

c) Unerlaubte Handlung

Fall 36: B aus Stuttgart entwendet in Frankfurt den Koffer des K, der in Nürnberg wohnt. **114 G**
K verklagt den B auf Herausgabe
a) aus §§ 823 I, 249 I BGB bzw. §§ 823 II BGB, 242 I StGB
b) aus § 985 BGB

Die Entwendung des Koffers durch B stellt eine unerlaubte Handlung dar, nämlich eine Eigentumsverletzung (§ 823 I BGB) und einen Verstoß gegen das Schutzgesetz § 242 StGB (§ 823 II BGB). Für sie sieht § 32 ZPO einen besonderen Gerichtsstand vor, nämlich § 32 ZPO: Für Klagen aus unerlaubter Handlung ist das Gericht des Tatorts zuständig. Im **Fall 36a** kann K daher in Frankfurt Klage erheben: Seine Klage ist auf Vorschriften gestützt, die im BGB unter dem Titel „unerlaubte Handlung" stehen. Zu den Ansprüchen aus „unerlaubter Handlung" zählen freilich auch Schadensersatzansprüche, die in Tatbeständen der Gefährdungshaftung außerhalb des BGB geregelt sind (z. B. § 7 I StVG[24], § 1 I 1 ProdHaftG). Eben-so können Ansprüche, die daraus resultieren, dass jemand für die Haftung eines Dritten aus unerlaubter Handlung einzustehen hat, am Gerichtsstand des § 32 ZPO geltend gemacht werden – so insbesondere der Direktanspruch gegen den Haftpflichtversicherer des Unfallgegners aus § 117 I VVG[25].

Streitig ist das rechtliche Untersuchungsprogramm, das am Gerichtsstand der unerlaubten Handlung abgearbeitet werden darf: Darf das Gericht nur deliktsrechtliche oder auch alle anderen in Betracht kommenden Anspruchsgrundlagen prüfen?

aa) Frühere Rechtsprechung: Spaltung des Streitgegenstands in deliktsrechtliche und nicht-deliktsrechtliche Anspruchsgrundlagen

Im **Fall 36b** macht K zwar *denselben prozessualen Anspruch* geltend wie im **Fall 36a**: **115**
Auf der Grundlage des Sachverhalts (B hat dem K in Frankfurt den Koffer entwendet) reklamiert K dieselbe Rechtsfolge (B ist zur Herausgabe verpflichtet). Die **Fälle 36a und b** betreffen somit *denselben Streitgegenstand*. Aber die *materiellrechtliche Anspruchsgrundlage*, die K bemüht, ist im **Fall 36b** keine Anspruchsgrundlage aus dem Recht der unerlaubten Handlung, sondern eine solche aus dem Sachenrecht, nämlich § 985 BGB. Einen solchen Anspruch kann K nicht am Gerichtsstand des § 32 ZPO

---

24 *Schneider*, Jura 2014, 323, 330; *Schreiber*, Jura 2012, 268.
25 *Schneider*, Jura 2014, 323, 330.

geltend machen. Vielmehr nahm der **BGH** lange Zeit an, dass im Rahmen des § 32 ZPO für die Zuständigkeit des Gerichts der *Streitgegenstand gespalten* wird[26]: Am Gericht des Tatorts, nämlich in Frankfurt, ist nur die Klage aus deliktsrechtlichen Anspruchsgrundlagen möglich, und nur diese werden vom dortigen Gericht auch geprüft. Wenn K damit nicht durchdringt, kann er immer noch in Stuttgart aus § 985 BGB klagen (aber *nur* daraus), ohne dass § 322 I ZPO – Einwand anderweitiger Rechtskraft – entgegensteht. K kann aber auch *von vornherein eine auf sämtliche Anspruchsgrundlagen gestützte Klage gegen B an dessen allgemeinem Gerichtsstand in Stuttgart erheben*: § 32 ZPO ist kein ausschließlicher Gerichtsstand, hindert den K also nicht, auch die deliktsrechtlichen Anspruchsgrundlagen in Stuttgart prüfen zu lassen.

bb) Heutige Rechtsprechung: Erst-Recht-Schluss aus § 17 II 1 GVG

G 116 Diese *Spaltung des Streitgegenstands* am Gerichtsstand der unerlaubten Handlung war niemals unumstritten. So führt eine beachtliche Gegenmeinung[27] die Vorschrift des § 17 II 1 GVG ins Feld. Danach entscheidet das Gericht des zulässigen Rechtswegs über den Streitgegenstand unter allen rechtlichen Gesichtspunkten. Diese Vorschrift gelte zwar unmittelbar nur für den Fall, dass das Gericht, das mit dem Streitgegenstand befasst sei, Vorschriften anwenden müsse, deren Prüfung an sich in einen anderen *Rechtsweg* falle (etwa in den Verwaltungsrechtsweg oder in den Rechtsweg zu den Arbeitsgerichten). Wenn aber ein Zivilgericht schon *rechtswegfremde* Vorschriften anwenden müsse, wenn diese mit dem Streitgegenstand im Zusammenhang stünden, so müsse es erst recht sämtliche für den Rechtsstreit einschlägigen Vorschriften des *bürgerlichen Rechts* anwenden, selbst wenn ihm die örtliche Zuständigkeit nicht durch sie (nämlich nicht durch §§ 985, 812 I 1 2. Alt. BGB), sondern durch andere Vorschriften (nämlich § 823 I, II BGB) verliehen sei[28]. § 17 II 1 GVG enthalte damit eine *umfassende sachliche Prüfungskompetenz des Gerichts*, sobald es im zulässigen Rechtsweg angerufen worden sei[29]. Der **BGH** hat die Bedenken dieser Gegenmeinung durchaus zur Kenntnis genommen. Zunächst hatte er noch offen gelassen, ob er an seiner bisherigen Auffassung auch in Zukunft festhalten wird[30]. **Nunmehr** hat der BGH seine **bisherige Rechtsprechung aufgegeben** und **stattdessen**, gestützt auf den Erst-Recht-Schluss aus § 17 II 1 GVG, eine **einheitliche Zuständigkeit des Gerichts**, das unter dem Gesichtspunkt der **unerlaubten Handlung** angerufen wird, für die Beurteilung auch **aller konkurrierenden Anspruchsgrundlagen** angenommen[31].

---

26 BGH NJW 1974, 410, 411.
27 *Gottwald*, JZ 1997, 92, 93; *Hoffmann*, ZZP 107 (1994), 3, 11 ff.; *K.-H. Schwab*, FS Zeuner, 1994, S. 499, 504 ff.; *Vollkommer*, FS Deutsch, 1999, S. 385, 395 ff.; *Windel*, ZZP 111 (1998), 3, 13 f.
28 *K.-H. Schwab*, FS Zeuner, 1994, S. 499, 508 f.
29 *Hoffmann*, ZZP 107 (1994), 3, 12.
30 BGH NJW 1998, 988; NJW 2002, 1425.
31 BGH NJW 2003, 828, 829; ebenso BayObLG MDR 2003, 1311. Ausführlich in diesem Sinne, wenn auch mit abweichender Begründung schon *Roth*, FS Schumann, 2001, S. 355, 359 ff.

cc) Stellungnahme

Die Gegenmeinung (und damit auch die neuere Rechtsprechung des BGH) vermag 117
indes nicht zu überzeugen; vielmehr hat es trotz § 17 II 1 GVG dabei zu bleiben, dass
das nach § 32 ZPO zuständige Gericht *nur über Anspruchsgrundlagen der unerlaubten Handlung entscheidet*[32]. Zur Begründung des Gerichtsstands aus § 32 ZPO genügt
die bloße Darlegung des Klägers, dass der Anspruch sich aus unerlaubter Handlung
herleiten lasse; ob das tatsächlich der Fall ist, ist eine Frage der Begründetheit der
Klage. Dann besteht aber, wenn man den Streitgegenstand *nicht* nach materiellrechtlichen Anspruchsgrundlagen spaltet, die nahe liegende Gefahr, dass der Kläger sich
dadurch den Gerichtsstand erschleicht, dass er mehr oder weniger willkürlich einen
Anspruch aus unerlaubter Handlung konstruiert, um den Rechtsstreit insgesamt an
einem anderen als dem in §§ 12, 13 ZPO beschriebenen Gerichtsstand zu führen[33].
§ 17 II 1 GVG weist dem Gericht des zulässigen Rechtswegs deshalb eine umfassende
Prüfungskompetenz zu, weil der Kläger *diesen* Rechtsweg beschreiten *muss* und nicht
die Wahl zwischen mehreren Gerichtszweigen hat. Die Situation in § 32 ZPO ist eine
gänzlich andere: Hier kann der Kläger nach § 35 ZPO wählen, ob er am allgemeinen
(§§ 12, 13 ZPO) oder am besonderen (§ 32 ZPO) Gerichtsstand klagt. Die Möglichkeit einer Klage aus *allen* einschlägigen Anspruchsgrundlagen am Gericht des allgemeinen Gerichtsstandes (hier: Stuttgart) steht ihm also immer offen[34]. § 17 II 1 GVG
gilt nach §§ 48 I ArbGG, 83 S. 1 VwGO, 70 FGO, 98 S. 1 SGG für alle anderen
Gerichtszweige entsprechend; dort existiert also ein allgemeiner Gerichtsstand des
Sachzusammenhangs. In der ZPO ist dagegen auf einen solchen Gerichtsstand bewusst verzichtet worden[35]. Die Idee des Sachzusammenhangs kommt nur in einigen
speziellen Zuständigkeitsvorschriften zum Vorschein (vgl. §§ 33, 36 Nr. 3 ZPO).

dd) Zum Begriff des Tatorts

§ 32 ZPO begründet einen Gerichtsstand in dem Bezirk, in dem die Handlung „began- 117a
gen" wurde. „Begangen" wurde die Handlung sowohl an dem Ort, an dem die **Verletzungshandlung** vorgenommen wurde, als auch an dem Ort, an dem der **Verletzungserfolg** eingetreten ist[36]. Beide Orte können durchaus verschieden sein: So mag das
Entweichen giftiger Gase aus einer Chemiefabrik in Ludwigshafen die gesundheit-
liche Schädigung von Menschen zur Folge haben, die sich im Unfallzeitpunkt im
(direkt angrenzenden und nur durch den Rhein getrennten) Mannheim aufhielten. In
solchen Fällen begründet also § 32 ZPO **zwei besondere Gerichtsstände**, unter denen der Kläger abermals wählen kann. Zu beachten ist aber, dass der Ort des Erfolgs

---

32 So auch *Braun*, Lehrbuch des Zivilprozeßrechts, 2014, S. 287; *Mankowski*, JZ 2003, 689 ff.; *Peglau*,
   MDR 2000, 723; *Spickhoff*, ZZP 109 (1996), 493, 495 ff.; *Würthwein*, ZZP 106 (1993), 51, 75 ff.
33 *Mankowski*, JZ 2003, 689 ff.; *Spickhoff*, ZZP 109 (1996), 493, 503 ff.; *Würthwein*, ZZP 106 (1993), 51,
   76 f.
34 *Spickhoff*, ZZP 109 (1996), 493, 498; *Würthwein*, ZZP 106 (1993), 51, 76.
35 *Mankowski*, JZ 2003, 689, 690 f.; *Spickhoff*, ZZP 109 (1996), 493, 497.
36 BGHZ 124, 237, 245, BGHZ 132, 105, 110 f.; BGH NJW 2011, 2059 Rn. 7; BGH NJW-RR 2010,
   1554 Rn. 10; OLG Hamm NJW-RR 2015, 1534 Rn. 11; OLG Köln MDR 2009, 222; OLG Schleswig
   NJW-RR 2014, 442.

nur der Ort der Primärverletzung ist, nicht aber der Ort, an dem weitere Auswirkungen der Verletzung eingetreten sind. Das hat etwa Bedeutung im **Arzthaftungsrecht**: Die Körperverletzung durch eine Behandlung, die sachlich fehlerhaft und/oder nicht von einer wirksamen Einwilligung des Patienten gedeckt ist, tritt bereits mit dem fehlerhaften (zahn-)ärztlichen Eingriff selbst ein. Ist dieser in der Praxis des (Zahn-)Arztes erfolgt, so ist Tatort i. S. des § 32 ZPO der Ort der Praxis[37] – auch wenn sich die Schmerzen erst zeigen bzw. erst weiter vertiefen, nachdem der Patient wieder nach Hause zurückgekehrt ist. Bei Delikten, die im **Internet** begangen werden (z. B. ehrabschneidende Äußerungen), wird als Ort des Erfolgs jeder Ort angesehen, an dem der Internetauftritt abrufbar ist[38]. Auf dem Boden dieser Handhabung sind sämtliche bundesdeutschen Gerichte nach § 32 ZPO örtlich zuständig (sog. „fliegender" Gerichtsstand). Unter dem Gesichtspunkt der prozessualen Waffengleichheit ist diese Handhabung durchaus fragwürdig[39]. Denn vor Prozessbeginn ist ungewiss, ob der Kläger mit seiner Rechtsbehauptung durchdringt. Damit kann auch jemand, der im Unrecht belangt wird, gezwungen sein, sich vor jedem deutschen Gericht dem Klagebegehren entgegenzustellen. Immerhin kann die Wahl des Klägers (§ 35 ZPO), ein bestimmtes Gericht anzurufen, im Einzelfall rechtsmissbräuchlich sein, wenn dieses Gericht nur unter dem Gesichtspunkt ausgewählt worden sein kann, dass es für den Beklagten schwer erreichbar ist[40]. Ist etwa der Verletzte in München und der (angebliche) Täter in Passau ansässig, so mutet es seltsam an, wenn die Klage vor dem Landgericht Kiel erhoben wird. Im Urheberrecht wird der „fliegende" Gerichtsstand durch § 104a UrhG teilweise ausgeschlossen: Danach ist das Wohnsitzgericht des Beklagten ausschließlich zuständig, wenn die angebliche Urheberrechtsverletzung nicht zu gewerblichen oder selbständig beruflichen Zwecken erfolgt ist.

117b Der Gerichtsstand nach § 32 ZPO steht auch für die **negative Feststellungsklage** des (angeblichen) Schädigers zur Verfügung[41]. Man hüte sich nämlich vor der Fehlvorstellung, dass das Gesetz mit § 32 ZPO die Interessen des Geschädigten privilegiere. Für eine solche Privilegierung besteht in Wirklichkeit kein Anlass. Solange es um die Frage der Zuständigkeit des angerufenen Gerichts geht, besteht nämlich *Ungewissheit*: Wir wissen weder, ob überhaupt ein Schaden entstanden ist, noch, wer für den (ggf. vorhandenen) Schaden verantwortlich ist. § 32 ZPO trägt vielmehr dem Umstand Rechnung, dass sich am Tatort der klagebegründende Sachverhalt am einfachsten ermitteln lässt. Geht es aber nur um objektive prozessuale Zweckmäßigkeit und nicht um den Schutz einer bestimmten Partei, so gebietet es der Grundsatz prozessualer Waffengleichheit, dass *beide* Kontrahenten sich für den Gerichtstand der unerlaubten Handlung entscheiden können.

---

37 OLG Hamm NJW-RR 2015, 1534 Rn. 11 f.
38 OLG Karlsruhe MMR 2002, 814, 815; OLG Schleswig NJW-RR 2014, 442 f.
39 Kritisch auch *Braun*, Lehrbuch des Zivilprozeßrechts, 2014, S. 286 f.
40 OLG Schleswig NJW-RR 2014, 442, 443.
41 Wie hier *Thole*, NJW 2013, 1192, 1193 f.; anders AG Mannheim NJW-RR 2009, 540, 541.

d) Widerklage

Fall 37: K aus Karlsruhe und B aus Braunschweig vertauschen am Frankfurter Flughafen ihre **118 G**
Koffer. K verklagt B in Braunschweig auf Herausgabe nach § 985 BGB.
a) B erhebt im laufenden Prozess Widerklage auf Herausgabe des ihm gehörenden Koffers,
ebenfalls gestützt auf § 985 BGB.
b) B hat außerdem noch eine Kaufpreisforderung gegen K. Kann er diese ebenfalls im Wege
der Widerklage geltend machen?

Im **Fall 37a** kann B in Braunschweig Widerklage erheben, obwohl er an sich am
allgemeinen Gerichtsstand in Karlsruhe (§§ 12, 13 ZPO) hätte klagen müssen; denn
der Anspruch steht mit dem des K im Zusammenhang: Die Vertauschung der Koffer
ist ein einheitlicher Lebensvorgang, der wechselseitige Herausgabeansprüche zwischen K und B begründet hat. § 33 ZPO enthält die prozessuale Fortsetzung des § 273
BGB: Wechselseitige Ansprüche beruhen immer dann auf „demselben rechtlichen
Verhältnis" (§ 273 BGB) bzw. stehen immer dann miteinander im „Zusammenhang"
(§ 33 ZPO), wenn es Treu und Glauben widerspräche, wenn der eine Anspruch ohne
den anderen geltend gemacht werden könnte.

Im **Fall 37b** hat der von B erhobene Kaufpreisanspruch mit den Koffern nichts zu tun;
er steht daher nicht mit dem Klageanspruch des K im Zusammenhang. Der Wortlaut
des § 33 ZPO und die systematische Stellung der Vorschrift sagen als Rechtsfolge nur
aus:

- Keine Zuständigkeit in Braunschweig, B muss die Kaufpreisklage in Karlsruhe
  erheben, ggf. nach § 281 ZPO Verweisung beantragen.
- Die Prozesse K gegen B auf Herausgabe und B gegen K auf Kaufpreiszahlung
  werden nach § 145 II ZPO getrennt.

Das heißt aber: Es wird über die Klage des B gegen K in der Sache entschieden, nur
eben nicht im selben Prozess und nicht beim selben Gericht. Es steht aber *nirgends* im
Gesetz, dass die Klage als unzulässig abgewiesen werden müsste. Eben das behauptet
jedoch der BGH: § 33 ZPO sei besondere Prozessvoraussetzung[42]. Angesichts der
klaren gesetzlichen Rechtsfolgenbestimmungen ist diese Rechtsprechung des BGH
abzulehnen.

e) Streitgenossenschaft

Gelegentlich kommt es vor, dass mehrere Personen als Streitgenossen zusammen **119**
verklagt werden können oder gar müssen, aber an verschiedenen Orten wohnen und
daher eigentlich nicht am selben Gerichtsstand verklagt werden können.

---

42 BGHZ 40, 185, 187 f.; zutreffend dagegen *Schreiber*, Jura 2010, 31, 33 f. *ders.*, Jura 2012, 268, 269;
Philipp/Rothermel, Jura 2016, 232, 244; Zöller/*Vollkommer*, ZPO, 31. Aufl. 2016, § 33 Rn. 1. Differenzierend *Braun*, Lehrbuch des Zivilprozeßrechts, 2014, S. 542 f.: Die Widerklage ist bis zur Klageerwiderung ohne, danach nur mit Konnexität zum Gegen-stand der Hauptklage zulässig.

> **Fall 38**: A aus Augsburg und B aus Bochum kaufen zusammen bei V ein Gemälde. V verklagt beide auf Zahlung des Kaufpreises von 200 000 Euro.

Nach § 59 2. Alt. ZPO kann V die Klage gegen A und B als Streitgenossen erheben, da sie aus demselben rechtlichen Grunde, nämlich aus demselben Kaufvertrag verpflichtet sind. Diese gemeinsame Klage droht aber an der örtlichen Zuständigkeit zu scheitern: A muss nach § 12, 13 ZPO in Augsburg, B in Bochum verklagt werden. In dieser Situation kann das im Rechtszug zunächst höhere Gericht nach § 36 I Nr. 3 ZPO bestimmen, welches Gericht den Fall entscheiden soll.

Im **Fall 38** ist allerdings die Klage vor einem Landgericht zu erheben (§§ 23, 71 GVG). Das nächsthöhere gemeinsame Gericht ist der BGH; denn Augsburg und Bochum liegen in unterschiedlichen OLG-Bezirken und haben deshalb kein gemeinsames OLG über sich. Hier entscheidet nach § 36 II ZPO das OLG über demjenigen Gericht, das zuerst mit der Sache befasst wird.

120 **Zur Vertiefung:**
(1) Die Bestimmung des Gerichts nach § 36 I Nr. 3 ZPO erfordert einen Antrag des Klägers[43]. Dies Erfordernis ist zwar dem Gesetz nicht zu entnehmen: § 37 I ZPO spricht gewiss von einem „Gesuch", doch kann dies Gesuch auch darin bestehen, dass das angerufene Gericht um eine Bestimmung des Gerichtsstands nachsucht. Das Erfordernis eines Antrags *durch den Kläger* folgt jedoch im Fall des § 36 I Nr. 3 ZPO aus der vom Kläger gewählten Verfahrensweise: Im **Fall 38** hätte V die beiden Käufer A und B ebenso gut einzeln verklagen können. A und B haften nach § 427 BGB für die Kaufpreisschuld als Gesamtschuldner. Sie sind daher wegen § 425 II a. E. BGB keine notwendigen Streitgenossen. Wenn V sich entschließt, A und B zusammen zu verklagen, führt er bewusst eine Situation herbei, in der in jedem Fall für einen der beiden Streitgenossen das angerufene Gericht unzuständig ist. Dann ist es seine Aufgabe, auf die Behebung des Zuständigkeitsmangels hinzuwirken, indem er die Bestimmung des zuständigen Gerichts beantragt. *Anders* liegt es freilich, wenn mehrere Beklagte als *notwenige Streitgenossen* verklagt werden: In diesen Fällen wäre dem Kläger eine Einzelklage verwehrt. Dann kann man ihm nicht entgegenhalten, er habe die Unzuständigkeit des Gerichts für einen der beiden Streitgenossen willkürlich herbeigeführt: Wenn er in einer solchen Situation sämtliche Streitgenossen verklagt, *muss* er ein einheitliches Gericht wählen, weil in diesem Fall zwei separate Prozesse unzulässig sind.

(2) Das Gericht wird dem Antrag des Klägers nur entsprechen, wenn die Voraussetzungen der §§ 59, 60 ZPO **tatsächlich vorliegen**[44]. Nur dann ist gerechtfertigt, das Interesse des Beklagten, an dem für ihn zuständigen Gericht verklagt zu werden, hinter das prozessökonomische Interesse an einer einheitlichen Entscheidung zurückzustellen.

---

43 BGH NJW-RR 1991, 767; *Bornkamm*, NJW 1989, 2713, 2715; Stein/Jonas/*Roth*, ZPO, 23. Aufl. 2014, § 37 Rn. 1; *Vossler*, NJW 2006, 117, 118.
44 *Vossler*, NJW 2006, 117, 119.

3. Ausschließlicher Gerichtsstand

a) Raummiete

> **Fall 39:** K wohnt in Leipzig und ist Eigentümer eines Hausgrundstücks in Dresden, das er zu Wohnzwecken an B vermietet hat. B befindet sich mit dem Mietzins in Höhe von insgesamt 20 000 Euro im Rückstand. K klagt diese rückständige Miete vor dem Amtsgericht Dresden ein.

121 G

Im **Fall 39** sind die §§ 12, 13 ZPO nicht anzuwenden, da nach § 29a ZPO ein ausschließlicher Gerichtsstand, also eine ausschließliche örtliche Zuständigkeit besteht, nämlich Dresden. §§ 12, 13 ZPO gelten selbst dann nicht, wenn, wie hier, der allgemeine Gerichtsstand mit dem ausschließlichen übereinstimmt: *Der ausschließliche Gerichtsstand verdrängt jeden anderen Gerichtsstand.* Örtlich zuständig sind also die Gerichte in Dresden. Anhaltspunkte für eine Ausnahme von diesem Gerichtsstand nach §§ 549 II BGB, 29a II ZPO bestehen nicht.

Sachlich zuständig ist nach § 23 Nr. 2a GVG ohne Rücksicht auf den Streitwert (der an sich die Zuständigkeit des LG nach §§ 23 Nr. 1, 71 I GVG begründen würde) das Amtsgericht Dresden. Auch diese sachliche Zuständigkeit ist ausschließlich (und zwar hier auch für nach § 549 II BGB nicht mietergeschützten Wohnraum).

Zur Vertiefung:

122

(1) **Sinn und Zweck** des ausschließlichen Gerichtsstands nach § 29a ZPO ist, Streitigkeiten über gemietete und gepachtete Räume auf ein ortsnahes Gericht zu konzentrieren, das mit den örtlichen Verhältnissen vertraut und zur Beurteilung etwaiger Einwendungen besonders geeignet ist[45].

(2) Vor diesem Hintergrund erhebt sich die Frage, ob § 29a ZPO *analog* auf Streitigkeiten aus der Gestellung von **Mietsicherheiten** anzuwenden ist. Dafür scheint zu sprechen, dass Einwendungen des Sicherungsgebers häufig von Einwendungen des Mieters abhängen; so ist bei Mängeln der Mietsache nicht nur der Mieter nach § 536 BGB, sondern auch der Mietbürge nach § 767 I 1 BGB befreit. Der **BGH**[46] lehnt indes die Anwendung des § 29a ZPO auf Mietbürgschaften und Mietgarantien ab und befürwortet sie lediglich für den Schuldbeitritt: Durch ihn werde der Beitretende Partei des Mietvertrags. Diese Begründung ist *grob falsch*, weil sie den grundlegenden Unterschied zwischen Schuldbeitritt (der Beitretende übernimmt nur die Verbindlichkeit mit) und Vertragsbeitritt (der Beitretende erwirbt ebenso alle Rechte aus dem Vertrag gleichberechtigt neben demjenigen Vertragspartner, auf dessen Seite er beitritt) verkennt. Wenn man die Bürgschaft nicht dem Anwendungsbereich des § 29a I ZPO unterwirft, kann man dies beim Schuldbeitritt erst recht nicht tun; denn die Schuld des Beitretenden entwickelt sich nach § 425 II BGB unabhängig von der Schuld des Mieters und ist nicht wie die des Bürgen akzessorisch an jene Schuld gebunden. Nach **hier vertretener Ansicht** ist freilich selbst die Akzessorietät der Bürgschaft nicht geeignet, einen ausschließlichen Gerichtsstand nach § 29a ZPO zu begründen. Denn sonst müsste man ebenso Ansprüche des Vermieters gegen einen Dritten, der auf einem ihm gehörigen Grundstück eine *Hypothek* bestellt hat, dem ausschließlichen Gerichtsstand nach § 29a ZPO unterwerfen. Dem aber stünde § 24 ZPO entgegen, der für Klagen aus dinglichen Belastungen seinerseits einen ausschließlichen Gerichtsstand normiert, nämlich denjenigen der Belegenheit jenes Grundstücks (dazu sogleich unten b). Eine allgemeine Regelung, wonach Klagen aus akzessorischen Forderungen am Gerichtsstand der Hauptforderung geltend

---

45 BGH NJW 2004, 1239.
46 NJW 2004, 1239.

gemacht werden können oder gar müssen, kennt die ZPO nicht. Lediglich § 25 ZPO bestimmt, dass am Gerichtsstand des § 24 ZPO auch aus der persönlichen Forderung geklagt werden kann. Diese Ausnahme bestätigt die Regel, dass es einen allgemeinen Gerichtsstand kraft Sachzusammenhangs auch bei Sicherungsrechten nicht gibt. § 29a ZPO ist also *weder* auf den Schuldbeitritt *noch* auf Bürgschaft und Garantie analog anzuwenden.

b) Immobilien

G 123 **Fall 40:** Auf dem Grundstück des B lastet eine Grundschuld des K, die B dem K zur Sicherung für ein Darlehen eingeräumt hat. Als B das Darlehen nicht zurückzahlen kann, möchte K das Grundstück verwerten. Er verklagt den B auf Duldung der Zwangsvollstreckung. Das Grundstück liegt in Rostock; B wohnt in Flensburg.

Materiellrechtlich folgt der Duldungsanspruch des K aus §§ 1192 I, 1147 BGB. K macht daher die dingliche Belastung eines Grundstücks geltend. **Prozessual** hat dies die Konsequenz, dass ein ausschließlicher Gerichtsstand nach § 24 I ZPO (*Belegenheit* des Grundstücks) gegeben ist, nämlich Rostock.

4. Rügelose Einlassung

G 124 **Fall 41:** K hat B in seiner Hamburger Wohnung aufgesucht und ihm einen Staubsauger verkauft. B hat die Widerrufsfrist nach §§ 355 II, 356 II BGB versäumt. K verklagt nunmehr B, der zwischenzeitlich nach Göttingen umgezogen ist, vor dem Amtsgericht Hamburg auf Zahlung des Kaufpreises von 200 Euro. Dort verteidigt der von B beauftragte Anwalt den B unter Hinweis auf Sachmängel.

Der Kaufpreisanspruch des K (§ 433 II BGB) resultiert aus einem Haustürgeschäft (§ 312b BGB). Die Kaufpreisklage des K ist daher an sich am ausschließlichen Gerichtsstand des § 29c I 2 ZPO zu erheben, nämlich in Göttingen, wo B zur Zeit der Klageerhebung wohnt.

125 **Zur Vertiefung:**
(1) Der für den Verbraucher ausschließliche Gerichtsstand nach § 29c I 2 ZPO ist bei *jedem* Haustürgeschäft gegeben, unabhängig davon, ob dies Geschäft nach § 312 BGB widerruflich ist oder aber das Widerrufsrecht nach § 312 III BGB (wie z.B. bei Versicherungsverträgen) ausgeschlossen ist[47].

(2) Der Gerichtsstand nach § 29c I 2 ZPO gilt des Weiteren für alle Klagen aus Haustürgeschäften, gleichviel auf welcher Anspruchsgrundlage sie beruhen. Macht daher ein Verbraucher, der an der Haustür für eine Kapitalanlage geworben wurde, Schadensersatzansprüche aus fehlerhafter Aufklärung über die Anlagerisiken (§§ 311 II Nr. 1, 280 I BGB) oder gar aus unerlaubter Handlung (z. B. § 823 II BGB i. V. m. § 263 StGB) geltend, so sind diese ebenfalls am ausschließlichen Gerichtsstand seines Wohnsitzes im Zeitpunkt der Klageerhebung zu verhandeln[48]. Für diese Handhabung spricht nicht nur der § 29c I 2 ZPO zugrunde liegende Zweck des Verbraucherschutzes, sondern auch derjenige der Prozessökonomie: Der Verbraucher mag nämlich seine Klage, etwa auf Rückgewähr der seinerseits erbrachten Leistung, parallel auf seinen Widerruf

---

47 LG Landshut NJW 2003, 1197.
48 BGH NJW 2003, 1190 f.; OLG Celle NJW 2004, 2602 f.

und auf §§ 311 II, 280 I BGB stützen. **Anknüpfungspunkt des Gerichtsstands** ist also immer nur, dass der **objektive Tatbestand eines Haustürgeschäfts** vorliegt. Anders als im Kontext des § 32 ZPO besteht daher auch nicht die Gefahr der Gerichtsstandsmanipulation.

(3) § 29c I 2 ZPO ist ebenfalls einschlägig, wenn der Verbraucher seine Schadensersatzklage – etwa unter dem Gesichtspunkt der Sachwalterhaftung (§ 311 III 2 BGB) – gegen den Vertreter seines Vertragspartners richtet[49].

Es fragt sich aber, ob der Gerichtsstand Hamburg durch *rügelose Einlassung* des B zur   **126 G** Hauptsache begründet wurde (§ 39 S. 1 ZPO). Denn der Anwalt des B hat nicht etwa die Unzuständigkeit des Gerichts gerügt, sondern zur Hauptsache, nämlich zur Berechtigung des Kaufpreisanspruchs verhandelt. Gleichwohl scheidet im **Fall 41** die Zuständigkeit durch rügelose Einlassung nach § 39 S. 1 ZPO aus, und zwar aus zweierlei Gründen:

- Der Prozess wird vor dem Amtsgericht geführt. Hier musste B über die Folgen rügeloser Einlassung *belehrt* werden (§ 504 ZPO), und zwar selbst dann, wenn er, wie hier, anwaltlich vertreten war[50]. Diese Belehrung ist hier nicht erfolgt; daher konnte das Amtsgericht Hamburg nicht zuständig werden.

- Klagen aus Haustürgeschäften sind, wenn sie *gegen* den Verbraucher erhoben werden, *ausschließlich* am Gerichtsstand des § 29c I 2 ZPO zu erheben. Ausschließlicher Gerichtsstand bedeutet aber, dass die Parteien unter keinen Umständen über das zuständige Gericht disponieren können; nicht einmal eine ausdrückliche Vereinbarung über den Gerichtsstand wäre zulässig (§ 40 II S. 1 Nr. 2 ZPO). Dann aber kann auch keine Zuständigkeit kraft rügeloser Einlassung begründet werden, die letztlich einer Parteidisposition über das zuständige Gericht gleichkäme. § 40 II 2 ZPO bestimmt konsequent, dass die rügelose Einlassung die Zuständigkeit des Amtsgerichts Hamburg nicht begründen kann.

5. Wahlrecht des Klägers

Wenn kein ausschließlicher, aber mehrere sonstige Gerichtsstände gegeben sind, kann   **127 G** der Kläger nach § 35 ZPO wählen, wo er klagt.

Zur Vertiefung: Das Wahlrecht unterliegt freilich der Missbrauchsgrenze. Das hat Bedeutung   **128** insbesondere dann, wenn das Gesetz das Gericht des *Tatorts* für zuständig erklärt (§§ 32 ZPO, 24 II UWG): Diese Zuständigkeit beruht auf dem Gedanken, dass das Gericht des Tatorts typischerweise effektivere Möglichkeiten zur Aufklärung des Tathergangs hat. Das Recht, statt am allgemeinen Gerichtsstand am Gericht des Tatorts zu klagen, wird missbraucht, wenn allein deshalb bei diesem Gericht geklagt wird, weil der Kläger meint, in den entscheidungserheblichen Rechtsfragen sei die dortige Rechtsprechung ihm vorteilhaft[51]. Die *Rechtsfolge* dieses Missbrauchs besteht nun nicht darin, dass das angerufene Gericht des Tatorts unzuständig und der Rechtsstreit an das nach §§ 12, 13 ZPO zuständige Gericht verwiesen wird; vielmehr hat das OLG Hamm[52] die Klage mangels Rechtsschutzbedürfnisses *insgesamt abgewiesen*.

---

49 BGH NJW 2003, 1190, 1191; OLG Celle NJW 2004, 2602, 2603.
50 Stein/Jonas/*Bork*, ZPO, 23. Aufl. 2014, § 39 Rn. 3.
51 OLG Hamm NJW 1987, 138 f.
52 OLG Hamm NJW 1987, 138.

IV. Sachliche Zuständigkeit

1. Streitwertfragen

G 129 Die Zuständigkeitsverteilung zwischen Amtsgericht und Landgericht wurde schon oben II. erörtert; sie findet sich im GVG geregelt. Die ZPO trifft nur ergänzende Regeln in §§ 1 ff. ZPO.

G 130 **Fall 42:** K verklagt B vor dem zuständigen Amtsgericht auf Schadensersatz in Höhe von 3000 Euro wegen eines Verkehrsunfalls, den B seiner Meinung nach schuldhaft verursacht hat.
a) Während des Prozesses tritt bei K ein Gesundheitsschaden auf, der nach Behauptung des K eine Spätfolge des Unfalls ist. K erweitert die Klage um 2500 auf insgesamt 5500 Euro.
b) K verlangt außer den 3000 Euro zusätzlich 12 % Zinsen von dieser Summe seit Rechtshängigkeit, weil er in dieser Höhe gehindert sei, einen Bankkredit zurückzuzahlen. Der Prozess zieht sich in die Länge; die Zinsen laufen (Erfolg der Klage auf 3000 Euro unterstellt) auf 2200 Euro auf.
c) B erhebt Widerklage in Höhe von 2500 Euro: In dieser Höhe hat er seinerseits aus dem Unfall einen Schaden erlitten. B behauptet, in Wahrheit sei K allein an dem Unfall schuld..

Im **Fall 42a** liegt eine (nach § 264 Nr. 2 ZPO zulässige) Klageerweiterung vor, durch welche die Streitwertgrenze des § 23 Nr. 1 GVG überschritten wird. Damit wird das Amtsgericht sachlich unzuständig und verweist nach § 506 ZPO auf Antrag an das zuständige Landgericht.

G 131 Im **Fall 42b** sind die von K begehrten Zinsen *Nebenforderungen*. Sie bleiben für die Bestimmung der sachlichen Zuständigkeit nach § 4 I HS 2 ZPO unberücksichtigt. Daher bleibt das Amtsgericht zuständig; eine Verweisung nach § 506 ZPO an das Landgericht findet nicht statt.

G 132 Im **Fall 42c** scheint es, als würde der Streitwert von 5000 Euro durch die Widerklage des B überschritten. Klage und Widerklage werden jedoch nach § 5 HS 2 ZPO nicht zusammengerechnet; deshalb bleibt das Amtsgericht sachlich zuständig.

---

133 **Zur Vertiefung:**
(1) Man kann sich diese Regelung für den vorliegenden Fall gewiss damit erklären, dass nur entweder K oder B Recht hat und das Gericht daher in der Summe keine höhere Verurteilung als 3000 Euro aussprechen kann – nämlich wenn K Recht bekommt. Wenn K auch nur teilweise verliert, wird die Urteilssumme auf jeden Fall geringer. Doch trifft diese Erklärung bei weitem nicht alle Fälle des § 5 S. 2 ZPO: So werden Klage und Widerklage auch dann nicht zusammengerechnet, wenn nach Lage der Dinge *beide* Klagen durchdringen können. **Beispiel:** Wenn K gegen B auf Zahlung des Kaufpreises von 4000 Euro klagt und B Widerklage auf Lieferung der Kaufsache erhebt, die ebenfalls 4000 Euro wert ist, so dringen u. U. *beide* Klagen durch. In diesem Fall verurteilt das Amtsgericht zu insgesamt (wertmäßig) 8000 Euro. Gleichwohl bleibt das Amtsgericht nach § 5 S. 2 ZPO zuständig.

(2) § 506 ZPO betrifft seinem Wortlaut nach nur die Fälle, in denen nach Eintritt der Rechtshängigkeit der Zuständigkeitsstreitwert durch eine Klageerweiterung oder eine Widerklage überschritten wird. Die Vorschrift ist indes entsprechend anzuwenden, wenn zwei vom Kläger gegen den Beklagten parallel angestrengte Prozesse nach § 147 ZPO verbunden werden. Die Frage

lautet nur, ob dies in jedem Fall gilt[53] oder nur dann, wenn der Kläger den Streitgegenstand willkürlich in zwei Prozesse aufgespalten hat, um die Zuständigkeit des Amtsgerichts zu erschleichen[54]. Die zuletzt genannte Auffassung verdient den Vorzug. Wenn der Kläger anerkennenswerte Gründe hat, sein Begehren in zwei getrennten Prozessen zu verfolgen, gebietet die Dispositionsmaxime[55], die Entscheidung des Klägers, zwei Prozesse zu führen, zu respektieren.

(3) Interessant sind jene Fälle, in denen die nachträgliche Änderung des Streitgegenstands sowohl die örtliche als auch die sachliche Zuständigkeit berührt. *Beispiel*: Der Käufer, der in Köln ansässig ist, reklamiert einen Mangel der Kaufsache und verklagt den Verkäufer, der in Herford ansässig ist, auf Nachbesserung (Streitwert 500 Euro) vor dem Amtsgericht Herford. Im Verlauf des Prozesses tritt er vom Kaufvertrag zurück und verlangt nunmehr (im Wege einer nach § 264 Nr. 3 ZPO zulässigen Klageänderung) Rückgewähr des Kaufpreises (56 000 Euro) Zug um Zug gegen Rückgewähr der Kaufsache. Sicher ist, dass das Amtsgericht Herford den Rechtsstreit nach § 506 I ZPO ans Landgericht verweisen muss – aber an welches: an das (übergeordnete) Landgericht Bielefeld oder an das Landgericht Köln? Das Landgericht Bielefeld wäre nach §§ 12, 13 ZPO zuständig. Das Landgericht Köln wäre nach § 29 ZPO zuständig, wenn man annimmt, dass Erfüllungsort für die Rückabwicklung eines Kaufvertrags der Ort ist, an dem sich die Sache vertragsgemäß befindet[56]. In einer solchen Situation lebt das Wahlrecht des Klägers aus § 35 ZPO wieder auf: Das Amtsgericht Herford wird den Rechtsstreit an das vom Kläger ausgewählte Landgericht verweisen[57].

2. Zuständigkeitserschleichung

Schwierigkeiten entstehen, wenn der Kläger einheitliche oder gleichartige Ansprüche nur zum Teil geltend macht und dadurch statt des Landgerichts das Amtsgericht zuständig wird. **134**

> **Fall 43:** G hat an S ein Darlehen von 9000 Euro ausgereicht, das S trotz Fälligkeit nicht zurückgezahlt hat. G klagt vor dem örtlich zuständigen Amtsgericht einen Teilbetrag von 4500 Euro ein.

Hier könnte der an sich nach § 23 Nr. 1 GVG gegebenen Zuständigkeit des Gerichts entgegenstehen, dass G, indem er einen Betrag knapp unterhalb der Streitwertgrenze geltend macht, jene Zuständigkeit *erschlichen* hat. Diese Annahme scheint eine weitere Stütze dadurch zu erhalten, dass G, wenn er den restlichen Betrag von ebenfalls 4500 Euro einklagen würde, ebenfalls eine Summe unterhalb der Streitwertgrenze von 5000 Euro geltend machen würde. Zusammen mit den geltend gemachten 4500 Euro ergäbe sich ein Betrag *oberhalb* der Streitwertgrenze, sodass G, wenn er sofort den gesamten Betrag geltend gemacht hätte, das Landgericht hätte anrufen müssen. Das legt den Eindruck einer *willkürlichen Prozessaufspaltung* zum Zwecke der *Umgehung* der an sich gegebenen Zuständigkeit des Landgerichts mit dem darauf aufbauenden Instanzenzug nahe.

---

53 In diesem Sinne AG Berlin-Neukölln MDR 2005, 772 f.
54 In diesem Sinne Zöller/*Greger*, ZPO, 31. Aufl. 2016, § 147 Rn. 8; MüKo-*Wagner*, ZPO, 4. Aufl. 2013, § 147 Rn. 13. Zur Zuständigkeitserschleichung sogleich 2.
55 Zu ihr unten § 4 I Rn. 154.
56 BGHZ 87, 104, 110 f.; näher dazu NK/*Schwab*, BGB, 3. Aufl. 2016, § 269 Rn. 40 ff.
57 OLG Köln NJW-RR 2014, 319, 320.

Doch kann allein die Erhebung einer Teilklage, selbst wenn sie die Zuständigkeitsschwelle der §§ 23, 71 GVG knapp unterschreitet, nicht den Vorwurf einer rechtsmissbräuchlichen Zuständigkeitserschleichung nach sich ziehen: Prozessualer Ausfluss der Privatautonomie ist die *Dispositionsmaxime*, die es dem Kläger erlaubt, seine Forderung zum Teil geltend zu machen, um Kosten zu sparen. Missbrauch wird nur in den Fällen angenommen, in denen der Kläger zwei Teile einer einheitlichen Forderung *gleichzeitig in zwei verschiedenen Klagen* geltend macht, wäre also etwa hier zu bejahen, wenn G zwei parallele Klagen auf Zahlung von jeweils 4500 Euro erhoben hätte[58]. Rechtsfolge wäre dann gewesen, dass das Gericht *unzuständig* ist, was es *von Amts wegen zu beachten* hat; die Klage des G *wird so behandelt, als hätte G sogleich den gesamten Betrag geltend gemacht*[59].

Im **Fall 43** ist die Zuständigkeit daher von G nicht rechtsmissbräuchlich erschlichen worden. Folglich ist das Amtsgericht sachlich zuständig.

V.   Rechtsfolgen fehlender Zuständigkeit

G 135   Die **Rechtsfolge** fehlender örtlicher oder sachlicher Zuständigkeit ist
* nach § 281 ZPO die Verweisung an das zuständige Gericht, wenn der Kläger einen entsprechenden Antrag stellt;
* wenn ein solcher Antrag nicht gestellt wird: Klagabweisung als unzulässig.

Wenn das Gericht sich für unzuständig erklärt und den Rechtsstreit an ein anderes Gericht verweist, ist dieses andere Gericht an die Verweisung gebunden (§ 281 II 4 ZPO), kann den Rechtsstreit also weder zurückverweisen noch an ein drittes Gericht verweisen. § **281 ZPO** enthält damit eine sog. **aufdrängende Verweisung**. Die Verweisung ist allerdings ausnahmsweise dann **nicht bindend**, wenn sie **objektiv willkürlich** erfolgt[60].

136   Die Beurteilung, wann eine Verweisung „objektiv willkürlich" ist, fällt nicht immer leicht[61]. Eine objektiv willkürliche Verweisung wurde etwa bejaht,
* wenn das Gericht seine Zuständigkeit nach § 29 ZPO kommentarlos übergeht[62], der BGH hat die unterlassene Prüfung einer Zuständigkeit nach § 29 ZPO freilich nicht für objektive Willkür ausreichen lassen[63];
* wenn das Gericht nach herrschender Auffassung der Zuständigkeitsvorschriften zuständig wäre und sich gleichwohl für unzuständig erklärt, d. h. sich gegen jene herrschende Meinung gestellt hat, ohne sich mit ihr auseinanderzusetzen[64]; dage-

---

58 Vgl. OLG Hamm OLGZ 1987, 336, 337.
59 Siehe dazu KG FamRZ 1989, 1105.
60 BGH NJW 2002, 3634, 3635; NJW 2003, 3201; MDR 2006, 703 f.
61 Ausführliche Kasuistik bei *Fischer*, MDR 2005, 1091 ff.; *ders.*, MDR 2009, 486 ff.; *Tombrink*, NJW 2003, 2364, 2365 f.
62 OLG Frankfurt NJW 2001, 3792; OLG München MDR 2007, 1278, 1279.
63 BGH NJW-RR 2011, 1364 Rn. 12; BGH NJW 2016, 1016 Rn. 11 ff.
64 OLG Schleswig NJW 2006, 3360, 3361.

gen ist die Verweisung nicht willkürlich, wenn eine solche Auseinandersetzung tatsächlich erfolgt[65].

- wenn ein Richter, gegen den Befangenheitsantrag gestellt ist, entgegen § 47 ZPO an einem Verweisungsbeschluss mitwirkt, obwohl dessen Erlass nicht unaufschiebbar war[66];
- wenn das Gericht mit Blick darauf, dass sich die seine Zuständigkeit begründenden Umstände geändert haben, unter Verstoß gegen § 261 III Nr. 2 ZPO den Rechtsstreit an das Gericht verweist, das nunmehr zuständig wäre; das gilt auch, wenn das Amtsgericht bei nachträglicher Änderung des Streitgegenstandes den Rechtsstreit an das Landgericht verweist, obwohl die Voraussetzungen des § 506 ZPO offensichtlich nicht vorliegen[67];
- wenn sie unter Verletzung des rechtlichen Gehörs (Art. 103 I GG) ergangen ist. Hat etwa das Amtsgericht zwar den Kläger, nicht aber den Beklagten über seine örtliche Unzuständigkeit belehrt, und stellt der Kläger daraufhin Verweisungsantrag, so wird dem Beklagten die Chance genommen, die Zuständigkeit des Gerichts nach § 504 ZPO i. V. m. § 39 ZPO durch rügelose Einlassung zu begründen. Damit ist das rechtliche Gehör des Beklagten verletzt und die Bindungswirkung des Verweisungsbeschlusses entfällt[68]. Die gegen diese Beurteilung gerichtete Kritik[69] überzeugt nicht: § 504 ZPO soll den Beklagten nicht nur vor einer Erschleichung des Gerichtsstandes durch den Kläger bewahren, sondern ihm gerade auch ein positives Votum für eine rügelose Einlassung und damit für eine Sachentscheidung durch das an sich unzuständige Gericht ermöglichen. Ihm dies Wahlrecht zuzubilligen, ist unter dem Gesichtspunkt der *prozessualen Waffengleichheit* geboten: Wenn der Kläger nach § 35 ZPO zwischen mehreren Gerichtsständen wählen kann, so muss spiegelbildlich der Beklagte zwischen dem angerufenen und dem „an sich" zuständigen Gericht wählen können.

Nicht willkürlich ist die Verweisung, wenn die ihr zugrunde liegende Auffassung **137** über das zuständige Gericht vertretbar oder zwar rechtlich nicht mehr vertretbar, aber auch nicht handgreiflich falsch ist[70]. So ist objektive Willkür im folgenden Fall verneint worden[71]: In einem Prozess des Anwalts gegen seinen Mandanten um die Honorarforderung aus der Bearbeitung eines Prozessmandats hatte das Amtsgericht des Bezirks, in dem der Anwalt seine Kanzlei hatte, sich für unzuständig erklärt, weil der Hauptprozess in einem anderen Gerichtsbezirk stattgefunden hatte und nach Ansicht des verweisenden Gerichts § 34 ZPO einen ausschließlichen Gerichtsstand begründete. Das war zwar falsch (oben III 2 b cc), aber noch nicht objektiv willkürlich. Als nicht willkürlich hat der BGH einen Verweisungsbeschluss außerdem dann ange-

---

65 OLG Schleswig NJW 2006, 3361, 3362; OLG Zweibrücken MDR 2005, 1187, 1188.
66 OLG Karlsruhe NJW 2003, 2174.
67 OLG Hamm NJW-RR 2012, 1464, 1465.
68 Zutreffend BayObLG NJW 2003, 366; ablehnend aber BGH NJW-RR 2013, 1398 Rn. 9 f. Wird dem Beklagten die Chance zur rügelosen Einlassung genommen, ist außerdem der Verweisungsbeschluss abweichend von § 281 II 2 ZPO ausnahmsweise anfechtbar (OLG Stuttgart NJW-RR 2010, 792).
69 *Vossler*, NJW 2003, 2264, 2265.
70 KG MDR 2009, 1001, 1002; OLG Brandenburg NJW-RR 2011, 1213, 1214; OLG Dresden NJW-RR 2010, 166.
71 OLG Brandenburg NJW 2004, 780 f.

sehen, wenn der Beklagte zwar in einem Schriftsatz ankündigt, er werde die örtliche Zuständigkeit nicht rügen, in der mündlichen Verhandlung aber auf diese Rüge nicht verzichtet[72]. Der Fall war freilich so gelagert, dass der Kläger im Termin die Verweisung an ein anderes Gericht beantragte, bevor er überhaupt Anträge in der Sache gestellt hatte. In dieser Situation hatte der Beklagte keine Chance, sich rügelos zur Sache einzulassen, da im Termin überhaupt nicht zur Sache verhandelt wurde. Für diese besondere Konstellation mag man dem BGH zustimmen.

VI. Besetzung der Spruchkörper

G 138 Beim Amtsgericht entscheidet in Zivilsachen immer der Einzelrichter (§ 22 IV GVG). Der Spruchkörper besteht also nur aus einem Richter. Man spricht hier von einer *Abteilung* des Amtsgerichts (vgl. den entsprechenden Hinweis in § 23b I 1 ZPO).

Beim Landgericht entscheiden drei Richter, nämlich der Vorsitzende Richter und zwei weitere Richter (§ 75 GVG). Der Spruchkörper heißt *Zivilkammer* (§ 60 GVG).

Beim Oberlandesgericht entscheiden drei Richter, unter ihnen wiederum der Vorsitzende Richter (§ 122 GVG). Der Spruchkörper heißt Zivilsenat (§ 116 I 1 GVG).

Beim Bundesgerichtshof entscheiden fünf Richter, unter ihnen abermals der Vorsitzende Richter (§ 139 GVG). Der Spruchkörper heißt Zivilsenat (§ 130 I 1 GVG).

Die einzelnen Richter werden den Spruchkörpern durch **Geschäftsverteilungsplan** zugewiesen (§ 21e, § 21g GVG). Dieser Plan dient nicht nur der guten Ordnung im gerichtlichen Geschäftsgang; er **konkretisiert** vielmehr den **gesetzlichen Richter** i. S. des Art. 101 I 2 GG. Nach dieser Verfassungsbestimmung muss nach Möglichkeit bereits vor Prozessbeginn feststehen, welcher Richter über den Rechtsstreit entscheiden wird[73]. Das bedeutet insbesondere, dass ein anhängiges Verfahren nicht durch Beschluss des Präsidiums von einem Spruchkörper auf einen anderen übertragen werden darf[74]: Andernfalls bestünde die Gefahr, dass der zur Entscheidung berufene Richter durch reine Willkür bestimmt wird. Genau das aber will Art. 101 I 2 GG verhindern.

---

139 **Zur Vertiefung:** Allerdings gilt dieser Grundsatz nach Ansicht des BVerfG nicht absolut. Selbst in einem anhängigen Verfahren soll die Zuständigkeit des Spruchkörpers geändert werden dürfen, sofern diese Änderung nicht nur für dieses individuelle Verfahren, sondern allgemein gilt und nicht aus sachwidrigen Erwägungen vorgenommen wird. Das BVerfG hat es daher gebilligt, dass während eines anhängigen Strafverfahrens gegen Rechtsanwälte und Notare die Zuständigkeit der Spruchkörper speziell für diese Art von Verfahren geändert und auch das laufende Verfahren hiervon erfasst wurde[75]. Ganz ausnahmsweise billigt das BVerfG sogar Änderungen des Geschäftsverteilungsplans, die sich ausschließlich auf bereits anhängige Verfahren beziehen; dies indes nur, wenn es unumgänglich ist, um dem verfassungsrechtlichen Beschleunigungsgebot

---

72 BGH NJW-RR 2013, 764 Rn. 10.
73 BVerfG NJW 2003, 345 m. w. N.; BVerfG NJW 2005, 2689.
74 BGH MDR 2009, 404 m. w. N.
75 BVerfG NJW 2003, 345.

Rechnung zu tragen, und wenn die Gründe für die Änderung sorgfältig dokumentiert werden[76]. Andererseits erlaubt das BVerfG den Gerichten keinen allzu nachlässigen Umgang mit dem Geschäftsverteilungsplan. Wird ein Verfahren statt vor der eigentlich vorgesehenen vor einer anderen Kammer des LG geführt, weil erstere Kammer überlastet sei, so ist Art. 101 I 2 GG verletzt, wenn die Arbeitsüberlastung jener Kammer nicht plausibel dargetan wird[77].

VII. Der Einzelrichter

Die Zivilkammer ist zwar mit drei Richtern besetzt, entscheidet aber bei weitem nicht immer in Vollbesetzung. Vielmehr sieht das Gesetz Folgendes vor: **140**

- *Grundsätzlich* entscheidet nach § 348 I 1 ZPO die Kammer durch den *Einzelrichter*, *ohne* dass die Entscheidungsgewalt ihm durch einen gesonderten Akt übertragen werden müsste. Man nennt dies den *originären Einzelrichter* – originär deshalb, weil schon das Gesetz selbst ihm die Entscheidung überträgt und es nicht mehr erst noch einer Entscheidung der Kammer bedarf.
- Wenn ausnahmsweise nach § 348 I 2 ZPO der Einzelrichter *nicht* originär zuständig ist, kann es immer noch geschehen, dass die Kammer ihm nach § 348a ZPO die Entscheidung *überträgt*. Wenn die Voraussetzungen dieser Vorschrift vorliegen, *muss* die Kammer die Entscheidung dem Einzelrichter übertragen; man spricht deshalb auch von einem *obligatorischen* Einzelrichter.
- Selbst wenn der Einzelrichter kraft Gesetzes (§ 348 I ZPO) oder kraft Übertragung durch die Kammer (§ 348a I ZPO) zuständig ist, kann es sich immer noch zeigen, dass der Prozess zweckmäßigerweise doch besser von der ganzen Kammer entschieden werden sollte. Dann findet unter den Voraussetzungen der §§ 348 III, 348a II ZPO eine Rückübertragung an die Kammer statt. Gleiches gilt nach § 568 ZPO im Beschwerdeverfahren. Sobald der Einzelrichter zu dem Ergebnis gelangt, dass er wegen der grundsätzlichen Bedeutung seiner Entscheidung die Berufung oder die Beschwerde zulassen muss (§§ 511 IV Nr. 1, 574 II Nr. 1 ZPO), *muss* er vorher die Sache, soweit statthaft, an die Kammer bzw. an den Senat zurückübertragen, damit diese als Kollegium in der Sache entscheidet[78]: Die Rückübertragung an die Kammer bzw. an den Senat ist ein Instrument zur Optimierung der Sachentscheidung[79], das ausgeschöpft werden muss, bevor eine höhere Instanz mit dem Rechtsstreit befasst wird. Der Einzelrichter, der in dieser Situation stattdessen ein Rechtsmittel zulässt, entzieht die Parteien ihrem gesetzlichen Richter – nämlich dem in Wahrheit zur Entscheidung berufenen Kollegium. Für die Berufung ist in § 526 II ZPO ein ähnliches Verfahren vorgesehen; eine Rückübertragung von Amts wegen kommt hier freilich nur bei wesentlicher Änderung der Prozesslage und einer sich daraus ergebenden grundsätzlichen Bedeutung in Betracht. Sofern danach die Rückübertragung statthaft ist, ist sie auch hier zwingend geboten, bevor

---

76 BVerfG NJW 2009, 1734 f.
77 BVerfG NJW 2005, 2689, 2690 f.
78 BGHZ 154, 200, 202 f.; BGH NJW-RR 2012, 441 Rn. 9 f.; BGH NJW 2014, 3520 Rn. 5; *Greger*, JZ 2004, 805, 815; *Schneider*, MDR 2004, 1269, 1270, 1272; *Schur*, JR 2005, 177, 178.
79 Vgl. *Greger*, JZ 2004, 805, 815.

das Berufungsgericht wegen grundsätzlicher Bedeutung die Revision zulässt (vgl. § 543 II Nr. 1 ZPO).

141 Die Fälle, in denen der Richter *nicht* originär zuständig ist (§ 348 I 2 ZPO), lassen sich, grob gesprochen, in zwei Fallgruppen aufgliedern:
- Nr. 1: Kein originärer Einzelrichter mangels persönlicher Qualifikation des Richters (noch zu wenig Berufserfahrung);
- Nr. 2: Kein originärer Einzelrichter wegen typischerweise komplexer Entscheidungsmaterie.

VIII. Ausschluss und Ablehnung von Gerichtspersonen

G 142 Wenn sich vor Gericht zwei Parteien gegenüberstehen, muss gewährleistet sein, dass das Gericht objektiv und neutral entscheidet. Der Richter darf also keine besondere Nähe zu einer Partei und kein eigenes Interesse am Ausgang des Rechtsstreits haben. Er muss *unparteiisch* und *unvoreingenommen* entscheiden.

G 143 **Fall 44:** K klagt vor dem Landgericht Hamburg gegen B auf Schadensersatz, weil er den B mit der Errichtung eines Gebäudes beauftragt hatte, B dies Gebäude mangelhaft gebaut und die Mängel trotz Fristsetzung durch K nicht beseitigt hat.
a) Der Zivilkammer, die als Plenum über den Fall entscheidet (§ 348 I Nr. 2c ZPO), gehört auch die Ehefrau F des K an.
b) Der von B mit der Prozessführung beauftragte Anwalt A trägt zur Verteidigung gegen die Klage vor, B habe die Schäden nicht selbst verursacht; seine Mitarbeiter, welche das Bauwerk mit den Mängeln errichtet hätten, habe er stets sorgfältig ausgewählt und überwacht. Der Vorsitzende Richter R entgegnet, A habe wohl sein Examen im Lotto gewonnen, und wendet sich sodann an den persönlich anwesenden B mit dem Bemerken, wenn er so eine „Pfeife" als Anwalt engagiere, müsse er sich nicht wundern, wenn er den Prozess verliere.
c) Der Vorsitzende Richter R weist den B darauf hin, dass der Schadensersatzanspruch mittlerweile verjährt ist, und regt an, B möge die Verjährungseinrede erheben.

1. Ausschluss kraft Gesetzes

Im **Fall 44a** ist F ist kraft Gesetzes von der Entscheidung über die Klage ausgeschlossen (§ 41 Nr. 2 ZPO). An ihrer Stelle muss ein neuer Richter als drittes Mitglied der Kammer mit entscheiden (nämlich der geschäftsplanmäßige Vertreter der F, §§ 21e I 1, 21f II, 21g IV GVG). B und K (!) können nach § 42 I 1. Alt., III ZPO die Ablehnung beantragen.

144 **Zur Vertiefung:** Die Unparteilichkeit des Gerichts ist dem Gesetzgeber also so wichtig, dass *beiden* Parteien das Ablehnungsrecht eingeräumt wird. Wie sinnvoll diese weite Ausdehnung des Ablehnungsrechts ist, zeigt sich gerade am Beispiel des § 41 Nr. 2 letzter Halbsatz ZPO: Wenn die Ehefrau einer Partei dem zuständigen Spruchkörper angehört, aber die Ehe nicht mehr besteht, mögen sich die Parteien im Guten getrennt haben; dann muss B eine für ihn nachteilige Entscheidung befürchten. Oder es mag die Ehe im Zorn auseinander gegangen sein; dann muss K eine Voreingenommenheit der F zu seinen Lasten befürchten. **Generell** wirkt sich die Befangen-

heit immer nach zwei Seiten aus: Es besteht zum einen die Gefahr, dass eine der nahestehenden Person besonders günstige Entscheidung getroffen wird; es besteht aber auch die Gefahr, dass der Richter, um den Eindruck zu vermeiden, seine persönliche Nähe zur Partei habe sich zu deren Gunsten ausgewirkt, übermäßig streng mit jener Partei verfährt.

2. Ausschluss wegen Besorgnis der Befangenheit

Im **Fall 44b** begründet R mit seinen Äußerungen erhebliches Misstrauen gegen seine Unparteilichkeit und kann folglich wegen Besorgnis der Befangenheit nach § 42 I 2. Alt., II, III ZPO sowohl von B als auch von K abgelehnt werden. „Besorgnis" der Befangenheit liegt nicht etwa erst dann vor, wenn der Richter tatsächlich voreingenommen ist[80]. Es genügt vielmehr bereits der *böse Anschein* der Voreingenommenheit. Der Befangenheitsantrag ist bedingungsfeindlich; er kann insbesondere nicht davon abhängig gemacht werden, dass ein Richter eine der Partei ungünstige Rechtsansicht vertritt[81].

145 G

Zur Vertiefung: Allerdings könnte man hier gegen die Anwendung des § 42 II ZPO einwenden, die abfällige Äußerung habe sich nicht gegen die Partei selbst, sondern gegen deren Anwalt gerichtet. In der Tat hat das OLG Nürnberg in einem vergleichbaren Fall (der Anwalt der Partei war pensionierter Richter, und der Vorsitzende Richter des erkennenden Gerichts bezeichnete es in der mündlichen Verhandlung als „instinktlos", dass sein früherer Kollege nunmehr als Anwalt arbeite) eine Besorgnis der Befangenheit *nicht* für begründet erachtet[82]: Es deute nichts darauf hin, dass das Gericht nicht zwischen der Partei und ihrem Anwalt zu trennen vermöge. Diese Entscheidung ist abzulehnen: Wenn das Gericht einem Anwalt gegenüber seine Geringschätzung zum Ausdruck bringt, muss die Partei befürchten, das Gericht werde jenem Anwalt im Urteil demonstrativ beweisen, wie unfähig er sei, und damit die Geringschätzung für den Anwalt im Ergebnis auf dem Rücken der Partei austragen. Daher ist auch im **Fall 41b** weiterhin daran festzuhalten, dass die Besorgnis der Befangenheit begründet ist.

Schwieriger gestaltet sich die Beurteilung von **Fall 44c**. Es ist nämlich umstritten, ob es ein Misstrauen gegen die Unparteilichkeit des Richters (§ 42 II ZPO) begründet, wenn dieser eine Partei auf die mögliche Verjährungseinrede hinweist. Nach hier vertretener Ansicht ist hier Besorgnis der Befangenheit zu bejahen[83]: Die Verjährung ist als Einrede ausgestaltet (§ 214 I BGB). Ob der Beklagte Rechtsfrieden haben will oder nicht, muss er selbst entscheiden, indem er sich darüber schlüssig wird, ob er die Einrede erhebt oder nicht. Wer leistet, kann das Geleistete nach § 214 II BGB und abweichend von § 813 BGB nicht wegen der Verjährung zurückfordern. Dann muss es aber auch möglich sein, sich ohne Rücksicht auf die Verjährung zum Anspruch selbst einzulassen. Die Ausgestaltung als Einrede bedingt, dass der Beklagte selbst auf die Idee kommen muss, dass der Zeitablauf möglicherweise Auswirkungen auf den

146 G

---

80 Statt vieler *Conrad*, MDR 2015, 1048.
81 OLG Stuttgart NJW-RR 2013, 960.
82 OLG Nürnberg MDR 2009, 588 f.
83 Im Ergebnis wie hier *Pils*, JA 2011, 451, 452; *Reischl*, ZZP 116 (2003), 81, 111; *Schreiber*, Jura 2011, 745, 748; Stein/Jonas/*Leipold*, 22. Aufl. 2005, § 139 Rn. 54 f. Differenzierend *Rensen*, MDR 2004, 489, 490 f.: Richterlicher Hinweis auf Einrede der Verjährung ist zwar verboten, begründet aber keine Besorgnis der Befangenheit. Gegen die Zulässigkeit eines solchen Hinweises auch *Prütting*, FS Musielak, 2004, S. 397, 408 ff.; für die Zulässigkeit aber *Roth*, JZ 2009, 194, 195.

Anspruch hat. Der Richter, der die Verjährungseinrede anregt, leistet damit Schützenhilfe zur Verteidigung des Beklagten und verhält sich damit parteilich[84] – auch wenn es ihm vielleicht nicht darum geht, den Beklagten zu begünstigen, sondern eher darum, sich selbst die Arbeit zu ersparen, sich mit Entstehung und/oder Erlöschen des Anspruchs selbst auseinandersetzen zu müssen.

147 **Zur Vertiefung:**
(1) § 42 I, II ZPO hindert den Richter nicht daran, mit „offenem Visier" zu kämpfen: Er **darf** während der mündlichen Verhandlung seine **Rechtsauffassung** zu entscheidungserheblichen Streitfragen **äußern**, auch wenn diese – was nicht ausbleiben kann! – mindestens einer Partei zum Nachteil gereicht[85]. Ebenso darf der Richter in bilateralen Gesprächen mit den Parteien darauf hinweisen, wie er das Beweisergebnis bewertet, und einen Vergleichsvorschlag unterbreiten, ohne die Besorgnis der Befangenheit auf sich zu ziehen[86]. Dieses Vorgehen erscheint sogar zweckmäßig, weil die Parteien dann vor dem Termin die Chance haben, sich darüber Gedanken zu machen, ob sie dem Vergleichsvorschlag nähertreten möchten. Die Ablehnung eines Richters ist auch nicht deshalb gerechtfertigt, weil er in einer Situation, in der mehrere Spruchkörper des Gerichts über gleichgelagerte Sachverhalte zu entscheiden haben, das Gespräch mit den Mitgliedern der anderen Spruchkörper sucht, um eine gemeinsame Linie zu finden[87]. Selbst wenn eine gemeinsame Linie gefunden scheint, bedeutet dies nicht, dass der einzelne Richter abweichenden Argumenten nicht mehr zugänglich wäre. Die Suche nach einer gemeinsamen Linie dient vielmehr dem Vertrauen der rechtsuchenden Publikums in die Justiz, weil es dann für die einzelne Partei nicht mehr „Glückssache" ist, vor welchem Spruchkörper ihr Fall verhandelt wird. Auch die Tatsache, dass ein Richter sich in der juristischen Fachliteratur schon einmal zu einer im konkreten Prozess entscheidenden Rechtsfrage geäußert hat, macht diesen Richter für sich allein noch nicht der Voreingenommenheit verdächtig[88]. Eine schwierige Grauzone ist erreicht, wenn ein Richter sich auf einer Fachtagung zu einem ganz konkreten Fall äußert, der ihm aktuell zur Entscheidung vorliegt. Hier ist die Besorgnis der Befangenheit dann gerechtfertigt, wenn der Richter dabei den Eindruck erweckt, er sei, egal was die Parteien im weiteren Verfahren noch vortragen, in seiner rechtlichen Bewertung des Falles festgelegt.[89]Ebenso ist die Besorgnis der Befangenheit begründet, wenn ein Richter den Eindruck erweckt, er sei – direkt oder mittelbar über den Veranstalter der Fachtagung – mit einer Prozesspartei oder einer Gruppe von Prozessparteien institutionell verbinden. Wenn etwa der Vorsitzende Richter des Bankrechtssenats des BGH sich in einer Serie von Fortbildungsseminaren, die von Banken finanziert werden, zu aktuellen Fällen äußert, in denen es um die Haftung von Banken gegenüber Kapitalanlegern geht, erscheint es zumindest nachvollziehbar, wenn bei der Kapitalanlegerseite der Eindruck entsteht, jener Richter von den Banken „gekauft" – mag das nun der Wirklichkeit entsprechen oder nicht. Der BGH hat in diesem Fall freilich die Besorgnis der Befangenheit verneint[90].

(2) Die Grenze zur Besorgnis der Befangenheit ist in jedem Fall bei Äußerungen mit **kränkendem** oder **beleidigendem** Charakter erreicht. Dafür reicht es aber nicht aus, dass der Richter die Argumentation einer Partei als „rabulistisch" (spitzfindig)[91] oder als „wischiwaschi"[92] abtut. Die Besorgnis der Befangenheit ist dagegen begründet, wenn ein Richter den Parteivortrag als

---

84 So auch *Stackmann*, NJW 2008, 3521, 3522.
85 Vgl. nur OLG Frankfurt NJW 2004, 621; OLG Karlsruhe MDR 2008, 1235.
86 OLG Bremen NJW-RR 2013, 573, 574.
87 Zutreffend OLG Karlsruhe NJW-RR 2013, 1535, 1536.
88 BVerfG NJW-RR 2010, 1050; *Schreiber*, Jura 2011, 745, 748.
89 Ähnlich *Roth*, NJW 2016, 1024. Eine Besorgnis der Befangenheit unter diesem Gesichtspunkt wurde im konkreten Fall verneint von BGH NJW 2016, 1022 Rn. 10 ff.
90 BGH NJW 2002, 2396 f.
91 OLG Frankfurt NJW 2004, 621.
92 OLG München NJW-RR 2010, 274.

„Unsinn" apostrophiert[93]. Wenn eine Partei in der mündlichen Verhandlung prognostiziert, sie werde den Prozess gewinnen, steht die Unparteilichkeit des Richters nicht allein deswegen in Frage, weil er darauf erwidert: „Da werden Sie sich aber noch wundern!"[94]. Wohl aber ist die Besorgnis der Befangenheit begründet, wenn das Gericht sich außerhalb der Verhandlung über den Prozessbevollmächtigten einer Partei nachweislich äußert, dieser sei „als ziemlich wunderlich bekannt"[95]. Bei **Unmutsäußerungen** des Richters zum Verhalten einer Partei hängt es von den Umständen des Einzelfalls ab, ob die Grenze zur Befangenheit überschritten ist; die Faustformel lautet: Je mehr Anlass eine Partei für eine solche Äußerung bietet, desto weniger darf sie sich über jene Äußerung beschweren. So ist die Besorgnis der Befangenheit mit Recht verneint worden in einem Fall[96], in dem der Geschäftsführer der beklagten GmbH trotz richterlicher Anordnung (§ 141 ZPO) nicht zur mündlichen Verhandlung erschienen war und auf diese Weise das Verhandlungsziel einer gütlichen Einigung, das seitens des Gerichts zuvor kommuniziert worden war, zunichte gemacht hatte: Der Vorsitzende Richter äußerte in der Verhandlung, der Geschäftsführer hätte der Ladung Folge leisten und sich der Auseinandersetzung stellen sollen, statt den „Schwanz einzuziehen". Eine solche Äußerung kann die beklagte GmbH in dieser Situation dem Gericht nicht verübeln. Nicht mehr tolerabel sind dagegen Äußerungen wie: „Sie werden sowieso fressen müssen, was ich entscheide, und dann bleiben Sie auf allem sitzen"[97]; „Ich habe jetzt keine Zeit, mich mit solchen Kinkerlitzchen aufzuhalten"[98]; „Jetzt reicht es mir! Halten Sie endlich den Mund! Jetzt rede ich!"[99] oder der Hinweis, der Prozessbevollmächtigte einer Partei „verbrenne" das Geld seines Mandanten[100]. Die Unvoreingenommenheit des Richters steht ebenso in Frage, wenn er dem Beklagten gegenüber anregt, „lediglich insoweit vorzutragen, wie es Ihrer Rechtsverteidigung dienlich sein soll", und dies mit dem Bemerken ergänzt, das Gericht habe „weder Zeit noch Lust, sich mit Sachvortrag zu befassen, der unerheblich ist". Die Ablehnung dieses Richters hatte mit Recht Erfolg[101]. Denn die Partei, gegen die eine solche Äußerung gerichtet ist, muss befürchten, dass sie keine Chance hat, das Gericht von der Erheblichkeit ihres Sachvortrags zu äußern. Die Besorgnis der Befangenheit ist ferner begründet, wenn der Richter auf einen Ablehnungsantrag hin, der seine Person betrifft, den Anwalt anruft, der das Ablehnungsgesuch gestellt hat, und Kritik an diesem Gesuch zum Ausdruck bringt[102]. Denn auf diese Weise erweckt der Richter den Eindruck, dass der Richter der Partei den Gebrauch eines legitimen Mittels der Prozessführung absprechen will.

(3) Die Ablehnung eines Richters wegen Besorgnis der Befangenheit ist gerechtfertigt, wenn die Gestaltung des Verfahrens durch den Richter sich so weit von den anerkannten rechtlichen – insbesondere verfassungsrechtlichen – Grundsätzen entfernt, dass sie aus Sicht einer Partei nicht mehr verständlich und **offensichtlich unhaltbar** erscheint und dadurch für eine willkürliche oder doch sachfremde Einstellung des Richters sprechen kann[103]. So ist das Ablehnungsgesuch begründet, wenn der Richter die nach § 404 IV ZPO bindende Einigung beharrlich – d. h. selbst nach ausdrücklichem Hinweis einer Partei – ignoriert und auf den Antrag einer Partei, den stattdessen vom Gericht bestellten Sachverständigen nach §§ 406 I, 42 II ZPO für befangen zu erklären, nicht einmal reagiert[104]. Die Besorgnis der Befangenheit ist ebenso begründet, wenn der Richter sich über die in § 318 ZPO verankerte Bindung an sein eigenes Urteil hinwegsetzt: Diese Bindung gehört zum Kernbestand der Prozessgrundsätze. Ihre Beachtung ist unerlässlich,

---

93 LSG Essen NJW 2003, 2933.
94 OLG Naumburg MDR 2007, 794 f.
95 OLG Frankfurt NJW 2007, 928.
96 OLG Stuttgart NJW-RR 2012, 960.
97 BGH NJW-RR 2007, 776 Rn. 9.
98 OLG Hamburg NJW 1992, 2036.
99 OLG Brandenburg MDR 2000, 47 f.
100 OLG Köln NJW-RR 2013, 382.
101 OLG Naumburg NJW-RR 2014, 1472.
102 OLG Köln NJW-RR 2013, 1152.
103 LG Mönchengladbach NJW-RR 2004, 1003, 1004.
104 LG Mönchengladbach NJW-RR 2004, 1003, 1004.

weil der Bürger der Rechtsprechung kaum Vertrauen entgegenbringen könnte, wenn er sich nicht auf den definitiven Charakter einer Gerichtsentscheidung verlassen könnte[105]. Ist das Urteil auf die Argumentation einer Partei gestützt und lässt das Gericht jede Auseinandersetzung mit der Position der Gegenpartei vermissen, so ist ebenfalls die Besorgnis der Befangenheit gerechtfertigt[106]. Gleiches gilt, wenn der Richter eine Rechtsmeinung äußert und diese nicht begründet, obwohl die Partei, zu deren Nachteil diese Rechtsmeinung gereicht, ihren abweichenden Standpunkt mit substantiellen Argumenten untermauert[107]. Jene Besorgnis kann des Weiteren gerechtfertigt sein, wenn eine Partei die Verlegung eines Termins beantragt (§ 227 ZPO) und der Richter dies ablehnt, obwohl die Partei anerkennenswerte Gründe für den Verlegungsantrag geltend macht (Verhinderung des Prozessbevollmächtigten durch Krankheit, Urlaub oder Teilnahme an Fortbildungsveranstaltungen)[108]. Ein Richter erweckt auch dann den Anschein der Voreingenommenheit, wenn er dem Kläger aufgibt, die 495 Seiten umfassende Klageschrift binnen vier Wochen auf 20 bis 30 Seiten zusammenzufassen, und androht, andernfalls werde er die Klage nicht bearbeiten[109]. Wenn das Gericht von einer Partei, die bereits einen Vorschuss auf die Auslagen (z. B. für die Einholung von Sachverständigengutachten) gezahlt hat, weitere Vorschüsse anfordert, obwohl der bereits bezahlte Vorschuss die Kosten für eine weitere Beweisaufnahme bereits deckt, verlangt es etwas objektiv Nutzloses. Wenn dann die betroffene Partei darauf hinweist, dass die bereits bezahlten Vorschüsse für eine weitere Beweisaufnahme ausreichen, und das Gericht gleichwohl auf seinem Standpunkt beharrt, erweckt das bei der betroffenen Partei den Eindruck, es werde gezielt vom Gericht schikaniert. Denn dann ist die Befürchtung gerechtfertigt, dass das Gericht die Partei unter ökonomische Sachzwänge setzen will, um eine weitere Beweisaufnahme zu vermeiden. Die Besorgnis der Befangenheit ist folglich auch in diesem Fall begründet[110].

(4) Nach **§ 41 Nr. 6 ZPO** ist ein Richter im Rechtsmittelverfahren kraft Gesetzes ausgeschlossen, wenn er selbst an der angefochtenen Entscheidung mitgewirkt hat (ein durchaus vorstellbarer Fall: Der Richter erlässt als Richter am Amtsgericht ein Urteil, wechselt sodann ans Landgericht in die Berufungskammer als Landgericht, und nunmehr wird das erstinstanzliche Urteil mit der Berufung angefochten!). Das hat zu der Frage geführt, ob entsprechend dieser Vorschrift ein Richter im höheren Rechtszug auch dann kraft Gesetzes ausgeschlossen ist, wenn an der **Ausgangsentscheidung** sein **Ehegatte** mitgewirkt hat (ein ebenso vorstellbarer Fall: Richter am Amtsgericht M erlässt ein Urteil, dieses wird mit der Berufung angefochten, und der Berufungskammer gehört Richterin am Landgericht F, die Ehefrau des M an!). Der BGH hat eine entsprechende Anwendung des § 41 Nr. 6 ZPO verneint und hält in solchen Fällen, wenn nicht weitere Umstände hinzutreten, nicht einmal die Ablehnung des im höheren Rechtszug berufenen Richters wegen Besorgnis der Befangenheit für gerechtfertigt[111]. Der BGH vertraut also ohne weiteres darauf, dass ein Richter ohne persönliche Hemmungen das von seinem Ehegatten erlassene Urteil als rechtsfehlerhaft deklariert und aufhebt. Damit wird m. E. der potentielle Einfluss einer intimen persönlichen Bindung auf den Inhalt der Entscheidung unterbewertet: Wenn eine Richterin und ein Richter einander in ihrer Ehe als gleichberechtigte Partner gegenübertreten, wird der eine Scheu tragen, sich als Rechtsmittelrichter in eine Art Über-/Unterordnungsverhältnis über den anderen zu erheben. Es liegt sogar nahe, dass beide Richter sich über den Fall persönlich austauschen und damit der Richter, der das angefochtene Urteil erlässt, einen überproportionalen Einfluss auf die Rechtsmittelentscheidung nimmt. Nach hier vertretener Ansicht muss daher in derartigen Fällen instanzübergreifender Richterehe[112] wenigstens ein Befangenheitsgesuch nach

---

105 KG NJW-RR 2006, 1577, 1578.
106 OLG Schleswig MDR 2007, 928.
107 LG Karlsruhe MDR 2009, 1067.
108 OLG Frankfurt NJW 2008, 1328, 1329; OLG Oldenburg NJW-RR 2013, 959 f.; LG Münster NJW 2011, 3731, 3732; *Geipel/Prechtel*, MDR 2011, 336, 338.
109 OLG Frankfurt NJW-RR 2008, 1080, 1081; ablehnend *Deubner*, JuS 2008, 1076, 1077.
110 OLG München NJW-RR 2013, 123.
111 BGH NJW 2004, 163 f.; BGH NJW 2008, 1672; BGH MDR 2016, 49 Rn. 3.
112 So die treffende Beschreibung dieser Konstellation durch *Vollkommer*, MDR 2016, 49.

§ 42 II ZPO durchdringen[113]. Bei entfernteren Verwandten mag es anders liegen: So hat es der BGH zumindest vertretbar abgelehnt, § 41 Nr. 6 ZPO anzuwenden bzw. die Besorgnis der Befangenheit anzunehmen, wenn an der Ausgangsentscheidung Richter R1, an der Berufungsentscheidung Richter R2 beteiligt ist und R2 der Vater des Schwiegersohnes von R1 ist[114]. Der BGH hat ferner die Anwendung des § 41 Nr. 6 ZPO abgelehnt, wenn der in **erster Instanz tätige Richter** dem Senat des BGH angehört, der über die Revision zu entscheiden hat (Konstellation also: Richter am Landgericht R wirkt an einem Urteil mit; dieses wird mit der Berufung beim OLG angefochten; zwischenzeitlich wird R zum Richter am BGH befördert; das Urteil des OLG wird mit der Revision zum BGH angefochten; über diese entscheidet jener BGH-Senat, dem nunmehr R angehört). § 41 Nr. 6 ZPO sei, so der BGH, einer erweiternden Auslegung nicht zugänglich[115]. Diese Ansicht erscheint problematisch. Denn es ist eindeutig, dass ein solcher Richter nicht mehr unvoreingenommen über den Fall entscheiden *kann*: Entweder sein Urteil wurde vom Berufungsgericht bestätigt; dann wird der betreffende Richter im Revisionsverfahren aller Wahrscheinlichkeit nach zu der Einschätzung kommen, dass das Berufungsurteil Bestand hat („das OLG hat meine Entscheidung zu Recht bestätigt. Kein Wunder – diese Entscheidung kam ja auch von mir!"). Oder sein Urteil wurde vom Berufungsgericht geändert; dann wird der betreffende Richter aller Wahrscheinlichkeit nach zu der Einschätzung gelangen, dass das Berufungsurteil aufzuheben ist. Die Situation ist also kaum anders, als wenn der Richter an der Entscheidung in der unmittelbaren Vorinstanz beteiligt gewesen wäre: Es ist nach Lage der Dinge *ausgeschlossen*, dass dieser Richter im Rechtsmittelzug unvoreingenommen ist. Um genau diese *typischen, unabweisbaren* Interessenkonflikte geht es in § 41 ZPO. Deshalb verdient die analoge Anwendung des § 41 Nr. 6 ZPO den Vorzug.

(5) Die Besorgnis der Befangenheit kann sich auch daraus ergeben, dass der Richter in einem besonderen **Näheverhältnis zu einer Partei** steht oder gestanden hat, das nicht schon durch § 41 Nr. 1 bis 4 ZPO erfasst ist. So begründet eine intime (nichteheliche) Beziehung zwischen einem Richter und einer Partei ohne weiteres die Besorgnis der Befangenheit[116]. Ebenso ist die Ablehnung eines Richters gerechtfertigt, wenn dieser vor dem Eintritt in den Staatsdienst in einem **Anstellungsverhältnis** zu einer der Parteien gestanden hat. Dies gilt zumal dann, wenn ihm dort ein Tätigkeitsfeld zugewiesen war, in dem er mit Fällen in Berührung kam, die dem Gegenstand des Rechtsstreits ähnlich sind: Wer in der Kreditabteilung einer Bank tätig war, die nunmehr mit einem Kunden über die Rückabwicklung eines Darlehens streitet, ist als Richter für diesen Streitfall ungeeignet[117]. Wenn eine Partei einen Richter als dessen **Arzt** medizinisch betreut, begründet dies in der Person dieses Richters ebenso die Besorgnis der Befangenheit: Zwischen Arzt und Patient herrscht üblicherweise ein besonderes Vertrauensverhältnis[118]. Schwierigkeiten bereiten auch persönliche Verhältnisse zwischen dem **Richter** und dem **Anwalt einer Partei**. Nach Ansicht des BGH ist das Ablehnungsgesuch der einen Partei begründet, wenn in der Anwaltskanzlei, von der sich die andere Partei vertreten lässt, der Ehegatte eines mit dem Prozess befassten Richters tätig ist[119] – also offenbar auch dann, wenn der Ehegatte des Richters innerhalb der Kanzlei nicht mit der Bearbeitung des Mandats der Gegenpartei betraut ist. Wenn also Kläger K von einer Kanzlei vertreten wird, der Anwältin A angehört, die ihrerseits mit Richter R verheiratet ist, kann der Beklagte B den Richter R wegen Besorgnis der Befangenheit ablehnen. Einen skurrilen Fall hatte das OLG Bremen zu entscheiden, den ich der geneigten Leserschaft nicht vorenthalten möchte: An der Entscheidung sollte ein Richter mitwirken, der mit der Tochter

---

113 Wie hier *Feiber*, NJW 2004, 650, 651. Nach OVG Bremen (NJW 2015, 2828 Rn. 7 ff.) begründet die nichteheliche Lebensgemeinschaft zwischen der Ausgangsrichterin und dem Rechtsmittelrichter jedenfalls dann die Besorgnis der Befangenheit in der Person des Rechtsmittelrichters, wenn dieser die Lebensgemeinschaft nicht offenlegt.
114 BGH MDR 2016, 49 Rn. 3.
115 BGH NJW-RR 2012, 1341.
116 *Conrad*, MDR 2015, 1048.
117 OLG Frankfurt MDR 2008, 710.
118 OLG Bremen NJW-RR 2012, 637.
119 BGH NJW 2012, 1890 f.

des Prozessbevollmächtigten einer Partei liiert war (also etwa: Kläger K wird von Rechtsanwalt A vertreten. A hat eine Tochter T, die mit Richter R eine intime Beziehung führt.).). Das OLG Bremen hielt den Befangenheitsantrag der Gegenpartei für begründet. Dabei ließ es offen, ob schon die genannten persönlichen Verbindungen für eine Besorgnis der Befangenheit ausreichten; jene Besorgnis war jedenfalls deshalb begründet, weil der betreffende Richter die persönliche Verbindung nicht offen gelegt hatte[120]. Die Entscheidung verdient Zustimmung. Man wird indes noch einen Schritt weiter gehen und allein schon das hier gegebene objektive Näheverhältnis als solches ausreichen lassen müssen, um die Besorgnis der Befangenheit zu bejahen: Der Anwalt war (wenn man für einen Moment eine Ehe zwischen seiner Tochter und dem Richter hinzudenkt) der Schwiegervater des Richters. In dieser Situation ist die Befürchtung gerechtfertigt, der Richter werde, um „Ärger in der Familie" zu vermeiden, ein der von jenem Anwalt vertretenen Partei günstiges Urteil fällen. In einem Amtshaftungsprozess gegen ein Bundesland sind die bei den Gerichten dieses Bundeslandes ernannten Berufsrichter, auch die Richter auf Probe, nicht deshalb der Befangenheit verdächtig, weil sie aufgerufen werden, gegen ihren eigenen **Dienstherrn** Recht zu sprechen: Wäre es anders, so wäre jeder Richter abzulehnen, der in der Berufslaufbahn noch aufsteigen könnte. Damit wäre die Justiz in Amtshaftungsprozessen gänzlich handlungsunfähig[121]. Nicht ausreichend für eine Richterablehnung ist der Umstand, dass eine Partei und ein Richter sich seit Kindestagen „duzen" und Mitglieder im selben Schützenverein sind[122].

(6) Bereits **Fall 44c** hat gezeigt, dass zwischen erlaubtem **rechtlichem Hinweis** und verbotener **Beratung** einer Partei manchmal ein schmaler Grat verläuft. So soll es nach Ansicht des OLG Frankfurt in Fällen, in denen die Anspruchsvoraussetzungen dem Grunde nach unstreitig vorliegen, aber zweifelhaft ist, ob der Kläger wahrer Anspruchsinhaber ist, folgender Hinweis zulässig sein: „Das Problem der Aktivlegitimation kann auch durch eine Abtretung gelöst werden."[123] Eindeutig überschritten ist die Grenze zur verbotene Beratung einer Partei, wenn das Gericht einen richterlichen Hinweis erteilt, in der es der Partei rät, statt des jetzigen Beklagten einen (bislang am Prozess nicht beteiligten) Dritten zu verklagen: Wenn daraufhin der Kläger die Klage erweitert und auch jenen Dritten verklagt, kann dieser mit Erfolg die Besorgnis der Befangenheit geltend machen[124]. Das Gericht soll über den ihm vorgelegten Rechtsstreit zwischen den vorhandenen Parteien entscheiden, nicht aber Anregungen geben, welche weiteren Prozesse der Kläger mit Aussicht auf Erfolg führen könnte: Das muss der Kläger autonom entscheiden; benötigt er hierzu professionelle Hilfe, so ist das diejenige eines Anwalts, aber eben nicht die des Richters. Ferner ist das Ablehnungsgesuch begründet, wenn der Richter Hinweise erteilt, für die nach dem Verfahrensstand kein Anlass besteht; so etwa, wenn ein Richter in einem Haftpflichtprozess sogleich nach Eingang der Klageschrift Sachvortrag zu einem möglichen Mitverschulden des Klägers anregt, für das nach dem Klagevortrag nicht der geringste Anhaltspunkt besteht[125].

3. Entscheidung über die Richterablehnung

G 148 Die Mitwirkung eines ausgeschlossenen (§ 41 ZPO) oder befangenen (§ 42 II ZPO) Richters kann auf mehrerlei Weise geltend gemacht werden:
- durch Selbstanzeige des betroffenen Richters, § 48 1. Alt. ZPO. Die Selbstanzeige allein schließt die Mitwirkung dieses Richters noch nicht aus; vielmehr muss das Gericht (ohne den Richter, dessen Ausschluss oder Befangenheit im Raum steht) entscheiden, ob es das von jenem Richter angezeigte Verhältnis zu einer Partei für

---

120 OLG Bremen MDR 2008, 283.
121 BGH NJW-RR 2010, 493 f.
122 OLG Hamm NJW-RR 2012, 1209, 1210.
123 OLG Frankfurt MDR 2007, 674 f.; dezidiert dagegen *Stackmann*, NJW 2008, 3521, 3522 f.
124 OLG Brandenburg MDR 2009, 586, 587; anders *Deubner*, JuS 2009, 814, 816.
125 OLG München NJW-RR 2012, 309, 310.

ausreichend erachtet, um den Ausschluss kraft Gesetzes oder die Besorgnis der Befangenheit zu rechtfertigen. *Ein Richter kann niemals allein durch die Behauptung aus dem Verfahren ausscheiden, er sei befangen; denn dies liefe de facto auf ein allgemeines Recht hinaus, sich generell vor der Entscheidung über unliebsame Fälle zu drücken. Ein Richter, der weder ausgeschlossen noch befangen ist,* **muss** *entscheiden; dafür ist er ernannt worden.*

- durch Ablehnung des betroffenen Richters von Amts wegen durch das Gericht, §§ 48 I 2. Alt., 45 ZPO.
- durch Ablehnungsgesuch einer Partei (§ 42 III ZPO); über dies Gesuch entscheidet das Gericht ohne Mitwirkung des betroffenen Richters (§ 45 ZPO). Anstelle dieses Richters entscheidet sein nach Geschäftsverteilungsplan bestimmter Vertreter. Wenn sich das Ablehnungsgesuch gegen **sämtliche Mitglieder des Spruchkörpers** (also alle Richter der erkennenden Kammer oder des erkennenden Senats) richtet, so gilt nichts anderes: Für jeden einzelnen betroffenen Richter tritt der jeweilige geschäftsplanmäßige Vertreter ein.

Das Ablehnungsrecht einer Partei erlischt erst bei Verhandlung zur Hauptsache in Kenntnis des Ablehnungsgrundes (§ 43 ZPO). Mit „Verhandlung" ist die mündliche Verhandlung gemeint (§§ 128, 137 ZPO). Das Ablehnungsrecht erlischt daher nicht schon dann, wenn die Partei in Kenntnis des Ablehnungsgrundes einen vorbereitenden Schriftsatz einreicht[126].

Gelegentlich werden Ablehnungsgesuche **rechtsmissbräuchlich** vorgebracht. Rechts- **148a** missbrauch liegt vor, wenn es an einem Ablehnungsgrund offensichtlich fehlt und das Gesuch nur der Verschleppung des Prozesses dient. In einem solchen Fall (aber auch *nur* dann!) darf – abweichend von § 45 ZPO – der solchermaßen abgelehnte Richter selbst über den Befangenheitsantrag entscheiden und diesen Antrag zurückweisen[127]. Diese vom Gesetzeswortlaut abweichende Handhabung des § 45 ZPO rechtfertigt sich daraus, dass im Recht der Ablehnung von Richtern ein verfassungsrechtliches Fundamentalprinzip zum Ausdruck kommt, nämlich das Recht auf den gesetzlichen Richter: Art. 101 I 2 GG gewährleistet den Parteien das Recht auf einen Richter, der ihnen mit der nötigen Neutralität und professionellen Distanz gegenübertritt[128]. Wenn nun ein Befangenheitsgrund ersichtlich nicht gegeben ist, ist das Recht auf den gesetzlichen Richter nicht berührt; wohl aber gefährdet die Partei, die in einer solchen Situation zwecks Prozessverschleppung ein Ablehnungsgesuch anbringt, ein anderes verfassungsrechtliches Fundamentalprinzip, nämlich den rechtsstaatlichen Anspruch auf Justizgewähr: Dieser gewährleistet den Parteien unter anderem, dass das Gericht in angemessener Frist über den Rechtsstreit entscheidet. Die Rechtsordnung darf es nicht zulassen, dass diese elementare Zielsetzung des Verfahrensrechts durch missbräuchliches Prozessverhalten ausgehebelt wird. Deshalb darf die Partei, die einen oder mehrere Richter rechtsmissbräuchlich ablehnt, die Früchte dieser Verschleppungsstrategie nicht ernten; vielmehr müssen solche Ablehnungsgesuche möglichst

---

126 BGH NJW-RR 2014, 382 Rn. 15 ff.
127 BVerfG NJW 2007, 3771, 3772 f.
128 Vgl. nur BVerfG NJW 2007, 3771, 3772.

rasch beschieden und das Verfahren in der Hauptsache möglichst bald fortgesetzt werden.

4. Verfahren während der Schwebezeit

149 Solange über das Ablehnungsgesuch nicht entschieden ist, darf der abgelehnte Richter nur noch unaufschiebbare Handlungen vornehmen (§ 47 I ZPO). Er darf ferner, sofern er während eines Termins abgelehnt wurde, diesen Termin noch zu Ende führen, falls die Entscheidung über das Ablehnungsgesuch ansonsten eine Vertagung der Verhandlung erfordern würde. Wird dann freilich dem Ablehnungsgesuch stattgegeben, so muss das Gericht denjenigen Teil der mündlichen Verhandlung, der zeitlich *nach* dem Ablehnungsgesuch liegt, wiederholen (§ 47 II ZPO); das Gericht ist abweichend von § 318 ZPO nicht einmal an ein Urteil gebunden, das unter der Mitwirkung des hernach erfolgreich abgelehnten Richters ergangen ist[129]. Das kann in der Praxis zu erheblichen Schwierigkeiten führen, weil das Gericht, obwohl sein Eindruck vom Sach- und Streitstand bereits durch den Fortgang der Verhandlung geprägt ist, auf einmal so tun muss, als hätte es den Teil der Verhandlung nach dem Ablehnungsgesuch nie gegeben[130]. Wird etwa unter Mitwirkung eines Richters, gegen den Befangenheitsantrag gestellt wurde, ein Zeuge vernommen, so muss er, falls das Ablehnungsgesuch Erfolg hat, erneut vernommen werden. Nach einer im Schrifttum vertretenen Ansicht darf ihm nicht einmal das Protokoll seiner früheren Vernehmung vorgehalten werden[131]. Der abgelehnte Richter darf vor der Entscheidung über das Ablehnungsgesuch auch keine Nebenentscheidungen treffen, so z. B. nicht über die Kosten des Rechtsstreits nach Rücknahme der Klage oder über die Festsetzung des Streitwerts mitentscheiden[132].

5. Rechtsmittel

150 Wird das Ablehnungsgesuch *zurückgewiesen*, so muss die Partei sich damit nicht zufrieden geben; vielmehr kann sie *sofortige Beschwerde* einlegen (§§ 46 II, 567 I Nr. 1 ZPO).

---

129 *Fölsch*, MDR 2004, 1029, 1032.
130 Kritisch in diese Richtung auch *Vossler*, MDR 2006, 1383, 1385.
131 *Knauer/Wolf*, NJW 2004, 2857, 2860.
132 BVerfG NJW 2011, 2191, 2192.

IX. Zusammenfassung: Wichtige Grundbegriffe

Gerichtsstand	Dient der Bestimmung des örtlich zuständigen Gerichts: Dies ist jenes Gericht, in dessen Bezirk die für den Gerichtsstand maßgebliche Anknüpfungstatsache gegeben ist.
Allgemeiner Gerichtsstand	Wohnsitz (§ 13 ZPO bei natürlichen Personen) bzw. Sitz (§ 17 ZPO bei juristischen Personen). Es sind diejenigen Gerichte zuständig, in denen die *beklagte* Person ihren allgemeinen Gerichtsstand hat (§ 12 ZPO); der Kläger muss also gewissermaßen zu einem „Auswärtsspiel" antreten.
Besonderer Gerichtsstand	Statt am (Wohn-)Sitz des Beklagten kann der Kläger in einigen gesetzlich besonders bestimmten Fällen die Klage nach seiner Wahl (§ 35 ZPO) an einem Gerichtsstand erheben, der zum Streitgegenstand eine besondere sachliche Nähe aufweist. Hier handelt es sich um sog. besondere Gerichtsstände.
Ausschließlicher Gerichtsstand	In einigen Fällen *muss* der Kläger die Klage an einem bestimmten nach sachlichen Gesichtspunkten zuständigen Gericht erheben, darf also nicht wählen, ob er stattdessen die Klage am allgemeinen Gerichtsstand des Beklagten erhebt. In diesem Fall spricht man von einem ausschließlichen Gerichtsstand.
Befangenheit	Beschreibt eine Situation, in der ein Richter nicht in der Lage oder nicht bereit ist, unvoreingenommen zu entscheiden. Bereits die *Besorgnis* einer solchen Situation rechtfertigt die Ablehnung.

G 152 **Übersicht 5:** Gerichtsaufbau

Zivilgerichte

Amtsgerichte §§ 22 ff. GVG	**Landgerichte** §§ 59 ff. GVG	**Oberlandesgerichte** §§ 115 ff. GVG	**Bundesgerichtshof** §§ 123 ff. GVG
1. Instanz: • vermögensrechtliche Streitigkeiten bis 5000 Euro • Streitigkeiten aus Wohnraummiete • Familiensachen	**1. Instanz:** alles, was nicht den Amtsgerichten zugewiesen ist, insbesondere • vermögensrechtliche Streitigkeiten über 5000 Euro • nicht vermögensrechtliche Streitigkeiten • Amtshaftung **2. Instanz:** Berufung gegen Urteile des Amtsgerichts	**2. Instanz:** • Berufung gegen Urteile der Landgerichte • Soweit nicht Landgerichte zuständig: Berufung gegen Urteile der Amtsgerichte (vor allem in Familiensachen)	• Revision • Sprungrevision • Rechtsbeschwerde
Abteilung 1 Richter	Zivilkammer 3 Richter **Beachte aber:** Entscheidung durch Einzelrichter möglich; **1. Instanz**: §§ 348, 348a ZPO; **2. Instanz**: § 526 ZPO	Zivilsenat 3 Richter **Beachte aber:** Entscheidung durch Einzelrichter möglich, § 526 ZPO	Zivilsenat 5 Richter

G 153 **Übersicht 6:** Ausschluss und Ablehnung von Gerichtspersonen

Ausschluss

- **kraft Gesetzes**, § 41 ZPO
- Wegen Besorgnis der **Befangenheit**, § 42 II ZPO

Verfahren

- Entscheidung des Gerichts nach Selbstablehnung des betroffenen Richters §§ 48 1. Alt., 45 ZPO
- Entscheidung des Gerichts von Amts wegen einer Partei §§ 48 2. Alt., 45 ZPO
- Entscheidung des Gerichts über Ablehnungsgesuch §§ 42 I, III, 45 ZPO

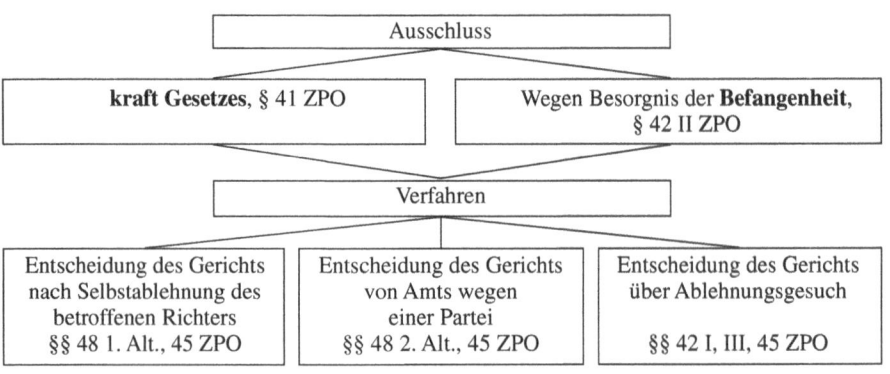

§ 4 Allgemeine Verfahrensgrundsätze

I. Dispositionsmaxime

Privatautonomie bedeutet die Freiheit einer Person zu entscheiden   **154 G**
- ob sie einen Vertrag schließt
- mit wem sie einen Vertrag schließt
- mit welchem Inhalt sie einen Vertrag schließt.

Die Dispositionsmaxime ist prozessuale Kehrseite der Privatautonomie. Danach hat eine Person die Freiheit zu entscheiden
- **ob sie einen Prozess führt** (wo kein Kläger, da kein Richter[1]).
- **gegen wen sie einen Prozess führt.** Man darf auch völlig willkürlich einen Prozess gegen Unbeteiligte anzetteln, muss aber eben dann damit rechnen, dass die Klage als unbegründet abgewiesen wird. Die Freiheit, gegen wen der Prozess geführt wird, erlangt praktische Bedeutung immer dann, wenn ein Gläubiger mehrere Schuldner hat (z. B. Gesamtschuldner, § 421 BGB) oder entscheiden muss, welche von mehreren Personen, die alternativ als Schuldner in Betracht kommen, verklagt werden sollen (z. B. ob der Vertretene aus dem vom Vertreter geschlossenen Vertrag oder der Vertreter aus § 179 BGB in Anspruch genommen werden soll).
- **mit welchem Gegenstand sie einen Prozess führt:** Der Kläger bestimmt, welcher *Sachverhalt* vorgetragen wird (wenn er auf Kaufpreis klagt, wird das Gericht der Klage nicht deshalb stattgeben, weil der Gegner ihm aus einem Verkehrsunfall verpflichtet ist) und welcher *Antrag* zur Entscheidung des Gerichts gestellt wird: An diesen Antrag ist das Gericht nach § 308 I ZPO gebunden. Der Streitgegenstand begrenzt die richterliche Entscheidungsbefugnis.
- **ob sie den Prozess notfalls in die höhere Instanz bringt:** Berufungs- und Revisionsgericht entscheiden nur, wenn die entsprechenden Rechtsmittel von einer Partei eingelegt werden.
- **ob sie den Prozess bis zum Urteil zu Ende führt:** Es besteht die Möglichkeit, einen Prozess ohne Urteil zu beenden, indem etwa ein Prozessvergleich geschlossen oder (sei es einseitig, sei es nach Beginn der mündlichen Verhandlung gemäß § 269 ZPO mit Zustimmung des Beklagten) die Klage zurückgenommen wird.

Der **Gegenbegriff** zur Dispositionsmaxime ist die *Offizialmaxime*. In diesen Fällen   **155 G**
obliegt die Entscheidung über Beginn, Gegner, Gegenstand und Fortführung des Prozesses nicht mehr einer Partei, sondern einer staatlichen Stelle, z. B. dem Staatsanwalt. Im Zivilprozess werden nur wenige Verfahren nach der Offizialmaxime gehandhabt; jene Maxime ist nur anzutreffen, wenn öffentliche Interessen im Spiel sind. So liegt es zum Beispiel bei der Aufhebung einer bigamischen Ehe (§§ 1306, 1316 I 1 Nr. 1 BGB, 121 Nr. 2 FamFG): Hier besteht ein Antragsrecht der „zuständigen Verwaltungsbehörde" (§ 129 FamFG).

---

1 Vgl. nur *Schreiber*, Jura 2004, 385.

II. Verhandlungsmaxime

G 156 Das Gericht erforscht den Sachverhalt im Zivilprozess nicht von Amts wegen, sondern überlässt es den Parteien, die entscheidungserheblichen Tatsachen vorzutragen. Das nennt man den *Beibringungsgrundsatz* oder auch die *Verhandlungsmaxime*. Der **Gegenbegriff** zur Verhandlungsmaxime ist der *Untersuchungsgrundsatz* (auch genannt: Inquisitionsmaxime).

1. Die Behauptungslast der Parteien

G 157 Es muss also der Kläger die anspruchsbegründenden Tatsachen vortragen und der Beklagte diejenigen, aus denen sich Einwendungen und Einreden gegen den Anspruch ergeben.

- Wenn der Klagevortrag, unterstellt, er entspricht der Wahrheit, nicht geeignet ist, unter Anwendung des Gesetzes einen Anspruch zu begründen, ist die Klage *unschlüssig* und muss als unbegründet abgewiesen werden.
- Wenn der Beklagtenvortrag, unterstellt, er entspricht der Wahrheit, nicht geeignet ist, den schlüssig begründeten Anspruch des Klägers zu Fall zu bringen, ist die Verteidigung des Beklagten *unerheblich*.

Dazu einige **Beispiele:**

a) Unschlüssige Klage

G 158 **Fall 45:** K verklagt B auf Schadensersatz und trägt zur Begründung vor, er habe bei B 100 kg Karotten bestellt, die B bei Fälligkeit nicht geliefert habe. Deshalb habe er sich woanders zu einem höheren Preis eindecken müssen.

Die Klage ist unschlüssig, weil K hier Schadensersatz statt der Leistung nach §§ 280 I, III, 281 I 1 BGB verlangt und hierfür entweder eine Fristsetzung oder aber Tatsachen hätten vorgetragen werden müssen, die eine Fristsetzung nach § 281 II BGB entbehrlich machen. Der Abschluss eines Deckungsgeschäfts erfüllt noch nicht die Voraussetzungen des Interessefortfalls nach § 281 II BGB, weil sonst jeder Gläubiger es in der Hand hätte, durch einen solchen Abschluss sich selbst vom Erfordernis der Fristsetzung zu suspendieren.

b) Unerhebliche Verteidigung

G 159 **Fall 46:** K verklagt B auf Zahlung des Kaufpreises für einen Gebrauchtwagen. B erwidert, er zahle nicht, weil der Wagen einen Motorschaden habe; die Klage sei daher abzuweisen.

Die Verteidigung des B ist unerheblich, weil sich aus seinem Klagevortrag nicht ergibt, dass der Schaden schon bei Gefahrübergang (§§ 434 I 1, 446 BGB) vorlag. Nur dann kommen aber Mängelrechte in Betracht. Von der Notwendigkeit, zur Frage vorzutragen, wann der Mangel vorgelegen hat, wäre B nur befreit, wenn die Voraussetzungen des § 476 BGB vorlägen. Auch dazu hat aber B nichts vorgetragen. Und selbst wenn der Mangel bei Gefahrübergang vorgelegen hätte, würde das nicht zur Klagabweisung, sondern zur Verurteilung des B Zug um Zug (§§ 320, 322 BGB) gegen Beseitigung des Mangels führen. Die vollständige Abweisung der Kaufpreisklage des K kann B dagegen nur erreichen, wenn er einen berechtigten Rücktritt vom Kaufvertrag dartun kann. B hat aber weder eine Rücktrittserklärung noch die Voraussetzungen eines Rücktrittsrechts vorgetragen. Ein sofortiges Rücktrittsrecht, das den Abweisungsantrag rechtfertigen könnte, entsteht nach §§ 437 Nr. 2, 326 V BGB nur dann ohne Fristsetzung, wenn die Beseitigung des Mangels unmöglich und daher von K nach § 275 I BGB nicht geschuldet ist. Wenn der Mangel behebbar ist, muss B dem K zunächst eine Frist setzen. B hätte also zu einer erheblichen Verteidigung entweder die Unmöglichkeit der Fehlerbehebung oder eine Fristsetzung oder Tatsachen vortragen müssen, welche eine Fristsetzung nach §§ 323 II, 440 BGB entbehrlich machen. Auch dies ist im **Fall 43** nicht geschehen.

c) In Sonderheit: Gleichwertiger Tatsachenvortrag

Fall 47: K verklagt B auf Schadensersatz und trägt zur Begründung vor, B habe ohne erkennbaren Anlass eine Holzlatte aus seinem Gartenzaun herausgebrochen, die er, K nunmehr neu habe kaufen und einsetzen müssen. B erwidert, er habe die Latte deshalb herausgebrochen, weil er sich gegen den X habe verteidigen wollen, der ihn körperlich angegriffen habe.   160

Wenn der Vortrag des K stimmt, haftet B aus § 823 I BGB sowie aus §§ 823 II BGB, 303 I StGB auf Schadensersatz. Wenn der Vortrag des B stimmt, haftet er nach § 904 S. 2 BGB auf Schadensersatz.

Das Ergebnis ist also in beiden Fällen dasselbe, nur ist die Anspruchsgrundlage jeweils eine andere. Der Vortrag von K und B ist also *tatsächlich* verschieden, *rechtlich* aber gleichwertig (äquipollent). Die Verteidigung des B ist unerheblich, da er so oder so auf Schadensersatz haftet. Entgegen der Ansicht des BGH[2] muss die Gegenseite (also hier K) sich das Vorbringen des äquipollent Vortragenden (also hier B), soweit es dessen Haftung auf einer anderen Anspruchsgrundlage begründet, nicht hilfsweise zu eigen machen, damit es vom Gericht berücksichtigt werden kann[3]: Das Gericht muss den Vortrag des B vielmehr von sich aus daraufhin überprüfen, ob er für den prozessualen Anspruch (Streitgegenstand) eine andere als die von K begehrte Entscheidung rechtfertigen kann.

Zur Vertiefung: 161
(1) Wenn der Vortrag des B stimmt, kommt *nur* eine Rechtfertigung wegen Aggressivnotstands nach § 904 S. 1 BGB in Betracht. § 227 BGB scheidet aus, weil K selbst nicht Angreifer ist und Notwehr gegen andere Personen als den Angreifer nicht nach dieser Vorschrift gerechtfertigt sein kann (Stichwort: *Keine Notwehr gegen unbeteiligte Dritte!*). § 228 BGB scheidet ebenfalls aus, weil die Gefahr für B nicht von der beschädigten Sache selbst ausgeht (vgl. Wortlaut: eine *durch sie* drohende Gefahr). Wenn aber B nur nach § 904 S. 1 BGB gerechtfertigt ist, kann er der Schadensersatzpflicht nach § 904 S. 2 BGB nicht entrinnen.

---

2 BGHZ 19, 387, 391; BGH NJW 1989, 2756.
3 Wie hier *Jauernig*, FS K.-H. Schwab, 1990, S. 247, 251; *Schneider*, MDR 1970, 727, 728 f.

(2) Gelegentlich kommt es vor, dass eine Beweisaufnahme Umstände zutage fördert, die für die Entscheidung des Rechtsstreits erheblich sind, aber bislang nicht von einer Partei behauptet wurden. Der Beibringungsgrundsatz verlangt es, dass das Gericht seiner Entscheidung nur solche Tatsachen zugrunde legt, welche zuvor mindestens durch eine Partei behauptet und dadurch in den Prozess eingeführt wurden. Der BGH hilft der Partei, für die das Beweisergebnis günstig ausgefallen ist, aber mit einer Vermutung: Nach der Lebenserfahrung mache sich die Partei die Umstände, welche bei der Beweisaufnahme neu zutage getreten seien, zumindest hilfsweise zu Eigen[4].

d) Selbst belastender Tatsachenvortrag

G 162 *Generell* muss eine Partei Tatsachen, die sie selbst vorträgt, auch dann gegen sich gelten lassen, wenn sie ihr selbst ungünstig sind; so etwa, wenn der Kläger im Ersatzprozess Tatsachen vorträgt, die sein eigenes Mitverschulden begründen.

e) Prozessuale Erklärungspflicht

G 163 Zur Verhandlungsmaxime gehört auch *§ 138 III ZPO*: Was eine Partei nicht bestreitet, wird so behandelt, als hätte sie es zugestanden – eben weil sie darin frei ist, dem Gegner zu widersprechen oder es bleiben zu lassen.

2. Die Disposition der Parteien über Beweismittel

G 164 *Beweismittel* stehen nicht uneingeschränkt zur Disposition der Beteiligten:
- Die Vernehmung von *Zeugen* geschieht nur auf Wunsch einer Partei, nämlich dadurch, dass eine Partei den Zeugen benennt, § 373 ZPO. Ein Zeuge darf nur zu einem Termin zur mündlichen Verhandlung geladen werden, wenn eine Partei sich auf ihn bezogen hat, § 273 II Nr. 4 ZPO.
- Dagegen kann das Gericht *ohne* Antrag einer Partei nach §§ 273 II Nr. 5, 142, 144 ZPO die Vorlegung von Urkunden, die Einnahme eines Augenscheins und die Einholung eines Sachverständigengutachtens anordnen. Unter den Voraussetzungen des § 448 ZPO kann es sogar die Vernehmung einer Partei von Amts wegen anordnen.

III. Recht auf rechtliches Gehör

1. Die Grundnorm: Art. 103 I GG

G 165 Zu einem fairen Verfahren gehört, dass jede Partei die Möglichkeit bekommt, mit ihrem Tatsachenvortrag, ihren Rechtsstandpunkten und ihren Beweisangeboten Berücksichtigung zu finden: Nach Art. 103 I GG hat jedermann vor Gericht ein Recht auf rechtliches Gehör. Die Garantie des rechtlichen Gehörs verpflichtet das Gericht, die Ausführungen der Prozessbeteiligten zur Kenntnis zu nehmen und in Erwägung zu

---

4 BGH NJW-RR 2010, 495.

ziehen[5]. Nimmt das Gericht einen Schriftsatz nicht zur Kenntnis, so ist das rechtliche Gehör verletzt, und zwar auch dann, wenn die betroffene Partei ein fehlerhaftes Aktenzeichen angegeben hatte und der Schriftsatz daher zunächst versehentlich in die falsche Akte gelangt war[6]. Mit Rücksicht auf das rechtliche Gehör hat das Gericht außerdem die von den Parteien angebotene Beweise zu erheben, soweit es für die Entscheidung auf sie ankommt[7]. Eine ordnungsgemäß beantragte Beweiserhebung zu streitigen und entscheidungserheblichen Punkten darf nicht deshalb unterbleiben, weil sie zeitaufwendig und „unökonomisch" wäre[8]. Wenn ein Zeuge zweimal trotz ordnungsmäßiger Ladung (§ 377 ZPO) zur Vernehmung nicht erscheint, darf das Gericht nicht allein schon deshalb von dessen Vernehmung absehen. Es muss zuerst versuchen, den Zeugen durch Ordnungsmittel zum Erscheinen zu bewegen (§ 380 I 2 ZPO); ggf. muss es die Vorführung des Zeugen anordnen (§ 380 II ZPO)[9]. Die Parteien haben ferner Anspruch darauf, bei der Beweisaufnahme (sei es persönlich, sei es vertreten durch ihre Anwälte) anwesend zu sein[10] und zum Beweisergebnis Stellung zu nehmen (vgl. auch § 285 I ZPO). Das Parteivorbringen darf nicht nur seinem äußeren Wortlaut nach zur Kenntnis genommen werden; das Gericht muss dies Vorbringen vielmehr in dessen inhaltlichem Sinn erfassen[11].

Zur Vertiefung:
166

(1) Wenn das Gericht zulässigerweise (z. B. nach § 495a ZPO) **ohne mündliche Verhandlung** entscheidet und das rechtliche Gehör dadurch sicherstellen will, dass es den Parteien die Schriftsätze der jeweiligen Gegenseite übersendet, ist es nach Art. 103 I GG gehalten, sich zu vergewissern, dass jede Partei sämtliche Schriftsätze der Gegenseite auch tatsächlich erhalten hat[12]. Das Gericht mag etwa, um sich zu vergewissern, die Schriftsätze gegen Empfangsbekenntnis zustellen lassen. Wenn das Gericht einer Partei eine Schriftsatzfrist gesetzt hat, darf es nicht vor Ablauf dieser Frist ein Urteil verkünden[13].

(2) Wenn das Gericht von einer Rechtsauffassung abweichen will, die es den Parteien zuvor mitgeteilt hat, muss es diese vor der Entscheidung darüber unterrichten und Gelegenheit zur Stellungnahme geben[14]. Die gleiche Pflicht trifft das Rechtsmittelgericht, das die Frage der Zulässigkeit der Klage abweichend von der Vorinstanz beurteilen will[15]. Auch diese Notwendigkeit erweist sich als Ausprägung des Art. 103 I GG.

(3) Das rechtliche Gehör spielt eine besondere Rolle, wenn Tatsachen streitig und entscheidungserheblich sind, die nur mit **außerjuristischem Sachverstand** festgestellt werden können. In einem solchen Fall darf das Gericht auf die Erhebung des angebotenen Sachverständigenbeweises nur verzichten, wenn es über ausgewiesene eigene Sachkunde in der fraglichen außer-

---

5 BVerfGE 51, 188, 191; BVerfGE 69, 126, 139; VerfGH Berlin JR 2009, 325, 326; VerfGH Berlin NJW 2016, 1438 Rn. 11.
6 BVerfG NJW 2013, 925.
7 Vgl. aus jüngerer Zeit BVerfG NJW-RR 2004, 1150, 1151; BVerfG NJW 2009, 1585, 1586; BayVerfGH NJW 2011, 1209, 1210; BGH NJW 2009, 2139 f.; BGH NJW 2009, 2604; BGH NJW-RR 2010, 1217, 1218; BGH NJOZ 2015, 309 Rn. 11; BGH NJW-RR 2015, 829 Rn. 9; BGH NJW 2016, 641 Rn. 6.
8 *Geipel/Prechtel*, MDR 2011, 336, 339.
9 BGH NJW-RR 2015, 1151 Rn. 12.
10 *Reißmann*, JR 2012, 182, 186.
11 BGH NJW 2009, 2137.
12 BVerfG NJW 2006, 2248, 2249.
13 BGH MDR 2008, 1231, 1232.
14 OLG München MDR 2006, 350.
15 BGH MDR 2006, 1250.

juristischen Materie verfügt[16]. Bei einem Sachverständigengutachten gebietet es das rechtliche Gehör, jeder Partei Gelegenheit zu geben, mit dem Sachverständigen in eine persönliche Auseinandersetzung über das schriftlich erstattete Gutachten einzutreten; das Gericht hat daher dem Antrag einer Partei, den Sachverständigen persönlich zu laden, grundsätzlich zu entsprechen[17] (vgl. auch § 402 i. V. m. § 397 I ZPO). Von einer solchen Ladung darf das Gericht nicht mit der Begründung absehen, aus seiner Sicht erscheine das schriftliche Gutachten des Sachverständigen überzeugend und bedürfe keiner weiteren Erörterung[18]. Weisen die mündlichen Ausführungen des Sachverständigen über dessen schriftliches Gutachten hinaus, so muss den Parteien Gelegenheit gegeben werden, sich zu den auf diese Weise neu zutage getretenen Erkenntnissen zu äußern[19]. Widersprüche zwischen dem Gutachten des gerichtlichen Sachverständigen und dem von einer Partei in den Prozess eingeführten Privatgutachten darf das Gericht nicht einfach dadurch auflösen, dass es unkritisch dem gerichtlichen Sachverständigen folgt. Es hat die Widersprüche vielmehr aufzuklären und zu diesem Zweck notfalls ein weiteres Gutachten einzuholen[20]. Aus den Urteilsgründen muss sich nachvollziehbar ergeben, warum das Gericht dem einen Gutachten den Vorzug vor dem anderen gegeben hat[21]. Der BGH brandmarkt einen Verstoß gegen dieses Gebot als Verletzung des § 286 ZPO, weil das Gericht in diesem Fall seine Überzeugung auf einer unzureichenden Grundlage gebildet hat[22]. Nach hier vertretener Ansicht ist aber ebenso Art. 103 I GG betroffen: Wenn das Gericht unkritisch einem von zwei kontroversen Gutachten den Vorzug gibt, hat es das Beweisangebot der dadurch benachteiligten Partei nicht ausreichend in Erwägung gezogen.

(4) Kann eine Partei den Inhalt eines unter **vier Augen** geführten Gesprächs nicht beweisen, weil sie keine Zeugen aufzubieten vermag, so verletzt das Gericht das rechtliche Gehör dieser Partei, wenn es ihr nicht einmal die Chance gibt, die eigene Version dieses Gesprächs in der mündlichen Verhandlung zu schildern. Das Gericht muss entweder das persönliche Erscheinen dieser Partei anordnen (§ 141 I 1 ZPO) oder die Partei nach § 448 ZPO von Amts wegen vernehmen[23]. Hat das Vier-Augen-Gespräch zwischen den Parteien des Rechtsstreits stattgefunden, kann die beweispflichtige Partei auch selbst die Initiative ergreifen und ihre eigene Anhörung nach § 141 ZPO bzw. Vernehmung nach § 448 ZPO beantragen; das Gericht hat einem solchen Beweisantrag zu entsprechen[24]. Nach einer beachtlichen Meinung im Schrifttum darf das Gericht in einem solchen Fall *nur dann* einen solchen Beweis erheben, wenn er von einer Partei beantragt wurde: Das Fehlen neutraler Beweismittel befreie die Parteien nicht vom Beibringungsgrundsatz[25]. Außerdem wird angemahnt, dass die Parteianhörung nach § 141 ZPO und die Parteivernehmung nach § 448 ZPO nicht austauschbar nebeneinander stünden. Vielmehr sei in einem ersten Schritt das persönliche Erscheinen der Partei nach § 141 I ZPO anzuordnen und die Partei zu befragen. Ergebe diese Befragung ausreichende Anhaltspunkte für den behaupteten Inhalt des Gesprächs,

---

16 BGH NJW-RR 2011, 428, 429; BGH NJW 2015, 1311 Rn. 5; BGH NJW 2015, 1601 Rn. 10 f.; BGH NJW 2016, 641 Rn. 10; BGH NJW 2016, 1328 Rn. 8.

17 BGH MDR 2009, 1126; BGH NJW-RR 2015, 510 Rn. 8.

18 BVerfG NJW 2012, 1346, 1347.

19 BGH NJW-RR 2011, 428, 429.

20 BGH NJW-RR 2010, 711, 712; BGH NJW 2014, 71 Rn. 19; BGH NJW-RR 2014, 760 Rn. 12; BGH NJW 2015, 411 Rn. 15; *Ghassemi-Tabar/Nober*, NJW 2016, 552, 554; *Prütting*, JR 2016, 76 f.

21 BGH NJW-RR 2014, 760 Rn. 13; *Ghassemi-Tabar/Nober*, NJW 2016, 552, 553; *Hattemer/Rensen*, MDR 2012, 1384, 1386.

22 BGH NJW-RR 2014, 760 Rn. 11.

23 BGH NJW-RR 2006, 61, 63; VerfGH Berlin NJW 2016, 1438 Rn. 14; ebenso *Bruns*, MDR 2010, 417, 421; *Deubner*, JuS 2010, 506, 508; *Fellner*, MDR 2008, 602, 603; *Stackmann*, NJW 2008, 3521.

24 BAG NJW 2007, 2427, 2428. Anders *Noethen*, NJW 2008, 334 ff: Anhörung bzw. Parteivernehmung bleiben im Ermessen des Gerichts; skeptisch auch *Deubner*, JuS 2007, 1098, 1101. Nach *Eschelbach/Geipel*, MDR 2012, 198, 200 kommt allein der Parteivernehmung nach § 448 ZPO Beweisqualität zu; das Gericht habe daher im Zweifel mangels anderer verfügbarer Beweismittel beide Parteien von Amts wegen nach dieser Vorschrift zu vernehmen.

25 *Bruns*, MDR 2011, 417, 419.

habe eine Vernehmung nach § 448 ZPO zu folgen[26] – und zwar, wenn Aussage gegen Aussage stehe, eine Vernehmung *beider* Parteien[27].

(5) Ob das Gericht das Vorbringen einer Partei zur Kenntnis genommen hat, lässt sich nicht immer zweifelsfrei ermitteln. Wenn aber zentral entscheidungserheblicher Vortrag einer Partei kommentarlos übergangen wird, lässt dies darauf schließen, dass das Gericht den gesamten Vortrag jener Partei nicht zur Kenntnis genommen hat[28]. Wenn das erstinstanzliche Gericht im Urteilstatbestand festgehalten hat, eine bestimmte Tatsache sei unstreitig, und das Berufungsgericht in zweiter Instanz ausführt, der Kläger habe das Gegenteil dieser Tatsache beweisen können, so zwingt dies zu der Folgerung, dass das Berufungsgericht das erstinstanzliche Parteivorbringen nicht zur Kenntnis genommen hat; in diesem Fall ist das rechtliche Gehör verletzt[29].

(6) Das Gericht darf späteren Vortrag einer Partei nicht mit der Begründung ignorieren, die Partei setze sich damit zu früherem Vortrag in Widerspruch. Derartige Widersprüche dürfen erst bei der Beweiswürdigung eine Rolle spielen[30]. Und diese Beweiswürdigung setzt eben voraus, dass der spätere ebenso wie der frühere Vortrag überhaupt erst einmal zur Kenntnis genommen wurde. **Art. 103 I GG verbietet** mit anderen Worten eine **vorweggenommene Beweiswürdigung.** Unzulässig ist es daher auch, ein Beweisangebot mit der Begründung zurückzuweisen, es sei bereits das Gegenteil erwiesen[31] oder das Beweismittel sei ohnehin unergiebig. Das Gericht darf sich also nicht etwa weigern, einen ordnungsgemäß angebotenen Zeugen anzuhören mit der Begründung, das Gericht werde ihm ohnehin keinen Glauben schenken[32]. Die Vernehmung von Zeugen darf ferner nicht mit der Begründung abgelehnt werden, dass dasjenige, was sie nach dem Willen der beweisführenden Partei aussagen sollen, im Widerspruch zu einem bereits eingeholten Sachverständigengutachten stehe. Mag auch der Sachverständige eine bestimmte Person für im Zeitpunkt X geschäftsunfähig erklärt haben, so kann doch die Vernehmung von Zeugen, die jene Person im Zeitpunkt X im Vollbesitz ihrer geistigen Kräfte erlebt haben, geeignet sein, die Grundlage des Gutachtens in Zweifel zu ziehen[33]. Wenn jemand den Beweis, dass die Klageschrift innerhalb der Verjährungsfrist vom Telefaxgerät des Gerichts empfangen worden sein muss, mit Hilfe eines Sachverständigengutachtens führen will, so muss das Gericht diesem Beweisantrag nachgehen. Die Beweiserhebung wird nicht dadurch entbehrlich, dass der Leiter der Posteinlaufstelle bei Gericht erklärt hat, es seien nur leere Seiten eingegangen[34].

(7) Art. 103 I GG wirkt sich ganz erheblich auf die **Reichweite** des **Beibringungsgrundsatzes** aus. Gewiss ist es die Aufgabe der Parteien, den entscheidungserheblichen Sachverhalt vorzutragen. Eine Partei genügt aber, so mit Recht der BGH, „ihrer Darlegungslast bereits dann, wenn sie Tatsachen vorträgt, die in Verbindung mit einem Rechtssatz geeignet ist, das geltend gemachte Recht als in ihrer Person entstanden erscheinen zu lassen"[35]. Die Partei braucht insbesondere das voraussichtliche Ergebnis der Beweisaufnahme nicht vorwegzunehmen; sie muss z. B. nicht alles minutiös auflisten, was der von ihr benannte Zeuge im Einzelnen aussagen wird. Weist ein Gericht den Sachvortrag einer Partei, obwohl er den vom BGH definierten Anforderungen genügt, als unsubstantiiert zurück, liegt darin eine Verletzung rechtlichen Gehörs. **Beispiele:** Der Werkunternehmer, der behauptet, mit dem Besteller eine Stundenlohnvereinbarung geschlossen zu haben, muss nicht vortragen, wo, wann und unter welchen Begleitumständen diese Vereinbarung zustande gekommen sein soll[36]. Der Mieter, der wegen Lärms in der Umgebung geltend macht,

---

26 *Ahrens*, MDR 2015, 185, 186; *Greger*, MDR 2014, 313, 315. Für Alternativität zwischen der Parteianhörung nach § 141 ZPO und der Parteivernehmung nach § 448 ZPO aber *Schilken*, ZZP 126 (2013), 403, 422 ff.
27 *Eschelbach/Geipel*, MDR 2012, 198, 200.
28 BGH NJW 2009, 2139 f.; BGH NJW 2015, 2125 Rn. 11.
29 BGH NJW-RR 2014, 381 Rn. 11.
30 BGH NJW 2015, 2424 Rn. 14.
31 BGH NJOZ 2015, 309 Rn. 11; BGH NJW-RR 2015, 829 Rn. 9.
32 BGH NJW-RR 2015, 1151 Rn. 13.
33 BGH NJOZ 2015, 309 Rn. 12.
34 BGH NJW 2013, 2514 Rn. 11 ff.
35 BGH NJW 2015, 2424 Rn. 16; BGH NJW-RR 2015, 829 Rn. 9.
36 OLG Koblenz NJW 2016, 1523 Rn. 18, 23.

die Miete sei kraft Gesetzes gemindert (§ 536 I 2 BGB), muss zwar angeben, um welche Art von Lärm es sich handelt (z. B. Baulärm, Hundegebell) und zu welchen Tageszeiten sowie in welcher Häufigkeit und Dauer der Lärm auftritt. Er muss aber kein detailliertes Lärmprotokoll vorlegen[37]. Der Mandant, der seinen Steuerberater auf Schadensersatz verklagt, weil dieser ihn nicht darauf hingewiesen habe, dass die Verschiebung einer bestimmten Transaktion ins nächste Jahr zu steuerlichen Nachteilen führe (unter dem Gesichtspunkt der Kausalität zwischen Pflichtverletzung und Schaden) ausreichend zur Sache vor, wenn er behauptet, bei rechtzeitigen Hinweis hätte er die Transaktion im laufenden Jahr abwickeln können. Werden für diese Behauptung Zeugen angeboten, dürfen diese nicht deshalb zurückgewiesen werden, weil der Mandant keine Indizien dafür vorgetragen habe, dass auch der Transaktionspartner zur Abwicklung im laufenden Jahr bereit gewesen wäre[38]. Im Arzthaftungsprozess darf von der Partei nicht erwartet werden, dass sie sich zur Vorbereitung des Prozesses medizinisches Fachwissen aneignet.[39] Deshalb dürfen an einen substantiierten Tatsachenvortrag nur maßvolle Anforderungen gestellt werden.

2. Mündliche Verhandlung

G 167 Ein wesentliches Instrument des rechtlichen Gehörs ist nach der Konzeption der ZPO die *mündliche Verhandlung* (§ 128 I ZPO; durch Einverständnis beider Parteien verzichtbar, § 128 II 1 ZPO; vor dem Amtsgericht bei einem Streitwert bis zu 600 Euro nur auf Antrag einer Partei obligatorisch, § 495a ZPO).
- In der mündlichen Verhandlung können die Parteien ihre Überlegungen vortragen. Was einmal vorgetragen wurde, ist für die gesamte Dauer der Instanz in den Prozess einbezogen, ohne dass es bei jedem neuen Termin wiederholt werden müsste: Es gilt der Grundsatz der *Einheit der mündlichen Verhandlung*.
- Zur mündlichen Verhandlung gehört auch, dass *Beweisaufnahmen unmittelbar vor dem erkennenden Gericht* stattfinden: Grundsatz der *Unmittelbarkeit*. Insbesondere hat der Richter Beweismittel, die er bei der Entscheidung zu würdigen hat, grundsätzlich selbst zur Kenntnis zu nehmen, z. B. Zeugen selbst zu vernehmen (§ 355 I 1 ZPO). Die persönliche Vernehmung kann nicht durch telefonische Befragung des Zeugen[40] und auch nicht dadurch ersetzt werden, dass das Gericht das Vernehmungsprotokoll aus anderen Verfahren (z. B. Strafverfahren) beizieht[41]. Es darf dem Zeugen aber die Aussagen aus anderen Verfahren vorhalten, wenn die Angaben, die er nunmehr macht, von den damaligen Angaben abweichen[42]. Wenn die Beweisaufnahme vor einem Kollegialgericht (also einer Kammer beim Landgericht oder einem Senat beim OLG oder beim BGH) stattfindet, gilt das Prinzip der Unmittelbarkeit für die ganze Kammer. Hier können sich leicht Fehler einschleichen, wenn zwischen der Beweisaufnahme und der Urteilsverkündung ein Richter des Spruchkörpers ausgewechselt ist: Hat etwa die Kammer einen Zeugen vernommen und wird ein daran beteiligter Richter vor der Urteilsverkündung durch einen anderen ersetzt, so muss die Vernehmung wiederholt werden[43]. Denn es hat sich dann

---

37 BGH NJW-RR 2012, 977 Rn. 18.
38 BGH NJW-RR 2015, 829 Rn. 10 ff.
39 BGH NJW 2015, 1601 Rn. 19; BGH NJW 2016, 1328 Rn. 6.
40 LG Saarbrücken NJW-RR 2010, 496 f.
41 BGH MDR 1992, 803.
42 *Fetzer*, MDR 2009, 602, 605.
43 BVerfG NJW 2008, 2243, 2244.

nicht die ganze Kammer von der Glaubwürdigkeit des Zeugen ein Bild machen können; der neu eingetretene Richter muss sich vielmehr selbst der Aufgabe stellen, jene Glaubwürdigkeit einzuschätzen. Ähnliches gilt erst recht vor dem Einzelrichter: Wird dieser zwischen Verhandlung und Entscheidung ausgewechselt, hat der neue Richter ebenfalls die Vernehmung von Zeugen zu wiederholen[44]. Wenn in erster Instanz ein Zeuge vernommen wurde, gegen das anschließende Urteil Berufung eingelegt wird und das Berufungsgericht die Aussage des Zeugen anders würdigen möchte als die Vorinstanz, muss das Berufungsgericht den Zeugen selbst erneut vernehmen und sich auf diese Weise einen eigenen Eindruck von ihm verschaffen[45].

3. Der Gegenpol: Die Konzentrationsmaxime

Das rechtliche Gehör steht in Konflikt mit einem anderen Prozessgrundsatz, nämlich der *Beschleunigungs-* oder auch *Konzentrationsmaxime*: Rechtsschutz muss innerhalb eines angemessenen Zeitrahmens zu erlangen sein, um den Namen „Schutz" zu verdienen. Der Anspruch auf Justizgewähr ist auf Gewährung *effektiven Rechtsschutzes* gerichtet. Das BVerfG hat erst in jüngerer Zeit wieder ausgesprochen, dass aus dem Rechtsstaatsprinzip unter dem Gesichtspunkt der Rechtssicherheit die Notwendigkeit folgt, streitige Rechtsverhältnisse binnen angemessener Zeit zu klären[46]. Die gleiche Notwendigkeit ergibt sich aus Art. 6 I EMRK[47]. Es muss daher verhindert werden, dass eine Partei den Prozess fortwährend in die Länge ziehen kann. Das Gesetz verleiht diesem Grundsatz eine wichtige Ausprägung vor allem in § 296 ZPO: Was nicht innerhalb einer vom Gericht gesetzten angemessenen Frist oder aber unter Verletzung der allgemeinen Prozessförderpflicht (§ 282 ZPO) vorgetragen wird, wird zurückgewiesen, bleibt also unberücksichtigt.

168 G

Zivilprozess		**169 G**

Rechtliches Gehör	**Konzentrationsmaxime**
• Ausfluss des rechtsstaatlichen Gebots eines fairen Verfahrens. Partei ist Subjekt, nicht Objekt des Verfahrens. • Partei hat das Recht, vor Gericht vorzutragen. • Gericht muss diesen Vortrag zur Kenntnis nehmen und sich in seiner Entscheidung damit auseinandersetzen. • Gericht muss angebotene Beweise erheben.	• Partei hat Anspruch auf Justizgewähr: Der Staat, der ein Gewaltmonopol beansprucht und die eigenmächtige zwangsweise Beitreibung von Ansprüchen verbietet, muss Gerichte zur Verfügung stellen, die nach Erkenntnis der Rechtslage den erforderlichen Zwang ausüben. • Partei kann daher verlangen, dass über den Rechtsstreit in überschaubarer Zeit entschieden wird. Es muss daher irgendwann der Punkt erreicht sein, an dem verspätetes Vorbringen nicht mehr berücksichtigt wird. Vgl. § 296 ZPO.

---

44 OLG Hamm MDR 2007, 1153.
45 Nachweise unten § 13 V 3 a aa, Rn. 659..
46 BVerfG NJW 2001, 961; NJW 2008, 503; NJW-RR 2010, 207, 208; ebenso BGH JZ 2007, 686, 687.
47 EGMR NJW 2006, 2389, 2391; NJW 2010, 3355.

IV. Recht auf Zugang zu Gericht

170 Art. 103 I GG gewährt rechtliches Gehör allerdings nur in einem anhängigen Verfahren; nicht vom Gewährleistungsgehalt dieser Vorschrift umfasst ist dagegen das Recht auf *erstmaligen Zugang* zum Gericht: Dieses Recht folgt vielmehr

- aus den materiellen Rechten, welche die Befugnis zur gerichtlichen Durchsetzung einschließen;
- aus dem Rechtsstaatsprinzip: Der Staat, der ein Gewaltmonopol beansprucht und die eigenmächtige Durchsetzung von privaten Rechten verbietet, muss eine Instanz bereitstellen, die stattdessen das Recht erkennt und vollstreckt.

Aus dem Rechtsstaatsprinzip in Verbindung mit Art. 2 I GG ergibt sich daher der Anspruch auf *Justizgewähr*. Denn *ein Recht, das man nicht durchsetzen kann, ist deutlich entwertet*. Der Justizgewähranspruch erlangt auf diese Weise die Qualität eines Verfahrensgrundrechts[48].

170a Das BVerfG hat, wie bereits soeben Rn. 168 gezeigt, ausgesprochen, dass die Parteien nicht nur Anspruch darauf haben, *überhaupt* ihre Rechtssache vor Gericht tragen zu können, sondern ebenso darauf, dass strittige Rechtsverhältnisse binnen angemessener Zeit geklärt werden. Wenn ein Prozess sich über eine zu lange Dauer hinzieht, wird dieser Anspruch der Parteien nicht erfüllt. In neuerer Zeit wird daher verstärkt über die Anerkennung einer **Untätigkeitsbeschwerde** nachgedacht[49]. Der Gesetzgeber hat diese Idee indes nicht aufgegriffen, sondern in §§ 198 ff. GVG[50] eine Entschädigung für die ungebührliche Verzögerung eines gerichtlichen Verfahrens vorgesehen[51]. In jedem Fall können die Parteien eine überlange Verfahrensdauer mit der *Verfassungsbeschwerde* rügen. Deren Zulässigkeit setzt *nicht* voraus, dass der Beschwerdeführer zunächst erfolglos Untätigkeitsbeschwerde vor den Fachgerichten eingelegt hat. Da nämlich die Untätigkeitsbeschwerde weder gesetzlich geregelt noch sonst in ihren Voraussetzungen geklärt ist, verbietet es das Gebot der Rechtsmittelklarheit, die Verfassungsbeschwerde von der vorherigen Erhebung eines solchen Rechtsbehelfs abhängig zu machen[52]. Die Verfassungsbeschwerde wird auch durch die Neuregelung in §§ 198 ff. GVG nicht ausgeschlossen. Denn der Zugang zu einem durch das Grundgesetz bereitgestellten Rechtsbehelf kann nicht durch eine Regelung des einfachen Gesetzesrechts versperrt werden. Der BGH hält es mit Recht für eine **Amtspflicht** der Justizbehörden i. S. des § 839 BGB, die Gerichte personell so auszustatten, dass sie ihrer Aufgabe, innerhalb angemessener Frist zu entscheiden, auch tatsächlich nachkommen können[53].

---

48 Im Ergebnis ebenso Zuck, NJW 2013, 1132, 1133.
49 Für statthaft gehalten wurde dieser Rechtsbehelf etwa von KG MDR 2008, 228; OLG Brandenburg MDR 2009, 948 f.; OLG Düsseldorf NJW 2009, 2388 f.; OLG Karlsruhe MDR 2007, 1393; OLG Schleswig MDR 2009, 1065; offen lassend OLG Düsseldorf MDR 2008, 406, 407.
50 Eingefügt durch Gesetz vom 6.12.2011 BGBl. I S. 2554.
51 Kritisch zu dieser Neuregelung *Althammer*, JZ 2011, 446, 449 ff.
52 BVerfG NJW 2008, 503.
53 BGH JZ 2007, 686, 687.

V. Recht auf Instanzenzug?

Sehr umstritten ist, ob der Rechtssuchende einen Anspruch auf mehrere Instanzen hat. **171**
Dieses Recht könnte man ableiten aus
- **Art. 19 IV GG.** Dies scheidet indes nach h. M.[54] aus. Denn die Vorschrift gewährt Rechtsschutz durch den Richter, nicht gegen den Richter; der Rechtsweg
  würde sonst nie aufhören. Der Richter ist also keine „öffentliche Gewalt" i. S. des
  Art. 19 IV GG. Die Gegenansicht[55] will die Rechtsprechung wenigstens insoweit
  als „öffentliche Gewalt" begreifen, als sie die *Verfahrensgrundrechte* (Art. 101 und
  103 GG) zu gewährleisten hat. Wenn das zu bejahen wäre, wäre wenigstens wegen
  der Verletzung des gesetzlichen Richters und des rechtlichen Gehörs verfassungsrechtlich ein Instanzenzug gewährleistet.
- **Art. 103 I GG:** Wieder gilt der Grundsatz, dass es rechtliches Gehör nur in einem
  anhängigen Verfahren gibt; ebenso wenig wie der erstmalige Zugang zu Gericht
  ist der Zugang zum Rechtsmittelgericht garantiert[56]. Allenfalls könnte man aus
  Art. 103 I GG folgern, dass das rechtliche Gehör in der Fachgerichtsbarkeit möglichst effektiv zu gewähren sei; deshalb müsse dort eine Instanz zur Behebung
  von Verletzungen des rechtlichen Gehörs zur Verfügung stehen. Das würde einen
  Instanzenzug – wiederum – wenigstens für den Fall garantieren, dass wesentliche
  Prozessgrundsätze von Verfassungsrang missachtet wurden (gesetzlicher Richter,
  rechtliches Gehör, prozessuale Waffengleichheit). Unter dem Gesichtspunkt des
  Art. 103 I GG hat – auf Vorlage des Ersten Senats[57] – der Große Senat des BVerfG
  hierzu Stellung genommen und ausgesprochen, dass der einfache Gesetzgeber von
  Verfassungs wegen gehalten ist, in den Prozessordnungen einen Rechtsbehelf für
  die Behebung von Verletzungen des rechtlichen Gehörs vorzusehen. Es sei freilich
  nicht geboten, dass eine *höhere* Instanz den Verstoß korrigiere; mindestens aber
  müsse es möglich sein, das *Ausgangsgericht*, das den Verstoß begangen hat, mit
  dem Ziel anzurufen, den Gehörsverstoß zu beseitigen[58]. Dagegen fordern Stimmen
  im Schrifttum, dass für die Korrektur von Gehörsverletzungen *immer* eine *höhere*
  Instanz bereitgestellt werden müsse[59]: Es sei kaum zu erwarten, dass ein Richter
  bereit sei, den Parteien gegenüber einzugestehen, dass er das elementare Recht auf
  rechtliches Gehör nicht beachtet habe. Gelegentlich beruhe gar die Gehörsverletzung auf blanker Arbeitsverweigerung durch den Richter; dann verspreche eine
  Rüge, über die eben dieser Richter zu entscheiden habe, keine Abhilfe.
- **Art. 2 I i. V. m. Art. 20 III GG:** Auch der rechtsstaatliche Justizgewähranspruch,
  der aus dem Rechtsstaatsprinzip abgeleitet wird, gewährt nur das Recht auf Zugang
  zum Gericht als solchen, nicht aber eine weitere Instanz[60].

---

54 BVerfGE 11, 263, 265; 15, 275, 280.
55 Umfassende Nachweise bei *Piekenbrock*, JZ 2002, 540, 543 mit Fn. 55.
56 Vgl. nur BGH MDR 2005, 409, 410.
57 BVerfGE 104, 357.
58 BVerfG NJW 2003, 1924, 1926 f.
59 *Redeker*, NJW 2003, 2956 f.; *Voßkuhle*, NJW 2003, 2193, 2196 f. Gegen diese Forderung aber *Braun*,
    JR 2005, 1, 2 f.
60 BVerfG NJW 2011, 1276, 1277 mwN.

G 172 VI. Zusammenfassung: Wichtige Grundbegriffe

Dispositionsmaxime	Parteien entscheiden, ob, wann und worüber gestritten wird. Ausprägung § 308 I ZPO: Gericht darf nichts zusprechen, was nicht beantragt ist.
Verhandlungsmaxime	Auch: Beibringungsgrundsatz. Es werden nur die Tatsachen berücksichtigt, die dem Gericht vorgetragen worden sind.
Konzentrationsmaxime	Auch: Beschleunigungsgrundsatz. Erledigung des Verfahrens muss vorangetrieben werden, weil sonst der Anspruch des Bürgers auf Justizgewähr in Frage gestellt ist. Die Konzentrationsmaxime begrenzt das rechtliche Gehör der Parteien.
Schlüssigkeit	Eine Klage ist schlüssig, wenn der Kläger, unterstellt, sein Klagevortrag trifft in tatsächlicher Hinsicht zu, mit dem in der Klage geltend gemachten Anspruch durchdringt. Auf **Beklagtenseite** arbeitet man insoweit mit dem Begriff der **Erheblichkeit**: Die Verteidigung des Beklagten ist erheblich, wenn der Vortrag des Beklagten, unterstellt, er trifft in tatsächlicher Hinsicht zu, den geltend gemachten Anspruch zu Fall bringt.

§ 5 Überblick über das zivilgerichtliche Verfahren im ersten Rechtszug

I. Klageerhebung

1. Rechtshängigkeit und Anhängigkeit

Nach § 253 I ZPO erfolgt die Klageerhebung durch Zustellung einer Klageschrift. **173 G**
Erst wenn diese dem Beklagten zugestellt ist, ist die Klage erhoben, nicht schon dann,
wenn die Klage bei Gericht eingereicht ist. Die Zustellung der Klageschrift bewirkt
nach § 261 I ZPO die Rechtshängigkeit der Streitsache.

2. Antrag und Sachverhalt

§ 253 II Nr. 2 ZPO verlangt für eine ordnungsgemäße Klageerhebung zwei Dinge, **174 G**
nämlich die Angabe eines *Sachverhalts* (in der Terminologie des Gesetzes: „Grund
des erhobenen Anspruchs") und einen bestimmten *Antrag*.

a) Das grundsätzliche Erfordernis eines bezifferten Antrags bei Geldforderungen

Fall 48: K hat dem B einen Fernseher verkauft und verklagt nunmehr den B mit folgendem **175 G**
Antrag: „Der Beklagte wird verurteilt, den Kaufpreis zu bezahlen".

Die Klage ist nach § 253 II Nr. 2 ZPO unzulässig, weil es an einem bestimmten
Antrag fehlt: K muss genau sagen, wie viel Geld er haben will. Grundsätzlich ist also
bei Klagen auf Geldleistung ein **bezifferter Klageantrag** erforderlich.

b) In Sonderheit: Schmerzensgeldklagen

Fall 49: K verklagt B auf Schmerzensgeld in Höhe von 5000 Euro, weil B ihn in einer **176 G**
handgreiflichen Auseinandersetzung erheblich verletzt hat.

Wenn der Vortrag des K stimmt, hat er gegen B einen Anspruch aus §§ 823 I, 253 II
BGB. Dieser Anspruch besteht in einer „billigen Entschädigung in Geld". Was in
diesem Sinne „billig" ist, unterliegt in hohem Maße richterlicher Wertung und ist für
den Kläger nur schwer bezifferbar. Deshalb lässt es die **Rechtsprechung**[1] genügen,
wenn K das Schmerzensgeld lediglich in einer bestimmten *Größenordnung* beziffert:
„Der Beklagte wird verurteilt, an den Kläger immateriellen Schadensersatz in einer
Größenordnung von 5000 Euro zu zahlen". Das Ziel dieser Rechtsprechung besteht
darin, den Kläger davor zu bewahren, dass er nach § 92 I ZPO teilweise die Kosten

---

1 Vgl. z. B. BGH NJW 2002, 3769.

des Rechtsstreits zu tragen hat, wenn das Gericht das Schmerzensgeld niedriger ansetzt.

G 177 Diese Rechtsprechung kann ihr Ziel jedoch nur zum Teil erreichen: Wenn K etwa nur in Höhe von 1500 Euro durchdringt, ist selbst die ungefähre Größenordnung klar verfehlt, und er muss nach § 92 I ZPO die Hälfte der Kosten tragen. Vor allem aber wird übersehen, dass das Gesetz selbst die Problematik des Kostenrisikos bei schwer bezifferbaren Klageanträgen gesehen hat: Nach § 92 II Nr. 2 ZPO können dem Beklagten trotz Zuvielforderung die gesamten Kosten auferlegt werden. Daher erscheint eine Ausnahme vom Bestimmtheitserfordernis des § 253 II Nr. 2 ZPO nicht zwingend veranlasst. *Vorteile* bringt jene Ausnahme dem Kläger allerdings insoweit, als das Gericht die als Größenordnung angegebene Ziffer im Urteil *überschreiten* darf, ohne gegen § 308 I ZPO zu verstoßen.

Fall 50: K klagt gegen B auf Zahlung von Schmerzensgeld in einer Größenordnung von 50 000 Euro. Das Gericht verurteilt B zur Zahlung eines Schmerzensgeldes von 60 000 Euro.

Die 60 000 Euro dürften sich noch innerhalb der angegebenen Größenordnung von 50 000 Euro bewegen (dazu noch sogleich). Das Gericht, das den B zu 60 000 Euro verurteilt, hält sich daher in dem durch den Klageantrag gesetzten Rahmen. Dem Kläger wird auf diese Weise zumindest in Ansätzen das Risiko abgenommen, dass er sich bei der Bezifferung des Klageantrags zu seinen eigenen Ungunsten verkalkuliert und das Schmerzensgeld niedriger ansetzt, als es ihm eigentlich zustünde. Unter *diesem* Aspekt erscheint die Praxis der Gerichte, einen unbezifferten Klageantrag mit Angabe einer Größenordnung ausreichen zu lassen, vertretbar.

G 178 Wie weit das Gericht den als Größenordnung angegebenen Betrag überschreiten darf, ist streitig. In der Literatur war lange Zeit vertreten worden, bei Angabe einer Größenordnung im Rahmen einer Schmerzensgeldklage dürfe das Urteil nicht mehr als 20 % über den als Größenordnung angegebenen Betrag hinausgehen[2]. Auch heute findet sich die noch weitergehende Ansicht, dass die Größenordnung die Entscheidungsbefugnis des Gerichts nach oben hin begrenze; dem Kläger, der deshalb vorsichtshalber einen zu hohen Betrag angebe, müsse im Bereich der Prozesskosten mit dem (bereits erwähnten) § 92 II Nr. 2 ZPO geholfen werden[3]. Der BGH hat demgegenüber die Verurteilung zum Doppelten des angegebenen Betrages akzeptiert[4]: Die Größenordnung habe lediglich Bedeutung als Hilfestellung für das Gericht, das mit der Forderung des Geschädigten zumindest einen Anhaltspunkt für die Bemessung des Schmerzensgeldes habe. Ferner sei sie für die Rechtsmittelinstanz von Interesse: Eine rechtsmittelfähige Beschwer liege erst bei Unterschreitung des als Größenordnung angegebenen Betrags vor[5], und zwar nur in dem Umfang, in dem jener Betrag

---

2 *Dunz*, NJW 1984, 1734, 1736 f.; *Wurm*, JA 1989, 65, 69 f.; *Steinle*, VersR 1992, 425; *Butzer*, MDR 1992, 539, 541 f.
3 *Braun*, Lehrbuch des Zivilprozeßrechts, 2014, S. 448.
4 BGH NJW 1996, 2425, 2427.
5 BGH NJW 1996, 2425, 2427; NJW-RR 2004, 863.

unterschritten worden sei[6]. Eine Obergrenze für das Gericht werde damit nicht gesetzt[7].

Zur Vertiefung: **179 G**

(1 Das Erfordernis eines bestimmten Klageantrags gilt in Fällen, in denen eine Leistung Zug um Zug begehrt wird, auch für die Zug um Zug zu erbringende Gegenleistung: Diese muss so genau beschrieben werden wie möglich. Besteht die Gegenleistung in der Herausgabe von Gegenständen, so müssen diese so genau bezeichnet werden, dass es für das spätere Vollstreckungsorgan wenigstens im Wege der Auslegung möglich ist, jene Gegenstände zu identifizieren[8]. Hintergrund dieses Erfordernisses ist § 756 ZPO: Bei Zug-um-Zug-Urteilen darf die Zwangsvollstreckung (grob gesprochen) erst beginnen, wenn die Gegenleistung erbracht oder der Schuldner insoweit im Annahmeverzug ist. Das Vollstreckungsorgan muss dann ohne Schwierigkeiten in der Lage sein zu ermitteln, welche Gegenleistung vor Vollstreckungsbeginn erbracht worden sein muss.

(2) In jüngerer Zeit wird mit beachtlichen Gründen erwogen, die Anforderungen an die Bestimmtheit des Klageantrags für eine weitere Fallgruppe zu lockern: Klage jemand auf Vertragsanpassung wegen Wegfalls oder Fehlens der Geschäftsgrundlage (§ 313 I, II BGB), so könne er nicht *ex ante* prognostizieren, welche Maßnahmen der Anpassung das Gericht für angemessen halte, und dürfe sich daher darauf beschränken, einen groben Rahmen anzugeben. Die Klage soll für den Fall ihres Erfolgs mit einer Klage auf Leistung nach Maßgabe des angepassten Vertrags verbunden werden können[9]. Andere[10] bevorzugen demgegenüber, beide Anträge als Stufenklage analog § 254 ZPO miteinander zu verbinden: In erster Stufe werde auf Vertragsanpassung, in zweiter Stufe auf Leistung geklagt. Die Situation des Klägers sei in den Fällen des § 313 BGB mit derjenigen eines solchen vergleichbar, der infolge einer vom Beklagten verweigerten Auskunft nicht wisse, ob und was er auf der Leistungsstufe verlangen könne. Der zuerst genannte Ansatz trifft die Interessenlage etwas besser: Anders als in den in § 254 ZPO geregelten Fällen beruht die Ungewissheit des Klägers beim Wegfall der Geschäftsgrundlage nicht auf einer vom Beklagten verweigerten Information, sondern auf dem weiten richterlichen Ermessen. Darin gleicht sich die Interessenlage in § 313 BGB einerseits, bei Schmerzensgeldforderungen andererseits. Nicht haltbar erscheint dagegen die dritte Ansicht, wonach § 313 BGB sogleich einen Anspruch auf die aus der Anpassung des Vertrags resultierende Leistung vermittelt[11]. § 313 I BGB begründet einen Anspruch auf Umgestaltung des Vertrags, die erst durch die Parteien herbeigeführt werden muss. Die Situation ist insoweit keine andere als im Fall des § 313 III BGB, wo ebenfalls erst der Rücktritt erklärt werden muss, bevor die Rückgewähr von Leistungen begehrt werden kann. Der Anspruch *auf* Gestaltung (bzw. Recht zur Gestaltung) einerseits und der Anspruch *aus* dem so gestalteten Rechtsverhältnis andererseits sind voneinander zu trennen!

---

c) Herausgabeklagen

Fall 51: K verklagt den B mit folgendem Antrag: „Der Beklagte wird verurteilt, dem Kläger   **180 G**
sein Fahrrad herauszugeben".

Dieser Klageantrag ist zu unbestimmt; das Fahrrad muss so genau beschrieben werden, dass für den Gerichtsvollzieher, der die Herausgabe nach § 883 ZPO vollstrecken

---

6 BGHZ 140, 335, 340 f.; BGH NJW-RR 2004, 102 f.; BGH MDR 2016, 788 Rn. 6.
7 BGH NJW 1996, 2425, 2427; NJW 2002, 3769.
8 BGH NJW 2015, 2812 Rn. 48.
9 *Dauner-Lieb/Dötsch*, NJW 2003, 921, 923 f.
10 *Schmidt-Keßel/Baldus*, NJW 2002, 2076, 2077.
11 So aber *Schäuble*, JuS 2011, 506, 508; *Wieser*, JZ 2004, 654, 655.

soll, eindeutig feststeht, welches Fahrrad er dem B wegzunehmen und dem K zu geben hat. Vor allem Marke, Fabrikat und Maßangaben sind hilfreich. Die Klage ist nach § 253 II Nr. 2 ZPO unzulässig.

d) Unterlassungsanträge

181 **Fall 52:** K betreibt ein Fotogeschäft in der Stuttgarter Innenstadt; B betreibt gleich gegenüber ein Konkurrenzgeschäft. B wirbt eines Tages in einer Anzeige damit, dass er in der Zeit vom 4. bis zum 8. Januar 2010 insgesamt 1000 Farbfilme vom Typ X kostenlos an interessierte Kunden verteilen werde. B hat 500 dieser Filme auf Lager und die anderen 500 auf Abruf bestellt. K verklagt den B mit dem Antrag: „Der Beklagte wird verurteilt, die Werbeaktion vom 4. bis 8. 1. 2010 zu unterlassen."

Materiellrechtlich ist der Anspruch aus § 5 UWG begründet: Wer mit einer bestimmten Anzahl von Werbegeschenken wirbt, muss sie auch aktuell vorrätig haben und darf nicht von der Lieferbereitschaft eines Dritten abhängig sein.

182 **Prozessual** wird der Klageantrag des K allerdings wenig Erfolg haben; denn er ist zu unbestimmt: Man weiß ja nicht, ob B nicht noch mehr Aktionen in dem Zeitraum gestartet hat. B weiß auf dem Boden eines dem Klageantrag entsprechenden Urteils nicht, welches Verhalten er zu unterlassen hat. Ein Unterlassungsantrag, dem hinreichende Bestimmtheit nach § 253 II Nr. 2 ZPO bescheinigt werden soll, muss dieses Verhalten klar beschreiben: „Der Beklagte wird verurteilt, es zu unterlassen, im geschäftlichen Verkehr zum Zwecke des Wettbewerbs die kostenlose Verteilung von Farbfilmen anzukündigen, ohne für die Dauer der angekündigten Verteilung Eigentümer oder Verfügungsberechtigter und außerdem unmittelbarer Besitzer dieser Farbfilme zu sein."

3. Unterschrift

G 183 Die Klageschrift ist ein sog. *bestimmender Schriftsatz*, weil sie darauf gerichtet ist, ein Prozessrechtsverhältnis neu zu begründen. Auf die Klageschrift finden nach § 253 IV ZPO die Vorschriften über *vorbereitende Schriftsätze* entsprechende Anwendung. Wichtig ist hier vor allem § 130 Nr. 6 ZPO: Ohne Unterschrift des Klägers oder in Anwaltsprozessen (§ 78 I ZPO) eines postulationsfähigen Anwalts ist die Klage unzulässig. § 130 Nr. 6 ZPO ist zwar als Sollvorschrift formuliert, gilt aber nach Ansicht der Rechtsprechung bei bestimmenden Schriftsätzen (und damit auch bei der Klageschrift) ausnahmslos zwingend[12]: Es muss jemand mit seiner Unterschrift Verantwortung für den Klageantrag übernehmen. Unterschreibt der Kläger oder sein Anwalt die Klageschrift blanko und lässt er sie sodann von einem Dritten fertigen, so ist dem Unterschriftserfordernis nur genügt, wenn der Kläger bzw. der Anwalt den Inhalt des Schriftsatzes vorher so genau festgelegt hat, dass er guten Gewissens behaupten kann,

---

12 Zuletzt BGH NJW 2005, 2086, 2087; NJW 2005, 2709; MDR 2006, 770 (jeweils für Berufungsbegründung).

er habe jenen Inhalt eigenverantwortlich geprüft[13]. Hat der Anwalt die Klageschrift am Ende der letzten Seite unterschrieben, zeigt jene Schrift aber auf den vorangehenden Seiten ein anderes Druckbild, eine andere Diktion und fehlt beim Übergang auf die letzte Seite der Sinnzusammenhang, so lässt dies darauf schließen, dass der Anwalt die Klageschrift bis auf ihre letzte Seite nicht gelesen und nicht geprüft hat. Dann ist das Unterschriftserfordernis nicht erfüllt[14].

4. Stufenklage

a) Das prozessuale Ziel der Stufenklage

Fall 53: B veräußert ein Fahrzeug, das er von K geliehen hat und das K gehört, ohne Zustimmung des K an den gutgläubigen D. K verklagt B auf Auskunft über die Höhe des Veräußerungserlöses und nach Maßgabe dieser Auskunft auf Auszahlung dieses Erlöses. **184 G**

Der Zahlungsantrag ist an sich zu unbestimmt: K muss *beziffern*, wie viel Geld er haben will. Da K aber die Auszahlung des Veräußerungserlöses begehrt, muss er zunächst in Erfahrung bringen, wie hoch dieser Erlös ausgefallen ist. Damit K nicht ins Blaue hinein eine Klage erheben muss, die sich womöglich später als ganz oder teilweise unbegründet erweist, gewährt ihm das materielle Recht einen Auskunftsanspruch, der sich wie folgt herleitet: K kann in jedem Fall Auszahlung des Erlöses nach §§ 687 II 1, 681 S. 2, 667 BGB sowie Auskunft über die Höhe des Erlöses nach §§ 687 II 1, 681 S. 2, 666 BGB verlangen. Nimmt man darüber hinaus mit dem BGH an, dass die Auszahlung des Veräußerungserlöses auch aus § 816 I 1 BGB geschuldet ist,[15] so folgt der Auskunftsanspruch aus § 242 BGB: K befindet sich schuldlos über die Höhe des Erlöses in Unkenntnis; B kann die Auskunft ohne Schwierigkeiten erteilen. Prozessual kann der Auskunftsantrag zusammen mit dem Zahlungsantrag im Wege der Stufenklage erhoben werden (§ 254 ZPO): K kann beantragen, den B zur Auskunft und nach Maßgabe der Auskunft auf Zahlung zu verklagen.

Voraussetzung dafür ist allerdings, dass wenigstens der *Auskunftsantrag* hinreichend bestimmt im Sinne des § 253 II Nr. 2 ZPO ist. Daran fehlt es etwa in Unterhaltsprozessen (§ 113 I 2 FamFG i. V. m. § 254 ZPO), wenn der Unterhaltsgläubiger nicht klarstellt, für *welchen* Zeitraum Auskunft begehrt wird. Zwar kann der Unterhaltsgläubiger vom Unterhaltsschuldner Auskunft über die Höhe des relevanten Einkommens verlangen (z. B. § 1605 BGB). Doch muss er diese Auskunft, wenn er sie gerichtlich einfordert, auf einen bestimmten Zeitraum beziehen (z. B. auf Januar bis Dezember 2015).

Andererseits ist der Kläger nicht gehalten, sich schon bei Erhebung der Stufenklage auf ein bestimmtes Anspruchsziel festzulegen.

---

13 BGH NJW 2005, 2709, 2710; BGH NJW 2012, 3378 Rn. 17.
14 BGH MDR 2006, 770.
15 BGH NJW 1997, 190, 191. Ausführlich zum Streitstand MüKo/*Schwab*, BGB, 6. Aufl. 2013, § 816 Rn. 37 ff.

> **Fall 54:** E verstirbt und wird von seinen vier Kindern A, B, C und D beerbt. Im Nachlass befinden sich zum Zeitpunkt des Erbfalls 300 Aktien, welche durch Vermächtnis dem A zugewandt wurden. 100 Aktien werden gefunden; den Rest vermutet A im Besitz des B. A verlangt von B Auskunft über den Verbleib der Aktien, in zweiter Stufe alternativ Herausgabe der Aktien, Herausgabe des Erlöses aus der Verfügung über die Aktien oder Schadensersatz.

Im **Fall 54** ist A infolge der von B verweigerten Auskunft nicht nur außerstande, seinen Klageantrag zu beziffern. Vielmehr beginnt seine Ungewissheit bereits damit, dass er nicht ausmessen kann, welches *Anspruchsziel* er mit Erfolg wird realisieren können: Hat B die Aktien noch, so kann er Herausgabe (ggf. in den Nachlass: §§ 2039, 985 BGB) verlangen. Hat B über die Aktien verfügt, so kommen Erlösherausgabe (§ 816 I 1 BGB) oder Schadensersatz (§ 823 I BGB) in Betracht, abermals ggf. zunächst in den Nachlass (§ 2039 BGB). Genaueres kann A zum Inhalt seines Anspruchs derzeit nicht vortragen. Legt er sich auf ein bestimmtes Ziel fest, so kann das Gericht den B hernach nicht ohne Verstoß gegen § 308 I ZPO zu einer anderen Leistung verurteilen, wenn der Prozess sich abweichend von den Erwartungen des A entwickelt. Vor eben solchen Ungewissheiten soll § 254 ZPO den Kläger schützen. Daher hat der BGH die Stufenklage im **Fall 54** zu Recht zugelassen[16].

Die Stufenklage bietet – außer dem Umstand, dass der Kläger vorläufig vom Erfordernis eines bezifferten Klageantrags (§ 253 II Nr. 2 ZPO) befreit ist – weitere **prozessuale Vorteile**. So führt die Erhebung der Stufenklage zur Hemmung der Verjährung (§ 204 I Nr. 1 BGB) nicht nur in Bezug auf den Auskunftsanspruch, sondern ebenso in Bezug auf den (noch unbezifferten) Leistungsanspruch[17]. Ist der Beklagte rechtskräftig zur Auskunft verurteilt und hat er diese erteilt, so wird das Verfahren jedoch nicht vom Amts wegen fortgesetzt. Vielmehr muss eine Partei dies beantragen[18].

b) Keine Stufenklage bei Ungewissheiten betreffend den Anspruchsgrund bei feststehender Anspruchshöhe

185 **Wichtig:** § 254 ZPO befreit den Kläger vorübergehend von der Notwendigkeit, einen bestimmten Klageantrag i. S. des § 253 II Nr. 2 ZPO zu stellen. Der Kläger wird hiervon deswegen befreit, weil erst die begehrte Auskunft ergeben soll, wie viel der Beklagte schuldet. Die Unsicherheit, die der Kläger mithilfe einer Stufenklage auffängt, muss sich also gerade auf die *Höhe* des Anspruchs beziehen; bezieht sie sich dagegen auf den *Grund* des Anspruchs, so ist für die Stufenklage kein Raum[19].

---

16 BGH NJW 2003, 2748 f.
17 BGH NJW 2012, 2180 Rn. 11; *Kellermann-Schröder*, JuS 2015, 998.
18 BGH NJW 2012, 2180 Rn. 28; BGH NJW-RR 2015, 188 Rn. 13; *Kellermann-Schröder*, JuS 2015, 998, 1000.
19 BGH NJW 2000, 1645, 1646, bestätigt durch BGHZ 189, 79 Rn. 8; BGH NJW 2012, 3722 Rn. 13; BGH WuM 2016, 369 Rn. 15; *Kellermann-Schröder*, JuS 2015, 998, 999.

Fall 55: Dem Richter R wird die begehrte Beförderung zu einem höheren Gericht verwehrt **186** und stattdessen ein Konkurrent bevorzugt. R vermutet ein abgekartetes Spiel im Bewerbungsverfahren um die ausgeschriebene Stelle und begehrt mithilfe der Stufenklage Auskunft darüber, aus welchen Gründen der Konkurrent zum Zuge gekommen ist, und nach Maßgabe dieser Auskunft Erstattung des Verdienstausfalls, den er dadurch erleidet, dass er nunmehr auf seiner geringer dotierten Stelle verbleiben muss.

Wenn die Bewerbung des R pflichtwidrig zurückgesetzt wurde, weil nicht die Kriterien Eignung, Befähigung und fachliche Leistung den Ausschlag gaben (Art. 33 III GG), so besteht ein Schadensersatzanspruch aus Art. 34 GG, § 839 BGB. Die *Höhe* dieses Anspruchs lässt sich sofort beziffern: Es ist die Gehaltsdifferenz zwischen der jetzigen und der angestrebten Stelle. Dafür bedarf R der Stufenklage nicht: Er kann bereits jetzt eine Klage mit einem bestimmten Antrag erheben, nämlich mit dem Antrag, ihm eben jene Differenz zu erstatten. Die Auskunft, die R begehrt, bezieht sich vielmehr auf den *Grund* des Anspruchs. Eine solche Auskunftsklage kann zwar begründet sein; sie rechtfertigt es jedoch nicht, auch nur vorübergehend auf das Erfordernis eines bestimmten Klageantrags zu verzichten: R ist bereits jetzt in der Lage, die Ansprüche zu beziffern, derer er sich berühmt. Die Stufenklage ist daher unzulässig[20].

5. Unbedingte Klagenhäufung

Fall 56: K begehrt von B, der in Mannheim wohnt, vor dem Amtsgericht Mannheim Heraus **187 G** gabe seines Fahrrades (Wert: 1000 Euro) nach § 985 BGB und außerdem nach § 987 I BGB Erstattung der Gebrauchsvorteile, weil seiner Behauptung nach B mit dem Fahrrad tatsächlich gefahren ist. Diese Gebrauchsvorteile beziffert K mit 300 Euro.

K macht hier mit einer Klage zwei Ansprüche geltend: Den Herausgabeanspruch nach § 985 BGB und den Anspruch auf Ersatz der Nutzungen nach § 987 BGB. Das ist nach § 260 ZPO unter zwei Voraussetzungen zulässig: Zum einen muss dasselbe Gericht für beide Ansprüche zuständig sein. Im **Fall 56** ist diese Voraussetzung gegeben: Für beide Ansprüche ist nach §§ 12, 13 ZPO das Amtsgericht Mannheim örtlich zuständig. Sachlich ist es ebenfalls zuständig, weil zwar die beiden Ansprüche nach § 5 ZPO zusammengerechnet werden, aber auch zusammen die 5000 Euro Grenze nicht überschreiten (§§ 23, 71 GVG). Zum anderen muss für alle in einem Prozess gehäuften Klagen dieselbe Prozessart zulässig sein. Im **Fall 56** ist auch dieses Erfordernis erfüllt. Es bereitet in der Regel keine Probleme; unzulässig wäre etwa die Häufung der Herausgabeklage im ordentlichen Prozess und der Klage aus einem Wechsel im Wechselprozess gemäß § 602 ZPO.

---

20 BGH NJW 2000, 1645, 1646.

6. Eigentliche eventuelle Klagenhäufung

G 188   **Fall 57:** K verklagt B auf Herausgabe seines Fahrrades, gestützt auf § 985 BGB. B wehrt sich mit der Begründung, das Fahrrad sei ihm gestohlen worden. K glaubt ihm dies nicht und beharrt auf seinem Herausgabeantrag. Für den Fall, dass dieser nicht durchdringt, verlangt er nach § 989 BGB Schadensersatz.

K hat hier zwei Anträge in der Weise gehäuft, dass über den zweiten Antrag (sog. **Hilfsantrag** oder **Eventualantrag**; hier: Schadensersatz) erst dann entschieden werden soll, wenn der erste Antrag (sog. **Hauptantrag**) erfolglos geblieben ist. Eine bedingte Klageerhebung ist an sich unzulässig: Es muss feststehen, ob ein Prozessrechtsverhältnis besteht oder nicht. Dem Beklagten ist ein Prozess auf Probe nicht zuzumuten. Er muss vielmehr wissen, ob er sich verteidigen, einen Anwalt beauftragen und die Kosten und Mühen der Prozessführung auf sich nehmen muss. Und das Gericht muss wissen, ob und worüber es zu entscheiden hat; das ist die Kehrseite der Dispositionsmaxime, wonach der Kläger den Streitgegenstand bestimmt. Hier aber ist die Eventualklage möglich, da es sich um eine *zulässige innerprozessuale Bedingung* handelt: Das Gericht weiß in dem Moment, da es den Herausgabeantrag wegen § 275 I BGB (Unmöglichkeit der Herausgabe) abweist, dass es über das Schadensersatzbegehren entscheiden muss. Und der Beklagte muss, da der Hauptantrag unbedingt gestellt ist, die Last und den Aufwand der Prozessführung und Rechtsverteidigung ohnehin tragen.

Im **Fall 57** war der Fall so gelagert, dass der Kläger *einen Sachverhalt* vortrug und auf ihn *zwei verschiedene*, zueinander in ein Eventualverhältnis gesetzte *Anträge* stützte: Herausgabe, hilfsweise Schadensersatz. Nun sind Antrag und Sachverhalt zwei gleichwertige Elemente des Streitgegenstands[21]. Deshalb kann der Kläger eine Eventualklage auch in dem Sinne erheben, dass er *ein und denselben Klageantrag* in erster Linie auf einen und hilfsweise auf einen anderen Sachverhalt stützt[22]. So kann etwa der Kläger seinen Zahlungsantrag in erster Linie auf einen zwischen ihm und dem Beklagten geschlossenen Kaufvertrag, hilfsweise für den Fall des Misserfolgs auf ein von ihm dem Beklagten gewährtes Darlehen stützen.

7. Uneigentliche eventuelle Klagenhäufung

G 189   **Fall 58:** K verklagt B auf Herausgabe seines Fahrrades. Da er sich nicht sicher ist, ob der Anspruch besteht, möchte er nur im Falle des Erfolgs, dass das Gericht auch über seinen Anspruch auf Herausgabe der Nutzungen (300 Euro) entscheidet. Er beantragt daher Herausgabe und für den Fall des Erfolgs auch Zahlung von 300 Euro.

Im **Fall 57** war die Eventualklage für den Fall des *Misserfolgs* im Hauptantrag erhoben worden; dort hat sie auch ihren größten praktischen Anwendungsbereich. Gele-

---

21 Oben § 2 II 1 Rn. 88 ff.
22 Vgl. nur *Preuß*, JR 2004, 204, 205.

gentlich wird der Eventualantrag aber auch für den Fall gestellt, dass der Hauptantrag *Erfolg* hat (so in **Fall 58**). Die Zulässigkeit dieser sog. *uneigentlichen eventuellen Klagenhäufung* ist umstritten:

a) Argumente gegen die Zulässigkeit der uneigentlichen eventuellen Klagenhäufung

Nach einer **Mindermeinung** ist die uneigentliche eventuelle Klagenhäufung **unzu-** **190 G** **lässig**. Zur Begründung werden die folgenden **Argumente** vorgetragen[23]:

(1) Der Kläger werde übermäßig begünstigt, weil er mit der Eventualklage zwar schon die Verjährungshemmung nach § 204 I Nr. 1 BGB herbeiführe, aber sein Kostenrisiko minimiere; denn bei Misserfolg des Hauptantrags werde über den Eventualantrag nicht mehr entschieden.

(2) § 269 ZPO enthalte die Wertung, dass eine Partei jedenfalls nach Beginn der mündlichen Verhandlung eine Entscheidung über den Streitgegenstand erzwingen könne. Dem laufe es zuwider, wenn der Kläger Anträge nur für den Fall stelle, dass andere Anträge Erfolg hätten: Der Beklagte müsse sich dann auf ein Rechtsschutzbegehren einlassen, über das hernach doch nicht entschieden werde und mit dem der Kläger ihn jederzeit erneut überziehen könne.

b) Argumente für die Zulässigkeit der uneigentlichen eventuellen Klagenhäufung

Nach der **herrschenden Meinung**[24] ist die uneigentliche eventuelle Klagenhäufung **191 G** **zulässig**. Die **Argumente** hierfür sind die Folgenden[25]:

(1) Dem Beklagten werde das Recht nicht genommen, eine Sachentscheidung über die hilfsweise zur Entscheidung gestellten Anträge zu erzwingen. Wenn der Beklagte mögliche Folgeansprüche einer gerichtlichen Entscheidung zuführen wolle, welche der Hauptantrag nach sich ziehe, könne er negative Feststellungsklage (§ 256 I ZPO) oder negative Zwischenfeststellungsklage (§ 256 II ZPO) erheben.

(2) Es entspreche der Prozessökonomie, die uneigentliche Eventualklage zuzulassen, weil die Ergebnisse des Prozesses für beide Anträge verwertet werden könnten und nicht zwei Prozesse geführt werden müssten.

(3) Das Gesetz erkenne an mehreren Stellen die Zulässigkeit der uneigentlichen Eventualklage an, so in §§ 510b, 623 ZPO, 113 I 2, IV VwGO, 61 II ArbGG.

c) In Sonderheit: Erfüllung, hilfsweise Schadensersatz

Einen Sonderfall der uneigentlichen eventuellen Klagenhäufung stellen die Fälle des **192 G** § 255 ZPO dar: der Kläger begehrt primäre Erfüllung und möchte für den Fall, dass diese nicht fristgerecht geleistet wird, Schadensersatz.

---

23 Hierzu ausführlich *Lüke/Kerwer*, NJW 1996, 2121 ff.
24 Siehe etwa BGHZ 181, 144 Rn. 9; BGH NJW 2001, 1285, 1286; *Wieser*, NJW 2003, 2432, 2433.
25 Hierzu ausführlich *Wolf*, FS Gaul, 1997, S. 805 ff.

Fall 59: K hat von B das Gemälde „Innenansicht eines Maulwurfshügels" des Künstlers X gekauft und begehrt nunmehr gemäß § 433 I 1 BGB die Verurteilung des B zur Übereignung und Übergabe dieses Bildes. K beantragt außerdem gemäß § 255 ZPO, dass das Gericht dem B eine Frist von vier Wochen ab Rechtskraft des Urteils setze, und begehrt für den Fall der Nichterfüllung innerhalb dieser Frist Schadensersatz statt der Leistung, da er seinerseits das Bild mit Gewinn weiterverkaufen kann.

Der **Fall 59** ist ein Sonderfall deshalb, weil – anders als dies vorhin im **Fall 58** gegeben war – der Kläger (K) nicht *sowohl* die im Hauptantrag *als auch* die im Hilfsantrag bezeichnete Leistung begehrt, sondern in jedem Fall nur *eine* von beiden: *entweder* Erfüllung *oder* Schadensersatz. Die Schadensersatzklage setzt aber – und deshalb handelt es sich um eine uneigentliche Eventualklage – den Erfolg der Erfüllungsklage voraus. Man hat gegen die Zulässigkeit des im **Fall 59** skizzierten uneigentlichen Eventualantrags vorgetragen, mit dem Schadensersatzverlangen erlösche nach § 281 IV BGB der Erfüllungsanspruch, sodass beide Anträge nicht kumulativ – auch nicht im Eventualverhältnis – gestellt werden könnten[26]. Dies Bedenken steht indes nach zutreffender Ansicht der Klage auf Erfüllung, hilfsweise nach Fristablauf Schadensersatz nicht entgegen[27]. Denn das Schadensersatzverlangen ist nicht in der Weise gestellt, dass K *sofort* Ersatz begehrt; vielmehr ist das Ersatzverlangen durch die Nichtleistung des B innerhalb der gesetzten Frist aufschiebend bedingt. Es handelt sich um eine zulässige *Potestativbedingung*, deren Eintritt allein vom Willen des B abhängt und ihn daher nicht in einen unzumutbaren Schwebezustand stürzt. Der Ausschluss des Erfüllungsanspruchs nach § 281 IV BGB greift mithin erst ein, wenn die vom Gericht nach § 255 ZPO gesetzte Frist erfolglos abgelaufen ist. Mithin ist der Erfüllungsanspruch des K im Zeitpunkt der Klageerhebung noch existent und kann neben dem – erst künftig und auch nur möglicherweise entstehenden – Schadensersatzanspruch in der Weise eingeklagt werden, dass Erfüllung und hilfsweise nach Fristablauf Schadensersatz begehrt wird.

▶ **Wichtiger Hinweis**

Die eventuelle Klagenhäufung ist (in beiden soeben geschilderten Varianten!) nur zulässig, wenn sich Haupt- und Hilfsantrag gegen **denselben Beklagten** richten. *Unzulässig* ist dagegen die Hilfsklage, wenn Haupt- und Hilfsantrag gegen *verschiedene Personen* gestellt werden, wenn also z. B. im Hauptantrag die Verurteilung des Beklagten zu 1 und hilfsweise für den Fall der Abweisung dieses Hauptantrags die Verurteilung des Beklagten zu 2 begehrt wird[28]. Denn der Beklagte zu 2 weiß dann nicht, ob er überhaupt ein gegen ihn gerichtetes Urteil zu gewärtigen hat; er läuft Gefahr, dass seine Verteidigung (falls nämlich der Beklagte zu 1 verurteilt wird und somit die Bedingung für den Hilfsantrag nicht eintritt) ins Leere läuft. Ein solcher „Prozess auf Probe" ist ihm nicht zuzumuten. Zulässig ist mit anderen Worten nur die eventuelle objektive, nicht die eventuelle subjektive Klagenhäufung. Wenn der Kläger meint, von zwei Personen hafteten ihm entweder die eine oder die andere (Beispiel: K verlangt von B1 Vertragserfüllung, hilfsweise von B2, der B1 bei Vertragsschluss vertreten hat, Schadensersatz nach § 179 I BGB), muss er B1 verklagen und, um die Bindung des B2 an das Urteil herbei-

---

26 *Schur*, NJW 2002, 2518, 2519 ff.
27 Wie hier *Gruber/Lösche*, NJW 2007, 2815, 2816 f.; *Gsell*, JZ 2004, 220, 225 f.; *Kaiser*, MDR 2004, 311, 314; *Wieser*, NJW 2003, 2432, 2433 f.; Zöller/*Greger*, ZPO, 31. Aufl. 2016, § 255 Rn. 2.
28 OLG Hamm MDR 2005, 533 m. w. N.

zuführen, diesem den Streit verkünden[29]. Wenn dann die Klage gegen B1 mit der Begründung abgewiesen wird, B2 habe ihn nicht wirksam vertreten, so kann B2 dies nach §§ 74 III, 68 ZPO im Folgeprozess nicht mehr in Frage stellen.

8. Klageänderung

a) Grundfall

Fall 60: K verklagt den B auf Zahlung von 10 000 Euro, die B ihm angeblich als rückständigen Kaufpreisrest aus einer Warenlieferung schuldet. Während des Prozesses merkt er, dass dieser Klage nur wenig Erfolg beschieden sein wird. Er lässt daher dem B und dem Gericht mittels eines Schriftsatzes seines Anwalts mitteilen, dass er die Klage statt auf den Kaufvertrag nunmehr auf ein Darlehen stütze, das er dem B einmal gewährt habe und das zwischenzeitlich fällig geworden sei. B lässt durch seinen Anwalt erwidern, das Darlehen habe er längst zurückgezahlt. Beide Anwälte wiederholen diesen Vortrag in der mündlichen Verhandlung.

193 G

Im **Fall 60** hat K zwar nicht den Klageantrag geändert, wohl aber zur Begründung einen gänzlich neuen Sachverhalt herangezogen, der mit dem ursprünglichen nichts zu tun hat. Da der Sachverhalt mit zum Streitgegenstand gehört, hat K somit einen völlig neuen Streitgegenstand in den Prozess eingeführt; er hat seine *Klage geändert*.

Diese Klageänderung ist nach § 263 ZPO zulässig, wenn der Beklagte einwilligt oder das Gericht sie für sachdienlich erachtet. Die Vorschrift eröffnet dem Gericht entgegen dem missverständlichen Wortlaut kein Ermessen bezüglich der Beurteilung, was sachdienlich ist; vielmehr darf das Gericht, wenn es an einer Einwilligung fehlt, nur Klageänderungen zulassen, die objektiv sachdienlich sind. Das ist im **Fall 60** ersichtlich nicht der Fall: Von den bisherigen Prozessergebnissen kann nicht ein einziges verwertet werden, weil der neue Sachverhalt mit dem alten nichts zu tun hat. Es erscheint daher prozessual nicht zweckmäßig, die neue Klage im laufenden Prozess zuzulassen.

Möglicherweise hat aber B in die Klageänderung eingewilligt. Zwar hat er eine solche Einwilligung nicht ausdrücklich erklärt; doch wird seine Einwilligung nach § 267 ZPO vermutet: B hat sich in der mündlichen Verhandlung inhaltlich mit dem Darlehensanspruch auseinandergesetzt und sich damit auf die geänderte Klage eingelassen, ohne der Änderung zu widersprechen. Die Klageänderung ist damit zulässig.

Zur Vertiefung:

194

(1) Sachdienlich wäre etwa im Rahmen des Gesamtschuldnerausgleichs der Übergang vom Zahlungsanspruch auf den Freistellungsanspruch aus § 426 BGB und umgekehrt[30] oder im Prozess des Darlehensgebers gegen den Darlehensnehmer der Übergang von der Klage aus der persönlichen Darlehensforderung (§ 488 BGB) auf die Klage aus der zur Sicherung bestellten Grundschuld (§§ 1192 I, 1147 BGB) oder umgekehrt.

---

29 Dazu oben § 1 VIII Rn. 61 ff.
30 *Kimmelmann/Winter*, JuS 2003, 951, 952 f.

(2) Häufig bemerken die Parteien in der Praxis nicht, dass sie mit der Änderung ihres Sachvortrags einen neuen Sachverhalt und damit einen neuen Streitgegenstand zur gerichtlichen Entscheidung stellen. Wer etwa sein Zahlungsbegehren bisher auf die Behauptung gestützt hat, er habe es dem Beklagten als Darlehen überlassen, und nunmehr vorträgt, er habe es dem Beklagten geschenkt und es liege ein Grund für die Rückforderung der Schenkung vor (§§ 528 ff. BGB oder auch Wegfall der Geschäftsgrundlage), führt damit einen neuen Streitgegenstand in den Rechtsstreit ein[31]. Wer seinen Anwalt auf Schadensersatz wegen mangelhafter Prozessführung in einem früheren Rechtsstreit verklagt und nunmehr vorträgt, der Anwalt hätte dem Kläger mangels Erfolgsaussicht bereits von der Prozessführung abraten müssen, wechselt damit ebenfalls den Streitgegenstand aus[32].

(3) Wenn die neue Klage **anstelle** der alten erhoben wird und sich nunmehr die Klageänderung als **unzulässig** erweist, wird die neue Klage nicht etwa vom ursprünglichen Prozess abgetrennt und separat entschieden; vielmehr wird sie als unzulässig abgewiesen. Was mit der ursprünglichen Klage geschieht, hängt davon ab, ob der Kläger sie hilfsweise (für den Fall, dass die Klageänderung nicht zugelassen wird) aufrecht erhalten will: Wenn ja, so ergeht über sie ein Urteil; wenn nein, so gibt der Kläger zu erkennen, dass er über die alte Klage keine Entscheidung mehr wünscht. In diesem Fall liegt in der Klageänderung die *Rücknahme* der alten Klage. Diese Rücknahme beendet den Prozess, wenn entweder über die alte Klage noch nicht mündlich verhandelt wurde oder aber der Beklagte mit der Rücknahme einverstanden ist (§ 269 ZPO). Liegen diese Voraussetzungen nicht vor, so bleibt die alte Klage anhängig, und es muss über sie entschieden werden.

(4) Schwierigkeiten bereitet der Fall der **zulässigen** Klageänderung. Man könnte nämlich auch hier auf die Idee kommen, die Klageänderung beinhalte eine *Rücknahme der bisherigen Klage* und bedürfe als solche nach § 269 ZPO der Einwilligung des Beklagten, wenn über die ursprüngliche Klage schon einmal verhandelt wurde. Die Kompetenz des Gerichts, die Klageänderung auch ohne Einwilligung des Beklagten als sachdienlich zuzulassen (§ 263 ZPO), würde damit allerdings weitgehend ausgehöhlt, weil es nun wegen § 269 ZPO doch auf die Einwilligung des Beklagten ankäme. Deshalb ist man sich jedenfalls darüber einig, dass § 269 ZPO für die Ersetzung des alten Klageantrags durch einen neuen nicht gilt[33]. Nach einer im Schrifttum vertretenen Ansicht gilt § 269 ZPO ferner nicht für die *qualitative* Beschränkung des Klageantrags (z. B. Antrag auf Verurteilung Zug um Zug statt bisher unbedingte Verurteilung, Klage auf künftige statt bisher gegenwärtige Leistung)[34]. § 269 ZPO soll aber nach einer verbreiteten Meinung dann Anwendung finden, wenn die Klageänderung auf eine *quantitative Beschränkung des Klageantrags* hinauslaufe[35]. Vor allem soll § 269 ZPO die Einwilligung des Beklagten erforderlich machen, wenn der Klageantrag in der Hauptsache beschränkt wird (§ 264 Nr. 2 ZPO)[36]. Überzeugen kann dies weder im Rahmen des § 263 ZPO noch im Rahmen des § 264 Nr. 2 ZPO: Wenn das Gericht die Klageänderung für sachdienlich hält, darf es nach § 263 ZPO dem Beklagten den neuen Streitgegenstand aufdrängen und ihm den Anspruch auf die Sachentscheidung über die ursprüngliche Klage nehmen. Dann ist es aber unerheblich, ob die neue Klage im Verhältnis zur bisherigen ein (qualitatives) *aliud* oder ein (quantitatives) *minus* verkörpert. Im Rahmen des § 264 Nr. 2 ZPO gilt nichts anderes; denn entgegen dem missverständlichen Wortlaut der Vorschrift *ist* die Beschränkung des Klageantrags eine Klageänderung, die aber kraft Gesetzes *immer sachdienlich* ist (sogleich b) und deren Zulässigkeit daher *niemals von der Zustimmung des Beklagten abhängig gemacht werden darf.* Eben dies geschieht aber, wenn man § 269 ZPO an-

---

31 OLG Koblenz NJW 2011, 3663.
32 BGH NJW 2011, 3653 f.
33 MüKo/*Becker-Eberhard*, ZPO, 4. Aufl. 2013, § 263 Rn. 47; Zöller/*Greger*, ZPO, 31. Aufl. 2016, § 263 Rn. 6.
34 *Schlinker*, Jura 2007, 1, 4.
35 BGH NJW 1990, 2682; Stein/Jonas/*Roth*, ZPO, 22. Aufl. 2008, § 264 Rn. 17.
36 Vgl. OLG Düsseldorf NJW 2012, 85, 86; *Jauernig/Hess*, Zivilprozessrecht, 30. Aufl. 2011, § 41 Rn. 11; Zöller/*Greger*, ZPO, 31. Aufl. 2016, § 264 Rn. 4a.

wendet: Wenn nämlich dann der Beklagte nicht in die Beschränkung des Klageantrags einwilligt, bleibt der ursprüngliche (weitergehende) Antrag rechtshängig. § 269 ZPO ist daher für die Klageänderung *insgesamt unanwendbar*[37].

(5) Wenn die neue Klage **neben** der alten erhoben wird, so handelt es sich insoweit um eine Klageänderung, als das Gericht nunmehr zusätzlich über einen neuen Antrag zu entscheiden hat; es ergeht ein Urteil über beide Anträge. Man beachte, dass in diesem Fall eine (nachträgliche) *objektive Klagenhäufung* vorliegt und deshalb die Voraussetzungen des § 260 ZPO vorliegen müssen.

b) Die Fälle des § 264 ZPO

§ 264 ZPO bestimmt einige Fälle, in denen Veränderungen des Streitstoffs nicht als Klageänderung anzusehen sind:

195 G

- In **§ 264 Nr. 1 ZPO** ist in der Tat *keine Klageänderung* beschrieben: Wenn das tatsächliche oder rechtliche Vorbringen ergänzt oder berichtigt wird, wird weder ein neuer Antrag gestellt, noch wird der Sachverhalt ausgetauscht. Der Streitgegenstand bleibt also derselbe.
- In **§ 264 Nr. 2 ZPO** ist ein Fall beschrieben, der an sich eine Klageänderung darstellt: Wenn ohne Änderung des Klagegrundes der Klageantrag in der Hauptsache erweitert oder beschränkt wird, wird zwar kein neuer Sachverhalt eingeführt, wohl aber ein neuer Antrag gestellt. Wenn § 264 Nr. 2 ZPO gleichwohl anordnet, dass dieser Fall nicht als Klageänderung anzusehen ist, so steht dahinter folgender Gedanke: § 264 ZPO will dem Richter für die dort bezeichneten Fälle die Prüfung ersparen, ob die Erfordernisse des § 263 ZPO (Einwilligung und Sachdienlichkeit) erfüllt sind. Die Vorschrift *kann* dies dem Richter in § 264 Nr. 2 ZPO bedenkenlos ersparen, weil im Fall des § 264 Nr. 2 ZPO die Klageänderung *immer sachdienlich* ist: Der Streitstoff, insbesondere der vorgetragene Sachverhalt und die damit verbundenen Rechtsfragen, bleibt durchweg derselbe, sodass die bisherigen Prozessergebnisse ohne weiteres verwertet werden können.
- In **§ 264 Nr. 3 ZPO** ist ebenfalls eine Konstellation beschrieben, die an sich als Klageänderung anzusehen ist: Es wird sowohl ein neuer Sachverhalt eingeführt (es geht um einen anderen Gegenstand oder um einen Sekundäranspruch) als auch ein neuer Antrag gestellt. Die Klageänderung ist aber wiederum *immer sachdienlich*, weil neuer und ursprünglicher Anspruch beide in wesentlichem Umfang demselben Lebenssachverhalt entsprechen.

Fall 61: K verklagt den B auf Herausgabe seines Fahrrades.

196 G

a) Während des Prozesses wird das Fahrrad gestohlen; die Täter verschwinden über alle Berge. K führt dies darauf zurück, dass B das Fahrrad nicht ordnungsgemäß abgesperrt hat, und verlangt statt der Herausgabe nunmehr Schadensersatz.

b) Im Verlauf des Prozesses stellt sich heraus, dass B schon vor Klageerhebung das Fahrrad zu Schrott gefahren hat. K verlangt statt der Herausgabe nunmehr Schadensersatz.

---

37 Im Ergebnis wie hier *Prütting/Wesser*, ZZP 116 (2003), 267, 290 f.; *Walther*, NJW 1994, 423, 426. Differenzierend (aber wenig folgerichtig) *Zöller/Greger*, ZPO, 31. Aufl. 2016: § 269 ZPO ist in den Fällen des § 263 ZPO nicht anwendbar (§ 263 Rn. 6), wohl aber in den Fällen des § 264 Nr. 2 ZPO (§ 264 Rn. 4a).

Fall 61a ist der klassische Anwendungsfall des § 264 Nr. 3 ZPO: K fordert statt des ursprünglichen Gegenstandes (Fahrrad) das Interesse (Schadensersatz), und zwar wegen einer später (nach Klageerhebung) eingetretenen Veränderung (das Fahrrad ist gestohlen und deshalb die Herausgabe, da dem B subjektiv unmöglich, nach § 275 I BGB nicht mehr geschuldet).

G 197   **Fall 61b** lässt sich dagegen mit § 264 Nr. 3 ZPO nicht mehr erfassen, da die Veränderung (hier: Zerstörung des Fahrrades, welche die objektive Unmöglichkeit der Herausgabe gemäß § 275 I BGB nach sich zieht) schon vor Klageerhebung und damit nicht „später" eingetreten ist. Aber die Klageänderung ist im Sinne des § 263 ZPO sachdienlich, da auch für den Ersatzanspruch geprüft werden muss, ob K Eigentümer des Fahrrades und ob B zu dessen Herausgabe verpflichtet war. Die Prozessergebnisse können also weiter verwertet werden.

---

198   **Zur Vertiefung:**

(1) § 264 Nr. 3 ZPO erfasst zunächst diejenigen Fälle, in denen der Kläger vom Erfüllungsanspruch auf Sekundäransprüche (Rückgewähr, Schadensersatz, Herausgabe des Surrogats nach § 285 BGB oder nach § 816 BGB) übergeht. Darüber hinaus ist die Vorschrift überall dort anwendbar, wo der Klageantrag bei im Kern unverändertem Lebenssachverhalt den Umständen angepasst wird. Wenn etwa der Besteller, der das vom Unternehmer Hergestellte Werk als mangelhaft rügt, in erster Instanz einen Vorschuss auf die Kosten der Mängelbeseitigung verlangt (§§ 634 Nr. 2, 637 III BGB) und die Mängel später selbst beseitigt, kann nunmehr im Wege einer nach § 264 Nr. 3 ZPO zulässigen Klageänderung anstelle des Vorschusses nach §§ 634 Nr. 2, 637 I BGB Aufwendungsersatz für berechtigte Selbstvornahme verlangen[38].

(2) Demgegenüber stellt der Übergang vom Vorschussanspruch (§§ 634 Nr. 2, 637 III BGB) zum Schadensersatzanspruch (§§ 634 Nr. 4, 280 I, III, 281 BGB) eine Klageänderung dar, die sich *nicht* als Fall des § 264 BGB darstellen lässt[39]. Zum einen nicht als Fall des § 264 Nr. 2 ZPO, weil der Vorschuss zweckgebunden verwendet werden muss und daher etwas qualitativ Verschiedenes zum Schadensersatzanspruch darstellt (siehe bereits oben Rn. 89a). Zum anderen nicht als Fall des § 264 Nr. 3 ZPO: Zwar ist der Vorschuss auf die Beseitigung des Mangels und der Schadensersatzanspruch auf die Kompensation der Einbuße beim Besteller gerichtet, die dadurch eintritt, dass der Mangel *nicht* beseitigt wird. Aber der Schadensersatz stellt eben nicht das „Interesse" aus der Nichtleistung des Vorschusses dar, sondern aus der Nichtbeseitigung des Mangels.

(3) Wenn der Unternehmer einen Abschlag auf den Werklohn verlangt und im Prozessverlauf, gestützt auf die Schlussrechnung, im Wege eines ergänzenden Hilfsantrags die Gesamtvergütung begehrt, handelt es sich nach Auffassung des BGH nicht um einen Fall des § 264 Nr. 3, sondern um einen Fall des § 264 Nr. 1 ZPO[40]: Der Anspruch auf Abschlagszahlung sei lediglich eine modifizierte Form des einheitlichen Anspruchs auf Werklohn. Das soll freilich nur gelten, wenn die Schlussrechnung vor Klageerhebung bereits erstellt war. Sofern mit Rücksicht auf die Schlussrechnung eine höhere als die bisherige Abschlagszahlung begehrt werde, liege ein Fall des § 264 Nr. 2 ZPO vor[41]. Die Anwendung des § 264 Nr. 1 ZPO impliziert, dass der BGH die Abschlagszahlung und die Gesamtvergütung als einheitlichen Streitgegenstand begreift. Das überzeugt indes nicht. Mögen auch beide Forderungen im Kern aus dem Werklohnanspruch hervorgehen, so begründet gleichwohl die Schlussrechnung einen neuen Lebenssachverhalt. Wer statt Abschlagszahlungen die Gesamtvergütung gemäß Schlussrechnung begehrt, verlangt daher

---

38 BGH MDR 2006, 586, 587.
39 BGH NJW 1998, 1006, 1007; OLG Schleswig NJW 2016, 1744 Rn. 56.
40 BGH MDR 2005, 502; MDR 2006, 646, 647. Anders noch BGH MDR 1999, 221.
41 BGH NJW 2015, 2812 Rn. 28, 30.

einen „anderen Gegenstand". Anzuwenden ist folglich § 264 Nr. 3 ZPO, wenn die Schlussrechnung nach Rechtshängigkeit, und § 263 ZPO, wenn sie vor Rechtshängigkeit erstellt worden ist. Die Klageänderung ist freilich in jedem Fall sachdienlich.

(4) Schwierigkeiten bereiten der „kleine" und der „große" Schadensersatz. Mit dem „kleinen" Schadensersatz ist gemeint, dass jemand, der eine minderwertige Leistung erhält, diese behält und den Minderwert sowie weitere Einbußen als Schaden geltend macht. Mit dem „großen" Schadensersatz ist gemeint, dass jemand, der eine minderwertige Leistung erhält, diese Leistung zurückgibt und den Gesamtwert zuzüglich weiterer Einbußen als Schaden liquidiert. Sofern der „große" Schadensersatz als Folge einer unvollständigen oder nicht vertragsgemäßen Leistung geltend gemacht wird (z. B. nach Kauf einer mangelhaften Sache), nennt ihn das Gesetz „Schadensersatz statt der ganzen Leistung (§ 281 I 2, 3 BGB). Die Berechnungsvarianten „kleiner" und „großer" Schadensersatz kommen aber auch bei der Verletzung von Aufklärungspflichten vor, so etwa beim Schadensersatz wegen fehlerhafter Anlageberatung: Hier kann der Anleger wählen, ob er (jeweils zuzüglich des Ersatzes weiterer Einbußen) die minderwertige Anlage behält und deren Minderwert geltend macht oder ob er die gesamte Anlagesumme Zug um Zug gegen Rückübertragung des Anlageobjekts verlangt. Nach Ansicht des BGH stellt Übergang von der einen zur anderen Schadensberechnung keine Klageänderung dar[42]. Die Klage auf „kleinen" Schadensersatz soll also offenbar denselben Streitgegenstand bilden wie die Klage auf „großen" Schadensersatz. Das überzeugt jedenfalls in der Begründung nicht. Denn das Rechtsschutzbegehren ist in beiden Fällen so unterschiedlich gelagert, dass von einem einheitlichen Streitgegenstand keine Rede sein kann. Die Idee, in dieser Situation gleichwohl eine Klageänderung zu verneinen, so lässt sich dies allenfalls auf § 264 Nr. 2 ZPO stützen: Der Übergang vom „kleinen" zum „großen" Schadensersatz mag als eine Erweiterung, der Übergang in der umgekehrten Richtung als eine Beschränkung des Klageantrags in der Hauptsache angesehen werden.

(5) Um eine nach § 264 Nr. 2 ZPO zulässige Beschränkung des Klageantrags in der Hauptsache handelt es sich, wenn der Kläger zunächst uneingeschränkte Verurteilung begehrt, der Beklagte ein Zurückbehaltungsrecht geltend macht und der Kläger nunmehr nur noch die Verurteilung des Beklagten Zug um Zug gegen die vom Beklagten geforderte Gegenleistung verlangt[43].

II. Rechtshängigkeit

1. Prozessuale Wirkungen

Fall 62: K verlangt von B, der in Würzburg wohnt, vor dem dortigen Landgericht Zahlung des Kaufpreises aus einem Kaufvertrag. B zieht in der Folgezeit nach Hamburg um. K erhebt daraufhin die gleiche Klage nochmals vor dem Landgericht Hamburg.   **199 G**

Die Rechtshängigkeit begründet als ihre wichtigste prozessuale Wirkung gegenüber jeder neuen Klage mit demselben Streitgegenstand den **Einwand anderweitiger Rechtshängigkeit**: Die Klage des K in Hamburg ist nach § 261 III Nr. 1 ZPO unzulässig, da derselbe Streitgegenstand noch in Würzburg rechtshängig ist. Die Rechtshängigkeit macht, solange sie andauert, jede anderweitige Klage mit demselben Streitgegenstand *unzulässig*.

---

42 BGH NJW 1992, 566, 568; BGH NJW 2014, 3435 Rn. 11.
43 Statt vieler *Arz*, NJW 2014, 2828.

G 200 Eine weitere Wirkung der Rechtshängigkeit ist die **perpetuatio fori**: Das Landgericht Hamburg wäre im **Fall 62** ungeachtet der §§ 12, 13 GVG nicht zuständig; denn die Rechtshängigkeit bewirkt nach § 261 III Nr. 2 ZPO, dass das einmal zulässigerweise angerufene Gericht zuständig bleibt. B hat bei Klageerhebung in Würzburg gewohnt und dort seinen allgemeinen Gerichtsstand gehabt. K hatte ihn daher nach §§ 12, 13 ZPO zulässigerweise dort verklagt. Damit bleibt das Landgericht Würzburg für die gesamte Dauer des Rechtsstreits als erste Instanz örtlich zuständig.

201 **Zur Vertiefung:** Der Grundsatz der *perpetuatio fori* steht nicht zur Disposition der Parteien. Das angerufene Gericht bleibt daher nach § 261 III Nr. 2 ZPO selbst dann zuständig, wenn die Parteien nach Eintritt der Rechtshängigkeit im Wege einer Gerichtsstandsvereinbarung (§ 38 ZPO) ein anderes Gericht als das zuständige bestimmen. Eine solche nach Rechtshängigkeit getroffene Vereinbarung ist daher für das mit der Sache befasste Gericht unbeachtlich[44].

2. Materiellrechtliche Wirkungen

a) Hemmung der Verjährung

G 202 Nach *§ 204 I Nr. 1 BGB* hemmt die Klageerhebung die Verjährung. Dies gilt freilich nur für exakt denjenigen Anspruch, den der Kläger geltend macht, mithin nur im Umfang des Streitgegenstands dieser Klage. Daher führt eine Klage aus eigenem Recht nicht zur Hemmung der Verjährung eines (und sei es auf das gleiche Ziel gerichteten) Anspruchs aus abgetretenem Recht[45].

Bei der Anwendung des § 204 I Nr. 1 BGB verdient die Vorschrift des *§ 167 ZPO* besonderes Augenmerk. Danach tritt die Hemmung bereits mit Einreichung der Klage ein, sofern die Zustellung **„demnächst"** erfolgt.

G 203 **Fall 63:** K hat bei B am 2.1.2014 einen mangelhaften Gebrauchtwagen gekauft, der ihm noch am gleichen Tag übergeben wurde, und ist wegen des Mangels berechtigt, Nachbesserung zu verlangen. Er reicht am 30.12.2015 beim zuständigen Gericht die Klage auf Vornahme im Einzelnen genau beschriebener Nachbesserungsarbeiten ein.
a) Durch Nachlässigkeit der Geschäftsstelle gelangt die Klageschrift zunächst versehentlich auf den Stapel mit den erledigten Akten. Erst nach 3 Monaten wird der Irrtum bemerkt und die Klage dem B schließlich am 2.4.2016 zugestellt.
b) K wird bei Einreichung der Klage sofort darauf hingewiesen, dass die Klage erst zugestellt wird, wenn er den Gerichtskostenvorschuss bezahlt. Am 23.1.2016 zahlt K den Vorschuss; tags darauf wird die Klage dem B zugestellt.

Die Klageschrift des K ist im **Fall 63a** trotz 3 Monaten Verzögerung „demnächst" zugestellt, weil Verzögerung ohne Verschulden des K allein durch den Gerichtsbetrieb zu verantworten ist[46]. Die Verjährung des Nachbesserungsanspruchs nach § 438 I Nr. 3, II BGB ist daher nach §§ 167 ZPO, 204 I Nr. 1 BGB gehemmt.

---

44 BGH MDR 1976, 378, 379; OLG Zweibrücken MDR 2005, 1187; *Hoffmann*, JR 2006, 247.
45 BGH NJW 2005, 2004, 2005.
46 Ständige Rechtsprechung; zuletzt BGH NJW 2000, 2282.

Im **Fall 63b** ist dagegen die Zustellung nicht mehr „demnächst" erfolgt, weil K durch eigenes Verschulden eine erhebliche (nämlich über dreiwöchige) Verzögerung der Klagezustellung provoziert hat. Allerdings verfährt der BGH mit dem Kläger relativ großzügig: Die Zustellung ist selbst dann noch „demnächst" erfolgt, wenn die Zustellung der Klage aus vom Kläger zu vertretenden Umständen um bis zu 14 Tage verzögert wurde[47]. Vorliegend hat K sich mehr als drei Wochen Zeit gelassen, bis er den Vorschuss bezahlt und damit die Zustellung der Klage ermöglicht hat. Eine solche vom Kläger zu vertretende Verzögerung steht der Annahme entgegen, die Zustellung sei „demnächst" erfolgt. Eine Hemmung der Verjährung ist daher erst am 24.1.2016 eingetreten; zu diesem Zeitpunkt ist der Nacherfüllungsanspruch aber schon verjährt.

Freilich muss gerade bei versäumter Zahlung des Vorschusses noch eine Kontrollfrage gestellt werden[48]: Wann wäre die Zustellung erfolgt, wenn der Kläger (hier: K) den Vorschuss rechtzeitig eingezahlt hätte? Es gibt durchaus Fälle, in denen eine Verspätung der Zahlung um mehr als zwei Wochen nicht zwingend auch eine Verzögerung der Zustellung um mehr als zwei Wochen bedeutet. Nehmen wir etwa an, im **Fall 63b** hätte die Gerichtskasse wegen EDV-Problemen in der Zeit vom 2.1.2016 bis einschließlich 16.1.2016 keinerlei Zahlung verbuchen können und wäre daher in dieser Zeit ohnehin keinerlei Zustellung veranlasst worden: Dann wäre zwar der Vorschuss drei Wochen zu spät eingezahlt worden; die Zustellung wäre aber selbst bei rechtzeitiger Zahlung nicht vor dem 17.1.2016 bewirkt worden. Die vom Kläger zu verantwortende Zustellungsverzögerung würde sich dann auf maximal sechs Tage reduzieren. Diese Zeitspanne bewegt sich dann innerhalb des 14-Tage-Toleranzrahmens; die Zustellung wäre in diesem Fall immer noch „demnächst".

Zur Vertiefung: 204

(1) In der Praxis wird eine Klage erst zugestellt, wenn der gesetzlich vorgesehene Vorschuss auf die Gerichtsgebühren eingezahlt ist. Es ist Aufgabe des Gerichts, diesen Vorschuss zu berechnen und anzufordern[49]. Gleichwohl legt der BGH dem Kläger, von dem das Gericht noch keinen Vorschuss gefordert hat, die **Obliegenheit** auf, nach angemessener Frist **nachzufragen**, ob die Klage schon zugestellt wurde oder ob der Vorschuss noch angefordert werden soll. Unterlässt dies der Kläger und wird deshalb die Zustellung erheblich verzögert, so ist sie nach Ansicht des BGH nicht mehr „demnächst" erfolgt; denn der Kläger müsse wissen, dass ohne Vorschuss die Zustellung unterbleibe[50]. Habe der Kläger dagegen den Vorschuss bezahlt, so liege die Verantwortung für weitere Verzögerungen allein im Verantwortungsbereich des Gerichts; dann treffe den Kläger keine Nachfrageobliegenheit mehr[51]. Nach hier vertretener Ansicht ist eine Nachfrageobliegenheit des Klägers bereits im Ansatz, also auch bei noch ausstehender Vorschussanforderung zu verneinen: Es kann nicht Aufgabe des Klägers sein, das Gericht daran zu erinnern, dass es seine Arbeit zu erledigen hat.

---

47 Vgl. etwa BGH NJW 2000, 2282; BGH NJW-RR 2006, 789, 790; BGH NJW 2008, 1672, 1673; BGH NJW 2011, 1227; BGH NJW 2015, 2666 Rn. 5; BGH NJW 2015, 3101 Rn. 15; BGH NJW 2016, 568 Rn. 9.
48 BGH NJW 2015, 3101 Rn. 19.
49 BGHZ 69, 361, 363 f.; BGH NJW 2015, 3101 Rn. 19.
50 BGHZ 69, 361, 363 f.; BGHZ 180, 9 Rn. 53; BGH MDR 2007, 167 f.
51 BGH MDR 2007, 167, 168; zustimmend *Lütke*, EWiR 2007, 31, 32; anders für das Mahnverfahren BGH MDR 2007, 45, 46.

(2) Für die soeben erwähnte 14-Tages-Frist ist zu beachten, dass die Partei die ihr vom Gesetz eingeräumten Fristen ausschöpfen darf. Versäumnisse, die in eine Zeit fallen, da die Partei noch überhaupt nicht hätte tätig werden müssen, dürfen ihr daher nicht als von ihr zu vertreten zur Last gelegt werden. Daher werden **Versäumnisse**, die in der Zeit **bis zum Fristablauf** liegen, in die 14 Tage **nicht hineingerechnet**[52]. *Beispiel*: K reicht am 10.12.2015 Klage ein, um einen Anspruch geltend zu machen, der am 31.12.2015 verjährt. Am 14.12.2015 fordert das Gericht den Vorschuss auf die Gerichtskosten an. K bezahlt diesen am 7.1.2016. Damit hat K sich zwar mehr als drei Wochen Zeit gelassen, um das Hindernis für die Zustellung aus dem Weg zu räumen. Doch hätte er mit der Einreichung der Klage auch sogleich bis zum 31.12.2015 warten können. Deshalb gereicht K die versäumte Vorschusszahlung für die Zeit vom 14.12.2015 bis zum 31.12.2015 nicht zum Nachteil. Das von K zu vertretende Versäumnis beschränkt sich vielmehr auf die Zeit zwischen dem 1.1.2016 und dem 7.1.2016. Die anschließende Zustellung der Klage ist also noch „demnächst".

(3) Was eine von der Partei zu vertretende Verzögerung ist und was nicht, ist oftmals eine Frage der rechtlichen Bewertung, die sich an der Frage zu orientieren hat, was von einer sorgsam auf Wahrung ihrer prozessualen Obliegenheiten bedachten Partei erwartet werden kann. Nicht erwartet werden kann nach Ansicht des BGH, dass die Partei an Wochenend- oder gesetzlichen Feiertagen für die Zahlung des Vorschusses Sorge trägt.[53] Diese Bewertung verdient Zustimmung: An Tagen, an denen das Gericht nicht arbeitet, muss es auch die Partei nicht tun. Wohl aber stellt es eine von der Partei zu vertretende Verzögerung dar, wenn der Kläger den Beklagten mit seiner bisherigen Anschrift bezeichnet, obwohl er Anhaltspunkte dafür hat, dass sich die Adresse des Beklagten zwischenzeitlich geändert hat[54]. Scheitert die Zustellung hieran und wird sie – nach Korrektur der Beklagten-Anschrift – nicht innerhalb des Toleranzzeitraums von 14 Tagen nachgeholt, so ist die erneute (und nunmehr erfolgreiche) nicht mehr als „demnächst" anzusehen.

(4) Wenn der Gläubiger die Forderung gerichtlich geltend macht und die Forderung **abtritt**, bevor sie Klageschrift zugestellt wird, könnte man an der Hemmung der Verjährung zweifeln. Denn im Zeitpunkt der Klageerhebung – und das ist nach § 253 I ZPO der Zeitpunkt der Zustellung – ist der ursprüngliche Gläubiger nicht mehr selbst Inhaber der Forderung. Die Klageerhebung eines Nichtberechtigten genügt nämlich nicht, um eine Hemmung der Verjährung nach § 204 I Nr. 1 BGB herbeizuführen; vielmehr muss gerade der *wirkliche* Gläubiger seinen Rechtsverfolgungswillen zum Ausdruck bringen. Doch steht der BGH auf dem Standpunkt, dass es für die Hemmung ausreicht, wenn der Kläger im **Zeitpunkt der Einreichung** der Klage noch Inhaber der streitigen Forderung ist[55]. Für § 167 ZPO bedeutet dies: Wenn es dem bisherigen Gläubiger gelungen ist, die Klageschrift noch vor Ablauf der Verjährungsfrist bei Gericht einzureichen, und der Gläubiger die Forderung danach abtritt, wirkt die dadurch bedingte Hemmung der Verjährung (§ 167 ZPO i. V. m. § 204 I Nr. 1 BGB) auch für den neuen Gläubiger[56].

---

205   **Fall 64:** K befasst sich mit der Vermietung von Ferienwohnungen. Für sein Unternehmen hat er bei der G-Bank Kredit aufgenommen und im Voraus sämtliche Ansprüche an G abgetreten, welche ihm aus den Mietverhältnissen erwachsen, sei es gegen die Mieter selbst, sei es gegen von K mit der Einziehung dieser Ansprüche beauftragte Dritte. K soll zur Einziehung der Mietforderungen ermächtigt bleiben, solange er seinen Verpflichtungen aus dem Darlehensvertrag pünktlich nachkommt. Insoweit ist K auch zur Klageerhebung im eigenen Namen ermächtigt. K klagt am 6.9.2015 eine Schadensersatzforderung gegen B, der bis zum 30.4.2015 eine der Wohnungen bewohnt hat, wegen Beschädigung der Einrichtungsgegenstände ein. Er

---

52 BGH NJW 2016, 568 Rn. 10.
53 BGH NJW 2015, 2666 Rn. 9.
54 BGH NJW 2016, 151 Rn. 18 f.
55 BGH NJW 2013, 1730 Rn. 26.
56 BGH NJW 2013, 1730 Rn. 26 ff.

verlangt dabei, den Absprachen im Sicherungsvertrag entsprechend, zunächst Leistung an sich selbst. Am 1.12.2015 legt G gegenüber B die Abtretung der Forderung offen, weil K zahlungsunfähig geworden und über sein Vermögen das Insolvenzverfahren eröffnet ist; K bleibe aber, so teilt G dem B mit, zur gerichtlichen Beitreibung der Forderung ermächtigt. K stellt seinen Klageantrag um und verlangt nunmehr Zahlung an G. Wird er Erfolg haben, wenn man davon ausgeht, dass B tatsächlich schuldhaft die Einrichtung der Wohnung beschädigt hat?

Die Klage hat auf jeden Fall die Verjährung von Ersatzansprüchen gehemmt, die dem K gegen B mit der Maßgabe zustanden, dass K auf Leistung an sich selbst klagen durfte. Das war ursprünglich der Fall: K war zur Einziehung ermächtigt, durfte also Leistung an sich selbst verlangen. Es fragt sich nun, ob die Verjährungshemmung auch für den später umgestellten Klageantrag, nämlich die Klage auf Leistung an G gilt.

K klagt, nachdem der die Klage auf Leistung an G umgestellt hat, in zulässiger gewillkürter Prozessstandschaft[57]: Nach dem Vertrag mit G war er ermächtigt, die an G abgetretenen Forderungen im eigenen Namen einzuklagen; an dieser Ermächtigung hat sich laut Sachverhalt auch nach Offenlegung der Zession nichts geändert. Das rechtliche Interesse ergibt sich daraus, dass die Forderungen zur Sicherheit für ein Darlehen abgetreten worden waren, für das K selbst einzustehen hatte. Je geringer die Beträge ausfielen, die bei der Einziehung der Forderungen erlöst werden konnten, desto höher verblieb der Betrag, den K aus eigenen Mitteln an G zu leisten hatte. An dem eigenen Interesse hatte sich auch durch Eröffnung des Insolvenzverfahrens nichts geändert: Wenn es dem K nicht gelang, sich nach §§ 286 ff. InsO von den Restschulden zu befreien, haftete er für das Darlehen bis an sein Lebensende persönlich weiter. Die Klage in Prozessstandschaft hat somit die Verjährung der Ansprüche aus Beschädigung des Mietobjekts (§ 280 I BGB; § 823 I BGB) nach § 548 BGB gemäß § 204 I Nr. 1 BGB gehemmt.

▶ **Wichtiger Hinweis**
Wenn der Kläger materiellrechtlich zur Einziehung einer Forderung ermächtigt ist, die einem Dritten zusteht, so hemmt seine Klage auch dann die Verjährung, wenn er in Prozessstandschaft für den Inhaber der Forderung klagt und es ihm am eigenen rechtlichen Interesse fehlt. Zwar ist in einem solchen Fall die Klage in Prozessstandschaft unzulässig. Das steht einer Hemmung der Verjährung aber nicht entgegen; denn *materiellrechtlich* ist der Kläger gleichwohl infolge der Einziehungsermächtigung „Berechtigter", und allein darauf kommt es in § 204 I Nr. 1 BGB an.

Die Hemmung der Verjährung wirkt für diejenigen Ansprüche, die Gegenstand der **206** Klage sind, und nur, soweit sie zu deren Gegenstand gemacht wurden (zum Problem der Teilklagen noch sogleich). K hat zunächst auf Leistung an sich und erst später – nach Ablauf der Verjährungsfrist am 30.10.2015 – auf Leistung an G geklagt. Gleichwohl handelt es sich um denselben Streitgegenstand: Es wird aus demselben Sachverhalt, nämlich den in der Klageschrift geschilderten Beschädigungen der Mietsache, derselbe Leistungsantrag gestellt, nämlich Zahlung von Geld, um die Schäden zu beheben (§ 249 II 1 BGB). Lediglich der im Antrag bezeichnete Empfänger war

---

57 BGH NJW 1999, 1717.

ein anderer. Das ändert aber an der Identität des Streitgegenstands schon deshalb nichts, weil G den K zur Prozessführung ermächtigt hatte und deshalb an die Rechtskraft eines zwischen K und B ergangenen Urteils gebunden war. Die Hemmung wirkt daher auch für den neuen Antrag des K auf Leistung an G. B kann sich damit im **Fall 64** nicht mehr auf Verjährung berufen; denn die Rechtshängigkeit ist bereits vor Ablauf der Verjährungsfrist eingetreten.

207 **Beachten Sie:** Die Hemmung der Verjährung nach § 204 I Nr. 1 BGB tritt grundsätzlich nur ein, soweit der Anspruch eingeklagt wird; der Streitgegenstand begrenzt auch den Umfang der Hemmung[58]. *Ausnahmsweise* kann bei *Schadensersatzansprüchen* die Hemmung den gesamten Anspruch ergreifen, wenn

- der Kläger ersichtlich die gesamten Kosten der Naturalherstellung geltend machen will und sich diese im Laufe des Prozesses verteuern. Sofern der Kläger die Klage dann entsprechend erweitert, wirkt die Hemmung der Verjährung durch die ursprüngliche Klage auch für die Aufstockungssumme[59].
- der Kläger den merkantilen Minderwert seines bei einem Unfall beschädigten Fahrzeugs auf der Basis eines Sachverständigengutachtens berechnet, ihn in voller Höhe geltend macht und der gerichtliche Sachverständige sodann eine höhere Wertminderung errechnet: Wenn der Kläger die Klage entsprechend erweitert, hat die ursprüngliche Klage ebenfalls auch den Aufstockungsbetrag vor der Verjährung bewahrt[60]. Das gilt generell, wenn der Klagesumme ein privates Sachverständigengutachten zugrunde lag und der gerichtliche Sachverständige einen höheren Schaden des Klägers errechnet.
- der Kläger einen Anspruch auf *Schmerzensgeld* eingeklagt hat. Da das Gericht, wie gesehen (oben I 2 b), befugt ist, ein höheres Schmerzensgeld auszuwerfen als dies der vom Kläger angegebenen Größenordnung entspricht, ist Gegenstand der Schmerzensgeldklage *immer* der *gesamte* Schmerzensgeldanspruch. Deshalb hemmt die Schmerzensgeldklage von Anfang an die Verjährung des gesamten Schmerzensgeldanspruchs – völlig gleichgültig, ob der Kläger im Laufe des Prozesses die Größenordnung ändert oder nicht[61].

Stark umstritten ist, ob die Hemmung der Verjährung eine Klage des Gläubigers voraussetzt. Der **BGH** bejaht dies mit der Konsequenz, dass nach seiner Ansicht die negative Feststellungsklage des Schuldners nicht geeignet ist, die Hemmung der Verjährung herbeizuführen[62]. In der **Literatur** wird demgegenüber die Hemmung der Verjährung durch die negative Feststellungsklage befürwortet[63]. Der Wortlaut des § 204 I Nr. 1 BGB ist für die Entscheidung dieser Streitfrage unergiebig; denn er lässt offen, ob die Klage vom Gläubiger oder vom Schuldner erhoben wird. Eine teleologische Argumentation kann man in beiderlei Richtung entfalten: Zugunsten einer Anwendung des § 204 I Nr. 1 BGB auf die negative Feststellungsklage kann man ins

---

58 BGH NJW 2002, 2167; NJW 2002, 3769; NJW 2009, 1950, 1951.
59 BGH NJW 2002, 2167.
60 BGH NJW 2002, 2167.
61 BGH NJW 2002, 3769 f.
62 BGHZ 72, 23, 25 ff.; BGH NJW 1972, 1043; BGH NJW 2012, 3633 Rn. 24 ff.
63 *Thole*, NJW 2013, 1192, 1196.

Feld führen, dass der Schuldner selbst den Bestand der Forderung zur gerichtlichen Entscheidung gestellt habe und nicht mehr darauf hoffen dürfe, der Gläubiger werde ihn mit Blick auf die streitige Forderung in Ruhe lassen. Gegen die Anwendung des § 204 I Nr. 1 BGB könnte man vortragen, der Gläubiger, der die Verjährung anhalten wolle, müsse den Willen, sein Recht gerichtlich zu verfolgen, durch aktives Tun manifestieren. Es genüge daher nicht, wenn er nur auf eine negative Feststellungsklage erwidere. Den Ausschlag sollte daher eine systematische Interpretation geben: Die *Abweisung* der negativen Feststellungsklage beeinflusst die Verjährung. Wenn nämlich ein solches Urteil in Rechtskraft erwächst, ist das Bestehen des Anspruchs rechtskräftig festgestellt. Die Konsequenz besteht darin, dass der Anspruch fortan binnen 30 Jahren verjährt (§ 197 I Nr. 3 BGB)[64]. Wenn aber die Entscheidung über die negative Feststellungsklage verjährungsrechtliche Konsequenzen hat, sollte auch deren Erhebung geeignet sein, den Lauf der Verjährung zu beeinflussen. Den **Vorzug** verdient daher die Ansicht, die **§ 204 I Nr. 1 BGB** auf die **negative Feststellungsklage anwendet**.

b) Haftungsverschärfung

Die Rechtshängigkeit zieht des Weiteren einige *Haftungsverschärfungen* nach sich: **208 G**
- *§ 292 BGB*: Verschärfte Haftung des Schuldners bei schuldrechtlichem Herausgabeanspruch
- *§ 818 IV BGB*: Verschärfte Haftung des Bereicherungsschuldners
- *§§ 987 ff. BGB*: Verschärfte Haftung des Besitzers beim dinglichen Herausgabeanspruch aus § 985 BGB

III. Verfahrensablauf

1. Die Vorbereitung des Haupttermins

Mit Eingang der Klageschrift muss sich das Gericht für eine von zwei möglichen **209 G**
Verfahrensarten entscheiden (§ 272 II ZPO):
- § 275 ZPO: **früher erster Termin**;
- § 276 ZPO: **schriftliches Vorverfahren**.

Der gedankliche Hintergrund dieser Regelung besteht darin, dass der gesamte Rechtsstreit in einem einzigen Haupttermin umfassend erledigt werden soll; es tritt hier der Beschleunigungsgrundsatz (Konzentrationsmaxime) zum Vorschein.

a) Früher erster Termin

Der frühe erste Termin darf nicht dahin missverstanden werden, dass ihm zwingend **210 G**
ein Haupttermin nachfolgen *muss*. Vielmehr ergibt sich aus § 275 II ZPO, dass das Verfahren bereits im frühen ersten Termin erledigt werden kann. Es kann sich also

---

64 BGH NJW 1975, 1320 f.

keine Partei darauf verlassen, dass sie mit etwaigem Sachvortrag noch zuwarten kann, weil es noch einen weiteren Termin gebe. Das hat erhebliche Folgen für die Präklusion von Parteivorbringen (vgl. unten 4.).

G 211 Zur Beschleunigung des Verfahrens gehört es, dass die Parteien mit ihrem Sachvortrag das Verfahren zügig voranbringen. Das Gericht kann die Parteien hierzu anhalten, indem es *Fristen setzt*. Nach § 275 ZPO bestehen mehrere Möglichkeiten:
- Der Beklagte wird bereits mit Zustellung der Klageschrift unter Fristsetzung zur Klageerwiderung aufgefordert, § 275 I 1 ZPO.
- Der Beklagte wird nach § 275 I 2 ZPO zunächst nur aufgefordert, Verteidigungsmittel dem Gericht mitzuteilen (vor den Landgerichten nur durch einen postulationsfähigen Anwalt, § 78 I ZPO). Wenn der Beklagte hier nicht oder nicht ausreichend erwidert, setzt ihm das Gericht im Termin eine Frist nach § 275 III ZPO.

Wenn der Kläger hierauf etwas zu replizieren hat, darf er ebenfalls nicht endlos zuwarten; vielmehr kann ihm das Gericht eine Frist zur Stellungnahme auf die Klageerwiderung setzen (§ 275 IV ZPO).

b) Schriftliches Vorverfahren

G 212 Wenn das Gericht sich für einen Haupttermin nach schriftlichem Vorverfahren entscheidet, so hat es die folgenden Verfahrensschritte einzuhalten:
- Es fordert den Beklagten nach § 276 I 1 ZPO auf, sich binnen einer Notfrist von 2 Wochen darüber zu erklären, ob er sich gegen die Klage verteidigen will. Diese so genannte **Verteidigungsanzeige** kann vor dem Landgericht nur durch einen postulationsfähigen Anwalt abgegeben werden (§§ 276 II, 78 I ZPO). Die Versäumung dieser Notfrist führt auf Antrag des Klägers zum Erlass eines Versäumnisurteils im schriftlichen Verfahren, § 331 III ZPO. Der Beklagte kann allerdings, da es sich um eine Notfrist handelt (§ 224 I 2 ZPO), nach §§ 233 ff. ZPO Wiedereinsetzung in den vorigen Stand beantragen, wenn er ohne sein Verschulden an der Einhaltung der Frist gehindert war.
- Gleichzeitig fordert das Gericht den Beklagten auf, binnen einer Frist von mindestens zwei *weiteren* Wochen (also *insgesamt* mindestens *vier* Wochen) schriftlich auf die Klage zu erwidern.

Auch hier kann das Gericht dem Kläger eine Frist zur Stellungnahme auf die Klageerwiderung setzen.

2. Verhandlung im Termin

a) Güteverhandlung

213 Der mündlichen Verhandlung (sowohl im frühen ersten Termin nach § 275 ZPO als auch im Haupttermin nach § 276 ZPO) geht nach § 278 II 1 ZPO eine *Güteverhandlung* voraus. Das Ziel dieser Güteverhandlung besteht darin, die Parteien zu einem

Vergleich zu bewegen, damit man sich die streitige Verhandlung und ein nachfolgendes Urteil erspart.

b) Streitige Verhandlung

Wenn die Güteverhandlung erfolglos bleibt, soll sich die streitige Verhandlung unmittelbar anschließen; auch das gilt nach § 279 I 1 ZPO sowohl für den frühen ersten Termin als auch für den Haupttermin nach schriftlichem Vorverfahren.   **214**

c) Beweisaufnahme

Sofern Beweis zu erheben ist, soll die Beweisaufnahme der streitigen Verhandlung   **215**
unmittelbar folgen. Das allerdings setzt voraus, dass die Beweismittel im Termin vorhanden sind. Dafür muss das Gericht vor dem Termin gesorgt haben; die Möglichkeit dazu hat es nach § 273 II Nr. 4 und 5 ZPO: Es kann Zeugen und Sachverständige zum Termin laden, Urkunden anfordern und einen Augenschein anberaumen.

Es soll also – auch das ist eine Ausprägung der Konzentrationsmaxime – vermieden werden, dass für streitige Verhandlung und Beweisaufnahme mehrere Termine notwendig sind: So gut es geht, soll der gesamte Streitstoff in einem Termin abgearbeitet werden.

3. Allgemeine Prozessförderpflicht

Die §§ 275, 276 ZPO beschreiben Prozessförderpflichten, die eine Partei auf Anforde-   **216 G**
rung des *Gerichts* treffen, nämlich nach Fristsetzung. § 282 ZPO bestimmt nun, dass die Parteien auch *von sich aus*, d. h. ohne eine solche Fristsetzung, die Erledigung des Rechtsstreits konstruktiv voranzubringen haben:
- *§ 282 I ZPO*: Angriffs- und Verteidigungsmittel sind so zügig vorzubringen, wie es einer sorgfältigen und auf die Förderung des Verfahrens bedachten Prozessführung entspricht.
- *§ 282 II ZPO*: Angriffs- und Verteidigungsmittel müssen so rechtzeitig vorgetragen werden, dass der Gegner etwaige Erkundigungen noch vor der mündlichen Verhandlung einziehen kann.
- *§ 282 III ZPO*: Rügen betreffend die Zulässigkeit der Klage muss der Beklagte gleichzeitig (d. h. alle auf einmal) und vor *seiner* mündlichen Verhandlung (d. h. bevor er seinen Antrag stellt, § 137 I ZPO) vorbringen.

Zur Vertiefung: Wird Beweis durch Einholung eines Sachverständigengutachtens erhoben und   **217**
ist eine Partei mit den Ergebnissen des Gutachtens nicht einverstanden, so genügt sie ihrer Prozessförderpflicht aus § 282 I ZPO, wenn sie sich selbst mit dem Gutachten auseinandersetzt und gestützt darauf Einwendungen erhebt. Sie ist nicht etwa gehalten, zur Widerlegung des Gutachtens, das der gerichtlich bestellte Sachverständige erstattet hat, ein Privatgutachten einzuholen[65]. Was eine Partei im ersten Termin zur mündlichen Verhandlung vorträgt, ist niemals i. S. des

---

65 BGH NJW 2003, 1400.

§ 282 ZPO verspätet[66] und daher auch niemals nach § 296 II ZPO präkludiert, sondern kann allenfalls wegen Versäumung einer richterlichen Frist (und dann nach § 296 I ZPO) zurückzuweisen sein (zu § 296 ZPO näher sogleich).

4. Zurückweisung verspäteten Parteivorbringens (Präklusion)

a) Überblick

G 218 Wenn das Gesetz die Parteien dazu anhält, sich innerhalb von gerichtlich gesetzten Fristen und auch sonst möglichst zügig zu äußern und Angriffs- und Verteidigungsmittel vorzutragen, so verspricht dies nur dann eine Beschleunigung des Verfahrens, wenn die Verzögerung des Parteivortrags der Partei spürbare Nachteile verschafft. Diese Nachteile sind in § 296 ZPO beschrieben:

- **§ 296 I ZPO**: Was nicht innerhalb einer vom **Gericht** gesetzten **Frist** vorgetragen wird, *muss* zurückgewiesen (präkludiert) werden, wenn die Partei die Verspätung nicht genügend entschuldigt. Voraussetzung ist allerdings, dass die Berücksichtigung verspäteten Vorbringens die Erledigung des Rechtsstreits *verzögern* würde (dazu sogleich b).
- **§ 296 II ZPO**: Was entgegen der **allgemeinen Prozessförderpflicht** nach § 282 I, II ZPO zu spät vorgetragen wird, *kann* zurückgewiesen werden, wenn die Verspätung des Vorbringens auf grober Nachlässigkeit beruht. Voraussetzung ist allerdings auch hier wieder eine *Verzögerung* des Verfahrens (sogleich b).
- **§ 296 III ZPO**: Rügen, welche die **Zulässigkeit der Klage** betreffen, sind, wenn sie entgegen § 282 III ZPO zu spät vorgebracht werden, nur zuzulassen, wenn die Partei die Verspätung genügend entschuldigt.

In einer **Klausur** empfiehlt es sich, die Merkmale des § 296 I und II ZPO der Reihe nach abzuarbeiten: **Verspätung – Verzögerung – Verschulden**.

b) Verspätung

G 218a Das Merkmal der Verspätung kann man im Fall des **§ 296 I ZPO** ganz einfach an der richterlichen Frist ablesen; doch sollte die Rechtsgrundlage für diese Fristsetzung (z. B. § 275 I ZPO) benannt werden. **Zu kurze** Fristen rechtfertigen, wenn sie versäumt werden, keine Zurückweisung verspäteten Vorbringens. Eine Frist ist dann zu kurz, wenn sie entweder den gesetzlichen Minimalstandard unterschreitet (z. B. § 276 I 2 ZPO) oder die Sach- und Rechtslage sich so schwierig gestaltet, dass innerhalb der gesetzten Frist nicht sinnvoll erwidert werden kann. So erscheint es in Baumängelprozessen völlig illusorisch, dass der Bauherr auf die Werklohnklage des Bauunternehmers binnen zwei Wochen angemessen erwidern kann[67]. Zu kurze richterliche Fristen sind prozessual wirkungslos; die Frage der Verspätung richtet sich dann ausschließlich nach § 282 ZPO und eine mögliche Zurückweisung ausschließlich nach § 296 II ZPO.

---

66 BGHZ 166, 227 Rn. 10.
67 OLG München NJW 2015, 1185 Rn. 11.

Im Fall des **§ 296 II ZPO** liegen die Dinge schwieriger. Denn hier kommt es auf eine wertende Betrachtung des Einzelfalls an:

- Im Fall des § 282 I ZPO ist zu fragen, ob eine sorgfältige und auf Förderung des Verfahrens bedachte Partei früher vorgetragen hätte. Eine Verspätung ist zu bejahen, wenn die Partei sich vorwerfen lassen muss, dass sie auf den Gedanken, die Tatsache X vorzutragen oder das Beweismittel Y anzubieten, nun wirklich früher hätte kommen können (salopp gesprochen: „warum kommt der damit erst jetzt um die Ecke?"). § 282 I ZPO bezieht die Rechtzeitigkeit des Vortrags freilich auf die mündliche Verhandlung. Was im ersten Termin zur mündlichen Verhandlung vorgetragen wird, ist folglich niemals unter Verletzung des § 282 I ZPO vorgetragen und folglich niemals verspätet (unten Rn. 226).

- Im Fall des § 282 II ZPO lautet demgegenüber die Frage, wieviel Zeit man der Gegenpartei einräumen muss, um sich zu einer Erklärung in der mündlichen Verhandlung in den Stand zu setzen. Hat die vortragende Partei der Gegenpartei *nicht* genügend Zeit gelassen, so kann ihr Vortrag schon in der ersten mündlichen Verhandlung verspätet sein[68].

Ist die Verspätung festgestellt, so folgt das Tatbestandsmerkmal der *Verzögerung*; dieses ist § 296 I und II ZPO gemeinsam. Unterschiedliche Anforderungen werden in § 296 I ZPO einerseits, § 296 II ZPO andererseits beim *Verschulden* gestellt.

c) Verzögerung

In § 296 I und II ZPO spielt der Begriff „*Verzögerung* des Verfahrens" eine zentrale Rolle. Wenn die Verspätung nämlich die Erledigung des Rechtsstreits *nicht* verzögert, hatte sie keine nachteiligen Auswirkungen auf die Effizienz des Rechtsschutzes. In diesem Fall erscheint es nicht gerechtfertigt, das Parteivorbringen zurückzuweisen. Die Zurückweisung von Parteivorbringen ist nämlich eine *Beschneidung des rechtlichen Gehörs*: Einer Partei wird das Recht genommen, ihr günstige Tatsachen und Beweismittel dem Gericht zur Kenntnis zu bringen.   **219 G**

Es werden nun zwei Möglichkeiten diskutiert, den Begriff der Verzögerung zu bestimmen: **220 G**

- **Absoluter Verzögerungsbegriff:** Es ist – in die Zukunft gerichtet – zu vergleichen, wann der Rechtsstreit entschieden werden könnte, wenn das verspätet vorgebrachte Verteidigungsmittel jetzt noch berücksichtigt würde, und wann er entschieden werden könnte, wenn das Verteidigungsmittel zurückgewiesen würde.

- **Relativer Verzögerungsbegriff:** Dieser fragt – in die Vergangenheit gerichtet –, ob der Rechtsstreit früher hätte entschieden werden können, wenn das Verteidigungsmittel fristgemäß vorgebracht worden wäre.

Die **Faustformel** lautet: Eine absolute Verzögerung ist gegeben, wenn die Berücksichtigung des verspäteten Vorbringens einen **weiteren Termin zur mündlichen Verhandlung** erforderlich machen würde, bei Nichtberücksichtigung dagegen ohne erneuten Termin entschieden werden kann.

---

68 *Baudewin/Wegner*, NJW 2014, 1479, 1480; *Kaiser*, NJW 2012, 3788.

G 221 Der relative Verzögerungsbegriff[69] ist für die säumige Partei günstiger, weil er darauf hinausläuft, dass der Partei die Berufung auf *pflichtmäßiges Alternativverhalten* zugebilligt wird: Selbst wenn rechtzeitig vorgetragen worden wäre, hätte nicht rascher entschieden werden können. Der absolute Verzögerungsbegriff ist dagegen für das Gericht leichter zu handhaben: Es kann sich hypothetische Erwägungen darüber, wie der Prozess bei rechtzeitigem Parteivortrag verlaufen wäre, ersparen. Und in der Tat würden solche hypothetischen Überlegungen, sobald sie eine gewisse Komplexität annehmen, den Fortgang des Prozesses behindern. Der **BGH** wendet dann auch in ständiger Rechtsprechung den absoluten Verzögerungsbegriff an[70]. Das **BVerfG** hat dies im Grundsatz gebilligt, aber die Anwendung des relativen Verzögerungsbegriffs für den Fall gefordert, dass der Prozess bei rechtzeitigem Vorbringen *evident* nicht schneller hätte beendet werden können[71]. Der BGH hat diese Rechtsprechung des BVerfG übernommen und legt grundsätzlich den absoluten Verzögerungsbegriff zugrunde, aber eben dann nicht, wenn der Prozess bei rechtzeitigem Vorbringen offenkundig nicht schneller beendet worden wäre[72].

221a In der Literatur wird diese Evidenzprüfung kritisiert[73]: Rechtliches Gehör bedeute nicht, dass eine Partei unbegrenzt vortragen dürfe. Wer innerhalb einer vom Gericht gesetzten angemessenen Frist nicht vortrage, habe rechtliches Gehör *gehabt* und lediglich nicht genutzt. Daher müsse die Rechtsprechung zum „reinen" absoluten Verzögerungsbegriff zurückkehren. Diese Kritik überzeugt indes nicht. Sie fußt auf der Prämisse, dass das Verfahrensgrundrecht aus Art: 103 I GG bereits in seinem Schutzbereich zur Disposition des Richters (im Fall des § 296 I ZPO) bzw. des Gesetzgebers (im Fall des § 296 II ZPO) stehe. Das ist aber nicht der Fall. Richtig ist vielmehr, dass mit Hilfe des § 296 ZPO eine *praktische Konkordanz* zwischen dem rechtlichen Gehör auf der einen Seite und dem verfassungsrechtlich ebenfalls relevanten, weil im Rechtsstaatsprinzip verwurzelten Justizgewähranspruch auf der anderen Seite hergestellt wird: Jeder Prozess muss irgendwann zu Ende gehen, wenn das Desiderat des Rechtsschutzes binnen angemessener Frist eingelöst werden soll. Damit verträgt es sich in der Tat nicht, wenn jede Partei zeitlich unbegrenzt vortragen darf. Doch ist dies kein Problem des Schutzbereichs, sondern ein Problem der (verfassungsimmanenten) Schranken des Art. 103 I GG. Wenn es aber um praktische Konkordanz geht, darf das rechtliche Gehör nicht weiter zurückgedrängt werden, als der Zweck der Verfahrensbeschleunigung dies erfordert. Deshalb ist die vom BVerfG vorgezeichnete und vom BGH übernommene Linie – grundsätzlich absoluter Verzögerungsbegriff, dann aber nicht, wenn der Prozess offensichtlich auch bei rechtzeitigem Vortrag nicht schneller zu Ende gehen könnte – ohne Alternative.

---

69 Für ihn z. B. *Braun*, Lehrbuch des Zivilprozeßrechts, 2014, S. 634 f.
70 BGHZ 75, 138, 142; BGHZ 86, 31, 34; ebenso *Lenz*, NJW 2013, 2551, 2552.
71 BVerfGE 75, 302, 315 f.
72 Siehe statt vieler BGH NJW 2012, 2808 Rn. 12.
73 *Lenz*, NJW 2013, 2551, 2554 ff.

Fall 65: K verklagt B auf Erfüllung einer Kaufpreisforderung in Höhe von 6000 Euro, deren **222 G** Entstehung er in der Klageschrift schlüssig begründet. Das Gericht bestimmt frühen ersten Termin auf den 21.12.2015 und setzt B eine Frist zur Klageerwiderung bis zum 14.12.2015. Die Klageerwiderung wird jedoch erst im Termin dem Gericht und in Abschrift dem K übergeben. Zusammen mit der Klageerwiderung legt B eine Quittung über den Kaufpreis vor, welche die Unterschrift des K trägt. K bestreitet, eine solche Quittung jemals unterschrieben zu haben, und beantragt die Einholung eines graphologischen Gutachtens zum Beweis der Tatsache, dass die Unterschrift auf der Quittung gefälscht ist.

Das Gericht hatte noch keinen Haupttermin bestimmt, sondern lediglich einen frühen **223 G** ersten Termin. Man könnte daher meinen, es fehle schon deshalb an einer Verzögerung, weil ohnehin noch ein Haupttermin wird stattfinden müssen. Das stimmt aber in dieser Allgemeinheit nicht: Aus § 275 II ZPO ergibt sich, dass der Streit auch schon im frühen ersten Termin zum Abschluss gelangen kann. Diese Chance darf eine Partei nicht durch verzögertes Vorbringen verbauen.

Es ist daher zu fragen, ob die Voraussetzungen einer Präklusion vorliegen. Einschlägig ist § 296 I ZPO, weil B ein Verteidigungsmittel, nämlich den Erfüllungseinwand und den dafür angebotenen Urkundenbeweis nicht innerhalb der nach § 275 I ZPO gesetzten Klageerwiderungsfrist vorgetragen hat.
- *Absoluter Verzögerungsbegriff:* Wenn der Erfüllungseinwand des B nicht mehr berücksichtigt wird, ist der Prozess entscheidungsreif; B wird zur Zahlung verurteilt.
- *Relativer Verzögerungsbegriff:* Selbst wenn B bis zum 14.12.2015 geantwortet hätte, wäre der Prozess nicht schneller entschieden worden, weil K sodann in seiner Replik die Echtheit bestritten hätte und ein Sachverständigengutachten hätte eingeholt werden müssen; dies alles zusammen – Replik und Bestellung eines entsprechenden Sachverständigen – hätte niemals innerhalb von 7 Tagen über die Bühne gehen können.

Es ist daher *evident*, dass der Prozess auch bei rechtzeitigem Vortrag im Termin nicht **224 G** zur Entscheidungsreife gelangt wäre. Damit *muss* das Gericht von Verfassungs wegen (Art. 103 I GG) den *relativen* Verzögerungsbegriff anwenden. Das gilt *generell*, wenn das Gericht den frühen ersten Termin als sog. *Durchlauftermin* anberaumt, d. h. zu erkennen gibt, dass es in diesem Termin ohnehin noch nicht endgültig entscheiden will[74]. In *diesem* Fall dürfen sich die Parteien auf einen zusätzlichen Termin (Haupttermin) einstellen. So lag es auch im **Fall 65:** Wenn das Ende der Klageerwiderungsfrist und der frühe erste Termin zeitlich nahe beieinander liegen, ist davon auszugehen, dass das Gericht noch nicht endgültig entscheiden will, weil eventuell notwendige Beweismittel vor dem Termin voraussichtlich nicht mehr herbeigeschafft werden können.

---

74 BVerfGE 69, 126, 139 f.; BGH MDR 2005, 1366.

Zur Vertiefung:

(1) Im **Fall 65** könnte man zum Merkmal der Verzögerung noch die folgende Überlegung anstellen: Das Gericht muss zwar in Fällen, in denen die Echtheit einer Urkunde im Streit steht, entsprechenden Beweisangeboten der Parteien nachgehen. Es muss den Beweis der Echtheit aber nicht zwingend durch Sachverständigengutachten erheben, sondern kann sich nach § 441 I ZPO mit einem Schriftvergleich begnügen. Ob das Gericht die eine oder die andere Alternative wählt, steht in seinem Ermessen[75]. Aber auch den Schriftvergleich hätte das Gericht selbst dann nicht in der mündlichen Verhandlung vom 21.12.2015 durchführen können, wenn die Klageerwiderung bereits am 14.12.2015 eingegangen wäre. Denn zum Zwecke des Schriftvergleichs hätte das Gericht das persönliche Erscheinen des K anordnen (§ 141 I 1 ZPO) und K zu diesem Zweck laden müssen (§ 141 II 1 ZPO). Die Ladungsfrist hätte aber nach § 217 ZPO eine Woche betragen. Denn bei einem Streitwert von 6000 Euro ist nach §§ 23, 71 GVG das Landgericht sachlich zuständig. Der Prozess zwischen K und B ist daher ein Anwaltsprozess (§ 78 I ZPO). Wäre die Klageerwiderung am 14.12.2015 eingegangen, so hätte aber die Ladung des K zum persönlichen Erscheinen niemals mit einer Woche Vorlauf bewirkt werden können.

(2) Wenn sich abzeichnet, dass der Rechtsstreit nicht ohne ein Sachverständigengutachten entschieden werden kann, muss das Gericht, wenn es mit einem Termin auskommen will, einen erheblichen Vorlauf einkalkulieren, damit der bestellte Sachverständige genügend Zeit hat, sein Gutachten anzufertigen. 17 Tage zwischen Fristende und Verhandlungstermin sind dafür deutlich zu wenig. Wenn der Beklagte in dieser Situation die Klageerwiderung erst im Termin übergibt, ist eine Situation eingetreten, in der evident ist, dass auch bei rechtzeitiger Erwiderung nicht schneller hätte entschieden werden können[76] – es wäre ohnehin ein weiterer Termin notwendig geworden. Das OLG Bamberg hat eine Zeitspanne von 11 Tagen zwischen dem Ende der Schriftsatzfrist und dem Verhandlungstermin für nicht ausreichend erachtet, um einen Zeugen zu laden. Wird eine Behauptung, der innerhalb der Frist hätte vorgetragen werden sollen, erst in der mündlichen Verhandlung vorgebracht, so darf sie nicht nach § 296 I ZPO zurückgewiesen werden[77].

G 225 | **Fall 66:** K verklagt die Versicherungsgesellschaft B-AG im Oktober 2015 auf Leistungen aus einer Berufsunfähigkeitsversicherung. Das Gericht ordnet schriftliches Vorverfahren an und setzt B eine Frist zur schriftlichen Klageerwiderung bis zum 14.1.2016. B erwidert, indem sie das Vorliegen einer Berufsunfähigkeit in der Person des K bestreitet. Zum Beweis bietet sie die Einholung eines medizinischen Sachverständigengutachtens an. Die schriftliche Klageerwiderung geht am 15.1.2016 um 0.03 Uhr (also genau 3 Minuten zu spät!) bei Gericht ein.

Im **Fall 66** war zwar die Klageerwiderung verspätet, weil die nach § 276 I 2 ZPO gesetzte Frist zur schriftlichen Klageerwiderung nicht eingehalten wurde. Wenn das Gericht den Vortrag des B nicht berücksichtigt, kann es Termin zur mündlichen Verhandlung bestimmen und am Ende der Sitzung eine Entscheidung verkünden. Denn dann darf es B so behandeln, als hätte sie die von K behauptete Berufsunfähigkeit nie bestritten (§ 138 III ZPO). Einer Beweisaufnahme zu diesem Thema bedarf es also nicht mehr. Wenn das Gericht demgegenüber den Vortrag des B noch berücksichtigt, muss es das erbetene Sachverständigengutachten einholen; die Entscheidung wird

75 OLG Koblenz NJW-RR 2014, 505, 507.
76 Zutreffend BGH NJW 2012, 2808 Rn. 14. Im dort gegebenen Fall endete die Frist für den Einspruch gegen das zuvor ergangene Versäumnisurteil – und damit nach § 340 III ZPO auch die Frist für das Vorbringen von Verteidigungsmitteln durch den Beklagten – am 23.11.2009; der Einspruchstermin war auf den 10.12.2009 bestimmt.
77 OLG Bamberg NJW 2015, 1533 Rn. 41: Ende der Schriftsatzfrist am 30.1.2015, Verhandlungstermin am 10.2.2015.

dann erst deutlich später ergehen. Eine *absolute* Verzögerung ist damit *gegeben*. Gleichwohl hat das OLG Bremen im **Fall 66** eine Zurückweisung mit Recht für unzulässig erklärt[78]. Denn eine *relative* Verzögerung liegt *evident nicht vor*: Es ist offensichtlich, dass das Gericht auch dann noch hätte Beweis erheben müssen, wenn die Klageerwiderung am 14.1.2016 um 23.59 Uhr – und damit rechtzeitig – eingegangen wäre. Und es ist ebenso offensichtlich, dass, egal ob die Klageerwiderung am 14.1.2016 um 23.59 Uhr oder erst am 15.1.2016 um 0.03 Uhr einging, der Fall erst am 15.1. zu Beginn der üblichen Arbeitszeiten hätte weiter bearbeitet werden können: Ein Beweisbeschluss hätte so oder so erst am 15.1.2016 morgens ergehen können.

Fall 67: K verklagt B auf Erfüllung einer Kaufpreisforderung, deren Entstehung er in der Klageschrift schlüssig begründet. Die Klage geht am 12.11.2015 bei Gericht ein. Das Gericht ordnet schriftliches Vorverfahren an, setzt B eine Frist zur Verteidigungsanzeige bis spätestens zwei Wochen nach Klagezustellung nebst einer Klageerwiderungsfrist bis zum 20.1.2016 sowie dem Kläger eine Frist zur Stellungnahme hierauf bis zum 20.3.2016. Haupttermin wird bestimmt auf den 29.5.2016. B wehrt sich gegen die Klage mit der Begründung, er habe dem K den Kaufpreis bereits in bar übergeben, was der Zeuge Z, dessen ladungsfähige Anschrift B in der Klageerwiderung angibt, aus eigener Wahrnehmung bestätigen könne. Die Klageerwiderung wird von B am 25.2.2016 abgeschickt und geht eine Woche später bei Gericht ein. K erwidert hierauf nicht. | 225a G

B hat ein Verteidigungsmittel, nämlich den Erfüllungseinwand und den dafür angebotenen Zeugenbeweis, entgegen der ihm nach § 276 I 2 ZPO gesetzten Frist nicht rechtzeitig vorgetragen. Gleichwohl fehlt es an einer (absoluten) Verzögerung des Rechtsstreits: Das Gericht hat noch fast 3 Monate Zeit, um den Zeugen nach § 273 II Nr. 4 ZPO zum Haupttermin zu laden. Es darf sich in dieser Situation nicht auf die Behauptung zurückziehen, das Vorbringen des B sei verspätet, sondern muss die Verspätung des Vorbringens, soweit zumutbar, durch *prozessleitende Maßnahmen ausgleichen*[79] – hier eben dadurch, dass es den Z noch zum Termin lädt. Eine Präklusion nach § 296 I ZPO scheidet in dieser Situation aus.

Zur Vertiefung: | 226

(1) Die Zurückweisung verspäteten Vorbringens scheidet des Weiteren dann aus, wenn die Verspätung allein deshalb zu einer absoluten Verzögerung führt, weil ein Zeuge, der verspätet benannt wurde, im Termin nicht erscheint. Solche Hindernisse bewegen sich außerhalb des Verantwortungsbereichs der Partei; sie dürfen daher nicht zu einer Beschneidung des rechtlichen Gehörs führen[80].

(2) Unter dem Gesichtspunkt des § 296 II ZPO können Angriffs- und Verteidigungsmittel, die erst im ersten Termin zur mündlichen Verhandlung vorgetragen werden, *niemals* zurückgewiesen werden, weil es insoweit bereits an einer Verletzung des § 282 I ZPO und damit an einer Verspätung fehlt[81]. Wenn das Gericht einer Partei keine Frist gesetzt hatte – und allein dies sind die Fälle des § 296 II ZPO –, erfüllt die Partei die ihr obliegende Beschleunigungsobliegenheit,

---

78 OLG Bremen MDR 2009, 827.
79 BVerfGE 51, 188, 192; 81, 264, 270 f.
80 BGH NJW 1987, 1949, 1950; *Baudewin/Wegner*, NJW 2014, 1479, 1481..
81 BGH NJW 1992, 1965; BGH NJW-RR 2005, 1007; BGH NJW 2012, 3787 Rn. 6; *Deubner*, JuS 2005, 1085, 1087.

wenn sie das in § 128 I ZPO niedergelegte Prinzip der Mündlichkeit der Verhandlung beim Wort nimmt und die erste Gelegenheit zum mündlichen Vortrag ergreift.

(3) Die Zurückweisung nach § 296 II ZPO kommt in Betracht, wenn eine Partei sich deutlich mehr Zeit lässt, als es nach die Prozesslage angezeigt erscheint. So lag es etwa in folgendem Fall: Ein Bauunternehmer klagte gegen den Bauherrn auf Zahlung von Werklohn gemäß der von ihm erstellten Schlussrechnung. Der beklagte Bauherr sah sich im Termin zur mündlichen Verhandlung außerstande, sich zu den einzelnen Positionen dieser Rechnung zu erklären. Das Gericht bestimmte daraufhin einen weiteren Verhandlungstermin für drei Monate später. Auch wenn diese neue Terminsbestimmung nicht mit einer Frist für den Beklagten versehen war, durfte der Bauherr in dieser Situation nicht bis einen Tag vor dem neuen Termin zuwarten, um seine Einwendungen gegen die Schlussrechnung vorzutragen[82].

(4) Zurückweisung nach § 296 ZPO kann nur Angriffs- und Verteidigungs*mittel* treffen, niemals aber den Angriff selbst: So darf etwa die Erhebung einer **Widerklage nicht wegen Verspätung zurückgewiesen werden**, weil es der alleinigen Entschließung des Beklagten überlassen ist, ob und wann er sich mittels einer Widerklage wehrt[83].

(5) Die Zurückweisung darf sich niemals pauschal auf das gesamte in einem Schriftsatz enthaltene Vorbringen beziehen, sondern muss für jedes Angriffs- bzw. Verteidigungsmittel gesondert geprüft und begründet werden[84].

(6) Denkbar sind selbstverständlich ebenso Fälle, in denen es schon an einer absoluten Verzögerung fehlt. So liegt es beispielsweise, wenn der Gegner den verspäteten Vortrag nicht bestreitet oder der streitige Vortrag in der mündlichen Verhandlung sofort aufgeklärt werden kann[85].

---

d) Verschulden

226a Sowohl § 296 I ZPO als auch § 296 II ZPO enthalten eine **subjektive Voraussetzung** für die Zurückweisung verspäteten Vorbringens: Im Fall des § 296 I ZPO darf verspätetes Vorbringen nur zurückgewiesen werden, wenn die Partei die Verspätung nicht genügend entschuldigt; im Fall des § 296 II ZPO ist die Zurückweisung sogar nur dann möglich, wenn die Verspätung auf grober Nachlässigkeit beruht. An grober Nachlässigkeit fehlt es vor allem dann, wenn eine Partei verspätet zu Tatsachen vorträgt, die sie ohne eigene Sachkunde nicht ermitteln konnte. So darf ein Bauherr, der auf Zahlung von Werklohn verklagt wurde und erst im Laufe des Rechtsstreits mit gutachtlicher Hilfe erkennt, dass das Bauwerk nicht mangelfrei hergestellt wurde, die zwischenzeitlich entdeckten Mängel im laufenden Prozess vortragen, ohne eine Präklusion nach § 296 II ZPO befürchten zu müssen[86].

e) Zurückweisung von Rügen betreffend die Zulässigkeit der Klage

227 Die bereits oben a) erwähnte Vorschrift des **§ 296 III ZPO** unterliegt einer gewichtigen **Einschränkung**: Rügen zu Sachurteilsvoraussetzungen, die das Gericht ohnehin bereits von Amts wegen zu berücksichtigen hat, dürfen nicht nach § 296 III ZPO zu-

---

82 OLG Saarbrücken NJW 2010, 3662, 3663 f.
83 *Baudewin/Wegner*, NJW 2014, 1479, 1483; *Büßer*, JuS 2009, 319, 321; *Schenkel*, MDR 2005, 726, 727 f.; Stein/Jonas/*Leipold*, ZPO, 22. Aufl. 2008, § 296 Rn. 46.
84 OLG Celle NJW 2010, 1535.
85 *Baudewin/Wegner*, NJW 2014, 1479, 1481; *Büßer*, JuS 2009, 319, 320.
86 OLG Celle NJW 2010, 1535, 1536.

rückgewiesen werden. Das Gericht darf deshalb wegen § 56 I ZPO Rügen zur fehlenden Parteifähigkeit einer Partei nicht als verspätet zurückweisen[87]. Allerdings muss das Gericht einer erst nach jahrelangem Prozess erhobenen Rüge einer beklagten Handelsgesellschaft, sie sei bereits zum Zeitpunkt der Klageerhebung liquidiert und daher rechtlich nicht mehr existent gewesen, nur nachgehen, wenn substantiierte Anhaltspunkte und überprüfbare Tatsachen hierzu vorgetragen werden[88]. Rügen, welche die Zulässigkeit der Klage betreffen, können *ausschließlich* nach § 296 III ZPO, nicht aber auch nach § 296 I oder II ZPO zurückgewiesen werden: Im Bereich der Zulässigkeitsrügen ist § 296 III die speziellere und abschließende Norm[89].

5. Nachgelassene Schriftsätze

Angriffs- und Verteidigungsmittel, die erst nach dem Schluss der mündlichen Verhandlung vorgetragen werden, bleiben grundsätzlich nach § 296a ZPO kategorisch unberücksichtigt. Das Gericht mag neuen Parteivortrag allenfalls zum Anlass nehmen, die mündliche Verhandlung wieder zu eröffnen, was nach § 156 I ZPO in seinem freien Ermessen steht. Lediglich in Ausnahmefällen, die in § 156 II ZPO beispielhaft beschrieben sind, *muss* die mündliche Verhandlung wieder eröffnet werden – in diesen Fällen allerdings selbst dann, wenn das Urteil zwar schon beschlossen, aber noch nicht verkündet ist[90].   **228 G**

Gelegentlich kommt es aber vor, dass das Gericht einer Partei das Recht einräumt, sich nochmals zum Vortrag des Gegners zu äußern, danach aber keinen weiteren Termin mehr ansetzt (in der Praxis sog. **Schriftsatzrecht**). Ein solches Recht kann ebenso *beiden* Parteien eingeräumt werden; dann erhält die eine Partei ein *Schriftsatzrecht* und die Gegenpartei ein sog. *Erwiderungsrecht*. Die mündliche Verhandlung ist also geschlossen; es besteht lediglich noch ein schriftliches Äußerungsrecht. Man spricht hier von *nachgelassenen Schriftsätzen* – eben solchen, die noch nach dem Schluss der mündlichen Verhandlung eingereicht werden dürfen. In diesem Fall kann das nachgelassene Parteivorbringen natürlich nicht pauschal nach § 296a ZPO präkludiert werden; vielmehr *muss* das Gericht eine fristgerechte und *kann* selbst eine verspätete Erklärung berücksichtigen (§ 283 S. 2 ZPO). Wenn das Vorbringen in einem nachgelassenen Schriftsatz – sofern das Gericht diesen berücksichtigt oder berücksichtigen muss – es erforderlich macht, muss das Gericht die mündliche Verhandlung wiedereröffnen: Das in § 156 I ZPO eingeräumte Ermessen verdichtet sich dann im Interesse des rechtlichen Gehörs der Parteien (Art. 103 I GG) zu einer Pflicht.   **229 G**

In entsprechender Anwendung von § 283 S. 2 ZPO ist mit Schriftsätzen zu verfahren, die das Gericht einer Partei nicht nach § 283 S. 1 ZPO, sondern nach § 139 V ZPO nachlässt[91]. Beide Vorschriften beschreiben die Situation, dass eine Partei sich in der mündlichen Verhandlung nicht erklären kann. Sie unterscheiden sich nur im Bezugs-   **229a**

---

87 BGH ZIP 2004, 1662, 1664.
88 BGH ZIP 2004, 1662, 1664 f. Zustimmend *Engelmann-Pilger*, NJW 2005, 716.
89 BGH MDR 2006, 767, 768.
90 BGH NJW 2002, 1426.
91 BGH NJW-RR 2014, 505 Rn. 3.

punkt: Im Falle des § 283 S. 1 ZPO ist eine Partei außerstande, sich zum Vorbringen des *Prozessgegners* in der mündlichen Verhandlung zu erklären. Im Falle des § 139 V ZPO ist demgegenüber die Partei außerstande, sich auf einen Hinweis des Gerichts hin zu erklären. Es gibt keinen Grund, nach § 139 V ZPO nachgelassene Schriftsätze anders zu behandeln als solche, die nach § 283 S. 1 ZPO nachgelassen sind: Auch hier müssen fristgerechte und können nach richterlichem Ermessen auch verspätete Schriftsätze berücksichtigt werden.

IV. In Sonderheit: Mündliche Verhandlung

G 230 Wie bereits gesehen, gehört zum Zivilprozess nach dem Konzept der ZPO grundsätzlich eine mündliche Verhandlung (§ 128 I ZPO), auf die im Einvernehmen mit den Parteien verzichtet werden kann (§ 128 II 1 ZPO). Vor dem Amtsgericht bei einem Streitwert von maximal 600 Euro kann das Gericht das Verfahren nach freiem Ermessen bestimmen und muss nur auf Antrag mündlich verhandeln (§ 495a ZPO).

1. Beginn der mündlichen Verhandlung

G 231 Die mündliche Verhandlung beginnt damit, dass die Parteien ihre Anträge stellen (§ 137 I ZPO); üblicherweise stellt der Kläger den Antrag aus der Klageschrift, der Beklagte beantragt sodann Klagabweisung. Diese Anträge gelten auch für spätere Termine (sog. **Einheit der mündlichen Verhandlung**). Die Vorstellung des § 137 II ZPO, dass die Vorträge in freier Rede gehalten werden, entspricht freilich heute kaum mehr der Realität in der Praxis; dort wird meist auf die Schriftsätze Bezug genommen (§ 137 III ZPO). Eine Verhandlung, die diesen Namen verdient, findet meist nur dann statt, wenn das Gericht den Parteien den eigenen (vorläufigen) Rechtsstandpunkt darlegt oder eine Ergänzung des Parteivorbringens anregt.

2. Formelle Verhandlungsleitung

G 232 Die formelle Verhandlungsleitung ist in § 136 ZPO niedergelegt. Der Vorsitzende sorgt danach für einen reibungslosen und störungsfreien Ablauf der Verhandlung.
- *§ 136 I ZPO:* Der Vorsitzende eröffnet und leitet die Verhandlung.
- *§ 136 II ZPO:* Der Vorsitzende erteilt und entzieht das Wort. Er *muss* anderen Mitgliedern des Gerichts das Wort erteilen, damit diese Fragen stellen können. Nach § 137 IV ZPO müssen die persönlich erschienen Parteien auf Antrag auch persönlich gehört werden – egal, ob sie freiwillig erschienen sind oder ob ihr persönliches Erscheinen nach § 141 ZPO angeordnet wurde.
- *§ 136 III ZPO:* Der Vorsitzende sorgt für eine erschöpfende Erörterung des Streitstoffs.
- *§ 136 IV ZPO:* Der Vorsitzende schließt die Verhandlung und verkündet die Entscheidungen des Gerichts.

3. Materielle Verhandlungsleitung

Die formelle Leitung ist nur auf den geordneten äußeren Rahmen bedacht sowie dar- **233 G**
auf, dass die Parteien und die Mitglieder des Gerichts sich *überhaupt* angemessen
äußern können; die materielle Verhandlungsleitung zielt dagegen darauf ab, eine erschöpfende *inhaltliche* Auseinandersetzung zu gewährleisten. Sie ist insbesondere das
Instrument zur Sicherstellung eines **fairen Verfahrens**: Die Auseinandersetzung über
Tatsachen und deren rechtliche Würdigung soll sicherstellen, dass keine Partei von der
Entscheidung überrascht wird oder verzeihlichen eigenen Rechtsirrtümern zum Opfer
fällt. Das Gericht unterstützt daher die Parteien in mehrfacher Hinsicht:

- Nach § 139 I ZPO dringt es auf die Formulierung sachdienlicher Anträge sowie auf
  die Ergänzung unvollständigen Parteivorbringens; dazu dient insbesondere das
  Fragerecht. Das Gericht muss nach § 139 I 2 ZPO namentlich dem Kläger einen
  Hinweis erteilen, wenn es das Klagevorbringen in tatsächlicher Hinsicht für unsubstantiiert hält[92], und ebenso, wenn es das Verteidigungsvorbringen des Beklagten
  für unerheblich hält. Allerdings kann der Fall so liegen, dass der jeweilige Prozessgegner in seinem Vortrag bereits auf die Unschlüssigkeit, Unerheblichkeit oder
  fehlende Substantiierung hingewiesen hat. Wenn das Gericht diese Hinweise des
  Prozessgegners derjenigen Partei, die in besagter Weise unzureichend vorgetragen
  hat, weiterleitet, muss es keinen eigenen Hinweis mehr erteilen[93]; denn dann hat die
  Partei, die unzureichend vorgetragen hat, ohnedies die Chance, das eigene Vorbringen nachzubessern. Das Gericht muss jedoch selbst in dieser Situation einen Hinweis erteilen, wenn der Kläger ersichtlich davon ausgeht, die Bedenken des Beklagten gegen die Schlüssigkeit der Klage entkräftet zu haben[94]. Wenn das Gericht
  während des Prozesses eine bestimmte Rechtsauffassung geäußert hat und nunmehr von dieser Auffassung abrücken will, hat es einen entsprechenden Hinweis zu
  erteilen und den Parteien zuvor Gelegenheit zur Stellungnahme zu geben[95]. Die
  Partei, die in erster Instanz obsiegt hat, darf erwarten, dass das Berufungsgericht
  einen Hinweis erteilt, wenn es der Vorinstanz in einem entscheidenden Punkt nicht
  folgen will[96]. Hat der Kläger in erster Instanz ein stattgebendes Urteil erstritten,
  obwohl der Klageantrag zu unbestimmt war (vgl. § 253 II Nr. 2 ZPO), darf das
  Berufungsgericht die Klage erst dann als unzulässig abweisen, wenn es auf die
  Unbestimmtheit hingewiesen und Gelegenheit zur Präzisierung des Klageantrags
  gegeben hat[97].
- Nach § 139 II ZPO weist das Gericht die Parteien darauf hin, dass es einen rechtlichen Gesichtspunkt entgegen dem bisherigen Parteivorbringen für erheblich hält
  oder anders beurteilt als *beide* Parteien. § 139 II ZPO verpflichtet das Gericht also
  nicht, sich bereits in der mündlichen Verhandlung auf eine Rechtsansicht festzulegen, die zwischen den Parteien umstritten ist.

---

92 So besonders deutlich BGH NJW 1999, 3716; ferner BGH NJW 1989, 2756, 2757; NJW 2005, 2624.
93 BGH NJW 2007, 759, 761; NJW-RR 2008, 581, 582; KG MDR 2009, 826; zustimmend *Rensen*, MDR 2008, 1075, 1077.
94 OLG Koblenz NJW 2016, 1523 Rn. 18.
95 BGH NJW 2014, 2796 Rn. 4 f.
96 BGH NJW-RR 2014, 177 Rn. 8.
97 BGH MDR 2009, 998.

- Nach § 139 III ZPO macht das Gericht auf die Bedenken aufmerksam, die hinsichtlich der von Amts wegen zu berücksichtigenden Punkte bestehen. Gemeint sind damit insbesondere Bedenken gegen die Zulässigkeit der Klage. So hat das Gericht etwa den Kläger, der ein fremdes Recht im eigenen Namen geltend macht, darauf hinzuweisen, dass seine Prozessführungsbefugnis bisher nicht hinreichend belegt ist.

G 234   **Fall 68:** A beauftragt die K-Bank, an B 1000,00 Euro zu überweisen; als Zweckbestimmung notiert A: „Rechnung vom 20.12.2015 aus Warenlieferung". Infolge eines Lesefehlers im Computer der K werden vom Konto des A 100 000 Euro abgebucht und an B überwiesen. K verklagt B auf Rückzahlung dieses Betrages „aus § 812 BGB"; B verteidigt sich mit dem Einwand, er sei um diesen Betrag nicht mehr bereichert, da er sich von dem Geld einen Sportwagen gekauft habe und dieser gestohlen worden sei. Das Gericht erhebt Beweis zur fehlenden Bereicherung des B, ohne die Rechtslage mit den Parteien im Übrigen näher zu erörtern, und weist schließlich die Klage mit der Begründung ab, es habe nicht K, sondern A eine Leistung an B erbracht. B brauche daher nur mit A abzurechnen; K solle sich dann das Geld von A holen.

Die Entscheidung ist zum einen **materiellrechtlich falsch**[98]: A hat nur dann eine Leistung an B erbracht, wenn die Zuwendung an B von einer entsprechenden *Leistungszweckbestimmung* des A getragen war. Ob dies der Fall ist, beurteilt sich aus der Sicht des Zuwendungsempfängers B. Im **Fall 68** ist eine solche Leistungszweckbestimmung des A indes aus zwei Gründen zu verneinen: (1.) Für 100 000 Euro gab es nicht nur eine fehlerhafte, sondern überhaupt keine Anweisung. A hat die Fehlbuchung *nicht zurechenbar veranlasst.* Ohne zurechenbare Veranlassung des Rechtsscheins einer Leistungsbestimmung kommt aber eine Leistung des A an B nicht in Betracht. (2.) Außerdem wusste B, dass ihm nicht mehr als 1000 Euro zustanden und die Überweisung der restlichen 99 000 Euro offensichtlich auf einem Fehler beruhen musste. Hier hat A selbst aus der maßgeblichen Sicht des B nichts geleistet; vielmehr ist B in sonstiger Weise auf Kosten der K-Bank bereichert. Der Anspruch hätte daher jedenfalls nicht am Fehlen eines Kondiktionstatbestandes scheitern dürfen.

G 235   Zum anderen ist die Entscheidung **verfahrensfehlerhaft** zustande gekommen: Das Gericht hat, indem es über die Entreicherung Beweis erhoben hat, zu erkennen gegeben, dass es den Bereicherungsanspruch dem Grunde nach für gegeben erachtet; sonst wäre es auf § 818 III BGB nämlich gar nicht mehr angekommen. Die Entscheidung kommt daher für K überraschend: Mit diesem Rechtsstandpunkt hat K ersichtlich nicht rechnen müssen. Es handelt sich um eine Überraschungsentscheidung; und genau diese will § 139 II ZPO verhindern[99]: Das Gericht hätte den Parteien Gelegenheit geben müssen, zum Tatbestand des Bereicherungsanspruchs und insbesondere zur Reichweite der Leistungskondiktion Stellung zu nehmen. Es verstößt nicht nur gegen § 139 ZPO, sondern sogar gegen das Gebot rechtlichen Gehörs (Art. 103 I GG),

---

98 Vgl. BGH NJW 1987, 185.
99 Vgl. z. B. BGH NJW-RR 2011, 487.

wenn das Gericht von seiner zuvor geäußerten Rechtsansicht ohne erneuten Hinweis abweicht[100].

▶ **Wichtiger Hinweis**
Richterliche Hinweise nach § 139 I–III ZPO sind nicht etwa ein Akt richterlicher Gnade; vielmehr haben die Parteien hierauf einen *Anspruch*[101]: § 139 ZPO konkretisiert das Gebot rechtlichen Gehörs. Deshalb ist der Richter verfassungsrechtlich verpflichtet, den Parteien Gelegenheit zu geben, sich auf seinen Hinweis hin zu erklären, und das nach jenem Hinweis Vorgetragene bei der Entscheidungsfindung zu berücksichtigen[102]. Hinweise des Gerichts müssen ferner konkret und verständlich sein[103].

Nach § 139 IV ZPO müssen Hinweise **aktenkundig** gemacht werden; dass sie gegeben wurden, kann nur durch den Inhalt der Akten bewiesen werden. Auch Hinweise, die in der mündlichen Verhandlung gegeben werden, sind in der Akte zu dokumentieren[104]. Ein Gericht, das den gebotenen Vermerk in der Akte versäumt, riskiert also, dass seine Entscheidung von der Rechtsmittelinstanz als verfahrensfehlerhaft aufgehoben wird. Wenn umgekehrt der Hinweis aktenkundig gemacht wurde, wird es einer Partei schwer fallen, das Gegenteil zu beweisen; denn nach § 139 IV 3 ZPO ist nur der Nachweis der Fälschung zulässig. Mit dem Begriff „Fälschung" sind zweierlei Konstellationen erfasst: 236 G

- die wissentlich wahrheitswidrige Niederschrift in den Akten, also die Täuschung über den *Inhalt* des Hinweises (strafrechtlich erfasst als Falschbeurkundung im Amt, § 348 StGB)
- die unechte oder verfälschte Niederschrift, also die Täuschung über die *Identität des Ausstellers*, der den Hinweis dokumentiert hat (strafrechtlich erfasst als Urkundenfälschung, § 267 StGB).

Wenn sich eine Partei auf einen richterlichen Hinweis nicht sofort erklären kann, muss das Gericht ihr auf Antrag gestatten, die Erklärung durch nachgelassenen Schriftsatz nachzureichen (§ 139 V ZPO). Damit ist zugleich gesagt, dass das Gericht der Partei nicht von Amts wegen ein Schriftsatzrecht einräumen muss[105]. Die Fürsorge des Gerichts endet an den Mitwirkungsobliegenheiten der Parteien. In § 139 V ZPO hat der Gesetzgeber nun einmal der jeweiligen Partei die Obliegenheit auferlegt, sich von sich aus zu melden, wenn sie auf den richterlichen Hinweis hin ihren Vortrag noch ergänzen möchte. 237 G

---

100 BGH GRUR 2011, 851, 852.
101 Zutreffend *Schaefer*, NJW 2002, 849, 851 f. mit Beispielen aus der Rechtsprechung.
102 Zutreffend *Greger*, JZ 2004, 805, 809.
103 *Reusen*, MDR 2006, 1201, 1202; *Fellner*, MDR 2004, 728 mit instruktivem Beispiel: Der lapidare Hinweis „der Vertrag dürfte unwirksam sein" genügt den Anforderungen des § 139 II ZPO nicht. Vgl. ferner OLG Schleswig MDR 2005, 889: Hinweis muss „zielgerichtet, inhaltlich klar und eindeutig" sein.
104 BGH MDR 2006, 411.
105 So auch OLG Hamm NJW 2003, 2543.

4. Erklärungspflicht der Parteien

G 238 Nach § 138 II ZPO muss sich jede Partei zu den vom Gegner behaupteten Tatsachen erklären. Hier gibt es drei Möglichkeiten:

a) Die eine Partei **bestreitet** den Vortrag der Gegenpartei, behauptet also explizit, dass sich der Sachverhalt nicht so abgespielt hat wie vom Gegner behauptet (also: „Nein, so war es nicht"). Im Regelfall reicht es freilich nicht aus, einfach zu behaupten, der Vortrag der Gegenseite stimme nicht; vielmehr muss die eigene Sicht der Dinge dargelegt werden.

G 239 **Fall 69:** K verklagt B auf Schadensersatz aus einem Verkehrsunfall: B sei mit seinem Wagen bei Rot über die Ampel gefahren und dabei seitlich mit seinem (des K) Fahrzeug zusammengeprallt. Er, K, sei ordnungsgemäß bei Grün über die Kreuzung gefahren.

Hier kann B nicht einfach behaupten, der Vortrag des K sei unrichtig; vielmehr muss er schildern, wie er selbst den Unfallhergang gesehen hat (sog. *substantiiertes Bestreiten*). Je mehr eine Partei vom streitigen Geschehen selbst wahrgenommen hat, desto fundierter muss diese Schilderung ausfallen. Wendet sich B allerdings mit der Begründung gegen die Schadensersatzklage, er sei zur fraglichen Zeit gar nicht am Unfallort gewesen und jemand anderes habe den Wagen nicht benutzen können, so genügt es, wenn diese Darstellung in der Klageerwiderung wiedergegeben wird. Im Übrigen hängt die Frage, wie ausführlich sich eine Partei erklären muss, davon ab, wie detailliert die Gegenseite vorgetragen hat[106]. Wenn der Kläger ohne nähere Erläuterung vorträgt, zwischen den Parteien sei ein Vertrag zustande gekommen, so darf der Beklagte dies zunächst ohne nähere Erläuterung bestreiten. Erst wenn der Kläger die angeblichen Umstände des Vertragsschlusses näher beschreibt, hat sich der Beklagte konkret zu diesen Umständen zu äußern[107].

---

240 **Zur Vertiefung:**

(1) Wenn B durch den Aufprall verletzt worden und ins Koma gefallen ist und sich deshalb an den Unfall nicht mehr erinnern kann, darf er den Vortrag des K ausnahmsweise pauschal bestreiten, ohne eine eigene Darstellung des Unfallgeschehens entgegensetzen zu müssen. Zwar ist der Unfall Gegenstand der Wahrnehmung des B zumindest für Bruchteile von Sekunden gewesen und außerdem eigene Handlung des B, sodass eine Erklärung mit Nichtwissen nach § 138 IV ZPO nicht in Betracht kommt; B kann aber nicht gezwungen werden, das Unfallgeschehen gewissermaßen „ins Blaue hinein" substantiiert wiederzugeben, wenn seine Erinnerung versagt. Allgemeiner ausgedrückt: Das Bestreiten mit **„Nicht-Mehr-Wissen"** ist ausnahmsweise zulässig, wenn die Partei „nach der Lebenserfahrung glaubhaft" erklärt, zu dem von der Gegenseite behaupteten Vorgang keine Erinnerung mehr zu haben[108].

(2) Umgekehrt kann es einer Partei nach Lage der Dinge zuzumuten sein, sich eine Wahrnehmung, die sie bisher *nicht* hatte, zu *verschaffen*, indem sie sich *informiert*, um sich anschließend zu den Behauptungen der Gegenseite zu erklären. Die Frage nach solchen **Erkundigungspflichten** stellt sich immer dann, wenn die Partei entweder ihr Wissen durch arbeitsteilige Organisation

---

106 Instruktive Beispiele hierzu bei *Dölling*, NJW 2013, 3121, 3123 f.
107 BGH NJW-RR 2014, 830 Rn. 7.
108 BGH NJW 2002, 612, 613.

aufspaltet oder die Wissensaufspaltung einer Rechtsnachfolge geschuldet ist. Das einschlägige Fallmaterial aus der Rechtsprechung ist so umfangreich, dass es hier nur exemplarisch aufgegriffen werden kann[109]. Als grobe Linie wird man festhalten können, dass Erkundigungspflichten nicht weiter reichen können, als dies zum Ausgleich jenes Verlusts an eigener Wahrnehmung erforderlich ist, der auf die Arbeitsteilung oder die Rechtsnachfolge zurückzuführen ist[110]. **Beispiele:** Der Zessionar, der die ihm abgetretene Forderung gerichtlich geltend macht, kann sich zu Einwendungen des Schuldners nicht mit Nichtwissen erklären, sondern hat beim Zedenten nachzufragen und notfalls seine Auskunftsansprüche aus § 402 BGB geltend zu machen[111]. Der Reiseveranstalter darf die vom reisenden gerügten Reisemängel nicht mit Nichtwissen bestreiten, sondern muss mit der örtlichen Reiseleitung Rücksprache halten[112]. Wenn der Subunternehmer eines Bauwerks den Generalunternehmer auf Zahlung des Werklohns verklagt, der Generalunternehmer die Zahlung unter Berufung auf Mängel nach § 641 III BGB verweigert und der Subunternehmer dagegen einwendet, der Bauherr habe den Mangel bereits beseitigt, so ist dieser Einwand materiell-rechtlich erheblich. Denn wenn der Mangel bereits beseitigt ist, ist der Nacherfüllungsanspruch des Generalunternehmers (§§ 634 Nr. 1, 635 I BGB) wegen Zweckerreichung erloschen (§ 275 I BGB) und eine darauf gestützte Einrede aus § 641 III BGB hinfällig. In dieser Situation darf der Generalunternehmer sich nicht darauf beschränken, sich zur zwischenzeitlichen Mängelbeseitigung durch den Bauherrn mit Nichtwissen zu erklären. Vielmehr muss er sich erkundigen ob der Bauherr die Mängel wirklich beseitigt hat, und das Ergebnis seiner Erkundigung vortragen[113]. Verfügt der Beklagte über eigene Mitarbeiter, die eine Wahrnehmung zum streitigen Sachverhalt haben könnten, so hat er diese zu befragen, und zwar selbst dann, wenn besagte Mitarbeiter mittlerweile aus seinem Unternehmen ausgeschieden sind[114]. Wenn ein Fahrgast im Bus bei der Anfahrt stürzt und Schadensersatz verlangt mit der Begründung, es seien keine ausreichenden Halteeinrichtungen vorhanden gewesen, ist er gewiss gehalten, vorzutragen, in welche Buslinie er um welche Uhrzeit an welcher Haltestelle eingestiegen ist. Wenn er dies aber tut und dabei sogar den Fahrschein vorlegen kann, darf sich der Betreiber der Buslinie nicht darauf zurückziehen, er wisse nicht, welcher Bus und welcher Fahrer auf der fraglichen Busfahrt eingesetzt wurde. Vielmehr muss der Betreiber die Arbeitsunterlagen ihrer Fahrer überprüfen, um herauszufinden, welcher Fahrer auf dieser Linie im fraglichen Zeitpunkt eingesetzt wurde; außerdem muss er seine Fahrer direkt befragen[115].

Wird die Behauptung einer Partei vom Gegner nicht oder nicht hinreichend substantiiert bestritten, so greift die Geständnisfiktion des § 138 III ZPO ein: Die Tatsache ist so zu behandeln, als hätte der Gegner sie zugestanden. Nach § 288 I ZPO macht dies die Beweiserhebung überflüssig; die Tatsache ist der gerichtlichen Entscheidung zugrunde zu legen. Der Gegner kann jedoch ursprünglich nicht oder nicht ausreichend bestrittenes Vorbringen später mit der notwendigen Ausführlichkeit bestreiten und damit die Geständnisfiktion beseitigen.

241 G

b) Die eine Partei **gesteht** den Vortrag der Gegenseite ausdrücklich zu (also: „Ja, so war es"). In diesem Fall ist diese Tatsache dem Urteil zugrunde zu legen; eines Beweises bedarf es nach § 288 I ZPO in diesem Fall nicht. Ein Widerruf des Geständnisses kommt nur unter den engen Voraussetzungen des § 290 ZPO in Betracht; wenn diese

242 G

---

109 Instruktive Darstellung bei *Dötsch*, MDR 2014, 1363, 1367 f.
110 *Dötsch*, MDR 2014, 1363, 1368; *Nicoll*, JuS 2000, 584, 589.
111 OLG Köln VersR 1992, 78; *Lange*, NJW 1990, 3233, 3237 f.
112 LG Frankfurt NJW-RR 1991, 378.
113 OLG Bamberg NJW 2015, 1533 Rn. 43 ff.
114 *Dölling*, NJW 2013, 3121, 3125.
115 OLG Frankfurt NJW 2015, 2195 Rn. 11 – freilich nicht unter dem Gesichtspunkt des § 138 IV BGB, sondern unter dem Gesichtspunkt der Anforderungen an ein substantiiertes Bestreiten.

nicht gegeben sind, bleibt es dabei, dass die Tatsache unstreitig ist und keines Beweises bedarf.

Gerade aus § 290 ZPO ergibt sich eine doppelte Funktion des Geständnisses: Zum einen wird – ebenso wie beim bloßen Schweigen nach § 138 III ZPO – der gegnerische Vortrag ungeprüft zur Urteilsgrundlage; zum anderen bewirkt das Geständnis die Bindung der Partei an das eigene Wort: Die Partei erklärt mit ihrem Geständnis, sich an ihrem Wort festhalten lassen zu wollen[116]. Daraus folgt, dass von einem Geständnis nur die Rede sein kann, wenn sich ein entsprechender **Geständniswille** der betreffenden Partei feststellen lässt – ein Wille nämlich, am eigenen Wort festgehalten zu werden.

---

243 **Zur Vertiefung:**

(1) Die engen Voraussetzungen, unter denen ein *ausdrückliches Geständnis* widerrufen werden kann (§ 290 ZPO), gelten daher *nicht* im Rahmen des § 138 III ZPO: Tatsachen, die mangels substantiierten Bestreitens (soeben a) so behandelt werden, als *wären* sie zugestanden, können im weiteren Prozessverlauf bestritten und damit die Geständnisfiktion des § 138 III ZPO ohne weiteres beseitigt werden[117].

(2) Die engen Voraussetzungen, unter denen ein Geständnis widerrufen werden kann, gelten des Weiteren *nur* für Geständnisse der Partei im konkreten Zivilverfahren. Ist dem Zivilprozess ein strafgerichtliches Verfahren vorausgegangen und hat die Partei dort ein Geständnis abgelegt, ist sie hieran nicht nach § 290 ZPO gebunden. Allerdings hat das Gericht dies Geständnis im Rahmen seiner Beweiswürdigung (§ 286 ZPO) zu berücksichtigen[118].

G 244 c) Die Partei bestreitet weder, noch gesteht sie, sondern erklärt sich mit **Nichtwissen** (also: „keine Ahnung, wie es war"). Das darf sie nach § 138 IV ZPO, wenn die vom Gegner behauptete Tatsache weder eine eigene Handlung noch Gegenstand ihrer eigenen Wahrnehmung ist.

G 245 **Fall 70:** K verklagt B auf Erfüllung einer Kaufpreisforderung nebst 13 % Zinsen seit dem 14.8.2015. Zur Begründung trägt der Anwalt des K vor, seit diesem Datum befinde sich B im Verzug; K nehme ständig Bankkredit in einer die Klageforderung übersteigenden Höhe in Anspruch, der mit 13 % zu verzinsen sei.

Ob K wirklich Bankkredit in Anspruch nimmt und ob dieser wirklich mit 13 % zu verzinsen ist, kann B beim besten Willen nicht beurteilen: Die Kreditaufnahme ist nicht seine Handlung, sondern die Handlung des K, und der Zinssatz, den K an seine Bank zahlen muss, steht im Kreditvertrag zwischen K und der Bank, ist also nicht Gegenstand der eigenen Wahrnehmung. B darf sich zur Kreditaufnahme und zum Zinssatz daher mit Nichtwissen erklären. In diesem Fall gilt die Behauptung des K *nicht* als zugestanden; K muss vielmehr Beweis anbieten.

---

246 **Zur Vertiefung:** In der **Praxis** werden freilich Bestreiten und Erklärung mit Nichtwissen häufig vermengt. So findet man gerade in Konstellationen wie **Fall 70** im Schriftsatz des Beklagtenan-

---

116 BGH MDR 2005, 1307.
117 BVerfG NJW 2001, 1565.
118 BGH JR 2004, 468.

walts häufig den Satz, es werde der geltend gemachte Zinssatz bestritten. Das ist nicht korrekt; denn wer bestreitet, behauptet, der Vortrag der Gegenseite sei objektiv unwahr. Eine solche Behauptung kann aber B nicht aufstellen, weil er in das Kreditverhältnis zwischen K und seiner Bank keinen Einblick hat. – Häufig findet sich in Anwaltsschriftsätzen die Bemerkung, die Behauptung der Gegenseite werde *„mit Nichtwissen bestritten"*. Diese Bemerkung ist in sich widersprüchlich: Wer bestreitet, behauptet die Unwahrheit des gegnerischen Vortrags („Nein!"); wer sich mit Nichtwissen erklärt, behauptet *gar nichts* („Weiß nicht!").

▶ **Wichtiger Hinweis**
Wenn eine Partei sich mit Nichtwissen erklärt, *ohne* dass die Voraussetzungen des § 138 IV ZPO vorliegen, greift die Geständnisfiktion des § 138 III ZPO ein: Der Vortrag des Gegners gilt als zugestanden.   **246a G**

5. Beweiserhebung

Die mündliche Verhandlung ist der Ort, wo nicht nur die Rechtslage erörtert wird, sondern auch eventuelle Beweise erhoben werden (vgl. z. B. § 279 II ZPO). Über das Ergebnis der Beweisaufnahme ist seinerseits mündlich zu verhandeln (§ 285 I ZPO).   **247 G**

a) Erforderlichkeit

Beweis über eine Tatsache muss erhoben werden, wenn sie   **248 G**
- **streitig** ist, d. h. eine Partei sie behauptet und die andere sie bestreitet (bei Geständnis oder Geständnisfiktion dagegen nicht: § 288 I ZPO).
- **entscheidungserheblich** ist, d. h. es auf dem Boden der Rechtsauffassung des Gerichts auf sie für die Entscheidung ankommt.

Nicht beweisbedürftig sind – auch wenn sie streitig und entscheidungserheblich sind – Tatsachen, die bei dem Gericht **offenkundig** sind (§ 291 ZPO).   **249 G**

Zur Vertiefung: Im Kontext des § 291 ZPO differenziert der BGH zwischen Tatsachen und Erfahrungssätzen und knüpft daran rechtlich die Folgerung, dass nur Tatsachen, nicht aber Erfahrungssätze offenkundig sein könnten[119]. Praktische Bedeutung erlangt dies namentlich in Wettbewerbsprozessen: Bevor ein Gericht eine Werbung als unlauter brandmarken kann, muss es feststellen, wie die angesprochenen Verkehrskreise diese Werbung verstehen. Sieht das Gericht in diesem Zusammenhang davon ab, ein Marktforschungsgutachten einzuholen, und beurteilt es jenes Verständnis aufgrund eigener Sachkunde, so stützt es sich nicht auf Tatsachen, sondern auf *Erfahrungswissen* – darüber nämlich, wie die angesprochenen Verkehrskreise gewöhnlich wahrzunehmen, welche Aufmerksamkeit sie ihr zu schenken und welche Fehlvorstellungen sie deshalb zu bilden pflegen. Dies Erfahrungswissen ist niemals i. S. des § 291 ZPO offenkundig. **Konsequenz:** Das Erfahrungswissen des Richters kann nicht (wie dies bei offenkundigen Tatsachen der Fall ist!) durch einen Gegenbeweis erschüttert werden. Die Partei, zu deren Nachteil die auf das Erfahrungswissen gestützte Rechtsauffassung des Gerichts gereicht, mag allenfalls einwenden, das Gericht habe das Erfahrungswissen aus eigener Kraft nicht bilden können, sondern sich hierzu der Hilfe eines *Sachverständigen* bedienen müssen. Fehlt es dem Gericht an der erforderlichen eigenen Sachkunde, so begründet es einen Verfahrensfehler, wenn das Gericht gleichwohl auf die Zuziehung eines Sachverständigen verzichtet (dazu noch unten § 9 II 1).   **250 G**

---

119 BGH NJW 2004, 1163, 1164.

b) Beweismittel

G 251 Der Beweis wird mit den folgenden Mitteln geführt (Stichwort SPAUZ):
- Sachverständigengutachten (§§ 402 ff. ZPO).
- Parteivernehmung (§§ 445 ff. ZPO).
- Augenschein (§§ 371 ff. ZPO).
- Urkunden (§§ 415 ff. ZPO).
- Zeugen (§§ 373 ff. ZPO).

Grundsätzlich ist das Gericht, soweit es diejenigen Tatsachen zu prüfen hat, welche für die Begründetheit der Klage entscheidend sind, auf diese Beweismittel beschränkt §§ 284 S. 1, 355 ff. ZPO) und muss diese Beweise selbst, bei Kollegialgerichten insbesondere in vollständiger Besetzung erheben (§ 355 I ZPO)[120]. Man spricht insoweit vom **Strengbeweis**. Die Bindung an diese zwei Kautelen – Begrenzung der Beweismittel und Unmittelbarkeit der Beweisaufnahme – entfällt ausnahmsweise dort, wo das Gesetz den **Freibeweis** zulässt. Das ist der Fall, wenn die Parteien in den Freibeweis *einwilligen* (§ 284 S. 2 ZPO), ferner auch ohne Einwilligung der Parteien bei Verfahren vor den Amtsgerichten mit einem Streitwert von nicht mehr als 600 Euro (§ 495a ZPO) sowie überall dort, wo das Gericht bestimmte Umstände, etwa die Voraussetzungen für die Zulässigkeit der Klage (§ 56 I ZPO), von Amts wegen zu berücksichtigen hat[121]. Die tatsächlichen Voraussetzungen der Zulässigkeit einer Klage bzw. eines Rechtsmittels werden ebenfalls durch Freibeweis ermittelt[122].

▶ **Wichtiger Hinweis**
Selbst dort, wo der Freibeweis zugelassen ist, muss das Gericht von der Wahrheit der Tatsache, die es seiner Entscheidung zugrunde legt, i. S. des § 286 ZPO *überzeugt* sein[123]: Der Freibeweis rechtfertigt nicht etwa einen geringeren Grad an Gewissheit[124]. Ebensowenig darf die Zulassung des Freibeweises das Gericht zu willkürlicher Verfahrensgestaltung verleiten: Hat das Amtsgericht, das nach § 495a ZPO im Wege des Freibeweisverfahren darf, durch die Formulierung seiner Beweisbeschlüsse zu erkennen gegeben, dass es nach dem Prinzip des Strengbeweises vorgehen will, so darf es von dieser Verfahrensweise nicht abrücken, ohne zuvor die Parteien davon zu unterrichten[125]. Kündigt es in einem Haftpflichtprozess die Einholung eines Sachverständigengutachtens zur Schadenshöhe an, so darf es nicht unvermittelt hiervon abrücken und ein Urteil erlassen, in dem die Schadenshöhe nach § 287 ZPO geschätzt wird. Tut es dies dennoch, so ist das Recht der unterlegenen Partei auf ein faires Verfahren verletzt.

251a Die Beweisaufnahme kann sich zum einen auf die streitige Tatsache selbst beziehen; man spricht dann vom **unmittelbaren Beweis**[126]. *Beispiel*: Ist zwischen den Parteien streitig, ob ein Vertrag zustande gekommen ist, und wird zum Beweis des Vertragsschlusses die von beiden Parteien unterschriebene Vertragsurkunde vorgelegt, so be-

---

120 Vgl. dazu bereits oben § 4 III 2 bei Rn. 167.
121 Weitere Beispiele für die Zulässigkeit des Freibeweises bei *Muthorst*, JuS 2014, 686, 688.
122 Statt vieler BGH NJW 2008, 1531, 1533; *Reißmann*, JR 2012, 182, 183; (der aber ebenda S. 186 ff. den Parteien das Recht zugesteht, die Ermittlung der Zulässigkeitsvoraussetzungen im Verfahren des Strengbeweises zu erzwingen).
123 *Fölsch*, MDR 2004, 1029, 1030; *Knauer/Wolf*, NJW 2004, 2857, 2862.
124 So auch *Reißmann*, JR 2012, 182, 185; *Völzmann-Stickelbrock*, ZZP 118 (2005), 359, 377.
125 BayVerfGH NJW 2005, 3771, 3772.
126 Instruktiv zum Folgenden *Huber*, JuS 2016, 218, 219.

zieht sich die Beweisaufnahme direkt auf die Tatbestandselemente des Vertragsschlusses, nämlich ob beide Parteien entsprechende Willenserklärungen abgegeben haben. Die Beweisaufnahme kann sich aber auch auf Tatsachen erstrecken, die lediglich darauf hindeuten, dass ein bestimmtes Tatbestandsmerkmal einer streitentscheidenden Norm erfüllt sind (sog. **Indizien**). Man spricht dann vom **mittelbaren Beweis**. Auf Indizien ist der Richter vor allem angewiesen, wenn es darum geht, sog. *innere Tatsachen* zu ermitteln, z. B. den Vorsatz des Schädigers im Fall des § 286 BGB oder die Arglist einer Vertragspartei im Fall des § 123 BGB. Häufig ist erst eine Gesamtheit von Indizien geeignet, i. S. des § 286 ZPO die volle Überzeugung von der Wahrheit zu vermitteln.

c) Sachverständigenbeweis

aa) Formalien

Der Sachverständigenbeweis wird durch die Bezeichnung der zu begutachtenden Punkte angetreten (§ 403 ZPO). Die Bestimmung, *welcher* Sachverständige tätig werden soll, ist dagegen nicht mehr Aufgabe der Partei; die Auswahl des Sachverständigen trifft vielmehr das Prozessgericht (§ 404 I 1 ZPO). Das Gericht kann nach § 144 ZPO den Sachverständigenbeweis von Amts wegen anordnen. **252 G**

bb) Sachverständigengutachten aus anderen Verfahren

Der Grundsatz der Unmittelbarkeit der Beweisaufnahme (§ 355 ZPO) erfährt beim Sachverständigenbeweis ganz allgemein eine Einschränkung, wenn dem Zivilverfahren ein anderes gerichtliches Verfahren in der gleichen Angelegenheit vorausgegangen war und dort bereits Sachverständigenbeweis erhoben worden ist: Dann kann nach **§ 411a ZPO** ein **Sachverständigengutachten** aus diesem **anderen Verfahren** auch im nachfolgenden Zivilprozess verwertet werden. Das schriftliche Gutachten aus jenem Verfahren ist dann nicht etwa eine Urkunde, sondern ein Sachverständigengutachten ebenso wie wenn das Gericht den Autor jenes Gutachtens selbst zum Sachverständigen in *diesem* Verfahren bestellt hätte. Allerdings hüte man sich vor der Illusion, dass diese mit In-Kraft-Treten des Justizmodernisierungsgesetzes[127] in die ZPO eingefügte Vorschrift zu einer nennenswerten Entlastung der Gerichte führt[128]: Selbstverständlich können die Parteien auch hier mündliche Erläuterung (§ 411 III ZPO)[129] und bei Bedarf schriftliche Ergänzung des Gutachtens (§ 411 IV ZPO)[130] verlangen. Da die Erkenntnisziele verschiedener Verfahren differieren können, wird es häufig zu solchen Ergänzungen kommen müssen[131]. **253**

---

127 BGBl. I S. 2198 vom 30. 8. 2004.
128 Ähnlich *Huber*, ZRP 2003, 268, 270.
129 *Fölsch*, MDR 2004, 1029, 1030.
130 *Knauer/Wolf*, NJW 2004. 2857, 2862.
131 *Fölsch*, MDR 2007, 121, 122f.; *Knauer/Wolf*, NJW 2004. 2857, 2862; im Ergebnis auch *Saenger* ZZP 121 (2008), 139, 157 f.

> **Fall 71:** In einem gegen B geführten Strafverfahren wegen Unfallflucht hat der Sachverständige S ermittelt, dass die Reparatur des Wagens des Unfallgegners K mit einem Aufwand von 6000 Euro netto (ohne MwSt.) verursache.

Klagt nun im **Fall 71** K gegen B auf Schadensersatz, so wird das Gericht die von S getroffene Feststellung nicht etwa ungeprüft in das Urteil übernehmen können. Vielmehr wird es zu prüfen haben, ob eine Ersatzbeschaffung billiger kommt und K daher auf diese Alternative der Naturalherstellung beschränkt ist[132]. Dazu muss S sich auf Verlangen in einem Ergänzungsgutachten äußern. Zu Recht hat der BGH ausgesprochen, dass die (als Urkundenbeweis zulässige) Verwertung von Strafakten den Parteien nicht das Recht nimmt, im nachfolgenden Zivilprozess eine unmittelbare Beweisaufnahme zu verlangen[133].

cc) „Sachverständige Zeugen"

254   Sachverständige, die vor Prozessbeginn von einer Partei zugezogen worden sind, um zum Zwecke der gerichtlichen Rechtsverfolgung den Sachverhalt zu erheben (**Privatgutachter**), wird das Gericht nicht als Sachverständige vernehmen; denn ihnen fehlt die notwendige Neutralität, wenn sie einmal im Auftrag einer Partei tätig geworden sind. Das Gericht muss die Wahrnehmungen solcher Sachverständiger aber nicht gänzlich unberücksichtigt lassen. Vielmehr kann es einen Privatgutachter als sog. **sachverständigen Zeugen** vernehmen.

> **Fall 72:** In einem Haftpflichtprozess hat der Kläger den Sachverständigen A zugezogen, um den Schaden an seiner Sache zu beziffern. A hat die Sache in Augenschein genommen und sein Gutachten erstattet. Auf der Basis dieses Gutachtens verlangt der Kläger vom Beklagten Schadensersatz und beantragt zur Schadenshöhe Beweis durch Sachverständigengutachten. Das Gericht bestellt den Sachverständigen B, der den Schaden lediglich anhand von Fotoaufnahmen von der beschädigten Sache ermitteln kann, weil der Kläger diese zwischenzeitlich bereits wieder hat reparieren lassen.

Werden die Feststellungen des Sachverständigen B aus diesem Grunde von einer Partei angezweifelt, so kann diese nach §§ 414, 373 ZPO beantragen, dass der Sachverständige A von seinen Wahrnehmungen berichtet, die er von dem Augenschein an der beschädigten Sache seinerzeit gewonnen hat[134]. A ist *nicht Sachverständiger*, weil dies eine gerichtliche Bestellung nach § 404 I ZPO erfordert und eine solche Bestellung nicht vorliegt; er ist aber *sachverständiger Zeuge*: Zeuge deshalb, weil er über seine Wahrnehmung vom Zustand der Sache berichtet, *sachverständiger* Zeuge deshalb, weil er jene Wahrnehmungen überhaupt erst aufgrund seiner Sachkunde gewinnen konnte. Bei der Beweiswürdigung wird allerdings das Gericht zu berücksichtigen haben, dass A bereits im Auftrag einer Partei tätig geworden ist; es wird daher die Objektivität der von A berichteten Feststellungen zum Zustand der Sache

---

132 Dazu BGHZ 115, 364, 371 ff.
133 BGH MDR 2006, 771.
134 BGH NJW-RR 2004, 1362, 1363.

ganz genau prüfen müssen. Und mehr noch: Wenn – anders als im **Fall 72** – das zu begutachtende Objekt *noch unverändert zur Verfügung steht*, darf das Gericht sich nicht damit begnügen, den Privatgutachter, den die Partei vorher zugezogen hatte, als sachverständigen Zeugen zu vernehmen. Das Gericht ist vielmehr, sofern eine Partei dies beantragt, *verpflichtet*, ein *gerichtliches* Sachverständigengutachten einzuholen[135]. Sollte der gerichtlich bestellte Sachverständige zu anderen Ergebnissen gelangen als der Privatgutachter, hat das Gericht diesen Widerspruch aufzuklären – notfalls indem es ein weiteres Gutachten einholt (oben Rn. 166). Ebenso hat das Berufungsgericht Widersprüchen zwischen dem Gutachten des in erster und dem Gutachten des in zweiter Instanz bestellten Sachverständigen nachzugehen[136].

d) Parteivernehmung

Auf **Antrag** der *beweisbelasteten* Partei vernimmt das Gericht den **Gegner** dieser Partei, falls die beweisbelastete Partei den ihr obliegenden Beweis mit anderen Mitteln nicht geführt hat. Der Gegner ist *nicht verpflichtet, sich zur Sache zu äußern*; doch kann das Gericht nach § 446 ZPO aus der Weigerung Schlüsse zum Nachteil des Gegners ziehen, wenn dieser eine Einlassung zur Sache verweigert. Das Gericht kann die Parteivernehmung nach § 448 ZPO bei Bedarf auch von Amts wegen anordnen.   255 G

Die Parteivernehmung kommt vor allem in Betracht, wenn der Inhalt von Gesprächen „unter vier Augen" bewiesen werden soll: Die Parteien waren dann die einzigen, die bei dem Gespräch dabei waren (siehe bereits Rn. 166). Die Parteivernehmung kommt ferner in Betracht, wenn es um innere Tatsachen in der Person einer Partei geht – so etwa um die Frage, ob eine Partei sich anders verhalten hätte, wenn sie über eine bestimmten Umstand ordnungsgemäß aufgeklärt worden wäre[137], oder um die Frage, ob eine Pflicht- bzw. Rechtsgutsverletzung auf dem Vorsatz einer Partei beruht.

e) Augenschein

Der Beweis durch Augenschein wird durch die Bezeichnung des Gegenstandes des Augenscheins und der zu beweisenden Tatsachen angetreten (§ 371 I 1 ZPO). Auch ihn kann das Gericht von Amts wegen anordnen (§ 144 ZPO). Gegenstand des Augenscheins sind alle Objekte, welche der unmittelbaren sinnlichen Wahrnehmung zugänglich sind, also nicht nur der optischen, sondern auch z. B. der akustischen Wahrnehmung (auch der „Ohrenschein" ist im Rechtssinne „Augenschein") oder der taktilen Wahrnehmung (Berührung!).   256 G

f) Urkunden

Der Urkundsbeweis wird dadurch angetreten, dass die Partei die Urkunde im Original vorlegt (§ 420 ZPO). Urkunden sind durch Niederschrift verkörperte Gedankenerklä-   257 G

---

135 BGH NJW 2013, 3570 Rn. 18 ff.
136 BGH NJW-RR 2014, 1147 Rn. 11.
137 BGHZ 193, 159 Rn. 38 ff.

rungen, die geeignet sind, Beweis für streitiges Parteivorbringen zu erbringen[138]. Unter den Voraussetzungen des § 142 ZPO kann das Gericht die Vorlegung von Urkunden von Amts wegen anordnen. Die Vorlegung von Urkunden, die sich im Besitz eines Dritten befinden, kann nach § 142 II 1 ZPO nicht verlangt werden, sofern der Dritte nach §§ 383–385 ZPO zur Verweigerung des Zeugnisses über die zu beweisende Tatsache berechtigt wäre oder die Vorlegung dem Dritten aus sonstigen Gründen nicht zugemutet werden kann. Letzteres kann etwa der Fall sein, wenn die Urkunden seiner geschützten Privatsphäre entstammen oder er sie für seine berufliche Tätigkeit benötigt[139]. Hat in der Sache, in der nunmehr ein Zivilprozess anhängig ist, früher ein Strafverfahren stattgefunden und ist in diesem Verfahren ein Urteil gesprochen worden, so kann dieses Urteil im Wege des Urkundsbeweises in den Zivilprozess eingeführt werden[140]. Das Zivilgericht darf die Feststellungen aus dem Strafurteil aber nicht ungeprüft zugrunde legen, sondern muss sie im Rahmen der Beweiswürdigung einer eigenen kritischen Überprüfung unterziehen[141]. **Wichtig:** *Die Urkunde kann niemals ihre eigene Echtheit beweisen*, d. h, niemals Beweis dafür erbringen, dass sie tatsächlich ihrem Aussteller stammt. *Diesen* Beweis hat das Gericht vielmehr entweder mittels Augenscheins (Schriftvergleich, § 441 I ZPO) oder unter Zuziehung von Sachverständigen (graphologisches Gutachten!) zu erheben. Es steht im Ermessen des Gerichts, welche dieser beiden Alternativen es wählt[142]. Die Beweislast für die Echtheit der Urkunde trägt derjenige, der sich auf die Urkunde beruft[143]. Bei (unstreitig oder erwiesenermaßen echten) Urkunden über *Rechtsgeschäfte* vermutet der BGH aber immerhin, dass der Inhalt jenes Geschäfts in der Urkunde vollständig und richtig wiedergegeben ist[144].

Die Beweiskraft von öffentlichen und privaten Urkunden ist in §§ 415 ff. ZPO näher geregelt. Privaturkunden, die vom Aussteller unterschrieben worden sind, begründen nicht nur vollen Beweis dafür, dass sie den von der Unterschrift getragenen Inhalt haben, sondern ebenso dafür, dass sie mit dem Willen des Ausstellers in den Verkehr gebracht („begeben") worden sind[145]. Das anwaltliche Empfangsbekenntnis beweist nicht nur die Tatsache, dass der Anwalt das zuzustellende Schriftstück entgegengenommen hat, sondern ebenso den Zeitpunkt, zu dem er es entgegengenommen hat[146].

g) Zeugen

G 258 Der Zeugenbeweis wird dadurch angetreten, dass die Partei den Zeugen und die Tatsache benennt, über die er vernommen werden soll (§ 373 ZPO). Den Zeugenbeweis erhebt das Gericht *nur* auf *Antrag* einer Partei.

---

138 Statt vieler Zöller/*Geimer*, ZPO, 31. Aufl. 2016, Rn. 2 vor § 415.
139 Näher *Schneider*, MDR 2004, 1, 2.
140 *Hennigs/Feige*, JA 2012, 128, 129.
141 OLG Zweibrücken NJW-RR 2011, 496, 497.
142 OLG Koblenz NJW-RR 2014, 505, 507.
143 *Gehrlein*, MDR 2004, 541, 543 m. w. N.
144 BGH NJW 1980, 1680, 1681; NJW 2002, 3164 f.
145 BGH NJW-RR 2003, 384 f.; BGH NJW-RR 2006, 847 Rn. 13; BGH NJW 2013, 3306 Rn. 28.
146 BGH NJW 2006, 1206 Rn. 8; BGH NJW 2012, 2117 Rn. 6.

Äußerst kontrovers wird die Frage diskutiert, wie das Gericht zu verfahren hat, wenn **259** eine Partei für eine Tatsache Beweis durch Vernehmung des **Zeugen N. N.** anbietet. Einigkeit besteht nur darin, dass ein solches Beweisangebot nicht ausreicht, um den Zeugenbeweis nach § 373 ZPO anzutreten. Zweifelhaft erscheint aber, wie das Gericht auf ein solches Beweisangebot zu reagieren hat:

*   Zeigt es **überhaupt keine** Reaktion auf das Beweisangebot? Dann müsste es, sofern der Zeuge später namentlich benannt wird, ggf. prüfen, ob durch die Erhebung des Beweises die Erledigung des Rechtsstreits verzögert würde und deshalb eine Präklusion nach § 296 ZPO in Betracht kommt[147].
*   Muss es einen **richterlichen Hinweis** nach § 139 ZPO an die beweisführende Partei richten, dass das Beweisangebot unvollständig sei, und darauf dringen, dass der Zeuge namentlich benannt oder zumindest die Gründe für seine anonyme Benennung dargelegt werden[148]?
*   Muss es – sei es nach richterlichem Hinweis, sei es ohne einen solchen – eine **Beibringungsfrist** nach § 356 ZPO mit der Folge setzen, dass der Zeugenbeweis wegen Verspätung präkludiert wird, wenn der Zeuge nicht innerhalb der gesetzten Frist rechtzeitig benannt wird? Besteht diese Pflicht *immer* oder nur dann, wenn der Zeuge nach den Angaben der Partei *individualisiert* werden kann oder wenn die Partei plausible Gründe für die anonyme Benennung des Zeugen vorträgt[149]?

Zutreffend dürfte Folgendes sein: In **Anwaltsprozessen** (§ 78 ZPO) erübrigt sich ein **260** richterlicher Hinweis, weil jedem Anwalt klar sein muss, dass ein Beweisantritt durch Benennung eines anonymen Zeugen nicht statthaft ist. Sieht die anwaltlich vertretene Partei sich außerstande, den Zeugen zu benennen, so hat sie – als Ausprägung ihrer allgemeinen Prozessförderpflicht (§ 282 I ZPO) – *von sich aus* zu erklären, warum sie keine ladungsfähige Anschrift präsentieren kann; ebenso hat sie *von sich aus* dasjenige, was sie über den Zeugen weiß, vorzutragen (den Zeugen gewissermaßen zu *individualisieren*), damit das Gericht zumindest eine Vorstellung davon bekommt, dass der Zeuge nicht bloß vorgeschoben, sondern tatsächlich vorhanden ist. Nur wenn die Partei, die durch ihren Anwalt entsprechend zu beraten ist, dieser Obliegenheit nachkommt, ist das Gericht gehalten, eine Frist nach § 356 ZPO zu setzen. Präsentiert der Anwalt dagegen ohne jede Erklärung den „Zeugen N. N.", so muss das Gericht dem nicht weiter nachgehen, sondern kann, falls der Zeuge später benannt ist, das nunmehr formell ausreichende Beweisangebot nach Maßgabe des § 296 II ZPO präkludieren. In Prozessen **ohne Anwaltszwang** muss dagegen die Partei durch richterlichen Hinweis auf die Notwendigkeit hinweisen, die Identität des Zeugen durch Vortrag einer

---

147 In diesem Sinne für den Fall, dass die Angabe des Namens und der ladungsfähigen Anschrift schuldhaft unterbleibt, *Baumbach/Lauterbach/Albers/Hartmann*, ZPO, § 356 Rn. 4, 6 (wo § 296 freilich nicht ausdrücklich genannt wird).
148 Dafür *Fischer*, JuS 2015, 517, 519; *Gottschalk*, NJW 2004, 2939, 2940; *Schneider*, MDR 1998, 1115.
149 Für Fristsetzung nach § 356 ZPO – jedenfalls wenn der Zeuge zumindest bereits individualisiert wurde – BGH NJW 1993, 1926, 1927; BGH NJW 1998, 2368, 2369; BGH MDR 2011, 160; ebenso – aber nur wenn der Zeuge bereits individualisiert wurde – BGH NZI 2015, 191 Rn. 6; MüKo/*Heinrich*, ZPO, 4. Aufl. 2012, § 356 Rn. 6; Stein/Jonas/*Berger*, ZPO, 23. Aufl. 2015, § 356 Rn. 5; Zöller/*Greger*, ZPO, 31. Aufl. 2016, § 356 Rn. 4. Nach *Gottschalk*, NJW 2004, 2939, 2940 und *Rixecker*, NJW 1984, 2135, 2136 ist ebenso eine Frist nach § 356 ZPO zu setzen, wenn ein plausibler Grund für die anonyme Benennung des Zeugen gegeben wird.

ladungsfähigen Anschrift offen zu legen. Reagiert die Partei auf diesen Hinweis nicht, so muss das Gericht dem Beweisangebot nicht weiter nachgehen und darf es, falls es später nachgereicht wird, nach § 296 II ZPO präkludieren. Erklärt die Partei die Gründe, warum sie den Zeugen nicht benennen kann, oder individualisiert sie ihn, so setzt das Gericht eine Frist nach § 356 ZPO.

6. Sitzungsprotokoll

261 Über die mündliche Verhandlung und über jede Beweisaufnahme muss ein Protokoll aufgenommen werden (§ 159 I 1 ZPO). § 160 ZPO schreibt vor, was in dieses Protokoll hineingehört. Von erheblicher Bedeutung ist das Protokoll, wenn ein *Rechtsmittel* auf eine *Verfahrensrüge* gestützt werden soll: Die Beachtung der für das Verfahren wesentlichen Förmlichkeiten kann nur durch das Protokoll bewiesen werden; *wenn* dort vermerkt ist, dass jene Förmlichkeiten beachtet wurden, ist dagegen wiederum nur der Nachweis der Fälschung zulässig (§ 165 ZPO).

7. Verlust von Verfahrensrügen

262 Verfahrensrügen können freilich selbst dann, wenn sie sich aus dem Protokoll oder aus einem Nachweis der Protokollfälschung ergeben, nach § 295 ZPO verloren gehen: Verzichtbare Verfahrensrügen (§ 295 II ZPO) müssen spätestens im nächsten Verhandlungstermin gerügt werden, sonst sind sie ausgeschlossen. Verzichtbar ist etwa die Anordnung in § 285 I ZPO, wonach die Parteien über das Ergebnis der Beweisaufnahme zu verhandeln haben[150]. Die Parteien können nicht gezwungen werden, sich zur Würdigung der Beweise zu äußern; das Verhandlungsrecht nach § 285 ZPO existiert allein zu ihrem Schutz, auf den sie verzichten können. *Nicht* verzichtbar sind dagegen diejenigen Vorschriften, die neben dem Schutz der Parteien auch ein geordnetes und effizientes Verfahren sicherstellen wollen. So kann eine Partei nicht wirksam darauf verzichten, dass verspätetes Vorbringen, dessen Berücksichtigung die Erledigung des Rechtsstreits verzögern würde, nach § 296 I ZPO präkludiert wird[151]: § 296 ZPO steht in einem ausgeprägten Spannungsverhältnis zum Recht auf rechtliches Gehör (Art. 103 I GG). Es ist, so der BGH, nicht Aufgabe der Parteien, darüber zu wachen, ob das Gericht die Präklusionsvoraussetzungen zutreffend verneint hat; dem würde die Möglichkeit eines Rügeverzichts oder eines Rügeverlustes durch rügeloses Weiterverhandeln widersprechen. Dem ist zuzustimmen; ergänzend ist auf Folgendes hinzuweisen: Die Präklusionsvorschriften dienen außerdem dem Allgemeininteresse an einer effizienten Rechtspflege und schützen damit die Institution der Rechtspflege an sich. Die Funktionsfähigkeit der Rechtspflege steht aber nicht zur Disposition der Parteien. *Niemals* nach § 295 I ZPO verloren geht die Rüge einer Partei, der Prozessbevollmächtigte des Prozessgegners sei nicht mit einer wirksamen Prozessvollmacht ausgestattet. Vielmehr bestimmt § 88 I ZPO, dass der Mangel der

---

150 BGHZ 63, 94, 95.
151 BGH NJW 1990, 2389, 2390.

Prozessvollmacht in jeder Lage des Rechtsstreits gerügt werden kann. Damit ist der Einwand der Verspätung für diese Rüge kategorisch ausgeschlossen[152].

V. Zusammenfassung: Wichtige Grundbegriffe

263 G

Stufenklage	Kläger macht einen (bestimmten!) Anspruch auf Auskunft und nach Maßgabe der Auskunft einen zunächst noch unbezifferten Leistungsanspruch geltend. Der an sich nach § 253 II Nr. 2 erforderliche bestimmte Leistungsantrag wird nachgeholt, sobald die Auskunft erteilt ist.
Klagenhäufung	*Objektive* Klagenhäufung bedeutet, dass mehrere Ansprüche in einer Klage geltend gemacht werden. *Subjektive* Klagenhäufung ist gleichbedeutend mit Streitgenossenschaft: Mehrere Parteien klagen zusammen oder werden zusammen verklagt.
Eventuelle Klagenhäufung	*Eigentliche eventuelle Klagenhäufung* bedeutet, dass ein Hauptanspruch und für den Fall, dass der Kläger *unterliegt*, ein Hilfsanspruch geltend gemacht wird. *Uneigentliche eventuelle Klagenhäufung* bedeutet, dass ein Hauptanspruch und, falls der Kläger *obsiegt*, *zusätzlich* noch ein Hilfsanspruch geltend gemacht wird.
Rechtshängigkeit	Der Streitgegenstand wird mit Klageerhebung rechtshängig (§ 261 I ZPO). Das bedeutet *prozessual* (§ 261 III ZPO): Neue Klage über denselben Streitgegenstand unzulässig; Gericht bleibt zuständig, selbst wenn später Umstände hinzutreten, die eigentlich zu seiner Unzuständigkeit führen würden (*perpetuatio fori*). *Materiellrechtlich* gehen mit der Rechtshängigkeit vor allem eine Haftungsverschärfung (z. B. §§ 818 IV, 987 ff. BGB) und die Hemmung der Verjährung (§ 204 I Nr. 1 BGB) einher.
Früher erster Termin	§ 275 ZPO: Gericht bestimmt frühen ersten Termin, um den Haupttermin vorzubereiten. **Aber:** Wenn der Rechtsstreit bereits nach dem frühen ersten Termin entscheidungsreif ist, kann auf den Haupttermin verzichtet und sogleich das Urteil gesprochen werden.
Schriftliches Vorverfahren	§ 276 ZPO: Gericht ordnet schriftliches Vorverfahren an, wenn es das Verfahren in einem einzigen umfassenden Termin erledigen will.
Notfrist	Frist, gegen deren Versäumung Wiedereinsetzung in den vorigen Stand begehrt werden kann, wenn die Partei sie schuldlos versäumt hat. Notfristen sind nach § 224 I 2 ZPO nur solche, die im Gesetz ausdrücklich als solche bezeichnet werden.
Präklusion	Allgemein: Zurückweisung von Parteivortrag, ohne dass das Gericht sich vorher damit auseinandersetzt. Parteivorbringen kann aus zahlreichen Gründen präkludiert sein: Etwa, weil eine rechtskräftige Entscheidung in oder die Interventionswirkung (§ 68 ZPO) aus einem Vorprozess jegliche neue Befassung des Gerichts mit dem streitigen Vorbringen verbietet oder weil das materielle Recht anordnet, dass die Partei mit bestimmten Einwendungen nicht gehört wird (z. B. § 863 BGB, § 129 I HGB). **Im Kontext des § 296 ZPO:** Zurückweisung verspäteten Vorbringens.

---

152 BayVerfGH NJW-RR 2013, 893.

Verzögerungsbegriff   *Absolute Verzögerung* liegt vor, wenn Rechtsstreit ohne Berücksichtigung des Vorbringens schneller entschieden werden kann als wenn das Vorbringen jetzt noch berücksichtigt würde. *Relative Verzögerung* liegt vor, wenn der Rechtsstreit, *hätte* die Partei rechtzeitig vorgetragen, schneller *hätte entschieden werden können.*

Verhandlungsleitung   Die *formelle Verhandlungsleitung* betrifft den äußeren Ablauf der Verhandlung (§ 136 ZPO). Die *materielle Verhandlungsleitung* betrifft die inhaltliche Aufarbeitung des Streitstoffs (§ 139 ZPO).

Strengbeweis   Zahlreiche Tatsachen, namentlich die für die Begründetheit der Klage entscheidenden, dürfen nur mit bestimmten Beweismitteln bewiesen werden, nämlich mittels Sachverständigengutachten, Parteivernehmung, Augenschein, Urkunden und/oder Zeugen. **Gegenbegriff: Freibeweis.** Dort dürfen alle denkbaren Erkenntnisquellen herangezogen werden. Freibeweis gilt vor allem bei den von Amts wegen zu prüfenden Sachurteilsvoraussetzungen.

§ 6 Die Beendigung des Rechtsstreits

I. Streitiges (kontradiktorisches) Urteil

Wenn der Streit zur Entscheidung reif ist, d. h. alle Parteien hinreichend Gelegenheit hatten, sich zu äußern, und alle angebotenen Beweise erhoben sind, fällt das Gericht die *Endentscheidung* durch *Endurteil*. **264 G**

Jedes gerichtliche Urteil ergeht im Namen des Volkes (§ 311 I ZPO) und enthält die in § 313 I ZPO aufgeführten Bestandteile, insbesondere die *Urteilsformel* (sog. *Tenor*), den *Tatbestand* und die *Entscheidungsgründe*.

An dieses Urteil – wie auch an alle anderen Urteile, die in den §§ 300 ff. ZPO genannt sind! – ist das Gericht fortan gebunden (§ 318 ZPO). Es hat also nicht mehr die Möglichkeit, das Urteil zu ändern, selbst wenn es erkennt, dass es falsch entschieden hat. Von diesem Grundsatz gibt es einige eng begrenzte *Ausnahmen*:

- *Urteilsberichtigung* nach *§ 319 ZPO*. Danach kann das Gericht Schreibfehler, Rechenfehler und sonstige *offenbare Unrichtigkeiten* berichtigen, und zwar auch von Amts wegen. Die Vorschrift hat im Verwaltungsrecht eine Parallele in § 42 VwVfG, wo eine entsprechende Berichtigungskompetenz der Behörde bei Verwaltungsakten angeordnet ist. Eine „Unrichtigkeit" liegt vor, wenn das Gericht den von ihm gebildeten Willen falsch ausgedrückt hat[1] (typologisch vergleichbar mit dem Erklärungsirrtum nach § 119 I, 2. Alt. BGB). Die Unrichtigkeit ist „offenbar", wenn sie sich für den Außenstehenden aus dem Urteil selbst oder aus jenen Vorgängen ergibt, die zu seinem Erlass geführt haben[2]. Die Parteien haben unter dem Gesichtspunkt des Gebots eines fairen Verfahrens einen Anspruch darauf, dass ein fehlerhaftes Rubrum berichtigt wird[3]. **265 G**

Fall 73: K hat B auf Erfüllung einer Kaufpreisforderung nebst 10 % Zinsen verklagt und obsiegt. Im Urteil steht: „Der Beklagte wird verurteilt, an den Kläger 10 000 Euro nebst 100 % Zinsen seit dem 9.12.2015 zu bezahlen."

Hier hat das Gericht erkennbar eine Null zu viel geschrieben; B schuldet natürlich nicht 100, sondern nur 10 % Zinsen. Diesen Fehler kann das Gericht von Amts wegen berichtigen.

Zur Vertiefung:

(1) Erhebliche praktische Bedeutung erlangt § 319 ZPO bei einem Wechsel in der Besetzung des Spruchkörpers: Scheidet nach dem Schluss der mündlichen Verhandlung, aber vor Verkündung des Urteils ein Richter aus dem Spruchkörper aus, so muss das Urteil von denjenigen Richtern **266**

---

1 *Hüneke/Austermann*, Jura 2009, 50, 51.
2 *Hüneke/Austermann*, Jura 2009, 50, 51 m. w. N.
3 BVerfG NJW 2014, 205 f.

unterschrieben werden, die der mündlichen Verhandlung beigewohnt haben; nur sie haben i. S. des § 315 I 1 ZPO an der Entscheidung mitgewirkt. Es muss also der bisherige Richter unterschreiben und nicht etwa derjenige, der neu an seine Stelle getreten ist. Hat aus Versehen der neue Richter unterschrieben, so kann dessen Unterschrift im Wege der Urteilsberichtigung nach § 319 ZPO gestrichen und die Unterschrift des bisherigen Richters nachgeholt werden[4].

(2) Erhebliche praktische Bedeutung erlangt § 319 ZPO des Weiteren, wenn die Parteien im Urteil unzutreffend oder unvollständig bezeichnet sind. Hat etwa eine Partei gegen zwei Gegner geklagt, in erster Instanz verloren und Berufung eingelegt und führt das Berufungsgericht im Urteil nur einen der beiden Beklagten auf, so kann das Rubrum später dahin berichtigt werden, dass auch der zweite Beklagte als Berufungsbeklagter im Rubrum auftaucht[5].

(3) Das Rubrum ist ebenso nach § 319 ZPO zu berichtigen, wenn eine Gesellschaft, die am Prozess als Partei beteiligt war, auf eine andere Gesellschaft verschmolzen wird und damit das Prozessrechtsverhältnis nach § 20 I Nr. 1 UmwG auf diese Gesellschaft übergeht[6].

(4) Haben Gesellschafter bürgerlichen Rechts als Gesamthänder geklagt oder sind sie als solche verklagt worden, obwohl die Gesellschaft nach den Grundsätzen des BGH selbstständig rechtsfähig war[7] (dazu oben § 1 II 1, Rn. 20), so ist ebenfalls das Rubrum zu berichtigen: Die Gesellschaft ist anstelle ihrer Gesellschafter als klagende bzw. beklagte Partei zu bezeichnen[8].

(5) Wenn der Kläger, gegen den ein Versäumnisurteil nach § 330 ZPO ergangen war, Einspruch einlegt und in dem Termin zur mündlichen Verhandlung, der daraufhin anberaumt wird, erneut nicht erscheint, wird sein Einspruch durch technisch zweites Versäumnisurteil verworfen (§ 345 ZPO). Konsequent hat der Kläger als unterlegene Partei nach § 91 I ZPO auch die Kosten des Rechtsstreits zu tragen. Wenn das Gericht nunmehr die Kosten des Rechtsstreits versehentlich dem Beklagten auferlegt, kann es das Urteil nach § 319 ZPO dahin berichtigen, dass die Kosten vom Kläger zu tragen sind[9]: Es ist angesichts des sonstigen Urteilsinhalts für jedermann offensichtlich, dass die ursprüngliche Kostenentscheidung auf einem Versehen beruht. *Nicht zulässig* ist es dagegen, ein Versäumnisurteil, das versehentlich ergangen ist, obwohl der Kläger die Klage bereits zurückgenommen hatte, im Wege der Urteilsberichtigung nach § 319 ZPO aufzuheben[10]: § 319 ZPO erlaubt nur die Berichtigung, aber nicht die vollständige Beseitigung eines Urteils. Wenn ein Versäumnisurteil nach Rücknahme der Klage ergeht, handelt es sich nicht um einen Schreib- oder Rechenfehler oder Vergleichbares, sondern um einen inhaltlichen Fehler, nämlich um das Übergehen einer verfahrensbeendigenden Prozesshandlung des Klägers. Für die Bereinigung solcher Fehler steht das Verfahren nach § 319 ZPO nicht zur Verfügung.

G 267 • *Tatbestandsberichtigung* nach *§ 320 ZPO*:

> **Fall 74:** K hat B auf Erfüllung einer Kaufpreisforderung verklagt und in erster Instanz obsiegt. Den von B zum Beweis der Erfüllung angebotenen Zeugen hat es nicht angehört. B besteht darauf, dass sein Beweisangebot wenigstens im Tatbestand auftaucht, da er Berufung gegen das Urteil einlegen will.

Nach § 313 II ZPO enthält der Tatbestand unter anderem die von den Parteien vorgebrachten Angriffs- und Verteidigungsmittel. Dazu gehören auch die Beweisangebote der Parteien, und zwar selbst dann, wenn es nach der Rechtsansicht des Gerichts nicht

---

4 BGH NJW 2003, 3057.
5 OLG Koblenz NJW 2004, 1186.
6 BGH NJW 2004, 1528.
7 BGH NZG 2001, 311.
8 BGH NJW 2003, 1043 f.
9 OLG Düsseldorf MDR 2009, 947.
10 So mit Recht OLG Stuttgart NJW-RR 2009, 1364.

auf sie ankam. Das Angebot des B, den Zeugen zu vernehmen, hätte also im Tatbestand des Urteils auftauchen müssen. B hat nun ein erhebliches Interesse daran, dass
sein Beweisangebot im Tatbestand vermerkt wird; denn wenn er Berufung einlegt und
dort den Zeugen wieder benennt, handelt es sich im Sinne des § 531 II ZPO um ein
neues Verteidigungsmittel, das nur unter den dort genannten Voraussetzungen zuzulassen ist. Hier kommt in Betracht, dass die Nichtbeachtung des Zeugen auf einem
wesentlichen Verfahrensmangel beruht (§ 531 II 1 Nr. 2 ZPO); das aber hat B nach
§ 531 II 1 Nr. 2 ZPO glaubhaft zu machen. Wenn sein Beweisangebot im Tatbestand
vermerkt ist, hat er dies Angebot nicht nur glaubhaft gemacht, sondern bewiesen
(§ 314 ZPO[11]). Deshalb kann B nach § 320 ZPO binnen 2 Wochen nach Zustellung
des vollständig abgefassten Urteils Tatbestandsberichtigung beantragen.

• *Urteilsergänzung* nach *§ 321 ZPO*:   **268 G**

> **Fall 75:** K hat den B auf Erfüllung einer Kaufpreisforderung von 10 000 Euro nebst 10 %
> Zinsen verklagt. Das Gericht verkündet folgendes Urteil: „Der Beklagte wird verurteilt, an den
> Kläger 10 000 Euro zu bezahlen."

Das Gericht muss über den gesamten Antrag entscheiden; wenn Zinsen begehrt werden, auch über den Zinsanspruch. Die Entscheidung lautet entweder Verurteilung oder
Klagabweisung. Bezüglich der Zinsen hat das Gericht im **Fall 75** weder das eine noch
das andere getan; es hat *gar nicht* über den Zinsanspruch entschieden. Hier kann K
nach § 321 I ZPO Ergänzung des Urteils beantragen. Das Gericht hat nach § 321 III 1
ZPO einen neuen Termin zur mündlichen Verhandlung anzuberaumen, in dem aber
nur noch über den Zinsantrag entschieden wird. Die Existenz der Kaufpreisforderung
darf hingegen nicht nochmals in Frage gestellt werden (§ 321 IV ZPO).

Zur Vertiefung: Die Urteilsergänzung findet in weiteren, gesetzlich bestimmten Fällen statt: **269**

(1) Macht der Beklagte die Aufrechnung mit einer Gegenforderung geltend, die mit der Klageforderung nicht in Zusammenhang steht, so ist er unter dem Vorbehalt zu verurteilen, dass im
Nachverfahren über die Berechtigung des Aufrechnungseinwands entschieden wird (§ 302 I
ZPO). Wird dieser Vorbehalt im Urteil versäumt, so kann er im Wege der Urteilsergänzung nach
§§ 302 II, 321 ZPO nachgeholt werden.

(2) Gleiches gilt, wenn der Beklagte im Urkundenprozess verurteilt wird und seine Einwendungen entgegen § 599 I ZPO nicht dem Nachverfahren vorbehalten werden: Auch hier ist das Urteil
nach §§ 599 II, 321 ZPO um einen solchen Vorbehalt zu ergänzen.

(3) Schwierigkeiten bereitet der Fall, dass der Kläger von vornherein die Verurteilung Zug um
Zug begehrt und das Gericht (unter Verstoß gegen § 308 I ZPO!) den Beklagten uneingeschränkt
verurteilt. Verschiedentlich hatte man in der Literatur für diesen Fall eine Urteilsergänzung *analog § 321 ZPO* befürwortet[12]. Der BGH lehnt diese Analogie ab[13]: Die Fälle, in denen in anderen
Vorschriften (z. B. §§ 302 II, 599 II ZPO) auf § 321 ZPO verwiesen werde, seien abschließend.
Im Übrigen möge das Urteil sachlich falsch sein; dies aber müsse der Beklagte mittels Berufung oder Revision geltend machen. Damit verkennt der BGH indes die Eigenheiten des § 321

---

11 Vgl. zur Reichweite des § 314 ZPO auch noch unten § 13 V 2 b bb Rn. 648 bei Fn. 80.
12 Zöller/*Vollkommer*, ZPO, 31. Aufl. 2016, § 321 Rn. 3; Stein/Jonas/*Leipold*, ZPO, 22. Aufl. 2008, § 321
     Rn. 15.
13 BGH NJW 2003, 1463; ebenso *Hüneke/Austermann*, Jura 2009, 50, 52 f.

ZPO: Das Urteil ist bei uneingeschränkter Verurteilung trotz Zug-um-Zug-Antrag nicht nur in der Begründung und im sachlichen Ergebnis falsch. Vielmehr *zeigt bereits der Urteilstenor im Vergleich zum Klageantrag, dass das Urteil den Sachvortrag der Parteien nicht ausschöpft.* Gerade dieser Gesichtspunkt rechtfertigt auch im direkten Anwendungsbereich des § 321 ZPO die Urteilsergänzung; die Vorschrift ist daher hier analog anzuwenden.

(4) Die Urteilsergänzung kann nicht zu jedem beliebigen Zeitpunkt beantragt werden. Vielmehr muss die Ergänzung binnen einer Frist von zwei Wochen seit Zustellung des Urteils beantragt werden (§ 321 II ZPO). Wird diese Frist versäumt, so bleibt es endgültig dabei, dass über den übergangenen Antrag *in diesem Prozess* keine Entscheidung mehr fällt. Das wiederum hat zur Konsequenz, dass mit Ablauf der Frist des § 321 II ZPO auch die Rechtshängigkeit des übergangenen Klagebegehrens entfällt[14]. Wird die Frist in der ersten Instanz versäumt und wird anschließend gegen das Urteil Berufung eingelegt, so erhält der Kläger freilich die Möglichkeit, das übergangene Begehren wieder in den Prozess einzuführen – indem er nämlich den Klageantrag in zweiter Instanz um das in erster Instanz übergangene Klagebegehren erweitert. Eine solche Klageerweiterung in der Berufungsinstanz ist zulässig[15]. Dies jedenfalls dann, wenn die Voraussetzungen des § 264 Nr. 2 ZPO vorliegen: Das in erster Instanz übergangene und in zweiter Instanz wieder eingeführte Klagebegehren muss als Erweiterung des Klageantrags in der Hauptsache ohne Änderung des Klagegrundes anzusehen sein.

(5) Die Urteilsergänzung wird immer dann notwendig, wenn das Urteil durch Verlesung der Urteilsformel verkündet ist (§ 311 II 1 ZPO). Denn erst mit dieser förmlichen Verlautbarung wird das Urteil „mit allen prozessualen und materiell-rechtlichen Wirkungen existent"[16]. Wenn aber einmal das Urteil in dieser Weise förmlich verkündet worden ist und es mit dem verkündeten Inhalt einen Teil des Klagebegehrens übergeht, ist die Urteilsergänzung nach § 321 ZPO der einzige Weg, um dieses Defizit zu beheben. Nicht zulässig ist es dagegen, ein nach § 164 I ZPO „berichtigtes" Protokoll mit einem Urteilstenor zu verfassen, der das Klagebegehren ausschöpft[17]. Das Protokoll ist nämlich *nicht unrichtig*, wenn es den unvollständigen Urteilstenor wiedergibt. Unrichtig wird es vielmehr gerade dadurch, dass in ihm der vollständige Urteilstenor gespiegelt ist. Denn das Protokoll soll lediglich den tatsächlichen Ablauf des Termins wiedergeben, und der Verkündungstermin war nun einmal tatsächlich so wiedergegeben, dass im verkündeten Urteil ein Teil des Klagebegehrens übergangen wurde. Für eine Vervollständigung des Urteilstenors nach § 164 I ZPO ist in dieser Situation kein Raum. Vielmehr muss der Weg des § 321 ZPO beschritten werden: Der Kläger hat Urteilsergänzung zu beantragen.

G 270 • *Weitere Ausnahmen* von der Urteilsbindung des Gerichts ergeben sich aus § 321a ZPO und § 343 ZPO: Wenn nach erfolgreicher Anhörungsrüge gegen ein Endurteil oder nach zulässigem Einspruch gegen ein Versäumnisurteil der Prozess fortgesetzt wird, wird dieser in den früheren Stand zurückversetzt (§§ 321a V 2, 342 ZPO) und über die Klage neu entschieden.

II. Beschlüsse

271 Dem Urteil geht, wie sich aus § 313 I Nr. 3 ZPO ergibt, zwingend eine mündliche Verhandlung voraus. Daneben gibt es Entscheidungen des Gerichts, die ohne mündliche Verhandlung ergehen *können* (nicht: müssen; vgl. § 329 I ZPO!). Diese Entscheidungen heißen *Beschlüsse*. Die wichtigsten Beschlüsse sind

---

14 BGH NJW 1991, 1683, 1684; BGH NJW-RR 2005, 790, 791; BGH NJW 2015, 1826 Rn. 5.
15 So im Ergebnis auch BGH NJW-RR 2005, 790, 791; BGH NJW 2015, 1826 Rn. 6.
16 Statt vieler BGH NJW 2014, 1304 Rn. 11; BGH NJW 2015, 2342 Rn. 9.
17 BGH NJW 2014, 1304 Rn. 16 ff.

- *Beweisbeschluss* (§§ 284, 358 ff. ZPO): Durch ihn wird eine Beweisaufnahme an-geordnet, wenn diese ein besonderes Verfahren erfordert (das ist z. B. bei Anord-nung der Parteivernehmung der Fall, § 450 I 1 ZPO; ob allein schon die Notwen-digkeit eines neuen Termins das Erfordernis eines „besonderen Verfahrens" und damit eines Beweisbeschlusses begründet, ist strittig[18]). § 358a I 1 ZPO sieht aus-drücklich die Möglichkeit vor, einen Beweisbeschluss zu erlassen, ohne dass zuvor mündlich verhandelt wurde.
- *Arrestbeschluss* (§ 922 I 1 ZPO) und *Verfügungsbeschluss* (§§ 936, 922 I 1 ZPO bei Antrag auf einstweilige Verfügung): Manchmal muss es beim vorläufigen Rechtsschutz so schnell gehen, dass eine mündliche Verhandlung, und sei sie auch noch so kurzfristig terminiert, nicht mehr abgewartet werden kann. Dann kann das Gericht den Arrest oder die einstweilige Verfügung durch Beschluss erlassen.
- *Verwerfungsbeschluss* bei unzulässiger Berufung (§ 522 I ZPO) oder Revision (§ 552 I, II ZPO).
- *Zurückweisungsbeschluss* bei Berufung, wenn diese zwar zulässig ist, aber keine Aussicht auf Erfolg hat und eine Entscheidung des Berufungsgerichts auch nicht mit Rücksicht auf übergeordnete Interessen notwendig erscheint (§ 522 II ZPO).
- *Verweisungsbeschluss* bei örtlicher oder sachlicher Unzuständigkeit des angeru-fenen Gerichts (§ 281 ZPO).

Die wesentlichen Förmlichkeiten bei der Bekanntgabe solcher Beschlüsse sind in **272** § 329 ZPO niedergelegt:
- Wenn eine mündliche Verhandlung vorausgegangen ist, muss der Beschluss ver-kündet werden, und zwar im Wesentlichen ähnlich einem Urteil (§ 329 I ZPO).
- Wenn eine Verkündung nicht nach § 329 I ZPO erforderlich ist, genügt eine form-lose Mitteilung (§ 329 II ZPO).
- Wenn der Beschluss einen Vollstreckungstitel bildet oder der sofortigen Beschwer-de oder Erinnerung unterliegt, muss er zugestellt werden (§ 329 III ZPO).

III. Versäumnisurteil

Wenn eine Partei im Termin zur mündlichen Verhandlung nicht erscheint, ist sie *säu-* **273 G** *mig*. Dabei ist in Anwaltsprozessen (§ 78 I ZPO) zu beachten, dass auch die Partei säumig ist, die zwar selbst erscheint, aber nicht anwaltlich vertreten ist: *Wo Anwalts-zwang herrscht, ist die Partei ohne Anwalt schlicht Luft.*

1. Schlüssigkeit der Klage

Das Nichterscheinen hat für den Kläger nach § 330 ZPO zur Konsequenz, dass die **274 G** Klage auf Antrag des Beklagten durch Versäumnisurteil abgewiesen wird. Das Nicht-erscheinen des Beklagten führt dagegen nicht ohne weiteres zu seiner Verurteilung, sondern löst zunächst einmal nur eine *Geständnisfiktion* aus: Nach § 331 I ZPO ist das

---

18 Dafür RGZ 10, 370, 371 f.; dagegen Zöller/*Greger*, ZPO, 31. Aufl. 2016, § 358 Rn. 2.

gesamte tatsächliche Vorbringen des Klägers als zugestanden anzusehen. Es bedarf also keines Beweises mehr; vielmehr wird die Richtigkeit des Klägervortrags unterstellt. Der Beklagte wird durch Versäumnisurteil nach dem Klageantrag verurteilt, *sofern der Klägervortrag das Klagebegehren rechtfertigt*, sofern sich also aus dem Klägervortrag, *seine Richtigkeit unterstellt, der geltend gemachte Anspruch ergibt*. Dass diese Voraussetzung keinesfalls immer gegeben sein muss, zeigt der folgende

G 275 **Fall 76:** Einzelhändler K hat bei Großhändler B 1000 Dosen Tomatenmark bestellt, die er an seine Kunden weiterveräußern wollte. Er verklagt den B auf Schadensersatz: Weil B zum vorgesehenen Datum nicht geliefert habe, habe er, K, sich zum Mehrpreis von 200 Euro bei einem anderen Großhändler eindecken müssen. B erscheint im Termin zur mündlichen Verhandlung nicht.

Das Gericht kann den B im **Fall 76** nicht durch Versäumnisurteil verurteilen. Denn selbst wenn der Vortrag des K stimmt, ergibt sich aus ihm noch nicht der geltend gemachte Anspruch. Was K hier begehrt, ist Schadensersatz statt der Leistung nach §§ 280 I, III, 281 ff. BGB. K hat bisher nur vorgetragen, dass ein Schuldverhältnis besteht (Kaufvertrag) und dass B, indem er bei Fälligkeit nicht leistete, eine Pflicht verletzt hat. Für einen Anspruch auf Schadensersatz statt der Leistung hätte aber hinzukommen müssen, dass *entweder* K dem B erfolglos eine Frist gesetzt hat *oder* dass die Fristsetzung nach § 281 II BGB entbehrlich war. Weder das eine noch das andere hat K vorgetragen. Sein eigener Vortrag rechtfertigt also nicht den Klageantrag; die Klage ist *unschlüssig*.

G 276 Wenn das Gericht nun die Klage abweist, so handelt es sich *nicht* um ein Versäumnisurteil, sondern um ein *quasikontradiktorisches Endurteil*: Das Urteil ergeht nicht *wegen*, sondern *trotz* der Säumnis des B. Es ergeht ebenso, wie wenn B erschienen und unter Berufung auf die fehlende Fristsetzung Klagabweisung beantragt hätte. Ein solches Urteil wird nicht, wie dies sonst bei Versäumnisurteilen üblich ist, mit dem Einspruch (§ 338 ZPO), sondern wie ein gewöhnliches Endurteil mit Berufung und Revision angefochten.

276a **Fall 76a:** K erhebt am 23.5.2016 Klage gegen B: Er, K, habe von B am 2.2.2014 einen Gebrauchtwagen gekauft. Der Wagen sei noch am selben Tag übergeben worden. Er, K, habe 200 Euro aufgewendet, um den Wagen auf sich zuzulassen. Anschließend habe er eine Inspektion veranlasst. Diese habe ergeben, dass der Wagen schon vor der Übergabe in einen Unfall verwickelt gewesen sein müsse. Er, K, trete daher vom Kaufvertrag zurück und verlange die 200 Euro ersetzt.

Im **Fall 76a** hat K den Anspruchsgrund schlüssig vorgetragen: Wenn alles stimmt, was er behauptet, steht ihm gegen B ein Anspruch auf Zahlung von 200 Euro aus §§ 437 Nr. 3, 311a II, 284 BGB zu. Daran ändert insbesondere die Tatsache nichts, dass K vom Vertrag zurückgetreten ist; denn der Anspruch auf Schadens- bzw. Aufwendungsersatz statt der Leistung bleibt hiervon nach § 325 BGB unberührt.[19] Freilich hat K ebenfalls eine ihm ungünstige Tatsache vorgetragen: Nach seinem eigenen Vortrag ist

---

19 Näher dazu BGHZ 161, 381 (vergleichbarer Sachverhalt!).

der Anspruch gemäß § 438 I Nr. 3, II BGB verjährt. Gleichwohl wird das Gericht auf Antrag des K ein Versäumnisurteil erlassen, wenn B im Verhandlungstermin nicht erscheinen sollte. Denn beim Verjährungseinwand handelt es sich um eine Einrede (§ 214 I BGB), die vom Gericht nur berücksichtigt wird, wenn B sich hierauf beruft. B ist aber in der mündlichen Verhandlung nicht erschienen und kann sich daher nicht in prozessual beachtlicher Weise auf Verjährung berufen. Die Klage ist mit anderen Worten schlüssig, *obwohl* K selbst die ihm nachteiligen Voraussetzungen des Verjährungseintritts vorgetragen hat. **Beachte:** Anders läge es, wenn K anspruchshindernde oder anspruchsvernichtende Tatsachen vorgetragen hätte, die von Amts wegen zu beachten sind. Hätte K etwa vorgetragen, B habe die 200 Euro schon bezahlt, müsste die Klage abgewiesen werden: Der Erfüllungseinwand (§ 362 I BGB) ist von Amts wegen zu beachten.

Zur Vertiefung: 276b

(1) Ein quasikontradiktorisches Endurteil kann ausnahmsweise auch bei Säumnis des Klägers in Betracht kommen – dann nämlich, wenn die Klage wegen Verfahrensmängeln als unzulässig abgewiesen werden muss. Denn das Versäumnisurteil gegen den Kläger nach § 330 ZPO ist ein Sachurteil. Wenn die Klage unbehebbar unzulässig ist, darf *überhaupt keine Sachentscheidung* ergehen – auch nicht durch Versäumnisurteil[20].

(2) Das Gericht ist vor Erlass eines quasikontradiktorischen Endurteils verpflichtet, dem Kläger rechtliches Gehör zu gewähren. Es hat daher, bevor es ein solches Urteil erlässt, den Kläger auf die Unschlüssigkeit seines Vortrags hinzuweisen und Gelegenheit zur Ergänzung des Sachvortrags zu geben[21].

---

2. Entschuldbares Nichterscheinen

Das **Nichterscheinen** einer Partei festzustellen bereitet in der Regel keine Schwierigkeiten. Zu beachten ist hier lediglich folgendes: 276c G

- Eine Partei ist auch dann nicht erschienen, wenn sie zwar im Termin anwesend ist, aber nicht zur Hauptsache verhandelt (§ 333 ZPO).
- Wenn Anwaltszwang besteht (§ 78 ZPO), ist die Partei nur dann „erschienen", wenn sie im Termin anwaltlich vertreten ist. Denn ohne Anwalt kann sie nicht zur Hauptsache verhandeln, weil sie allein keine wirksamen Prozesshandlungen vornehmen kann. Die nicht anwaltlich vertretene Partei wird also in Anwaltsprozessen *so behandelt, als wäre sie nicht da.*
- Wenn mehrere Parteien in notwendiger Streitgenossenschaft geklagt haben oder verklagt worden sind, werden nach § 62 ZPO die säumigen Streitgenossen durch die erschienenen vertreten. Wenn also auch nur ein einziger notwendiger Streitgenosse erschienen ist, wendet er die Säumnis und deren Folgen von allen anderen Streitgenossen ab.

---

20 OLG Düsseldorf MDR 2008, 228, 229 (wo auf „unbehebbare" Verfahrensmängel abgestellt wird); OLG München NJW-RR 1989, 1405 (wo auf „unbehobene" Verfahrensmängel abgestellt wird); Zöller/*Herget*, ZPO, 31. Aufl. 2016, § 330 Rn. 7; anders *Klimke*, ZZP 122 (2009), 107, 120 ff: Gericht *muss* durch Versäumnisurteil nach § 330 ZPO entscheiden.

21 So für den konkret entschiedenen Fall auch BGH NJW-RR 2008, 1649, der die Frage in dieser Allgemeinheit aber offen gelassen hat.

- Der BGH ist darüber hinaus der Ansicht, dass eine Partei, die selbst nicht erscheint, dann nicht säumig ist, wenn sie von einem Nebenintervenienten unterstützt wird und dieser erscheint und zur Hauptsache verhandelt[22]. Diese Ansicht stößt auf berechtigte Kritik: § 62 ZPO ordnet die Vertretungsfiktion nur für den Fall der notwendigen Streitgenossenschaft an. Bereits bei einfachen Streitgenossen wird der eine im Falle der Säumnis nicht durch den anderen vertreten. Dann mutet es seltsam an, bei einem Nebenintervenienten, der gerade nicht Partei des Prozesses ist, eine solche Vertretungsfiktion anzuerkennen[23]. Im Übrigen verstößt die Ansicht des BGH gegen § 67 ZPO. Denn der Nebenintervenient, der im Termin erscheint und zur Hauptsache verhandelt, setzt sich mit dem Prozessverhalten der säumigen Hauptpartei in Widerspruch[24]. Das zeigt sich mit Deutlichkeit, wenn die Hauptpartei erschienen ist und sich weigert, zur Hauptsache zu verhandeln (was nach § 333 ZPO zur Säumnis führt). Nichts anderes gilt aber, wenn die Hauptpartei dem Verhandlungstermin gänzlich fernbleibt. Denn dies kann durchaus auf bewussten prozesstaktischen Überlegungen beruhen; so kann die Hinnahme eines Versäumnisurteils sinnvoll sein, um die Zurückweisung verspäteten Vorbringens zu vermeiden (sog. Flucht in die Säumnis[25]). Diese Taktik kann und darf der Nebenintervenient nicht durch seine Präsenz und sein Prozessverhalten in der mündlichen Verhandlung durchkreuzen. Der Nebenintervenient hat auch keine Nachteile für den Folgeprozess mit der Hauptpartei zu befürchten – selbst dann nicht, wenn das Versäumnisurteil in Rechtskraft erwächst. Denn die säumige Partei hat den Rechtsstreit mangelhaft geführt und kann sich daher nach § 68, 2. Halbsatz ZPO gegenüber dem Nebenintervenienten nicht auf die Interventionswirkung berufen. Nach vorzugswürdiger Ansicht ändert daher die Anwesenheit des Nebenintervenienten nichts an der Säumnis der Hauptpartei.

Wesentlich häufiger stellen sich Probleme bei der Frage, ob das Nichterscheinen der Partei **entschuldbar** ist und deshalb der Erlass eines Versäumnisurteils ausscheidet.

G 277   **Fall 77:** K verklagt B auf Erfüllung einer Kaufpreisforderung. Das Gericht bestimmt frühen ersten Termin auf den 13. 1. 2010 und stellt dem B die Klageschrift nebst der Ladung zum Termin am 7. 1. 2010 zu. B erscheint im Termin nicht. K, der den Kaufpreisanspruch in der Klageschrift schlüssig begründet hat, beantragt den Erlass eines Versäumnisurteils.

Das Versäumnisurteil darf nach § 335 I Nr. 2 ZPO nicht ergehen, weil B nicht ordnungsgemäß geladen war: Entgegen § 274 III ZPO wurde die Ladung zum Termin nicht zwei Wochen, sondern lediglich sechs Tage vor dem Termin zugestellt. Das Gericht wird die Verhandlung vertagen (§§ 337 S. 1, 335 II ZPO) und den B zum neuen Termin laden.

---

22 BGH NJW 1994, 2022, 2023; ebenso Musielak/Voit/*Weth*, ZPO, 13. Aufl. 2016, § 67 Rn. 4; *Rosenberg/Schwab/Gottwald*, Zivilprozessrecht, 17. Aufl. 2010, § 50 Rn. 33; *Windel*, ZZP 104 (1991), 321, 341; *Zöller/Vollkommer*, ZPO, 31. Aufl. 2016, § 67 Rn. 3.
23 *Skauradszun/Hamm*, JR 2009, 7.
24 *Skauradszun/Hamm*, JR 2009, 7, 8 f.
25 Dazu unten 5. bei Rn. 283.

Zur Vertiefung: Bei der Frage, ob das Nichterscheinen einer Partei auf deren Verschulden be- **278** ruht, verfahren die Gerichte mitunter recht streng. Wenn etwa der Prozessbevollmächtigte der Partei (dessen Verschulden nach § 85 II ZPO der Partei zugerechnet wird) eine Fahrstrecke von 410 km zurücklegen muss und dafür mittels eines Computerprogramms eine Fahrzeit von 3 h 38 min errechnet, darf nicht damit rechnen, ohne Verkehrsstau reibungslos zeitig zum Termin zu gelangen. Selbst wenn er 52 min Fahrzeit zugibt, ist dies noch zu knapp kalkuliert[26]. Versäumt er deshalb den zweiten Einspruchstermin, so darf das Gericht nach § 345 ZPO ein weiteres (sog. technisch zweites; vgl. unten d) Versäumnisurteil erlassen und ist nicht etwa dazu gehalten, die Verhandlung gemäß § 337 S. 1 ZPO zu vertagen. Allerdings entspricht es den Gepflogenheiten in der Praxis, dass ein Anwalt, der absehen kann, dass er zu spät zum Termin kommt, bei Gericht *anruft*, um seine Verspätung anzukündigen: In diesem Fall kommt das Gericht ihm in der Regel entgegen und vertagt gleichwohl den Termin. Dann aber ist der Anwalt wenigstens verpflichtet, diesen Anruf auch zu tätigen; versucht er es über das Handy und misslingt dies, weil eine Mobilfunkverbindung nicht zustande kommt, so hat er eine Autobahnraststätte anzusteuern und von einer Telefonzelle aus anzurufen. Spätestens wenn dies versäumt wird, ist ein technisch zweites Versäumnisurteil zulässig[27]. Ist der Anwalt wegen einer Erkrankung an der Wahrnehmung des Termins verhindert, so hat er alles ihm Mögliche und Zumutbare zu tun, um das Gericht rechtzeitig zu verständigen[28]. Dafür genügt es nicht, dass er erst vier Minuten vor Beginn des angesetzten Termins bei der Geschäftsstelle des Gerichts anruft[29]. Wer es trotz Krankheit fertig bringt, einen Kollegen mit der Stellung eines Antrags auf Terminverlegung zu beauftragen, muss sich fragen lassen, warum es ihm nicht gelungen ist, einen Kollegen sogleich mit der Wahrnehmung des Termins zu beauftragen; wenn er dafür keine plausiblen Gründe vorträgt, ist die Säumnis trotz Krankheit verschuldet und rechtfertigt keine Vertagung nach § 337 ZPO[30]. Die Erkrankung muss außerdem glaubhaft gemacht werden, und zwar mittels eines aussagekräftigen ärztlichen Attests, im Falle wiederholter krankheitsbedingter Terminsversäumnis sogar mit Hilfe eines amtsärztlichen Attests; eine Bescheinigung über die Arbeitsunfähigkeit reicht in keinem Fall aus[31]. Die Strenge der Gerichte kennt aber auch Grenzen: Die Partei bzw. ihr Prozessbevollmächtigter, der mit dem Flugzeug anreist und wegen Verspätung einen Termin versäumt, muss sich nicht den pauschalen Vorwurf gefallen lassen, dass der Flugverkehr keine Gewähr für pünktlichen Start und pünktliche Landung biete[32]; auf die Flugpläne darf er ebenso vertrauen wie auf die Fahrpläne anderer öffentlicher Verkehrsmittel. Die Partei bzw. ihr Prozessbevollmächtigter muss schlechtes Wetter, das die geplante Flugreise zu verhindern droht, nur einkalkulieren, wenn es bereits besteht oder konkret angekündigt wurde[33]; er muss also nicht schon deshalb auf das Flugzeug als Transportmittel verzichten, weil der Flugverkehr allgemein besonders wetteranfällig ist.

3. Der Einspruch

Gegen ein Versäumnisurteil steht der davon betroffenen Partei der Einspruch zu (§ 338 **279 G** ZPO). Dieser Einspruch muss innerhalb von zwei Wochen nach Zustellung des Versäumnisurteils eingelegt werden (§ 339 I ZPO), und zwar mittels eines Schriftsatzes, der sog. Einspruchsschrift (§ 340 ZPO). Darin hat die säumige Partei den Einspruch

---

26 OLG Celle NJW 2004, 2534, 2535.
27 OLG Celle NJW 2004, 2534, 2535.
28 BGH NJW 2009, 687, 688.
29 BGH NJW 2006, 448, 449. Weitere Beispiele aus der Rechtsprechung bei *Stadler/Jarsumbek*, JuS 2006, 34, 36.
30 KG MDR 2008, 998, 999.
31 Überblick über die Rechtsprechung bei *Fischer*, MDR 2011, 467 ff.
32 BGH NJW 2007, 2047.
33 BGH NJW 2007, 2047, 2048.

einzulegen, den Rechtsstreit zu bezeichnen, auf den sich der Einspruch bezieht (§ 340 II ZPO) und ihre Angriffs- und Verteidigungsmittel vorzubringen (§ 340 III ZPO). Was sie in der Einspruchsschrift nicht vorträgt, kann ebenso wie sonst verzögertes Parteivorbringen wegen Verspätung zurückgewiesen werden (§§ 340 III 3, 296 I ZPO).

G 280 Der Einspruch hat zwei markante Wirkungen:
- Der Rechtsstreit wird in die Lage zurückversetzt, in der er sich vor Eintritt der Säumnis befand (§ 342 ZPO). Es wird mithin so weiterverhandelt, als hätte es das Urteil nie gegeben.
- Konsequent ist der Richter an sein bisheriges Urteil nicht gebunden. Vielmehr prüft er die Sach- und Rechtslage und entscheidet dann nach § 343 ZPO, ob das Versäumnisurteil aufrechterhalten bleibt oder ob es aufgehoben und stattdessen eine andere Entscheidung getroffen wird. Der Richter darf also abweichend von § 318 ZPO anders entscheiden, als er es zuvor im Versäumnisurteil getan hat. Er darf im neuen Urteil sogar die Rechtsauffassung ändern, die er dem Versäumnisurteil zugrunde gelegt hatte. Er darf z. B. die Klage, die er ursprünglich für schlüssig hielt, nunmehr als unschlüssig abweisen[34].

G 281 **Fall 78:** K hat bei B einen PKW gekauft, der (wie alle Exemplare dieses Fabrikats) 8 % mehr Kraftstoff verbraucht als in der Herstellerwerbung angegeben. Als K das merkt, tritt er vom Kaufvertrag zurück und verklagt den B auf Rückzahlung des Kaufpreises Zug um Zug gegen Rückgabe und Rückübereignung des gekauften Fahrzeugs. B erscheint im Termin nicht und wird durch Versäumnisurteil antragsgemäß verurteilt. B legt form- und fristgerecht Einspruch ein.

Das Gericht konnte im **Fall 78** die Klage nur dann für schlüssig erachten, wenn es einen berechtigten Rücktritt des K annahm. Das Rücktrittsrecht des K folgte grundsätzlich aus §§ 434 I 3, 437 Nr. 2, 326 V BGB, weil der Mangel unbehebbar war (alle Fahrzeuge der geschuldeten Gattung hatten diesen Mehrverbrauch), war aber hier nach § 323 V 2 BGB ausgeschlossen, weil der Mehrverbrauch um weniger als 10 % unter den Herstellerangaben lag, wodurch der Mangel als unerheblich angesehen werden musste[35]. Die Klage hätte daher bereits von Beginn an als unschlüssig abgewiesen werden müssen. Das Gericht ist aber nicht daran gebunden, dass es die Klage einmal für schlüssig erachtet hat; es kann vielmehr seine Rechtsauffassung im Endurteil noch korrigieren und die Klage auf Einspruch des B hin abweisen.

4. Zweites Versäumnisurteil

G 282 Wenn die säumige Partei im neuen Termin wieder nicht erscheint, ergeht abermals ein Versäumnisurteil, ein sog. *technisch zweites Versäumnisurteil*. Gegen dieses Urteil kann die säumige Partei keinen Einspruch mehr einlegen (§ 345 ZPO); sie kann allenfalls nach § 514 II 1 ZPO Berufung einlegen mit der Begründung, das zweite Versäum-

---

34 *Huber*, JuS 2015, 985, 987.
35 BGH NJW 1996, 1337.

nisurteil hätte nicht ergehen dürfen, weil ein Fall des § 335 I ZPO vorgelegen habe oder weil die Verhandlung wegen entschuldbarem Nichterscheinen der Partei nach § 337 S. 1 ZPO habe vertagt werden müssen.

5. „Flucht in die Säumnis"

In Extremfällen kann es für eine Partei von Vorteil sein, in einer mündlichen Verhand-   **283** lung nicht zu erscheinen und ein Versäumnisurteil gegen sich ergehen zu lassen. Eine solche Situation ist immer dann gegeben, wenn die Partei Angriffs- oder Verteidigungsmittel verspätet vorgetragen hat und nun damit rechnen muss, mit ihnen nach § 296 ZPO zurückgewiesen zu werden:

- Entweder die Partei erscheint: Dann prüft das Gericht, ob die Berücksichtigung des verspäteten Vortrags die Erledigung des Rechtsstreits verzögert. Bejaht es dies, so weist es den Parteivortrag zurück.
- Oder die Partei erscheint nicht: Dann ergeht gegen sie Versäumnisurteil. Gegen dies Versäumnisurteil kann die Partei sodann Einspruch einlegen (§ 338 ZPO) und die verspäteten Angriffs- oder Verteidigungsmittel in der Einspruchsbegründung (§ 340 III ZPO) vorbringen. Ihre Berücksichtigung verzögert *jetzt* den Rechtsstreit *auf gar keinen Fall*; denn es muss nach § 341a ZPO ohnehin ein neuer Termin zur mündlichen Verhandlung anberaumt werden, in dessen Rahmen auch eine etwaige Beweisaufnahme stattfinden kann.

Diesen Vorgang nennt man die *Flucht in die Säumnis*: Das Versäumnisverfahren bewahrt die Partei vor der Zurückweisung ihres Vortrags[36]. Die Flucht in die Säumnis gelingt freilich nur, wenn der Rechtsstreit im Einspruchstermin (§ 341a ZPO) erledigt werden kann. Wenn die Berücksichtigung des Vorbringens in der Einspruchsschrift außer dem Einspruchstermin noch einen weiteren Termin erforderlich macht, wird die Flucht in die Säumnis scheitern[37]. Dann liegt nämlich eine absolute Verzögerung vor: Wird das Vorbringen noch berücksichtigt, wird ein zweiter Termin nötig; wird es nicht mehr berücksichtigt, kann das Gericht sich den zweiten Termin sparen und direkt im Anschluss an den Einspruchstermin ein Urteil sprechen. Ebenso liegt eine relative Verzögerung vor. Denn der zulässige Einspruch versetzt den Rechtsstreit in die Lage vor Eintritt der Säumnis zurück (§ 342 ZPO). Folglich bleibt es dabei, dass das Vorbringen des Einspruchsführers verspätet ist[38]. Hätte der Einspruchsführer rechtzeitig vorgetragen, so wäre er nicht in die Säumnis geflohen. Dann aber hätte man schon den Termin, in dem er säumig war, dazu nutzen konnten, die Erledigung des Rechtsstreits voranzutreiben, und bräuchte jetzt mit einiger Wahrscheinlichkeit nicht zwei weitere Termine.

---

36 BGHZ 76, 173, 177 ff.; BGH NJW 2002, 290, 291.
37 *Baudewin/Wegner*, NJW 2014, 1479, 1482; *Huber*, JuS 2015, 985, 987.
38 *Huber*, JuS 2015, 985, 987.

IV. Anerkenntnis- und Verzichtsurteil

1. Keine gerichtliche Prüfung in der Hauptsache

G 284 Wenn das Gericht ein Urteil fällt, muss dies nicht unbedingt bedeuten, dass Kläger und Beklagter über die Existenz des Anspruchs streiten. Vielmehr kann

- der Kläger auf den Anspruch *verzichten* (etwa wenn er erkennt, dass die Klage ohnehin aussichtslos ist). Dann wird nach § 306 ZPO auf Antrag des Beklagten die Klage abgewiesen. Das Verzichtsurteil ist für den Beklagten wesentlich günstiger als die Rücknahme der Klage; denn die zurückgenommene Klage kann später noch einmal erhoben werden (arg. § 269 VI ZPO), während das Verzichtsurteil rechtskräftig feststellt, dass der erhobene Anspruch nicht besteht: Dann ist eine neue Klage unzulässig.
- der Beklagte den Anspruch *anerkennen* (etwa wenn er erkennt, dass seine Verteidigung aussichtslos ist). Dann wird er auf Antrag des Klägers gemäß seinem Anerkenntnis verurteilt, § 307 ZPO.

G 285 Bei Anerkenntnis und Verzicht *muss und darf das Gericht nicht mehr prüfen, ob der Anspruch besteht oder nicht; es ist an die Parteierklärungen gebunden.* Das Gericht kann, soweit das Anerkenntnis reicht, sogar auf eine mündliche Verhandlung verzichten (§ 307 S. 2 ZPO). Es darf freilich trotz erklärten Anerkenntnisses des Beklagten ein Anerkenntnisurteil nicht mehr erlassen, wenn aus dem Streitverhalten des Klägers ersichtlich ist, dass dieser an seinem ursprünglichen Klageantrag (auf den sich das Anerkenntnis bezieht) nicht mehr festhalten will[39].

Anders als das Geständnis nach § 288 ZPO bezieht sich das Anerkenntnis nicht auf Tatsachen, sondern auf die daraus zu ziehenden rechtlichen Konsequenzen: Wer ein Anerkenntnis abgibt, erklärt nicht, der Vortrag des Gegners sei wahr, sondern, der geltend gemachte Anspruch bestehe. Das Anerkenntnis kann aus diesem Grund, anders als das Geständnis, nicht nach § 290 ZPO widerrufen werden[40]: Die Frage, ob das Anerkenntnis der Wahrheit entspricht, stellt sich angesichts seines Bezugspunkts bereits im Ansatz nicht. Ob ein Anspruch besteht oder nicht, ist keine Frage der Wahrheit, sondern der rechtlichen Bewertung.

2. In Sonderheit: Anerkenntnisurteil und Prozesskosten

a) Das Prinzip des § 93 ZPO

286 Was die **Prozesskosten** anbelangt, so gilt beim Anerkenntnisurteil wie bei jedem anderen Urteil auch, dass der Verlierer die Kosten des Rechtsstreits trägt (§ 91 I 1 ZPO). Der Beklagte, der seinem Anerkenntnis gemäß verurteilt wird, hat mithin die Prozesskosten zu tragen. Gerade im Falle des Anerkenntnisses liegt der Fall indes häufig so, dass die Bereitschaft des Beklagten, die geforderte Leistung zu erbringen,

---

39 BGH NJW 2004, 2019, 2020 f.
40 BGHZ 80, 389, 393 f.; *Huber*, JuS 2008, 313, 314.

niemals in Frage stand und der Beklagte daher vom Kläger völlig unnötig mit dem Prozess überzogen worden ist. Daher sieht **§ 93 ZPO** die Möglichkeit vor, dass in solchen Fällen dem Kläger – obwohl in dem Prozess siegreich – die Kosten des Rechtsstreits auferlegt werden. Das ist der Fall, wenn

- *erstens* der Beklagte **keine Veranlassung** zur Klageerhebung gegeben hat. Das ist bei Leistungsansprüchen insbesondere der Fall, wenn der Beklagte vor Prozessbeginn den Klageanspruch nicht ernstlich bestritten hat. Vorsicht ist freilich bei *Geldschulden* geboten: Hier genügt es nicht, vor Prozessbeginn die Leistungspflicht anzuerkennen. Vielmehr gibt Veranlassung zur Klage auch derjenige, der zwar seine Leistungspflicht nicht bestreitet, die Leistung aber auf Anforderung des Klägers auch nicht zeitnah erbringt: Der Kläger braucht sich vom Beklagten nicht mit leeren Versprechungen hinhalten zu lassen. Andererseits kann dem Beklagten je nach den Umständen des Einzelfalls eine angemessene Frist zur Prüfung der Klageforderung zuzubilligen sein; das betrifft insbesondere Schadensersatzforderungen[41]. Wird die Klage vor Ablauf dieser Frist erhoben, so hat der Beklagte i. S. des § 93 ZPO hierzu „keine Veranlassung" gegeben. Wenn eine Forderung auf den Erben des Schuldners übergeht, obliegt es dem Erben; gegenüber dem Schuldner seine Erbenstellung nachzuweisen. Versäumt er dies und verweigert der Schuldner aus diesem Grund die Leistung, gibt er zur Klage des Erben keine Veranlassung[42]. Wenn eine Forderung vor Fälligkeit eingeklagt wird, hat der Beklagte, der vorprozessual nicht geleistet hat, ebenfalls keine Veranlassung zur Klage gegeben[43] – er hatte schließlich auch noch nicht leisten *müssen*.

- und außerdem *zweitens* der Beklagte nach Klageerhebung **sofort** – d. h. bei der ersten sich bietenden prozessualen Gelegenheit – **anerkennt**. Bei Geldschulden bedeutet dies wiederum, dass der Beklagte im Zeitpunkt des Anerkenntnisses bereit und in der Lage sein muss, die geforderte Leistung zu erbringen[44]. Dies muss er dokumentieren, indem er seinen Worten Taten folgen lässt – er muss sofort die geschuldete Leistung erbringen, um in den Genuss des Kostenprivilegs nach § 93 ZPO zu gelangen.

b) Zur Definition des „sofortigen" Anerkenntnisses

Was unter der „ersten sich bietenden prozessualen Gelegenheit" zu verstehen ist, **287** erscheint nicht immer eindeutig.

- Sofern das Gericht nach § 275 I ZPO einen **frühen ersten Termin** anberaumt, stellt die **Klageerwiderung** die erste Gelegenheit dar. Wenn in der Klageerwiderung anerkannt wird, ist dies Anerkenntnis als ein „sofortiges" i. S. des § 93 ZPO zu werten – und zwar selbst dann, wenn der Beklagte zuvor eine Verlängerung der Klageerwiderungsfrist erwirkt hatte[45].

---

41 Vgl. *Deichfuß*, MDR2004, 190, 191 mit Nachweisen aus der Rechtsprechung: vier bis sechs Wochen.
42 KG MDR 2009, 523.
43 OLG Stuttgart NJOZ 2012, 385 f.
44 *Braun*, Lehrbuch des Zivilprozeßrechts, 2014, S. 560.
45 *Deichfuß*, MDR 2004, 190, 191.

• Sofern das Gericht das **schriftliche Vorverfahren** nach § 276 I ZPO anordnet, behauptet eine verbreitete Meinung[46], dass die erste Gelegenheit bereits in der **Verteidigungsanzeige** liege: Wenn der Beklagte, statt sogleich anzuerkennen, anzeige, dass er sich verteidigen wolle, komme ein erst in der Klageerwiderung erklärtes Anerkenntnis zu spät und könne ihn daher nicht mehr gemäß § 93 ZPO von den Kosten des Rechtsstreits entlasten. Diese Ansicht überzeugt nicht; denn sie lässt es zu, dass der Beklagte in jedem Fall nur zwei Wochen Zeit hat (§ 276 I 1 ZPO!)[47], um die Berechtigung der Klageforderung zu prüfen. Es erscheint indes wertungswidersprüchlich, den Beklagten in Ansehung der Überlegungsfrist nach Klageerhebung anders zu behandeln als zuvor. Wie gezeigt wurde, stehen dem Beklagten vorprozessual für die Prüfung der Klageforderung je nach Lage der Dinge bis zu sechs Wochen Zeit zur Verfügung, vor deren Ablauf er mit seiner Nichtleistung keine Veranlassung zur Klageerhebung gibt. Dann erscheint es kaum folgerichtig ihm – selbst wenn er keine derartige Veranlassung gegeben hat – nach Klageerhebung lediglich zwei Wochen Zeit zu belassen, nach deren Ablauf er dann nicht mehr „sofort" anerkennen kann. Wenn man sich nämlich einmal auf die Prämisse verständigt hat, dass dem Schuldner eine angemessene Frist zur Prüfung der Klageforderung einzuräumen ist, so kann die Dauer dieser Frist nicht davon abhängen, ob bereits Klage erhoben wurde und welche Verfahrensart das Gericht gewählt hat[48]. Vielmehr genügt für § 93 ZPO auch im schriftlichen Vorverfahren das Anerkenntnis in der (fristgerechten) Klageerwiderung[49], es sei denn, dass der Beklagte mit der Verteidigungsanzeige bereits Klagabweisung beantragt hat – denn im letzteren Fall hat er gezeigt, dass er bereits nach zwei Wochen in der Lage war, sich zur Berechtigung der Klageforderung zu äußern[50].

c) In Sonderheit: Die ursprünglich unschlüssige Klage

288 § 93 ZPO beruht auf dem Gedanken, dass der Kläger in diesen Fällen gerichtlichen Rechtsschutz in Anspruch genommen hat, obwohl er ohne weiteres eine freiwillige Leistung des Beklagten hätte erhalten können und daher auf die Hilfe der Gerichte nicht angewiesen gewesen wäre. Konsequent kann § 93 ZPO auch noch zur Anwendung kommen, wenn die Klage ursprünglich unschlüssig war und der Beklagte sofort anerkennt, nachdem der Kläger seinen Sachvortrag um die fehlenden Angaben ergänzt und die Klage nunmehr schlüssig wird[51]. Ebenso kommt ein sofortiges Anerkenntnis in Betracht, wenn der Beklagte sich vor Prozessbeginn zu Recht auf ein Zurückbehaltungsrecht berufen hatte (§ 273 BGB), der Kläger zunächst gleichwohl uneinge-

---

46 Vgl. etwa OLG Celle NJW-RR 1998, 1370; OLG Hamburg WRP 1988, 315; OLG Hamm VersR 1989, 1211; OLG Frankfurt NJW-RR 1993, 126, 128.

47 Eine Verlängerung der Notfrist nach § 276 I 1 ZPO ist wegen § 224 II ZPO ausgeschlossen, da das Gesetz die Verlängerung jener Frist nicht ausdrücklich vorsieht; vgl. *Deichfuß*, MDR 2004, 190, 192.

48 Zutreffend *Deichfuß*, MDR 2004, 190, 199 f.; *Häsemeyer*, ZZP 118 (2005), 265, 293 f.

49 Wie hier BGH NJW 2006, 2490, 2491 f.; OLG Bamberg NJW-RR 1996, 392 ff.; OLG Brandenburg MDR 2005, 1310; KG MDR 2006, 1426 f.; *Deichfuß*, MDR 2004, 190, 191 f.; *Deubner*, JuS 2006, 1072, 1074; *Kapitza/Kammer*, JuS 2008, 882, 884; *Meiski*, NJW 1993, 1904, 1905; *Vossler*, NJW 2006, 1034, 1035.

50 Zutreffend *Deichfuß*, MDR 2004, 190, 192.

51 BGH NJW-RR 2004, 999.

schränkte Verurteilung begehrt hat und erst während des Prozesses die Gegenleistung erbringt, derentwegen der Beklagte das Zurückbehaltungsrecht geltend macht: Wenn der Beklagte sofort nach Erhalt der Gegenleistung anerkennt, trägt der Kläger nach § 93 ZPO die Kosten des Rechtsstreits[52]. Gleiches gilt, wenn der Beklagte schon in der Klageerwiderung den Klageanspruch unter dem Vorbehalt der Zug um Zug zu erbringenden Gegenleistung anerkennt[53].

> **Fall 79:** K verklagt den B auf Duldung der Zwangsvollstreckung aus einer Grundschuld. In der Klageschrift versäumt er es, zur Fälligkeit des Grundschuldkapitals vorzutragen. Erst in der mündlichen Verhandlung am 25.11.2015 trägt er vor, er habe am 31.1.2015 das Grundschuldkapital gekündigt. B erkennt daraufhin den Anspruch des K noch in der Verhandlung an.

289

Im **Fall 79** war die Klage zunächst unschlüssig; denn K hatte zur Fälligkeit des Grundschuldkapitals nichts vorgetragen. Insbesondere hatte er nicht vorgetragen, er habe die Grundschuld gekündigt (§ 1193 I 1 BGB); ebensowenig war seinem Vortrag zu entnehmen, dass das Erfordernis einer Kündigung abbedungen sei (§ 1193 II BGB). B hatte daher ursprünglich *überhaupt keinen Anlass, den Anspruch anzuerkennen*, man kann es ihm daher auch nicht zum Vorwurf machen, dass er es nicht getan hat. Erst später hat K den Vortrag zur Fälligkeit der Grundschuld nachgeholt und dadurch die Klage schlüssig gemacht: Nach seinem Vortrag in der mündlichen Verhandlung war die Grundschuld, da das Kapital am 31.1.2015 gekündigt wurde, wegen der Sechsmonatsfrist des § 1193 I 3 BGB fällig. Erst ab diesem Zeitpunkt musste B sich mit dem Gedanken befassen, ob der Vortrag des K stimmte. B hat dies im **Fall 79** getan und noch in der Verhandlung, mithin bei der ersten sich bietenden Gelegenheit anerkannt. Damit hat K nach § 93 ZPO die Kosten des Rechtsstreits zu tragen. Der ursprünglich unschlüssig vorgetragene Klageanspruch wird also „sofort" anerkannt, wenn die Klage später schlüssig wird und das Anerkenntnis unverzüglich danach erklärt wird[54]. Allgemeiner ausgedrückt: Das Anerkenntnis ist auch dann noch ein „sofortiges", wenn es „unverzüglich nach dem Zeitpunkt erklärt wird, in dem das Klagevorbringen erstmals den gestellten Antrag rechtfertigt"[55].

d) Die entsprechende Anwendung des § 93 ZPO bei anderen Formen der Prozessbeendigung

Da § 93 ZPO eine Ausprägung des **Veranlassungsprinzips** ist, findet die Vorschrift **entsprechende Anwendung**, wenn der Prozess in anderer Weise endet als durch Anerkenntnisurteil. Erklärt etwa auf das sofortige Anerkenntnis des Beklagten hin der Kläger die Hauptsache für erledigt und schließt sich der Beklagte dem an[56], so entspricht es im Rahmen der Kostenentscheidung nach § 91a ZPO billigem Ermessen, dem Kläger die Kosten ebenso aufzuerlegen, wie dies im Falle eines Anerkenntnisurteils geboten gewesen wäre, sofern der Beklagte zur Klageerhebung keine Veranlas-

290

---

52 BGH MDR 2005, 1068 f.
53 *Arz*, NJW 2014, 2828, 2829.
54 BGH NJW-RR 2004, 999 f.
55 OLG Stuttgart NJOZ 2012, 385.
56 Sog. beiderseitige Erledigung der Hauptsache; dazu unten 6a.

sung gegeben hatte[57]. Tritt das erledigende Ereignis bereits vor Zustellung der Klage ein und nimmt daraufhin der Kläger die Klage zurück, so sind auf der Grundlage des § 269 III 3 ZPO[58] ebenfalls dem Kläger die Kosten des Rechtsstreits aufzuerlegen, sofern der Beklagte zur Erhebung der Klage keine Veranlassung gegeben hatte[59]. Dies folgt in beiden Fällen aus dem Rechtsgedanken des § 93 ZPO.

V. Klagerücknahme

G 291 Eine bereits erhobene Klage kann der Kläger einseitig *zurücknehmen*, solange die mündliche Verhandlung (= Antragstellung, § 137 I ZPO) noch nicht begonnen hat. Sobald sie begonnen hat, bedarf die Rücknahme der Einwilligung des Beklagten, § 269 I ZPO. § 269 ZPO enthält also eine gewichtige Interessenbewertung: *Sobald die mündliche Verhandlung begonnen hat, hat der Beklagte einen Anspruch auf eine streitige Entscheidung durch das Gericht.*

Die Rücknahme der Klage hat zur Folge, dass der Rechtsstreit so angesehen wird, als wäre er niemals vor Gericht getragen worden (§ 269 III 1 ZPO); ja es wird sogar eine bereits ergangene Entscheidung des Gerichts *ipso iure* unwirksam. Der Kläger, der den – letztlich überflüssigen – Prozess angezettelt hat, trägt selbstverständlich die Kosten des Rechtsstreits (§ 269 III 2 ZPO) Diese Folge spricht das Gericht auf Antrag des Beklagten durch Beschluss aus (§ 269 IV ZPO). Wenn der Kläger die Klage von neuem erheben will, kann der Beklagte seine Einlassung verweigern, bis ihm die Kosten aus dem früheren Prozess erstattet sind (§ 269 VI ZPO). Abweichend von § 333 ZPO wird der Beklagte in diesem Fall *nicht* so behandelt, als wäre er nicht erschienen; es darf also *kein* Versäumnisurteil gegen ihn ergehen.

G 292 **Zur Vertiefung:**

(1) *Keine* Rücknahme der Klage liegt vor, wenn der Kläger im Wege der *Stufenklage* (§ 254 ZPO) auf Auskunft und nach Maßgabe der Auskunft auf Zahlung geklagt, in der Folgezeit die begehrte Auskunft auf anderem Wege erhalten hat und nunmehr den Auskunftsantrag fallen lässt und anstatt dessen seinen Zahlungsantrag beziffert[60]. Hier wird nicht etwa die Auskunftsklage zurückgenommen; vielmehr bleibt das eigentliche Leistungsbegehren des Klägers, nämlich der Zahlungsantrag, uneingeschränkt aufrechterhalten. Die Stufenklage ist nur ein Hilfsmittel, das dem Kläger über die Schwierigkeit hinweghelfen soll, dass er die Klage nicht beziffern kann; wenn er dieser Hilfe nicht mehr bedarf, steht nichts entgegen, sogleich auf den Zahlungsantrag überzugehen.

(2) Die Kosten des Rechtsstreits hat der Kläger, der die Klage zurücknimmt, nach § 269 III 2 ZPO insoweit *nicht* zu tragen, als sie aus einem *anderen Grund* dem Beklagten aufzuerlegen sind. Praktische Bedeutung erlangt dies namentlich für den Fall, dass der Kläger zunächst ein Versäumnisurteil erwirkt, der Beklagte hiergegen Einspruch einlegt und der Kläger sodann im Einspruchstermin die Klage zurücknimmt: Wenn etwa die Zeugen sowohl zum ursprünglichen als auch zum Einspruchstermin geladen werden mussten, hat die Säumnis des Beklagten *Mehr-*

---

57 BGH NJW-RR 2006, 773 Rn. 9; OLG Stuttgart NJOZ 2012, 385; *Fischer*, JuS 2012, 806, 808; *Häsemeyer*, ZZP 118 (2005), 265, 287; *Wolf/Lange*, JZ 2004, 416, 418.
58 Dazu unten 6 b cc Rn. 304 ff.
59 *Deckenbrock/Dötsch*, MDR 2004, 1214, 1216.
60 BGH NJW 2001, 833.

kosten verursacht, die – *ungeachtet* des § 269 III 2 ZPO – der *Beklagte* nach *§ 344 ZPO* zu tragen hat. Der BGH hat mit Recht ausgesprochen, dass die Pflicht des Beklagten, nach § 344 ZPO die durch seine Säumnis entstandenen Mehrkosten zu tragen, auch nach Rücknahme der Klage fortbesteht: Die Rücknahme der Klage ändert nichts daran, dass es der Beklagte war, der diese Mehrkosten veranlasst hat[61].

(3) Die Aussage des § 269 III 2 ZPO, dass der Kläger die Kosten insoweit nicht trägt, könnte man in dem Sinne deuten, dass der Kläger dem **prozessualen** Kostenerstattungsanspruch des Beklagten aus § 269 III 2 ZPO entgegenhalten kann, der Beklagte schulde seinerseits die Erstattung der Kosten aus Gründen des **materiellen** Rechts. **Beispiel**: Vermieter V verklagt Mieter M auf Zahlung rückständiger Miete. Außerdem kündigt V das Mietverhältnis fristlos und klagt in einem separaten Rechtsstreit auf Räumung. Nach Zahlung der Mietrückstände nimmt V die Räumungsklage zurück. V trägt die Kosten der Räumungsklage nach § 269 III 2 ZPO. Er möchte nun M folgendes entgegenhalten: M habe durch den Zahlungsverzug die Kündigung, die Räumungsklage und damit auch die Kosten dieser Klage provoziert und sei daher nach §§ 280 I, II, 286 BGB verpflichtet, V die Kosten der Räumungsklage zu erstatten. Diesem Begehren hat der BGH indes nicht entsprochen. Er hält einen materiellrechtlichen Kostenerstattungsanspruch, der zu einer von § 269 III 2 ZPO abweichenden Kostenverteilung führt, mit Recht für ausgeschlossen[62]: Ein solcher Anspruch könnte nur auf der Wertung beruhen, der Beklagte habe durch das Versäumnis oder die Weigerung, einen bestimmten Anspruch zu erfüllen, den Kläger in den Prozess getrieben. Diese Wertung liegt in der Tat sowohl dem Rechtsinstitut der einseitigen Erledigung der Hauptsache[63] als auch der Regelung in § 269 III 3 ZPO[64] zugrunde. In beiden Fällen wird der Kläger aber allein deshalb vor den Kosten des Rechtsstreits geschützt, weil der Anlass für die Klageerhebung weggefallen ist. Solange dies nicht geschieht, besteht für den Kläger kein Grund, vom einmal zur gerichtlichen Entscheidung gestellten Klagebegehren abzurücken. Tut er dies trotzdem, begibt er sich freiwillig in die Rolle des Unterlegenen und verdient keinen Schutz davor, mit den Kosten des Rechtsstreits belastet zu werden. Er kann sich nicht darauf berufen, durch die pflichtwidrige Nichtleistung des Beklagten in den Prozess getrieben worden zu sein; denn die damit verbundenen Kosten hätte er vermeiden können, wenn er an seinem Klagebegehren festgehalten hätte.

VI. Erledigung der Hauptsache

1. Nach Rechtshängigkeit

Fall 80: K verklagt den B auf 3000 Euro Schadensersatz aus einem Verkehrsunfall. Während des Prozesses zahlt B die geforderte Summe an K.   **293 G**
a) K und B sind der Auffassung, dass es überflüssig sei, wenn jetzt noch ein Gerichtsurteil ergehe. Wie können sie den Prozess ohne Urteil beenden?
b) B zahlt „ohne Anerkennung einer Rechtspflicht" und „unter Verwahrung gegen die Kosten des Rechtsstreits". Wie kann K der drohenden Klagabweisung entgehen?

Im **Fall 80a** kann der Prozess dadurch beendet werden, dass beide Seiten die *Erledigung der Hauptsache* erklären (sog. **beiderseitige Erledigungserklärung**). Mit

---

61 BGH NJW 2004, 2309, 2310 f.; ebenso *Timme*, JuS 2005, 705, 706 f.
62 BGH NJW 2011, 2368, 2369; anders OLG Dresden NJW 1998, 1872, 1873; *Becker-Eberhard*, JZ 1995, 814, 816 ff.
63 Dazu unten § 6 VI 1, Rn. 293 ff.
64 Dazu unten § 6 VI 2 c, Rn. 304 ff.

der beiderseitigen Erledigungserklärung ist die Botschaft der Parteien an das Gericht verbunden: „Wir wollen uns nicht mehr streiten!". Der Gesetzgeber denkt hier die Dispositionsmaxime konsequent zu Ende: Wenn beide Parteien nicht mehr an einer gerichtlichen Entscheidung interessiert sind, wird eine solche Entscheidung auch nicht ergehen. Die beiderseitige Erledigungserklärung beendet den Prozess vielmehr unmittelbar. Eine Entscheidung zur Hauptsache ergeht nicht mehr. Das Gericht entscheidet lediglich gemäß § 91a ZPO durch Beschluss über die Kosten des Rechtsstreits. Es wird die Kosten demjenigen auferlegen, der vermutlich verloren hätte, hier also dem B.

Zur Vertiefung:

294 (1) Waren mehrere Klageanträge als Haupt- und Eventualantrag gestellt worden und hatte der Kläger nur die Erledigung des Hauptantrags erklärt, so ist der Rechtsstreit, wenn der Beklagte dieser Erklärung zustimmt, *nur hinsichtlich dieses Hauptantrags* beendet. Der Hilfsantrag ist demgegenüber rechtshängig geblieben. Über ihn wird das Gericht nunmehr durch Urteil zu entscheiden haben[65].

(2) Durch das am 1.9.2004 in Kraft getretene Gesetz zur Modernisierung der Justiz[66] ist § 91a ZPO um einen Satz 2 ergänzt worden, wonach selbst das bloße Schweigen des Beklagten auf die Erledigungserklärung des Klägers zur beiderseitigen Erledigung und damit unmittelbar zur Prozessbeendigung führt.

(3) Sobald der Beklagte der Erledigungserklärung des Klägers zugestimmt hat, kann der Kläger diese Erklärung nicht **mehr einseitig widerrufen**. Eine Ausnahme gilt nur, wenn ein Grund vorliegt, der nach § 580 ZPO die Wiederaufnahme des Verfahrens im Wege der Restitutionsklage rechtfertigen würde[67]. *Beispiel*: Kläger und Beklagter streiten um Schadensersatz aus einem Verkehrsunfall, weil der Beklagte bei „Rot" über eine Ampel gefahren sei und den PKW des Beklagten gerammt habe. Ein vom Kläger benannter unbeteiligter Passant bekundet als Zeuge, beim Beklagten habe die Ampel „Grün" gezeigt, als der Beklagte losgefahren sei. Beide Parteien erklären daraufhin die Hauptsache für erledigt. Später stellt sich heraus, dass der Zeuge seinerzeit vorsätzlich die Unwahrheit bekundet hat, nachdem der Beklagte ihm dafür Geld gegeben hatte. Wäre auf dieser Basis ein Urteil ergangen, wäre nach § 580 Nr. 3 ZPO die Restitutionsklage gerechtfertigt und das Verfahren würde zur Gänze neu aufgerollt. Dann kann auch eine durch vorsätzliche Falschaussage motivierte Erledigungserklärung widerrufen werden.

(4) Sollte in der Zwischenzeit ein Urteil ergangen sein, so wird dieses analog § 269 III 1 ZPO wirkungslos, sobald die Parteien den Rechtsstreit übereinstimmend für in der Hauptsache erledigt erklären[68]. Da das Gericht nicht in der Sache über den Klageanspruch entscheidet, kann dieser grundsätzlich in einem weiteren Prozess erneut geltend gemacht werden[69]. Freilich kann sich bis dahin die materielle Rechtslage verändert haben. Im Regelfall wird die übereinstimmende Erledigungserklärung nämlich durch einen äußeren Anlass angestoßen, und diesen Anlass mag häufig eine eben solche materielle Rechtsänderung bilden. Wenn die Parteien etwa den Rechtsstreit in der Hauptsache für erledigt erklären, nachdem der Beklagte die geforderte Summe an den Kläger bezahlt hat, wird eine erneute Klage des Klägers mit Rücksicht auf die zwischenzeitlich eingetretene Erfüllung (§ 362 I BGB) abgewiesen werden. Die Klage ist dann zwar nicht schon unzulässig, aber unbegründet. Die interessantere Frage lautet, ob *mit der übereinstimmenden Erledigungserklärung selbst* eine materiell-rechtliche Erklärung einhergeht, die sich auf den

---

65 BGH NJW 2003, 3202, 3203.
66 BGBl. I S. 2198 vom 30. 8. 2004.
67 BGH NJW 2013, 2686 Rn. 7.
68 *Braun*, Lehrbuch des Zivilprozeßrechts, 2014, S. 673; *Schreiber*, Jura 2012, 782, 783.
69 BGH NJW 1991, 2280, 2281; *Braun*, Lehrbuch des Zivilprozeßrechts, 2014, S. 672.

Anspruch auswirkt (z. B. Erlass oder *pactum de non petendo*). Diese Frage kann nicht pauschal bejaht oder verneint werden; ihre Beantwortung ist eine Frage der Auslegung der jeweiligen Erklärungen im Einzelfall. Wichtig ist jedenfalls festzuhalten:

Im **Fall 80b** wird B einer beiderseitigen Erledigung nicht zustimmen – eben weil er $\quad$ **295 G** befürchten muss, dass das Gericht ihm die Kosten auferlegen wird. Dem K droht nunmehr die Abweisung seiner Klage, da es für die Frage, ob die Klage zulässig und begründet ist, auf die letzte mündliche Verhandlung ankommt und zu diesem Zeitpunkt Erfüllung (§ 362 I BGB) eingetreten ist. K kann aber die *Klage ändern* und statt des ursprünglichen Zahlungsbegehrens die *Feststellung* beantragen, dass die *Hauptsache erledigt* ist (sog. **einseitige Erledigungserklärung**). Das Gericht wird diesem Antrag entsprechen, wenn die folgenden drei Voraussetzungen vorliegen:
*   Die Klage muss im Zeitpunkt ihrer Erhebung *zulässig* gewesen sein.
*   Die Klage muss im Zeitpunkt ihrer Erhebung *begründet* gewesen sein; das Gericht muss also alle Voraussetzungen des behaupteten Ersatzanspruchs vollständig prüfen.
*   Das Klagebegehren muss sich nach Klageerhebung *erledigt* haben (was hier der Fall ist: B hat erfüllt).

Wenn dem K der behauptete Ersatzanspruch tatsächlich zustand, wird das Gericht die $\quad$ **296 G** Erledigung der Hauptsache feststellen. B ist damit im Prozess unterlegen und hat nach § 91 I ZPO die Kosten zu tragen. Damit zeigt sich die Funktion der einseitigen Erledigung: Wenn es denn stimmt, dass K von B 3000 Euro Schadensersatz zu fordern hatte, so wurde K dadurch, dass B seine Verbindlichkeit nicht erfüllte, in einen Prozess getrieben, den er nun, da B endlich zahlt, zu verlieren droht. Damit hätte er sich auch die Kosten des Rechtsstreits zu tragen. Die Möglichkeit, einseitig die Erledigung der Hauptsache zu erklären, soll ihm genau dieses Risiko nehmen: Die Kosten trägt danach derjenige, der im ursprünglichen Prozess verloren hätte, nämlich B.

Zur Vertiefung: $\quad$ **297**

(1) Man spricht häufig von der einseitigen Erledigungs*erklärung* des Klägers. Diese Bezeichnung ist missverständlich, weil sie suggeriert, dass unmittelbar mit Abgabe dieser Erklärung der Prozess beendet wird. Die **einseitige Erledigung der Hauptsache** ist jedoch in Wahrheit eine **Klageänderung**: Anstelle des bisherigen Rechtsschutzbegehrens tritt der Antrag auf Feststellung, dass die Klage ursprünglich zulässig und begründet war[70]. Der BGH hält diese Klageänderung nach § 264 Nr. 2 ZPO für zulässig. Das kann man nur dahin verstehen, dass der Erledigungsantrag den ursprünglichen Antrag in der Hauptsache *beschränkt*: Statt des eigentlichen Rechtsschutzbegehrens wird nunmehr lediglich die Feststellung begehrt, dass es durchgedrungen wäre. Konsequent ist es auch nach § 264 Nr. 2 ZPO zulässig, wenn der Kläger von der einseitigen Erledigungserklärung wieder abrückt und zu seinem ursprünglichen Leistungsbegehren zurückkehrt, wenn er merkt, dass ein erledigendes Ereignis doch nicht eingetreten ist[71].

(2) Das Interesse des Klägers an der Feststellung der Erledigung der Hauptsache speist sich aus der Hoffnung, von den Kosten des Rechtsstreits verschont zu bleiben. Wenn nun während des Prozesses ein Umstand eintritt, bei dem zweifelhaft ist, ob er den geltend gemachten Anspruch zu Fall bringt, muss der Kläger sich entscheiden: Entweder er hält den ursprünglichen Klageantrag aufrecht oder er erklärt die Hauptsache für erledigt. **Unzulässig** ist es, die Erledigung unter

---

70 Weiterführend *Prütting/Wesser*, ZZP 116 (2003), 267, 280 ff., 299 ff.
71 BGH NJW 2002, 442; BGH NJW 2014, 2199 Rn. 14.

Aufrechterhaltung des ursprünglichen Antrags nur **hilfsweise** zu erklären. Denn wenn die Klage mit dem ursprünglichen Antrag abgewiesen wird, trägt der Kläger ohnehin die Kosten des Rechtsstreits; daran vermag auch eine Erledigungsfeststellung nichts mehr zu ändern. Dem Hilfsantrag auf Feststellung, dass die Hauptsache erledigt ist, fehlt m. a. W. das Feststellungsinteresse[72]. Zulässig ist demgegenüber der umgekehrte Weg: Der Kläger kann nunmehr in der Hauptsache beantragen, die Erledigung des Rechtsstreits festzustellen, und seinen ursprünglichen Klageantrag als Hilfsantrag aufrechterhalten[73].

(3) Die einseitige Erledigung der Hauptsache bedeutet im Ergebnis nichts anderes als das Begehren, ein vergangenes Rechtsverhältnis festzustellen. Streitgegenstand ist und bleibt aber das ursprüngliche Klagebegehren; es ändert sich lediglich die Form des vom Kläger in Anspruch genommenen Rechtsschutzes. Deshalb bleibt auch die **Rechtshängigkeit** des erhobenen Anspruchs von dem einseitigen Erledigungsantrag unberührt und wird nicht etwa durch diesen Antrag beendet[74]. Wichtige Konsequenz: Solange der Prozess über den einseitigen Erledigungsantrag noch schwebt, ist jeder andere Rechtsstreit über dasselbe Rechtsverhältnis nach § 261 III Nr. 1 ZPO ausgeschlossen. Ergeht auf den einseitigen Erledigungsantrag hin ein Sachurteil, so erstreckt sich die **Rechtskraft** dieses Urteils nicht nur auf die Feststellung der (Nicht-)Erledigung, sondern ebenso auf die Feststellung, dass die Klage ursprünglich (un)zulässig bzw. (un)begründet war, mithin auf das ursprünglich streitige Rechtsverhältnis selbst[75]. Da nämlich der Erledigungsantrag auf die Feststellung eines vergangenen Rechtsverhältnisses gerichtet ist, ist dieses selbst Gegenstand der Feststellung und nicht nur Vorfrage der Erledigungsfeststellung.

(4) **Keine Erledigung** tritt ein, wenn die begehrte Leistung auf der Grundlage eines vorläufig vollstreckbaren Urteils im Wege der **Zwangsvollstreckung** beigetrieben wird oder der Beklagte die begehrte Leistung zur Abwendung der Zwangsvollstreckung erbringt[76]. Der Beklagte, der in dieser Situation nicht bereit ist, der Erledigungserklärung zuzustimmen, sondern den Prozess in der Hauptsache fortsetzen will, gibt damit sein – legitimes – Bestreben zu erkennen, eine Abänderung des Urteils in der Rechtsmittelinstanz zu erreichen und, wenn er damit Erfolg hat, die erbrachte Leistung zurückzuerlangen (§ 717 II, III ZPO). Diese Grundsätze gelten ohne weiteres bei Zahlungsurteilen. Sie gelten ebenso ohne weiteres bei Räumungsurteilen in Mietprozessen auf der Grundlage des § 546 I BGB: Auch die Räumung durch oder zur Abwendung der Zwangsvollstreckung hat keine Erledigung zur Folge[77]. Folgerichtig hat der BGH ausgesprochen, dass auch bei einem Herausgabeurteil, das auf der Basis des § 985 BGB ergangen ist, die Herausgabe durch oder zur Abwendung der Zwangsvollstreckung keine Erledigung der Hauptsache bedeutet[78]. Zwar könnte man sich bei naturalistischer Betrachtung auf den Standpunkt stellen, dass der Beklagte nach erzwungener Herausgabe die tatsächliche Gewalt über die Sache verloren habe und die Vindikationslage damit beendet sei. Indes muss es auch hier dabei bleiben, dass der Rechtsstreit nicht erledigt ist – eben weil dem Beklagten im Rechtsmittelzug die Chance erhalten bleiben muss, nicht nur das zu seinem Nachteil vollstreckbare Urteil, sondern auch dessen Vollzug rückgängig zu machen. Die praktische Konsequenz dieser Handhabung ist die folgende: Das Gericht muss den Kläger bei vorläufig erzwungenen Leistungen nach § 139 I BGB darauf hinweisen, dass es keine Feststellung der Erledigung aussprechen kann. Der Kläger mag dann entscheiden, ob er zu seinem ursprünglichen Klagebegehren zurückkehrt.

---

72 BGHZ 106, 359, 368; BGH NJW-RR 1998, 1571, 1572; NJW-RR 2006, 1378, 1379 f.; *Deubner*, JuS 2007, 230, 232. Abweichend mit interessanten, aber im hier gesetzten Rahmen nicht darstellbaren kostenrechtlichen Überlegungen *Knöringer*, JuS 2010, 569, 572 f.
73 *Huber*, JuS 2013, 977, 978; *Schreiber*, Jura 2012, 782, 786.
74 BGH NJW 1990, 2682; NJW 2010, 2270, 2272.
75 Sehr str.; wie hier *Knöringer*, JuS 2010, 569, 575; dagegen Zöller/*Vollkommer*, ZPO, 31. Aufl. 2016, § 91a Rn. 46.
76 BGH NJW 1995, 2405, 2407; BGH NJW 2014, 2199 Rn. 8.
77 BGH NJW 2011, 1135 Rn. 11; BGH NJW 2014, 2199 Rn. 12.
78 BGH NJW 2014, 2199 Rn. 9 ff.

2. Vor Rechtshängigkeit

Fall 81: K verklagt B auf Herausgabe seines Fahrrades. Die Klageschrift geht am 22.1.2016 bei Gericht ein und wird dem B am 29.1.2016 zugestellt. Am 28.1.2016 gibt B das Fahrrad an K zurück.

298 G

Die Klageschrift wurde im **Fall 81** am 29.1.2016 zugestellt; erst an diesem Tag ist die Klage im Sinne des § 253 I ZPO erhoben. Zu diesem Zeitpunkt war der Herausgabeanspruch des K aus § 985 BGB bereits erfüllt und daher nach § 362 I BGB erloschen. Hier hat sich nicht etwa die Hauptsache erledigt. Die Klage war vielmehr *bereits im Zeitpunkt ihrer Erhebung unbegründet.* Das „erledigende Ereignis" war bereits *vor Rechtshängigkeit* eingetreten.

a) Kein einseitiges Erledigungsurteil

Fraglich ist, ob auch in diesem Fall eine einseitige Erledigungserklärung in Betracht kommt. Das war in der Rechtsprechung der Instanzgerichte sowie in der Literatur mit der Begründung befürwortet worden, in § 167 ZPO komme ein allgemeiner Rechtsgedanke des Inhalts zum Ausdruck, dass Verzögerungen im Amtsbetrieb des Gerichts nicht zum Nachteil des Klägers gereichen dürften. Der **BGH** hat eine einseitige Erledigung in einer solchen Situation indes abgelehnt[79]: Vor Rechtshängigkeit könne schon begrifflich nicht von einer „Hauptsache" und folglich auch nicht von deren Erledigung gesprochen werden; denn zu diesem Zeitpunkt existiere noch gar kein Rechtsstreit. Insbesondere gehe es nicht an, dem Beklagten auf diese Weise ohne weiteres die Verfahrenskosten aufzuerlegen, ohne dass die Rechtshängigkeit als Voraussetzung einer verschuldensunabhängigen Kostentragungspflicht nach § 91 ZPO gegeben sei. Folgt man dieser Ansicht, so scheidet im **Fall 81** ein einseitiges Erledigungsurteil zum Nachteil des B aus.

299 G

Die Ansicht des **BGH** verdient Zustimmung, wenn man sich Folgendes vor Augen führt: § 167 ZPO ist dazu da, dem Kläger (Antragsteller), dessen Anspruch vom Ablauf einer Frist bedroht ist, den *materiellrechtlichen Anspruch zu erhalten,* ihn also vom Einwand des Anspruchsgegners, eine bestimmte Frist (z. B. Verjährung) sei abgelaufen, freizuhalten. Das Rechtsinstitut der einseitigen Erledigung der Hauptsache nimmt dagegen den Befund hin, dass der Anspruch erloschen ist, und zielt allein darauf ab, dem Kläger die Kosten des Rechtsstreits zu ersparen. Wenn aber der Anspruch von vornherein unbegründet war, kann nicht so getan werden, als habe er sich erst während des Prozesses erledigt. Vielmehr ist die Klage von Anfang an unbegründet; der Kläger trägt nach § 91 I ZPO die Kosten des Rechtsstreits. Will man ihm die Kosten des Rechtsstreits ersparen, so muss man nach anderen Möglichkeiten suchen, dies zu begründen:

300 G

---

79 BGHZ 83, 12, 14 f.; dort umfassende Nachweise zur soeben referierten Gegenansicht.

b) Die Kostenfeststellungsklage

301 In den allermeisten Fällen geht der Klage eine außergerichtliche Korrespondenz voraus. Diese Korrespondenz enthält häufig die Aufforderung des Klägers an den Beklagten, die geforderte Leistung zu erbringen. Wenn der Beklagte dem nicht nachkommt, wird er sich regelmäßig im Verzug befinden und dem Kläger den dadurch entstandenen Schaden nach §§ 280 I, II, 286 BGB zu ersetzen haben (im **Fall 81** allerdings nicht eindeutig, da die Verzugshaftung des nichtberechtigten Besitzers Bösgläubigkeit voraussetzt, § 990 II BGB). Zum Verzugsschaden gehören auch die Kosten eines Rechtsstreits, die der Kläger aufwenden muss, weil der Beklagte durch die Leistungsverzögerung die Klageerhebung provoziert hat. Diese Kosten sind auch und gerade dann als Verzugsschaden ersatzfähig, wenn die bereits eingereichte Klage wegen der zwischenzeitlichen Erfüllung als unbegründet abgewiesen werden muss: Durch die Leistungsverzögerung hat der Beklagte den Kläger in den (hernach aussichtslosen) Prozess getrieben. Dem K verbleibt also im **Fall 81** auf jeden Fall die Möglichkeit, in einem *neuen Prozess* von B zu verlangen, dass er ihm die Kosten des verlorenen Vorprozesses ersetzt.

302 Fraglich ist aber, ob K dafür unbedingt einen neuen Prozess anstrengen muss oder ob er die Möglichkeit hat, diesen Ersatzanspruch im Wege der Klageänderung *im ursprünglichen Prozess* anstelle des ursprünglichen Leistungsbegehrens geltend zu machen. Dieser Weg ist in der **Rechtsprechung** beschritten worden[80]: Der Kläger könne anstelle jenes Begehrens auf die *Feststellung klagen, dass der Beklagte ihm die Kosten des Rechtsstreits zu ersetzen habe* (sog. *Kostenfeststellungsklage*). Wenn man diesem Standpunkt zustimmen könnte, würde es sich bei einem solchen Vorgehen um eine Klageänderung nach § 263 ZPO handeln, die als sachdienlich zuzulassen wäre; es wäre dagegen *nicht* § 264 Nr. 3 ZPO einschlägig, weil diese Vorschrift eine „später" (d. h. nach Rechtshängigkeit) eingetretene Veränderung fordert, an der es hier fehlt: Die Klage war schon im Zeitpunkt ihrer Erhebung unbegründet geworden.

303 Diese Kostenfeststellungsklage ist, sofern sie *noch im selben Prozess* erhoben wird, aus mehreren Gründen **dogmatisch ungereimt**:
* Die Urteilsformel besteht aus drei Teilen, nämlich der Entscheidung zur Hauptsache, der Kostenentscheidung (§§ 91 ff. ZPO) und der Entscheidung über die vorläufige Vollstreckbarkeit des Urteils (§§ 708 ff. ZPO). Wenn man eine Klage mit dem Antrag zulässt, festzustellen, dass der Beklagte aus materiellrechtlichen Gründen (§§ 280 I, II, 286 BGB) die Kosten des Rechtsstreits zu tragen hatte, so lautet die Entscheidung zur *Hauptsache*: „Es wird festgestellt, dass der Beklagte die Kosten des Rechtsstreits zu tragen hat". Bei der *Kostenentscheidung* ist dann zu beachten, dass der Beklagte bei der *geänderten* Klage, nämlich in Bezug auf den Kostenfeststellungsantrag, *unterlegen* ist und nach § 91 I ZPO die Kosten des Rechtsstreits zu tragen hat. Die Kostenentscheidung lautet dann: „Der Beklagte trägt die Kosten des Rechtsstreits". Zur Hauptsache wird also dasselbe entschieden wie zu den Kosten.

---

80 BGHZ 83, 12, 16.

- Die ZPO geht, was die *Kostenentscheidung* anbelangt, von einer Arbeitsteilung zwischen Richter und Rechtspfleger aus: Der Richter entscheidet nach §§ 91 ff. ZPO, wer die Kosten des Rechtsstreits dem Grunde nach trägt (sog. *Kostengrundentscheidung*); der Rechtspfleger setzt diese Kosten sodann im Einzelnen fest (*Kostenfestsetzung*, vgl. §§ 103 ff. ZPO, 21 Nr. 1 RPflG). Was der Beklagte in der *Hauptsache* zu leisten hat, muss dagegen das Gericht selbst beziffern. Wenn nun aber zur *Hauptsache* entschieden wird, dass der Beklagte die Kosten des Rechtsstreits zu tragen hat, so läuft dies darauf hinaus, dass der Rechtspfleger im Verfahren nach §§ 103 ff. ZPO bestimmt, welches diese Kosten sind. Der Rechtspfleger nimmt eine Aufgabe wahr, die der Richter an sich selbst erledigen müsste[81].

Nach vorzugswürdiger Ansicht ist die Zulässigkeit der Kostenfeststellungsklage im laufenden Prozess daher abzulehnen.

c) Die Regelung in § 269 III 3 ZPO

Der Gesetzgeber hat auf die soeben bezeichneten Bedenken reagiert und dem Kläger eine andere Möglichkeit eröffnet, bei „Erledigung" der Hauptsache vor Rechtshängigkeit die Kostenfolge aus § 91 ZPO zu vermeiden: Er hat mit der ZPO-Reform den **§ 269 III 3 ZPO** eingeführt. Danach kann der Kläger bei Erledigung vor Rechtshängigkeit die Klage **zurücknehmen**. Wenn er dies tut, so entscheidet der Richter nach **billigem Ermessen** (also nach den gleichen Maßstäben wie in § 91a ZPO bei beiderseitiger Erledigung) über die **Kosten** des Rechtsstreits, erlegt sie also dem Beklagten auf, wenn dieser den Prozess durch pflichtwidrige Verzögerung der Leistung provoziert hat[82]. Mit diesem § 269 III 3 ZPO ist der Übergang auf die Kostenfeststellungsklage im laufenden Prozess entgegen der mittlerweile herrschenden Meinung im Schrifttum[83] *obsolet*[84]: § 269 III 3 ZPO ist dahin zu begreifen, dass der Gesetzgeber die Bedenken gegen eine solche Klage gesehen und deshalb nach einer anderen Lösung gesucht hat, um dem Kläger die Kosten zu ersparen.

304 G

Zur Vertiefung:

(1) Der BGH hat erst vor kurzem wieder ausgesprochen, dass im Rahmen der Billigkeitsentscheidung nach § 91a ZPO grundsätzlich *nicht* berücksichtigt wird, ob dem Kläger gegen den Beklagten nach *materiellem Recht*, etwa nach §§ 280 I, II, 286 BGB, ein Anspruch auf Erstattung der Prozesskosten zustünde[85]; entscheidend soll allein sein, wer nach derzeitigem Streitstand den Prozess gewonnen hätte. Ob dem für § 91a ZPO zu folgen ist, erscheint bereits sehr zweifelhaft: Die Erledigung der Hauptsache ist ein Instrument, um dem Kläger die Kosten eines Prozesses zu ersparen, den er, wenn er ihn weiter betriebe, verlieren würde. Wenn der Kläger

305

---

81 Vgl. *Deubner*, JuS 1991, 234, 235; *Olzen*, JR 1981, 247, 248; dagegen will *Linke*, JR 1984, 48, 51 selbst diese Bedenken mit Rücksicht auf die Prozessökonomie beiseite schieben; ebenso wohl *Fischer*, MDR 2002, 1097, 1099.

82 Vgl. zur Verfassungsmäßigkeit des § 269 III 3 ZPO BGH NJW 2006, 775 f. (bejahend); *Dalibor*, ZZP 119 (2006), 331, 334 ff. (verneinend); *Häsemeyer*, ZZP 118 (2005), 265, 289 f. (kritisch).

83 LG Berlin NJW-RR 2004, 647 f.; *Bonifacio*, MDR 2002, 499; *Deckenbrock/Dötsch*, MDR 2004, 1214, 1217; *Elzer*, NJW 2002, 2006; *Fischer*, MDR 2002, 1097, 1098 ff.; *Musielak*, JuS 2002, 1203, 1206; *Wolff*, NJW 2003, 553, 557.

84 Wie hier *Tegeder*, NJW 2003, 3327, 3328.

85 BGH NJW 2002, 680.

einseitig die Erledigung erklärt und der Beklagte sich dem anschließt, muss es für die Frage, wer „billigerweise" die Kosten des Rechtsstreits trägt, konsequent eine Rolle spielen, ob der Beklagte den Prozess ungerechtfertigt provoziert hat. Aber wie man diese Frage für § 91a ZPO auch entscheiden mag: Für *§ 269 III 3 ZPO* spielt diese Frage *auf jeden Fall* eine Rolle. Denn die Möglichkeit einer kostenfreien Klagerücknahme wird gerade deshalb eröffnet, um die schwierige Konstruktion einer auf §§ 280 I, II, 286 BGB gestützten Kostenfeststellungsklage entbehrlich zu machen. Der Kläger soll einen Kostenerstattungsanspruch, den er sonst mühsam in einem neuen Prozess geltend machen müsste, noch im laufenden Verfahren zugesprochen bekommen, indem das Gericht nach § 269 III 3 ZPO ausspricht, dass der Beklagte die Kosten des von ihm provozierten Rechtsstreits zu tragen hat.

(2) Auch wenn die Folgen des § 269 III 3 ZPO denen einer Erledigung der Hauptsache sehr nahe kommen, muss der Kläger sehr sorgfältig bedenken, welche Prozesshandlung er wählt. Wenn nämlich das Erledigungsereignis *nach* Rechtshängigkeit eintritt und der Kläger sich nunmehr gegen die Kosten des Rechtsstreits verwahren will, kommt nicht mehr die nach § 269 III 3 ZPO privilegierte Rücknahme der Klage, sondern nur noch eine (ggf. einseitige) Erledigungserklärung in Betracht. Der BGH hatte über einen Fall zu entscheiden, bei dem die Klage am 11.2. eingereicht, am 20.2. zugestellt und die streitige Forderung vom Beklagten am 3.3. bezahlt wurde. Der Kläger nahm daraufhin die Klage zurück. Dem BGH blieb nichts anderes übrig, als den Kläger nach § 269 III 2 ZPO in die Kosten zu verurteilen: Die wirksam erklärte Rücknahme der Klage kann weder widerrufen noch in eine einseitige Erledigungserklärung umgedeutet werden[86]. Und § 269 III 3 ZPO ist in diesem Fall nicht anwendbar[87] – eben weil der Anlass für die Klage erst *nach* Rechtshängigkeit weggefallen war. Gänzlich schutzlos ist der Kläger in diesem Fall freilich nicht: Hatte er den Beklagten vor Erhebung der Klage in Verzug gesetzt, so hat der Beklagte die Erhebung der Klage und die damit verbundenen Kosten durch die Verzögerung der Zahlung provoziert und folglich die Kosten des Rechtsstreits nach *materiellem Recht*, nämlich nach §§ 280 I, II, 286 BGB zu ersetzen[88]. Diesen Anspruch muss der Kläger freilich in einem völlig neuen Prozess einklagen.

(3) Wenn die Erledigung *vor* Rechtshängigkeit eintritt, stehen dem Kläger *zwei* Möglichkeiten zu Gebote, um sich gegen die Kosten des Rechtsstreits zu verwahren: Zum einen kann er die Klage mit der Folge des § 269 III 3 ZPO zurücknehmen. Zum anderen steht ihm, falls der Beklagte die Klageerhebung durch Verzögerung der Leistung provoziert hat, der soeben erwähnte materiell-rechtliche Schadensersatzanspruch aus §§ 280 I, II, 286 BGB zur Verfügung. Der Kläger hat in dieser Situation die Wahl, ob er nach § 269 III 3 ZPO vorgeht oder ob er – gestützt auf §§ 280 I, II, 286 BGB – eine materiell-rechtliche Kostenerstattungsklage erhebt[89]. Der Kostenerstattungsklage fehlt nicht etwa deshalb das Rechtsschutzbedürfnis, weil der Weg über § 269 III 3 ZPO einfacher und billiger wäre – im Gegenteil: Wie das Gericht das ihm nach § 269 III 3 ZPO eingeräumte Ermessen ausübt, ist für den Kläger in keiner Weise vorhersehbar. Die rechtlichen Determinanten, anhand derer über die Kostenlast entschieden wird, sind bei einer Klage aus §§ 280 I, II, 286 BGB wesentlich zuverlässiger.

(4) Das soeben genannte Wahlrecht des Klägers ist bei sämtlichen Formen der Streiterledigung denkbar, so etwa bei einem dem Kläger günstigen Urteil. Man denke etwa an den Fall, dass der Kläger zur Feststellung des ihm entstandenen Schadens ein Gutachten in Auftrag gibt. Diese Kosten mag er einerseits als Kosten der Rechtsverfolgung i. S. des § 91 II ZPO im prozessualen Kostenerstattungsverfahren (§§ 104 ff. ZPO), andererseits materiell-rechtlich als Schadensfolge aus dem Schadensereignis (z. B. §§ 280 I, 249 II 1 BGB oder §§ 823 I, 249 II 1 BGB) geltend machen. Der BGH belässt dem Kläger auch hier die Wahl, welches Verfahren er beschreiten will, macht aber darauf aufmerksam, dass diese Varianten nur alternativ, nicht aber kumulativ zur Ver-

---

86 BGH NJW 2007, 1460 f.; zustimmend *Knöringer*, JuS 2010, 569, 575.
87 BGH NJW 2004, 223, 224; BGH NJW 2014, 3520 Rn. 6.
88 *Deubner*, JuS 2007, 817, 820.
89 BGH NJW 2013, 2201 Rn. 9 ff.; zustimmend *Roth*, JZ 2015, 495, 499.

fügung stehen. Wenn die Schadensersatzklage hinsichtlich der Gutachterkosten mit der Begründung abgewiesen wird, der Beklagte habe für die Einholung des Gutachtens keine Veranlassung gegeben, so kann der Kläger nicht etwa anschließend versuchen, jene Kosten nach §§ 104 ff. ZPO als Kosten des Rechtsstreits geltend zu machen (und umgekehrt)[90]. Der Kläger hat sozusagen nur „einen Schuss frei". Anders liegt es nur dort, wo die Determinanten der prozessualen und der materiell-rechtlichen Kostenentscheidung voneinander abweichen. Ist die Rechtslage im materiellen Recht insoweit für den Kläger günstiger als die in §§ 91 ff. ZPO niedergelegte, ist jenseits der prozessualen Kostenentscheidung ein materiell-rechtlicher Kostenerstattungsanspruch möglich und umgekehrt[91]. In der Literatur wird darauf aufmerksam gemacht, dass der BGH die rechtsdogmatische Verankerung einer solchen (grundsätzlichen) Sperrwirkung nicht ausreichend reflektiere[92].

In § 269 III 3 ZPO bestätigt der Gesetzgeber einerseits die Rechtsprechung des BGH, **306 G** wonach eine einseitige Erledigung *nicht* in Betracht kommt, wenn ein Erledigungsereignis *vor* Rechtshängigkeit geltend gemacht wird[93]. Andererseits: Wenn der Kläger ein Erledigungsereignis *nach* Rechtshängigkeit für sich reklamiert, ist er *ausschließlich* auf den Weg der einseitigen Erledigung verwiesen. Ein Beschluss nach § 269 III 3 ZPO kommt nicht in Betracht[94]; für ihn besteht auch kein Bedürfnis, da der Kläger sich eben durch die einseitige Erledigungserklärung vor den Kosten des Rechtsstreits schützen kann. § 269 III 3 ZPO statuiert eine Ausnahme vom grundsätzlichen Anspruch des Beklagten auf eine Sachentscheidung. Wenn das Erledigungsereignis erst nach Rechtshängigkeit eingetreten ist, kann der Beklagte verlangen, dass über die ursprüngliche Zulässigkeit und Begründetheit streitig verhandelt und entschieden wird. Sofern die mündliche Verhandlung noch nicht begonnen hat, mag der Kläger diese Sachentscheidung durch Rücknahme der Klage verhindern – dies aber dann um den Preis, dass er nach § 269 III 2 ZPO die Kosten des Rechtsstreits trägt. Schutz vor diesen Kosten verdient der Kläger nur, wenn er sich nunmehr die gerichtliche Prüfung gefallen lässt, ob seiner Klage ursprünglich Erfolg beschieden war und ob das Erledigungsereignis tatsächlich eingetreten ist.

Erkennt der Kläger nach Einreichung, aber *vor Zustellung der Klage*, dass sich sein **307 G** Klagebegehren erledigt hat, und **nimmt** er die Klage **zurück, bevor** sie **zugestellt** wird, so steht dies der Anwendung des § 269 III 3 ZPO nicht entgegen. Das entsprach schon vor In-Kraft-Treten des Justizmodernisierungsgesetzes am 1. 9. 2004[95] der herrschenden Meinung[96] und ist nunmehr im neu gefassten Wortlaut des § 269 III 3 ZPO ausdrücklich klargestellt. An dem für die *ratio legis* des § 269 III 3 ZPO ent-

---

90 BGH NJW 2012, 1291 Rn. 8. Nicht ganz dazu passt freilich BGHZ 190, 353 Rn. 16, wo einer Klage auf Erstattung von gerichtlichen Rechtsverfolgungskosten auf der Grundlage der §§ 823 ff. BGB regelmäßig das Rechtsschutzinteresse fehlen soll, weil mit dem Kostenfestsetzungsverfahren (§§ 104 ff. ZPO) ein einfacherer und billigerer Weg zur Verfügung stehe.
91 BGH NJW 2012, 1291 Rn. 8, 11.
92 *Fischer,* JuS 2013, 694, 697 f., der freilich im Ergebnis dem BGH gleichwohl zustimmt.
93 Ebenso *Tegeder,* NJW 2003, 3327.
94 BGH NJW 2004, 223, 224; *Musielak,* JuS 2002, 1203, 1205; *Tegeder,* NJW 2003, 3327 f.; a. A. *Bonifacio,* MDR 2002, 499 f. Noch anders *Lindacher,* JR 2005, 92, 93: Vor Einlassung des Beklagten zur Hauptsache *nur* § 269 III 3 ZPO, danach *nur* einseitige Erledigungserklärung.
95 BGBl. I S. 2198 vom 30. 8. 2004.
96 BGH NJW 2004, 1530; LG Düsseldorf NJW-RR 2003, 213 f.; *Knauer/Wolf,* NJW 2004, 2857, 2858; *Tegeder,* NJW 2003, 3327.

scheidenden Befund, dass der Beklagte den Kläger möglicherweise pflichtwidrig in einen aussichtslosen Prozess getrieben hat, ändert sich durch den Zeitpunkt der Rücknahme nichts. Gleichwohl muss die Klageschrift nebst der Rücknahmeerklärung dem Beklagten zugestellt werden, da ihm im Rahmen der Kostenentscheidung nach § 269 III 3 ZPO rechtliches Gehör gebührt[97]. Mit Rücksicht auf diese *ratio legis* ist § 269 III 3 ZPO sogar anzuwenden, wenn das Erledigungsereignis bereits *vor Einreichung der Klage* eingetreten ist[98] – dies freilich mit einer gewichtigen Einschränkung: Der Kläger verdient hier nur dann Schutz vor den Kosten des Rechtsstreits, wenn er das Erledigungsereignis bei Einreichung der Klage weder kannte noch kennen musste[99].

▶ **Wichtiger Hinweis**
Selbst die nach § 269 III 3 privilegierte Klagerücknahme unterliegt der in § 269 I ZPO niedergelegten Begrenzung: Nach Beginn der mündlichen Verhandlung bedarf sie der Einwilligung des Beklagten[100].

3. Exkurs: Die Stufenklage – Unbegründetheit des Zahlungsantrags nach Maßgabe der eingeklagten und erzwungenen Auskunft

308 **Fall 82:** F ist von ihrem Ehemann M geschieden und belangt ihn vor dem zuständigen Familiengericht nach erfolgloser vorgerichtlicher Mahnung auf Auskunft über seine Einkommens- und Vermögensverhältnisse (§ 1580 BGB) und nach Maßgabe dieser Auskunft auf Zahlung von Ehegattenunterhalt (§§ 1569 ff. BGB). Die Auskunft des M ergibt, dass er ohne Einkommen ist und trotz intensiven Bemühens keine Arbeitsstelle findet.

M ist im **Fall 82** nicht leistungsfähig und daher nach § 1581 BGB nicht zum Unterhalt verpflichtet. Der Unterhaltsantrag der F ist daher als unbegründet abzuweisen. Da der Unterhaltsantrag von Anfang an unbegründet war, wird F insbesondere nicht mit Aussicht auf Erfolg einseitig die Erledigung der Hauptsache erklären können[101]. Nun hat sich die Unbegründetheit des Unterhaltsantrags aber erst ergeben, nachdem F den M im Wege des Stufenantrags ((§ 113 I 2 FamFG i. V. m. § 254 ZPO) zunächst auf Auskunft und in zweiter Linie auf Zahlung nach Maßgabe der Auskunft belangt hat. Erst die gerichtlich erzwungene Auskunft des M hat ergeben, dass ein Zahlungsanspruch nicht besteht. Hätte M die Auskunft schon vorprozessual geleistet, so hätte F den Zahlungsantrag nicht gestellt. M hat die F durch pflichtwidrige Verzögerung der Auskunft in einen aussichtslosen Prozess getrieben und hat ihr die dadurch entstandenen Kosten nach §§ 280 I, II, 286 BGB zu ersetzen. Auch wenn also die Rechtsfigur der einseiti-

---

97 Nach *Deckenbrock/Dötsch*, MDR 2004, 1214 f. mit Fn. 10 ist *de lege lata* eine förmliche Zustellung durch die am 1.9.2004 in Kraft getretene Neuregelung des § 269 III 3 ZPO entbehrlich geworden, freilich *de lege ferenda* wegen des rechtlichen Gehörs des Beklagten nach wie vor wünschenswert.
98 *Althammer/Löhnig*, NJW 2004, 3077, 3079; *Deckenbrock/Dötsch*, MDR 2004, 1214, 1216 f.; *Musielak*, JuS 2002, 1203, 1205 f.
99 Wie hier Musielak/Voit/*Foerste*, ZPO, 13. Aufl. 2016, § 269 Rn. 13b.
100 *Althammer/Löhnig*, NJW 2004, 3077, 3079; *Bonifacio*, MDR 2002, 499, 500.
101 Zur fehlenden Möglichkeit der einseitigen Erledigung der Hauptsache in derartigen Fällen statt vieler *Knöringer*, JuS 2010, 569, 573.

gen Erledigungserklärung hier nicht weiterhilft, so ist doch das hinter jener Figur stehende Unrechtsempfinden auch im **Fall 82** einschlägig.

Um dem Stufenkläger (hier: der F) zu ersparen, die Kosten des Rechtsstreits tragen und diese in einem neuen Prozess wieder einklagen zu müssen, eröffnete der BGH auch hier die Kostenfeststellungsklage im laufenden Prozess[102]. Diese Lösung steht heute nicht mehr im Einklang mit dem Stand der Gesetzgebung: Im **Unterhaltsprozess**, den der Antragsteller verliert, weil er wegen der verweigerten Auskunft nicht wusste, dass der Zahlungsantrag aussichtslos war, kann das Gericht dem Antragsgegner nach **§ 243 Nr. 2 FamFG** die Kosten des Verfahrens auferlegen. Im **Fall 82** wird daher das Gericht dem M die Kosten des Verfahrens auferlegen.

309

Für **sonstige Stufenklagen**, also solche außerhalb des Unterhaltsrechts, ist **§ 269 III 3 ZPO analog** anzuwenden[103]. Die Vorschrift trifft auch dort exakt die Interessenlage: Die Klage war von Anfang an unbegründet; das einzige Interesse des Stufenklägers besteht darin, für diesen Prozess nicht auch noch die Kosten tragen zu müssen. Der richtige Ort, um über dies Interesse zu befinden, ist ein Beschluss des Gerichts, in dem *nur noch* über die Kosten des Rechtsstreits entschieden wird und *keinerlei Urteilsausspruch mehr zur Hauptsache erfolgt*: Daran, dass der Kläger auf zweiter Stufe mit seinem Leistungsbegehren nicht durchdringen wird, ist nicht zu rütteln. Der Kläger kann aber die Auskunft des Beklagten entgegennehmen und danach unverzüglich die Klage zurücknehmen mit der Folge, dass das Gericht dem Beklagten die Kosten des Rechtsstreits auferlegen wird.

310

4. Die Grenzziehung zwischen Erledigung vor und nach Rechtshängigkeit

a) Problemstellung

Ob das Erledigungsereignis vor oder nach Rechtshängigkeit eingetreten ist, lässt sich meist anhand der zeitlichen Abläufe unschwer ermitteln: In der Regel ist genau feststellbar, wann die Klage eingereicht, wann sie zugestellt wurde und wann z. B. die Zahlung des Beklagten beim Kläger eingegangen ist. Schwierigkeiten bereitet die Grenzziehung immer dann, wenn das geltende Recht bestimmten Ereignissen **Rückwirkung** beilegt.

311

> **Fall 83:** Die Klage des K auf Zahlung von 10 000 Euro aus einem am 15.1.2016 geschlossenen Vertrag wird dem Beklagten am 2.2.2016 zugestellt. Am ursprünglichen Bestand der Forderung besteht zwischen den Parteien kein Zweifel. Am 12.2.2016 erklärt der Beklagte (wirksam)
> a) die Aufrechnung mit einer bereits 2015 entstandenen Forderung;
> b) die Anfechtung wegen arglistiger Täuschung (§ 123 I BGB);
> c) die Anfechtung wegen Irrtums (§ 119 I BGB);
> d) den Rücktritt vom Vertrag wegen Schlechtleistung durch K;
> e) die Ausübung eines ihm zustehenden verbraucherschützenden Widerrufsrechts.

---

102 BGHZ 79, 275, 280 f.; BGH NJW 1994, 2895, 2986.
103 Ebenso Musielak/Voit/*Foerste*, ZPO, 13. Aufl. 2016, § 269 Rn. 13b.

b) Die Position des BGH

312 Im **Fall 83a** standen beide Forderungen einander bereits vor Eintritt der Rechtshängigkeit aufrechenbar gegenüber. Die Aufrechnung des B hat sie nach § 389 BGB rückwirkend (zum 15.1.2016) vernichtet. Daraus könnte man folgern, in Wahrheit habe sich die „Hauptsache" bereits am 15.1.2016, also vor Rechtshängigkeit erledigt, sodass ein einseitiges Erledigungsurteil zugunsten des Klägers nicht mehr in Betracht komme. Demgegenüber nimmt der **BGH**[104] an, dass sich die Hauptsache erst im Zeitpunkt der Aufrechnung*serklärung* – und damit im **Fall 83a** *nach* Rechtshängigkeit – erledigt hat: Eine rechtsvernichtende Einwendung entstehe dem Beklagten nicht schon mit Begründung der Aufrechnungslage, sondern erst in dem Moment, in dem er die Aufrechnung erkläre[105]. Die einseitige Erledigungserklärung sei ein Rechtsinstitut, das den Kläger vor den Kosten eines Rechtsstreits bewahren solle, in den er nur deshalb getrieben werde, weil der Beklagte die geschuldete Leistung nicht schon längst zuvor erbracht habe. Eine solche Situation bestehe nicht bloß bei Erfüllung, sondern ebenso bei Aufrechnung nach Rechtshängigkeit. Die **Konsequenz** dieses Ansatzes besteht darin, dass K die Hauptsache **einseitig für erledigt erklären** kann. Das Gericht wird feststellen, dass die – laut Sachverhalt unstreitige! – Klageforderung bis zur Erklärung der Aufrechnung begründet war. Es wird daher antragsgemäß durch streitiges Endurteil die Erledigung der Hauptsache feststellen und dem B nach § 91 I 1 ZPO die Kosten des Rechtsstreits auferlegen.

c) Kritik

313 Wäre diese Handhabung rechtsdogmatisch zutreffend, so müsste man dem K selbst in den **Fällen 83b und c** die einseitige Erledigung zubilligen. Konsequenz wäre, dass die Zulässigkeit und Begründetheit der Klage bis zur Anfechtungserklärung festgestellt und B nach § 91 I 1 ZPO in die Kosten verurteilt würde. Namentlich im **Fall 83b** könnte dies Ergebnis indes kaum überzeugen: K hat nichts Geringeres versucht, als das Ergebnis seiner arglistigen Täuschung in den Prozess hinein zu perpetuieren. Den B dann auch noch die Kosten des Rechtsstreits tragen zu lassen, erscheint nicht nur grob unbillig, sondern widerspricht auch dem Sinn und Zweck, weswegen man das Rechtsinstitut der einseitigen Erledigung überhaupt erfunden hat: Der Kläger, der ohne Not in einen unnötigen Prozess getrieben wurde, soll wenigstens nicht auch noch die Kosten tragen müssen. Im Falle der arglistigen Täuschung (**Fall 83b**) war aber gerade der *Kläger* (K), der zuerst den Beklagten (B) hinterging und dann auch noch meinte, im Rechtsstreit die Früchte seines unredlichen Handelns ernten zu müssen. *Er* und nicht etwa der Beklagte hat also den Prozess ohne Not heraufbeschworen[106]. Differenzierter stellt sich die Interessenlage im **Fall 83c** dar: Wer wegen Irrtums anficht (hier: B), hat, sofern er seinen Irrtum erst im Rechtsstreit erkennt, die Ursache dieses letztlich unnötigen Rechtsstreits zu verantworten. Ihn in die Kosten zu

---

104 BGHZ 155, 392 = NJW 2003, 3134, 3135 f.
105 Ebenso *Häsemeyer*, ZZP 118 (2005), 265, 292 f.; *Heistermann*, NJW 2001, 3528, 3529; *Knöringer*, JuS 2010, 569, 573; *Schneider*, MDR 2000, 507.
106 Zutreffend *Althammer/Löhnig*, NJW 2004, 3077, 3080.

verurteilen, ist auch deshalb gerecht, weil er nach § 122 I BGB ohnehin den Schaden zu ersetzen hat, den der Gegner (hier: K) dadurch erleidet, dass er auf die Gültigkeit der Erklärung vertraut[107]. Unter diesen Vertrauensschaden lassen sich zwanglos auch die Kosten des letztlich überflüssigen Prozesses fassen: Hätte K gewusst, dass die Erklärung des B rechtlich keinen Bestand haben werde, hätte er die Gerichte nicht angerufen. In **Fall 83d und e** entfalten die Rücktritts- und die Widerrufserklärung *keine Rückwirkung*; und dennoch mutet es merkwürdig an, wenn man dem K die Möglichkeit der einseitigen Erledigung zubilligt, obwohl er selbst durch seine mangelhafte Leistung den eigentlichen Anlass zum Rücktritt gesetzt oder den Verbraucher B vor Ablauf der Widerrufsfrist mit einem Rechtsstreit überzogen hat.

d) Juristische Dogmatik versus rechtliche Wertung: Die Erledigungserklärung als Instrument prozessualer Kostengerechtigkeit

Damit steht für die rechtliche Beurteilung freilich nur eines fest: Die Lösung des Problems, wann bei Ausübung von Gestaltungsrechten Erledigung eintritt, kann nicht mechanisch allein anhand des Kriteriums gefunden werden, ob man die materiellrechtliche Rückwirkung im Prozess ignoriert oder nicht. Wie **Fall 83d** zeigt, kommt es vielmehr bereits im Ansatz nicht auf jene Rückwirkung an: Der Rücktritt ist in die Überlegungen mit einzubeziehen, *obwohl* das materielle Recht ihm *keine* Rückwirkung beilegt. Zum alleinigen Leitstern der Argumentation ist stattdessen das **Veranlassungsprinzip** zu erheben: Wer ohne Not einen Rechtsstreit provoziert, soll am Ende die Kosten tragen. Nur diese Überlegung entspricht dem Sinn der einseitigen Erledigungserklärung. **314**

In diesem Ausgangspunkt ist sich das Schrifttum, soweit es auf die Entscheidung des BGH reagiert hat, einig[108]. Und auch der BGH hat das Veranlassungsprinzip nicht gänzlich außer Acht gelassen: Er hat nämlich seine Argumentation dahin erweitert, dass man dem *Kläger nicht vorwerfen könne, er habe den Prozess seinerseits vermeiden können, da er seinerseits habe aufrechnen können*[109]: Denn zum einen mögen der Aufrechnung Hindernisse entgegenstehen (§§ 390, 393, 394 BGB); zum anderen möge der Kläger sich in Unkenntnis über die Gegenforderung des Beklagten befinden (so etwa, wenn der Kläger die Forderung durch Zession erworben hat und der Beklagte nunmehr nach § 406 BGB eine Forderung gegen den Zedenten auch ihm gegenüber aufrechnet). Mit diesen Darlegungen wird freilich aus *Ausnahmesituationen* unzulässig auf ein *generelles Prinzip* geschlossen[110]: Im *Regelfall* ist nämlich der Kläger durchaus in der Lage, selbst aufzurechnen und den Rechtsstreit ggf. damit zu vermeiden. Es stellt sich damit die **allgemeine Wertungsfrage**, welche der beiden Parteien die **Obliegenheit zur Prozessvermeidung** trifft. **315**

---

107 Zutreffend *Althammer/Löhnig*, NJW 2004, 3077, 3080.
108 *Althammer/Löhnig*, NJW 2004, 3077 ff.; *Heyers*, JR 2004, 242 ff.; *Wolf/Lange*, JZ 2004, 416 ff.
109 BGH NJW 2003, 3134, 3136; ebenso schon *Schneider*, MDR 2000, 507, 508 f.
110 Zutreffend *Althammer/Löhnig*, NJW 2004, 3077, 3078; *Heyers*, JR 2004, 242, 243.

e) Insbesondere die Aufrechnung

316 Beleuchtet man diese Frage zunächst für die *Aufrechnung*, so ist zu Beginn eines festzuhalten: Das Problem, ob die Aufrechnung ein erledigendes Ereignis darstellt, wird nur dort praktische Bedeutung erlangen, wo die Forderung des Beklagten, die von diesem zur Aufrechnung gestellt wird, *unstreitig existiert*. Wird sie nämlich vom Kläger bestritten, so hat er keinen Anlass, die Hauptsache für erledigt zu erklären: Dann wird er sich vielmehr auf den Standpunkt stellen, die Aufrechnung greife mangels Existenz einer Gegenforderung ins Leere, und auf einem streitigen Urteil beharren.

317 Es bleiben daher nur noch die folgenden Situationen übrig:
- Der Beklagte verteidigt sich *nur* mithilfe der Aufrechnung, d. h. nicht nur die Gegenforderung des Beklagten, sondern auch die vom Kläger erhobene Hauptforderung ist unstreitig. Wenn der Kläger nunmehr die Hauptsache für erledigt erklärt, wird sich der Beklagte sinnvoller Weise der Erklärung anschließen. Es ergeht mithin kein Urteil in der Hauptsache, sondern nur noch eine Kostenentscheidung nach § 91a ZPO. Wenn das Gericht diese Entscheidung fällt, wird es dem Kläger die Kosten auferlegen: Dieser hätte, statt Klage zu erheben, das Erlöschen der Forderungen durch Aufrechnung bewirken können. Hätte der Beklagte keine Gegenforderung gehabt, hätte er mit der Folge des § 93 ZPO sofort anerkannt. Nun da ihm die Gegenforderung zur Seite stand, hat er von der nahe liegenden Möglichkeit der Aufrechnung Gebrauch gemacht, abermals ohne die Klageforderung zu bestreiten. In dieser Situation erscheint im Rahmen des § 91a ZPO die *analoge Anwendung des § 93 ZPO* angezeigt: Es entspricht der Billigkeit, dass der Kläger, der niemals ernsthafte Gegenwehr gegen seine Forderung befürchten musste und daher ohne Not gerichtliche Hilfe in Anspruch genommen hat, die Kosten des von ihm veranlassten Rechtsstreits trägt[111]. Beharrt der Beklagte dagegen auf einer streitigen Entscheidung, so erscheint das gerichtliche Vorgehen des Klägers im Nachhinein berechtigt: Dann wird das Gericht ein einseitiges Erledigungsurteil fällen. Der Beklagte trägt dann nach § 91 I 1 ZPO die Kosten des Rechtsstreits. Entgegen einer im Schrifttum vertretenen Ansicht[112] entspricht dies Ergebnis auch der Interessenlage: Der Beklagte, der sich bei unstreitiger Haupt- und Gegenforderung weigert, sich der Erledigungserklärung des Klägers anzuschließen, besteht auf einem streitigen Urteil, obwohl es nichts mehr gibt, worüber man sich noch streiten könnte. Damit verleiht er dem Vorgehen des Klägers nachträglich seine Legitimität[113].
- Der Beklagte verwahrt sich in erster Linie gegen die Hauptforderung des Klägers und verteidigt sich nur *hilfsweise*, indem er mit seiner Gegenforderung aufrechnet. Hier soll es nach Ansicht einiger Autoren grundsätzlich der Billigkeit entsprechen, dass der Kläger die Kosten trage[114]: Habe der Kläger die Möglichkeit versäumt, sich wegen seiner Forderung im Wege der Aufrechnung zu befriedigen, und habe

---

111 *Wolf/Lange*, JZ 2004, 416, 418.
112 Vgl. *Heyers*, JR 2004, 242, 243: Kosten trägt der Kläger analog § 93 ZPO selbst.
113 Im Ergebnis ebenso *Althammer/Löhnig*, NJW 2004, 3077, 3079.
114 *Althammer/Löhnig*, NJW 2004, 3077, 3079 f.

er stattdessen einen Prozess begonnen, so habe er unnötig gerichtliche Hilfe in Anspruch genommen. In solchen Fällen trete daher „Erledigung" bereits in dem Zeitpunkt ein, in dem die Forderungen sich erstmals aufrechenbar gegenübergestanden seien; die Rückwirkungsfiktion des § 389 BGB sei also zu berücksichtigen. Dann aber sei die Erledigung schon *vor* Rechtshängigkeit eingetreten. Der Kläger könne die Klage zurücknehmen und das Gericht nach § 269 III 3 ZPO eine Kostenentscheidung zu seinen Gunsten treffen. Das überzeugt indes nicht: Wenn der Beklagte der Ansicht ist, er schulde dem Kläger schon im Ansatz nichts, wird er eine Aufrechnung durch den Kläger nicht akzeptieren, sondern seinerseits die *Gegenforderung* gerichtlich geltend machen. Ein Prozess kann dann ohnehin nicht vermieden werden. Allenfalls mag man dem Kläger vorwerfen, er solle nicht selbst klagen, sondern es darauf ankommen lassen, ob der Beklagte wegen *seiner* Forderung wirklich vor Gericht ziehe. Mit diesem Ansatz aber würde einem Verstoß gegen das Gebot prozessualer Waffengleichheit das Wort geredet: Wenn zwei Parteien sich je einer Forderung gegen den jeweils anderen berühmen und eine dieser Forderungen streitig ist, die andere nicht, muss es prinzipiell *beiden* Parteien offen stehen, die rechtliche Ungewissheit durch Anrufung der Gerichte zu beseitigen. Wenn der Kläger eine streitige Forderung einklagt und das Gericht die Forderung für *begründet* erachtet und die Klage lediglich wegen der vom Beklagten erklärten Aufrechnung mit der seinerseits unstreitigen Gegenforderung abweist, bedeutet dies der Sache nach: *Dort, wo noch gestritten wurde, hatte der Kläger recht.* Dann erscheint es auch zutreffend, den Beklagten die Kosten des Rechtsstreits tragen zu lassen. Eben dies Ergebnis wird erzielt, wenn das Gericht auf Antrag des Klägers durch Urteil die Erledigung der Hauptsache feststellt. Die einseitige Erledigungserklärung stellt damit eine interessengerechte Lösung bereit[115].

Für dem Bereich des Aufrechnungseinwandes ist damit dem **BGH** *im Ergebnis* **zuzustimmen**: Wenn es im Rahmen einer einseitigen Erledigungserklärung des Klägers darauf ankommt, ob das Erledigungsereignis vor oder nach Rechtshängigkeit eingetreten ist, ist allein auf den **Zeitpunkt** der **Aufrechnungserklärung** abzustellen. Hat der Beklagte erst nach Zustellung der Klage die Aufrechnung erklärt und war die Forderung des Klägers bis dahin begründet, so ist auf Antrag des Klägers die Erledigung der Hauptsache festzustellen und der Beklagte in die Kosten zu verurteilen. Das liegt aber nicht daran, dass die materiellrechtliche Rückwirkungsfunktion bei Gestaltungsrechten im Prozess aus grundsätzlichen Erwägungen zu ignorieren wäre, sondern allein daran, dass der Kläger dort, wo in der Sache noch gestritten wurde, nämlich im Streit um die Klageforderung, *in der Sache* Recht bekommen hat: Das Gericht hat implizit den ursprünglichen Bestand dieser Forderung festgestellt. **318**

Dies alles gilt *generell* und nicht etwa lediglich in diejenigen Fällen, in denen der Kläger aus rechtlichen oder tatsächlichen Gründen an einer eigenen Aufrechnung **319**

---

115 Im Ergebnis ebenso *Wolf/Lange*, JZ 2004, 416, 418.

gehindert war – etwa wegen §§ 390, 393, 394 BGB[116] oder weil er die Forderung durch Zession erworben hatte und ihm die nach § 406 BGB fortbestehende Aufrechnungsbefugnis des Beklagten gegen den Zedenten nicht bekannt war[117]. Auf den Zeitpunkt der Aufrechnungserklärung kommt es schließlich ebenfalls dann an, wenn der *Kläger* die Aufrechnung erklärt und anschließend sogleich die Feststellung begehrt, die Hauptsache habe sich erledigt[118]. Dazu kann es etwa dann kommen, wenn der Beklagte erst während des Prozesses offen legt, dass ein Dritter ihm eine Forderung gegen den Kläger abgetreten hat[119].

f) Insbesondere Vertragsauflösungsrechte (Anfechtung, Rücktritt, Widerruf)

320 Wo es um die Ausübung eines Anfechtungs-, Rücktritts- oder Widerrufsrechts im Prozess geht, ist abermals im Ausgangspunkt festzuhalten: Die Frage, wann hierdurch im Rechtssinne Erledigung eingetreten ist, stellt sich nur, wenn der Kläger mit Rücksicht auf jene Ausübung die Hauptsache für erledigt erklärt, wenn er also *akzeptiert, dass die Ausübung des Vertragsauflösungsrechts tatsächlich seinen Anspruch zu Fall gebracht hat*, dass m. a. W. der Beklagte *berechtigt* war, sich vom Vertrag zu lösen und anschließend die Leistung zu verweigern. Dann aber wird man dem Kläger häufig vorwerfen können, er habe es auf den Rechtsstreit gar nicht erst ankommen lassen dürfen:

- Wer einen anderen arglistig täuscht (§ 123 I BGB) oder die Täuschung durch einen Dritten kennt oder kennen muss (§ 123 II 1 BGB), kann sich ausrechnen, dass die Gegenseite sich nicht am Vertrag wird festhalten lassen.
- Wer den zur Anfechtung berechtigenden Irrtum eines anderen kennt oder kennen muss, kann sich ebenfalls ausrechnen, dass der Vertragsschluss, auf den er seinen Anspruch stützt, nicht von einem fehlerfrei gebildeten Geschäftswillen des Gegners getragen war und daher vermutlich keinen Bestand haben wird.
- Wer schlecht oder gar überhaupt nicht leistet, wird sich ausrechnen können, dass die Gegenseite nicht ohne weiteres bereit sein wird, die versprochene Gegenleistung zu erbringen.
- Wer einen Verbraucher auf eine Leistung aus dem Vertrag in Anspruch nehmen will, der noch nach § 355 BGB widerrufen werden kann, wird mit gerichtlichen Schritten sinnvoller Weise zuwarten, bis die Widerrufsfrist abgelaufen ist, und ggf., soweit das noch nicht geschehen ist, den Verbraucher nachträglich belehren und die dadurch in Gang gesetzte Widerrufsfrist abwarten.

---

116 Gerade in den Fällen des § 393 BGB hält es freilich *Billing*, JuS 2004, 186, 187 für gerechtfertigt, dem Kläger die Kosten aufzuerlegen: Der Kläger habe sich zum Nachteil des Beklagten einer vorsätzlich begangenen unerlaubten Handlung schuldig gemacht; der Beklagte sei daher besonders schutzwürdig. *Billing* bezieht diese Aussage freilich nur auf den Fall der *beiderseitigen* Erledigung, also auf den Fall, dass der Beklagte sich der Erledigungserklärung anschließt. Ziel der hier angestellten Überlegungen ist es demgegenüber, eine gerechte Kostenverteilung auch für den Fall zu gewährleisten, dass der Beklagte sich *nicht* anschließt, dass also ein streitiges Urteil gefällt werden muss.
117 So aber *Althammer/Löhnig*, NJW 2004, 3077, 3080.
118 *Billing*, JuS 2004, 186, 188.
119 *Billing*, JuS 2004, 186, 188.

Diese Gerechtigkeitsüberlegungen zwingen rechtsdogmatisch zu der Annahme, dass **321** das Rechtsinstrument der einseitigen Erledigungserklärung in den vorgenannten Situationen bereits im Ansatz *nicht zur Anwendung kommt*. Denn dies Instrument ist *praeter legem* entwickelt worden, um den Kläger vor der Kostenlast zu schützen, wenn seine ursprünglich zulässige und begründete Klage später unzulässig oder unbegründet wird. Diesen Schutz *verdient der Kläger nicht*, wenn er weiß oder wissen muss, dass der Beklagte den Vertrag, welcher den Klageanspruch trägt, durch Ausübung eines Gestaltungsrechts einseitig lösen kann, oder wenn er gar dies Lösungsrecht zu verantworten hat.

Allerdings mag man, ebenso wie bei der Aufrechnung, dem Beklagten entgegenhalten, er möge sich der Erledigungserklärung anschließen und auf diese Weise eine **322** streitige Entscheidung in der Sache vermeiden helfen. Indes vermöchte eine solche Sicht kaum zu überzeugen. Während nämlich bei der Erledigung durch Aufrechnung der Kläger wenigstens ursprünglich eine rechtlich intakte Forderung innehatte, war die Klageforderung dort, wo die Erledigung dadurch eingetreten ist, dass der Beklagte ein Gestaltungsrecht ausgeübt hat, von vornherein mit einem solchen Recht des Beklagten infiziert. Der Kläger hat den Streit über eine Forderung gesucht, von der ihm schon von Beginn an klar sein musste, dass sie, sofern der Beklagte die Gestaltungserklärung abgab, bereits dem Grunde nach nicht durchdringen konnte. Es ist dann nicht Aufgabe des Beklagten, diesen Streit zu beenden, indem er sich der Erledigungserklärung anschließt.

g) Exkurs: Die Berufung auf die Verjährungseinrede nach Rechtshängigkeit

Vergleichbare Probleme wie im **Fall 83** stellen sich, wenn der Anspruch des Klägers **322a** bereits vor Prozessbeginn verjährt war, der Beklagte sich aber erst nach Rechtshängigkeit auf die Verjährung beruft. Der Eintritt der Verjährung bringt den Anspruch nicht zum Erlöschen, sondern begründet lediglich ein dauerndes Leistungsverweigerungsrecht (§ 214 I BGB), eine sog. *peremptorische Einrede*. Der Anspruch wird erst dann dauerhaft undurchsetzbar, wenn der Beklagte sich auf diese Einrede beruft. Damit besteht im Ausgangspunkt dieselbe Konstellation wie in jenen Fällen, in denen der Beklagte erst nach Rechtshängigkeit von einem ihm zustehenden Vertragsauflösungsrecht Gebrauch macht. Der BGH sieht daher – folgerichtig – das erledigende Ereignis nicht schon im Eintritt der Verjährung, sondern erst darin, dass sich der Beklagte auf die Verjährungseinrede beruft. Tut der Beklagte dies erst nach Rechtshängigkeit, ist auch erst nach diesem Zeitpunkt ein erledigendes Ereignis eingetreten[120] mit der Folge, dass der Kläger im Wege der einseitigen Erledigung der Hauptsache die Kosten des Rechtsstreits von sich abwenden kann. Die hier zu den Vertragsauflösungsrechten vertretene Ansicht zwingt hingegen auch bei der Verjährung dazu, bereits den Ablauf

---

120 BGHZ 184, 128 Rn. 26 ff.; ebenso schon die zuvor überwiegende Meinung, statt vieler *Knöringer*, JuS 2010, 569, 573; *Meller-Hannich*, JZ 2005, 656, 663; *Peters*, NJW 2001, 2289; *Wernecke*, JA 2004, 331, 334.

der Verjährungsfrist als solchen als erledigendes Ereignis anzusehen[121]: Der Kläger, der in dieser Situation seinen Leistungsanspruch durchzusetzen versucht, verdient keinen Schutz vor der Belastung mit den Kosten des Rechtsstreits.

VII. Prozessvergleich

G 323 Das Gericht hat in jeder Lage des Verfahrens auf eine gütliche Beilegung des Rechtsstreits hinzuwirken (§ 278 I ZPO). Ein wichtiges Mittel hierfür ist der **Prozessvergleich**. Darin einigen sich die Parteien auf eine bestimmte Regelung des streitigen Rechtsverhältnisses im Wege des gegenseitigen Nachgebens (§ 779 BGB). Der Prozessvergleich hat eine **Doppelnatur**[122]: Er ist zum einen ein **bürgerlich-rechtliches Rechtsgeschäft** (Vertrag, § 779 BGB), zum anderen eine **Prozesshandlung**, weil durch ihn der Prozess ohne Urteil beendet wird: Der Prozessvergleich ist Vollstreckungstitel, § 794 Nr. 1 ZPO. Der Vergleich ist gemäß § 160 III Nr. 1 ZPO in das Sitzungsprotokoll aufzunehmen. Sollte in der Zwischenzeit ein Urteil ergangen sein, wird dieses durch den Vergleich entsprechend § 269 III 1 ZPO *ipso iure* wirkungslos[123].

---

324 Zur Vertiefung:

(1) Die Doppelnatur und die Wirkung, den Rechtsstreit automatisch zu beenden, kommt nur einem gerichtlichen Vergleich zu, d. h. einem Vergleich, der vom Gericht protokolliert oder der im schriftlichen Verfahren nach § 278 VI ZPO geschlossen und vom Gericht durch Beschluss festgestellt wurde. Dagegen beendet ein *außergerichtlicher Vergleich* den Prozess *nicht*[124]. Die Klage bleibt also anhängig; über sie muss vom Gericht entschieden werden, wenn nicht beide Parteien übereinstimmend die Hauptsache für erledigt erklären.

(2) Der vom Gericht protokollierte Prozessvergleich substituiert in seiner Funktion als Vollstreckungstitel ein gerichtliches Urteil. Deshalb folgt aus dem rechtsstaatlichen Anspruch auf Justizgewähr[125] die *Pflicht* des Gerichts, den von den Parteien zwecks Prozessbeendigung geschlossenen Vergleich zu protokollieren[126] und damit seine Vollstreckbarkeit herbeizuführen. Eine fehlerhafte Protokollierung macht den Vergleich unwirksam[127].

---

1. Verfahrensbeendende Wirkung

G 325 Diese Doppelnatur hat gravierende Auswirkungen, wenn der Prozessvergleich materiellrechtlich fehlerhaft ist. Dann nämlich entfällt auch seine verfahrensbeendende Wirkung.

---

121 Im Ergebnis wie hier OLG Hamburg WRP 1982, 161; OLG Hamm WRP 1977, 11; OLG Koblenz WRP 1982, 657, 658; OLG Schleswig NJW-RR 1986, 38; *Bork*, WRP 1987, 8, 12; *Cziupka*, JR 2010, 372, 373 f.; *El-Gayar*, MDR 1998, 698, 699; *Ulrich*, WRP 1990, 651, 654.
122 Zuletzt BGH NJW 2005, 3576, 3577; NJW 2011, 2141; Rn. 10; BGH NJW 2014, 394 Rn. 12; BGH NJW 2015, 2965 Rn. 12.
123 *Schreiber*, Jura 2012, 23, 25.
124 Zuletzt BGH NJW 2002, 1503.
125 Dazu oben § 4 IV, Rn. 170.
126 BGH JZ 2011, 1121, 1122.
127 BGH NJW 1955, 705; NJW 1984, 1465, 1466.

Fall 84: K verklagt den B auf Zahlung des Kaufpreises (100 000 Euro) für eine wertvolle Briefmarke. B wehrt sich gegen die Klage und trägt vor, entgegen seiner Zusicherung bei Vertragsschluss habe K ihm nicht die Originalmarke, sondern ein Imitat verkauft, das erst 20 Jahre später in den Verkehr gelangt sei und allenfalls 10 000 Euro wert sei. Er, B, sei aber aus Kulanz bereit, dem K ein weiteres Imitat abzukaufen und für beide Marken insgesamt 30 000 Euro zu bezahlen und auf diese Weise den Rechtsstreit einvernehmlich zu beenden. K willigt ein; das Gericht protokolliert diese Vereinbarung. Wenige Wochen nach Vergleichsabschluss wird gegen B wegen Betrugs ermittelt; dabei beschlagnahmt die Staatsanwaltschaft auch die ursprünglich von K an B verkaufte Briefmarke. Ein von ihr beauftragter Sachverständiger gelangt zu dem Ergebnis, dass es sich eindeutig um die Originalmarke handelt; die Ermittlungen ergeben, dass B dies bei Vergleichsabschluss auch gewusst hat. K ficht den Vergleich wegen arglistiger Täuschung an.
a) K möchte sein ursprüngliches Zahlungsbegehren weiterverfolgen. Kann er das? Was muss er tun?
b) K hat die andere Marke bereits an B übergeben und übereignet und möchte sie nunmehr zurückhaben.

Die Doppelnatur des Prozessvergleichs hat zur Folge, dass ein Vergleich, der nach bürgerlichem Recht nichtig ist, auch den Prozess nicht beenden kann. K wurde von B bei Vergleichsabschluss arglistig getäuscht, war daher nach § 123 I BGB zur Anfechtung berechtigt und hat von diesem Recht auch Gebrauch gemacht. Der Vergleich ist damit ex tunc nichtig (§ 142 I BGB); der Prozess zwischen K und B ist daher durch den Vergleich nicht beigelegt worden.

Das Gericht muss vielmehr nun über das ursprüngliche Zahlungsbegehren des K **326 G** entscheiden. Fraglich ist aber, ob K zu diesem Zweck einen neuen Prozess anstrengen oder ob der alte Prozess fortgesetzt werden muss. Der **BGH** nimmt mit Recht Letzteres an[128]; die Argumente hierfür lauten wie folgt:

- Ein zweiter Prozess, der erneut Kosten verursache und zu Verzögerungen der Streiterledigung führe, werde vermieden.
- Die Entscheidung über die Wirksamkeit des Prozessvergleichs obliege den Richtern, die aus dem bisherigen Prozess mit dem Streitstoff vertraut seien.
- Die Beweise, die das Gericht bisher für eine ggf. notwendige streitige Entscheidung erhoben habe, könnten, falls der Prozessvergleich wirklich nichtig sei, für die nunmehr zu treffende Entscheidung verwertet werden.

Man kann diesen eher am Gedanken der *Prozessökonomie* orientierten Überlegungen **327 G** aber auch noch ein ganz einfaches *dogmatisches* Argument hinzufügen: Wenn der Prozessvergleich den Rechtsstreit nicht beendet hat, ist die alte Klage noch rechtshängig und aus diesem Grund ein neuer Prozess über denselben Anspruch *unzulässig* (§ 261 III Nr. 1 ZPO).

K muss daher keine neue Klage erheben, um sein ursprüngliches Zahlungsbegehren weiter zu verfolgen; ja er *darf* es nicht einmal. Es genügt, wenn er beim bisher mit der Sache befassten Gericht einen neuen Termin zur mündlichen Verhandlung beantragt. Diese neue Verhandlung hat zunächst die Frage der wirksamen Anfechtung des Ver-

---

128 BGHZ 28, 171.

gleichs zum Gegenstand und, wenn die Anfechtung durchgreift, auch das ursprüngliche Zahlungsbegehren des K.

Das Begehren des K, die zweite Briefmarke zurückzubekommen, die er dem B in Erfüllung des Vergleichs übereignet und übergeben hat, ist, wenn die Anfechtung des Vergleichs durchgreift, nach § 812 I 1 1. Alt BGB begründet. Dies Begehren war noch nicht Gegenstand des alten Prozesses; deshalb steht einer Rückforderungsklage des K nicht der Einwand anderweitiger Rechtshängigkeit nach § 261 III Nr. 1 ZPO entgegen.

G 328 Gleichwohl hat der BGH mit Recht ausgesprochen, dass auch die Klage auf Rückforderung des auf den angefochtenen Vergleich Geleisteten im alten Prozess verhandelt werden muss[129]. Das erscheint konsequent: Die Rückforderungsklage greift nur durch, wenn der Vergleich unwirksam ist. Dies aber muss im alten Prozess geltend gemacht werden. Und abermals ist hervorzuheben, dass das Gericht mit dem Streitstoff vertraut ist und es deshalb wenig Sinn ergibt, nunmehr ein neues Gericht mit der Sache zu befassen. Deshalb wird die Richtigkeit der Ansicht des BGH auch nicht dadurch in Frage gestellt, dass der Klage auf Rückgewähr von Leistungen aufgrund des Vergleichs einen anderen Streitgegenstand bilden als der mit der ursprünglichen Klage geltend gemachte Anspruch[130].

K kann daher zusammen mit seinem Antrag auf Neuterminierung die Rückforderungsklage erheben. Da sie zum ursprünglichen Zahlungsbegehren hinzutritt, wird der Klageantrag erweitert, was als Klageänderung anzusehen ist. Diese Klageänderung ist aber im **Fall 84b** nach § 263 ZPO als sachdienlich zuzulassen, weil die Feststellung des Gerichts, ob der Prozessvergleich wirksam ist oder nicht, unmittelbare Auswirkungen auf den Bestand des Anspruchs auf Rückgewähr der zweiten Briefmarke hat.

---

329 **Zur Vertiefung:**

(1) Die Fortsetzung des Rechtsstreits im **alten Prozess** ist nach Ansicht des **BGH** nur möglich, wenn die Partei, die ihn fortsetzen will, Tatsachen vorträgt, die, wenn sie zutreffen, zur **anfänglichen oder rückwirkenden Nichtigkeit** des Vergleichs führen (z. B. Anfechtung, Vertretungsmangel). Dagegen soll ein *neuer* Rechtsstreit geführt werden müssen, wenn lediglich die *Aufhebung des Vergleichs ex nunc* geltend gemacht wird – so etwa, wenn eine Partei nach §§ 323 I oder 326 V BGB vom Vergleich zurücktritt[131], wenn geltend gemacht wird, die Parteien hätten den Vergleich einvernehmlich aufgehoben[132] oder wenn eine Partei behauptet, die Geschäftsgrundlage des Vergleichs sei weggefallen[133] bzw. habe bereits anfänglich gefehlt[134]. Diese Rechtsprechung hat in der Literatur durchaus Beifall gefunden[135]. Sie ist jedoch inkonsequent und daher **abzulehnen**: Die prozessökonomischen Überlegungen, mit denen der BGH bei Nichtigkeit des Vergleichs für die Fortsetzung des alten Prozesses plädiert, tragen diese Handhabung ohne Rücksicht darauf, wie der Grund, der zum Wegfall des Vergleichs führt, rechtsdogmatisch einzuordnen

---

129 BGHZ 142, 253 = NJW 1999, 2903; ebenso Musielak/Voit/*Lackmann*, ZPO, 13. Aufl. 2016, § 794 Rn. 21; Zöller/*Stöber*, ZPO, 31. Aufl. 2016, § 794 Rn. 15b.
130 So aber *Münzberg*, JZ 2000, 422; MüKo/*Wolfsteiner*, ZPO, 4. Aufl. 2012, § 794 Rn. 74.
131 BGHZ 16, 388, 393.
132 BGHZ 41, 310, 312 f.
133 BGH NJW 1966, 1658, 1659.
134 BGH NJW 1986, 1348, 1349; NJW-RR 2006, 65, 66.
135 Dem BGH im Ergebnis zustimmend *Braun*, Lehrbuch des Zivilprozeßrechts, 2014, S. 692 f.; *Zeising*, WM 2011, 774, 779 f.

ist. Daher ist auch bei Rücktritt vom Vergleich, Wegfall bzw. Fehlen der Geschäftsgrundlage und vertraglicher Aufhebung des Vergleichs der alte Rechtsstreit fortzuführen[136] und dort ggf. zu klären, ob der Vergleich tatsächlich wirksam beseitigt wurde.

(2) Im Einzelfall kommt auch eine Anfechtung des Prozessvergleichs wegen **Drohung** in Betracht, und zwar selbst dann, wenn diese nicht von der Gegenpartei, sondern vom Gericht ausgeht. Wenn der Vorsitzende Richter in einem Kündigungsschutzprozess den Vortrag der Klägerpartei mit den Worten unterbindet: „Passen Sie auf, was Sie sagen, es wird sonst alles gegen Sie verwendet", muss die Klägerpartei dies dahin verstehen, dass das Gericht die Erörterung des Streitstoffs unterbinden und die Parteien zum Vergleich „prügeln" will – unausgesprochen damit drohend, dass die Partei, die den Vergleichsvorschlag ablehnt, den Prozess verliert. Das BAG[137] hat in diesem Fall mit Recht die Anfechtung des daraufhin geschlossenen Prozessvergleichs wegen Drohung durchgreifen lassen.

(3) Es kann geschehen, dass ein Rechtsstreit zuerst durch Prozessvergleich beendet, dieser dann aber wirksam angefochten und der Prozess daher fortgesetzt wird, in der Zwischenzeit aber auf den Vergleich Leistungen erbracht wurden. **Beispiel:** F lebt von ihrem Ehemann M getrennt und belangt M gerichtlich auf Trennungsunterhalt (§ 1361 BGB; das Verfahren ist eine Unterhaltssache nach §§ 231 ff. FamFG). Der Rechtsstreit wird zunächst durch Vergleich beendet, wonach M einen bestimmten Betrag monatlich im Voraus an F zu zahlen hat. Später ficht M den Vergleich wirksam wegen arglistiger Täuschung an, weil F vor dem Abschluss des Vergleichs unterhaltsrechtlich relevante eigene Einkünfte bewusst verschwiegen hat. Der Rechtsstreit wird daraufhin fortgesetzt und M durch Beschluss (§ 38 FamFG) zu einem deutlich niedrigeren Unterhalt verurteilt; der Beschluss wird rechtskräftig. In der Zwischenzeit hat M aber auf den später angefochtenen Vergleich eine Zeitlang den höheren Unterhalt an F gezahlt. In dieser Situation hat der BGH dem M mit Recht erlaubt, für die Rückforderung der Überzahlung einen neuen Prozess anzustrengen[138]: Wenn der alte Prozess rechtskräftig abgeschlossen ist, kann in ihm auch keine Rückforderungsklage mehr anhängig gemacht werden.

(4) Der Rechtsstreit, in dem der Prozessvergleich geschlossen wurde, wird **nur dann fortgesetzt**, wenn mindestens eine Partei die **Wirksamkeit des Vergleichs in Frage stellt**. Daraus folgt: Wurde der Vorprozess durch Vergleich beendet und möchte eine Partei über denselben Streitgegenstand erneut prozessieren, so hat sie dafür eine neue Klage zu erheben, und es findet ein neuer Prozess statt[139]. Die erneute Klage ist ohne weiteres zulässig; ihr steht insbesondere nicht der Einwand anderweitiger Rechtshängigkeit (§ 261 III Nr. 1 ZPO) entgegen. Wenn mit der Klage eine Rechtsfolge begehrt wird, die vom Inhalt des Vergleichs abweicht, so ist die Klage freilich nur begründet, wenn der Vergleich, mit dessen Hilfe der Vorprozess beendet wurde, tatsächlich unwirksam ist. Das mag durchaus vorkommen. Insbesondere ist der Vergleich **formnichtig**, wenn er nicht ordnungsgemäß protokolliert wird (§ 160 III Nr. 1 ZPO)[140]. Dann wird tatsächlich im Folgeprozess der Streitgegenstand des Vorprozesses insgesamt von Grund auf neu verhandelt. Nach Ansicht des BGH ist ein Prozessvergleich ebenfalls formnichtig, wenn das Gericht einen schriftlichen Vergleichsvorschlag unterbreitet und eine Partei diesen durch Schriftsatz, die andere Partei ihn hingegen zu Protokoll des Gerichts anerkennt: § 278 VI ZPO verlange, dass *beide* Parteien ihre Zustimmung durch Schriftsatz erklärten[141]. Dem naheliegenden Gegenargument, dass die Protokollerklärung einer Partei sogar eine notariell beurkundete Erklärung ersetzen könne (§ 127a BGB) und daher erst recht geeignet sein müsse, eine Erklärung zu ersetzen, für die das Gesetz nur einen einfachen Schriftsatzes verlange[142], ist der BGH nicht nähergetreten.

---

136 Wie hier für den gesetzlichen Rücktritt OLG Hamburg NJW 1975, 225.
137 BAG NZA 2010, 1250, 1253.
138 BGH NJW 2011, 2141, 2142.
139 BGH NJW 2014, 394 Rn. 14 mwN.
140 Näher dazu OLG Hamm NZBau 2000, 295.
141 BGH NJW 2015, 2965 Rn. 16 ff.; ebenso schon OLG Hamm NJW-RR 2012, 882 f.
142 So die beachtliche Kritik von *Skamel*, NJW 2015, 2967 f.

2. Insbesondere der Widerrufsvergleich

G 330 In der Praxis sind die Parteien selten selbst im Gerichtssaal anwesend. Den Prozess führen für sie – und zwar meistens auch dort, wo kein Anwaltszwang nach § 78 ZPO herrscht – Rechtsanwälte. Schlägt das Gericht den Anwälten in Abwesenheit der von diesen vertretenen Parteien zur Beilegung des Rechtsstreits einen Vergleich vor, so werden die Anwälte sich zunächst mit ihren jeweiligen Parteien beraten wollen. Deshalb werden Vergleiche häufig widerruflich geschlossen. Der Widerruf kann binnen einer im Vergleich bestimmten Frist widerrufen werden; geschieht das nicht, so beendet er den Prozess. Der Vergleich ist allerdings nur dann widerruflich, wenn dies ausdrücklich bestimmt wird. Wird ein Vergleich ohne einen solchen Vorbehalt geschlossen, so kann er später nicht widerrufen werden. Ebenso scheidet ein Widerruf aus, wenn das Gericht nach § 278 VI ZPO einen schriftlichen Vergleichsvorschlag unterbreitet und beide Parteien diesen Vorschlag annehmen[143].

G 331 Will eine Partei den Vergleich widerrufen, so stellt sich die Frage des **Erklärungsgegners**. Und abermals wirkt sich hier die Doppelnatur des Prozessvergleichs aus. Wenn dieser nämlich sowohl materiell-rechtliches Rechtsgeschäft als auch Prozesshandlung ist, ist sowohl (wegen der materiell-rechtlichen Natur) der Prozessgegner als auch (wegen der prozessualen Natur) das Gericht tauglicher Adressat der Widerrufserklärung. Die Partei kann sich m. a. W. aussuchen, ob sie den Widerruf dem Gericht oder dem Gegner gegenüber erklärt[144]. Wenn die Widerrufserklärung auch nur einem von beiden rechtzeitig zugeht, ist der Vergleich wirksam widerrufen und der Prozess daher durch den Vergleich nicht beendet worden.

G 332 Der Widerrufsvergleich bleibt indes selbst im Falle seines rechtzeitigen Widerrufs nicht ohne jede Wirkung. Vielmehr kann er nach § 203 BGB zur Hemmung der Verjährung führen[145].

Fall 85: K hat von X eine an B vermietete Wohnung gekauft, ist aber bislang nicht als Eigentümer der Mietwohnung im Grundbuch eingetragen. B kündigt das Mietverhältnis durch Schreiben an X zum 31.1.2015 und gibt die Wohnung an diesem Tag an X heraus. K verklagt B am 20.6.2015 aus eigenem Recht auf Schadensersatz wegen nicht vorgenommener Schönheitsreparaturen, zu deren Vornahme B sich wirksam verpflichtet und deren Durchführung er gegenüber K und X ernsthaft und endgültig verweigert hatte. Am 15.7.2015 schließen K und B einen Widerrufsvergleich, wonach B an K ohne Anerkennung einer Rechtspflicht 2000 Euro zahlt und damit sämtliche gegenseitigen Ansprüche aus dem Mietverhältnis abgegolten sind. Diesen Vergleich widerruft B fristgerecht am 29.7.2015. Am 3.8.2015 legt K offen, dass X ihm im März 2015 sämtliche Ansprüche aus dem Mietverhältnis mit B abgetreten hat, und macht den Schadensersatzanspruch gegen B nunmehr aus abgetretenem Recht geltend. B beruft sich nunmehr auf Verjährung.

---

143 OLG Hamm NJW 2011, 1373.
144 So mit Recht BGH NJW 2005, 3576, 3577 f.; zustimmend *Gilfrich*, MDR 2006, 1145, 1148 f.; *Keller*, Jura 2006, 925, 928; *Würdinger*, JZ 2006, 627, 628 f. Anders liegt es, wenn die Parteien einen bestimmten Erklärungsadressaten im Vergleich bestimmt haben; dann kann der Widerruf nur diesem gegenüber erklärt werden (BGH MDR 2005, 1429).
145 BGH NJW 2005, 2004, 2006.

Materiellrechtlich war B zum Schadensersatz wegen unterlassener Schönheitsreparaturen nach §§ 280 I, III, 281 BGB verpflichtet. Einer Nachfrist bedurfte es nach § 281 II 1. Alt. BGB nicht. Der Anspruch stand aber, solange K noch nicht als neuer Eigentümer im Grundbuch stand, dem X zu; denn erst mit der Eintragung des Eigentümerwechsels im Grundbuch trat K nach § 566 BGB in die Rechte und Pflichten aus dem Mietverhältnis mit B ein. Die ursprüngliche Klage des K aus eigenem Recht hätte daher als unbegründet abgewiesen werden müssen. Die neuerliche Klage des K aus abgetretenem Recht konnte zwar nicht mehr an der fehlenden Gläubigerstellung des K scheitern. Da aber Ansprüche wegen nicht durchgeführter Schönheitsreparaturen nach § 548 I BGB binnen 6 Monaten ab Rückgabe der Mietwohnung verjährten[146], war am 3.8.2015, dem Datum der Klageänderung, der an K abgetretene Anspruch des X an sich verjährt. Die ursprüngliche Klage des K vermochte diese Verjährung nicht nach § 204 I Nr. 1 BGB zu hemmen; denn sie bezog sich auf einen anderen Streitgegenstand: K hatte zunächst aus eigenem Recht geklagt und damit einen anderen Anspruch geltend gemacht als den nunmehr abgetretenen[147].

In dieser Situation kommt dem K aber § 203 BGB zugute: K und B hatten einen Widerrufsvergleich über *sämtliche* gegenseitigen Ansprüche zwischen K und B – und damit auch über die an K abgetretenen Ansprüche des X – geschlossen. Damit hatten K und B *auch* über den an K abgetretenen Ersatzanspruch des X zu verhandeln begonnen – und zwar am 15.7.2015, also *bevor* dieser Anspruch verjährt war. Das hat zu einer Hemmung der Verjährung nach § 203 S. 1 BGB geführt[148], die erst durch den Abbruch der Verhandlungen, nämlich durch die Widerrufserklärung des B am 29.7.2015 beendet wurde. Die Verjährung endete nach § 203 S. 2 BGB frühestens am 29.10.2015. Die Klage des K gegen B aus abgetretenem Recht ist damit *vor* Verjährungseintritt erhoben worden. Sie wird daher Erfolg haben.

VIII. Teilbeendigung des Rechtsstreits

1. Das Zwischenurteil nach § 280 ZPO

Wenn die Zulässigkeit der Klage schwierig zu beurteilen ist, kann es sich als **333** zweckmäßig erweisen, über sie abgesondert zu verhandeln und zu entscheiden: Erst wenn dieser Punkt geklärt ist, lohnt sich der Aufwand für eine Sachentscheidung. Diesem praktischen Bedürfnis trägt § 280 I ZPO Rechnung. Es kann sodann nach § 280 II 1 ZPO ein Zwischenurteil über die Zulässigkeit der Klage ergehen, das ganz normal mit Rechtsmitteln angefochten werden kann, so als würde es sich um ein Endurteil handeln. Wenn das Zwischenurteil rechtskräftig die Zulässigkeit der Klage feststellt, kann diese in der Folgezeit nicht mehr in Frage gestellt werden.

---

146 BGH NJW 2005, 2004, 2005.
147 BGH NJW 2005, 2004, 2005.
148 BGH NJW 2005, 2004, 2006.

334 Das Gericht *muss* den praktischen Vorteil dieses Verfahrens aber nicht bis zur Rechtskraft des Zwischenurteils nutzen. Es kann vielmehr auf Antrag anordnen, dass zur Hauptsache verhandelt wird. In dieser Situation besteht freilich die folgende Gefahr: Möglicherweise hat

- das Gericht durch Zwischenurteil die Zulässigkeit der Klage festgestellt, es wird dies Urteil aber in der Rechtsmittelinstanz aufgehoben und rechtskräftig die Unzulässigkeit festgestellt;
- das Gericht aber mittlerweile zur Sache entschieden (obwohl sich nunmehr herausstellt, dass die Klage in Wahrheit unzulässig ist und eine Sachentscheidung gar nicht ergehen darf).

335 Dieser Konflikt wird von der h. M.[149] wie folgt gelöst:

- Das Sachurteil ist auflösend bedingt durch die Aufhebung des Zwischenurteils. Wenn also in der Ausgangsinstanz durch Zwischenurteil die Zulässigkeit der Klage, in der Rechtsmittelinstanz aber deren Unzulässigkeit festgestellt wurde und die Entscheidung der Rechtsmittelinstanz rechtskräftig wird, *fällt das Sachurteil des Ausgangsgerichts ipso iure in sich zusammen, ohne dass es seiner ausdrücklichen Aufhebung bedarf.*
- Die materielle Rechtskraft des Sachurteils ist aufschiebend bedingt durch die Rechtskraft des Zwischenurteils. Selbst wenn es also im Ergebnis dabei bleibt, dass die Klage zulässig ist, wird das Sachurteil erst rechtskräftig, wenn es auch das Zwischenurteil wird.

2. Das Grundurteil nach § 304 ZPO

a) Prozessabschichtung: Anspruchsgrund und Anspruchshöhe

G 336 Wenn ein Anspruch nach Grund und Betrag streitig ist, kann das Gericht anordnen, dass über den Grund abgesondert verhandelt wird (§ 304 ZPO). Tut es dies und kommt es zu dem Ergebnis, dass der eingeklagte Anspruch dem Grunde nach gegeben ist, so erlässt es ein *Grundurteil*: Danach wird der Klageanspruch *für dem Grunde nach gerechtfertigt erklärt*. Über den Betrag, also die Anspruchs*höhe*, wird sodann gesondert verhandelt.

b) In Sonderheit: Schadensersatzansprüche

G 337 Gelegentlich ist freilich nicht eindeutig, was noch zum Anspruchsgrund und was schon zur Anspruchshöhe gehört. Probleme ergeben sich namentlich bei *Schadensersatzansprüchen*:

Fall 86: K verklagt B auf Schadensersatz, weil B ihn bei einem Verkehrsunfall rechtswidrig und schuldhaft verletzt habe. Als zu ersetzenden Schaden macht K zum einen die Kosten seiner Heilbehandlung (5000 Euro), zum anderen entgangenen Gewinn von 15 000 Euro aus

---

149 BGH NJW 1973, 467, 468; *Merle*, ZGR 1979, 67, 79; MüKo/*Prütting*, ZPO, 4. Aufl. 2013, § 280 Rn. 10.

einem Geschäftstermin geltend, zu dem er im Unfallzeitpunkt gerade unterwegs gewesen sei und der wegen des Unfalls geplatzt sei. B erwidert, K sei zur Hälfte an dem Unfall mit Schuld gewesen. Er habe daher bereits 2500 Euro an K gezahlt. Das mit dem Geschäftstermin sei erstunken und erlogen; K habe ihm noch am Unfallort gesagt, er habe zu einem Fußballspiel fahren wollen. Darf das Gericht den Klageanspruch für dem Grunde nach gerechtfertigt erklären?

Ein Schadensersatzanspruch entsteht selbst dem Grunde nach nur dann, wenn ein ersatzfähiger Schaden entstanden ist. Wenn das Gericht den Klageanspruch dem Grunde nach für gerechtfertigt erklärt, bedeutet dies, dass im Betragsverfahren *irgendein* Betrag herauskommen muss, den B noch an K zu zahlen hat. Wenn also von Anfang an zweifelhaft erscheint, ob B dem K überhaupt noch etwas zu zahlen hat, darf ein Grundurteil gar nicht erst erlassen werden[150]. Das bedeutet für **Fall 86** folgendes:

- Der Geschäftsgewinn und die Heilbehandlungskosten sind einzelne Schadensposten aus einem einheitlichen Schadensereignis. Das Gericht darf sich in diesem Fall darauf beschränken, einen dieser Schadensposten als auf jeden Fall gegeben zu erachten, und die Prüfung der übrigen Schadensposten ins Betragsverfahren verweisen.
- Das Gericht darf jedoch den Einwand des B, K habe den Unfall schuldhaft mit verursacht (§ 254 BGB), nicht ohne weiteres, sondern nur dann ins Betragsverfahren verweisen, wenn es wenigstens nach summarischer Prüfung zu dem Ergebnis kommt, dass der Klageanspruch nicht vollständig durch das Mitverschulden des Klägers aufgezehrt wird[151]. Damit ist im **Fall 86** ein Grundurteil ausgeschlossen: B bestreitet den entgangenen Gewinn und behauptet, die Heilbehandlungskosten, soweit sein Verschuldensanteil reicht, bereits ersetzt, den Ersatzanspruch des K also vollständig erfüllt zu haben. Wenn der Vortrag des B stimmt, schuldet er dem K nichts mehr. Deshalb hat das Gericht über den Erfüllungs- und den Mitverschuldenseinwand des B zu entscheiden, *bevor* es ein Grundurteil ersetzt.

Die für den Erlass eines Urteils erforderliche Wahrscheinlichkeit, dass der Anspruch **338 G** wenigstens in irgendeiner Höhe besteht, ist auch dann *nicht* gegeben, wenn der Beklagte mit Gegenforderungen aufrechnet, die in ihrer Gesamthöhe die Klageforderung übersteigen, und die Existenz dieser Gegenforderungen nicht völlig ausgeschlossen ist[152]. Das Gericht kann in einer solchen Situation aber folgende Vorgehensweise wählen: Es kann in kombinierter Anwendung der §§ 302, 304 ZPO ein *Grundurteil unter dem Vorbehalt der Entscheidung über die Aufrechnung* erlassen[153]. Dieses Urteil muss dann aber ausdrücklich als solches bezeichnet werden. Denn über die Aufrechnungsforderung muss anschließend im Nachverfahren gemäß § 302 IV ZPO verhandelt und entschieden werden. Den Parteien muss durch die Wahl der Urteilsform deutlich gemacht werden, dass sie sich auf ein solches Verfahren einzurichten haben.

---

150 BGH NJW 2001, 224, 225; BGH NJW-RR 2005, 1008, 1009; BGH NJW-RR 2012, 880 Rn. 13.
151 BGH NJW 1975, 106, 108. Ausführlich zum Vorbehalt des Mitverschuldens im Grundurteil *Foerster*, ZZP 127 (2014), 203 ff.
152 BGH MDR 2005, 1069; OLG Celle NJW 2011, 3462.
153 OLG Celle NJW 2011, 3462.

G 339 Wenn das Gericht ein Grunurteil erlässt und sich nunmehr im Betragsverfahren herausstellt, dass in Wahrheit kein Schaden entstanden oder der Ersatzanspruch durch das Mitverschulden des Klägers komplett aufgezehrt ist, so darf und muss allerdings das Gericht die Klage abweisen[154]. Im Betragsverfahren ist das Gericht an die im Grundurteil getroffene Feststellung, dass ein Schadensersatzanspruch dem Grunde nach besteht, nach § 318 ZPO gebunden[155], nicht aber an Feststellungen, die bereits den Umfang des zu ersetzenden Schadens oder die haftungsausfüllende Kausalität zwischen Rechtsgutsverletzung und Schaden betreffen. Denn das Gericht hatte beim Erlass des Grundurteils nur zu überschlagen, keineswegs aber abschließend festzustellen, ob und welcher Schaden dem Kläger aus der Rechtsgutsverletzung erwachsen ist[156].

c) In Sonderheit: Drittschadensliquidation

340 In Fällen, in denen Schadensersatzansprüche *abgetreten* werden und der Kläger nunmehr aus abgetretenem Recht gegen den Schädiger vorgeht, kann zweifelhaft sein, ob der Kläger (Zessionar) seinen eigenen Schaden oder nur den des Zedenten liquidieren kann.

> **Fall 87:** B verkauft ein Grundstück an C und verschweigt arglistig, dass es mit ausgelaufenem Erdöl kontaminiert ist. C verkauft das Grundstück in Unkenntnis der Verunreinigung unter Ausschluss jeglicher Gewährleistung an K. Der von K zu entrichtende Kaufpreis entspricht dem Marktwert des Grundstücks ohne Berücksichtigung der Kontamination. C tritt seine Gewährleistungsansprüche gegen B an K ab. K verklagt B auf Ersatz der Kosten für die Sanierung des Erdreichs.

341 **Materiellrechtlich** hatte C gegen B zunächst einen Anspruch auf Beseitigung der Verunreinigungen (§§ 437 Nr. 1, 439 I BGB: Nachbesserung); er konnte freilich nach § 440 S. 1, 3. Alt. BGB ohne Fristsetzung sogleich zum Schadensersatz statt der Leistung nach §§ 437 Nr. 3, 280 I, III, 281 BGB übergehen, weil die Fristsetzung dem Käufer unzumutbar ist, wenn der Verkäufer den Mangel arglistig verschwiegen hat: Der Käufer muss in diesen Fällen befürchten, dass der Verkäufer, der sich einmal als nicht vertrauenswürdig erwiesen hat, erneut vorsätzlich fehlerhaft leistet[157]. Zum Schadensersatz statt der Leistung gehören auch die Kosten, die dem Käufer dadurch entstehen, dass er den Mangel selbst beseitigt. Nur ist dem C *kein Schaden* entstanden: Denn er hat das Grundstück zum Marktpreis an K verkauft und wegen des Gewährleistungsausschlusses keine Regressansprüche des K zu befürchten. K seinerseits hat die Sanierung des Erdreichs auf eigene Kosten in Angriff genommen und damit einen Schaden erlitten, aber mangels einer unmittelbaren Vertragsbeziehung keinen Anspruch gegen B. Diese Schadensverlagerung von C auf K erscheint aus Sicht des B *zufällig*: Der Gewährleistungsausschluss sollte C vor der Inanspruchnahme durch K

---

154 BGH NJW 1989, 2117; MDR 2005, 1241, 1242.
155 BGHZ 35, 248, 252; BGH NJW-RR 1987, 1196, 1197; NJW 1994, 1222; NJW-RR 1997, 188, 189; NJW 2011, 3242, 3243.
156 BGH MDR 2005, 1363, 1364.
157 BGH NJW 2007, 1534, 1535.

schützen, nicht aber B entlasten. Deshalb war C ausnahmsweise berechtigt, nach §§ 437 Nr. 3, 280 I, III, 281 BGB den Schaden des K zu liquidieren (Drittschadensliquidation); diesen Anspruch hatte er sodann als Ergebnis einer ergänzenden Auslegung des zwischen beiden geschlossenen Kaufvertrags an K abzutreten[158]. *Inhalt* des Ersatzanspruchs war es somit, dass B den Schaden *so zu ersetzen hatte, wie er in der Person des K entstanden war*; auf die Verhältnisse in der Person des C kam es insoweit nicht an.

Prozessual folgt daraus: Wenn das Gericht im Prozess K gegen B den Ersatzanspruch dem Grunde nach für gerechtfertigt erklärt (§ 304 ZPO) und in den Urteilsgründen ausführt, es liege ein Fall der Drittschadensliquidation vor, weswegen der Schaden in der bei K entstandenen Höhe zu ersetzen sei, so *nimmt diese Feststellung an der Bindungswirkung des Grundurteils teil*: Das für jeden Schadensersatzanspruch bereits dem Grunde nach konstituierende Tatbestandsmerkmal „Schaden" hat das Gericht dahin ausgefüllt, dass der Schaden *des K* (d. h. des Zessionars) und nicht etwa der des C zu ersetzen sei (dem, wie gesehen, kein Schaden entstanden ist). *Konsequenz*: Wenn das Grundurteil rechtskräftig wird, wird B im Betragsverfahren nicht mehr mit der Behauptung gehört, es komme auf einen Schaden des C an, und dieser habe keine Vermögenseinbuße erlitten[159]. **342**

d) Vorgezogene Verhandlung im Betragsverfahren

Wenn ein Grundurteil erlassen wurde und vor dessen Rechtskraft zum Betrag verhandelt und der Beklagte zu einer bestimmten Summe verurteilt wird (§ 304 II HS 2 ZPO), kann es geschehen, dass das Grundurteil im Rechtsmittelzug aufgehoben und die Klage gänzlich abgewiesen wird. Dann kann das Urteil, welches in der Vorinstanz nach dem Betragsverfahren gegen den Beklagten erging, keinen Bestand haben. Vielmehr gilt das Gleiche wie im Rahmen des § 280 ZPO: Die Wirksamkeit des Zahlungsurteils ist auflösend bedingt durch die Aufhebung des Grundurteils und die materielle Rechtskraft des Zahlungsurteils aufschiebend bedingt durch die des Grundurteils. **343 G**

Zur Vertiefung: **343a**

(1) Bei Schadensersatzansprüchen muss vor Erlass eines Grundurteils genau geprüft werden, welche Feststellungen zum Anspruchsgrund und welche zur Anspruchshöhe gehören. Im Haftpflichtprozess gegen einen Rechtsanwalt, der darauf gestützt wird, er habe einen Prozess fehlerhaft geführt und dadurch die Niederlage seines Mandanten verursacht, gehört die Frage, ob der Anspruch, den der Anwalt durchsetzen sollte, überhaupt bestand, zum Anspruchsgrund[160]. Einfacher ausgedrückt: Der Mandant kann dem Anwalt nur dann vorwerfen, seinen Anspruch „verprozessiert" zu haben, wenn er überhaupt einen Anspruch gegen seinen Prozessgegner hatte. Nur dann war der Anwalt verpflichtet, den Anspruch gerichtlich durchzusetzen; nur dann fällt ihm eine Pflichtverletzung zur Last, wenn er den Prozess fehlerhaft führt und dadurch ein Urteil zum Nachteil seines Mandanten heraufbeschwört. Das Merkmal der Pflichtverletzung gehört aber bereits zu den Voraussetzungen eines Anspruchs aus § 280 I 1 BGB dem Grunde nach und betrifft nicht erst die Anspruchshöhe.

---

158 BGH NJW 1997, 652.
159 BGH NJW 2004, 2526, 2527.
160 Im Ergebnis ebenso BGH NJW 2015, 3453 Rn. 10.

(2) Die Feststellung, dass überhaupt irgendein Schaden entstanden ist, darf nicht auf der Grundlage des gewöhnlichen Verlaufs (§ 252 S. 2 BGB) getroffen werden, wenn ernsthaft in Betracht kommt, dass im *konkreten Fall überhaupt kein* Gewinn entgangen ist[161]. Denn § 252 S. 2 BGB gibt dem Schadensersatzgläubiger lediglich eine Beweiserleichterung, schneidet dem Schadensersatzschuldner aber nicht den Einwand ab, dass im individuellen Einzelfall nach Lage der Dinge auch ohne das schadenstiftende Ereignis kein Gewinn erzielt worden wäre.

3. Das Teilurteil

344 Das Gericht kann nicht nur über die Zulässigkeit oder über den Anspruchsgrund separat entscheiden, sondern ebenso die endgültige Entscheidung über den Anspruch sozusagen „in Raten" treffen, indem es nämlich ein *Teilurteil* erlässt. § 301 I 1 ZPO nennt drei Fallvarianten, in denen ein solches Vorgehen in Betracht kommt:

a) § 301 I 1 1. Alt. ZPO: Einer von mehreren Ansprüchen entscheidungsreif

345 Nach § 301 I 1 1. Alt. ZPO kann ein Teilurteil ergehen, wenn in einer Klage mehrere Ansprüche geltend gemacht worden sind, aber der Streit nur bezüglich eines von ihnen entscheidungsreif ist.

> **Fall 88:** K klagt eine Kaufpreissumme und die Rückzahlung eines Darlehens ein; der Rückzahlungsanspruch ist entscheidungsreif, der Kaufpreisanspruch nicht.

Zu § 301 I 1 1. Alt. ZPO gehört – außer der im **Fall 88** skizzierten einfachen Grundkonstellation – auch der Fall, dass der Kläger einen *Hauptantrag* und für den Fall des Misserfolgs einen *Hilfsantrag* stellt (Beispiel: K klagt gegen B auf Herausgabe eines Gemäldes, hilfsweise auf Schadensersatz). Nach Ansicht des BGH[162] kann das Gericht durch Teilurteil über den Hauptantrag entscheiden. Diese Rechtsprechung führt zu Schwierigkeiten, wenn das Gericht den Hauptantrag *abweist*, über den Hilfsantrag entscheidet und das Rechtsmittelgericht nunmehr dem Hauptantrag stattgibt. Der Kläger hat jetzt im **Fall 88** sowohl einen Titel für seinen Herausgabeanspruch als auch für seinen Schadensersatzanspruch. Das widerspricht der Fassung der Eventualklage: Da der Hilfsantrag nur für den Fall gestellt war, dass der Hauptantrag abgewiesen wird, darf er keinen Bestand haben, wenn der Hauptantrag Erfolg hat. Vielmehr ist ebenso zu verfahren wie in den Fällen der §§ 280, 304 ZPO[163]: Die Wirksamkeit des Urteils über den Hilfsantrag ist auflösend bedingt durch die Verurteilung des Beklagten nach dem Hauptantrag; die materielle Rechtskraft des Urteils über den Hilfsantrag ist aufschiebend bedingt durch die Rechtskraft des Urteils, das den Hauptantrag abweist. Nur wenn der Hauptantrag rechtskräftig abgewiesen wird, kann das Urteil über den Hilfsantrag rechtskräftig werden; denn nur für diesen Fall war der Hilfsantrag gestellt.

---

161 BGH NJW-RR 2012, 880 Rn. 14.
162 BGHZ 56, 79, 80 f.
163 Zutreffend *Jauernig*, FS 50 Jahre BGH, 2000, S. 311, 323.

b) § 301 I 1 2. Alt. ZPO: Einheitlicher Anspruch zum Teil entscheidungsreif

Nach § 301 I 1 2. Alt. ZPO kann ein Teilurteil ergehen, wenn in einer Klage ein ein   346
heitlicher Anspruch geltend gemacht worden und lediglich ein Teil dieses Anspruchs
entscheidungsreif ist.

> **Fall 89:** K klagt gegen B auf Schadensersatz wegen eines Verkehrsunfalls und macht die
> Wertminderung seines Fahrzeugs sowie Nutzungsausfall geltend. Das Gericht kann den Nut
> zungsausfall anhand der üblichen Tabellenwerte ermitteln, muss aber wegen der Wertminde
> rung noch Sachverständigenbeweis erheben.

▶ **Wichtiger Hinweis**
Beide Schadensposten setzen im **Fall 89** voraus, dass B überhaupt dem Grunde nach gemäß
§§ 823 I BGB, 7 I StVG zum Schadensersatz verpflichtet ist. Es wäre nicht angemessen, wenn
Nutzungsausfall zugesprochen und sodann die Klage wegen der Wertminderung abgewiesen
würde, weil B gar nicht nach den genannten Vorschriften haftbar ist. Es würden sich zwei
Teilurteile in ein und demselben Rechtsstreit widersprechen. Um das zu verhindern, ordnet
§ 301 I 2 ZPO an, dass über den Nutzungsausfall nur entschieden werden darf, wenn zugleich
ein Grundurteil über den Anspruchsrest ergeht, wenn also festgestellt wird, dass B den Haftungstatbestand entweder des § 823 I BGB oder des § 7 StVG erfüllt.

Zur Vertiefung: Nicht ausdrücklich auf § 301 I ZPO gestützt, aber ebenfalls dem Problemfeld   347
der Gefahr widersprüchlicher Entscheidungen zuzuschlagen ist die Konstellation, dass mehrere
an sich selbständige Ansprüche geltend gemacht werden, beide aber rechtlich miteinander verzahnt sind – und zwar so, dass die Frage nicht für beide Ansprüche unterschiedlich beantwortet
werden darf. Auch in solchen Fällen muss darauf geachtet werden, dass Teilurteil und Schlussurteil inhaltlich miteinander in Einklang stehen. *Beispiele:* (1) In einem Amtshaftungsprozess
verklagt der Geschädigte nicht bloß die Anstellungskörperschaft des Beamten, der (angeblich)
eine Amtspflicht verletzt hat, nach Art. 34 GG, § 839 I 1 BGB, sondern außerdem einen privaten
Dritten, der an dem Schaden ebenfalls mitgewirkt haben soll. Sollte die Haftung des Dritten begründet sein, wäre die Amtshaftung wegen des Verweisungsprivilegs in § 839 I 2 BGB ausgeschlossen. Wie der BGH mit Recht ausgesprochen hat[164], darf in diesem Fall die Klage gegen die
Anstellungskörperschaft nicht unter Berufung auf § 839 I 2 BGB durch Teilurteil abgewiesen
werden, solange nicht die Haftung des Dritten geklärt ist. Denn erst wenn diese geklärt ist, steht
im Verhältnis zwischen Kläger und Anstellungskörperschaft fest, ob dem Kläger – in Gestalt jener Haftung des Dritten – i. S. des § 839 I 2 BGB eine „anderweitige Ersatzmöglichkeit" zur
Verfügung steht. Ganz allgemein darf ein Teilurteil nicht ergehen, wenn eine dafür maßgebliche
Vorfrage auch für den restlichen Streitgegenstand Bedeutung erlangt[165]. (2) Wenn der Vermieter
das Mietverhältnis wegen Zahlungsverzugs fristlos kündigt und Klage auf Räumung und Zahlung rückständiger Miete erhebt, darf das Gericht der Räumungsklage nicht durch Teilurteil
stattgeben[166]. Denn im Rahmen des Zahlungsanspruchs könnte sich ergeben, dass der Mieter
nicht oder nur in geringerem Umfang zur Zahlung von Miete verpflichtet war und dass daher der
Zahlungsverzug, wenn er überhaupt bestand, nicht in der nach § 543 II 1 Nr. 3 BGB erforderlichen Höhe bestand. Dann würden Zahlungs- und Räumungsurteil einander inhaltlich widersprechen. (3) Wenn der Verkäufer eines Grundstücks mangels Zahlung des Kaufpreises vom
Kaufvertrag zurücktritt, kann er den Käufer mit dem Ziel verklagen, in die Löschung der Auflassungsvormerkung einzuwilligen. Wenn nämlich der Kaufpreisanspruch infolge des Rücktritts er

---

164 BGH JZ 2004, 732, 733.
165 BGH NJW 2001, 760; OLG Hamm MDR 2005, 412; *Schwenker*, EWiR 2003, 149, 150.
166 BGH MDR 2008, 331 f.

lischt, erlischt auch die Vormerkung; das Grundbuch, das sie immer noch ausweist, ist unrichtig. Ebenso kann der Verkäufer die Finanzierungsbank des Käufers mit dem Ziel verklagen, zuzustimmen, dass der zu ihren Gunsten eingetragene Pfandrechtsvermerk auf diese Auflassungsvormerkung gelöscht wird. Wenn der Verkäufer den Käufer und die Bank im selben Prozess verklagt, darf der Klage gegen die Bank nicht durch Teilurteil mit der Begründung stattgegeben werden, der Verkäufer sei berechtigt vom Vertrag zurückgetreten und der Auflassungsanspruch erloschen. Denn es könnte geschehen, dass das Gericht im Schlussurteil die Klage gegen den Käufer mit der Begründung abweist, der Rücktritt sei unberechtigt[167]. (4) Bei Klagen gegen mehrere einfache Streitgenossen muss die Entscheidung zwar nicht zwingend einheitlich ergehen; andernfalls hätten wir es mit einer prozessual notwendigen Streitgenossenschaft zu tun (§ 62 I 1. Alt. ZPO). Das bedeutet aber nicht, dass das Gericht das Szenario einander widersprechender Entscheidungen durch den Erlass eines Teilurteils provozieren darf. Soweit nach materiellem Recht die Rechtslage im Verhältnis zwischen dem Kläger und dem Beklagten zu 1 nicht anders sein kann als die Rechtslage im Verhältnis zwischen dem Kläger und dem Beklagten zu 2, darf bezüglich eines der beiden Beklagten kein Teilurteil ergehen[168]. Ein Teilurteil über die Klage gegen einen von mehreren Beklagten ist konsequent (und zwar selbst bei einfacher Streitgenossenschaft) auch dann ausgeschlossen, wenn eine Beweisaufnahme in Betracht kommt, die das Rechtsverhältnis des Klägers auch zu den anderen Beklagten betrifft[169]. Wenn etwa ein Fahrgast beim Einstieg in den Zug stürzt, dabei geltend macht, er sei deshalb gestürzt, weil sich auf dem Bahnsteig Glatteis gebildet habe und dieses nicht geräumt worden sei, und mit dieser Begründung sowohl das Bahnverkehrsunternehmen als auch das mit dem Räum- und Streudienst betraute Unternehmen verklagt, darf die Klage gegen das Bahnverkehrsunternehmen nicht durch Teilurteil abgewiesen werden. *Wenn* nämlich das Glatteis nicht geräumt war, haftet auch das Bahnverkehrsunternehmen (§§ 280 I, 278 S. 1 BGB). Wenn über die Frage, *ob* das Glatteis geräumt war, Beweis erhoben wird, betrifft dies folglich auch die Haftung des Bahnverkehrsunternehmens. Es darf nicht geschehen, dass bei gleicher Beweislage das Streudienstunternehmen verurteilt und die Klage gegen das Bahnverkehrsunternehmen abgewiesen wird. Deshalb darf in dieser Situation kein Teilurteil ergehen[170].

348   Ein Teilurteil nach § 301 I 1 2. Alt. ist nur zulässig, wenn es sich auf einen quantitativen, zahlenmäßig oder auf sonstige Weise bestimmten, d. h. **abgrenzbaren Teil** des Streitgegenstandes bezieht. Ein Teilurteil darf sich daher nicht auf die Feststellung einer Anspruchsgrundlage, auf die Beurteilung bloßer Elemente einer Schadensersatzforderung oder auf unselbstständige Rechnungsposten bei der Ermittlung des entgangenen Gewinns beschränken[171].

c) § 301 I 1 3. Alt. ZPO: Nur Klage oder Widerklage entscheidungsreif

349   Nach § 301 I 1 3. Alt. ZPO kann ein Teilurteil ergehen, wenn Klage und Widerklage erhoben worden sind und nur eine von beiden entscheidungsreif ist.

Fall 90: K klagt gegen B eine Provisionsforderung aus einem Maklervertrag ein; nach dem unstreitigen Vorbringen beider Parteien hat B das Objekt nicht durch Vertrag mit dessen Eigentümer, sondern im Zwangsversteigerungsverfahren erworben. B erhebt Widerklage auf Scha-

---

167 BGH NJW 2013, 1009 Rn. 9.
168 BGH NJW 2004, 1452.
169 BGHZ 193, 60 Rn. 8.
170 BGHZ 193, 60 Rn. 9.
171 BGH NJW 1992, 2080, 2081 f. m. w. N.

densersatz, weil K ihm das Objekt unter Inanspruchnahme besonderen persönlichen Vertrauens mit bestimmten Eigenschaften beschrieben habe, die das Objekt aber nicht erfülle. B beantragt zum Beweis gerichtlichen Augenschein an der vermittelten Immobilie sowie die Einholung eines Sachverständigengutachtens.

Der Streit zwischen K und B ist im **Fall 90** sofort entscheidungsreif; ob ein Provisionsanspruch nach § 652 BGB auch beim Erwerb in der Zwangsvollstreckung durchgreift[172], ist eine reine Rechtsfrage und kann vom Gericht aus eigener Kraft entschieden werden. Dagegen ist die auf §§ 311 III, II Nr. 1, 280 I BGB (sog. Sachwalterhaftung) gestützte Schadensersatzklage des B, die als Widerklage erhoben wurde, noch nicht entscheidungsreif, weil noch Beweise erhoben werden müssen. Hier kann das Gericht die Provisionsklage des K durch Teilurteil abweisen.

IX. Zusammenfassung: Wichtige Grundbegriffe
350 G

Innerprozessuale Bindungswirkung	Der Richter ist nach § 318 ZPO unabänderlich an das von ihm verkündete Urteil gebunden. **Ausnahmen:** § 319 ZPO (Urteilsberichtigung bei offenbaren Unrichtigkeiten), § 320 ZPO (Tatbestandsberichtigung), § 321 ZPO (Urteilsergänzung), § 321a ZPO (Anhörungsrüge), § 343 (Versäumnisurteil).
Versäumnisurteil	*Gegen Kläger*: Wenn Kläger in mündlicher Verhandlung nicht erscheint, wird Klage ohne Sachprüfung abgewiesen, § 330 ZPO. *Gegen Beklagten*: Wenn Beklagter in mündlicher Verhandlung nicht erscheint, wird er verurteilt, soweit die Klage schlüssig ist, § 331 II ZPO.
Quasikontradiktorisches Endurteil	Wenn der Beklagte säumig ist, die Klage aber unschlüssig, wird sie nach § 331 II ZPO abgewiesen. Das klageabweisende Urteil wäre ebenso ergangen, wenn der Kläger anwesend gewesen wäre und streitig verhandelt hätte. Die Abweisung hat also mit der Säumnis des Beklagten nichts zu tun. Deswegen spricht man von einem quasikontradiktorischen Endurteil: Es wird so entschieden, als wie („quasi") streitig („kontradiktorisch") verhandelt worden wäre.
Anerkenntnisurteil	Wenn der Beklagte den Anspruch anerkennt, räumt er ein, dass der Kläger in der Sache Recht hat. Dann ist dem Gericht jede weitere Sachprüfung verwehrt (Ausprägung der Verhandlungsmaxime!): Es hat nach § 307 ZPO den Beklagten seinem Anerkenntnis gemäß zu verurteilen.
Verzichtsurteil	Wenn der Kläger auf den Anspruch verzichtet, räumt er ein, dass der Beklagte Recht hat. Das Gericht wird die Klage ohne jede weitere Sachprüfung abweisen, § 306 ZPO.
Erledigung der Hauptsache	*Beiderseitige Erledigung*: Wenn die Parteien übereinstimmend die Hauptsache für erledigt erklären, geben sie zu erkennen, dass sie sich *nicht mehr streiten wollen*. Dann ist dem Gericht jede weitere Sachprüfung verwehrt. Es ergeht kein Urteil mehr, sondern nur noch ein Kostenbeschluss nach § 91a ZPO. *Einseitige Erledigung*: Wenn die ursprünglich zulässige und begründete Klage durch ein späteres Ereignis (sog. *Erle-*

---

172 Dagegen BGHZ 112, 59.

digungsereignis) unzulässig oder unbegründet wird, müsste eigentlich die Klage abgewiesen und der Kläger nach § 91 I ZPO in die Kosten verurteilt werden, da es für die Entscheidung auf die Sach- und Rechtslage im Zeitpunkt der letzten mündlichen Verhandlung ankommt. Um das zu verhindern, kann der Kläger die Hauptsache einseitig für erledigt erklären. Die einseitige Erledigung ist eine (immer zulässige!) *Klageänderung*: Das Gericht prüft nicht mehr, ob die Klage jetzt noch zulässig und begründet ist, sondern ob sie ursprünglich zulässig und begründet war und ob nach Rechtshängigkeit ein Ereignis eingetreten ist, das zur Unzulässigkeit oder Unbegründetheit geführt hat. Ist das der Fall, so obsiegt der Kläger und kann die Kostenlast nach § 91 I ZPO auf den Beklagten abwälzen.

Prozessvergleich

Vertrag zwischen den Parteien (§ 779 BGB), der sich prozessual dahin auswirkt, dass der Rechtsstreit *ipso iure beendet* wird. Daher Doppelnatur: Sowohl materiellrechtliches Rechtsgeschäft als auch Prozesshandlung.

Grundurteil

Wenn Anspruch nach Grund und Betrag streitig ist, kann das Gericht nach § 304 ZPO zunächst über den Grund vorab entscheiden. Hält es den Anspruch dem Grunde nach für gerechtfertigt, so erlässt es ein Grundurteil. Die Verhandlung über den Betrag wird spätestens dann aufgenommen, wenn das Grundurteil rechtskräftig ist.

§ 7 Die Rechtskraft

I. Formelle und materielle Rechtskraft

1. Formelle Rechtskraft

Die formelle Rechtskraft wird in § 705 ZPO als Rechtsbegriff verwendet. Sie bedeu- **351 G**
tet, dass die gerichtliche Entscheidung nicht mehr mit Rechtsmitteln angefochten
werden kann.

2. Materielle Rechtskraft

a) Identität und Präjudizialität

Die materielle Rechtskraft bedeutet, dass die gerichtliche Entscheidung auch inhalt- **352 G**
lich in einem neuen Prozess nicht mehr angezweifelt werden kann. Diese Aussage
wirkt sich bei Urteilen, durch die über den Klageanspruch **in der Sache entschieden**
wird in zweierlei Hinsicht aus:

- **Identität:** Über denselben Streitgegenstand darf nicht noch einmal prozessiert
  werden (*ne bis in idem*). Eine neue Klage mit demselben Streitgegenstand ist daher
  unzulässig.
- **Präjudizialität:** Für Folgeprozesse über einen *anderen* Streitgegenstand, für den
  das festgestellte Rechtsverhältnis vorgreiflich (präjudiziell) ist, darf dieses Rechtsverhältnis nicht mehr in Frage gestellt werden.

Beispiele:

a) In einem Vorprozess hatte das Gericht festgestellt, dass das Mietverhältnis zwischen K und B
ungeachtet einer von B ausgesprochenen Kündigung bis Ende 2016 fortbesteht. Nunmehr verklagt K den B auf Zahlung der Miete bis zu diesem Zeitpunkt. In diesem Prozess darf der Bestand
des Mietverhältnisses bis Ende 2016 nicht mehr in Frage gestellt werden. Dies folgt aus der prä-
judiziellen rechtskräftigen Feststellung im Vorprozess[1].

b) In einem Vorprozess hatte das Gericht festgestellt, dass der Kläger, der vom Beklagten nach
Rücktritt vom Kaufvertrag den Kaufpreis zurückverlangte, nach §§ 438 IV, 218 I BGB nicht
wirksam vom Kaufvertrag zurückgetreten war. Nunmehr begehrte der Kläger u. a. die Feststel-
lung, dass der Beklagte sich mit der Rücknahme der Kaufsache im Annahmeverzug befinde.
Diesem Vortrag war kein Gehör mehr zu schenken, da die endgültige Rechtsbeständigkeit des
Kaufvertrags im Vorprozess rechtskräftig festgestellt worden war. Daraus folgte zwingend die
Nichtexistenz einer Rücknahmepflicht des Beklagten[2].

c) In einem Vorprozess hatte der Kläger die Feststellung begehrt, dass der Beklagte ihm nach
fristloser Kündigung des Mietverhältnisses zum Ersatz von Mietausfallschäden verpflichtet sei.
Das Gericht des Vorprozesses hatte (was es nicht hätte machen dürfen!) offen gelassen, ob die
Klage überhaupt zulässig sei, und sie abgewiesen, weil sie jedenfalls unbegründet sei. Wenn der

---

1 BGH NJW 2004, 294, 295.
2 BGH NJW 2004, 1252, 1254.

Kläger jetzt in einem neuen Prozess Leistungsklage auf Ersatz konkret bezifferter Mietausfall-schäden erhebt, ist diese Klage ihrerseits unbegründet, und zwar allein schon deshalb, weil das Nichtbestehen eines solchen Ersatzanspruchs rechtskräftig festgestellt ist: Das Feststellungsurteil aus dem Vorprozess ist vorgreiflich (präjudiziell) für den nunmehr geltend gemachten Leistungs-anspruch. Das Gericht hat einmal rechtskräftig entschieden, dass der Beklagte keinen Ersatz schulde. An dieser Wirkung der materiellen Rechtskraft ändert sich selbst dadurch nichts, dass das Gericht des Vorprozesses die Zulässigkeit der Klage zu Unrecht offen gelassen hat[3]: Entscheidend ist, dass über den Streitgegenstand im Vorprozess ein rechtskräftiges Urteil in der Sache ergangen ist. Dieses wäre selbst dann bindend, wenn das Gericht des Vorprozesses die Zulässigkeit der Klage grob fehlerhaft bejaht hätte; dann muss es erst recht bindend sein, wenn die Zulässigkeit zu Unrecht offen gelassen wurde. Die Diskussion, ob das Urteil so hätte ergehen dürfen, verbietet sich eben, wenn Rechtskraft eingetreten ist.

Die beiden genannten Wirkungen der materiellen Rechtskraft hat das Gericht des Folgeprozesses **von Amts wegen** zu beachten[4]. Die Partei, zu deren Vorteil im Vor-prozess eine rechtskräftige Entscheidung ergangen ist, braucht sich also im Folge-prozess nicht eigens auf diese Entscheidung zu berufen.

Bei Urteilen, durch welche die Klage **als unzulässig abgewiesen** wurde, verzeichnen wir eine deutlich eingeschränkte materielle Rechtskraftbindung: Eine neue Klage mit demselben Streitgegenstand ist zulässig, wenn das Sachurteilshindernis, dessentwe-gen die frühere Klage rechtskräftig abgewiesen worden war, zwischenzeitlich beho-ben wurde[5]. Wurde also etwa die Klage im Vorprozess als unzulässig abgewiesen, weil der Kläger nicht wie geboten (§ 78 I ZPO) anwaltlich vertreten war, und lässt der Kläger die neue Klage durch einen Anwalt erheben, so steht einem neuen Prozess nichts im Wege.

b) Abgrenzung zur Interventionswirkung

G 353   **Fall 91:** Hersteller H liefert an Einzelhändler V für 200 Euro einen Dachgepäckträger zum Transport von Fahrrädern, der auf das Dach von Autos bestimmter Fabrikate montiert werden kann. V verkauft diesen Gepäckträger einige Zeit später als Auslaufmodell für 150 Euro weiter an den Endverbraucher K. K montiert den Gepäckträger so auf das Autodach, dass er sich bei höheren Geschwindigkeiten aus der Verankerung lösen kann. Eben dies passiert dem K auf der Autobahn bei Tempo 120. Das auf den Gepäckträger aufmontierte Fahrrad (Wert: 1000 Euro) wird vom nachfolgenden Verkehr erfasst und erleidet Totalschaden. K trägt vor, der Unfall sei auf eine unerkannt fehlerhafte Montageanleitung zurückzuführen, und verklagt den V auf Rückzahlung des Kaufpreises (150 Euro), nachdem V trotz Fristsetzung keinen neuen Ge-päckträger geliefert hat. V verkündet H den Streit. Das Gericht stellt, sachverständig beraten, fest, dass die Montageanleitung in der Tat keinen festen Sitz des Gepäckträgers auf dem Auto gewährleistete. V wird zur Rückgewähr des Kaufpreises verurteilt.
   a) V verlangt seinerseits von H den Kaufpreis (200 Euro) zurück. Kann H einwenden, die Montageanleitung sei völlig in Ordnung gewesen?
   b) K verlangt von V nunmehr auch Schadensersatz für das zerstörte Fahrrad. Kann V einwen-den, die Montageanleitung sei entgegen der Ansicht des Sachverständigen im Vorprozess doch in Ordnung gewesen?

---

3 BGH NJW 2008, 1227. 1228.
4 Vgl. nur BGH NJW 2008, 1227 f.
5 Statt vieler *Nieva-Fenoll*, ZZ 129 (2016), 89, 97.

V hat dem H den Streit verkündet. Damit gilt zum Nachteil des H im Folgeprozess gegen V (**Fall 91a**) die Interventionswirkung nach §§ 74 III, 68 ZPO: H kann im Prozess gegen V nicht einwenden, der Prozess V gegen K sei unrichtig entschieden worden. Diese Interventionswirkung ergreift sämtliche Elemente des Vorprozesses (V gegen K), also *auch präjudizielle Rechtsverhältnisse*[6]. Es darf daher auch nicht mehr in Frage gestellt werden, dass die Montageanleitung mangelhaft war. Die Interventionswirkung gilt im **Fall 91a** ungeachtet dessen, dass der Streitwert des Folgeprozesses V gegen H höher ist als derjenige des Vorprozesses K gegen V: Die Interventionswirkung entzieht präjudizielle Rechtsverhältnisse als Ganzes dem Streit und ist daher durch die Klagesumme des Vorprozesse nicht begrenzt[7].

Darin unterscheidet sich die Interventionswirkung von der Rechtskraft: In Rechtskraft erwächst nur der Ausspruch, dass V dem K zur Zahlung von 150 Euro verpflichtet ist, nicht aber auch die rechtliche Begründung dieser Pflicht und folglich auch nicht die Feststellung des Gerichts, dass der Gepäckträger mit einer mangelhaften Montageanleitung versehen worden war. Die verbreitete Gegenansicht, wonach auch die allgemeine rechtliche Einordnung des Anspruchs („aus Vertrag", „aus unerlaubter Handlung" etc.) in Rechtskraft erwachsen soll[8], ist in jüngerer Zeit überzeugend widerlegt worden[9]. Nach § 322 I ZPO wird über den *prozessualen* und nicht über den materiellrechtlichen Anspruch mit Rechtskraft entschieden. Der prozessuale Anspruch (= Streitgegenstand) besteht aber nur aus Antrag und Lebenssachverhalt[10].

Die **Rechtskraft** beschränkt sich also auf die **Rechtsfolge**, welche im **Urteilstenor**   **354 G** ausgesprochen ist; nicht aber erstreckt sie sich auf vorgreifliche Rechtsverhältnisse, zugrunde liegende Rechtsansichten oder tatsächliche Feststellungen[11].

Deshalb wird im **Fall 91b** über die Frage, ob die Montageanleitung mangelhaft war, nochmals Beweis erhoben werden müssen: Die Feststellung des Gerichts im Vorprozess, dass ein solcher Mangel vorlag, ist nicht mit in Rechtskraft erwachsen. Hätte K eine rechtskräftige Entscheidung bereits im Vorprozess herbeiführen wollen, so hätte er insoweit **Zwischenfeststellungsklage** nach § 256 II ZPO erheben müssen.

Zur Vertiefung: Die Beschränkung der Rechtskraft auf die im Urteilstenor ausgesprochene   **355** Rechtsfolge führt in der Praxis immer wieder zu unliebsamen Überraschungen für die im Vorprozess siegreiche Partei.

(1) **Beispiel**[12]: K verlangt von B Schadensersatz aus Delikt und verliert den Prozess, weil er die Verletzungshandlung des B nicht beweisen kann. Im Folgeprozess begehrt er von B, Handlungen dieser Art künftig zu unterlassen. Wenn das Gericht hier prüft, ob Handlungen dieser Art vonseiten des B zu befürchten stehen (§ 1004 I 2 BGB: Erstbegehungs- bzw. Wiederholungsgefahr), so ist es an den fehlenden Nachweis der Verletzungshandlung im Vorprozess nicht gebunden:

---

6 Statt aller BGH MDR 2004, 464, 465; BGH NJW 2012, 674 Rn. 9; *Deckenbrock/Dötsch*, JR 2004, 6, 8; *Ghassemi-Tabar/Eckner*, MDR 2012, 1136, 1140; *Haertlein*, JA 2007, 10, 13.
7 BGH NJW 1969, 1480, 1481; BGH NJW 2012, 674 Rn. 9.
8 Umfassende Nachweise bei BGH NJW 2010, 2210, 2211; *Roth*, ZZP 124 (2011), 3, 7 mit Fn. 25.
9 Ausführlich *Roth*, ZZP 124 (2011), 3, 9 ff.
10 Dazu oben § 2 II 1, Rn. 88.
11 Zuletzt BGH NJW 2003, 3058, 3059; BGH MDR 2008, 815 f.
12 Nach BGHZ 150, 377.

Das Gericht hat dort eben nur über einen Schadensersatz-, nicht aber auch über einen Unterlassungsanspruch entschieden[13]. Im Übrigen erfordert der Unterlassungsanspruch nicht den Nachweis einer bereits begangenen, sondern die Befürchtung einer zukünftigen Verletzungshandlung, sodass auch die Beweisthemen beider Prozesse unterschiedlich sind und bereits deshalb keine Bindung des Gerichts im Folgeprozess eintreten kann.

(2) **Beispiel**[14]: Geschäftsführer G der S-GmbH wird durch Versäumnisurteil zum Schadensersatz wegen pflichtwidrig nicht abgeführter Arbeitnehmeranteile zur Sozialversicherung verurteilt (§ 823 II BGB i. V. m. § 266a StGB). Das Urteil wird rechtskräftig. Über das Vermögen des G wird das Insolvenzverfahren eröffnet. Der Sozialversicherungsträger meldet die Forderung gegen G wegen nicht abgeführter Beiträge zur Insolvenztabelle an und erklärt dabei, es handle sich um eine Forderung aus vorsätzlich begangener unerlaubter Handlung. G widerspricht dieser Einordnung, weil er befürchtet, dass ihm andernfalls wegen jener Sozialversicherungsbeiträge die Restschuldbefreiung (§§ 286 ff. InsO) nach § 302 Nr. 1 InsO verwehrt bleiben wird. Der BGH hat ausgesprochen, dass das Versäumnisurteil, welches die Haftung des G für die nicht abgeführten Sozialversicherungsbeiträge ausspricht, zwar jene Haftung als solche rechtskräftig feststellt, nicht aber die rechtliche Qualifikation als eine Forderung aus vorsätzlich begangener unerlaubter Handlung: Jene rechtliche Qualifikation nehme nicht an der rechtskräftigen Feststellung teil. Nicht anders wäre der Fall übrigens zu beurteilen, wenn G nicht durch Versäumnis-, sondern durch streitiges Urteil zur Erstattung nicht abgeführter Sozialversicherungsbeiträge verurteilt worden wäre. Denn die Rechtskraft ergreift selbst in diesem Fall nicht die rechtliche Qualifikation. Der Sozialversicherungsträger hätte die fehlende Berechtigung des G, sich auf die Restschuldbefreiung zu berufen, im Wege der Zwischenfeststellungsklage nach § 256 II ZPO klären lassen müssen.

(3) In einem Punkt besteht freilich in der Rechtsprechung noch Abstimmungsbedarf. Denn vergleichbare Probleme stellen sich im Bereich der *Einzelzwangsvollstreckung*: Nach § 850f II ZPO gelten die Pfändungsfreigrenzen der §§ 850c ff. ZPO nicht, wenn die titulierte Forderung auf vorsätzlich begangener unerlaubter Handlung beruht. Wenn der Gläubiger nun ein auf vorsätzlich begangene unerlaubte Handlung gestütztes Leistungsurteil erstreitet und dann Forderungen des Schuldners gegen Dritte pfänden will, soll der Rechtspfleger gehalten sein, die Verwurzelung der Forderung in einer vorsätzlich begangenen unerlaubten Handlung unmittelbar selbst aus dem Urteil zu entnehmen[15]. Einer Zwischenfeststellungsklage soll es also offenbar nicht bedürfen. Diese Handhabung ist indes nur auf der Prämisse haltbar, dass die Qualifikation der Forderung als eine solche aus vorsätzlich begangener unerlaubter Handlung an der Rechtskraft des Urteils teilnimmt. Wenn man dies (vorzugswürdig) verneint, kann das Vollstreckungsorgan (in diesem Fall der Rechtspfleger) nicht an jene Qualifikation gebunden sein. Es ist vielmehr auch hier Aufgabe des Gläubigers, jene Qualifikation zum Gegenstand einer Zwischenfeststellungsklage zu machen[16]. Diese mag auf den Rechtsgrund der Forderung gerichtet sein[17]; denkbar dürfte aber ebenso die Klage auf Feststellung sein, dass der Beklagte (Schuldner) im Falle der Zwangsvollstreckung nicht berechtigt ist, sich auf die Pfändungsfreigrenzen der §§ 850c ff. ZPO zu berufen.

---

13 BGHZ 150, 377, 383; BGH NJW 2012, 3577 Rn. 36; ebenso *Roth*, JZ 2009, 237, 239. Dagegen kann ein rechtskräftiges Unterlassungsurteil präjudizielle Wirkung für den nachfolgenden Schadensersatzprozess entfalten (so mit beachtlichen Gründen *Kocher*, ZZP 117 (2004), 487, 493 ff.; ebenso *Roth*, JZ 2009, 237, 239; anders aber BGHZ 150, 377, 383).

14 Nach BGH NJW 2010, 2210; der nachstehend skizzierten Lösung des BGH zustimmend *Deubner*, JuS 2010, 1064, 1068; *Roth*, ZZP 124 (2011), 3 ff.; *Zöller/Vollkommer*, ZPO, 31. Aufl. 2016, Rn. 35 vor § 322.

15 BGHZ 109, 275, 277; 152, 166, 169.

16 Zutreffend *Roth*, ZZP 124 (2011), 3, 24.

17 So der Vorschlag von *Nistler*, JuS 2011, 990, 991.

II. Der zeitliche Bezugspunkt der rechtskräftigen Feststellung

1. Grundsatz: Letzte mündliche Tatsachenverhandlung

Fall 92: B ist rechtskräftig verurteilt worden, an K ein Grundstück herauszugeben, auf dem sich eine Ölquelle befindet. Das Grundstück befindet sich aber noch im Besitz des B; die Vollstreckung des Urteils ist noch nicht erfolgt. K verklagt den B nunmehr auf Herausgabe des Öls, das er auf diesem Grundstück gefördert hat, bzw., soweit dieses Öl schon veräußert ist, auf Herausgabe des Veräußerungserlöses. B verteidigt sich mit dem Einwand, das Grundstück befinde sich rechtmäßig in seinem Besitz, sodass er auch das Öl zum eigenen Nutzen verwenden dürfe.

356 G

Mit der Verurteilung des B zur Herausgabe an K steht rechtskräftig fest, dass B zur Herausgabe an K verpflichtet ist. *Nicht* von der Rechtskraft umfasst ist freilich die *materielle Anspruchsgrundlage*; es steht also nicht fest, ob die Herausgabepflicht aus § 985 BGB, aus § 823 I BGB oder aus § 812 I 1 2. Alt. BGB folgt. Darauf kommt es aber im **Fall 92** nicht an: Es steht rechtskräftig fest, dass B jedenfalls zum Zeitpunkt der **letzten mündlichen Verhandlung,** auf die das Urteil erging, zur Herausgabe des Grundstücks verpflichtet war. B kann sich in Bezug auf das Öl, das er *nach* diesem Zeitpunkt gefördert hat, nicht mehr mit dem Einwand verteidigen, eine solche Pflicht habe nicht bestanden.

▶ **Wichtiger Hinweis**
Der vorstehende Grundsatz gilt auch für **Versäumnisurteile**. Denn auch hier findet eine mündliche Verhandlung statt, deren Zeitpunkt als Bezugspunkt für die rechtskräftige Feststellung in Betracht kommt. Anspruchsbegründende Tatsachen oder gegen den Anspruch gerichtete Einwendungen, die zu diesem Zeitpunkt bereits objektiv vorlagen, aber nicht geltend gemacht worden sind, können nicht in einem späteren Prozess vorgetragen werden, um die rechtskräftige Feststellung in Frage zu stellen. Diese Einsicht kann zu bösen Überraschungen führen. **Beispiel**[18]: K klagt gegen B eine Geldforderung ein. Es wird Termin zur mündlichen Verhandlung bestimmt. Noch vor diesem Termin zahlt B an K. B erscheint im Termin zur mündlichen Verhandlung nicht, weil er meint, durch die Zahlung habe sich die Notwendigkeit des Prozesses erübrigt. Mit dieser Art der Prozessführung stellt B sich indes selbst eine Falle: Das Gericht wird auf Antrag des K ein Versäumnisurteil erlassen. Wehrt sich B auch hiergegen nicht, wird das Urteil rechtskräftig. Von da an kann B das Urteil nicht mehr mit Hilfe der Vollstreckungsabwehrklage bekämpfen (§ 767 II ZPO): Denn der Erfüllungseinwand bestand schon im Zeitpunkt der mündlichen Verhandlung, ist also nicht erst nachträglich entstanden. Die Rechtskraft des Versäumnisurteils steht jedem Versuch des B entgegen, K jetzt noch nachträglich Erfüllung entgegenzuhalten. B wird K aber auch nicht unter dem Gesichtspunkt des § 826 BGB entgegenhalten können, K habe trotz Kenntnis der Zahlung ein Versäumnisurteil beantragt und sich damit einen Vollstreckungstitel sittenwidrig erschlichen[19]: B ist infolge seiner nachlässigen Prozessführung selbst daran schuld, dass gegen ihn ein Versäumnisurteil ergangen ist; er hat K zu diesem Vorgehen regelrecht „eingeladen". Die *richtige Strategie* für B wäre gewesen, im Termin zu erscheinen und vorzutragen, er habe gezahlt. Dann hätten K und B vermutlich den Rechtsstreit in der Hauptsache für erledigt erklärt, und es wäre zu keiner Verurteilung des B gekommen.

---

18 Nach BGH NJW-RR 2012, 304; der nachstehend skizzierten Lösung des BGH zustimmend *Fischer*, JuS 2012, 517, 520.
19 Dazu unten § 12 III, Rn. 598 ff.

G 357 Schwieriger ist im **Fall 92** die Frage zu beurteilen, ob dem B der Einwand seiner fehlenden Herausgabepflicht auch bezüglich desjenigen Öls abgeschnitten ist, das er *vor* der letzten mündlichen Verhandlung gefördert hat. Das Urteil stellt die Herausgabepflicht des B nämlich nur bezogen auf einen bestimmten Zeitpunkt fest, nämlich auf den Zeitpunkt der letzten mündlichen Verhandlung, auf die das Urteil ergeht[20]. Es kann also sein, dass die Herausgabepflicht noch nicht bestand, als K die Herausgabeklage gegen B erhob, sondern erst im Laufe des Prozesses entstanden ist. Die Frage, ob dies tatsächlich der Fall war, wird von dem rechtskräftigen Herausgabeurteil nicht beantwortet. B kann daher geltend machen, die Herausgabepflicht sei erst im Zeitpunkt der letzten mündlichen Verhandlung des Vorprozesses eingetreten und habe vorher nicht bestanden, sodass ihm, dem B, die Nutzungen bis zu diesem Zeitpunkt zustünden.

358 **Zur Vertiefung:**

(1) Nach Ansicht des **BGH** reicht freilich gerade bei Herausgabeurteilen die präjudizielle Wirkung der Rechtskraft noch weiter: Grundsätzlich stelle das rechtskräftige Herausgabeurteil fest, dass der Beklagte **im gesamten Zeitraum zwischen Rechtshängigkeit der Herausgabeklage und letzter mündlicher Verhandlung im Herausgabeprozess** zur Herausgabe verpflichtet gewesen sei[21]. Aus dem maßgeblichen Zeit*punkt* für die Rechtskraft wird dadurch sozusagen ein maßgeblicher Zeit*raum*. Diese Rechtsprechung bedarf der Erläuterung. Denn sie zeigt, dass die Grenzen der Rechtskraft sich nicht immer im Wege stringenter dogmatischer Ableitung bestimmen lassen, sondern ein Element juristischer Wertung enthalten. Das zeigt sich besonders deutlich an **Fall 92**:

Würde die Herausgabepflicht des B durch das rechtskräftige Urteil nur für den Zeitpunkt der letzten mündlichen Verhandlung festgestellt, so wäre dieses Urteil für den von K angestrengten Folgeprozess auf Herausgabe der Nutzungen ohne Wert. Denn dem B stünde nunmehr der Einwand offen, er sei bis zum Tag *vor* jener Verhandlung zum Besitz berechtigt gewesen. K müsste daher im Prozess auf Herausgabe der Nutzungen über die an sich geklärte Frage des (hier fehlenden Besitzrechts) praktisch gänzlich von neuem streiten. Mit der Bedeutung der Rechtskraft wäre diese Folge kaum zu vereinbaren: Die rechtskräftige Verurteilung enthält die Aussage, dass dem Beklagten alle Einwendungen gegen den geltend gemachten Anspruch endgültig aberkannt sind. Dann kann der Beklagte nicht im Folgeprozess, für den das Herausgabeurteil vorgreiflich ist, *faktisch* in beinahe demselben Umfang wie bisher dieselben Einwendungen vortragen, mit denen er im Vorprozess gescheitert ist. Vielmehr hat der Kläger (hier: K) im Vorprozess Herausgabe *sofort ab Rechtshängigkeit* begehrt. Er ist im Ergebnis mit diesem Antrag durchgedrungen. Dieser Befund rechtfertigt es, dem Herausgabeurteil grundsätzlich die Aussage zu entnehmen, dass B zwischen Rechtshängigkeit der Klage und letzter mündlicher Verhandlung kein Recht hatte, die Herausgabe zu verweigern. B kann das Urteil im (hier: auf Nutzungsersatz gerichteten) Folgeprozess nur insoweit in Frage stellen, als er geltend macht, er sei im Vorprozess bei Rechtshängigkeit noch zum Besitz berechtigt gewesen und dies Recht sei infolge nachträglicher Veränderung der es begründenden Umstände später (aber vor der letzten mündlichen Verhandlung) weggefallen[22]. Mit derartigem Vortrag konnte B im Vorprozess nicht durchdringen: Denn ungeachtet des Umstands, dass in das Herausgabeurteil die Aussage hineingelesen wird, B sei bereits ab Rechtshängigkeit nicht zum Besitz berechtigt gewesen, bleibt es dabei, dass es für die Verurteilung zur Herausgabe an sich nur auf die Rechtslage im Zeitpunkt der letzten mündlichen Verhandlung an-

---

20 Vgl. nur *Prütting/Wesser*, ZZP 116 (2003), 267, 284, 286.
21 BGH NJW 2006, 63, 64; BGH NJW 2012, 3577 Rn. 37; im Wesentlichen ebenso, aber weniger präzise bereits BGH NJW 1998, 1709, 1710.
22 BGH NJW 2006, 63, 64.

kommt. Veränderungen betreffend die Besitzberechtigung während des Vorprozesses sind daher bislang unerörtert geblieben. B muss folglich die Möglichkeit haben, eine solche Veränderung der Rechtslage bezüglich der Besitzberechtigung im Folgeprozess vorzutragen.

(2) Wenn die Klage auf Rückabwicklung eines Kaufvertrags mit der Begründung abgewiesen wird, der Käufer habe es versäumt, dem Verkäufer eine Frist zur Nacherfüllung zu setzen, bedeutet die Rechtskraft dieses Urteils, dass der Käufer in einem neuen Prozess nicht mehr vortragen kann, er habe schon bis zum Zeitpunkt der letzten mündlichen Verhandlung im Vorprozess eine solche Frist gesetzt. Der Käufer kann auch nicht mehr vortragen, die Fristsetzung sei schon im Zeitpunkt der letzten mündlichen Verhandlung im Vorprozess entbehrlich gewesen; insbesondere kann er nicht mehr vortragen, die Fristsetzung sei deshalb entbehrlich, weil der Verkäufer ihn bereits bei Vertragsschluss arglistig getäuscht habe[23]. Wohl aber kann der Käufer dem Verkäufer nach Abschluss des Prozesses eine Frist setzen und, wenn diese erfolglos abläuft, eine neue Klage auf Rückabwicklung des Kaufvertrags erheben. Denn bei Klagabweisung mangels Fristsetzung handelt es sich um eine Klagabweisung als **zur Zeit unbegründet**. In diesen Fällen kann eine neue Klage wegen desselben Anspruchs auf neue Tatsachen gestützt werden, die erst nach dem Zeitpunkt der letzten mündlichen Verhandlung im Vorprozess entstanden sind. Diese „neue Tatsache" wäre im Beispielsfall die nunmehr nachgeholte Fristsetzung.

2. In Sonderheit: Rechtskraft und Gestaltungsrechte

a) Das Problem

Äußerst **umstritten** sind die zeitlichen Grenzen der Rechtskraft dort, wo eine Partei bereits im Vorprozess den Klageanspruch durch Ausübung eines **Gestaltungsrechts** hätte begründen bzw. zu Fall bringen können, von dieser Möglichkeit aber erst später Gebrauch macht. Es handelt sich hierbei um eine der **beliebtesten prozessualen Streitfragen im Examen**.   **359 G**

- Die Diskussion wurde lange Zeit vorwiegend auf der **Passivseite** geführt: Kann der bereits rechtskräftig verurteilte *Beklagte* sich unter Berufung auf das nunmehr ausgeübte Gestaltungsrecht gegen die *Zwangsvollstreckung* aus dem Urteil *wehren*? Ausgangspunkt für die Beurteilung dieser Frage ist *§ 767 II ZPO*: Die Ausübung des Gestaltungsrecht begründet eine Einwendung, die den titulierten Anspruch selbst betrifft. Sie kann mithilfe der *Vollstreckungsabwehrklage* geltend gemacht werden, sofern die Gründe, auf denen die Einwendung beruht, erst nach der letzten mündlichen Tatsachenverhandlung im Vorprozess entstanden sind. Von hier aus ist das Problem zuerst zu entwickeln: „Entsteht" die Einwendung erst mit Zugang der Gestaltungserklärung oder bereits mit dem objektiven Bestehen des Gestaltungs*grundes*?
- Die so gewonnenen Erkenntnisse gilt es sodann auf die **Aktivseite** zu übertragen: Kann der *Kläger*, dessen Klage bereits rechtskräftig abgewiesen wurde, nunmehr ein Gestaltungsrecht geltend machen und damit einen *neuen Grund für seinen Anspruch* vortragen? Diese Frage war Gegenstand eines jüngeren Urteils des BGH[24].

---

23 *Huber* JuS 2012, 1021, 1025.
24 BGH NJW 2004, 1252.

Fall 93: V verkauft an K im Juni 2015 einen Gebrauchtwagen. Als K den Kaufpreis trotz mehrfacher Aufforderung schuldig bleibt, erhebt V Klage auf Zahlung des Kaufpreises (15 000 Euro). Termin zur mündlichen Verhandlung wird bestimmt auf den 7.1.2016. Das Gericht entscheidet am Ende der Sitzung: K wird antragsgemäß verurteilt. Das Urteil wird dem K am 14.1.2016 zugestellt. K legt innerhalb der gesetzlichen Frist kein Rechtsmittel ein. Als V am 20.2.2016 aus dem Urteil vollstrecken will, erhebt K Vollstreckungsabwehrklage mit der Begründung

a) er habe seinerseits bereits am 31.12.2015 gegen V eine Forderung von 5000 Euro erworben, mit der er nunmehr aufrechne.

b) er habe nunmehr erfahren, dass der Wagen entgegen den damaligen Zusagen des V bereits im Zeitpunkt der Übergabe in einen Unfall verwickelt gewesen sei. Er trete daher vom Kaufvertrag zurück.

c) V habe ihm den vorangegangenen Unfall gar arglistig verschwiegen; er fechte den Kaufvertrag daher nach § 123 I BGB an.

d) V habe ihm bis zum 28.2.2016 ein vertragliches Rücktrittsrecht eingeräumt. Dies Recht könne ihm durch seine rechtskräftige Verurteilung nicht genommen werden. Er trete daher nunmehr vom Kaufvertrag zurück.

e) V sei Unternehmer und er, K, Verbraucher. Der Kaufvertrag sei seinerzeit über das Internet geschlossen worden. Er, K, widerrufe daher den Kaufvertrag nach § 312d I i. V. m. § 312g I BGB.

Fall 94: V verkauft an K im Juni 2013 einen Gebrauchtwagen und sagt dem K zu, der Wagen sei unfallfrei. Im August 2015 wird anlässlich einer Inspektion festgestellt, dass der Wagen bereits im Zeitpunkt der Übergabe an K in einen Unfall verwickelt gewesen sein muss. K tritt vom Kaufvertrag mit V zurück und verklagt ihn auf Rückgewähr des Kaufpreises; diese Klage wird rechtskräftig abgewiesen, weil ein (hypothetischer) Nacherfüllungsanspruch verjährt wäre und deshalb der Rücktritt nach §§ 438 IV, 218 I 2 BGB unwirksam sei. Später erfährt K, dass V seinerzeit den Unfallschaden bewusst verschwiegen habe. Nunmehr ficht er den Kaufvertrag wegen arglistiger Täuschung an und verlangt in einem neuen Prozess abermals Rückgewähr des Kaufpreises.

Im **Zeitstrahl** stellt sich die Problematik wie folgt dar:

Entstehung des Gestaltungsrechts (vor oder nach Klageerhebung)	Schluss der mündlichen Verhandlung	Urteil	(ggf. Ablauf der Einspruchsfrist)	Ausübung des Gestaltungsrechts

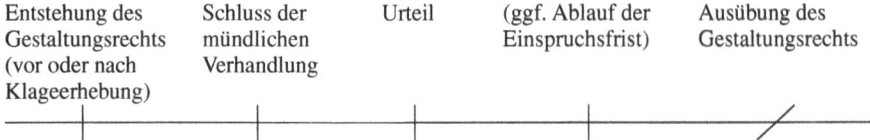

b) Der Ausgangspunkt: Die Diskussion um die Vollstreckungsabwehrklage

aa) Materiellrechtliche Vorüberlegungen

G 360 Im **Fall 93a** macht K geltend, die titulierte Forderung sei in Höhe von 5000 Euro durch Aufrechnung erloschen (§ 389 BGB). Damit erhebt er eine rechtsvernichtende Einwendung. Gleiches gilt in **Fall 93b, 93d**: K behauptet, wirksam vom Vertrag zurückgetreten und die Kaufpreisforderung daher nach § 346 I BGB zum Erlöschen gebracht zu haben. Nicht anders liegt es in **Fall 93e**: K behauptet, er habe ein verbraucherschützendes Widerrufsrecht gehabt und ausgeübt, sodass nach § 355 I 1 BGB der Kaufpreisanspruch erloschen sei. Und in **Fall 93c** behauptet K, der Vertrag sei durch seine Anfechtung nach § 142 I BGB rückwirkend nichtig geworden. Dies alles sind Einwendungen, die den titulierten Kaufpreisanspruch selbst betreffen. Sie sind nach § 767 II ZPO nur zulässig, wenn sie nach dem Schluss der mündlichen Verhandlung im Vorprozess entstanden sind. Das erscheint hier in hohem Maße zweifelhaft:

*   Die Gegenforderung des K ist im **Fall 93a**, *wenn* sie denn besteht, am 31.12.2015 entstanden. Sie hätte also im Termin zur mündlichen Verhandlung am 7.1.2016 vorgetragen und zur Aufrechnung gestellt werden können. Im **Fall 93b** war K nach seiner Behauptung bereits im Zeitpunkt des Vertragsschlusses aus §§ 437 Nr. 2, 326 V BGB zum Rücktritt berechtigt, weil der Unfallschaden an dem gekauften Wagen nicht mehr rückgängig gemacht werden kann (deshalb Nachbesserung unmöglich) und ein anderer als der verkaufte Wagen wegen des Stückschuldcharakters des Gebrauchtwagenkaufs nicht geliefert werden konnte (deshalb Nachlieferung unmöglich). Im **Fall 93c** bestand nach Behauptung des K von Anfang an ein Anfechtungsrecht nach § 123 I BGB, im **Fall 93d** von Anfang an ein vertragliches Rücktrittsrecht und in **Fall 93e** von Anfang an ein verbraucherschützendes Widerrufsrecht.
*   Der Kaufpreisanspruch des V erlischt aber im **Fall 93a** nach § 389 BGB nicht schon *ipso iure* mit Entstehung der Aufrechnungslage, im **Fall 93b, d** nicht schon *ipso iure* mit Entstehung des Rücktrittsrechts, in **Fall 93e** nicht schon *ipso iure* mit Entstehung des Widerrufsrechts und in **Fall 93c** nicht schon *ipso iure* mit Entstehung des Anfechtungsrechts. Vielmehr geschieht dies erst in dem Moment, da die Aufrechnung (§ 388 S. 1 BGB), der Rücktritt (§ 349 BGB) bzw. die Anfechtung (§ 143 I BGB) *erklärt* werden. Freilich wirken die Aufrechnungserklärung nach § 389 BGB auf den Zeitpunkt der Entstehung der Aufrechnungslage, die Anfechtungserklärung nach § 142 I BGB auf den Zeitpunkt des Vertragsschlusses zurück.

bb) Die Ansicht des BGH: Entstehung der objektiven Gestaltungsvoraussetzungen als maßgeblicher Zeitpunkt

Der **BGH** ist der Ansicht, Einwendungen aus Aufrechnung, Anfechtung, Rücktritt oder sonstigen **gesetzlichen Gestaltungsrechten** (zum Sonderfall des verbraucherschützenden Widerrufs siehe unten dd) seien i. S. von § 767 II ZPO „entstanden", sobald die **objektiven Voraussetzungen des Gestaltungsrechts** gegeben seien. Der Zeitpunkt der Gestaltungs*erklärung* sei dagegen *nicht maßgeblich*. Erkläre also der Vollstreckungsschuldner die Aufrechnung, die Anfechtung oder den Rücktritt erst später, obwohl dies bereits im Vorprozess möglich gewesen sei, so werde er damit in der Vollstreckungsabwehrklage nicht mehr gehört[25]. Begründet wird dies zum einen mit dem *Wortlaut* der Vorschrift („die Gründe, auf denen die Einwendungen *beru-*

361 G

---

25 BGHZ 24, 97, 98; BGHZ 34, 274, 279; BGH MDR 2003, 3134, 3135; BGH NJW 2005, 2926, 2927; BGH ZZP 119 (2006), 225, 228; BGH NJW 2009, 1671 f.; aus der Literatur zustimmend *Beck*, NJW 2006, 336, 337 f.; *Ernst*, NJW 1986, 401, 402 ff.; *Gottwald/Honold*, JZ 1996, 577, 578; *Heyers*, JR 2004, 242, 243; *Klimke*, ZZP 126 (2013), 43, 45 f.; *Leyendecker*, JA 2010, 803, 808; MüKo/*K. Schmidt/ Brinkmann*, ZPO, 4. Aufl. 2012, § 767 Rn. 82; *Rimmelspacher*, JuS 2004, 560, 564; *Zöller/Vollkommer*, ZPO, 31. Aufl. 2016, Rn. 62 ff. vor § 322.

hen"), zum anderen mit der *Konzentrationsmaxime* (Prozessbeschleunigung): Könnte beispielsweise der zur Leistung verurteilte Beklagte Vollstreckungsabwehrklage gestützt auf den Aufrechnungseinwand erheben, obwohl er die Aufrechnung schon im Vorprozess hätte erklären können, so würde die Vollstreckung aus dem Titel mit einem Einwand in Frage gestellt, der, wäre er im Vorprozess vorgetragen worden, nach § 296 ZPO hätte *präkludiert* werden müssen. Es würde somit dem Beklagten die *Flucht in die Vollstreckungsabwehr vor der drohenden Präklusion* eröffnet. Ähnliches gelte für die anderen auf gesetzliche Gestaltungsrechte gestützten Einwände. Prämisse dieser Auffassung ist die Annahme, die Parteien treffe eine *prozessuale Obliegenheit*, ein Gestaltungsrecht, das den erhobenen Anspruch zu Fall bringen könne, bereits im ursprünglichen Prozess auszuüben. Nach Ansicht des BGH kann also die Vollstreckungsabwehrklage des K in **Fall 93a, 93b, 93c, 93e** bereits im Ansatz nicht durchdringen: K macht eine Einwendung geltend, die im Rechtssinne bereits im Zeitpunkt der letzten mündlichen Verhandlung im Vorprozess bestanden hatte und daher dort hätte geltend gemacht werden müssen.

G 362 Abweichend beurteilt der BGH die Rechtslage bei **vertraglichen Gestaltungsrechten**, wenn die Auslegung des Vertrags ergibt, dass dem Berechtigten die Entscheidung über die Ausübung des Gestaltungsrechts in jedem Fall – d. h. unabhängig davon, ob es zwischenzeitlich zu einem Prozess gekommen sei – bis zu einem bestimmten Zeitpunkt unbeschränkt erhalten bleiben solle[26]. In einem solchen Fall laufe es dem Willen der Parteien zuwider, wenn die eine Partei durch Erhebung der Klage die andere Partei dazu zwingen könne, das Gestaltungsrecht entweder sofort im Prozess auszuüben oder es – der Sache nach – zu verlieren, weil sie später in der Vollstreckungsabwehrklage mit dem Einwand, sie habe das Gestaltungsrecht ausgeübt und den titulierten Anspruch damit zum Erlöschen gebracht, nicht mehr gehört werde. Im **Fall 93d** wäre der BGH daher bereit, dem Vortrag des K, ihm stehe ein vertragliches Rücktrittsrecht zur Seite, in der Sache näher zu treten.

363 Neuerdings hat der BGH eine weitere Grenze seiner Rechtsprechung aufgezeigt: Die Aufrechnung werde im Vollstreckungsabwehrprozess noch berücksichtigt, wenn die Aufrechnungslage im Zeitpunkt der letzten mündlichen Verhandlung im Vorprozess noch nicht bestanden habe, vom Schuldner aber hätte herbeigeführt werden können[27].

Beispiel: U vollstreckt aufgrund eines rechtskräftigen Urteils wegen einer Werklohnforderung aus einem Bauvertrag. Nunmehr bemerkt B Mängel am Bauwerk, setzt dem U erfolglos eine Frist zur Nacherfüllung, beseitigt sodann die Mängel selbst und rechnet gegen die Werklohnforderung mit dem Anspruch auf Erstattung des Mängelbeseitigungsaufwands nach §§ 634 Nr. 2, 637 I BGB auf.

Im Zeitpunkt des Vorprozesses bestand zwischen U und B keine Aufrechnungslage: B schuldete dem U Geld, U dem B Beseitigung der Baumängel. Freilich hätte B objektiv die Möglichkeit, die Aufrechnungslage schon im Vorprozess herbeizuführen: Er hätte die Mängel schon im Vorprozess geltend machen, dem U eine Frist setzen und

---

26 BGHZ 94, 29, 34 f.; zustimmend MüKo/*K. Schmidt/Brinkmann*, ZPO, 4. Aufl. 2012, § 767 Rn. 82.
27 BGH NJW 2005, 2926, 2927.

nach deren erfolglosem Ablauf die Mängel selbst beseitigen können. Dann hätte sich der ursprüngliche Nachbesserungsanspruch in einen auf Geld gerichteten Aufwendungsersatzanspruch aus §§ 634 Nr. 2, 637 I BGB verwandelt, mit dem B sodann bereits im Vorprozess hätte aufrechnen können. Indes ginge es auch nach Ansicht des BGH zu weit, dem B deshalb den Aufrechnungseinwand im Vollstreckungsabwehrprozess zu versperren[28]. Würde man dies tun, so wäre B praktisch gezwungen, seinen auf Herstellung eines mangelfreien Werks gerichteten (Nach-)Erfüllungsanspruch voreilig preiszugeben und auf Sekundärrechte überzugehen. Das ist ihm nicht zuzumuten: Das Gesetz darf das Festhalten am Vertrag nicht bestrafen.

Zur Vertiefung: Allerdings ist mit dieser Überlegung das Rechtskraftproblem im **Beispielsfall** noch nicht abschließend gelöst. Denn eines ist sicher: Dadurch, dass B es versäumt hat, die Mängel bereits im ursprünglichen Prozess vorzutragen, war ihm dort die *Einrede aus § 641 III BGB* rechtskräftig aberkannt worden: B konnte dem Werklohnanspruch des U nicht mehr entgegenhalten, dass U vorher nachbessern müsse. Dann aber spricht viel für die Annahme, dass auch der Aufwendungsersatzanspruch aus §§ 634 Nr. 2, 637 I BGB dem U nicht mehr entgegengehalten werden kann[29]. Denn dieser Anspruch stellt sich bei wirtschaftlicher Betrachtungsweise lediglich als ein in einen Geldanspruch verwandelter Nachbesserungsanspruch dar. Wenn also die ursprüngliche Nacherfüllungspflicht des U die Vollstreckung des Werklohntitels nicht mehr verhindern kann, dann ebenso wenig die Pflicht zur Erstattung von Nacherfüllungsaufwendungen.

364

---

cc) Kritik im Schrifttum

In der **Literatur** wird diese Rechtsprechung vielfach kritisiert[30]. Die Überlegungen sind dabei teilweise auf den Aufrechnungseinwand fokussiert, betreffen aber zum anderen Teil sämtliche Gestaltungsrechte:

365 G

(1) Aufrechnung und prozessuale Waffengleichheit

So wird vorgetragen, zur Entstehung einer auf ein Gestaltungsrecht gestützten Einwendung gehöre die Gestaltungs*erklärung*. Erst durch sie erlösche die Forderung. Zudem verstoße die Rechtsprechung, was den *Aufrechnungseinwand* anbelange, gegen das Gebot der *prozessualen Waffengleichheit*: Während der Vollstreckungsgläubiger nach wie vor zeitlich unbegrenzt aufrechnen könne, werde diese Möglichkeit dem Vollstreckungsschuldner durch die Ansicht der Rechtsprechung verschlossen. Demgegenüber müsse man sich darauf besinnen, dass die Aufrechnung lediglich ein Erfüllungssurrogat sei; wenn man schon nach dem in § 767 II ZPO bezeichneten Zeitpunkt *erfüllen* und dies durch Erhebung der Vollstreckungsabwehrklage dem titulierten Anspruch entgegenhalten könne, so sei nicht einzusehen, warum man nicht in gleicher Weise sollte *aufrechnen* können.

366

---

28 BGH NJW 2005, 2926, 2927. Im Ergebnis zustimmend *Beck*, NJW 2006, 336, 338.
29 Dazu neigend *Deubner*, JuS 2005, 1085, 1089.
30 Zum Folgenden insbesondere Stein/Jonas/*Münzberg*, ZPO, 22. Aufl. 2002, § 767 Rn. 32 ff.; *Gaul*, GS Knobbe-Keuk, 1997, S. 135, 139 ff.; ferner *Heiderhoff*, ZZP 118 (2005), 185, 191 f.; *Lackmann*, Zwangsvollstreckungsrecht, Rn. 520; *Jauernig/Berger*, Zwangsvollstreckungs- und Insolvenzrecht, 23. Aufl. 2010, § 12 Rn. 10 ff.; *Wolf/Lange*, JZ 2004, 416, 419 f.

Gegen das letztgenannte Argument wird freilich vorgetragen[31], die Erfüllung stehe der Aufrechnung nicht gleich; denn anders als durch erstere erlange der Gläubiger durch Letztere nicht den eigentlich geschuldeten Gegenstand, sondern lediglich eine Schuldbefreiung. Dass diese wirtschaftlich nicht notwendig gleichwertig sei, belege schon § 215 BGB, wonach eine Aufrechnung auch mit einer schon verjährten Forderung möglich sei: Hier sei die Schuldbefreiung für den Aufrechnungsgegner wirtschaftlich wertlos. Wer aufrechne, erfülle nicht, sondern bestreite, etwas zu schulden; dieser Einwand gehöre aber, wenn seine objektiven Voraussetzungen bereits im Vorprozess vorgelegen hätten, allein in das dortige Erkenntnisverfahren.

(2) Unzulässige Befristung der Gestaltungserklärung

G 367 Sind die vorgenannten Argumente spezifisch auf den Aufrechnungseinwand zugeschnitten, so werden zudem Erwägungen ins Feld geführt, die sich auf andere Gestaltungsrechte übertragen lassen:

- Die **Aufrechnungsmöglichkeit** werde dem Schuldner nach materiellem Recht **unbefristet** gewährt (ebenso das Rücktrittsrecht nach §§ 323 ff. BGB); demgegenüber führe die Ansicht der Rechtsprechung der Sache nach zu einer Befristung der Aufrechnungsmöglichkeit, weil die Aufrechnung entweder im Vorprozess erklärt werden müsse oder wegen § 767 II ZPO endgültig präkludiert sei. Eine solche Befristung sei im materiellen Recht nicht vorgesehen und lasse sich auch nicht schematisch mit der Annahme einer prozessualen Obliegenheit zur Geltendmachung im Vorprozess rechtfertigen. Denn die Präklusion eines Verteidigungsmittels komme als Sanktion für die Verletzung einer „Obliegenheit" zur rechtzeitigen Geltendmachung allenfalls dann in Betracht, wenn die Verspätung *verschuldet* sei. Indes könne der Beklagte vernünftige Gründe haben, eine objektiv mögliche Aufrechnung derzeit noch nicht zu erklären; insbesondere könne es sein, dass er noch nicht die erforderlichen Beweismittel beizubringen vermöge, was, wenn er schon im Vorprozess aufrechnen würde, nach § 322 II ZPO zur rechtskräftigen Aberkennung der Aufrechnungsforderung in Höhe der Klageforderung führen würde.
- Bei anderen Gestaltungsrechten räume der Gesetzgeber dem Berechtigten ausdrücklich eine Überlegungsfrist ein, so z. B. bei der Anfechtung wegen arglistiger Täuschung die Jahresfrist des § 124 I BGB, die durch den Prozess nicht verkürzt werden dürfe[32].

368 Aus dem gleichen Grund gehe es nicht an, die Aufrechnung nach § 767 II ZPO *generell* deshalb zu präkludieren, weil sie im Vorprozess *möglicherweise (im konkreten Einzelfall)* gemäß § 296 ZPO präklusionsreif gewesen wäre. Daher sei das im Vorprozess noch nicht ausgeübte Gestaltungsrecht, wenn es später ausgeübt werde, *generell* in der Vollstreckungsabwehrklage zu berücksichtigen; § 767 II ZPO stehe dem nicht entgegen. **Mit anderen Worten:** Einen strukturellen Unterschied zwischen gesetzlichen und vertraglichen Gestaltungsrechten gebe es nicht; wenn der BGH bei vertraglichen Gestaltungsrechten dem Berechtigten die volle ihm nach materiellem

---

31 *Ernst*, NJW 1986, 401, 403 f.
32 Dies besonders akzentuierend *Lange/Wolf*, JZ 2004, 416, 420; *Zeuner*, JR 2005, 69, 70.

Recht zustehende Frist für die Ausübung belasse, so könne dies bei gesetzlichen Gestaltungsrechten nicht anders sein.

Auch dieses Argument hat seitens derjenigen Autoren, die im Ergebnis dem BGH **369** folgen, Widerspruch herausgefordert: Der Gesetzgeber habe vielfach die Wahl, ob er an einen bestimmten Tatbestand die Rechtsfolge knüpfe, dass der Anspruch bereits *kraft Gesetzes* nicht bestehe, oder ob er eine rechtsgestaltende Erklärung einer Partei fordere, um den Anspruch zu Fall zu bringen. So hätte er beispielsweise ebenso anstelle des in §§ 123, 142 I BGB geregelten Anfechtungsmodells eine Regelung des Inhalts treffen können, dass der Vertrag, zu dessen Abschluss die eine Seite arglistig getäuscht wurde, *ipso iure* nichtig ist. Dann hätten alle die Nichtigkeit begründenden Tatsachen, namentlich also die Täuschung und die Arglist des anderen Vertragsteils, im Vorprozess vorgetragen werden müssen und wären, sofern dies nicht geschehen wäre, durch die Rechtskraft des Urteils endgültig präkludiert. Dann sei nicht einzusehen, weswegen der Getäuschte nur deshalb besser stehen solle, weil das Gesetz den Vertrag lediglich für anfechtbar erkläre[33].

(3) Insbesondere die im Vorprozess präklusionsreife Gestaltung

Wieder mit besonderem Akzent auf dem Aufrechnungseinwand wird von einem Teil **370** derjenigen Autoren, die jenen Einwand unabhängig vom Zeitpunkt der Aufrechnungslage immer zulassen wollen, wenn nur dic Aufrechnung erst nach dem Schluss der mündlichen Verhandlung im Vorprozess erklärt ist, Folgendes vorgetragen: Dem Interesse an der Prozessbeschleunigung sei dadurch Rechnung zu tragen, dass die *§§ 296, 531 II, 533 ZPO in der Vollstreckungsgegenklage analog anzuwenden seien*[34]. Das bedeutet: Hätte der Aufrechnungseinwand im Vorprozess als verspätet zurückgewiesen werden können (§ 296 II ZPO) bzw. müssen (§ 296 I ZPO), so darf der Vollstreckungsschuldner, dem diese Verspätung im Vorprozess zur Last fiel, mit dem Aufrechnungseinwand nicht in der Vollstreckungsgegenklage Erfolg haben. Vielmehr wirkt die im Vorprozess eingetretene Verspätung im Vollstreckungsabwehrprozess fort. Man mag sich zur Veranschaulichung mit der Vorstellung behelfen, die Vollstreckungsabwehr sei in der Sache nichts anderes als das *fortgesetzte Erkenntnisverfahren des Vorprozesses*[35]. In den Fällen des § 296 I ZPO muss, in denen des § 296 II ZPO kann daher die im Vorprozess präklusionsreife Aufrechnung auch im Vollstreckungsabwehrprozess zurückgewiesen werden.

Ein wieder anderer Teil dieser Gegenansicht will das Interesse an der Beschleunigung **371** des Verfahrens durch eine *Analogie zu § 533 ZPO* berücksichtigen: Der Aufrechnungseinwand sei in der Vollstreckungsabwehr nur dann zu berücksichtigen, wenn der Vollstreckungsgläubiger einwillige oder das Gericht die Berücksichtigung des Auf-

---

33 *Rimmelspacher*, JuS 2004, 560, 564.
34 Vgl. Stein/Jonas/*Münzberg*, ZPO, 22. Aufl. 2002, § 767 Rn. 38; für § 296 ZPO analog bei Gestaltungsrechten *außer der Aufrech*nung auch *Jauernig/Berger*, Zwangsvollstreckungs- und Insolvenzrecht, 23. Aufl. 2010, § 12 Rn. 14.
35 Dieser Vorstellung tritt der BGH freilich ausdrücklich entgegen; vgl. zuletzt BGH MDR 2009, 707 f.

rechnungseinwands für sachdienlich erachte[36]. Dabei besteht freilich über die Reichweite dieser Analogie Streit: Während zum Teil die Analogie für alle Gestaltungsrechte gelten soll[37], wird von anderer Seite[38] zutreffend darauf hingewiesen, dass die Heranziehung des § 533 ZPO, wenn überhaupt, nur für die Aufrechnung trägt: Diese Vorschrift beruht auf dem Gedanken, dass der Beklagte dadurch, dass er erst in der Berufungsinstanz eine Forderung zur Aufrechnung stellt, in die 2. Tatsacheninstanz einen neuen Streitstoff einführt, über den mit Rechtskraft entschieden wird (§ 322 II ZPO); dem entspricht es, dass nach § 533 ZPO auch für eine erstmals in der Berufungsinstanz erhobene Widerklage Einwilligung bzw. Sachdienlichkeit gefordert werden. Hintergrund dieser Regelung ist, dass dem Kläger bezüglich der in der Berufungsinstanz mittels Widerklage oder Aufrechnung geltend gemachten Forderung nicht ohne weiteres die 1. Tatsacheninstanz soll genommen werden können.

dd) Stellungnahme

372 **Abzulehnen** ist zunächst der Versuch, dem Problem der Gestaltungsrechte in der Vollstreckungsabwehrklage mit einer **Analogie zu § 533 ZPO** beizukommen. Gerade die unter cc) (3) am Ende referierte Überlegung zeigt nämlich, dass die *ratio legis* dieser Vorschrift die Problematik des Aufrechnungseinwandes in der Vollstreckungsgegenklage bereits im Ansatz nicht trifft. Die Gefahr, dass dem Vollstreckungsgläubiger eine Tatsacheninstanz genommen wird, besteht nämlich im hier interessierenden Zusammenhang nicht: Wird der Vollstreckungsschuldner mit dem Aufrechnungseinwand in der Vollstreckungsabwehrklage zugelassen, so befindet hierüber in ausschließlicher Zuständigkeit (§ 802 ZPO) das Prozessgericht des *ersten* Rechtszuges, sodass in jedem Fall zwei Tatsacheninstanzen zur Verfügung stehen, um das Bestehen der Aufrechnungsforderung zu klären. Eine *Prozessbeschleunigungsintention* nach Art der Präklusionsvorschriften verfolgt § 533 ZPO nicht, sodass die Vorschrift für den argumentativen Ausgangspunkt – keine Flucht in die Vollstreckungsabwehr bei präklusionsreifen Aufrechnungen – unergiebig ist.

373 **Abzulehnen** ist des Weiteren die Auffassung des **BGH**, der bei gesetzlichen Gestaltungsrechten *immer* nur auf den Zeitpunkt des Vorliegens der Gestaltungsvoraussetzungen abstellt. Denn der BGH schießt damit über sein Ziel hinaus, die Prozessverschleppung durch nachträgliches Geltendmachen von Gestaltungsrechten zu verhindern: Das Gestaltungsrecht wird dem Beklagten selbst dann abgeschnitten, wenn er nicht einmal ansatzweise die Möglichkeit hatte, es vorzutragen. Besonders misslich erscheinen diese Konsequenzen bei der *Anfechtung* wegen *arglistiger Täuschung*: Der Täuschende kann sich die Früchte seines unredlichen Verhaltens endgültig sichern, wenn er nur rasch genug einen Titel erwirkt und jenes Verhalten lange genug zu verbergen vermag. Allenfalls verbleibt dem Getäuschten die Möglichkeit, im Wege der Restitutionsklage nach § 580 Nr. 4 ZPO die Wiederaufnahme des Ver-

---

36 *Billing*, JuS 2004, 186, 189; *Jauernig/Berger*, Zwangsvollstreckungs- und Insolvenzrecht, 23. Aufl. 2010, § 12 Rn. 14; wohl auch *Gaul*, GS Knobbe-Keuk, S. 135, 146.
37 So offenbar *Gaul*, GS Knobbe-Keuk, S. 135, 146.
38 *Jauernig/Berger*, Zwangsvollstreckungs- und Insolvenzrecht, 23. Aufl. 2010, § 12 Rn. 14.

fahrens zu begehren[39]; denn der Täuschende hat das ihm günstige Urteil durch eine Straftat, nämlich durch Prozessbetrug erwirkt. Gewiss: Würde die arglistige Täuschung kraft Gesetzes zur Nichtigkeit des Vertrags führen, so wäre der Getäuschte in der Tat auf diese Möglichkeit beschränkt. Indes geht es nicht an, die Entscheidung des Gesetzgebers, dem Getäuschten stattdessen ein Anfechtungsrecht einzuräumen, als Frage der bloßen Rechtstechnik abzutun. Der Getäuschte soll vielmehr materiellrechtlich *besser gestellt* werden, weil ihm die Möglichkeit verbleiben soll zu entscheiden, ob er am Vertrag festhalten und damit auch vom Täuschenden die Erfüllung des Vertrags einfordern oder ob er sich vom Vertrag lösen möchte. Diese Besserstellung ist deshalb auch bei der Anwendung des Prozessrechts zu beachten: Der Täuschende, der über die Forderung aus dem Vertrag einen Titel erwirkt, verdankt diesen Titel allein der Tatsache, dass der Getäuschte sich bis jetzt nicht vom Vertrag gelöst hat. Sofern das materielle Recht dem Getäuschten noch die Loslösung gestattet, bedarf es einer besonderen Begründung, warum die spätere Entscheidung des Getäuschten, dies zu tun, prozessual keine Beachtung mehr finden soll. Diese Begründung kann allenfalls aus einer *prozessualen Obliegenheit* hergeleitet werden, im Falle einer gerichtlichen Auseinandersetzung die Ausübung des Gestaltungsrechts zu beschleunigen. Dann aber darf die spätere Anfechtungserklärung lediglich dann für prozessual unbeachtlich erklärt werden, wenn der Getäuschte diese Obliegenheit *vorwerfbar verletzt*. Konsequent kann der Anfechtungseinwand nicht mit Rücksicht auf die Rechtskraft beiseite geschoben werden; denn sofern eine Einwendung wegen anderweitiger rechtskräftiger Entscheidung zurückgewiesen wird, fragt das Gesetz nicht nach einer solchen Vorwerfbarkeit. Vielmehr kommt allenfalls die entsprechende Anwendung derjenigen Vorschriften in Betracht, welche an die vorwerfbar verspäteten Vortrag von Verteidigungsmitteln die Sanktion der Zurückweisung knüpfen (§ 296 ZPO; dazu sogleich).

Kaum besser ist es um die Rechtsprechung des **BGH** bestellt, wenn der Beklagte 374 im Vollstreckungsabwehrverfahren einen *verbraucherschützenden Widerruf* (z. B. §§ 312 I, 312d I, 495 I BGB) erklärt. Praktische Bedeutung wird diese Konstellation nur erlangen, wenn der Verbraucher über sein Widerrufsrecht nicht belehrt wurde und deshalb der Widerruf entweder unbefristet (so beim Verbraucherdarlehen, § 356b II 1 BGB, ausgenommen Immobiliar-Darlehen, siehe § 356b II 4 BGB) oder innerhalb einer Frist von einem Jahr plus 14 Tagen (so beim Fernabsatzvertrag und beim außerhalb von Geschäftsräumen geschlossenen Vertrag, § 356 III 2 BGB, und einem Immobiliar-Verbraucherdarlehen, § 356b II 4 BGB) möglich ist. Sofern nämlich der Verbraucher belehrt wurde, beträgt die Widerrufsfrist zwei Wochen (§ 355 II 1 BGB); in dieser Zeit wird der Unternehmer kaum je einen Titel erwirken können. Freilich hat der BGH zum früheren Recht, als die Ausübung des Widerrufsrechts bereits das Wirksamwerden des Vertrags verhinderte, entschieden, dass das Widerrufsrecht im Vorprozess hätte geltend gemacht werden müssen und nunmehr nach § 767 II ZPO präkludiert sei[40]. Auf dem Boden der heutigen Rechtslage – Widerrufsrecht lässt Wirksamkeit des Vertrags unberührt und führt als rücktrittsähnliches Gestaltungsrecht nach §§ 355 III 1, 357 ff. BGB nur zur Rückabwicklung *ex nunc* – müsste der BGH

---

39 Darauf will *Rimmelspacher*, JuS 2004, 560, 564 den Getäuschten verweisen.
40 BGHZ 131, 82.

abermals argumentieren, das Widerrufsrecht habe bereits ab Vertragsschluss und damit notwendig bereits in der letzten mündlichen Tatsachenverhandlung im Vorprozess bestanden und hätte dort geltend gemacht werden müssen; auch nach neuerem Recht müsste daher der BGH den Widerrufseinwand in der Vollstreckungsabwehrklage nach § 767 II ZPO zurückweisen. Damit aber wird die Wertentscheidung unterlaufen, dem nicht belehrten Verbraucher ein unbefristetes bzw. deutlich verlängertes Recht zur Lösung vom Vertrag und der damit eingegangenen Verbindlichkeit einzuräumen; abermals perpetuiert der Unternehmer den Ertrag seines gesetzwidrigen Verhaltens, indem er den Verbraucher zunächst nicht belehrt und anschließend mit einem Prozess über seine Forderung aus dem Vertrag überzieht. Angesichts dessen hätte daher der **BGH** den Widerrufseinwand in der Vollstreckungsabwehrklage zulassen müssen[41].

375 **Dogmatisch richtig** ist nach alledem im Ausgangspunkt allein die Auffassung, wonach i. S. des § 767 II ZPO auf Gestaltungsrechte gestützte Einwendungen erst mit Zugang der **Gestaltungserklärung** entstanden sind. Erklärungen, die nicht abgegeben bzw. nicht wirksam geworden sind, konnte das Gericht im Vorprozess nicht berücksichtigen. Auf sie kann sich daher auch die Rechtskraft des Urteils nicht erstrecken; genauer: Jene Erklärungen können nicht mit Rücksicht auf die Rechtskraft dieses Urteils beiseite geschoben werden. Ob die Präklusion von Gestaltungserklärungen im Vollstreckungsabwehrprozess aus Gründen der Verfahrenskonzentration geboten ist, ist *kein Problem des § 767 II ZPO*; denn diese Vorschrift bezweckt allein den Schutz der Rechtskraft, nicht aber die beschleunigte Erledigung des Verfahrens.

376 Als Instrument zur Prozessbeschleunigung **diskutabel** erscheint daher allein die von *Münzberg* vorgeschlagene **Analogie zu § 296 ZPO**[42]. Gegen sie ist freilich eingewandt worden, zumindest die Anwendung des § 296 II ZPO überzeuge nicht, weil diese Vorschrift an eine Verletzung der Prozessförderungspflicht (§ 282 ZPO) anknüpfe, das Prozessrecht jedoch keine Verpflichtung zur beschleunigten Ausübung von Gestaltungsrechten erzeugen könne, die dem materiellen Recht unbekannt seien[43]. Indes ist mit diesem Einwand nicht die Antwort auf das Problem gefunden, sondern die **entscheidende Frage** erst aufgeworfen: Kann aus dem **Prozessrecht** eine **Obliegenheit** abgeleitet werden, **Gestaltungsrechte**, die nach materiellem Recht unbefristet oder innerhalb einer bestimmten, im Zeitpunkt der letzten mündlichen Verhandlung noch nicht ausgeschöpften Frist geltend zu machen sind, **um der Beschleunigung des Erkenntnisverfahrens willen früher geltend zu machen**[44]? Kann mit anderen Worten das Prozessrecht einen eigenständigen, dem materiellen Recht fremden Fristendruck auf die Partei ausüben, von ihrem Gestaltungsrecht Gebrauch zu machen? *Soweit* eine solche prozessuale Obliegenheit zur vorzeitigen Geltendmachung von Gestaltungsrechten besteht, sind verspätete Gestaltungserklärungen *sowohl* nach Maß-

---

41 Dafür auch OLG Stuttgart NJW 1994, 1225, 1226; *Fischer*, VuR 2004, 322, 326; *Gaul*, GS Knobbe-Keuk, S. 135, 164; *Gottwald/Honold*, JZ 1996, 577, 579 f.; *Leyendecker*, JA 2010, 803, 809 f.; MüKo/K. *Schmidt/Brinkmann*, ZPO, 4. Aufl. 2012, § 767 Rn. 82; Zöller/*Vollkommer*, ZPO, 31. Aufl. 2016, Rn. 66 vor § 322.
42 Ausführlich zum Folgenden *Schwab*, JZ 2006, 170, 173 ff.
43 *Gaul*, GS Knobbe-Keuk, S. 135, 146.
44 Bejahend *Schenkel*, MDR 2004, 790, 791.

gabe des § 296 ZPO im Vorprozess *als auch*, soweit dies nicht geschehen ist, analog § 296 ZPO im Vollstreckungsabwehrprozess zurückzuweisen. Soweit aber eine solche Obliegenheit *nicht* besteht, scheidet die Präklusion derartiger Einwendungen wegen Verspätung *ganz und gar aus*: *Weder* im ursprünglichen *noch* im Vollstreckungsabwehrprozess dürfen solche Erklärungen dann als verspätet zurückgewiesen werden – eben weil dann für den Zeitpunkt der Gestaltungserklärung allein die materiell-rechtlichen Fristen ohne Rücksicht auf den Fortgang des Prozesses gelten.

Indes: Weder die Behauptung einer solchen prozessualen Obliegenheit durch den **377** BGH noch ihre Leugnung durch Teile der Literatur sind bisher auch nur ansatzweise überzeugend begründet worden. Nach hier vertretener Auffassung ist eine solche Obliegenheit zu **bejahen**. Zwar trifft es zu, dass das materielle Recht demjenigen, der sich mittels Aufrechnung, Rücktritt, Widerruf oder Arglistanfechtung von seiner Verbindlichkeit befreien möchte, hierfür entweder überhaupt keine (Rücktritt, Aufrechnung, Widerruf bei fehlender Belehrung des Verbrauchers) oder aber relativ großzügig bemessene Fristen (Arglistanfechtung; vgl. § 124 BGB) einräumt mit dem Ziel, dem Berechtigten eine entsprechende Überlegungsfrist zu gewähren. Anlass, diese Überlegungsfrist auszuschöpfen, hat der Berechtigte indes nur, solange er nicht auf die Leistung in Anspruch genommen wird. Wird er aber in Anspruch genommen und hat er sich einmal entschlossen, sich gegen den Klageanspruch zu verteidigen, so bedeutet es einen Verstoß gegen das *Verbot widersprüchlichen Verhaltens*, wenn er zum Zwecke dieser Verteidigung ein ihm bekanntes oder aus seiner Sicht zumindest mögliches Gestaltungsrecht nicht einsetzt. Daraus folgt:
- Der Beklagte, der sein Gestaltungsrecht *kennt*, ist daher im eigenen wohlverstandenen Interesse gehalten, es beizeiten geltend zu machen, um seiner Verteidigung gegen den Klageanspruch Nachdruck zu verleihen. Versäumt er dies, so ist sein auf die nachträgliche Ausübung des Gestaltungsrechts gestützter Einwand ebenso als verspätet zurückzuweisen, wie wenn er ihn bereits im Vorprozess verspätet geltend gemacht hätte. Als Rechtsgrundlage für die Zurückweisung bietet sich in der Tat eine Analogie zu § 296 ZPO an.
- Der Beklagte, der sein Gestaltungsrecht nicht kennt oder dem derzeit nicht die für den Nachweis seiner Gestaltungsberechtigung erforderlichen Mittel zur Verfügung stehen, ist dagegen i. S. des § 296 I ZPO „genügend entschuldigt"; er kann sein Gestaltungsrecht auch noch im Vollstreckungsabwehrprozess geltend machen.

Dies alles gilt für *jeden* auf ein Gestaltungsrecht gestützten Einwand, also nicht bloß für die Aufrechnung, sondern ebenso für Anfechtung, Rücktritt und verbraucherschützenden Widerruf. Dabei ist der Beklagte im Falle der arglistigen Täuschung mit Blick auf die Wertung des § 124 II BGB, im Falle des verbraucherschützenden mit Blick auf die Wertung der §§ 356 III 2, 356b II BGB immer bereits dann genügend entschuldigt, wenn er sein Anfechtungs- bzw. Widerrufsrecht nicht kannte. Im Regelfall dürfte auch für vertragliche Gestaltungsrechte nicht anders zu entscheiden sein. Die Analogie zu § 296 ZPO gilt für ihre Ausübung ebenfalls. Freilich mag dort in der Tat die Vertragsauslegung ergeben, dass dieses Recht dem Berechtigten in jedem Fall für die gesamte Dauer seiner Frist erhalten bleibt, er also von jeglicher prozessualer Obliegenheit, es anlässlich eines Rechtsstreits geltend zu machen, *dispensiert* sein soll.

Doch dürften diese Fälle die absolute Ausnahme sein. Im **Fall 93** ist also in allen fünf Varianten zu fragen, ob K im Vorprozess entschuldbar unterlassen hat, das jeweilige Gestaltungsrecht (Aufrechnung, Anfechtung, Rücktritt, Widerruf) vorzutragen. Wenn ja, wird das Gericht nunmehr im Vollstreckungsabwehrprozess prüfen, ob jene Gestaltungsrechte dem K tatsächlich zur Seite standen; wenn nein, wird sich das Gericht mit dem darauf bezogenen Vortrag des K gar nicht erst befassen.

377a   Für die hier vertretene Lösung streitet im Fall des verbraucherschützenden Widerrufs auch das **EU-Gemeinschaftsrecht**: Für den Fall des Fernabsatzvertrags und des außerhalb von Geschäftsräumen geschlossenen Vertrags wäre es mit den Vorgaben der Verbraucherrechte-Richtlinie[45] nicht zu vereinbaren, dem Verbraucher, der vor Ablauf der – mangels Belehrung – verlängerten Widerrufsfrist gerichtlich belangt wurde, das Widerrufsrecht abzuschneiden. Vergleichbares wird mit beachtlichen Gründen für den Rücktritt wegen Sachmängeln beim Verbrauchsgüterkauf erwogen. Habe nämlich der Verbraucher den Mangel weder gekannt noch kennen müssen, so dürfe ihm das auf den Mangel gestützte Rücktrittsrecht nicht auf dem Umweg über § 767 II ZPO vor Ablauf von zwei Jahren seit Ablieferung der Kaufsache genommen werden[46].

c)   Der umgekehrte Fall: Rechtskräftige Klagabweisung und nachfolgende Gestaltung

aa)   Problementwicklung

G 378   Im **Fall 94** ist nun der umgekehrte Fall beschrieben: K möchte das Gestaltungsrecht, das ihm seiner Ansicht nach gemäß § 123 BGB zusteht, dazu nutzen, einen Anspruch (auf Rückgewähr des Kaufpreises), den er im Vorprozess bereits einmal unter einem anderen rechtlichen Gesichtspunkt erfolglos geltend gemacht hatte, in einem neuen Prozess nochmals durchzusetzen. Das ist ihm indes verwehrt, wenn die neue Klage denselben Streitgegenstand betrifft wie die vorherige; dann ist die Klage wegen anderweitiger rechtskräftiger Entscheidung in derselben Sache unzulässig (Identität; oben I 2 a).

Der Streitgegenstand besteht aus dem Klageantrag und dem zugrunde liegenden Lebenssachverhalt (oben § 2 II 1). Der Klageantrag ist in beiden Prozessen derselbe: K möchte exakt denselben Betrag zurückhaben, nämlich denjenigen Preis, den er seinerzeit an V bezahlt hat. Der Lebenssachverhalt ist zumindest in Teilen identisch: In beiden Fällen trägt K jedenfalls zunächst vor, dass er mit V einen Kaufvertrag über einen bestimmten Gebrauchtwagen (in beiden Fällen denselben!) geschlossen hat und dieser Wagen seinen Erwartungen nicht entsprochen hat. Von einem *anderen* Lebenssachverhalt kann daher nur die Rede sein, wenn K *neue* Tatsachen vorträgt, die dem Lebenssachverhalt ein so entscheidendes neues Gepräge geben, dass man ihn nicht mehr als mit dem bisher vorgetragenen identisch bezeichnen kann.

---

45 Richtlinie 2011/83/EU v. 25.10.2011, ABl. EU Nr. L 304 v. 22.11.2011, S. 64.
46 Ausführlich dazu *Klimke*, ZZP 126 (2013), 43, 55 ff.

bb) Neuer Lebenssachverhalt durch Vortrag eines neuen Gestaltungsrechts und dessen Erklärung?

K trägt im Vergleich zu seinem Vorbringen im ursprünglichen Prozess zwei neue **379 G** Tatsachen vor: Zum einen behauptet er erstmals, V habe ihm den Unfallschaden *arglistig verschwiegen*; zum anderen führt er die nach rechtskräftiger Klagabweisung von ihm gegenüber V abgegebene *Anfechtungserklärung* nach § 123 I BGB ins Feld.

- Allein die Behauptung, V habe arglistig gehandelt, macht aus dem Vortrag des K keinen neuen Lebenssachverhalt[47]. Denn das Verschweigen der Unfalleigenschaft steht in einem engen rechtlichen und tatsächlichen Zusammenhang mit dem Sachvortrag des K im Vorprozess, nämlich mit dem zwischen K und V geschlossenen Kaufvertrag, anlässlich dessen dem V das arglistige Verschweigen zur Last fiel: Hätte V die Unfalleigenschaft offen gelegt, wäre die Unfallfreiheit niemals „vereinbarte Beschaffenheit" i. S. des § 434 I 1 BGB geworden, und der gesamte Vorprozess hätte sich erübrigt.

- Die Behauptung, K habe nunmehr die Anfechtung nach § 123 I BGB erklärt, begründet nach Ansicht des BGH *keinen* „neuen Sachverhalt": Wie auf der Passivseite im Rahmen des § 767 II ZPO, so sei auch auf der Aktivseite festzuhalten, dass einer Partei gesetzliche Gestaltungsrechte bereits dann rechtskräftig aberkannt würden, wenn deren objektive Voraussetzungen im Vorprozess vorgelegen hätten, aber von der Partei, aus welchem Grund auch immer, nicht geltend gemacht worden seien[48]. Allerdings hat der BGH bislang keine Begründung dafür geliefert, warum eine Gestaltungserklärung, die erst nach dem Schluss der mündlichen Verhandlung im Vorprozess wirksam geworden ist, gleichwohl an dem Lebenssachverhalt teilnimmt, über den bereits rechtskräftig entschieden ist[49]. Folgt man dagegen einer der oben b) cc) referierten Literaturmeinungen, so wird man entgegnen müssen: Erst die Gestaltungs*erklärung* bringe den auf sie gestützten Anspruch (hier: aus § 812 I 1, 1. Alt. BGB auf Rückzahlung des Kaufpreises) zur Entstehung; daher führe K, indem er sie im neuerlichen Prozess geltend mache, einen neuen Lebenssachverhalt ein, über den eben noch nicht rechtskräftig entschieden sei. Mit der hier für richtig gehaltenen vermittelnden Auffassung würde man allerdings die Einschränkung machen müssen, dass die Anfechtungserklärung des K nach § 296 ZPO zu präkludieren ist, wenn er nicht genügend zu entschuldigen vermag (§ 296 I ZPO) oder sich gar als Folge grober Nachlässigkeit vorwerfen lassen muss (§ 296 II ZPO), dass er die Anfechtung nicht bereits im Vorprozess erklärt hat. Der hier gebildete Sachverhalt gibt dafür freilich keine Anhaltspunkte: Da K die Täuschung erst später bemerkt hat, kann man ihm das Versäumnis, im Vorprozess die Anfechtung nicht vorgetragen zu haben, nicht ernsthaft zur Last legen. Nach hier vertretener Auffassung wäre daher die Klage des K *zulässig*.

---

47 Insoweit zutreffend BGH NJW 2004, 1252, 1253; zustimmend *Heiderhoff*, ZZP 118 (2005), 185, 189 f.
48 BGH NJW 2004, 1252, 1253 f.; ebenso *Huber*, JuS 2012, 1021, 1025.
49 Zutreffende Kritik bei *Thole*, ZZP 124 (2011), 45, 55 ff.

G 380   cc) Schaubild

Konstellation:

- Klage auf Rückgewähr des Kaufpreises im Vorprozess wegen Verjährung abgewiesen.
- Arglist im Vorprozess nicht vorgetragen.

> **Problem**: Zulässigkeit einer neuen, auf Arglist gestützten Klage trotz rechtskräftiger Entscheidung im Vorprozess?

- **§ 322 I ZPO**: Rechtskraft im Umfang des Streitgegenstands.
- Streitgegenstand = **Antrag** plus **Lebenssachverhalt**.
- **Frage also**: Trägt K nunmehr einen neuen Sachverhalt vor?

Arglist = „neuer Sachverhalt"?	Anfechtung = „neuer Sachverhalt"?
• Sachverhalt = gesamter historischer Lebensvorgang, auch wenn nicht jede einzelne dazu gehörige Tatsache vorgetragen wird. • Arglist steht in engem tatsächlichem und rechtlichem Zusammenhang mit dem Kaufabschluss und der Beschaffenheitsvereinbarung „unfallfrei". • **Konsequenz**: Kein neuer Sachverhalt.	• **Problem**: Rechtskraft bei nachträglicher Ausübung von Gestaltungsrechten. • **BGH**: Spätere Ausübung *gesetzlicher* Gestaltungsrechte ist *kein* neuer Sachverhalt, *wohl aber* spätere Ausübung *vertraglicher* Gestaltungsrechte. • **Literatur**: Spätere Ausübung von Gestaltungsrechten *immer* neuer Sachverhalt. Teilweise aber Einschränkung: Ausübung ist im Zweitprozess nach § 296 ZPO zurückzuweisen, wenn im Erstprozess präklusionsreif.

Ergebnis (nach BGH):

Klage auf **Rückgewähr** des Kaufpreises: **Unzulässig** wegen anderweitiger rechtskräftiger Entscheidung über denselben Streitgegenstand (**Identität**; *ne bis in idem*).

d)   Negative Feststellungsklage?

380a   Die Rechtsprechung des BGH, wonach es für die zeitlichen Grenzen der Rechtskraft bereits auf die Gestaltungslage und nicht auf die Gestaltungserklärung ankommen soll, ist für die gestaltungsberechtigte Partei hart und provoziert daher Ausweichstrategien. So ist in der Praxis folgendes versucht worden: Jemand wird rechtskräftig zur Zahlung eines Geldbetrags verurteilt, merkt dann, dass er mit einer Gegenforderung hätte aufrechnen können, erklärt nun die Aufrechnung und verklagt den Gläubiger mit folgendem Antrag: „Es wird festgestellt, dass die durch Urteil des ___ Gerichts vom ___, Akzenteichen ___ festgestellte Forderung des Beklagten (= Gläubiger) gegen den Kläger (= Schuldner) durch Aufrechnung erloschen ist." Der BGH wies die Klage mit der Begründung ab, ihr fehle das Feststellungsinteresse. Denn in Wahrheit gehe es dem Schuldner allein darum, die Vollstreckbarkeit des Titels zu beseitigen; das aber könne er nur mit Hilfe der Vollstreckungsabwehrklage erreichen[50]. In Wirklichkeit handelt es sich im vorliegenden Fall jedoch nicht um eine Frage des Feststellungsinteresses, sondern um die Reichweite der Rechtskraft und namentlich des Lebenssachverhalts, auf den sich die rechtskräftige Feststellung bezieht[51]: Wenn man die spätere Aufrechnungserklärung dem Lebenssachverhalt zuschlägt, über den bereits rechtskräftig entschieden wurde, kann das Erlöschen der Forderung jetzt nicht mehr geltend gemacht werden, da es schon im Vorprozess hätte eingewendet werden müssen: Die Aufrechnungslage habe damals bereits bestanden[52]. Erblickt man in der Gestaltungserklärung hingegen einen neuen Sachverhalt, so kann man der Klage nicht die Rechtskraft des Urteils aus dem Vorprozess, sondern allenfalls den Einwand entgegenhalten, die Vollstreckungsgegenklage nach § 767 II ZPO stelle den spezielleren und abschließenden Rechtsbehelf dar.

3. In Sonderheit: Klagabweisung als „zur Zeit unbegründet"

Gelegentlich kommt es vor, dass das Gericht die Klage nicht deshalb abweist, weil es den Anspruch bereits dem Grunde nach verneint, sondern allein deshalb, weil eine Voraussetzung für die Entstehung des Anspruchs derzeit *noch* nicht gegeben ist, aber *später nachgeholt* werden kann.

Fall 95 381 G
a) K verklagt B auf Rückzahlung eines Darlehens. Das Gericht weist die Klage mit der Begründung ab, das Darlehen sei noch nicht fällig.
b) K verklagt B auf Zahlung des Werklohns für Bauarbeiten. Das Gericht weist die Klage mit der Begründung ab, B habe das Werk noch nicht abgenommen (§ 641 I BGB).

In beiden Varianten von **Fall 95** ist am Darlehens- bzw. Werklohnanspruch nicht zu rütteln. Doch sind beide Ansprüche gegenwärtig noch nicht fällig. Das Gericht hat die Klagen daher zu Recht abgewiesen. Doch hindert dies den K nicht, eine neue Klage zu erheben, wenn der Anspruch eines Tages fällig wird. Die Klage ist lediglich **zur Zeit unbegründet**. Es handelt sich bei dieser Erkenntnis nur um eine besondere Ausprägung der oben 1. gewonnenen Einsicht, dass die Rechtskraft sich nur auf den Zeitpunkt der letzten mündlichen Verhandlung bezieht: Eine neue Klage kann selbstverständlich – aber auch nur! – auf spätere Veränderungen, etwa die zwischenzeitlich eingetretene Fälligkeit gestützt werden[53].

Die Abweisung der Klage als „zur Zeit unbegründet" muss dabei **nicht unbedingt im**   382 G
Urteilstenor zum Ausdruck kommen[54]. Gleichwohl bleibt es für nachfolgende Prozesse nicht ohne Wirkung, ob das Gericht den Anspruch im Vorprozess für endgültig oder nur zur Zeit unbegründet gehalten hat.

---

50 BGH NJW 2009, 1671, 1672.
51 Zutreffend *Thole*, ZZP 124 (2011), 45, 65 ff.
52 In diesem Sinne *Gsell*, ZJS 2009, 296 f.
53 BGH NZBau 2011, 670 Rn. 12; BGH NJW 2014, 1306 Rn. 11; *Heiderhoff*, ZZP 118 (2005), 185, 193 f.
54 Stein/Jonas/*Leipold*, ZPO, 22. Aufl. 2008, § 322 Rn. 246 mit Fn. 404.

> **Fall 96:** K verklagt B auf Rückzahlung eines Darlehens. Das Gericht weist die Klage ab, weil K nicht beweisen kann, dass er dem B das Darlehen tatsächlich ausbezahlt hat. K möchte nun eine neue Klage erheben mit folgender Begründung: Er bleibe dabei, dass das Darlehen ausbezahlt worden sei. Er sehe aber ein, dass die Klage im Vorprozess zu Recht abgewiesen worden sei, da der Anspruch damals noch nicht fällig gewesen sei. Nunmehr aber sei Fälligkeit eingetreten, sodass sein Rückzahlungsanspruch nunmehr durchgreife.

Wenn eine Klage abgewiesen wird, nimmt die Begründung normalerweise nicht an der Rechtskraft des Urteils teil (näher dazu sogleich unten e). Das Gericht hat lediglich festgestellt, *dass* ein Darlehensanspruch nicht besteht, aber nicht, *warum* er nicht besteht. An sich ist daher K nicht gehindert, gestützt auf zwischenzeitliche Veränderungen einen neuen Prozess anzustrengen und dabei auch frühere Feststellungen, die damals zur Klagabweisung führten (hier: die Feststellung, das Darlehen sei nicht valutiert), in Frage zu stellen.

G 383 Bliebe man aber dabei stehen, so drängte man den Beklagten in eine missliche Situation: Seines Sieges im Vorprozess könnte er sich nicht endgültig sicher sein. Es könnte vielmehr geschehen, dass alle Elemente des bereits damals streitigen Sachverhalts von vorne aufgerollt würden. Es müsste praktisch jeder, der verklagt wird, auf die Klage mit einer *Zwischenfeststellungswiderklage* nach *§ 256 II ZPO* antworten, um jedes einzelne Rechtsverhältnis – etwa: dass der Kläger noch die Valutierung des Darlehens schuldet – gerichtlich für eventuelle Folgeprozesse feststellen zu lassen. Gewiss: Eben dies ist die Funktion einer Klage nach § 256 II ZPO. Aber der Beklagte darf nicht in jedem Fall faktisch gezwungen sein, sie zu erheben. Daher bleibt festzuhalten: Wenn die Klage **rechtskräftig** als **endgültig unbegründet** abgewiesen ist, ist **keinerlei weiterer Rechtsstreit über dieselbe Sache zulässig** – auch nicht mit der Begründung, im Vorprozess habe in Wahrheit nur die Fälligkeit gefehlt[55].

4. In Sonderheit: Rechtskraft klagabweisender Versäumnisurteile

384 Die soeben unter 3. gewonnene Einsicht erlangt maßgebliche Bedeutung für die Rechtskraftwirkung von **Versäumnisurteilen gegen den Kläger** nach § 330 ZPO.

> **Fall 97:** K verklagt B auf Rückzahlung eines Darlehens. B wehrt sich mit der Begründung, das Darlehen sei noch nicht fällig.
> a) Im Termin zur mündlichen Verhandlung erscheint K nicht, da er mittlerweile selbst erkannt hat, dass es noch an der Fälligkeit fehlt. Die Klage wird durch Versäumnisurteil abgewiesen. Das Urteil wird rechtskräftig.
> b) Im Termin zur mündlichen Verhandlung erscheint K. Das Gericht folgt dem Vortrag des B, dass das Darlehen noch nicht fällig ist, und weist die Klage ab. K legt Berufung ein, erscheint aber im Termin zur mündlichen Berufungsverhandlung nicht. Das Berufungsgericht weist daher die Berufung nach § 330 ZPO zurück.
> K möchte nach Eintritt der Fälligkeit einen neuen Prozess auf Rückgewähr des Darlehens anstrengen.

---

55 Stein/Jonas/*Leipold*, ZPO, 22. Aufl. 2008, § 322 Rn. 246.

Wenn die Klage nach § 330 ZPO durch Versäumnisurteil abgewiesen wird, so geschieht dies *ohne jede Sachprüfung* allein aufgrund der Säumnis des Klägers. Es lässt sich anhand des Urteils konsequent nicht ablesen, ob der Anspruch endgültig oder ob er nur zur Zeit nicht besteht. Aus diesem Grund hält der **BGH** eine **neue Klage** des K nach Rechtskraft des klagabweisenden Versäumnisurteils für **kategorisch ausgeschlossen**[56]. Im **Fall 97a** wäre damit die neue Klage des K abzuweisen. B dürfte im wirtschaftlichen Endergebnis die Darlehenssumme behalten – obwohl er niemals bestritten hat, das Darlehen mit K vereinbart und von K empfangen zu haben.

Im **Schrifttum** hat der BGH mit folgender Begründung Zustimmung erfahren: Das Versäumnisurteil gegen den Kläger ergehe ohne Sachprüfung und gleiche damit seiner Art nach einem Verzichtsurteil (§ 306 ZPO). Das Gesetz fingiere angesichts der Säumnis des Klägers den Verzicht auf den Klageanspruch. Mache der Kläger von der Möglichkeit des Einspruchs keinen Gebrauch, so müsse er es hinnehmen, dass der Anspruch endgültig aberkannt sei[57]. Verbreitet wird jedoch die vom BGH gezogene Konsequenz als übermäßig hart empfunden. Nach Erleichterungen für den Kläger wird teils auf rechtsdogmatischem Wege, teilweise mithilfe wertender Überlegungen geforscht:

385

- So wird hervorgehoben, selbst bei Versäumnisurteilen beziehe sich die Rechtskraft lediglich auf den Zeitpunkt der letzten mündlichen Verhandlung. Trete später die Fälligkeit des Anspruchs ein, so werde ein neuer Sachverhalt eingeführt, der noch nicht Gegenstand des Vorprozesses gewesen sei. Der Kläger könne nicht gehindert sein, gestützt auf diesen veränderten Umstand neu zu klagen[58].
- Eine Gegenansicht will zwar nicht daran rütteln, dass das rechtskräftige Versäumnisurteil nach § 330 ZPO den Klageanspruch endgültig aberkennt. Doch soll dem Beklagten eine neue Klage zuzumuten sein, wenn er in dem Termin, in dem der Kläger säumig war, die Möglichkeit hatte, gemäß § 331a ZPO anstelle eines Versäumnisurteils eine Entscheidung nach Lage der Akten zu beantragen. Dies sei immer dann möglich, wenn vor dem Termin, da der Kläger säumig war, schon einmal eine mündliche Verhandlung stattgefunden habe (§§ 331a S. 2, 251a II 1 ZPO). In diesem Fall ergehe ein ganz gewöhnliches streitiges Urteil. Werde darin die Klage endgültig abgewiesen, so sei dem Kläger eine neue Klage verschlossen. Werde sie lediglich als zur Zeit unbegründet abgewiesen, so könne der Kläger bei späterem Eintritt der Fälligkcit erneut klagen. Diese Chance müsse der Beklagte dem Kläger lassen. Er dürfe daher, wenn die Voraussetzung des § 331a S. 2, § 251 II 1 ZPO gegeben sei, kein Versäumnisurteil beantragen, sondern müsse auf eine Entscheidung nach Lage der Akten dringen. Beantrage er in dieser Situation gleichwohl ein Versäumnisurteil, so müsse er es hinnehmen, wenn der Kläger später erneut seinen Anspruch gerichtlich geltend mache. Habe aber zuvor *kein* Termin zur mündlichen Verhandlung stattgefunden, so sei eine Entscheidung nach Lage der Akten ausgeschlossen. Dem Beklagten bleibe hier nichts anderes übrig,

---

56 BGHZ 35, 338, 340 f.; BGH NJW 2003, 1044, 1045. Mit ausführlicher Begründung zustimmend *Heiderhoff*, ZZP 118 (2005), 185, 194 ff.
57 *Stamm*, ZZP 122 (2009), 399, 408 ff.
58 Musielak/Voit/*Musielak*, ZPO, 13. Aufl. 2016, § 322 Rn. 54–56.

als ein Versäumnisurteil zu beantragen. Werde dies Urteil rechtskräftig, so habe es damit endgültig sein Bewenden[59].

Die zuerst genannte Ansicht setzt bei der Dogmatik der Rechtskraftlehre an; die an zweiter Stelle genannte Ansicht beruft sich demgegenüber auf Zumutbarkeitserwägungen.

386 Nach **hier vertretener Ansicht** hängt der Umfang der Rechtskraft eines klagabweisenden Versäumnisurteils maßgeblich von der bisherigen Einlassung des Beklagten ab:

- Hat der Beklagte die Existenz der Klageforderung bereits dem Grunde nach bestritten, so führt kein Weg daran vorbei, dass das rechtskräftige Versäumnisurteil nach § 330 ZPO die Klageforderung endgültig aberkennt: Der säumige Kläger darf nicht besser stehen als der Kläger, der die Existenz seines Anspruchs nicht hat beweisen können. Dann aber gelten die oben 3. entwickelten Grundsätze: Wenn die Klage einmal als endgültig unbegründet abgewiesen wurde, kann eine spätere Klage aus demselben Streitgegenstand nicht auf die Begründung gestützt werden, der Anspruch habe damals sehr wohl bereits existiert und sei nunmehr fällig.
- Gleiches gilt, wenn der Beklagte sich bislang *überhaupt nicht* auf die Klage eingelassen hatte: Wenn er im Termin ein klagabweisendes Versäumnisurteil beantragt, muss mangels entgegenstehender Anhaltspunkte davon ausgegangen werden, dass er bereits dem Grunde nach die Klageforderung für nicht gegeben hält.
- Im **Fall 97a** hat jedoch der Beklagte die Existenz der Klageforderung niemals in Abrede gestellt, sondern lediglich die Fälligkeit bestritten. In einem solchen Fall, in dem der Beklagte den Anspruch des Klägers **dem Grunde nach anerkennt**, darf dem Kläger eine neue Klage unter Berufung auf die nunmehr eingetretene Fälligkeit nicht verschlossen bleiben. Vielmehr rechtfertigt das eigene Vorbringen des Beklagten in diesem Fall lediglich die Abweisung als zur Zeit unbegründet. Wäre der Kläger im Termin erschienen, so wäre seine Klage im schlimmsten Fall als zur Zeit unbegründet abgewiesen worden. Dann darf die Rechtskraft des Versäumnisurteils nicht weiter reichen[60].
- Konsequent zu Ende gedacht, bedeuten diese Überlegungen zugleich, dass ein **Versäumnisurteil** nach § 330 ZPO **überhaupt nicht** ergehen darf, soweit der Beklagte den Anspruch **insgesamt anerkennt**. Dann wird der Beklagte redlicherweise gar nicht erst den Erlass eines Versäumnisurteils beantragen, und wenn doch, setzt er sich damit in unzulässiger Weise in Widerspruch zu seinem vorherigen Anerkenntnis. Der Antrag auf Erlass eines Versäumnisurteils nach § 330 ZPO ist in diesem Fall wegen *prozessualer Arglist* zurückzuweisen.

387 Gewiss: Der Wortlaut des § 330 ZPO scheint dieser Beurteilung entgegenzustehen. Die Vorschrift ordnet bei Säumnis des Klägers die Klagabweisung ohne Rücksicht darauf an, was der Kläger zur Begründung seines Anspruchs vorgetragen und was der Beklagte erwidert hat. Das ist im Grundsatz auch richtig so: Wollte man danach fra-

---

59 *Hau*, JuS 2003, 1157 f. Ebenfalls kritisch zu BGHZ 35, 338, aber ohne eigenen Lösungsvorschlag *Siemon*, MDR 2004, 301, 303 ff.
60 So jetzt auch *Roth*, JZ 2009, 237, 248.

gen, ob das Vorbringen des Klägers schlüssig und die Erwiderung des Beklagten erheblich war, so wäre kaum mehr ein Unterschied zwischen einem Versäumnisurteil (§ 330 ZPO) und einer Entscheidung nach Lage der Akten (§ 331a ZPO) zu erkennen. Darum geht es aber bei dem hier vertretenen Ansatz nicht. Es soll gerade *nicht* danach gefragt werden, ob das Vorbringen des Beklagten, seine Richtigkeit unterstellt, geeignet wäre, den Klageanspruch zu Fall zu bringen. Maßgeblich ist in Konsequenz der soeben vorgetragenen Überlegungen allein, zu welchem Rechtsstandpunkt der Beklagte im Ergebnis gelangt: Meint er, die Klageforderung existiere nicht, so bedeutet das Urteil nach § 330 ZPO die Abweisung der Klage als endgültig unbegründet – ganz gleichgültig, ob das, was der Beklagte zur Begründung des Klagabweisungsantrags vorträgt, im Ergebnis rechtlich von Belang ist oder nicht. Meint der Beklagte aber selbst, dass die Klageforderung *existiere*, so verbietet es der Grundsatz der **prozessualen Waffengleichheit**, die Klage als endgültig unbegründet abzuweisen. Wenn der *Beklagte säumig* ist, erhält der Kläger nicht allein schon deshalb ein stattgebendes Versäumnisurteil, sondern nur soweit er den Anspruch schlüssig begründet hat. Das Versäumnisurteil gegen den Beklagten setzt also voraus, dass das Gericht sich vorher die Klageschrift vor Augen geführt hat. Wenn man nun für ein Versäumnisurteil bei *Säumnis des Klägers* schon nicht vom Beklagten verlangt, dass er seinerseits den Anspruch mit rechtserheblichen Einwendungen angegriffen haben muss, so muss das Gericht sich doch wenigstens die Klageerwiderung vor Augen führen: Wenn der Beklagte schon selbst zu dem Ergebnis gelangt, dass an der Klageforderung als solcher nicht zu rütteln ist, so erscheint eine Klagabweisung als endgültig unbegründet für den Kläger zu hart und führt im Übrigen dazu, dass das Gericht sehenden Auges eine mit Sicherheit fehlerhafte Entscheidung treffen muss.

Im **Fall 97a** hatte B sich lediglich unter Hinweis auf die fehlende Fälligkeit des Klaganspruchs gegen die Klage gewehrt, die Existenz der Klageforderung als solche aber nicht geleugnet. Das Versäumnisurteil, das nach § 330 ZPO gegen den Beklagten ergangen ist, ist damit lediglich mit dem Inhalt in Rechtskraft erwachsen, dass die Klage als zur Zeit unbegründet abgewiesen wurde. Damit kann K, folgt man der hier vertretenen Ansicht, nach Eintritt der Fälligkeit erneut auf Rückzahlung des Darlehens klagen.   **388**

▷ **Wichtiger Hinweis**
Für die Behandlung des Problems in einer **Klausur** oder in der **mündlichen Prüfung** wird **dringend empfohlen, dem BGH zu folgen**: Das Versäumnisurteil nach § 330 ZPO hat den Anspruch des Klägers endgültig aberkannt. Damit hat es auch im Folgeprozess sein Bewenden. Eine neue Klage aus demselben Streitgegenstand ist unzulässig.

Im **Fall 97b** meint der BGH ebenfalls, dass dem K eine neuerliche Klage verschlossen sei[61]: Zwar habe das Eingangsgericht die Klage lediglich als zur Zeit unbegründet abgewiesen. Doch sei die Berufung des K nach § 330 ZPO als endgültig unbegründet zurückgewiesen worden. Die neuerliche Klage des K sei damit unzulässig; es stehe der Einwand anderweitiger Rechtskraft entgegen. Dieser Beurteilung ist zu widersprechen: Indem die Berufung gegen das erstinstanzliche Urteil zurückgewiesen wurde,   **389**

---

61 BGH NJW 2003, 1044, 1045.

ist *dies* Urteil rechtskräftig geworden. Das erstinstanzliche Urteil aber hat als streitiges Urteil die Klage als zur Zeit unbegründet abgewiesen. *Dies* ist die rechtskräftige Feststellung, an der sich neuerliche Klagen messen lassen müssen. Einer späteren Klage des K nach Eintritt der Fälligkeit steht damit im **Fall 97b** nichts entgegen[62].

III. Die subjektiven Grenzen der Rechtskraft

G 390 Mit den subjektiven Grenzen der Rechtskraft wird der Kreis der Personen bestimmt, welche die Wirkungen der materiellen Rechtskraft (oben I 2: Identität und Präjudizialität) gegen sich gelten lassen müssen.

Sofern Personen, die **nicht Partei** des Prozesses waren (also Dritte), an die Entscheidung gebunden sind, müssen wir insgesamt zwischen **drei verschiedenen Formen** der Urteilsbindung unterscheiden:

- **Rechtskraft:** Bindung des Dritten *nur an das Entscheidungsergebnis*, und zwar nur im Umfang des Streitgegenstands. Die Rechtskraftbindung zeichnet sich durch eine strikte Ergebnisbindung aus: *Wenn eine Partei verurteilt ist, ist der an die Rechtskraft gebundene Dritte mit verurteilt. Wenn die Klage einer Partei abgewiesen ist, ist sie auch mit Wirkung gegen den an die Rechtskraft abgewiesen.* Mit der Entscheidung für oder gegen eine Partei steht auch schon die Entscheidung für oder gegen den Dritten fest.

- **Interventionswirkung:** Bindung des Dritten *auch an die Entscheidungsgründe*, also an die dem Urteil zugrunde legenden tragenden Feststellungen und an deren rechtliche Bewertung durch das Gericht. Die Bindung besteht ohne Rücksicht auf die Reichweite des Streitgegenstandes (oben Rn. 353).

- **Materiell-rechtliche Urteilsbindung:** Bindung des Dritten *an das Entscheidungsergebnis*, aber ohne dass damit das Ergebnis einer nachfolgenden Entscheidung für oder gegen den Dritten schon zwingend feststeht. Ein Beispiel für diese Form der Urteilsbindung haben wir in Gestalt des § 129 I HGB kennengelernt (oben Rn. 54): Wenn die OHG rechtskräftig verurteilt ist, kann auch der Gesellschafter nicht mehr in Frage stellen, dass dem Gesellschaftsgläubiger eine Forderung gegen die OHG zusteht. Das heißt aber eben noch lange nicht, dass der Gesellschafter mit verurteilt ist: Es bleibt schließlich die – in § 129 I HGB ausdrücklich eingeräumte – Möglichkeit, dass dem Gesellschafter Einwendungen zustehen, die in seiner Person begründet sind. Konsequent bestimmt § 129 IV HGB, dass aus einem Urteil gegen die OHG nicht gegen den Gesellschafter vollstreckt werden darf. Das Urteil gegen die OHG wirkt daher keine Rechtskraft gegen den Gesellschafter, sondern beeinflusst lediglich das materiell-rechtliche Rechtsverhältnis zwischen dem Gesellschaftsgläubiger und dem Gesellschafter.

---

62 Wie hier *Greger*, EWiR 2003, 441, 442; *Heiderhoff*, ZZP 118 (2005), 185, 201 ff.; *Just*, NJW 2003, 2289 f.; *Siemon*, MDR 2004, 301, 306; ausführlich *Stamm*, ZZP 122 (1009), 399, 412 ff.; im Ergebnis ebenso, aber mit abweichender Begründung *Hau*, JuS 2003, 1157, 1158 f.

1. Parteien, Rechtsnachfolger und Besitzmittler

a) Die Aussagen des § 325 I ZPO

Auf jeden Fall wirkt die Rechtskraft des Urteils gegen die *Parteien* des Rechtsstreits: **391 G** Sie waren am Prozess beteiligt und hatten die Chance, auf seinen Ausgang Einfluss zu nehmen. Dann ist es nur konsequent, wenn sie auch an das Ergebnis gebunden sind. § 325 I ZPO stellt dies ausdrücklich klar. Die Vorschrift erweitert indes den Kreis der von der Rechtskraft Betroffenen nicht unerheblich: Gebunden sind außer den Parteien die Personen,

- die nach Eintritt der Rechtshängigkeit *Rechtsnachfolger* der Parteien (sprich: einer von ihnen) geworden sind (**Beispiel:** der Erbe einer Partei; der Erwerber der streitbefangenen Sache)
- die nach Eintritt der Rechtshängigkeit *Besitzmittler* einer Partei oder des Rechtsnachfolgers einer Partei geworden sind (**Beispiel:** derjenige, der nach Rechtshängigkeit die streitbefangene Sache von der Partei mietet oder ein Pfandrecht an ihr erwirbt).

b) Gutgläubiger rechtshängigkeitsfreier Erwerb

Die Bindung des *Rechtsnachfolgers* wird indes durch *§ 325 II ZPO* relativiert: Es **392 G** finden die Vorschriften über den gutgläubigen Erwerb vom Nichtberechtigten Anwendung. Was das heißt, verdeutlicht der folgende

Fall 98: K verklagt B auf Herausgabe eines gebrauchten PKW, Marke VW Golf Diesel, Fahrgestell-Nr. 87 465 558 755 765. Während des Rechtsstreits übereignet und übergibt B den Wagen unter Vorlage des Fahrzeugbriefs an X, der weder vom Eigentum des K noch von dem Prozess etwas weiß. In jenem Fahrzeugbrief ist B als Halter eingetragen. B wird rechtskräftig zur Herausgabe verurteilt.

X ist nach Eintritt der Rechtshängigkeit Rechtsnachfolger des B geworden und damit an sich nach § 325 I ZPO an die Rechtskraft des Herausgabeurteils gebunden. Diese Bindung wird jedoch nach § 325 II ZPO wieder aufgehoben: X konnte nach §§ 929 S. 1, 932 I 1, II BGB gutgläubig Eigentum erwerben, weil er vom Eigentum des K nichts wusste und, da B als Halter im Fahrzeugbrief eingetragen war, sich über die wahren Eigentumsverhältnisse auch nicht in grob fahrlässiger Unkenntnis befand. Gleichwohl wäre er an das rechtskräftige Herausgabeurteil gebunden, wenn er von dem *Herausgabeprozess des K gegen B* Kenntnis gehabt hätte oder ohne grobe Fahrlässigkeit hätte haben müssen; dies ist die Aussage des § 325 II ZPO. Auch dafür ist freilich nichts ersichtlich; X hat das Fahrzeug vielmehr *gutgläubig rechtshängigkeitsfrei erworben*. Er ist *Eigentümer geworden* und an das *Herausgabeurteil* gegen B *nicht gebunden*.

Der Begriff der Rechtsnachfolge ist im Übrigen weit zu verstehen: Die Bindung **393 G** desjenigen, der die streitbefangene Sache während des Prozesses von einer Partei erwirbt, tritt selbstverständlich und erst recht ein, wenn die beabsichtigte Rechtsnachfolge scheitert, weil bereits materiellrechtlich die Voraussetzungen des gutgläubigen Erwerbs nicht vorliegen. Die Rechtskraft bindet somit auch denjenigen, dessen Erwerb

- an der Nichtigkeit des Erwerbsgeschäfts
- am fehlenden guten Glauben (§ 932 II BGB; § 892 I BGB)
- am im Grundbuch eingetragenen Widerspruch zugunsten des Berechtigten (§ 892 I BGB)
- oder am Abhandenkommen der streitbefangenen Sache (§ 935 BGB) scheitert.

G 394 § 325 II ZPO kann den Rechtsnachfolger von der Bindung an das Urteil selbstverständlich nur befreien, sofern ein gutgläubiger Erwerb materiellrechtlich überhaupt möglich ist.

> **Fall 99:** K verklagt B auf Erfüllung einer Kaufpreisforderung. Während des Prozesses tritt K die Forderung an V ab, der von dem Prozess nichts weiß. Die Kaufpreisklage wird rechtskräftig abgewiesen.

Die rechtskräftige Abweisung der Kaufpreisklage wirkt auch gegen V, ohne dass § 325 II ZPO hieran etwas zu ändern vermag: V konnte die Forderung des K nicht gutgläubig erwerben, weil das BGB (grundsätzlich) keinen gutgläubigen Erwerb von Forderungen kennt.

c) Die Veräußerung der streitbefangenen Sache (§ 265 ZPO)

G 395 Indem § 325 ZPO diejenigen Personen bindet, die *nach Eintritt der Rechtshängigkeit* Rechtsnachfolger oder Besitzmittler geworden sind, wird vorausgesetzt, dass trotz dieser Veränderungen die bisherige Partei weiterhin die richtige Partei bleibt, dass also z. B. trotz der Veräußerung der Sache, um deren Herausgabe gestritten wird, der Kläger und der Beklagte weiterhin den Prozess führen dürfen. Sonst müsste nämlich nicht der Rechtsnachfolger an das Urteil gebunden, sondern die veräußernde Partei ausgewechselt werden. Dafür, dass Kläger und Beklagter zur Prozessführung befugt bleiben, sorgt *§ 265 II ZPO*.

aa) Veräußerung durch den Beklagten

G 396 Im **Fall 98** hat B den Wagen während des Prozesses an X übergeben und übereignet. Geht man davon aus, dass X nicht bereit ist, den Wagen an B zurückzugeben, so ist dem B die Herausgabe subjektiv unmöglich, der Herausgabeanspruch daher nach § 275 I BGB ausgeschlossen. Das würde dazu führen, dass K seinen Herausgabeanspruch nunmehr gegen X verfolgen müsste. Und dies Dilemma könnte sich für K beliebig wiederholen: Wenn X den Wagen seinerseits weiterveräußerte, müsste K wiederum den Erwerber verklagen und so fort. Der Gesetzgeber hatte rechtstechnisch zwei Möglichkeiten, diese für den Kläger (allgemeiner: für den Gegner der veräußernden Partei) zu verhindern:

- Er konnte einen *gesetzlichen Parteiwechsel* anordnen, wonach der Erwerber kraft Gesetzes in den laufenden Rechtsstreit eintritt und an die Prozessergebnisse gebunden ist.

- Er konnte anordnen, dass der Prozess *zwischen den ursprünglichen Parteien fortgesetzt* wird, dem Gegner also selbst die mit einem Parteiwechsel verbunden Unannehmlichkeiten erspart bleiben.

Für den Fall der Veräußerung der streitbefangenen Sache hat der Gesetzgeber sich für die zuletzt genannte Variante entschieden: Wenn eine Partei die streitbefangene Sache veräußert oder den streitbefangenen Anspruch abtritt, hat dies nach § 265 II 1 ZPO auf den Prozess keinen Einfluss. Der Rechtsstreit wird unter den bisherigen Parteien ausgefochten. Mehr noch: Der Rechtsnachfolger *darf* den Prozess gar nicht gegen den Willen des Gegners anstelle der Partei fortführen (§ 265 II 2 ZPO).

X, der Rechtsnachfolger des Beklagten B im **Fall 98**, hat daher keine Möglichkeit, anstelle des B als Beklagter in den Rechtsstreit einzutreten. Er muss es hinnehmen, dass B den Prozess führt und das Urteil im Falle einer Verurteilung des B auch gegen ihn wirkt. Allenfalls mag er als einfacher Nebenintervenient (§ 66 ZPO) dem Rechtsstreit beitreten, um dies Ergebnis zu verhindern; er kann dann freilich Prozesshandlungen nicht gegen den Willen des B vornehmen. Die Möglichkeit der *streitgenössischen Nebenintervention* (§ 69 ZPO), die den X zu eigenständigen, vom Willen des B unabhängigen Prozesshandlungen befähigen würde (näher unten 7.), ist dem X nach § 265 II 3 ZPO verschlossen.

bb) Veräußerung durch den Kläger

Im **Fall 99** hat nicht der Beklagte die streitbefangene Sache veräußert, sondern dem Kläger die streitige Forderung abgetreten. Auch hier bleibt es nach § 265 II 1 ZPO dabei, dass der Kläger (hier: K) als solcher im Prozess verbleibt.

397 G

Die in § 265 II 1 ZPO niedergelegte Anordnung, dass die Abtretung auf den Prozess keinen Einfluss hat, wird jedoch nach h. M.[63] in einem Punkt korrigiert: Der Kläger ist gehalten, seinen *Klageantrag umzustellen*. Er kann nicht mehr Leistung an sich, sondern nur noch Leistung an den Zessionar V verlangen. § 265 II 1 ZPO will nur sicherstellen, dass der Prozess zwischen den bisherigen Parteien fortgesetzt werden kann; die Vorschrift zwingt dagegen nicht dazu, einen Klageantrag aufrechtzuerhalten, der evident der nunmehr geänderten materiellen Rechtslage widerspricht (sog. *Relevanztheorie*: Die Änderung der materiellen Rechtslage ist für den Prozess insoweit relevant, als der Klageantrag umgestellt werden muss).

▷ **Wichtiger Hinweis**
Bei Veräußerung auf *Beklagtenseite* gilt nach wie vor die *Irrelevanztheorie*. Der Klageantrag bleibt daher ein solcher gegen den ursprünglichen Beklagten. Das leuchtet auch in der Sache ein: Das Gericht kann niemals einen am Rechtsstreit nicht beteiligten Dritten (nämlich den Rechtsnachfolger) zu einer Leistung verurteilen (rechtliches Gehör!). Dass der Beklagte nach Änderung der Rechtslage möglicherweise nicht mehr zur Herausgabe verpflichtet ist und der Anspruch nunmehr gegen den Rechtsnachfolger durchgesetzt werden muss, wird erst im *Vollstreckungsverfahren* berücksichtigt: Nach *§ 727 ZPO* kann der Kläger erwirken, dass die Vollstreckungsklausel auf das Urteil nicht nur gegen den Beklagten, sondern ebenso gegen seinen Rechtsnachfolger erteilt wird, gegen den die Rechtskraft nach § 325 ZPO gilt.

---

63 BGHZ 26, 31, 37; BGHZ 197, 196 Rn. 50; BGH NJW 1986, 3206, 3207; BGH NJW 2012, 3642 Rn. 8.

Die Anordnung des § 265 II 1 ZPO, dass der Kläger im Prozess verbleibt, ist dem Beklagten des Weiteren nur dann zuzumuten, wenn sichergestellt ist, dass das Urteil, das in diesem Prozess ergeht, den Streit über seine Forderung endgültig, und d.h. auch mit Wirkung gegen den Rechtsnachfolger, beendet, wenn also der Rechtsnachfolger (im **Fall 99:** Z) an die Rechtskraft des Urteils gebunden ist, das zwischen Kläger und Beklagtem (im **Fall 99:** K und B) ergeht. Wenn diese Rechtskrafterstreckung *nicht* eintritt, gestattet § 265 III ZPO dem B den Einwand, dass K zur Fortsetzung des Rechtsstreits nicht mehr befugt sei. Die Klage des K wird dann als unzulässig abgewiesen; Z muss einen gänzlich neuen Prozess anstrengen, wenn nicht B dem Eintritt des Z in den laufenden Rechtsstreit im Wege des *gewillkürten Parteiwechsels* zustimmt.

d) Schuldnerschutz bei Unkenntnis der Zession

398 § 265 II 1 ZPO greift nur ein, wenn die Forderung *nach Rechtshängigkeit* abgetreten wird, wenn also die Klage zuvor bereits erhoben war. Davon zu unterscheiden ist die Abtretung der Forderung *vor Prozessbeginn.*

> **Fall 100:** K verklagt B auf Erfüllung einer Kaufpreisforderung und verschweigt dabei, dass er diese Forderung bereits vor Prozessbeginn an X abgetreten hat.
> a) Die Klage wird rechtskräftig abgewiesen. Kann X nunmehr seinerseits den B auf Zahlung verklagen?
> b) Die Klage hat Erfolg. Das Urteil wird rechtskräftig. Bevor B an K zahlt, legt X die Abtretung offen und verlangt Zahlung an sich. Kann B vermeiden, sowohl an X als auch an K zahlen zu müssen?

Im **Fall 100a** hat B *von vornherein mit dem falschen Gegner prozessiert*: Bereits vor Klageerhebung war X nach § 398 S. 2 BGB als neuer Gläubiger an die Stelle des K getreten. B hätte sich also gegen die Klage mit der Begründung verteidigen können, K sei nicht Inhaber der streitigen Forderung. Dazu war B allein deshalb außerstande, weil er von der Abtretung nichts wusste. Müsste B sich nunmehr mit X erneut über die Forderung auseinandersetzen, so wären ihm die Früchte seines siegreichen Prozesses gegen K genommen. Um dies zu verhindern, bestimmt **§ 407 II BGB**, dass X an das zwischen K und B ergangene Urteil gebunden ist. X kann den B daher nicht erneut auf Zahlung in Anspruch nehmen.

Im **Fall 100b** hat B ebenfalls von vornherein gegen den falschen Gegner prozessiert. Er ist nur deshalb verurteilt worden, weil ihm K verschwiegen hat, dass die Forderung bereits vor Prozessbeginn an X abgetreten war. Nun da das gegen ihn gerichtete Urteil rechtskräftig ist, steht B vor folgendem Dilemma:

- Da B rechtskräftig verurteilt ist, *an K zu zahlen,* muss er dies tun; andernfalls kann K aus dem Urteil die Zwangsvollstreckung betreiben.
- *Wenn B aber an K zahlt,* tritt keine Erfüllung der Forderung ein. Denn Gläubiger ist in Wahrheit X. Da B mittlerweile von der Abtretung Kenntnis erlangt hat, ist er auch nicht mehr durch § 407 I BGB geschützt. Danach scheint es, als könne *auch X* von B Zahlung verlangen, als müsste also B schließlich doppelt leisten.

Im Ergebnis besteht Einigkeit, dass diese Folge dem B nicht zuzumuten ist. **Streitig** **399** ist nur der rechtskonstruktive Weg:

- Nach Ansicht des **BGH** soll der Schuldner in derartigen Fällen berechtigt sein, sich durch **Hinterlegung** von seiner Verbindlichkeit zu befreien[64]. Die Schwäche dieser Auffassung zeigt sich freilich sehr deutlich am **Fall 100b**. Versucht man nämlich, diesen Fall unter die Hinterlegungsvoraussetzungen nach § 372 BGB zu subsumieren, so liegt keiner der beiden dort niedergelegten Hinterlegungsgründe vor: Weder befinden sich K oder X im Annahmeverzug, noch liegt Ungewissheit über die Person des Gläubigers vor. Ganz im Gegenteil: B ist rechtskräftig verurteilt worden, an K zu leisten. Nichts auf der Welt kann dem B größere Gewissheit über die Person seines Gläubigers verschaffen als ein rechtskräftiges Urteil[65].
- Im **Schrifttum** greift man demgegenüber – vorzugswürdig – abermals auf § 407 II BGB zurück. Wenn der Schuldner in Unkenntnis der Abtretung rechtskräftig zur Leistung an den Zedenten verurteilt werde, so besage § 407 II BGB, dass die Forderung *dem Zedenten und nicht dem Zessionar zustehe*. Das bedeutet für **Fall 100b**: Durch das Urteil zwischen K und B ist nicht nur festgestellt worden, dass die Forderung besteht, sondern auch, dass sie *dem K zusteht*. Damit ist zugleich gesagt, dass sie *dem X nicht zusteht*. An *dieser* Feststellung muss X sich nach § 407 II BGB festhalten lassen[66].

2. Nacherbfolge

§ 326 ZPO regelt die Rechtskrafterstreckung von Urteilen, die für oder gegen einen **400** Vorerben ergehen, auf den Nacherben. Die Regelung ist deshalb notwendig, weil der Nacherbe materiellrechtlich nicht Rechtsnachfolger des Vorerben, sondern des Erblassers ist und deshalb § 325 ZPO die Rechtskrafterstreckung vom Vor- auf den Nacherben nicht begründen kann.

- Nach § 326 I ZPO wirkt das Urteil im *Passivprozess* des als solchen verklagten Vorerben gegen den Nacherben, soweit es vor Eintritt der Nacherbfolge rechtskräftig wird.
- Nach § 326 II ZPO wirkt das Urteil im *Aktivprozess* des Vorerben auch gegen den Nacherben, soweit der Vorerbe über den Gegenstand ohne Zustimmung des Nacherben verfügen kann (vgl. §§ 2112 ff. BGB).

3. Testamentsvollstreckung

In § 327 ZPO geht es um die Rechtskrafterstreckung bei Testamentsvollstreckung. **401** Die Anordnung der Testamentsvollstreckung kann nicht ohne Auswirkungen auf die Prozessführungsbefugnis des Erben bleiben. Vielmehr gilt Folgendes:

- Ein der Testamentsvollstreckung unterliegendes Recht kann nach § 2212 BGB nur der Testamentsvollstrecker gerichtlich geltend machen. Der Testamentsvollstrecker

---

64 BGHZ 145, 352, 355 f.
65 Zutreffend *Münzberg*, ZZP 114 (2001), 229, 231; dem folgend *Braun*, ZZP 117 (2004), 1, 6.
66 *Braun*, ZZP 117 (2004), 1, 12 im Anschluss an *Konrad Hellwig*.

ist *gesetzlicher und ausschließlicher Prozessstandschafter* des Erben. § 327 I ZPO zieht daraus die Konsequenz, dass der Erbe an die Rechtskraft des Urteils gebunden ist, das zwischen Testamentsvollstrecker und Drittem über ein solches Recht ergeht (allgemein zur Rechtskrafterstreckung in Fällen der Prozessstandschaft unten 4.). § 327 I ZPO meint also den *Aktivprozess* des Testamentsvollstreckers.

- Wenn der Testamentsvollstrecker zur Führung von *Passivprozessen* berechtigt ist (§ 2213 BGB), wirkt das gegen ihn erwirkte Urteil auch gegen den Erben. In Passivprozessen ist der Testamentsvollstrecker *konkurrierender gesetzlicher Prozessstandschafter* des Erben – konkurrierend deshalb, weil dem Nachlassgläubiger nicht verwehrt sein kann, statt gegen den Testamentsvollstrecker direkt gegen den Erben vorzugehen (§ 2213 I 1 BGB).

4. Prozessstandschaft

a) Gewillkürte Prozessstandschaft

G 402 Wie bereits an anderer Stelle gezeigt, kann der Inhaber eines Rechts eine andere Person ermächtigen, den Prozess über dies Recht an seiner Stelle zu führen, wenn jene Person an der Rechtsverfolgung ein eigenes Interesse hat (sog. *gewillkürte Prozessstandschaft*; vgl. Arbeitsblatt 1, sub V 2). Nach einhelliger Meinung wirkt die Rechtskraft des Urteils, das der Prozessstandschafter erstreitet, zugleich für und gegen den Rechtsinhaber: Er hat die Ermächtigung erteilt; auf seinen Willen geht daher die Prozessführung durch den Rechtsfremden zurück. Wer die gerichtliche Geltendmachung seines Rechts einem Dritten anvertraut, muss mit dem Ergebnis des Prozesses leben, den der Dritte geführt hat[67].

b) Gesetzliche Prozessstandschaft

G 403 Stark **umstritten** ist die Rechtskraftbindung des Rechtsinhabers in den Fällen der *gesetzlichen* Prozessstandschaft. In diesem Fall lässt sich die Prozessführung durch den Rechtsfremden nicht auf den Rechtsinhaber zurückführen. Die **h. M.**[68] differenziert vielmehr wie folgt:

- Sei die gesetzliche Prozessstandschaft eine *ausschließliche*, dem Rechtsinhaber also die eigene Prozessführungsbefugnis genommen, so liege dies typischerweise im Interesse des Rechtsinhabers. Deswegen sei dem Rechtsinhaber die Rechtskrafterstreckung zuzumuten.
- Sei dagegen die gesetzliche Prozessstandschaft eine *konkurrierende*, bleibe also der Rechtsinhaber neben dem Prozessstandschafter zur eigenen Prozessführung befugt, so wirke die Rechtskraft *nicht* gegen den Rechtsinhaber.

---

67 Vgl. statt aller BGHZ 78, 1, 7; 123, 132, 135 f.; BGH NJW 1988, 1585, 1586; *Pawlowski*, JuS 1990, 378, 382; *Schack*, NJW 1988, 865, 869.
68 Grdl. *Sinianotis*, ZZP 79 (1966), 78, 90 ff.; ferner BGHZ 79, 245, 247 f.; *Rosenberg/Schwab/Gottwald*, Zivilprozeßrecht, 17. Aufl. 2010, § 46 Rn. 58 f.; *Schack*, NJW 1988, 865, 867; *Schreiber*, Jura 2010, 750, 753; Stein/Jonas/*Leipold*, ZPO, 22. Aufl. 2008, § 325 Rn. 55.

Diese h. M. ist in ihren Prämissen höchst angreifbar: Der prominenteste Fall der **404 G** ausschließlichen gesetzlichen Prozessstandschaft, nämlich die Insolvenzverwaltung, ordnet das Gesetz keinesfalls zum Schutz des zahlungsunfähigen Schuldners an, sondern im Gegenteil in erster Linie zum Schutz der Insolvenzgläubiger vor weiterer Misswirtschaft des Schuldners. In anderem Zusammenhang hat der **BGH** selbst hervorgehoben, dass der Insolvenzverwalter vor allem die Interessen der Gläubiger zu wahren hat[69]. Darüber hinaus sprechen zwingende dogmatische Gründe dafür, *immer* eine Bindung des Rechtsinhabers an das vom Prozessstandschafter erstrittene Urteil anzunehmen[70]:

- Jede materielle Berechtigung und jede materiellrechtliche Verpflichtung gewährleisten dem betroffenen Rechtssubjekt das Recht, über ihren Bestand vor Gericht zu streiten; aus dem materiellen Recht folgt somit die *Prozessführungsbefugnis*. Diese wiederum entfaltet sich in zwei Teilbefugnissen, nämlich die Befugnis, einen Prozess zu beginnen (*Prozesseröffnungsbefugnis*) und die Befugnis, diesen Prozess durch Prozesshandlungen voranzutreiben (*Prozesshandlungsbefugnis*). Die Eröffnungsbefugnis besteht auch auf der Passivseite des Rechtsverhältnisses: Wer auf Leistung belangt zu werden droht, kann u. U. seinerseits negative Feststellungsklage erheben.
- Die Prozessführungsbefugnis ist in diesen Ausprägungen Ausfluss der materiellen Berechtigung und Verpflichtung; sie ist also originär dem Rechtsinhaber zugewiesen. Der Prozessstandschafter leitet seine Befugnisse daher immer vom Rechtsinhaber ab.
- Materielle Berechtigung und Verpflichtung sind dem betroffenen Rechtssubjekt aber immer nur zur einmaligen Ausübung zugewiesen. Das gilt gerade auch für den Rechtsstreit: Aus der Stellung als Partei eines Rechtsverhältnisses folgt nur *einmal* der Anspruch auf gerichtliche Entscheidung hierüber. Wenn aber der Prozessstandschafter aus abgeleiteter Prozessführungsbefugnis des materiell Berechtigten bzw. Verpflichteten handelt, *ist diese einmalige Ausübung jener Befugnis eingetreten.* Der Rechtsinhaber kann sie sodann nicht mehr selbst nochmals ausüben.
- Daraus folgt zunächst, dass die *Rechtshängigkeit* der vom Prozessstandschafter erhobenen Klage auch gegen den materiellrechtlich Berechtigten bzw. Verpflichteten wirkt. Mit zunehmender Prozessdauer verstärken sich die prozessualen Bindungen der Parteien: Der Beklagte verliert u. U. bestimmte Rügen (§§ 39, 295 ZPO), der Kläger das Recht, die Klage einseitig zurückzunehmen (§ 269 ZPO) und sie ohne weiteres zu ändern (§ 263 ZPO). Beide Parteien bleiben auch bei Veräußerung bzw. Abtretung dem Prozess verhaftet (§ 265 ZPO). Die Bindung manifestiert sich schließlich im rechtskräftigen Urteil: Es erweist sich als das endgültige Ergebnis der Ausübung der Prozesshandlungsbefugnis. Der Rechtsinhaber, von dem der Prozessstandschafter seine Befugnisse im Prozess ableitet, muss mit dem Urteil daher ebenso leben, wie wenn er den Prozess selbst geführt hätte.

---

69 BGH NJW 2003, 1934, 1936.
70 Zum Folgenden grundlegend und überzeugend *Berger*, Die subjektiven Grenzen der Rechtskraft bei der Prozeßstandschaft, 1992, passim, insbesondere S. 136 ff. Für Rechtskrafterstreckung in allen Fällen der Prozeßstandschaft grundsätzlich auch *Braun*, Lehrbuch des Zivilprozeßrechts, 2014, S. 951 ff., der aber (ebenda S. 953) bei der konkurrierenden gesetzlichen Prozessstandschaft das klagabweisende Urteil, das der Prozessstandschafter erstritten hat, nicht gegen den Rechtsträger wirken lassen will.

5. Mitberechtigungsklagen

a) Fallgruppen

G 405 Ebenso stark **umstritten** ist die Behandlung von Klagen einzelner Beteiligter aus einer mehreren Personen zugewiesen Berechtigung, als da sind:

- **§ 432 BGB:** Klage eines von mehreren Bruchteilsgläubigern auf Erfüllung der Forderung
- **§ 1011 BGB:** Herausgabeklage eines von mehreren Miteigentümern
- **§ 1281 BGB:** Erfüllungsklage des Gläubigers bzw. Pfandgläubigers bei verpfändeter Forderung vor Pfandreife
- **§ 2039 BGB:** Erfüllungsklage eines Miterben bei zum Nachlass gehörender Forderung.

Alle diese Fälle sind dadurch gekennzeichnet, dass zwar einer von mehreren Mitberechtigten einzeln klagen, aber nur Leistung an alle Mitberechtigten gemeinschaftlich fordern kann. Diese Fälle werfen unter dem Gesichtspunkt der subjektiven Rechtskraftgrenzen massive Schwierigkeiten auf.

> **Fall 101:** M und F haben ein ihnen gemeinsam gehörendes Haus an X vermietet. Nach Ende des Mietverhältnisses verlangt M von X Herausgabe des Hauses an sich und F.

Wenn M allein gegen X einen Herausgabeprozess anstrengt, wirkt das Urteil nach h. M.[71] mit Rechtskraft nur gegen ihn und nicht auch gegen F; sollte M verlieren, muss sich X vielmehr darauf einstellen, dass F ihn ihrerseits in einem zweiten Prozess nochmals auf Herausgabe verklagt.

b) Die materiellrechtliche Grundlage von Mitberechtigungsklagen

G 406 Der Herausgabeanspruch von M und F gründet sich auf zwei Anspruchsgrundlagen:

- Zum einen endete mit Ablauf der Mietzeit das Besitzrecht des X, sodass M und F als Eigentümer einen Herausgabeanspruch aus § 985 BGB haben; diesen kann M nach §§ 1011, 432 BGB allein geltend machen.
- Zum andern folgt der Rückgabeanspruch als schuldrechtlicher aus § 546 I BGB. Insoweit sind M und F mehrere Gläubiger einer unteilbaren Leistung (Rückgabe des vermieteten Hauses) und damit nach § 432 BGB Bruchteilsgläubiger. M kann diesen gemeinschaftlichen Anspruch allein geltend machen.

G 407 Fragt man, ob die Rechtskraft eines von M erstrittenen Urteils auch für und gegen F wirkt, so muss zunächst geklärt werden, wem der Anspruch materiellrechtlich zusteht: Ist der Anspruch ein *gemeinschaftlicher von M und F*, den M nur in *Prozessstandschaft für beide zusammen* geltend machen kann, oder haben M bzw. F jeweils einen *eigenen materiellrechtlichen Anspruch auf Leistung an beide gemeinschaftlich*?

---

71 Für § 432 BGB: *Jauernig/Hess*, Zivilprozessrecht, 30. Aufl. 2011, § 82 Rn. 12; für § 1011 BGB: BGHZ 92, 351, 354; BGH NJW 1985, 2825; MüKo/*K. Schmidt*, BGB, 6. Aufl. 2013, § 1011 Rn. 8; für § 2039 BGB: MüKo/*Gergen*, BGB, 6. Aufl. 2013, § 2032 Rn. 36.

- Vor allem § 432 II BGB deutet auf einen solchen materiellrechtlichen Anspruch hin: Tatsachen in Person des einen Gläubigers wirken nicht ohne weiteres auch gegen den anderen.
- Gerade für § 1011 BGB ist jedoch zu beachten, dass der Herausgabeanspruch, der „in Gemäßheit" des § 432 BGB geltend gemacht werden kann, das Eigentum verwirklichen soll, dieses aber nur allen Teilhabern gemeinschaftlich zusteht: Mehrere Miteigentümer bilden eine sog. Bruchteilsgemeinschaft (§§ 741 ff. BGB). Bei einer rein schuldrechtlichen Forderung, die mehreren Gläubigern gemeinschaftlich zusteht, ist die Situation indes keine andere: An dieser Forderung bilden die Gläubiger ebenso eine Bruchteilsgemeinschaft. Sie steht also den Teilhabern gemeinschaftlich zu.

Für § 1011 BGB[72] und § 2039 BGB[73] ist daher auch anerkannt, dass es sich um eine *gesetzliche Prozessstandschaft* des einzelnen Miteigentümers bzw. Miterben handelt; dann aber sollte auch in den Fällen der §§ 432, 1281 BGB nichts anderes gelten. M klagt daher im **Fall 101** in gesetzlicher Prozessstandschaft für sich und F gemeinschaftlich. **408 G**

c) Prozessuale Folgerungen

Mit dieser Feststellung liegt im Anschluss an die Darlegungen oben 4. die Folgerung nahe, dass die Rechtskraft des von einem Teilhaber erstrittenen Urteils sich auf alle anderen Teilhaber erstreckt[74]. Abweichendes wäre nur anzunehmen, wenn die §§ 432, 1011, 1281 und 2039 BGB für die dort geregelten Mitberechtigungsklagen ausnahmsweise eine *mehrfache Prozesseröffnungs- und -handlungsbefugnis* angeordnet hätten. **409 G**

- Im Kontext des § 432 BGB scheint immerhin der Wortlaut für eine solche Annahme zu sprechen: Wenn nach § 432 II BGB „Tatsachen" nur gegen den einzelnen Mitgläubiger wirken, so scheint dies gerade auch für die „Tatsache" eines rechtskräftigen Urteils zu gelten; dass ein solches Urteil eine „Tatsache" in der Person eines von mehreren Gläubigern sein kann, steht in § 425 II a.E. BGB. Nach vorzugswürdiger Ansicht muss man indes den Wortlaut des § 432 BGB gerade im entgegengesetzten Sinne interpretieren: Der Begriff „andere Tatsachen" in § 432 II BGB steht in Antithese zur in § 432 I BGB angeordneten Befugnis des Gläubigers, den Anspruch allein, d. h. ohne die Mitwirkung der anderen Mitgläubiger geltend zu machen. Daraus kann nur der Schluss gezogen werden, dass Rechtshandlungen eines Gläubigers, die darauf gerichtet sind, den Anspruch alleine geltend zu machen, für und gegen alle anderen Gläubiger wirken. Für die außergerichtliche verzugsbegründende Mahnung ist dies denn auch anerkannt[75]; Gleiches muss für die Klageerhebung gelten: Die Rechtshängigkeit der Einzelklage eines Gläubigers hindert die Einzelklage eines anderen Mitgläubigers. Dann erscheint es aber nur

---

72 MüKo/*K. Schmidt*, BGB, 6. Aufl. 2013, § 1011 Rn. 1.
73 MüKo/*Gergen*, BGB, 6. Aufl. 2013, § 2039 Rn. 20.
74 So ausdrücklich für §§ 1011, 2039 BGB: *Berger*, Die subjektiven Grenzen der Rechtskraft bei der Prozeßstandschaft, S. 249 ff.
75 MüKo/*Bydlinski*, BGB, 7. Aufl. 2016, § 432 Rn. 10.

konsequent, die übrigen Mitgläubiger auch an die Rechtskraft des von einem Gläubiger erstrittenen Urteils zu binden.

- Wenn man davon ausgeht, dass *materiellrechtlich* der Anspruch allen Mitgläubigern gemeinschaftlich zusteht, so wäre, wenn es die §§ 432, 1011, 1281, 2039 BGB nicht gäbe, die Einzelklage eines Gläubigers unzulässig, weil dann nämlich alle Gläubiger in materiellrechtlich notwendiger Streitgenossenschaft klagen müssten. Die genannten Vorschriften erleichtern die Rechtsverfolgung insoweit, als sie diese selbst dann ermöglichen, wenn die Mitgläubiger sich untereinander nicht auf eine gemeinsame Rechtsverfolgung verständigen können. Insoweit erfüllen jene Vorschriften, worauf *Berger*[76] aufmerksam gemacht hat, eine ähnliche Funktion wie § 62 I 2. Alt. ZPO: Die Rechtsverfolgung soll nicht daran scheitern, dass einzelne Streitgenossen nicht mitziehen. § 62 I 2. Alt. ZPO erzielt diese Wirkung dadurch, dass bei gemeinschaftlicher Rechtszuständigkeit die säumigen Streitgenossen *im bereits anhängigen Verfahren* durch die fleißigen Streitgenossen vertreten werden; die §§ 432, 1011, 1281, 2039 BGB erzielen die gleiche Wirkung, indem sie trotz gemeinschaftlicher Rechtszuständigkeit einem Mitberechtigten erlauben, alleine ein Verfahren *anhängig zu machen*. Wenn aber diese Vorschriften nur Störungen im Innenverhältnis der Mitgläubiger beseitigen sollen, ist nicht einzusehen, warum das zulasten des Schuldners gehen soll: Gäbe es diese Vorschriften nicht, so müsste der Schuldner auch nur einmal prozessieren, und zwar gegen alle Mitberechtigten zusammen.

Nach vorzugswürdiger Ansicht wirkt daher die Rechtskraft eines Urteils, das einer von mehreren Mitberechtigten mit der Einzelklage erstreitet, für und gegen die Übrigen.

---

410   **Zur Vertiefung:** Die Diskussion um die prozessuale Behandlung der Mitberechtigungsklagen wird häufig nicht unter dem Gesichtspunkt der Rechtskrafterstreckung, sondern der *notwendigen Streitgenossenschaft* geführt. Hintergrund ist, dass einige Autoren in diesen Fällen zwar eine Rechtskrafterstreckung verneinen, aber wegen der *Identität des Streitgegenstandes* gleichwohl eine notwendige Streitgenossenschaft aus prozessualen Gründen (§ 62 I 1. Alt. ZPO) annehmen[77]: Egal wer klage, Streitgegenstand sei immer die Leistung an alle Gläubiger gemeinschaftlich. Aber mit dieser Sichtweise wird das Problem von der falschen Seite angegangen: Wenn es richtig wäre, dass die Rechtskraft des Urteils sich *nicht* auf die Mitgläubiger erstreckt, so bedeutet dies, dass die Entscheidung nicht notwendig einheitlich ergehen muss. Dann ist aber auch für eine prozessual notwendige Streitgenossenschaft kein Raum. Richtig ist vielmehr die umgekehrte Vorgehensweise: Die Rechtskraft *erstreckt* sich auf alle Mitgläubiger, und *deshalb* ist die Streitgenossenschaft eine prozessual notwendige. Darüber hinaus wird man, wenn *alle* Mitberechtigten klagen, eine notwendige Streitgenossenschaft aus *materiellrechtlichen* Gründen annehmen dürfen[78]: Wenn sie sich alle auf die Prozessführung einigen, besteht *keine* Störung im Innenverhältnis; die Mitberechtigten klagen daher *nicht* als Prozessstandschafter aus §§ 432, 1011, 1281, 2039 BGB, sondern kraft ihrer *gemeinschaftlichen Rechtszuständigkeit.*

---

76 *Berger*, Die subjektiven Grenzen der Rechtskraft bei der Prozeßstandschaft, S. 248 ff.
77 *Zöller/Vollkommer*, ZPO, 31. Aufl. 2016, § 62 Rn. 16; Stein/Jonas/*Bork*, 23. Aufl. 2014, ZPO, § 62 Rn. 9.
78 Überzeugend *Lindacher*, JuS 1986, 379, 383.

6. Pflichtversicherung

Nach § 115 I Nr. 1 VVG kann jemand, der beim Betrieb eines Kraftfahrzeugs geschä- **411**
digt wurde, den Schadensersatzanspruch aus §§ 823 ff. BGB, 7 StVG nicht nur gegen
den Fahrzeughalter (und ggf. den davon personenverschiedenen Fahrer), sondern auch
gegen die Haftpflichtversicherung des Halters geltend machen; Halter und Versiche-
rung haften nach § 115 I 4 VVG als Gesamtschuldner.

> **Fall 102:** B biegt mit seinem Auto von einer wartepflichtigen in eine vorfahrtberechtigte
> Straße ein. Dabei übersieht er den herannahenden K, der mit seinem Auto die Vorfahrtstraße
> entlangfährt. K wird zu einem Ausweichmanöver gezwungen und prallt gegen eine Beton-
> mauer; sein Wagen wird erheblich beschädigt. Das Auto des B ist bei der C-AG haftpflicht-
> versichert.

B haftet aus § 823 I BGB und aus § 7 I StVG, C aus § 115 I 1 Nr. 1 VVG, beide als
Gesamtschuldner nach § 115 I 4 VVG. Würde es bei der bloßen Anordnung einer
Gesamtschuld zwischen B und C bleiben, so würde ein Urteil, das K im Einzelprozess
gegen C erstreitet, nach § 425 II a.E. BGB nicht gegen B wirken und umgekehrt.
K hätte damit zwei Chancen, den Anspruch prozessual durchzusetzen. Vor allem
wenn die Klage gegen C gescheitert wäre, bestünde die Gefahr, dass K den Anspruch
nochmals gegen B einzuklagen versucht. Hätte er damit Erfolg, so könnte B seinerseits
aus dem Versicherungsvertrag von C verlangen, ihn gegenüber K von der Haftung
freizustellen. Damit würde C um die Früchte des erfolgreichen Prozesses gebracht: Im
Ergebnis müsste sie doch für den Schaden einstehen.

Um das zu verhindern, ordnet *§ 124 I VVG* an, dass ein Urteil, welches gegenüber C **412**
rechtskräftig feststellt, dass dem K ein Anspruch auf Ersatz seines Schadens nicht
zusteht, auch zugunsten des B wirkt und umgekehrt. Der Wortlaut dieser Vorschrift
spricht stark dafür, dass damit eine Rechtskrafterstreckung angeordnet ist. Der BGH
spricht denn auch im Zusammenhang mit § 124 I VVG von einer Rechtskrafterstreckung[79]. Bei näherem Hinsehen handelt es sich jedoch nur um eine *materiellrechtliche Bindungswirkung*. Würde es sich um eine Rechtskrafterstreckung handeln, so
würde die Abweisung der Klage gegen B immer zugleich auch endgültig den Anspruch gegen C verneinen und umgekehrt. So weit geht indes § 124 I VVG nicht:
- Es kann sein, dass das Versicherungsverhältnis im Zeitpunkt des Schadensfalles
  beendet oder C aus bestimmten Gründen trotz fortbestehenden Versicherungsver-
  hältnisses von der Leistungspflicht frei ist. In sehr begrenztem Umfang kann C sich
  auch gegenüber dem Geschädigten K auf diese Haftungsausschlüsse berufen (im
  Einzelnen § 117 II, III VVG). Wenn die Klage gegen C deswegen abgewiesen wird,
  kann dies natürlich nicht den Anspruch des K gegen B berühren. Dem K muss *insoweit* eine neue Klage möglich sein, ohne dass § 124 I VVG dem entgegensteht.
  Schon deshalb enthält § 124 I VVG keine Rechtskrafterstreckung. **Wichtige Konsequenz**: B und C sind *keine prozessual notwendigen Streitgenossen*[80].

---

79 BGH NJW 2013, 1163 Rn. 14.
80 BGHZ 63, 51, 53 ff.

- Es kann sein, dass B, um den Unfallhergang unstreitig zu stellen, ein *deklaratorisches Schuldanerkenntnis* abgegeben, d. h. seine Ersatzpflicht eingeräumt und auf alle Einwendungen gegen seine Ersatzpflicht verzichtet hat, die er gekannt oder mit denen er zumindest gerechnet hat[81]. Dies Anerkenntnis bindet nach § 425 II BGB nur ihn, nicht die C. Wenn die Klage gegen C abgewiesen wird, ist also noch nicht ausgemacht, ob der Anspruch gegen B nicht gleichwohl wegen jenes Anerkenntnisses zu bejahen ist. § 124 I VVG steht einer auf ein solches Anerkenntnis gestützten Klage nicht entgegen[82] – obwohl das deklaratorische Anerkenntnis anders als das konstitutive (§ 781 BGB) an der Anspruchsgrundlage (§ 823 I BGB, § 7 I StVG) nichts ändert, sondern dem B nur mögliche Einwendungen abschneidet.

413 § 124 I VVG enthält daher nur eine *materiellrechtliche Bindungswirkung*: Infolge der Klagabweisung gegenüber B oder C darf die Feststellung des Ausgangsgerichts, dass die *Tatbestandsvoraussetzungen einer Haftung nach § 823 I BGB oder nach § 7 StVG nicht gegeben sind*, nicht in Frage gestellt werden. Das gilt allerdings gänzlich unabhängig davon, was K im Folgeprozess zum Haftungsgrund noch vorträgt: Wenn die Klage gegen C abgewiesen wurde, weil B nicht am Unfall beteiligt gewesen bzw. seine Wartepflicht nicht verletzt habe, so kann die nachfolgende Klage gegen B selbst dann nicht mehr durchdringen, wenn B nunmehr ein gerichtliches Geständnis ablegt und damit den Sachvortrag des K dem Streit entzieht[83].

7. Rechtskrafterstreckung und rechtliches Gehör

G 414 Wer als Dritter von der Rechtskraft eines Urteils betroffen wird, muss Gelegenheit erhalten, seinen tatsächlichen und rechtlichen Standpunkt zu Gehör des Gerichts zu bringen (Art. 103 I GG). Das Instrument hierzu legt die ZPO in *§ 69 ZPO* nieder: Der Dritte kann dem Rechtsstreit aufseiten einer Partei als Nebenintervenient beitreten und – da er insoweit als Streitgenosse jener Partei angesehen wird – abweichend von § 67 ZPO auch gegen den Willen der unterstützten Partei Prozesshandlungen vornehmen und Rechtsmittel einlegen (sog. *streitgenössische Nebenintervention*).

Fall 103: E hat B zum Erben eingesetzt und T zum Testamentsvollstrecker bestimmt. K verklagt den T auf Erfüllung einer Nachlassverbindlichkeit.

In diesem Rechtsstreit kann B zur Unterstützung des T als Nebenintervenient beitreten (§ 66 ZPO). Soweit die Rechtskraft eines gegen T gerichteten Urteils nach § 327 II ZPO auch gegen B Rechtskraft wirkt, ist B streitgenössischer Nebenintervenient (§ 69 ZPO).

---

81 Vgl. zu dieser Rechtsfolge des deklaratorischen Anerkenntnisses MüKo/*Habersack*, BGB, 6. Aufl. 2013, § 781 Rn. 21.
82 BGH NJW 1982, 996, 997 f.
83 § 288 ZPO; BGH NJW 1982, 996, 997.

IV. Die objektiven Grenzen der Rechtskraft

1. Rechtskraft nur in den Grenzen des Streitgegenstands

Nach § 322 I ZPO sind Urteile nur insoweit der Rechtskraft fähig, als durch sie über **415 G** den Streitgegenstand entschieden wird. Das bedeutet insbesondere, dass Rechtskraft nur in den Grenzen des Klageantrags eintreten kann (zum Problem der Teilklage unten 4.): Das Gericht darf nach § 308 I ZPO nichts zusprechen, was nicht beantragt ist. Es darf aber auch nichts abweisen, was nicht beantragt wurde; der Streit ist seiner Entscheidung außerhalb des Klageantrags generell entzogen, egal wie die Entscheidung in der Sache ausfällt. Wenn aber jenseits des Klageantrags nichts entschieden wird, kann auch nichts in Rechtskraft erwachsen.

Die Rechtskraft kann des Weiteren nur in den Grenzen jenes Lebenssachverhalts zur Geltung kommen, der Gegenstand des Vorprozesses war. Wenn etwa jemand Klage aus eigenem Recht erhoben hat und mit dieser Klage abgewiesen wurde, steht dies einer neuen Klage aus eigenem Recht nicht entgegen[84].

2. Rechtskraft bei klagabweisenden Urteilen

Die Rechtskraft eines *stattgebenden Leistungsurteils* bedeutet: Es steht rechtskräftig **416 G** fest, dass der Beklagte verpflichtet ist, an den Kläger die im Urteil ausgesprochene Leistung zu erbringen. Wenn die Klage *abgewiesen* wird, steht rechtskräftig fest, dass der Beklagte *nicht verpflichtet* ist, die vom Kläger beantragte Leistung zu erbringen. Das klagabweisende Urteil hat somit die gleiche Wirkung wie ein zugunsten des Beklagten ergangenes *negatives Feststellungsurteil*.

3. Rechtskraft und kontradiktorisches Gegenteil

Mit der Feststellung, dass der Beklagte zu einer Leistung an den Kläger verpflichtet **417 G** ist, ist zugleich festgestellt, dass der Kläger nicht verpflichtet ist, diese an den Beklagten zurückzugewähren. Ebenso ist mit der Feststellung, dass ein bestimmtes Rechtsverhältnis zwischen dem Kläger und dem Beklagten besteht, zugleich festgestellt, dass der Beklagte nicht mehr mit der Behauptung eines gegenteiligen Rechtsverhältnisses gehört wird: Die Rechtskraft steht nicht nur einer neuen Klage mit *demselben*, sondern auch einer solchen mit dem *kontradiktorisch gegenteiligen* Antrag entgegen[85].

---

84 BGH NJW 2008, 2922.
85 Zuletzt BGH NJW 2003, 3058, 3059.

G 418 **Fall 104:** V hat unter verlängertem Eigentumsvorbehalt Waren an K geliefert, die K im gewöhnlichen Geschäftsgang an D weiterveräußert hat. K hat bereits geraume Zeit vorher sämtliche Forderungen aus Warenlieferung gegen seine Abnehmer an die G-Bank zur Sicherung eines Investitionskredits abgetreten. Als K mit seinen Verpflichtungen gegenüber V und G in Rückstand gerät, legen beide gegenüber D die Zession offen. D hinterlegt den Kaufpreis unter Verzicht auf Rücknahme beim zuständigen Amtsgericht zugunsten von V und G. V verklagt G auf Einwilligung in die Auszahlung des hinterlegten Betrags an ihn und obsiegt rechtskräftig.
a) Kann G nun ihrerseits den V auf Einwilligung in die Auszahlung des hinterlegten Betrages verklagen?
b) Angenommen, die Hinterlegungsstelle habe den von D hinterlegten Betrag mittlerweile an V ausgekehrt: Kann G jetzt den V verklagen, ihr diesen Betrag auszuzahlen?

Materiellrechtlich ist das Schicksal der Forderung des K gegen D aus § 433 II BGB das folgende:
- K hatte die Forderung zuerst an die G-Bank im Rahmen der Globalzession und erst danach an den Lieferanten V abgetreten (zur Erinnerung: zum verlängerten Eigentumsvorbehalt gehört die Ermächtigung des Käufers durch den Verkäufer, über die Vorbehaltsware im gewöhnlichen Geschäftsgang zu verfügen; im Gegenzug tritt der Käufer bereits mit Abschluss des Kaufvertrags die Forderung aus der Weiterveräußerung an den Verkäufer ab).
- Damit wäre an sich wegen des *Prioritätsprinzips* die Abtretung K an G wirksam; die Abtretung K an V griffe ins Leere.
- Doch verstößt die Abtretung an G gegen § 138 I BGB, weil G keine Rücksicht darauf genommen hat, dass K die Kaufpreisforderung im Rahmen eines branchenüblichen verlängerten Eigentumsvorbehalts zur Besicherung seiner Lieferanten benötigt[86]. Inhaber der Forderung ist damit V geworden.
- Die Forderung ist nach §§ 372, 376 II Nr. 1, 378 BGB dadurch erloschen, dass D die Kaufpreissumme unter Verzicht auf Rücknahme zugunsten von V und G hinterlegt hat.

Dadurch hat V gegen G nach *§ 812 I 1 2. Alt. BGB* einen Anspruch auf Einwilligung in die Auszahlung dieser Summe an V durch die Hinterlegungsstelle erworben. G hat etwas erlangt, nämlich eine sog. *Blockadeposition im Hinterlegungsverfahren*, weil die Auszahlung an V von der Einwilligung derjenigen Personen abhängt, zu deren Gunsten die Hinterlegung erfolgt ist (früher § 13 II Nr. 1 HinterlO, heute die entsprechenden Hinterlegungsgesetze der Bundesländer). Diese Position hat G auf Kosten des V als dem wahren Gläubiger derjenigen Forderung erlangt, auf welche sich die Hinterlegung bezieht. Ein Rechtsgrund, weswegen G die Blockadeposition sollte behalten dürfen, ist nicht ersichtlich. Die erlangte Blockadeposition ist daher an V herauszugeben – indem G in die Auszahlung an V einwilligt. Das Gericht des Vorprozesses hat daher in der Sache richtig entschieden.

G 419 **Prozessual** bedeutet dies, dass die Rechtskraft des Urteils, aufgrund dessen G zur Einwilligung verurteilt wurde, einer Klage des G mit dem Ziel entgegensteht, *festzustellen*, dass er nicht zur Einwilligung in die Auszahlung an V verpflichtet sei; damit

---

86 BGHZ 30, 149, 153.

würde G nämlich die Feststellung des *kontradiktorischen Gegenteils* zum Urteil im Vorprozess begehren. Aber nicht nur dies: Nach Ansicht des BGH[87] hindert die Rechtskraft jenes Urteils auch eine *Leistungsklage* mit dem Ziel, die Verurteilung des V zur Einwilligung in die Auszahlung an ihn zu erzwingen (**Fall 104a**). Der hinterlegte Betrag *kann nur entweder G oder V zustehen*. Wenn im Verhältnis zwischen G und V rechtskräftig festgestellt wurde, dass die Forderung dem V zusteht, so *kann sie nicht dem G zustehen*. Dann kann G auch mit einer darauf gestützten Leistungsklage nicht durchdringen.

Zur Vertiefung: Ganz zweifelsfrei erscheint diese Ansicht des BGH nicht. Die Bedenken zeigen sich, wenn man unterstellt, die Klage des V gegen G sei im Vorprozess *abgewiesen* worden: Dann wäre zwar festgestellt, dass V gegen G keinen Anspruch auf Einwilligung in die Auszahlung des hinterlegten Betrags hat. Vom Standpunkt des BGH aus wäre des Weiteren festgestellt, dass G Inhaber der Forderung ist. Aber damit hätte G noch keinen Vollstreckungstitel gegen V, um die Einwilligung des V zu erzwingen. Es müsste also eine neue Klage des G gegen V schon aus diesem Grunde zugelassen werden. Im Vorprozess wurde darüber befunden, ob *V gegen G* einen Anspruch auf Einwilligung in die Auszahlung hat. Ob *G gegen V* einen Anspruch auf Einwilligung in die Auszahlung hat, wurde dagegen *nicht* entschieden; diese Frage war nicht Streitgegenstand. Dann aber kann die Klage des G gegen V nicht unter Berufung auf das kontradiktorische Gegenteil des Urteils im Vorprozess als unzulässig abgewiesen werden[88].   **420**

Die Grenzen des kontradiktorischen Gegenteils sind freilich sehr eng gefasst. Das zeigt sich an **Fall 104b**: G ist verurteilt worden, in die Auszahlung eines bestimmten Betrags einzuwilligen. Ihm ist damit – als kontradiktorisches Gegenteil – der Anspruch aberkannt worden, seinerseits die Auszahlung des hinterlegten Betrags zu verlangen. *Nicht* aberkannt worden ist ihm aber ein Anspruch auf Zahlung von Geld. Allein darauf richtet sich aber sein Antrag im Folgeprozess. Dass es sich in der Sache um dasselbe Geld handelt, das die Hinterlegungsstelle an V ausbezahlt hat, spielt insoweit keine Rolle: Die Rechtskraft besagt nur, dass *gerade der getroffene Urteilsausspruch* auf *gerade dem streitigen Sachverhalt* nicht mehr in Frage gestellt werden darf. Die rechtliche Begründung des Urteilsausspruchs wird von der Rechtskraft nicht mit umfasst. Von der Zahlung von Geld war im Vorprozess keine Rede. Deshalb ist die Klage des G gegen V im **Fall 104b** ohne Rücksicht auf das rechtskräftige Urteil aus dem Vorprozess zulässig[89].   **421 G**

Fall 105: E hat den K durch Erbvertrag zum Alleinerben unter endgültiger Zuweisung im Einzelnen bestimmter Grundstücke eingesetzt; hinsichtlich der übrigen in seinem Eigentum befindlichen Grundstücke hat er ein Vermächtnis zugunsten des B ausgesetzt. Noch zu Lebzeiten hat er das Grundstück X, das zu den „übrigen" Grundstücken gehört, aufgrund notariellen Schenkungsvertrags an K übertragen. In einem von B angestrengten Vorprozess ist K mit Rücksicht auf das Vermächtnis zur Auflassung dieses Grundstücks an B verurteilt worden und hat diesen Anspruch auch erfüllt. Im Vorprozess hat K die lebzeitige Übertragung des Grundstücks X an ihn nicht vorgetragen. Nunmehr verklagt K den B auf Rückauflassung, weil ihm das Grundstück von E bereits zu Lebzeiten zugewendet worden sei.   **422**

---

87 BGHZ 35, 165, 171.
88 Zutreffend *Jauernig*, FS 50 Jahre BGH, S. 311, 320.
89 BGHZ 35, 165, 169.

Im Vorprozess ist K verurteilt worden, zur Erfüllung des Vermächtnisanspruchs (§ 2174 BGB) das streitige Grundstück an B zu übertragen. Was er nunmehr im Folgeprozess verlangt, ist das kontradiktorische Gegenteil, nämlich die Rückgewähr des Grundstücks an ihn. Einer darauf gerichteten Klage steht die Rechtskraft des Urteils aus dem Vorprozess entgegen[90]. Dem lässt sich auch nicht entgegenhalten, K führe mit der neuen Klage einen neuen Sachverhalt ein, auf den sich das Urteil aus dem Vorprozess nicht erstrecke: K hatte damals die Möglichkeit, sich gegen den Vermächtnisanspruch mit der Begründung zu wehren, das streitige Grundstück befinde sich nicht im Nachlass. Diese Einwendung war Bestandteil des damaligen Sachverhalts, weil B die Zugehörigkeit des Grundstücks zum Nachlass behauptet hatte. Damit hatte B zugleich (implizit) jeden lebzeitigen Erwerb des Grundstücks durch K bestritten; jeglicher mögliche Vorgang, der zu einem solchen lebzeitigen Erwerb durch K hätte führen können, gehört damit zum Streitgegenstand des Vorprozesses[91]. Dass K damals entsprechenden Tatsachenvortrag versäumt hat, geht zu seinen Lasten.

4.   Das Problem der Teilklagen

G 423

Fall 106: K nimmt den B auf Herausgabe seines Fahrrades in Anspruch. Im vorprozessualen Schriftwechsel stellt sich heraus, dass B das Fahrrad bei einem selbstverschuldeten Unfall zu Schrott gefahren hat. K verlangt daher im Wege der Klage Schadensersatz nach § 989 BGB, beschränkt sich aber, was er auch in der Klageschrift deutlich macht, zunächst auf einen Teilbetrag von 500 Euro; insgesamt glaubt er, 1500 Euro als Ersatz beanspruchen zu können.
a) Die Klage hat in Höhe von 500 Euro Erfolg.
b) Wie **Fall a)**; K hat nicht offengelegt, dass er behauptet, in Wahrheit mehr beanspruchen zu können.
c) Die Klage wird abgewiesen.
d) Wie **Fall c)**; K hat nicht offengelegt, dass er behauptet, in Wahrheit mehr beanspruchen zu können.
Kann K jetzt noch die restlichen 1000 Euro fordern?

a)   Erfolgreiche offene Teilklage

In **Fall 106a** ist die Zulässigkeit einer weiteren, auf Zahlung von 1000 Euro gerichteten Klage ohne weiteres zu bejahen[92]. K hat nur 500 Euro eingeklagt. Nur insoweit ist das Urteil der Rechtskraft und der Vollstreckung fähig. K hat ein schutzwürdiges Interesse daran, sich über den Rest (soweit er ihn tatsächlich beanspruchen kann) ebenfalls einen Titel zu verschaffen. Andererseits kann man dem K nicht zumuten, auf erhöhtes Kostenrisiko sofort den gesamten Anspruch geltend machen zu müssen. Teilklagen sind zulässig; hierauf ergehende Urteile entfalten nur im Umfang des Urteilsspruchs Bindungswirkung.

Das Verhalten des Klägers, der einen Anspruch geltend macht und zugesprochen erhält, aber meint, noch mehr beanspruchen zu können, kann freilich im Einzelfall erge-

---

90 BGH NJW 1995, 967, 968.
91 Im Ergebnis ebenso *Zeuner*, FS 50 Jahre BGH, 2000, S. 337, 347.
92 BGH NJW 1979, 720.

ben, dass der Kläger auf die Mehrforderung im Vorprozess *verzichtet* hat. So lag es in BGH NJW 1979, 720: Der Kläger hatte im Vorprozess vorgetragen, er könne „mindestens" 9 % Zinsen beanspruchen, und er „begnüge" sich mit 9 %. Darin sah der BGH einen Verzicht auf evtl. Mehrzinsen und wies die zweite Klage ab.

b) Erfolgreiche verdeckte Teilklage

aa) Die Ansicht des BGH

Fall 106b unterscheidet sich von **Fall 106a** dadurch, dass K im Vorprozess nicht klar **424** zum Ausdruck gebracht hat, sich eine Nachforderung in einem späteren Prozess vorbehalten zu wollen. Dieser Umstand hat indes nach Ansicht des **BGH**[93] keinen Einfluss auf den Erfolg der Klage: Die Rechtskraft beschränke sich abermals auf den eingeklagten Teil der Forderung, woran auch der fehlende Nachforderungsvorbehalt nichts ändern könne; aus *prozessualen* Gründen könne die Klage daher nicht abgewiesen werden. Aber auch aus *materiellrechtlichen* Gründen stehe dem Erfolg der Klage der fehlende Vorbehalt nicht entgegen: Der Beklagte dürfe die Begrenzung der Klagesumme im Vorprozess nicht als Erlass einer etwaigen Restforderung verstehen. Das soll selbst dann gelten, wenn der Kläger im Vorprozess die Klage teilweise *zurückgenommen* hatte[94].

bb) Die Benachteiligung des Beklagten durch die Zulassung der nicht vorbehaltenen Nachforderung

In beidem hat der **BGH** Recht[95], und zwar selbst für den zuletzt angesprochenen Fall **425** der Teilrücknahme der Klage im Vorprozess: Der Wortlaut des § 322 I ZPO spricht, was den Umfang der Rechtskraft anbelangt, eine eindeutige Sprache. Hinzu kommt ein *Vergleich mit § 322 II ZPO*: Nach dieser Vorschrift ist im Falle der Prozessaufrechnung die Feststellung des Gerichts, dass die Aufrechnungsforderung *nicht besteht*, der Rechtskraft fähig – aber *nur bis zur Höhe der Klageforderung*. Wenn also der Beklagte antragsgemäß zur Zahlung von 10 000 Euro verurteilt wird, weil das Gericht die zur Aufrechnung gestellte Gegenforderung von 15 000 Euro als nicht bestehend gewürdigt hat, ist dem Beklagten gleichwohl nur der Teilbetrag von 10 000 Euro aberkannt und nicht etwa die gesamte Gegenforderung[96]. Dann aber kann für die *Klageforderung* nichts anderes gelten: Wird sie abgewiesen, so ist sie nur in der beantragten Höhe aberkannt, nicht aber darüber hinaus.

Und dennoch ist die Zulassung des zweiten Prozesses nicht unproblematisch. Denn **426** indem der Kläger dem Beklagten nicht offen legt, dass u. U. noch eine Nachforderung droht, beschneidet er die Rechtsverfolgung des Beklagten[97]:

---

93 BGH NJW 1997, 1990; NJW 2002, 3769.
94 BGH NJW 1997, 3019.
95 Aus der Literatur zuletzt *Brötel*, JuS 2003, 429, 432 f.; *Eckardt*, Jura 1996, 524, 627; *Musielak*, FS Schumann, 2001, 295 ff.; *Zeuner*, FS 50 Jahre BGH, 2000, S. 337, 348 f.; vgl. zu den abweichenden Positionen in der Literatur *Marburger*, GS Knobbe-Keuk, 1997, S. 187, 188 ff.
96 Zutreffend *Zeuner*, FS 50 Jahre BGH, S. 350 f.
97 Zum Folgenden *Marburger*, GS Knobbe-Keuk, 1997, S. 187, 193 f.

- Er nimmt ihm die Chance, dafür zu sorgen, dass der Rechtsstreit in einem Prozess beendet wird. Wüsste der Beklagte nämlich, dass der Kläger sich die Nachforderung vorbehält, so könnte er eine (negative) *Feststellungsklage* des Inhalts erheben, dass dem Kläger aus dem der Klage zugrunde liegenden Rechtsverhältnis keine Ansprüche mehr zustehen. Indem ihm diese Möglichkeit verbaut wird, wird das Gebot der *prozessualen Waffengleichheit* verletzt (Art. 3 I GG): Der Kläger kann nach Belieben entscheiden, ob er gleich den gesamten Betrag geltend macht und damit die Angelegenheit ein für alle Mal klärt oder lieber einen Teil einklagt und sein Kostenrisiko beschränkt. Wenn aber der Kläger die Möglichkeit hat, die Entscheidung in einem Prozess zu erzwingen, muss sie auch der Beklagte haben.
- Er bürdet dem Beklagten ein erhöhtes Kostenrisiko auf. Denn die Gerichts- und Anwaltsgebühren steigen nicht direkt proportional zur Erhöhung des Streitwerts, also nicht *linear*, sondern *degressiv* an: Einen Prozess über 200 000 Euro zu führen kostet weniger als 2 Prozesse über je 100 000 Euro. Der Beklagte muss die Möglichkeit haben, sein Kostenrisiko entsprechend zu kalkulieren. Ihm muss die Möglichkeit gegeben werden, mittels einer negativen Feststellungsklage die Entscheidung des gesamten Rechtsstreits in *einem* Prozess zu erzwingen, der ihn, *wenn* er insgesamt unterliegt, immer noch billiger kommt als zwei Prozesse über zwei Teilbeträge: Der Streitwert der negativen Feststellungsklage richtet sich nach der Höhe des gesamten Anspruchs des Klägers, dessen Nichtbestehen der Beklagte festgestellt haben will (h. M.[98]). Der Beklagte kann also, wenn ihm die Nachforderung in Aussicht gestellt wird, in unserem Beispiel eine negative Feststellungsklage mit dem Streitwert von 200 000 Euro erheben und muss sich nicht auf zwei Prozesse über 100 000 Euro einlassen. Diese Möglichkeit wird ihm verbaut, wenn der Kläger sich die Nachforderung nicht vorbehält.

427 *Marburger* will den Beklagten vor diesen Unzuträglichkeiten schützen, indem er *§ 767 III ZPO analog* anwendet: Der Kläger ist mit der Nachforderung ausgeschlossen, soweit er es *schuldhaft versäumt hat, sich im Vorprozess die Nachforderung in einem späteren Rechtsstreit vorzubehalten*[99].

cc) Prozessuale Fairnesspflichten

428 Ich selbst halte den Ansatz für richtig, die Verortung in einer Analogie zu § 767 III ZPO aber für fragwürdig: Diese Vorschrift soll die Wirkungen der Rechtskraft begrenzen. Um deren Grenzen geht es aber, wie *Marburger* selbst richtig sieht[100], nicht: Rechtskraft wirkt das Urteil im Vorprozess nur im Umfang des eingeklagten Betrags. Außerdem knüpft § 767 III ZPO an eine prozessuale Obliegenheit an, die sich aus dem Ziel der Rechtskraft zwanglos erklären lässt: Ebenso wie der Schuldner bei der ersten Vollstreckungsabwehrklage mit Einwendungen ausgeschlossen ist, die er zum Zeitpunkt der letzten mündlichen Tatsachenverhandlung im Erstprozess hätte vorbringen können, ist er bei der zweiten Vollstreckungsabwehrklage mit allen Einwendungen ausgeschlossen, die er bei der ersten Abwehrklage hätte vorbringen können. Eine

---

98 Vgl. Zöller/*Herget*, ZPO, 31. Aufl. 2016, § 3 Rn. 16 bei „Feststellungsklagen" mwN.
99 *Marburger*, GS Knobbe-Keuk, 1997, S. 187, 197 ff.
100 *Marburger*, GS Knobbe-Keuk, 1997, S. 187, 192 f.

vergleichbare prozessuale Obliegenheit kann § 767 III ZPO für den Fall der *Nachforderung* nicht statuieren; sie muss vielmehr eigenständig begründet werden.

Eben hier liegt aber m. E. der Schlüssel zur Lösung des Problems. Wenn es richtig ist, **429** dass der **Nachforderungsvorbehalt** ein **Gebot der prozessualen Fairness** ist und letztlich der Grundsatz der prozessualen *Waffengleichheit* nach ihm verlangt, so folgt aus dem *Prozessrechtsverhältnis* als einer *Sonderverbindung* zwischen Kläger und Beklagtem die **Verpflichtung des Klägers**, **Nachforderungen**, die sich schon vor Beginn oder zumindest während des Vorprozesses absehen lassen, bereits in diesem Zeitpunkt durch einen entsprechenden Vorbehalt **anzukündigen**, damit der Beklagte entscheiden kann, ob er die negative Feststellungsklage erheben will oder nicht. Versäumt der Kläger es schuldhaft, sich die Nachforderung vorzubehalten, so ist er aus *§ 280 I BGB* (Prozessrechtsverhältnis als Sonderverbindung, siehe soeben) zum Schadensersatz verpflichtet. Dieser besteht nach § 249 S. 1 BGB darin, den Beklagten so zu stellen, wie wenn er sich die Nachforderung vorbehalten hätte. Kann der Beklagte den Nachweis führen, dass er in diesem Fall die negative Feststellungsklage zur endgültigen abschließenden Klärung des Streitstoffs erhoben hätte, so hätte er einen zweiten Prozess nicht mehr über sich ergehen zu lassen brauchen. Der Kläger muss ihn also so stellen, als wäre über das zugrunde liegende Rechtsverhältnis nur ein Rechtsstreit geführt worden.

Dies bedeutet im Falle der **erfolglosen** verdeckten Teilklage, dass die **neue Klage** **430** **unzulässig** ist: Hätte der Beklagte mit der Nachforderung gerechnet, so hätte er die Chance gehabt, negative Feststellungswiderklage zu erheben, und wäre mit dieser Klage auch erfolgreich gewesen: Das Gericht hatte schließlich das gänzliche Nichtbestehen des Anspruchs festgestellt, der mit der ursprünglichen Klage geltend gemacht worden war. Im Falle einer **erfolgreichen** verdeckten Teilklage ist dagegen dem Kläger ein zweiter Prozess *nicht* gänzlich verschlossen. Hätte nämlich der Beklagte im Vorprozess die negative Feststellungsklage erhoben, wäre aber das Gericht zu der Ansicht gelangt, dass dem Kläger mehr als der erhobene Betrag zusteht, so hätte der Beklagte ohne weiteres mit einer Nachforderung rechnen müssen. In jedem Fall wäre aber den Beklagten die Erledigung der gesamten Klageforderung in einem Betrag *billiger* gekommen als nun, da er zwei Prozesse über zwei Teilbeträge führen muss – eben weil mit steigendem Streitwert die Gebühren nicht linear, sondern degressiv ansteigen. Der Kläger hat ihm daher gemäß § 280 I BGB *auf jeden Fall, selbst wenn er in vollem Umfang obsiegen sollte*, den entgangenen **Degressionsvorteil zu ersetzen**, d. h. diejenigen Kosten zu erstatten, die B erspart hätte, wenn er im Vorprozess mit der möglichen Nachforderung gerechnet und deshalb die negative Feststellungsklage erhoben hätte. Mit diesem Anspruch kann B gegen die Klageforderung *aufrechnen* oder ihretwegen *Widerklage* erheben, da er sich anhand eines Blicks in die einschlägigen Kostentabellen *bereits jetzt beziffern lässt*. Damit ist in **Fall 106b** die Klage des K zwar zulässig; sie ist aber, falls der Beklagte mit seinem Ersatzanspruch aufrechnet, *jedenfalls* als teilweise unbegründet abzuweisen, weil der Beklagte auf jeden Fall den genannten Teil der Kosten erstattet bekommt. Erweist sich *daneben* auch noch die Nachforderung des Klägers als ganz oder teilweise unbegründet, so ist sie selbstverständlich auch insoweit als unbegründet abzuweisen.

431 Man wende gegen diesen Lösungsansatz nicht ein, der Beklagte könne den Kläger zu einer verbindlichen Stellungnahme auffordern, ob mit Nachforderungen zu rechnen sei, und, wenn eine solche Stellungnahme ausbleibe, vorsorglich negative Feststellungsklage erheben, dass er auch über den vom Kläger verlangten Betrag hinaus nichts schulde (so aber *Zeuner*[101] gegen den oben referierten Ansatz von *Marburger*[102]). Der Fehler dieser Überlegung liegt darin, dass sie dem Beklagten eine Klage aufbürdet, die möglicherweise zur Abwehr von Nachforderungen gar nicht erforderlich ist – eben weil der Kläger tatsächlich seiner Meinung nach den vollen Betrag verlangt. Es erhöhen sich dann unnötig Streitwert und Ermittlungsaufwand für das Gericht. **Es ist nicht die Obliegenheit des Beklagten, die prozessuale Fairness des Klägers einzufordern, sondern Pflicht des Klägers, sie von sich aus zu leisten.**

dd) Sonderfälle

432 In den nachfolgenden Fallgruppen ist die **Nachforderung nach verdeckter Teilklage** im ersten Prozess auch nach Ansicht des BGH **ausgeschlossen**, und zwar selbst dann, wenn das Urteil im ersten Prozess dem Klageantrag voll entsprochen hat. Freilich dürften sich diese Fallgruppen nicht mit der Figur des konkludenten Erlasses einer Restforderung erklären lassen; vielmehr dürften hier eher prozessuale Überlegungen ausschlaggebend sein:

433 (1) So liegt es zum einen bei **Schmerzensgeldklagen**: Hier darf der Kläger sich nach Ansicht des BGH auf die Angabe einer Größenordnung beschränken (vgl. § 5 I 2 b). Der Streitgegenstand wird damit entscheidend geprägt vom zur Anspruchsbegründung vorgetragenen Verletzungstatbestand. Das Schmerzensgeld wird unter Würdigung aller Umstände des Einzelfalls ausgeworfen (sog. Grundsatz der Einheitlichkeit des Schmerzensgeldes). Diese erschöpfende Behandlung des Schmerzensgeldes schließt Nachforderungen in einem Folgeprozess aus[103]. Dem liegt die Überlegung zugrunde, dass die Komponenten, anhand derer sich das Schmerzensgeld bemisst, nicht voneinander isolieren lassen und daher die Gefahr besteht, dass ein und derselbe Umstand mehrfach und damit insgesamt über Gebühr schmerzensgelderhöhend berücksichtigt wird. Die Rechtskraft des ersten Urteils wäre hier in der Tat in Frage gestellt, wenn man die zweite Klage zuließe; denn das Gericht, das über die zweite Klage entscheidet, müsste, um auszumessen, welcher Betrag über den bereits zugesprochenen hinaus angemessen ist, die Umstände des Falles nochmals *insgesamt* würdigen, auch soweit dies schon durch das Gericht des Vorprozesses geschehen ist. Damit würde in der Sache tatsächlich nochmals der gesamte Fall aufgerollt. Hier ist es daher in der Tat erlaubt, die *Rechtskraft des ersten Urteils auf den gesamten, also auch den im ersten Prozess nicht eingeklagten Betrag* zu erstrecken. Dem entspricht auch die neueste Rechtsprechung des BGH zum *Streitgegenstand der Schmerzensgeldklage*: Da die im Klageantrag angegebene Größenordnung keine Obergrenze für das gerichtlich aufgeworfene Schmerzensgeld bildet, der Richter also befugt ist, beliebig über jene

---

101 *Zeuner*, FS 50 Jahre BGH, S. 337, 349.
102 *Marburger*, GS Knobbe-Keuk, 1997, S. 187, 192 f.
103 BGH NJW 1988, 2300; BGH NJW 1997, 3019; BGH NJW 2015, 1252 Rn. 8.

Größenordnung hinauszugehen, ist Streitgegenstand der Schmerzensgeldklage von vornherein der gesamte Schmerzensgeldanspruch ohne Rücksicht auf jene Größenordnung[104]. Konsequent erfasst auch die Rechtskraft des Urteils den gesamten Schmerzensgeldanspruch. Abweichendes gilt nur, wenn mit der neuen Schmerzensgeldklage *neue, im Vorprozess weder entstandene noch vorhersehbare Verletzungsfolgen* geltend gemacht werden: Sie konnten ersichtlich weder in der Klage noch im Urteil berücksichtigt werden[105]. Konsequent kann sich auch die Rechtskraft des früheren Urteils nicht auf sie erstrecken; sie begründen einen *völlig neuen, materiell- und prozessrechtlich selbstständigen Schmerzensgeldanspruch*[106].

Auch hier ist aber Vorsicht geboten: Der Ausschluss der Nachforderung beschränkt sich auf den Sachverhalt, dessentwegen das Schmerzensgeld im Erstprozess gefordert wurde. Und daran fehlt es bereits dann, wenn aufgrund ein und desselben Schadensereignisses zwei Schadensfolgen eingetreten sind und im ersten Prozess ein Schmerzensgeld wegen der einen, im zweiten Prozess ein Schmerzensgeld wegen der anderen begehrt wird: So war in BGH NJW 1998, 1786 im ersten Prozess ein Schmerzensgeld wegen eines Schleudertraumas begehrt worden; das hinderte nach Ansicht des BGH den Kläger nicht, in einem zweiten Prozess ein Schmerzensgeld wegen einer beim selben Unfall erlittenen Psychose zu verlangen[107]. **434**

Für den Schmerzensgeldkläger besteht nach dem soeben Gesagten die Gefahr, dass er zu einem späteren Zeitpunkt weitere immaterielle Schäden erleidet und das Gericht eine Nachforderung auf das Schmerzensgeld mit Rücksicht auf die Rechtskraft des Urteils im Vorprozess abweist. Will er dagegen Vorsorge treffen, so mag er eine *offene Teilklage* in dem Sinne erheben, dass er Schmerzensgeld nur wegen der bereits gegenwärtig spürbaren immateriellen Schäden begehrt. Dann wird das Gericht mögliche Folgeschäden aus der Berechnung des Schmerzensgeldes ausblenden[108].

(2) So liegt es zum anderen bei Klagen auf **künftige wiederkehrende Leistung** (wichtigster Fall: **Unterhaltsklagen/-anträge**!): Wer sich eine Nachforderung nicht vorbehält, bekommt so lange nur das, was im Urteil steht, bis er eine Veränderung der die Leistungspflicht begründenden Umstände dartut und darauf gestützt nach § 323 ZPO *Abänderungsklage* bzw. nach § 238 FamFG Abänderungsantrag erheben kann[109]. Das Gericht soll dann freilich nach Ansicht des BGH befugt und verpflichtet sein, das ursprüngliche Urteil nicht nur insoweit abzuändern, als sich seit dem Vorprozess tatsächlich eine Veränderung in den die Leistungspflicht begründenden Umständen ergeben hat, sondern, soweit der Klageantrag reicht, auch darüber hinaus. **435**

Beispiel: F macht gegen M 700 Euro monatlichen Unterhalt geltend; sie meint aber, ihr stünden an sich 800 Euro zu. Nach 1 Jahr stellt sie den Antrag, den ursprünglichen Beschluss dahin abzuändern, dass M fortan 1000 Euro zahlen muss; zur Begründung trägt sie einen zwischenzeitlich

---

104 BGH NJW 2002, 3769 f.
105 BGH NJW 2004, 1243, 1244.
106 *Jauernig*, FS 50 Jahre BGH, S. 311, 330.
107 Vgl. aber BGH NJW 2004, 1243, 1244: Schmerzensgeld kann nicht in Teilbeträge wegen einzelner Verletzungsfolgen aufgespalten werden.
108 *Bussmann*, MDR 2007, 446, 447 f.; siehe auch noch unten e) bei Rn. 441 ff.
109 BGH NJW 1984, 1458, 1459.

eingetretenen Mehrbedarf von 200 Euro vor. Kommt das Gericht zu der Überzeugung, der Bedarf der F sei tatsächlich in dieser Höhe gestiegen, so muss es den ursprünglichen Beschluss (§ 38 FamFG) nicht nur um 200 auf 900 Euro erhöhen, sondern, wenn es merkt, dass der F bereits ursprünglich 800 Euro zugestanden hätten, um 300 auf 1000 Euro. Die Veränderung der tatsächlichen Grenze ist mithin nur *Anlass*, nicht aber höhenmäßige *Begrenzung* der Abänderungsbefugnis des Gerichts[110].

c) Erfolglose offene Teilklage

G 436 Der Grundsatz, dass die Rechtskraft nur den eingeklagten Teil der Forderung erfasst, gilt nicht nur für den Erfolg, sondern auch den Misserfolg der ersten Teilklage (**Fall 106c**). So beschränkt sich nach Ansicht des **BGH** auch bei *Abweisung* der Teilklage die Rechtskraft auf den eingeklagten Betrag[111], steht also einem erneuten Versuch des K, die bisher nicht erhobene Restforderung einzuklagen, nicht entgegen.

G 437 Bereits an diesem Punkt regt sich freilich beachtliche Kritik im **Schrifttum**[112]: Allerdings sei nicht zu bestreiten, dass das Gericht nur über den eingeklagten Teilbetrag entschieden habe. Eine neue Klage, mit deren Hilfe der Kläger eine Mehrforderung durchzusetzen trachte, sei daher *nicht* wegen anderweitiger rechtskräftiger Entscheidung in derselben Sache *unzulässig. Wohl aber* sei die neue Klage *unbegründet*: Das Gericht habe im Vorprozess entschieden, dass dem Kläger nichts zustehe. An diese Feststellung sei auch das Gericht im neuen Prozess gebunden; das folge aus der *Präjudizialitätswirkung* der Rechtskraft[113]. Noch weitergehend wird von anderer Seite vorgetragen: Wenn eine (sei es offene, sei es verdeckte) Teilklage ganz oder teilweise abgewiesen wird, zwangsläufig über die gesamte Forderung entschieden; die Rechtskraft erfasse konsequent ebenfalls die gesamte Forderung. Der Kläger stelle die gesamte Forderung so lange zur Entscheidung des Gerichts, bis ihm ein seinem Klageantrag entsprechender Betrag zugesprochen werde. Die Überlegungen des Gerichts bei vollständiger oder teilweiser Klagabweisung unterschieden sich bei der Teilklage nicht von denen bei einer Klage, die von vornherein auf die gesamte Forderung gerichtet sei[114]. Die Konsequenz dieser Ansicht besteht darin, dass die Nachforderungsklage sogar als *unzulässig* abzuweisen ist. Die Argumentation beider Ansichten ist dogmatisch von bestechender Schärfe, überzeugt aber in der Wertung nicht. Wenn der Beklagte sichergehen will, dass dem Kläger die gesamte Forderung aberkannt wird, muss er negative Feststellungsklage erheben. Diese Klage verhilft ihm zu einem Urteil, das ihm endgültig Sicherheit über das Bestehen oder Nichtbestehen der Forderung verschafft. Sie ist aber mit einem entsprechenden Kostenrisiko verbunden; denn der Streitwert der negativen Feststellungsklage richtet sich nach dem vollen Forderungsbetrag. Die soeben referierte Ansicht gibt dem Beklagten nun eben diesen Vorteil, ohne ihm das korrespondierende Risiko aufzubürden: Wenn jede weitere Klage

---

110 BGH NJW 1984, 1458 f.
111 BGH NJW 1985, 2825, 2826.
112 Zum Folgenden *Musielak*, FS Schumann, S. 295, 301 ff.
113 *Musielak*, FS Schumann, S. 295, 305. Gleiches soll konsequent für die erfolglose verdeckte Teilklage gelten (aaO. S. 307).
114 *Braun*, Lehrbuch des Zivilprozeßrechts, 2014, S. 476 ff. (für die offene Teilklage), 480 (für die verdeckte Teilklage).

wegen präjudizieller Wirkung des Urteils im Vorprozess abgewiesen werden muss, hält der Beklagte der Sache nach das Ergebnis eines erfolgreichen negativen Feststellungsprozesses über die gesamte Klagesumme in der Hand – und zwar *ohne* dass er ein entsprechendes Kostenrisiko auf sich genommen hätte.

d) Erfolglose verdeckte Teilklage

aa) Das Problem: Die negative Feststellungswirkung des klagabweisenden Urteils

Nicht anders ist es nach Ansicht des BGH[115] auch in **Fall 106d**; die Rechtskraft des Urteils wirke nicht deshalb über die beantragte Summe hinaus, weil K sich keine Nachforderung vorbehalten, sondern den Eindruck erweckt habe, mit seinem Antrag die gesamte ihm zustehende Forderung geltend zu machen (sog. „verdeckte Teilklage"; demgegenüber ist **Fall 106c** ein Fall der „offenen Teilklage"). Das ist nicht ganz unproblematisch: Wird eine Klage rechtskräftig abgewiesen, so ist rechtskräftig festgestellt, dass dem Kläger aus dem festgestellten Sachverhalt keine Ansprüche gegen den Beklagten zustehen. Könnte der Beklagte in einem Folgeprozess einen weiteren Betrag einklagen mit der Begründung, er habe seinen Anspruch ursprünglich wesentlich höher beziffert, und könnte der Beklagte auf diese neue Klage hin verurteilt werden, so widerspräche dieses Urteil dem ursprünglichen klagabweisenden Urteil, in dem ja gerade das Nichtbestehen jeglicher Ansprüche festgestellt worden war. Gerade bei der verdeckten Teilklage könnte der Kläger auf diesem Wege ein rechtskräftig abgeschlossenes Verfahren unbegrenzt wieder aufgreifen, indem er bei Erhebung der neuen Klage behauptet, er habe nicht alles gefordert, was er glaubt beanspruchen zu können. Dies Verfahren könnte sich sogar mehrmals fortsetzen: Der Kläger verlangt erst 3000 Euro; als er abgewiesen wird, verlangt er nochmals 3000 Euro mit der Begründung, er habe ursprünglich 6000 Euro zu beanspruchen gehabt; nach erneuter Abweisung begehrt er erneut 3000 Euro mit der Begründung, auch im zweiten Prozess habe er noch nicht alles gefordert, was ihm zustehe.

Diese Unzuträglichkeiten haben zu dem Vorschlag geführt, die Rechtskraft der Klagabweisung für den *gesamten* Anspruch wirken zu lassen[116]: Wenn die (Teil-)Abweisung der ersten Klage das Nichtbestehen sämtlicher Ansprüche über den eingeklagten Betrag hinaus festgestellt habe, dürfe sich das Urteil im zweiten Prozess nicht hierüber hinwegsetzen. Diese Argumentation ist dogmatisch wohl durchdacht; gleichwohl ist sie nicht bedenkenfrei: *Wenn* sie nämlich richtig ist, so fragt sich, weshalb man bei der (ganzen oder teilweisen) Abweisung einer *offenen Teilklage* anders entscheidet. Denn der Einwand, dass eine Verurteilung im zweiten Prozess dem klagabweisenden Urteil aus dem zweiten Prozess widerspräche, trifft auch dort zu: Wenn in **Fall 106c** das Gericht festgestellt hat, dass dem K noch nicht einmal die beantragten 500 Euro zustehen, wie sollen ihm dann die im zweiten Prozess begehrten 1500 Euro aus dem-

438

439

---

115 BGH NJW 1985, 2825, 2826; zustimmend *Brötel*, JuS 2003, 429, 433; *Eckardt*, Jura 1996, 624, 630 f.; *Friedrich*, Probleme der Teilklage, 1995, S. 88 f.

116 Vgl. *Jauernig*, FS 50 Jahre BGH, S. 311, 333 ff.; *Schulte*, Zur Rechtskrafterstreckung bei Teilklagen, 1999, S. 86 f.

selben Sachverhalt zustehen? Wenn man der Problematik mit Überlegungen zum Umfang der *Rechtskraft* gerecht werden will, kann die Entscheidung nur in beiden Fällen gleich lauten. So fehlt es denn auch nicht an Stimmen, die auch bei der erfolglosen *offenen* Teilklage die Rechtskraft auf den *gesamten* Anspruch erstrecken wollen[117].

bb) Nochmals: Prozessuale Fairnesspflichten

440 Will man gleichwohl auf dem Boden der sub b) referierten Argumentation den Umfang der Rechtskraft bei Abweisung einer verdeckten Teilklage anders bestimmen als bei Abweisung einer offenen, so muss man nach Überlegungen suchen, die über die rein dogmatische Abgrenzung des Rechtskraftumfangs hinausweisen. Und in der Tat könnte man bei Abweisung einer *offenen* Teilklage die Begrenzung der Rechtskraft auf den eingeklagten Betrag damit rechtfertigen, dass der Beklagte hier wusste, woran er war, dass er also insbesondere noch einen Folgeprozess zu befürchten hatte. Unter diesen Umständen hatte er zwei Möglichkeiten: Entweder er erhebt die negative Feststellungsklage des Inhalts, dass dem Kläger aus dem anspruchsbegründenden Rechtsverhältnis keinerlei Ansprüche zustehen, und erzwingt damit die Streitentscheidung in einem Prozess; oder er belässt es bei einem einfachen Antrag auf Klagabweisung und billigt damit Willen des Klägers, das Prozesskostenrisiko und den Rechtskraftumfang auf den eingeklagten Betrag (hier: 500 Euro) zu beschränken. Diese Überlegungen haben aber mit dem Umfang der Rechtskraft, den zu bestimmen sie gedacht sind, nichts mehr zu tun. Vielmehr entsprechen sie exakt den Überlegungen, die oben b) im Zusammenhang mit der *erfolgreichen* verdeckten Teilklage angestellt wurden. Freilich ist die Rechtsfolge der Verletzung von Fairnesspflichten bei der *erfolglosen* verdeckten Teilklage eine andere als bei der erfolgreichen: Hätte der Beklagte im Vorprozess Kenntnis von der eventuellen Nachforderung gehabt und hätte er die negative Feststellungsklage erhoben, so wäre der Anspruch dem Kläger bereits im Vorprozess komplett aberkannt worden. Einer neuen Klage stünde dann in der Tat der Einwand anderweitiger rechtskräftiger Entscheidung entgegen; jene Klage wäre also unzulässig. Damit ist der Kläger in der Tat aus § 280 I BGB verpflichtet, die Nachforderungsklage zu unterlassen. Diese Verpflichtung kann der Beklagte dem Kläger im Wege der allgemeinen Arglisteinrede (§ 242 BGB) entgegenhalten. Die zweite Klage ist mithin als unzulässig zurückzuweisen. Damit erweist sich, dass die oben b) angestellten Überlegungen auch für die *erfolglose* verdeckte Teilklage zur richtigen Lösung führen: Nicht die Grenzen der Rechtskraft führen zum Ausschluss der Nachforderung im Folgeprozess; vielmehr ist der Kläger mit seiner Nachforderung deshalb ausgeschlossen, weil er seine Pflicht, den Beklagten auf eine mögliche Nachforderung einzustellen und ihm die Möglichkeit der negativen Feststellungsklage zu eröffnen, (schuldhaft) verletzt hat[118].

---

117 Z. B. Leipold, FS Zeuner, 1994, S. 431, 439 ff.
118 Im Ergebnis ebenso, aber unter Zugrundelegung der hier abgelehnten Analogie zu § 767 III ZPO, *Marburger*, GS Knobbe-Keuk, S. 187, 199.

e) Die offene Teilklage auf Schmerzensgeld

Schwierigkeiten bereitet die Rechtskraft selbst bei offenen Teilklagen dann, wenn **441** über den Anspruch seiner Art nach nur einheitlich entschieden werden kann. So liegt es namentlich bei **Schmerzensgeldklagen**. Denn insoweit gilt, wie bereits gezeigt (soeben b dd) nach der Rechtsprechung der sog. Grundsatz der *Einheitlichkeit des Schmerzensgeldes*: Das Gericht spricht dem Geschädigten unter umfassender Würdigung der Umstände des Einzelfalls eine billigem Ermessen entsprechende Geldsumme zu. Selbst vorhersehbare Spätfolgen aus dem Schadensereignis fließen in die Bemessung des Schmerzensgeldes ein[119]. Daraus folgt zunächst, dass die Aufteilung des Schmerzensgeldes in Teilbeträge unzulässig ist:

> **Fall 107:** K wird von B grundlos angegriffen und krankenhausreif geschlagen. Er hält ein Schmerzensgeld von 10 000 Euro für angemessen und klagt einen „Teilbetrag" von 5000 Euro ein.

Eine so gestaltete offene Teilklage ist unzulässig[120]. Denn sie schneidet dem Gericht **442** die Möglichkeit ab, mit Rechtskraftbindung für beide Parteien zu entscheiden, welches Schmerzensgeld denn tatsächlich angemessen ist: Kommt es z. B. zum Ergebnis, dass K 8000 Euro beanspruchen kann, so kann es wegen § 308 I ZPO gleichwohl nur 5000 Euro zusprechen. Über den Rest müsste in einem Folgeprozess entschieden werden, für den sämtliche Umstände des Einzelfalls erneut aufgerollt werden müssten. Im Folgeprozess könnte das Gericht nach Würdigung dieser Umstände durchaus ein höheres oder ein niedrigeres Schmerzensgeld für angemessen halten. Genau diese Folge soll durch den Grundsatz der Einheitlichkeit des Schmerzensgeldes vermieden werden. K hat auch kein schutzwürdiges Interesse an einer offenen Teilklage: Verlangt er Schmerzensgeld *in einer Größenordnung* von 5000 Euro, so kann das Gericht ohne Beschränkung nach oben den von ihm für richtig gehaltenen Betrag zusprechen[121]. Das Gericht wird daher die Klage des K im **Fall 107** als unzulässig abweisen: Ein Anspruch, der nicht teilbar ist, kann eben nicht teilweise geltend gemacht werden.

Schutzwürdig ist der Geschädigte freilich in anderer Hinsicht: Er kann niemals sicher beurteilen, ob aus dem Schadensereignis noch Spätfolgen resultieren und wie diese seine persönliche Lebensqualität beeinträchtigen werden.

> **Fall 108:** Nehmen Sie im **Fall 107** an, K hat sich bei der Schlägerei das Becken gebrochen und kann noch nicht absehen, ob dadurch auf die Dauer Haltungsschäden entstehen werden und wie gravierend diese ausfallen können.

Der Grundsatz der Einheitlichkeit des Schmerzensgeldes würde dem Gericht hier eine **443** Prognose abverlangen: Das Gericht müsste schätzen, mit welchen Spätfolgen zu rechnen ist, und diese Folgen in die Bemessung des Schmerzensgeldes einfließen lassen. Das kann für den Geschädigten zu gravierenden Härten führen, wenn sich später

---

119 BGH NJW 1995, 1614.
120 Zutreffend *Kannowski*, ZZP 119 (2006), 63, 73 f.
121 Näher oben § 5 I 2 b Rn. 176 ff.

schwerere Folgeschäden zeigen als ursprünglich angenommen. Aus dieser misslichen Lage hat der BGH die Konsequenz gezogen und dem Geschädigten erlaubt, im Wege der Teilklage *gegenwärtiges Schmerzensgeld* zu begehren, die Spätfolgen also explizit aus dem Streitgegenstand auszuklammern. Geteilt werden darf mit anderen Worten nicht die Summe, wohl aber der Sachverhalt: Die Klage kann auf Schmerzensgeld für die bereits eingetretenen Schäden beschränkt werden[122]. K kann mithin im **Fall 108** Schmerzensgeld für den erlittenen Beckenbruch verlangen und sich eine Nachforderung für den Fall vorbehalten, dass sich später als Folge des Unfalls Haltungsschäden zeigen. Dieser Nachforderung steht weder die Einheitlichkeit des Schmerzensgeldes noch die Rechtskraft aus dem Urteil des Vorprozesses entgegen: erstere nicht, weil jene Einheitlichkeit im Interesse des Geschädigten in Bezug auf Spätfolgen durchbrochen werden kann; letztere nicht, weil die Spätfolgen nicht zum von K vorgetragenen Lebenssachverhalt und konsequent nicht zum Streitgegenstand des Vorprozesses gehörten.

▶ **Wichtiger Hinweis**
Die Aufteilung des Schmerzensgeldes in gegenwärtiges und künftiges ist eine *Möglichkeit* für den Geschädigten, um das Risiko, dass das Gericht die Spätfolgen mit zu geringem Gewicht in die Schmerzensgeldbemessung einfließen lässt, zu begrenzen. Zu einer solchen Aufteilung ist der Geschädigte aber *nicht gezwungen*. Er kann vielmehr nach wie vor ein einheitliches Schmerzensgeld für gegenwärtige und künftige Schäden verlangen.

444 Wenn der Geschädigte von der Möglichkeit Gebrauch macht, das Schmerzensgeld in eine Entschädigung für die Gegenwart einerseits und eine solche für die Zukunft andererseits aufzuteilen, muss er freilich darauf achten, dass die Nachforderung, d. h. der Anspruch auf künftiges Schmerzensgeld, nicht unversehens verjährt: Dieser Anspruch ist noch nicht rechtshängig; für ihn gilt die Hemmung durch § 204 I Nr. 1 BGB daher nicht. Es ist dem Geschädigten daher dringend zu empfehlen, neben dem gegenwärtigen Schmerzensgeld die Feststellung zu begehren, dass der Beklagte zum Ersatz künftiger Schäden verpflichtet sei[123]. Die Einsicht, dass gegenwärtiges Schmerzensgeld einerseits und künftiges andererseits zwei verschiedene Streitgegenstände darstellen können, erlangt Bedeutung auch für den Umfang der Rechtskraft des Feststellungsurteils:

Fall 109: K ist bei einem von B verschuldeten Verkehrsunfall so schwer verletzt worden, dass sein rechter Arm nur noch eingeschränkt bewegungsfähig ist. Das Gericht hat B im Vorprozess zur Zahlung eines Schmerzensgeldes von 20 000 Euro verurteilt. Es hat dagegen die Klage des K auf Feststellung, dass B ihm auch alle künftigen Schäden aus dem Unfall ersetzen müsse, abgewiesen, weil mit einer Verschlimmerung des gegenwärtigen Zustands nicht zu rechnen sei. Entgegen dieser Erwartung verschlechtert sich der Zustand des von den Lähmung betroffenen Arms so sehr, dass dieser Arm nunmehr amputiert werden muss. K verlangt von B in einem neuen Rechtsstreit Zahlung eines weiteren Schmerzensgeldes von 80 000 Euro.

---

122 BGH NJW 2004, 1243, 1244. Zustimmend (nach ausführlicher Analyse des Urteils) *Kannowski*, ZZP 119 (2006), 63, 85. Wenn man es genau nimmt, wird man sagen müssen: Die Klage kann auf diejenigen Einbußen an Lebensqualität beschränkt werden, die bereits eingetreten *und die bereits jetzt sicher absehbar* sind (*Terbille*, VersR 2005, 37 f.).
123 *Heß*, NJW-Spezial 2004, 63, 64. Vgl. zu einer solchen Klage bereits oben § 2 I 2 b Rn. 78 ff.

Der BGH hat die neuerliche Klage des K im **Fall 109** mit Recht weder an der Einheit-   445
lichkeit des Schmerzensgeldes noch an der Rechtskraft des Urteils im Vorprozess
scheitern lassen. Der Grundsatz der Einheitlichkeit des Schmerzensgeldes war schon
deshalb nicht berührt, weil die im zweiten Prozess geltend gemachten Spätschäden
nicht vorhersehbar gewesen waren[124]. Und weil die Spätschäden nicht zum Streitgegenstand des Vorprozesses gehört hatten – das Gericht hatte ja nicht mit ihnen gerechnet – stand der neuen Klage auch nicht die Rechtskraft aus dem Urteil des Vorprozesses entgegen[125]. Abermals wirkt sich der Umstand aus, dass gegenwärtige und
künftige Einbußen ans Lebensqualität sich als *getrennte Lebenssachverhalte* und damit als *separate Streitgegenstände* darstellen lassen – sei es, weil der Kläger die
Schmerzensgeldklage ausdrücklich auf die Entschädigung für die gegenwärtige Einbuße beschränkt, sei es, weil das Gericht über die künftige Einbuße nicht (d. h. weder
positiv noch negativ) entscheidet.

V. Zusammenfassung: Wichtige Grundbegriffe   G 446

Formelle Rechtskraft	Die Entscheidung des Gerichts kann nach Ablauf der Rechtsmittel-frist nicht mehr mit Rechtsmitteln angefochten werden.
Materielle Rechtskraft	*Identität*: Eine neue Klage mit demselben Streitgegenstand ist unzu-lässig. *Präjudizialität*: Sofern das rechtskräftig festgestellte Rechts-verhältnis für die Entscheidung in einem späteren Prozess über einen anderen Streitgegenstand vorgreiflich ist, darf es nicht mehr in Frage gestellt werden. **Wichtig:** Dies alles gilt ausschließlich innerhalb der objektiven Grenzen (inwiefern ist über den Streitgegenstand ent-schieden worden? → § 322 I ZPO) und innerhalb der subjektiven Grenzen der Rechtskraft (welche Personen sind an die rechtskräftige Entscheidung gebunden? → §§ 325 ff. ZPO).
Kontradiktorisches Gegenteil	Die materielle Rechtskraft steht einer weiteren Klage mit einem Streitgegenstand entgegen, mit deren Hilfe die Feststellung des *kon-tradiktorischen Gegenteils* dessen begehrt wird, was im Vorprozess entschieden wurde.
Teilklage	*Offene Teilklage*: Kläger gibt zu erkennen, dass er sich aufgrund des vorgetragenen Lebenssachverhalts eines über den Klageantrag hin-ausgehenden Anspruchs berühmt. *Verdeckte Teilklage*: Kläger gibt eben dies nicht zu erkennen.

---

124 BGH NJW-RR 2006, 712, 713.
125 BGH NJW-RR 2006, 712, 714 f.

§ 8   Der Parteiwechsel

I.   Gesetzlicher Parteiwechsel

1.   Parteiwechsel kraft erbrechtlicher Nachfolge

G 447   **Fall 110:** E klagt gegen B eine Forderung ein. E verstirbt während des Prozesses und wird von K beerbt.
a) Wird K Partei des Prozesses?
b) Wie wirkt sich der Tod des E auf das Verfahren aus?
c) B will, dass der Prozess endlich zu Ende geht, damit er wieder seine Ruhe hat. Er will daher erreichen, dass das Verfahren weitergeht. Was muss er tun?

a)   Begründung des Parteiwechsels

E kann als Verstorbener nicht mehr Partei des Prozesses sein. In seine Rechtsstellung als Prozesspartei tritt vielmehr K nach § 1922 BGB ein. K führt also mit Eintritt des Erbfalls den Prozess als Kläger fort (**Fall 110a**). Es tritt ein so genannter **gesetzlicher Parteiwechsel** ein.

b)   Verfahrensunterbrechung

G 448   Freilich bleibt das Verfahren von dem Erbfall nicht gänzlich unberührt. Vielmehr wird das Verfahren nach § 239 ZPO **unterbrochen**, bis K es als Rechtsnachfolger aufnimmt (**Fall 110b**). Man beachte, dass § 239 ZPO den Parteiwechsel durch Rechtsnachfolge nicht begründet, sondern bereits als gegeben voraussetzt; es wäre also verfehlt zu schreiben, K sei „nach § 239 ZPO in den Prozess eingetreten." Die Rechtsfolge des § 239 ZPO ist nicht der Parteiwechsel, sondern die Verfahrensunterbrechung infolge des Parteiwechsels.

G 449   Wenn E anwaltlich vertreten war, überdauert das Mandat seines Anwalts nach § 672 BGB den Tod des E; das Gleiche gilt nach § 168 S. 1 BGB für die Vollmacht des Anwalts. Da dieser in den Prozess eingearbeitet ist, besteht kein Bedürfnis für die Unterbrechung des Verfahrens. § 246 ZPO schließt daher in diesem Fall die Unterbrechung aus; allenfalls mag das Verfahren auf Antrag einer Partei ausgesetzt werden.

c)   Pflicht des Rechtsnachfolgers zur Aufnahme des Rechtsstreits

G 450   Der Gegner, im **Fall 110** also B, kann freilich den K zur Aufnahme des Prozesses *zwingen*: Wenn K die Aufnahme verzögert, kann B beantragen, den K zur Aufnahme und zugleich zur Verhandlung zur Hauptsache zu laden (§ 239 II ZPO; **Fall 110c**). K ist als Erbe grundsätzlich zur Fortsetzung des Prozesses verpflichtet; anders nach § 239 V ZPO nur, wenn er die Erbschaft noch nicht angenommen hat.

Wenn K *nicht* mehr weiter prozessieren will, mag er die Klage zurücknehmen; dies ist aber nur unter den Voraussetzungen des § 269 ZPO zulässig, d. h., falls bereits eine mündliche Verhandlung stattgefunden hat, nur mit Einwilligung des B.

Zur Vertiefung: Beim Tod eines *gewillkürten* Prozessstandschafters hat der BGH nicht die §§ 239 ff. ZPO angewandt, sondern den Rechtsträger auf die Möglichkeit eines gewillkürten Parteiwechsels verwiesen[1]; in der Literatur wurde dagegen ein gesetzlicher Parteiwechsel analog § 239 ZPO bejaht[2]. Die Diskussion krankt daran, dass die Ausgangsfrage falsch gestellt ist: § 239 ZPO vermag niemals einen Parteiwechsel zu begründen; die Vorschrift setzt ihn vielmehr als gegeben voraus. Es kann also nicht darum gehen, durch Anwendung des § 239 ZPO einen gesetzlichen Parteiwechsel zu begründen. Richtig ist vielmehr Folgendes: *Wenn* sich ein gesetzlicher Parteiwechsel anderweitig begründen lässt, so hat dies analog § 239 ZPO die *Unterbrechung* des Rechtsstreits zur Folge. Die Frage, *ob* sich ein gesetzlicher Parteiwechsel begründen lässt, muss außerhalb der §§ 239 ff. ZPO beantwortet werden. Geht man davon aus, dass auf jeden Fall bei der gewillkürten Prozessstandschaft (nach hier vertretener Ansicht auch bei jeder gesetzlichen Prozessstandschaft; vgl. § 7 II 4 b) der Rechtsinhaber an die Rechtshängigkeit der Klage und an die Rechtskraft des vom Prozessstandschafter erstrittenen Urteils gebunden ist, so ist er auch an eine zwischenzeitlich erreichte Prozesslage gebunden. Dann kann es nicht sein, dass der Prozessstandschafter ersatzlos aus dem Verfahren ausscheidet und der Rechtsinhaber ein gänzlich neues Verfahren anstrengen muss bzw. darf[3]. Vielmehr ist ein *gesetzlicher Parteiwechsel* anzunehmen, d. h. der Rechtsinhaber tritt kraft Gesetzes in den vormals vom Prozessstandschafter geführten Prozess ein. Die normative Begründung lässt sich am besten an einer Analogie zu §§ 85 f. InsO festmachen[4]: Die Vorschrift regelt die Aufnahme von Prozessen des zahlungsunfähigen Schuldners durch den Insolvenzverwalter. Die Vorschriften ordnen also einen gesetzlichen Parteiwechsel an. Wie zu zeigen sein wird (unten 2.), gelten die §§ 85 f. InsO entsprechend, wenn das Insolvenzverfahren aufgehoben wird: Dann wird kraft Gesetzes der Schuldner selbst wieder Partei. Die Insolvenzverwaltung ist ein besonderer Fall der gesetzlichen Prozessstandschaft; die Aufhebung des Insolvenzverfahrens verkörpert daher einen besonderen Fall, in dem die Prozessführungsbefugnis vom Prozessstandschafter auf den Rechtsinhaber zurückfällt. Wenn in diesem Fall der Rechtsinhaber kraft Gesetzes wieder Partei wird, liegt es nahe, in anderen Fällen, in denen die Prozessstandschaft beendet wird, ebenfalls einen gesetzlichen Parteiwechsel anzunehmen: Der Rechtsinhaber tritt kraft Gesetzes in die Parteistellung des laufenden Rechtsstreits ein.

451

---

2. Parteiwechsel durch Insolvenzeröffnung

Fall 111: E klagt gegen B eine Forderung ein. Während des Prozesses wird über sein Vermögen das Insolvenzverfahren eröffnet. Zum Insolvenzverwalter wird K bestellt.
a) Wird K Partei des Prozesses?
b) Wie wirkt sich die Insolvenz des E auf das Verfahren aus?
c) B will, dass der Prozess endlich zu Ende geht, damit er wieder seine Ruhe hat. Er will daher erreichen, dass das Verfahren weitergeht. Was muss er tun?
d) Während des Prozesses wird K als Insolvenzverwalter durch L abgelöst. Wird L Prozesspartei? Was passiert mit dem Verfahren?
e) E knackt den Jackpot im Lotto und befriedigt alle Insolvenzgläubiger. Das Insolvenzverfahren wird daher aufgehoben. Kann E den Prozess jetzt selbst weiterführen?

452

---

1 BGHZ 123, 132, 136.
2 *Schilken*, ZZP 107 (1994), 527, 530 ff.
3 Im Ergebnis ebenso schon *Grunsky*, Die Veräußerung der streitbefangenen Sache, 1968, S. 69.
4 Vgl. *Schwab*, Das Prozeßrecht gesellschaftsinterner Streitigkeiten, 2005, S. 176.

a) Parteiwechsel kraft Amtes

K wird als Insolvenzverwalter Partei des Rechtsstreits, soweit die Insolvenzordnung ihm die Parteistellung zuweist. In Aktivprozessen ist dies nach § 85 InsO immer, in Passivprozessen bei Streitigkeiten über Aus- und Absonderung sowie Masseverbindlichkeiten der Fall (§ 86 InsO). K führt im **Fall 111a** einen Aktivprozess; er wird daher Partei des Rechtsstreits.

b) Verfahrensunterbrechung

453 Die Eröffnung des Insolvenzverfahrens bewirkt nach § 240 ZPO die Unterbrechung des Prozesses. Das Verfahren wird im **Fall 111b** auch dann nicht fortgesetzt, wenn E anwaltlich vertreten war: § 246 ZPO gilt im Falle des § 240 ZPO nicht.

c) Pflicht des Insolvenzverwalters zur Aufnahme des Rechtsstreits

454 Nach § 85 I 2 InsO gelten § 239 II–IV ZPO entsprechend, wenn der Insolvenzverwalter die Aufnahme des Rechtsstreits verzögert. Nach § 239 II ZPO kann also B beantragen, den K zur Aufnahme und zur Verhandlung zur Hauptsache zu laden. B hat also auch hier die Möglichkeit, die Aufnahme des Rechtsstreits durch K zu erzwingen. Lehnt K die Aufnahme ab, so können nach § 85 II InsO sowohl B als auch E den Rechtsstreit aufnehmen. B kann also im **Fall 111c** die Fortsetzung des Rechtsstreits forcieren und dessen Unterbrechung beenden.

d) Auswechslung des Insolvenzverwalters

455 Im **Fall 111d** ist der Insolvenzverwalter ausgetauscht worden. Es fragt sich, ob die Rechtsfolgen der §§ 85 InsO, 240 ZPO – Parteiwechsel, Verfahrensunterbrechung, Aufnahmezwang – auch in diesem Fall eintreten. Im Schrifttum wird vielfach ein Parteiwechsel angenommen[5]. Teilweise wird dies freilich nur in denjenigen Fällen für angemessen gehalten, in denen der Verwalter wegen fehlender Eignung ausgewechselt wird; ansonsten soll analog § 265 II 1 ZPO der bisherige Verwalter den Prozess fortsetzen können[6]. Vieles spricht auf den ersten Blick dafür, § 85 I 1 InsO *analog* anzuwenden und den neuen Verwalter kraft Gesetzes an die Stelle des bisherigen treten zu lassen: Der frühere Verwalter hat, egal weswegen er ausgetauscht wurde, keinerlei Legitimation mehr, über Rechte aus der Masse zu prozieren. Folgt man dem, so tritt der neue Verwalter im Wege des gesetzlichen Parteiwechsels in den Rechtsstreit ein.

456 **Zur Vertiefung:** Ebenso gut lässt sich aber die Fortsetzung des Rechtsstreits durch den früheren Verwalter analog § 265 II 1 ZPO begründen, wenn man sich nämlich auf den Standpunkt stellt, dass § 265 II 1 ZPO den *Gegner* des Rechtsstreits vor einem *mehrfachen Parteiwechsel* schützen will: § 265 II 1 ZPO verhaftet die veräußernde Partei gerade deshalb, weil sie dem Gegner ersparen will, sich ständig mit einer neuen Partei auseinandersetzen zu müssen, da hierdurch das Verfahren verzögert und dem Gegner ggf. auch ein neuer und vielleicht weniger zahlungskräf-

---

5 Vgl. etwa *Heintzmann*, Die Prozeßführungsbefugnis, 1970, S. 29.
6 *Grunsky*, Die Veräußerung der streitbefangenen Sache, S. 97 f.

tiger Schuldner für den prozessualen Kostenerstattungsanspruch aus § 91 ZPO aufgedrängt wird: In die Kosten wird nur verurteilt, wer bei Erlass des Urteils Prozesspartei ist. § 265 II 1 ZPO verhaftet die Partei im Prozess, weil die Veräußerung *beliebig wiederholbar* ist und bei jeder Wiederholung zu einem erneuten Parteiwechsel führen würde, wenn nicht die ursprüngliche Partei von Anfang an gezwungen würde, den Prozess zu Ende zu führen[7]. Ausgehend hiervon kann man argumentieren, die Bestellung eines neuen Insolvenzverwalters sei ebenfalls beliebig wiederholbar; um einen mehrfachen Parteiwechsel zu vermeiden, müsse der ursprüngliche Verwalter den Prozess zu Ende führen.

e) Aufhebung des Insolvenzverfahrens

Wenn der Schuldner, wie E im **Fall 111e**, sämtliche Gläubiger befriedigt, wird das Insolvenzverfahren aufgehoben. In diesem Fall tritt unstreitig der Schuldner im Wege des gesetzlichen Parteiwechsels in den Rechtsstreit ein[8]. Die rechtliche Begründung hierfür sollte man abermals in einer Analogie zu § 85 I InsO suchen: Ebenso wie der Verwalter bei Eröffnung des Insolvenzverfahrens kraft Gesetzes Partei wird, verliert er diese Stellung kraft Gesetzes bei Aufhebung des Insolvenzverfahrens. **457**

Streitig ist, ob und aufgrund welcher Vorschrift das Verfahren bis zur Aufnahme durch den Schuldner unterbrochen wird. Während eine Ansicht jegliche Unterbrechung verneint und die unvermittelte Fortsetzung des Rechtsstreits propagiert[9], plädieren andere für eine Unterbrechung analog §§ 239, 242 ZPO[10] oder analog § 241 ZPO[11]. Vorzugswürdig erscheint es, eine Unterbrechung analog § 240 ZPO anzunehmen: Diese Vorschrift war schließlich die Grundlage für die Unterbrechung bei Insolvenz*eröffnung*. Sie ist daher die sachnächste Norm auch für den Fall der Insolvenz*aufhebung*.

Zur Vertiefung: Stark umstritten ist die Frage, was geschieht, wenn der Insolvenzverwalter einen Rechtsstreit über einen zur Masse gehörigen Gegenstand führt und diesen während des Insolvenzverfahrens *freigibt*. Nach Ansicht des BGH scheidet der Verwalter dadurch aus dem Rechtsstreit aus; der Schuldner führt ihn im Wege des gesetzlichen Parteiwechsels weiter[12]. Die h. L. meint demgegenüber, der Verwalter habe den Prozess analog § 265 II 1 ZPO fortzusetzen[13]. **458**

---

7   Vgl. *Schwab*, Das Prozeßrecht gesellschaftsinterner Streitigkeiten, S. 166 ff.
8   BGHZ 83, 102, 104 f.; OLG Hamburg KTS 1986, 506, 507.
9   MüKo/*Feiber*, ZPO, § 240 Rn. 24 (2. Aufl. 2000; in 3./4. Aufl. nicht fortgeführt; s. sogleich).
10 MüKo/*Gehrlein*, ZPO, 4. Aufl. 2013, § 240 Rn. 23; Stein/Jonas/*Roth*, ZPO, 22. Aufl. 2005, § 239 Rn. 9, § 240 Rn. 34.
11 *K. Schmidt*, FS Henckel, 1995, S. 749, 761.
12 BGHZ 46, 249, 251 ff.; BGH WM 1992, 1407, 1408; ebenso OLG Stuttgart NJW 1973, 1756; Stein/Jonas/*Roth*, ZPO, 22. Aufl. 2005, § 240 Rn. 22.
13 OLG Nürnberg OLGZ 1994, 454, 458 f.; *Grunsky*, Die Veräußerung der streitbefangenen Sache, S. 96; *Henckel*, Parteilehre und Streitgegenstand im Zivilprozeß, 1961, S. 164.

II. Gewillkürter Parteiwechsel

459 **Fall 112:** K verklagt die X-KG auf Erfüllung einer Kaufpreisforderung; X wehrt sich gegen die Klage unter Berufung auf Sachmängel. Das Verfahren, das K in erster Instanz gewonnen hat, schwebt in der Berufungsinstanz. Das Berufungsgericht signalisiert den Parteien, dass es keinen Zweifel an der Richtigkeit des Gutachtens hege, welches in erster Instanz eingeholt worden sei und wonach die Kaufsache bei Gefahrübergang auf X fehlerfrei gewesen sei. Während des Prozesses wird die X-KG liquidiert. K möchte das Berufungsverfahren, gestützt auf § 128 HGB, gegen die geschäftsführenden Gesellschafter A und B fortsetzen, die schon bisher die X im Prozess vertreten haben.

Im **Fall 112** will K an die Stelle der ursprünglich beklagten X-KG nunmehr deren persönlich haftende Gesellschafter A und B verklagen. Er will also die Beklagtenpartei auswechseln. Ein gesetzlicher Grund hierfür ist nicht ersichtlich; die Auswechslung des Beklagten kann also allenfalls deswegen eintreten, weil sie von K gewollt ist. Es handelt sich hier um einen **gewillkürten Parteiwechsel**. Dessen Zulässigkeit ist hoch **umstritten**:

1. Die Grundsätze der Klageänderung und ihre Bedeutung nach der Rechtsprechung des BGH

460 Nach Ansicht des **BGH** ist der gewillkürte Parteiwechsel nach den Regeln über die **Klageänderung** zu behandeln. Danach soll in **erster Instanz**
- der *Klägerwechsel* zulässig sein, wenn der Beklagte einwilligt oder das Gericht ihn für sachdienlich erachtet (§ 263 ZPO analog[14]). Das bedeutet im praktischen Ergebnis, dass der *bisherige Kläger* vom neuen gegen seinen Willen aus dem Prozess gedrängt werden kann, sofern nur Sachdienlichkeit gegeben ist.
- der *Beklagtenwechsel* nach Beginn der mündlichen Verhandlung nur mit Zustimmung des *bisherigen* Beklagten zulässig sein, da dieser ab jenem Zeitpunkt einen Anspruch auf eine Sachentscheidung hat (§ 269 ZPO analog[15]).

461 In der **Berufungsinstanz** soll der Beklagtenwechsel (und *nur* er!) außerdem generell nur mit Einwilligung des *neuen* Beklagten zulässig sein[16], weil dieser eine Tatsacheninstanz verliere. Dies Bedenken hat nach der ZPO-Reform erhöhtes Gewicht erhalten, ist doch nach §§ 513 I, 529 I, 531 II ZPO neuer Tatsachenvortrag in der Berufungsinstanz nur noch eingeschränkt möglich. Auch im Schrifttum wird das Interesse des neuen Beklagten an der vollen Ausschöpfung des Instanzenzuges als beachtlich angesehen und daher grundsätzlich seine Zustimmung gefordert, wenn er in der Berufungsinstanz erstmals in den Prozess hineingezogen werden soll[17].

---

14 BGHZ 65, 264, 268.
15 BGH NJW 1981, 989 f.; BGH NJW 2006, 1351 Rn. 24.
16 BGHZ 65, 264, 268; OLG München MDR 2006, 1186.
17 Vgl. *Burbulla*, MDR 2007, 439, 444; *Jauernig/Hess*, Zivilprozessrecht, 30. Aufl. 2011, § 86 Rn. 14; *Roth*, NJW 1988, 2977, 2983; *Schlinker*, Jura 2007, 1, 2.

Zur Vertiefung: 462

(1) Während also der Beklagtenwechsel in der Berufungsinstanz ein allseitiges Einverständnis voraussetzt, ist der **Klägerwechsel** selbst in der **Berufungsinstanz** auch gegen den Willen des Beklagten und des alten Klägers zulässig, sofern er **sachdienlich** ist. **Beispiel:** Mutter M klagt im eigenen Namen (§ 1629 III BGB!) für ihr minderjähriges Kind K Unterhalt gegen den von beiden getrennt lebenden, noch mit M verheirateten Vater B ein. Während des Prozesses wird K volljährig, sodass die elterliche Sorge der M erlischt und somit auch Voraussetzungen der Prozessstandschaft nach § 1629 III 1 BGB entfallen. Hier hat es der BGH mit Recht für sachdienlich erachtet, dass in der Berufungsinstanz K den Prozess als Kläger anstelle der M übernimmt[18]. Die bisherigen Prozessergebnisse bezüglich der materiellrechtlichen Unterhaltspflicht des B können uneingeschränkt weiter verwertet werden. Es wäre kaum sinnvoll, die Klage der M nunmehr als unzulässig abzuweisen und den K zu zwingen, den Unterhaltsprozess von neuem anzustrengen.

(2) **Unzulässig** ist – gleichviel ob in erster oder in zweiter Instanz – ein **bedingter Parteiwechsel**. Der BGH hat es daher einem Prozessstandschafter mit Recht verwehrt, für den Fall, dass seine Klage in Prozessstandschaft für unzulässig erachtet wird, *hilfsweise* den Rechtsinhaber als Kläger zu benennen. Ob der Beklagte in ein Prozessrechtsverhältnis mit dem Rechtsinhaber eingetreten ist, muss vielmehr von Beginn an rechtsgewiss feststehen[19].

2. Missbräuchliche Verweigerung der Zustimmung

Ausnahmsweise soll nach Ansicht des **BGH** die Zustimmung des alten und/oder neuen 463 Beklagten *entbehrlich* sein, wenn ihre Verweigerung *rechtsmissbräuchlich* wäre. Ein solcher Fall ist in **Fall 112** gegeben: A und B sind seit jeher mit dem Sachverhalt vertraut und hatten den Rechtsstreit bislang als gesetzliche Vertreter der beklagten Partei, nämlich der X-KG geführt. Sie hatten jede Möglichkeit, Einfluss auf das Verfahren zu nehmen. Ihnen werden daher keine Rechte abgeschnitten, wenn sie nunmehr selbst als Parteien in den Prozess einbezogen werden[20]. K kann daher den Prozess gegen A und B als neue Beklagte weiterführen.

3. Würdigung

a) Offene Probleme

Die Einbeziehung einer neuen Partei in den Rechtsstreit ist fraglos zulässig, sofern sie 464 zustimmt. Ebenso ist die Verdrängung einer bisherigen Partei zulässig, wenn diese damit einverstanden ist. Die eigentlichen Probleme beginnen dort, wo
* eine *neue* Partei *gegen* ihren Willen in den Prozess *einbezogen* werden soll (weil dies als sachdienlich angesehen wird)
* eine *bisherige* Partei *gegen* ihren Willen aus dem Prozess *verdrängt* wird (weil die Fortsetzung des Prozesses durch die neue Partei als sachdienlich angesehen wird).

---

18 BGH NJW 2003, 2172, 2173.
19 BGH, Urteil vom 21. 1. 2004 – VIII ZR 209/03, ohne Fundstelle zitiert bei *Gehrlein*, MDR 2004, 541, 544 f.
20 BGHZ 91, 132, 134.

465   Befriedigend gelöst wird dies Problem von der Rechtsprechung nur für eine Konstellation, dass der *alte Beklagte* aus dem Prozess *verdrängt* (nämlich durch einen neuen ersetzt) werden soll: Hier lässt in der Tat die Wertung des § 269 I ZPO keine andere Wahl, als diesen Beklagtenwechsel von der Zustimmung des *alten* Beklagten abhängig zu machen. Zweifelhaft ist aber, ob
- der *neue Beklagte* gegen seinen Willen in den Prozess einbezogen werden darf
- der *alte Kläger* gegen seinen Willen aus dem Prozess verdrängt werden darf.

b)   Verdrängung des alten Klägers

466   Wer einen Prozess führt, übt die ihm durch das materielle Recht zugewiesene Befugnis aus, über jenes Recht vor Gericht zu streiten. Daraus folgt, dass das Ausscheiden des Klägers aus dem Prozess grundsätzlich dessen Zustimmung voraussetzt. Diese Zustimmung kann nicht durch bloße Sachdienlichkeit ersetzt werden[21]. Wenn ein Dritter glaubt, anstelle des bisherigen Klägers Inhaber des streitigen Rechts zu sein oder zumindest eine stärkere Befugnis habe, hierüber zu streiten, mag er sich der Hauptintervention nach § 64 ZPO bedienen. Anders liegt es nur, wenn der alte Kläger nicht aus eigenem Recht, sondern als Prozessstandschafter geklagt hat (vgl. das oben gebildete Beispiel mit § 1629 III 1 BGB): Dann kann der alte Kläger keinen eigenen Justizgewähranspruch mehr ins Feld führen. In diesem Fall muss die Auswechslung des Klägers auch bei Sachdienlichkeit, also notfalls gegen den Willen des alten Klägers möglich sein.

c)   Einbeziehung des neuen Beklagten

467   Nicht minder problematisch erscheint die Einbeziehung des neuen Beklagten gegen seinen Willen. In der Literatur wird hervorgehoben, dass die Einbeziehung einer neuen Partei in den Prozess überhaupt nur dann sinnvoll sei, wenn die neue Partei an die Ergebnisse des bisherigen Prozesses gebunden sei oder zumindest jene Ergebnisse zunächst gegen die neue Partei wirkten; andernfalls sei der Parteiwechsel unzulässig, da in der Sache das Verfahren ohnehin noch einmal von vorne beginnen müsse[22]. In der Tat steht der BGH auf dem Standpunkt, dass beim gewillkürten Parteiwechsel die bisherigen Prozessergebnisse bestehen bleiben[23]. Die Zweifelsfragen beginnen dann im Detail: Wenn die neue Partei allein wegen *Sachdienlichkeit* in den Prozess einbezogen wird, soll die neue Partei die Ergebnisse einer etwaigen Beweisaufnahme gegen sich gelten lassen müssen, sofern sie nicht Gründe vorträgt, die unter ihrer Mitwirkung ein anderes Ergebnis als möglich erscheinen lassen[24]. Ganz ähnlich sieht dies auch der BGH: Der neue Beklagte kann in jedem Fall eine Ergänzung der Beweisaufnahme verlangen; er kann die Wiederholung einer bereits durchgeführten Beweisaufnahme jedoch nur dann verlangen, wenn er andernfalls in seiner Rechtsverteidigung beeinträchtigt würde[25]. Selbstverständlich ist der neue Beklagte nicht nach § 290 ZPO

---

21 So im Ergebnis auch *Jauernig/Hess*, Zivilprozessrecht, 30. Aufl. 2011, § 86 Rn. 17.
22 *Roth*, NJW 1988, 2977, 2983; *Putzo*, FS 50 Jahre BGH, 2000, S. 149, 152.
23 BGHZ 195, 233 Rn. 11.
24 *Roth*, NJW 1988, 2977, 2984; *Putzo*, FS 50 Jahre BGH, S. 149, 156.
25 BGHZ 131, 76, 80.

an Geständnisse des alten Beklagten gebunden; und ebenso wenig dürfen seine Verteidigungsmittel nach § 296 ZPO präkludiert werden, wenn der frühere Beklagte sie verspätet vorgetragen hatte[26].

Es lässt sich also ganz allgemein festhalten: *Die bisherigen Prozessergebnisse wirken* **468** *auch gegen den neuen Beklagten; dieser kann jedoch der Verwertung jener Ergebnisse widersprechen und die Wiederholung früherer Verfahrensschritte verlangen, soweit seine effektive Rechtsverteidigung es erfordert.* Unter diesen Umständen spricht aber nichts dagegen, den neuen Beklagten ggf. gegen seinen Willen auch bei Sachdienlichkeit in den Prozess einzubeziehen; wichtig ist nur, dass dadurch sein rechtliches Gehör nicht beschnitten wird.

---

26 *Roth*, NJW 1988, 2977, 2984; *Putzo*, FS 50 Jahre BGH, S. 149, 156.

§ 9   Fragen des Beweisrechts

G 469 Eine Tatsache bedarf des Beweises, wenn sie **streitig** und **entscheidungserheblich** ist. Unter diesen Voraussetzungen *muss* das Gericht grundsätzlich einen Beweis, der von einer Partei beantragt worden ist, erheben; dies ist Ausprägung des Rechts auf rechtliches Gehör. Ebenso muss das Gericht das Ergebnis des erhobenen Beweises bei seiner Entscheidung berücksichtigen. Doch kann es ausnahmsweise anders liegen, wenn es aus besonderen Gründen verboten ist,
- den angebotenen Beweis überhaupt zu *erheben* (**Beweiserhebungsverbot**)
- den erhobenen Beweis zu *verwerten* (**Beweisverwertungsverbot**).

G 470 **Fall 113:** K bezichtigt den B, ihm am 14.2.2016 abends sein Fahrrad gestohlen und es an einen Dritten weiterveräußert zu haben. Er verklagt B auf Herausgabe des Veräußerungserlöses. B bestreitet, zu der von K behaupteten Zeit überhaupt am Tatort gewesen zu sein.
a) K beantragt die Vernehmung der F, die mit B in nichtehelicher Lebensgemeinschaft zusammen wohnt, zum Beweis der Tatsache, wo B sich zur angegebenen Tatzeit aufgehalten habe.
b) K beantragt die Vernehmung der mittlerweile mit B verlobten F zum Beweis der Tatsache, dass das Fahrrad nach dem fraglichen Zeitpunkt im Keller des von B und F bewohnten Hauses gestanden sei. F verweigert das Zeugnis.
c) K beantragt die Vernehmung des Zeugen Z. Dieser sagt aus, er habe sich zur Tatzeit am Tatort aufgehalten und B bei dem Diebstahl beobachtet. B wird antragsgemäß verurteilt. Er erstattet gegen Z Strafanzeige wegen uneidlicher Falschaussage (§ 153 StGB) und legt gegen das Urteil Berufung ein. Als das Berufungsgericht Z erneut vernehmen will, verweigert dieser das Zeugnis.
d) K beantragt die Vernehmung des Pfarrers M zum Beweis der Tatsache, dass B ihm den Diebstahl gebeichtet habe. M bestätigt dies, obwohl B ihn nicht vom Beichtgeheimnis entbunden hat. Darf B mit Rücksicht auf die Aussage des M verurteilt werden?
e) Der im Auftrag des K tätige Privatdetektiv A, den K als Zeugen benannt hat, bestätigt, dass er in der Wohnung des B heimlich Abhörwanzen installiert habe und dass auf diesen ein Gespräch zwischen B und F aufgenommen worden sei, in dem B der F von dem Diebstahl berichte. K beantragt, das Gericht möge sich diese Wanzen vorspielen lassen.
f) B wehrt sich gegen die Klage des K mit der Begründung, das Fahrrad befinde sich noch in seinem Besitz, und zwar rechtmäßig, da K es ihm bis Juni 2017 vermietet habe. K beantragt daraufhin gerichtlichen Augenschein an der Wohnung des B zum Beweis der Tatsache, dass das Fahrrad sich nicht mehr dort befindet. B erklärt, in seiner Privatwohnung habe niemand etwas zu suchen, auch das Gericht nicht.

I.   Beweiserhebungsverbote

1.   Fehlende Konkretisierung des Beweisthemas

G 471 Im **Fall 113a** ist der Beweisantrag des K unzulässig, weil er das Beweisthema nicht hinreichend konkretisiert hat: Der Antrag, die F über den Verbleib des B an jenem Abend zu vernehmen, ist gewissermaßen ein „Schuss ins Blaue". K kann dem Gericht nicht plausibel machen, was F eigentlich zur Aufklärung des Sachverhalts soll beitragen können. Es handelt sich um einen unzulässigen **Ausforschungsbeweis**. Von einem Ausforschungsbeweis spricht man, wenn eine Partei noch keine bestimmte Tatsachenbehauptung aufstellt (vielleicht auch gar nicht aufstellen kann!), sondern sich mit Hilfe des beantragten Beweises überhaupt erst die Grundlage für konkreteren Sachvortrag erschließen möchte[1]. So liegt es auch hier: K weiß nicht, ob B zur Tatzeit überhaupt am Tatort anwesend war, und möchte dies mittels allgemeiner Befragung der F klären. Damit kann er nicht durchdringen: Das Gericht ist weder verpflichtet noch überhaupt berechtigt, dem Beweisangebot des K nachzugehen.

Mit Rücksicht auf das **rechtliche Gehör** der Parteien sind die Gerichte freilich gehalten, Beweisangebote **nicht vorschnell** als „Ausforschungsbeweis" zurückzuweisen. So ist das rechtliche Gehör verletzt, wenn das Gericht zur Substantiierung des Beweisantritts verlangt, das Beweisergebnis vorwegzunehmen. Ein ordnungsgemäßer Beweisantritt liegt vor, wenn das Beweisangebot mit Tatsachen unterlegt wird, die „in Verbindung mit einem Rechtssatz geeignet sind, das geltend gemachte Recht als in ihrer Person entstanden erscheinen zu lassen"[2] (siehe bereits Rn. 166). Die Partei, die einen Zeugen benennt, muss also nicht im Einzelnen vortragen, was der Zeuge wann und wo gesagt oder getan haben soll; dies mag vielmehr der Zeuge bei seiner Vernehmung selbst bekunden. Mit den Worten des BGH: „Ein Ausforschungsbeweis liegt erst dann vor, wenn der Beweisführer ohne greifbare Anhaltspunkte für das Vorliegen eines bestimmten Sachverhalts willkürlich Behauptungen ‚aufs Geratewohl' oder ‚ins Blaue hinein' aufstellt (…) Bei der Annahme von Willkür in diesem Sinne ist jedoch Zurückhaltung geboten. In der Regel wird sie nur bei Fehlen jeglicher tatsächlicher Anhaltspunkte vorliegen"[3].

Das bedeutet entgegen abweichender Einschätzung in der Literatur[4] *nicht*, dass es ausreicht, „den Gesetzeswortlaut mit anderen Worten wiederzugeben, um schlüssig bzw. erheblich vorzutragen". Es trifft auch nicht zu, dass man sich „beim Lügen nicht einmal besondere Mühe geben" muss. Der BGH ermahnt die Instanzgerichte vielmehr völlig zu Recht, nicht vorschnell die Keule „Ausforschungsbeweis" zu schwingen, um die Akte möglichst schnell und bequem vom Tisch zu bekommen. Es trifft zwar zu, dass die Parteien in Prozessen zahlreiche Unwahrheiten behaupten. Um diese aufzudecken, sieht die ZPO die Beweisaufnahme vor; es verbietet sich, streitige Behauptungen ohne eine solche Beweisaufnahme vorschnell als „Lügen" abzutun. Leider trifft es jedoch ebenso zu, dass zahlreiche Richter an der Wahrheit kein Interesse haben, wenn dies eine u. U. aufwendige Beweisaufnahme erfordern würde – die letztlich auf Kosten der eigenen Freizeit ginge. Das OLG Köln stellte im Jahre 1999 resigniert fest: „Die Auffassung einzelner Kammern des LG, der Klagevortrag sei unsubstantiiert, weil der Kläger nicht angegeben habe, wer – wann – wo – mit wem – warum usw. etwas getan oder unterlassen habe, ist falsch und war immer falsch, findet in der Rechtsprechung des BGH keine Stütze, ist aber bisher nicht auszurotten"[5].

---

1 Instruktiv *Dölling*, NJW 2013, 3121, 3124; *Gremmer*, MDR 2007, 1172, 1173.
2 BGH NJW 2015, 2424 Rn. 16; BGH NJW-RR 2015, 829 Rn. 9.
3 BGHZ 193, 159 Rn. 40.
4 *Fischer*, JuS 2015, 223, 224. Beide nachstehenden Zitate stammen aus diesem Beitrag.
5 OLG Köln NJW-RR 1999, 1155.

2. Das Zeugnisverweigerungsrecht

a) Voraussetzungen

G 471a Das Zeugnis kann unter den in §§ 383 f. ZPO beschriebenen Voraussetzungen verweigert werden. Die **Grundgedanken** der Zeugnisverweigerungsrechte sind die Folgenden:

- **Persönliche Verbundenheit.** Deshalb dürfen Verlobte (§ 383 I Nr. 1 ZPO), Ehegatten (§ 383 I Nr. 2 ZPO), gleichgeschlechtliche Lebenspartner (§ 383 I Nr. 2a ZPO) und nahe Verwandte (§ 383 I Nr. 3 ZPO) das Zeugnis verweigern. Das Verweigerungsrecht des Ehegatten oder Lebenspartners besteht auch nach Auflösung der Ehe bzw. Partnerschaft. Aus diesem Grunde darf auch im **Fall 113b** die F nicht vernommen werden: In dem Moment, da F das Zeugnis verweigert, dürfen ihr keine weiteren Fragen gestellt werden außer denen, die nach § 385 I ZPO ausdrücklich erlaubt sind. Dazu gehört die Frage nach dem Standort des Fahrrades in der gemeinsamen Wohnung nicht. **Wichtig:** Das Verweigerungsrecht nach § 383 I Nr. 1 ZPO besteht *nicht*, wenn der Zeuge noch anderweitig verheiratet ist: In diesem Fall ist sein Verlöbnis mit der Partei *sittenwidrig*.
- **Berufsverschwiegenheit.** Deshalb dürfen Seelsorger (§ 383 I Nr. 4 ZPO) und sonstige schweigepflichtige Personen wie etwa Rechtsanwälte oder Ärzte (§ 383 I Nr. 6 ZPO) das Zeugnis verweigern. Sie dürfen es *nicht* verweigern, wenn sie von der Schweigepflicht entbunden sind (§ 385 II ZPO).
- **Informantenschutz der Medien.** Deshalb müssen Redakteure von Presse-, Rundfunk- und Fernsehunternehmen nicht mitteilen, wo sie ihre Informationen her haben (§ 383 I Nr. 5 ZPO). Müssten sie die Informanten preisgeben, so würden die entsprechenden Informationsquellen rasch versiegen.
- **Gefahr der Selbstschädigung.** Deshalb muss der Zeuge nicht auf Fragen antworten, wenn ihm (oder einem Angehörigen nach § 383 I Nr. 1–3 ZPO) dies einen Vermögensschaden verursachen (§ 384 Nr. 1 ZPO) oder zur Unehre gereichen bzw. ihn sogar der Gefahr der Strafverfolgung aussetzen (§ 384 Nr. 2 ZPO) würde. Aus diesem Grunde muss Z im **Fall 113c** nicht aussagen: Denn wenn er in erster Instanz tatsächlich gelogen hat, steht er in der Zwickmühle, entweder erneut zu lügen oder aber zuzugeben, dass er in erster Instanz nicht die Wahrheit gesagt hat. Da die erstinstanzliche Aussage abgeschlossen ist, kann Z in diesem Fall der Strafbarkeit nach § 153 StGB nicht mehr entrinnen, insbesondere nicht durch tätige Reue nach § 158 StGB. Die Gefahr, wegen der erstinstanzlichen Aussage verurteilt zu werden, führt mithin in zweiter Instanz zu einem Zeugnisverweigerungsrecht nach § 384 Nr. 2 ZPO[6]. Ebenso wenig muss der Zeuge aussagen, wenn er damit ein Kunst- oder Gewerbegeheimnis offenbaren müsste (§ 384 Nr. 3 ZPO); hier kommt es nicht darauf an, ob er selbst oder ein naher Angehöriger Träger dieses Geheimnisses ist.

---

6 BGH NJW 2008, 2038, 2039.

b) Rechtsfolgen fehlender Belehrung

Wer zur Verweigerung des Zeugnisses nach § 383 I Nr. 1–3 ZPO (also wegen naher persönlicher Verbundenheit) berechtigt ist, ist über das Verweigerungsrecht zu **belehren** (§ 383 II ZPO). Die übrigen in § 383 I ZPO bezeichneten Personengruppen müssen nicht belehrt werden; sie wissen auch ohnedies, dass sie zur Verschwiegenheit verpflichtet sind (§ 383 I Nr. 4, 6 ZPO) oder im wohlverstandenen eigenen Interesse besser schweigen sollten (§ 383 I Nr. 5 ZPO). | 472 G

Wenn die **Belehrung unterblieben** ist und der zur Zeugnisverweigerung berechtigte Angehörige ausgesagt hat, so ist diese Aussage **unverwertbar**[7]. Das soll nach Ansicht des BGH[8] freilich nur gelten, wenn eine Partei die fehlende Belehrung gerügt hat; andernfalls soll die Verwertung nach § 295 ZPO durch rügeloses Weiterverhandeln möglich werden. Dem ist zu widersprechen: Das Zeugnisverweigerungsrecht dient nicht allein und nicht einmal in erster Linie dem Interesse der Parteien, sondern dem Schutz des Zeugen, der von dem Konflikt zwischen Parteiloyalität und Wahrheitspflicht bewahrt werden soll. Damit ist die Annahme unvereinbar, dass die Parteien aus eigenem Recht auf das Verwertungsverbot verzichten können. | 473 G

c) Beweisverwertung bei Verletzung der Schweigepflicht?

Im **Fall 113d** hat M ausgesagt, obwohl er nicht von seinem Beichtgeheimnis entbunden war. Die Rechtsprechung der Strafgerichte geht schon seit langem davon aus, dass dieser Vertrauensbruch die Verwertbarkeit der Aussage nicht berührt; das soll selbst dann gelten, wenn die Verletzung der Schweigepflicht nach § 203 StGB strafbewehrt ist[9]: Das Zeugnisverweigerungsrecht solle den Zeugen vor dem Konflikt zwischen gerichtlicher Wahrheitspflicht und beruflicher Verschwiegenheitspflicht bewahren. Der Zeuge selbst solle entscheiden dürfen, ob er aussage oder nicht. *Wenn* er aussage, sei dies *seine* Entscheidung in jenem Konflikt; der Angeklagte habe im Strafprozess keinen verfahrensrechtlichen Anspruch darauf, dass der Zeuge seine Aussage unterlasse. Diese Rechtsprechung wurde schließlich auch von den Zivilsenaten des BGH übernommen[10]. Im **Fall 113d** scheidet ein strafbarer Verstoß gegen die Schweigepflicht aus, weil das Beichtgeheimnis nicht nach § 203 StGB geschützt ist: Ein Seelsorger, der dies Geheimnis verletzt, macht sich nach deutschem Recht nicht strafbar. | 474 G

Die Überzeugungskraft dieser Linie des BGH steht und fällt mit der Prämisse, dass der Verstoß des Zeugen gegen die Schweigepflicht eine reine Frage des Innenverhältnisses zwischen Zeugen und Partei ist und das Gericht nichts angeht. Diese Prämisse lässt sich indes jedenfalls im Zivilprozess nicht halten. Denn § 383 III ZPO verbietet es selbst bei Aussagebereitschaft des Zeugen, die Vernehmung auf Tatsachen zu erstrecken, über die der Zeuge nicht ohne Verletzung seiner Verschwiegenheitspflicht berichten kann. Das Gericht hat also von Amts wegen zu beachten, dass der Zeuge | 475 G

---

7 Zuletzt BGH NJW 2003, 1123, 1125; BGH NJW 1985, 1158, 1159; aus dem Schrifttum *Balthasar*, JuS 2008, 35, 38.
8 BGH MDR 1984, 824; NJW 1985, 1158, 1159.
9 BGH NJW 1956, 599, 600.
10 BGH NJW 1977, 1198, 1199; NJW 1990, 1735, 1736.

sich an seine Schweigepflicht hält. Dann aber darf es Aussagen, die der Zeuge entgegen seiner Schweigepflicht macht, nicht verwerten. Sonst würde entgegen dem Sinn und Zweck des § 383 III ZPO das Gericht und vor allem die Gegenpartei aus dem Pflichtverstoß des Zeugen Nutzen ziehen[11]. Das Zeugnisverweigerungsrecht nach § 383 I Nr. 4 und 6 ZPO schützt entgegen der Ansicht des BGH nicht nur den Zeugen vor einer möglichen Pflichtenkollision, sondern gerade auch das Interesse der Partei an der rechtlich geschützten Geheimhaltung ihrer Privatsphäre. Die Verletzung dieser Privatsphäre würde perpetuiert, wenn das Gericht die ihm rechtswidrig offenbarten Tatsachen verwerten dürfte.

d)   Exkurs: Verwertung von Parteiaussagen aus vorangegangenem Strafverfahren

476   Zweifelhaft erscheint, inwieweit Aussagen, die eine Partei in einem vorangegangenen **Strafverfahren** macht, im Zivilprozess gegen sie verwendet werden dürfen.

Beispiel: K verlangt von B Schadensersatz aus einem Verkehrsunfall. Wegen dieses Unfalls hat die Staatsanwaltschaft gegen B ermittelt. B hat, ohne in seiner Eigenschaft als Beschuldigter über sein Schweigerecht belehrt worden zu sein (§§ 163a IV, 136 I 2 StPO), Angaben zur Sache gemacht. K beantragt im Schadensersatzprozess gegen B die Verlesung der Vernehmungsniederschrift, die über die Aussage des B seinerzeit gefertigt wurde, sowie die Vernehmung des Polizeibeamten, der den B verhört hat.

477   Die Angaben des B aus dem Ermittlungsverfahren können im Zivilprozess zwischen K und B verwertet werden, wenn nicht die Tatsache, dass B seinerzeit pflichtwidrig **nicht** über sein Schweigerecht **belehrt** worden ist, zu einem **Verwertungsverbot** führt. Der **BGH** hat ein solches Verbot **verneint**[12]: Die Verpflichtung der Behörden, den Beschuldigten über sein Schweigerecht zu belehren, solle diesen davor schützen, sich ungewollt der Strafverfolgung ans Messer zu liefern. Die Belehrungspflicht erscheine somit als Ausprägung des Grundsatzes, dass niemand gegen sich selbst auszusagen brauche (*nemo tenetur se ipsum accusare*). Dagegen solle die Belehrungspflicht den Beschuldigten *nicht* davor schützen, hernach zivilrechtlich in Anspruch genommen zu werden. Der Beschuldigte sei auch nicht in gleicher Weise schutzwürdig wie ein Zeuge, dessen Aussage unverwertbar sei, wenn er nicht über sein Zeugnisverweigerungsrecht belehrt worden sei: Der Beschuldigte müsse ohnehin eine Parteivernehmung (§§ 445 ff. ZPO) gewärtigen. Schweige er dort, so sei das Gericht befugt, nach § 446 ZPO hieraus Rückschlüsse zu seinem Nachteil zu ziehen.

478   Im **Schrifttum** stößt diese Rechtsprechung auf **Kritik**[13]: Wenn ein Verwertungsverbot nicht eingreife, habe der Prozessgegner einerseits einen Anspruch auf die Erhebung und Verwertung dieses Beweises (Folge aus Art. 103 I GG!). Das Selbstbelastungsverbot im Strafverfahren verkörpere andererseits ein gewichtiges Schutzinstrument zugunsten des Beschuldigten. Diese Bedeutung des Selbstbelastungsverbots würde nun verkannt, wenn man dem Gegner im Zivilprozess einen Anspruch darauf ein-

---

11 Zutreffend *Gießler*, NJW 1977, 1185, 1186.
12 BGH NJW 2003, 1123, 1124 f.; ebenso *Balthasar*, JuS 2008, 35, 38.
13 *Leipold*, JZ 2003, 632, 633 f.

räumte, Parteiaussagen zu verwerten, die unter Verletzung jenes Verbots erlangt worden seien. In der Tat vermag nicht einzuleuchten, warum es den Zivilgerichten gestattet sein soll, die Rechtsverletzung im strafrechtlichen Ermittlungsverfahren durch Verwertung der dort erlangten Angaben zu perpetuieren. **Vorzugswürdig** wäre es daher gewesen, ein **Verwertungsverbot** zu **bejahen**.

3. Beweiserhebung und Privatsphäre

a) Das Eindringen in den fremden Privatbereich (Abhöranlagen, Observation etc.)

Mehrfach haben die Gerichte über Fälle zu entscheiden gehabt, in denen eine Partei Beweismittel dadurch erlangt hat, dass sie in die Privatsphäre des Gegners eingedrungen ist. Ein Beispiel dafür ist in **Fall 113e** beschrieben: K hat einen Privatdetektiv auf B angesetzt, der bei B Abhörwanzen installiert hat. Sein Antrag, die Wanzen abzuspielen, ist ein Antrag auf Einnahme eines gerichtlichen Augenscheins: Es sollen die Wanzen unmittelbar zur Wahrnehmung des Gerichts gebracht werden. **479 G**

Beweise, die auf diesem Weg erlangt worden sind, dürfen indes nicht verwertet werden[14]: K hat mit seinem Vorgehen in die verfassungsrechtlich durch Art. 1 I, 2 I, 13 I GG geschützte Privatsphäre eingegriffen. Zunächst hat der Privatdetektiv A unter Verletzung des Hausrechts von B und F deren Wohnung betreten (Verstoß gegen § 123 I StGB) und sodann die Vertraulichkeit des zwischen B und F gesprochenen Wortes verletzt.

Zur Vertiefung: **480**

(1) In gleicher Weise besteht ein Verwertungsverbot, wenn die eine Partei die andere per Video überwacht: Auch die beständige Observation ist ein unzulässiger Eingriff in die grundrechtlich geschützte Individualsphäre[15]. Eine Ausnahme gilt im Arbeitsrecht: Wenn der konkrete Verdacht besteht, dass der Arbeitnehmer sich einer Straftat oder einer anderen schweren Verfehlung zum Nachteil des Arbeitgebers schuldig gemacht hat, und der Videobeweis das einzig verbleibende Mittel zur Sachaufklärung darstellt und insgesamt nicht unverhältnismäßig ist, darf der Arbeitgeber den Arbeitnehmer per Video überwachen. In diesem Fall dürfen und müssen die Aufnahmen auf Antrag des Arbeitgebers verwertet werden[16]. Im Schrifttum wird eine ähnliche Handhabung auch für andere Fälle erwogen: Wann immer Straftaten konkret zu befürchten seien und die Videoüberwachung das einzige verbleibende Instrument zur Erfolg versprechenden Sachaufklärung darstelle, dürften Videoaufzeichnungen verwertet werden[17]. Falls (außerhalb des Arbeitsrechts) eine Partei von der anderen Partei gegen deren Willen Videoaufzeichnungen erstellt, ist namentlich das Recht am eigenen Bild betroffen; solche Aufnahmen sind daher grundsätzlich unverwertbar[18]. Einvernehmlich gefertigte Videoaufzeichnungen können demgegenüber verwertet werden[19].

---

14 OLG Karlsruhe NJW 2000, 1577.
15 OLG Karlsruhe NJW 2002, 2799; OLG Köln NJW 2005, 2997 ff.
16 BAG NJW 2003, 3436, 3437. Zustimmend *Kiethe*, MDR 2005, 965, 969.
17 *Balthasar*, JuS 2008, 35, 37.
18 OLG Köln NJW 2005, 2997, 2998.
19 VerfGH Berlin NJW 2014, 1084, 1085.

(2) Weniger problematisch ist die Verwertung von **Computerdaten**. *Beispiele*: Der Arbeitgeber darf die Internet-Chronik am Dienstrechner des Arbeitnehmers auslesen, um ihn der unerlaubten Internet-Nutzung während der Arbeitszeit zu überführen; das Ergebnis dieser Chronik ist als Beweismittel verwertbar[20]. Zur Rekonstruktion von Verkehrsunfällen dürfen Daten vom Bordcomputer eines Kraftfahrzeugs ausgelesen und als Beweismittel verwertet werden[21].

G 481   Als Folge dieses Rechtsverstoßes dürfen die Abhörwanzen nicht vor Gericht abgespielt werden; das Gericht darf also den Inhalt der Gespräche nicht einmal wahrnehmen. Der Antrag auf Einnahme eines gerichtlichen Augenscheins ist daher zurückzuweisen; es besteht also nicht nur ein Beweis*verwertungs*verbot, sondern ebenso bereits ein Beweis*erhebungs*verbot. Ebenso wenig darf A über den Inhalt der Gespräche vernommen werden. Der Inhalt abgehörter Gespräche scheidet als Beweisstoff kategorisch aus dem Verfahren aus.

b)   In Sonderheit: Der Mithörer am Telefon (Lauschzeuge)

G 482   Erhebliche Zweifel bestehen bei der Vernehmung von sog. **Lauschzeugen**, die von einer Partei ohne Kenntnis des Gegners eingeschaltet werden.

> **Fall 114:** B verkauft und übereignet an K einen Gebrauchtwagen. Am nächsten Tag ruft K bei B an und rügt Mängel. Der weitere Inhalt des Gesprächs ist zwischen den Parteien streitig. K beantragt die Vernehmung des Zeugen Z zum Beweis der Tatsache, dass B die Mängel in dem Telefonat eingeräumt habe. K hatte im Beisein des Z das Telefon laut gestellt, sodass Z das Telefongespräch mitgehört hatte.

K und B sind beide Träger des Grundrechts aus **Art. 10 I GG** (Fernmeldegeheimnis). In dies Recht wird **eingegriffen**, wenn ohne Wissen eines Gesprächsteilnehmers ein Dritter am anderen Ende der Leitung mithört. K selbst konnte freilich mangels unmittelbarer Grundrechtsbindung nicht in dies Grundrecht eingreifen. Wohl aber greift das Gericht als Staatsorgan in das Fernmeldegeheimnis des B ein, wenn es den Z als Zeugen vernimmt, diese Aussage verwertet und sich auf diese Weise eine Verletzung der Vertraulichkeit der telefonischen Kommunikation durch K zu Eigen macht und jene Verletzung perpetuiert. Ebenso wird auf diesem Wege in das aus **Art. 2 I GG** abgeleitete **Recht am gesprochenen Wort** eingegriffen – in das Recht nämlich, selbst zu entscheiden, ob das, was man mündlich äußert, nur dem anderen Gesprächsteilnehmer, einem begrenzten Personenkreis oder der Öffentlichkeit zugänglich macht.

G 483   Das BVerfG[22], der **BGH**[23] und das BAG[24] haben ausschließlich einen Eingriff in Art. 2 I GG angenommen[25] und halten im **Fall 114** diesen Grundrechtseingriff für **verfassungsrechtlich nicht gerechtfertigt**[26]. Namentlich könne die Verwertung der

---

20 LAG Berlin/Brandenburg MDR 2016, 533 LS 2.
21 *Balzer/Nugel*, NJW 2016, 193, 197.
22 BVerfG JZ 2003, 1104 ff.
23 BGH JZ 2003, 1109 ff.
24 BAG MDR 2009, 1351, 1352.
25 BVerfG JZ 2003, 1104 hat sogar ausdrücklich einen Eingriff in Art. 10 GG abgelehnt; dazu sogleich.
26 Aus dem Schrifttum ebenso *Kiethe*, MDR 2005, 965, 968 f.

Aussage eines Lauschzeugen nicht mit der Begründung vor dem Grundgesetz bestehen, dass gemäß Art. 20 III GG eine funktionstüchtige Rechtspflege zu gewährleisten sei. Ebenso wenig rechtfertige die allgemeine Beweisnot des Gegners den Eingriff. Die genannten Grundrechte desjenigen, der sich an einem mündlichen Gespräch beteilige, seien zu gewichtig, als dass sie mithilfe solch allgemeiner Überlegungen beiseitegeschoben werden könnten. Die Nichtbeweisbarkeit von vergangenen Vorfällen sei vielmehr das allgemeine Risiko, mit dem sowohl die Rechtspflege als auch die beweisbelastete Partei leben müssten. Eine **Ausnahme** komme allenfalls in Betracht, wenn die Interessen der beweisbelasteten Partei **besonders schutzbedürftig und schutzwürdig** seien. So dürfe der Lauschzeuge über den Inhalt eines verleumderischen oder erpresserischen Anrufs vernommen werden. Bei geschäftlichen Telefonaten nimmt der BGH ein mutmaßliches Einverständnis der Gesprächspartner in das Mithören von zuständigen Mitarbeitern an laut gestellten Telefonapparaten an[27].

Zur Vertiefung: In der Sache kann es kaum überzeugen, einen Eingriff in das aus Art. 2 I GG geschützte Recht am gesprochenen Wort zu bejahen, zugleich aber einen Eingriff in das Fernmeldegeheimnis aus Art. 10 GG zu verneinen. Das BVerfG hält Art. 10 GG deshalb nicht für berührt, weil die Organe des Staates nicht unmittelbar selbst mitgehört hätten. Dann aber fragt sich, warum ein Eingriff das Recht am gesprochenen Wort vorliegen soll; denn auch hier haben sich keine staatlichen Organe in den eigentlichen Gesprächsvorgang eingeschaltet. Der Eingriff liegt vielmehr darin, dass der Staat sich die *private* Verletzung der Vertraulichkeit des Wortes für sein eigenes Handeln (nämlich für die richterliche Urteilsfindung) zunutze macht. Wenn aber *darin* der Eingriff zu sehen ist, hätte man mit derselben Begründung ebenso einen Eingriff in Art. 10 GG annehmen können. Die Rechtsprechung des BVerfG erweist sich damit als inkonsequent.

Rechtsfolge dieser Ansicht ist ein **Beweiserhebungsverbot** (im **Fall 114** darf also Z nicht vernommen werden) und ein **Beweisverwertungsverbot** (im **Fall 114** darf die Aussage des Z, wenn Z denn vernommen worden sein sollte, nicht verwertet werden). Folgt man dieser Auffassung, so beschränkt sich das Erhebungs- und Verwertungsverbot nicht auf mitgehörte Telefonate. Vielmehr darf dann auch der Zeuge, den eine Partei am Ort des Gesprächs mit dem Gegner versteckt hat, um das Gespräch mitzuverfolgen, nicht vernommen werden. Gerade hier setzen freilich die **Bedenken** in der **Literatur** an: So wird befürchtet, dass künftig auch derjenige Zeuge nicht vernommen werden darf, dem von einem Gespräch zwischen den Parteien berichtet wird, ohne dass er bei jenem Gespräch dabei gewesen sei; dies aber gehe zu weit. Deshalb stelle die Rechtsprechung *generell* das Beweisinteresse der Partei zu Unrecht hinter das Kommunikationsgeheimnis des Gegners[28]. Die Kritik überzeugt: Die Parteien unterliegen nach § 138 I ZPO einer prozessualen Wahrheitspflicht. Keiner Partei ist es daher gestattet, unwahre Behauptungen aufzustellen und/oder aufrecht zu erhalten. Dies gilt namentlich für die Wiedergabe eigener Äußerungen der Parteien, die sowohl

484 G

---

27 BGH MDR 2006, 533.
28 *Foerste*, JZ 2003, 1111, 1112; für geschäftliche Telefonate auch *Balthasar*, Jahrbuch Junger Zivilrechtswissenschaftler 2005, 229, 246; *ders.*, JuS 2008, 35, 36. In der Tendenz ebenso *Roth*, JZ 2009, 194, 204: Der Schutz der Persönlichkeit darf nicht überspannt werden, wenn Verletzung der prozessualen Wahrheitspflicht durch den Gegner im Raum steht.

deren eigene Handlungen als auch Gegenstand ihrer eigenen unmittelbaren Wahrnehmung sind. Nun gilt das Wahrheitsgebot im Zivilprozess nicht absolut; sonst wären Beweisverbote nicht denkbar. Doch stehen nicht nur die Grundrechte der Kommunikationsteilnehmer auf dem Spiel, sondern auch das Recht der Parteien auf rechtliches Gehör. Namentlich die beweisbelastete Partei hat kraft Art. 103 I GG grundsätzlich einen Anspruch darauf, dass das Gericht ihren Beweisanträgen nachgeht. Ein Beweisverbot kann daher nur dann anerkannt werden, wenn sich ein Übergewicht der gegenläufigen Interessen feststellen lässt. Dies Übergewicht ist in den hier fraglichen Fällen gerade nicht erkennbar: Wer bei mündlicher Kommunikation mit dem Gegner einen versteckten Zeugen zuzieht, tut dies in der Regel deshalb, weil er befürchten muss, dass der Gegner das Gespräch als solches bestreiten oder dessen Inhalt im Falle einer gerichtlichen Auseinandersetzung unrichtig wiedergeben wird. Das Mithören durch Dritte dient damit der vorbeugenden Abwehr unwahrer Behauptungen des Gegners, die, wenn sie vorsätzlich in den Prozess eingeführt werden, die Schwelle zur strafbaren Handlung (Prozessbetrug, § 263 StGB!) überschreiten. Keine Partei verdient im Verhältnis zum Gegner einen so weit reichenden Freiraum, um mithilfe von Lügen aus einem Rechtsstreit als Sieger hervorzugehen. Im **Fall 114** darf daher Z vernommen und seine Aussage verwertet werden.

c) Entwendung von Beweismitteln

484a Wenn jemand den Beweis durch **Urkunden** führen möchte, die sich nicht in seinem Besitz befinden, kann er unter den Voraussetzungen des § 810 BGB Einsicht in diese Urkunden verlangen. Macht er diesen Anspruch nicht gerichtlich geltend, sondern bringt er die Urkunde gegen den Willen des Besitzers in seinen Gewahrsam (z. B. durch Diebstahl), fragt sich, ob die Urkunde verwertet werden darf. Das hat das BAG mit Recht bejaht[29]: Der Schutz von Eigentum und Besitz durch die Vorschriften des Zivil- und Strafrechts bezweckt die Bewahrung der Substanz und der Nutzungsmöglichkeit. Nicht aber soll dem Eigentümer/Besitzer der Urkunde das Recht zur Behinderung der gerichtlichen Wahrheitsfindung vermitteln. Vielmehr hat umgekehrt das Gericht seinerseits die Möglichkeit, die Partei nach § 142 I 1 ZPO zur Vorlage von Urkunden anzuhalten, die sich in ihrem Besitz befinden.

d) „Dashcams" im Straßenverkehr

484b In zahlreichen Kraftfahrzeugen, aber auch auf Fahrradhelmen sind heutzutage Mini-Kameras (sog. Dashcams) installiert, die das Verkehrsgeschehen aufzeichnen. Wenn es zu einem Verkehrsunfall kommt, können diese Aufzeichnungen einen entscheidenden Beitrag zur Aufklärung des Unfallgeschehens leisten: *Die Kamera lügt nicht.* Andere Beweismittel sind deutlich weniger ergiebig. Das gilt insbesondere für Zeugen: Diese werden vom Unfall überrascht, hatten daher zuvor keinen Anlass, das Verkehrsgeschehen zu beobachten und können sich daher an entscheidende Einzelheiten häufig nicht erinnern bzw. haben diese nicht einmal bewusst wahrgenommen. Und

---

29 BAG NJW 2003, 1204, 1206; ebenso *Balthasar*, JuS 2008, 35; *Braun*, Lehrbuch des Zivilprozeßrechts, 2014, S. 765.

praktisch jeder mit Verkehrsunfällen befasster Richter hat schon die leidige Erfahrung von „Aussagegemeinschaften" unter den Insassen der beteiligten Fahrzeuge machen müssen: Die innere Verbundenheit mit dem „eigenen" Fahrer wirkt sich spürbar nachteilig auf die Wahrheitsliebe aus. Nun bedeutet aber der Einsatz von Dashcams, dass das Verkehrsgeschehen *präventiv* aufgezeichnet wird: Auch die Unfallbeteiligten selbst sehen – blendet man einmal die „gestellten" Unfälle zum Zwecke des Versicherungsbetruges aus – den Unfall nicht voraus. Das bedeutet: Es werden zwangsläufig Abläufe gefilmt, die später keine Rolle spielen; und es werden Personen gefilmt, die mit dem späteren Unfall nichts zu tun haben, sondern als unbeteiligte Passanten zufällig in das Blickfeld der Kamera geraten.

Fragt man in dieser Situation nach der Befugnis der Gerichte, die Aufnahmen einer Dashcam als Beweismittel (nämlich im Wege des Augenscheins) zu verwerten, so mündet dies in eine Abwägung zwischen dem Persönlichkeitsrecht auf der einen Seite und dem Beweisinteresse der filmenden Partei und Interesse an funktionsfähiger Rechtspflege. Letzteres Interesse ist berührt, wenn verfügbare Beweise nicht sollen erhoben und verwertet werden dürfen. Denn die staatliche Rechtspflege funktioniert umso besser, je präziser der Sachverhalt ermittelt werden kann und je größer daher die Wahrscheinlichkeit ist, dass ein mit der wirklichen Sach- und Rechtslage übereinstimmenden Urteils ergeht[30]. Die Probleme gehen aber schon bei der Frage los, *wessen* Persönlichkeitsrechte in die Abwägung einfließen – nur die des Unfall- und Prozessgegners oder auch die der unbeteiligten Passanten? Eben hier setzen die Überlegungen jener Stimmen an, die sich für ein Beweisverwertungsverbot aussprechen[31]: Das Verkehrsgeschehen werde großflächig aufgezeichnet. Viele Passanten würden ohne ihr Wissen gefilmt. Wie die Aufnahmen später verwendet würden, stehe in der alleinigen Disposition dessen, der sie gefertigt habe. Befürchtet wird außerdem eine negative Vorbildwirkung: Wenn man im Straßenverkehr mit Mini-Kameras anfange, greife das Phänomen von unbemerkten Aufnahmen auf das ganze Alltagsleben über. Jeder müsse dann damit rechnen, ohne sein Wissen zum Objekt von Bildaufnahmen zu werden. Teilweise wird die Verwertung der Aufnahmen nur unter der Voraussetzung befürwortet, dass sich diese auf das Unfallgeschehen beschränkten; denn nur in diesem Umfang seien die Aufnahmen nach § 6b I Nr. 3 BDSG zulässig.[32] Die Kamera müsse also „anlassbezogen" eingesetzt werden[33]. Dieser Ansatz kämpft freilich mit der bereits beschriebenen Schwierigkeit, dass sich der Unfall und damit die potentielle Relevanz der Aufnahmen nicht im Vorhinein prognostizieren lassen.

Indes kann die Annahme eines **Beweisverwertungsverbots** im Ergebnis **nicht überzeugen**[34]. Denn in einem Zivilprozess können nur die Persönlichkeitsrechte der anderen Unfall- und Prozessbeteiligten, nicht aber jene Dritter einfließen, die mit dem Unfallgeschehen und seiner rechtlichen Aufarbeitung überhaupt nichts zu tun haben.

---

30 *Ahrens*, MDR 2015, 926, 927.
31 LG Heilbronn NJW-RR 2015, 1019, 1020 f.
32 *Balzer/Nugel*, NJW 2014, 1622, 1626 f.
33 LG Frankenthal MDR 2016, 791, 792.
34 Gegen die Annahme eines Beweisverwertungsverbots auch AG Nürnberg MDR 2015, 977 f.; LG Landshut MDR 2016, 813 LS; *Ahrens*, MDR 2015, 926 ff.; *Laumen*, MDR 2016, 813 f.

Das Interesse der anderen Beteiligten, nicht bei ihren Bewegungen im Straßenverkehr abgelichtet zu werden, kann indes nur mit geringem Gewicht zu Buche schlagen. Denn die Beteiligten haben sich nun einmal für alle sichtbar in der Öffentlichkeit bewegt. Demgegenüber wiegen das Aufklärungsinteresse des Beweisführers und das öffentliche Interesse an einer funktionsfähigen Rechtspflege besonders schwer. Denn aus den bereits genannte Gründen verbleibt ohne die Verwertung der Bildaufnahmen ein gesteigertes Risiko, dass das Gericht auf einer unzutreffenden Tatsachengrundlage entscheiden muss.

II. Anscheinsbeweis

1. Das Prinzip der freien Überzeugungsbildung

G 485   Das Gericht muss sich mit dem Ergebnis der Beweise auseinandersetzen und sich sodann darüber schlüssig werden, ob es die behauptete Tatsache als bewiesen ansieht: Es muss die Beweise **würdigen**. Dabei darf es eine Tatsache nicht erst dann für bewiesen erachten, wenn sie unumstößlich gewiss oder an Sicherheit grenzend wahrscheinlich ist; ausreichend ist vielmehr nach ständiger Rechtsprechung[35] ein „für das praktische Leben brauchbarer Grad von Gewissheit, der den Zweifeln Schweigen gebietet".

G 486   Dabei gilt nach § 286 ZPO das Prinzip der **freien Überzeugungsbildung**: Das Gericht ist nicht an bestimmte Beweisregeln gebunden, sondern kann frei entscheiden, welchen Beweisen es Glauben schenkt und welchen nicht:
- Das Gericht muss nicht etwa eine Tatsache als erwiesen ansehen, wenn eine bestimmte Anzahl von Zeugen sie bestätigt. Es kann einem Zeugen Glauben schenken und gleichzeitig 20 Zeugen, die das Gegenteil bekundet haben, der Lüge bezichtigen. Es muss freilich darlegen, warum es dem einen Zeugen glaubt und dem anderen nicht.
- Ebensowenig muss das Gericht zwingend dem Gutachten des Sachverständigen folgen. Es muss aber, wenn es vom Gutachten abweicht, in den Urteilsgründen seine eigene Sachkunde ausweisen und insbesondere darlegen, dass seine abweichende Beurteilung nicht auf einem Mangel an Sachkunde beruht[36]. Gelingt dies dem Gericht nicht, so muss es ein weiteres Gutachten einholen.
- Erst recht ist das Gericht verpflichtet, dort, wo es keine eigene Sachkunde besitzt, *überhaupt* ein Sachverständigengutachten einzuholen. Namentlich dort, wo um die Ersatzpflicht einer Person für Gesundheitsschäden eines anderen gestritten wird, darf das Gericht, wenn der Verletzungsbefund und die Kausalität des angeblich Ersatzpflichtigen für die Verletzungsfolgen streitig geblieben sind, im Regelfall nicht auf die Einholung eines medizinischen Sachverständigengutachtens verzichten[37].

---

35 Vgl. etwa BGH NJW 2003, 1116, 1117; NJW 2004, 777, 778; NJW 2008, 1381, 1382.
36 BGH ZIP 2004, 1758, 1759.
37 OLG Koblenz NJW 2004, 1186, 1187.

- Wohl aber hat das Gericht alle angebotenen Beweise auszuschöpfen. Insbesondere gilt das **Verbot der vorweggenommenen Beweiswürdigung**. Ein Gericht darf die Vernehmung eines Zeugen nicht etwa mit der Begründung ablehnen, dieser werde voraussichtlich ohnehin nicht die Wahrheit sagen. Ebenso wenig darf das Gericht einen Beweisantrag mit der Begründung ablehnen, es halte das Gegenteil der unter Beweis gestellten Behauptung für erwiesen. So hat der BGH mit Recht ausgesprochen, dass Zeugen, die eine Partei benannt hat, auch dann zu vernehmen sind, wenn die andere Partei ein Privatgutachten eingereicht hat, aus der sich das Gegenteil ergibt: Ein Privatgutachten ist kein Beweismittel, sondern Parteivortrag und macht schon aus diesem Grund eine Beweisaufnahme nicht entbehrlich[38].

2. Beweisregeln

An bestimmte Beweisregeln ist das Gericht nach § 286 II ZPO nur gebunden, wenn das Gesetz es ausdrücklich vorsieht. **Beispiele** dafür bilden die **§§ 139 IV, 165 ZPO**: Hinweise im Rahmen der materiellen Verhandlungsleitung können nur durch den Inhalt der Akten und die Beachtung der für das Verfahren wesentlichen Förmlichkeiten nur durch das Sitzungsprotokoll bewiesen werden. Andere Beweismittel sind *unzulässig*. Gegen den Inhalt der Akten bzw. des Protokolls ist nur der Nachweis der Fälschung zulässig; mit dem Nachweis, etwas sei versehentlich nicht oder falsch notiert worden, wird also die Partei nicht gehört. Damit etabliert das Gesetz eine Beweisregel, die das Gericht in seiner freien Überzeugungsbildung einschränkt.

487 G

3. Die Beweisführung anhand von Erfahrungssätzen

Fall 115: Auf der Autobahn kommt es zwischen B und K zu einem Verkehrsunfall, weil B von hinten auf das Auto des K auffährt. K verklagt den B auf Schadensersatz wegen Beschädigung seines Fahrzeugs. In der Beweisaufnahme kann der von B benannte Zeuge Z glaubhaft bekunden, dass die Kollision sich in Höhe einer Anschlussstelle ereignet hat und K auf dem Beschleunigungsstreifen in die Hauptfahrspur eingeschert ist. Z kann sich aber nicht mehr erinnern, wie weit B zu diesem Zeitpunkt vom Fahrzeug des K entfernt war.

488 G

a) Die Beweislastverteilung

K muss die Anspruchsvoraussetzungen des § 823 I BGB (und der §§ 7 I, 17 II StVG) beweisen. Für § 823 I BGB muss er insbesondere dartun, dass B sein Eigentum verletzt hat und ihn hieran auch ein Verschulden trifft. Das ist nach dem bisherigen Beweisergebnis unklar:
- **Wenn es stimmt,** dass K beim Einscheren noch ausreichend Platz hatte, bevor B eintraf, kann die Beschädigung jedenfalls nicht darauf zurückzuführen sein, dass K den Vorrang des B verletzte. Vielmehr musste K sodann aus anderen Gründen bremsen. Wenn B dann bei K aufgefahren ist, hat er entweder nicht rechtzeitig re-

---

38 BGH MDR 2009, 1298, 1299.

agiert oder er war von Anfang an zu schnell unterwegs. In diesem Fall ist er für die Eigentumsverletzung adäquat kausal und es trifft ihn auch ein Verschulden. Der auf § 823 I BGB gestützte Ersatzanspruch wäre begründet.

- **Wenn es umgekehrt stimmt,** dass K unmittelbar vor B eingeschert ist und damit den Vorrang des B verletzt hat, so hat B keine Gefahr gesetzt, die das Erfolgsrisiko erheblich erhöht hat (der Gefahrerhöhungsgedanke ist das Hauptcharakteristikum der Adäquanztheorie[39]) – allein die Tatsache, dass B geradeaus auf einer vorfahrt-berechtigten Straße fährt, birgt noch kein Unfallrisiko. Zumindest aber träfe ihn in diesem Fall kein Verschulden. In diesem Fall könnte K keinen Ersatz von B verlangen.

Die *Beweislast* für den Verkehrsverstoß des B liegt bei K. Wenn es dem K nicht gelingt, zu beweisen, dass B entgegen den Regeln der StVO gefahren ist, ist jedenfalls der Beweis des Verschuldens nicht geführt und ein Anspruch aus § 823 I BGB nicht gegeben.

b) Typischer Geschehensablauf

G 489 Doch könnte für adäquate Kausalität und Verschulden der **Beweis des ersten Anscheins** sprechen. Dies ist der Fall, wenn sich im klagebegründenden Sachverhalt ein **typischer Geschehensablauf** niedergeschlagen hat, bei dem sich in der Vergangenheit immer wieder empirisch gezeigt hat, dass er den Schluss auf eine bestimmte Tatsache zulässt. In einem solchen Fall spricht ein **qualifizierter Erfahrungssatz** dafür, dass dieser Schluss *auch im konkreten Sachverhalt gerechtfertigt ist*. Es spricht mithin für die behauptete Tatsache der Beweis des ersten Anscheins. Ein solcher typischer Geschehensablauf wird insbesondere bei Auffahrunfällen bejaht: Es spricht der Beweis des ersten Anscheins dafür, dass der hinten Auffahrende entweder nicht rechtzeitig reagiert oder von vornherein nicht genügend Rückabstand gehalten hat (st. Rspr.[40]). Danach scheint auch im **Fall 115** der Beweis des ersten Anscheins für ein verkehrswidriges Verhalten des B und für dessen Verschulden zu sprechen.

c) Die Erschütterung des ersten Anscheins

G 490 Wenn sich ein in dieser Weise typischer Geschehensablauf feststellen lässt, so *muss* das Gericht seiner Beweiswürdigung eben diesen Anscheinsbeweis – den Schluss von der qualifizierten Erfahrungsregel auf den konkreten Sachverhalt – zugrundelegen, *es sei denn*, der Gegner legt Tatsachen dar, die diese Erfahrungsregel für den konkreten Fall **erschüttern**. Dann kann nicht mehr ohne weiteres davon ausgegangen werden, der streitige Sachverhalt habe sich gemäß der Erfahrungsregel abgespielt. Folglich kann in einem solchen Fall der Unfallhergang nicht mehr durch Anwendung der Erfahrungsregel bewiesen werden, vielmehr muss der Kläger jetzt konkrete Fakten und Beweise auf den Tisch legen. Allerdings bedürfen die **Gegentatsachen**, durch die der Beklagte den Beweis des ersten Anscheins erschüttern will, des **vollen Beweises**[41].

---

39 Vgl. BGHZ 3, 261.
40 Vgl. nur BGH NJW 1982, 1595.
41 BGHZ 8, 239, 240.

Fraglich ist, ob es dem B gelungen ist, solche den ersten Anschein erschütternden **491 G** Tatsachen zu beweisen. Sicher ist nach dem Ergebnis der Beweisaufnahme, dass K aus einer Autobahnauffahrt einscherte und dass die Kollision sich in Höhe der Anschlussstelle ereignete. Dies lässt einen abweichenden Kausalverlauf zumindest als möglich erscheinen. Doch steht nicht fest, wie weit B von der Unfallstelle entfernt war, als K einbog; wenn er etwa noch 500 m weit weg war, konnte man dem K keinen Vorwurf daraus machen, dass er in die Straße einbog, es sei denn, B war erkennbar sehr schnell. Da die Kollision sich in Höhe der Anschlussstelle ereignet hat, liegt es äußerst nahe, dass B dem Beschleunigungsstreifen, von dem aus K einscherte, schon sehr nahe gekommen war und K daher nach den Vorfahrtregeln auf jeden Fall wartepflichtig gewesen ist. Der Aufprall stand aber nach den beweiskräftig festgestellten Umständen in nahem räumlichem und zeitlichem Zusammenhang mit dem Wechsel des K vom Beschleunigungsstreifen auf die rechte Fahrspur der Autobahn. Es kam daher ernsthaft in Betracht, dass K so knapp vor B eingeschert war, dass dieser nicht mehr rechtzeitig bremsen konnte. In diesem Fall wäre das Verschulden bei K gelegen. Damit ist in **Fall 115** der Beweis des ersten Anscheins erschüttert[42]. K muss das Verschulden des B auf anderem Wege beweisen, wenn er mit seiner Schadensersatzklage nicht abgewiesen werden will.

Weitere Beispiele: **491a**

Ganz generell findet bei einem Auffahrunfall kein Anscheinsbeweis statt, wenn bewiesen ist, dass das vorausfahrende Fahrzeug kurz vor der Kollision den Fahrstreifen gewechselt hat[43]. Der Anscheinsbeweis scheidet des Weiteren aus, wenn der Auffahrende mit dem Eckbereich des Hecks des Vordermanns kollidiert ist[44]. Ebenso wenig kommt beim heckseitigen Aufprall ein Anscheinsbeweis in Betracht, wenn auch nur möglich erscheint, dass der Vordermann seinerseits zurückgerollt ist: Ein Anscheinsbeweis kann erst dann eingreifen, wenn bewiesen ist, dass der Hintermann tatsächlich aufgefahren ist[45], dass also beide Fahrzeuge sich im Unfallzeitpunkt in der Vorwärtsbewegung befanden. Steht fest, dass die Kollision stattfand, als die Ampel auf „Grün" stand, und ist weiter bewiesen, dass der Vordermann trotz „Grün" ohne zwingenden Grund abrupt gebremst hat, ist der Beweis des ersten Anscheins für ein Verschulden des Hintermannes ebenfalls erschüttert[46].

Der Straßenverkehr bietet eine reiche Fülle an Beispielen für den Anscheinsbeweis[47]. Es spricht der Beweis des ersten Anscheins für einen bei Anwendung der gebotenen Sorgfalt vermeidbaren Fahrfehler, wenn ein Fahrzeug von einer geraden und übersichtlichen Fahrbahn abkommt[48]. Wenn an einer Straßeneinmündung zwei Fahrzeuge zusammenstoßen, spricht der Beweis des ersten Anscheins für die Annahme, dass derjenige, der nach den Vorfahrtregeln wartepflichtig war, den Vorrang seines Unfallgegners missachtet hat[49]. Wird ein Fußgänger beim Überqueren der Straße von einem Kfz erfasst, spricht der erste Anschein dafür, dass er das herannahende Fahrzeug übersehen oder dessen Geschwindigkeit unterschätzt hat[50]. Fehlen an einem Fahrrad die vorgeschrie-

---

42 So mit Recht BGH NJW 1982, 1595.
43 BGH NJW 2012, 608 Rn. 11; OLG Saarbrücken NJW-RR 2010, 323; *Dörr*, MDR 2010, 1163, 1165 f.; *Fetzer*, MDR 2009, 602, 603 m. w. N.; *Metz*, NJW 2008, 2806, 2809; *Nugel*, NJW 2013, 193, 197; *Roth*, JZ 2015, 495, 502.
44 KGR 2008, 816.
45 *Dörr*, MDR 2010, 1163; *Metz*, NJW 2008, 2806, 2809.
46 LG Saarbrücken NJW-RR 2016, 409.
47 Instruktiver Überblick bei *Dörr*, MDR 2010, 1163 ff.; *Nugel*, NJW 2013, 193, 196 ff.
48 BGH NJW 1989, 3273; NJW 1996, 1828.
49 BGH NJW 1982, 2668; LG Heilbronn NJW-RR 2015, 1019, 1020; *Nugel*, NJW 2013, 193, 197.
50 OLG Saarbrücken NJW 2010, 2525, 2526.

benen Vorrichtungen für die Beleuchtung bei Dunkelheit und wird der Fahrer dieses Fahrrades von einem Kfz erfasst, so spricht der Beweis des ersten Anscheins dafür, dass der Fahrradfahrer nicht rechtzeitig wahrgenommen und dadurch der Unfall verursacht wurde[51]. Wenn eine Kommune bei Bauarbeiten an einem Gehweg eine Gefahrenquelle nicht hinreichend absichert und ein Fußgänger in der Nähe der gefährlichen Stelle stürzt, so spricht der Beweis des ersten Anscheins dafür, dass jene Gefahrenquelle Ursache des Sturzes war[52]. Wenn jemand bei Glatteis auf nicht geräumtem/gestreutem Weg stürzt, spricht der Beweis des ersten Anscheins dafür, dass der Unfall ausgeblieben wäre, dass also die Verletzung der Räum- bzw. Streupflicht für den Unfall ursächlich war. Allerdings muss der Geschädigte beweisen, dass der Unfall sich zu einer Uhrzeit ereignet hat, zu der eine Räum- bzw. Streupflicht bestand[53]. Ferner dürfte bei einem Kraftfahrzeug, bei dem die Fahrzeug-Identifikationsnummer, das Zündschloss und die Türschlösser ausgetauscht und das Produktionsschild mechanisch bearbeitet sind, der Beweis des ersten Anscheins dafür sprechen, dass es gestohlen ist[54].

In einem Fall, der einer frühen Entscheidung des BGH zugrunde lag, war ein LKW-Fahrer gegen einen Baum am Straßenrand gefahren. Er konnte beweisen, dass er im Moment des Unfalls von einem anderen LKW überholt wurde; nicht aber konnte er seine weitere Behauptung beweisen, er sei von diesem LKW-Fahrer geschrammt worden und habe daher die Kontrolle über sein Fahrzeug verloren. Dies hat der BGH für nicht ausreichend erachtet, um den Beweis des ersten Anscheins zu erschüttern, dass ein Kraftfahrer, der gegen einen Baum fährt, schuldhaft gehandelt hat[55]. Abgelehnt wurde dagegen der Anscheinsbeweis in folgendem Fall: Der Kläger fuhr beim Beklagten im Auto mit. Auf gerader Fahrbahn kam der Beklagte von der Straße ab und prallte gegen einen Baumstumpf; dadurch wurde der Kläger verletzt und verklagte daraufhin den Beklagten auf Schadensersatz. Der Unfall stand in unmittelbarem Zusammenhang mit einem Überholmanöver des hinter dem Beklagten fahrenden Fahrzeugs, das wegen Gegenverkehrs nur knapp zu Ende geführt werden konnte. Hier war nicht auszuschließen, dass der Beklagte vom überholenden Fahrzeug abgedrängt worden war und der Verkehrsverstoß nicht bei ihm, sondern beim Fahrer des überholenden Wagens lag (der nicht mehr ermittelt werden konnte). Der BGH hat daher zu Recht einen Anscheinsbeweis nicht anerkannt[56]. Beide Fälle ähneln einander auf den ersten Blick stark. Der Unterschied zwischen dem ersten und dem zweiten Fall besteht aber darin, dass im zweiten Fall nicht nur das Überholmanöver als solches, sondern ebenso dessen Verkehrswidrigkeit bewiesen war: Wenn der Überholende nur knapp vor dem Gegenverkehr wieder in seine Fahrspur eingeschert ist, war dies Manöver so riskant, dass es gar nicht erst hätte unternommen werden dürfen.

Bei einer Kollision eines **Linksabbiegers** mit geradeaus fahrendem **Gegenverkehr** spricht der Beweis des ersten Anscheins für die Annahme, dass der Linksabbieger die Vorfahrt des Gegenverkehrs missachtet hat[57] In Fällen, in denen ein nach links abbiegendes Fahrzeug mit dem **nachfolgenden** Fahrzeug kollidierte, dessen Fahrer zuvor versucht hatte, das abbiegende Fahrzeug links zu überholen, gestaltet sich das Postulat eines qualifizierten Erfahrungssatzes schwieriger. Mehrfach wurde in solchen Fällen ein Anscheinsbeweis für ein Verschulden des abbiegenden Fahrers (fehlender Blinker; fehlende Verlangsamung des Fahrzeugs vor dem Abbiegevorgang) bejaht[58]. Dies überzeugt aber nicht[59]: Die Möglichkeit, dass der Vordermann sehr wohl den beabsichtigten Richtungswechsel deutlich gemacht und der Hintermann dies schlicht übersehen hat,

---

51 OLG Frankfurt MDR 2010, 690.
52 BGH NJW 2005, 2454.
53 BGH NJW 2009, 3302, 3303.
54 Dazu neigend, aber offen lassend auch BGH NJW 1997, 3164, 3166.
55 BGHZ 8, 239, 240 f.
56 BGH NJW 1996, 1828.
57 BGH NJW 2005, 1351, 1352; BGH NJW-RR 2007, 1077 Rn. 8; LG Saarbrücken NJOZ 2014, 1803, 1804; *Nugel*, NJW 2013, 193, 197.
58 KG NZV 2003, 89, 90; OLG München NJW 2015, 1892 Rn. 20 ff.; LG Saarbrücken NJOZ 2014, 1803, 1804.
59 Wie hier OLG Düsseldorf NJW 2015, 2586 Rn. 10 f.

liegt so sehr auf der Hand, dass von einem typischen Geschehen des Inhalts, der Vordermann habe es an der gebotenen Vorsicht fehlen lassen, keine Rede sein kann. Salopp gesprochen: Ein Erfahrungssatz des Inhalts „Überholen trotz Links-Blinker – sowas macht doch keiner!" existiert nicht. Gar grob fehlerhaft ist die Ansicht des OLG München[60], wonach der Anscheinsbeweis in derartigen Konstellationen selbst dann für den Überholenden streiten soll, wenn dieser jenseits der Grenze absoluter Fahruntüchtigkeit alkoholisiert ist: Alkohol senkt das Wahrnehmungs- und Reaktionsvermögen im Straßenverkehr nachweislich ab. Es liegt also ganz besonders auf der Hand, dass der alkoholisierte Hintermann den beabsichtigten Richtungswechsel des Vordermannes nicht rechtzeitig wahrgenommen (z. B. den vom Vordermann gesetzten Blinker übersehen) hat. Stark diskussionsbedürftig ist die Anwendung des Anscheinsbeweises bei **Rückwärts-Kollision auf Parkplätzen** – wenn also zwei Autos gleichzeitig aus einer Parklücke ausscheren und dabei zusammenstoßen. Nach Ansicht des BGH gilt folgendes: Stehe fest, dass das eine Fahrzeug im Zeitpunkt der Kollision bereits zum Stehen gekommen sei, so spreche der Beweis des ersten Anscheins lediglich für ein Verschulden dessen, der das andere Fahrzeug geführt habe, nicht aber für ein Verschulden dessen, der als Erster zum Stehen gekommen sei[61]. Diese These ist in der Literatur mit Recht auf Ablehnung gestoßen[62]. Denn sie blendet die naheliegende Möglichkeit aus, dass derjenige, dem es gelungen ist, als Erster zum Stehen zu kommen, vorher so schnell ausgeschert ist, dass der andere nicht mehr rechtzeitig reagieren konnte. Viel wahrscheinlicher ist in derartigen Fallgestaltungen, dass *beide* ausparkenden Autofahrer vor dem Ausscheren den Verkehr auf dem Parkplatz unzureichend beobachtet haben.

Wenn dem Gast beim Verzehr eines Hackfleischgerichts im Restaurant ein Zahn abbricht, spricht kein Anscheinsbeweis dafür, dass in der zubereiteten Mahlzeit ein Fremdkörper enthalten war: Ebenso gut kann eine Vorbeschädigung des Zahns für den Bruch verantwortlich sein[63]. Wird ein Patient mit Blutkonserven behandelt, die nachweislich das **HIV-Virus** enthalten, und wird sodann bei ihm eine Infektion mit HIV festgestellt, so spricht der Beweis des ersten Anscheins für die Annahme, dass die Infektion auf die Behandlung mit jenen Blutkonserven zurückzuführen ist. Dies gilt jedoch nur, wenn der Patient weder zu den HIV-gefährdeten Risikogruppen gehört noch durch die Art seiner Lebensführung einer gesteigerten Infektionsgefahr ausgesetzt ist[64]. Wenn zwei 11-jährige Kinder in einer Scheune, in der sich leicht entzündliche Gegenstände (z. B. Heu und Stroh) befinden, mit einem Feuerzeug hantieren, das sie dort gefunden haben, dabei nachweisbar eine offene Flamme entsteht und kurz darauf ein Brand ausbricht, spricht der Beweis des ersten Anscheins dafür, dass die Kinder diesen Brand verursacht haben[65].

Bei **elektronischer Korrespondenz** besteht für den Anscheinsbeweis ebenso allenfalls ein schmaler Anwendungsbereich. Eine einfache E-Mail beweist für sich gesehen weder, dass die beim Empfänger eingegangene Erklärung mit der abgesandten identisch ist, noch, dass ihr Autor tatsächlich der angegebene Absender ist: Zu nahe liegt die Möglichkeit externer Manipulation[66]. Was den Zugang anbelangt, so erzeugt das Sendeprotokoll einer E-Mail noch keinen ersten Anschein für den Zugang der Mail beim Empfänger[67]. Der Zugang wird aber über die Lesebestätigung des Empfängers nachgewiesen[68]. Die Beweiskraft von **qualifiziert elektronisch signierten Dokumenten** hat der Gesetzgeber freilich in § 371a ZPO besonders geregelt[69].

---

60 OLG München NJW 2015, 1892 Rn. 24 f.
61 BGH NJW 2016, 1098 Rn. 15; BGH NJW 2016, 1100 Rn. 11.
62 *Geipel*, NJW 2016, 1099 f.; *Laumen*, MDR 2016, 636.
63 BGH NJW 2006, 2262, 2263.
64 BGHZ 114, 284, 290; BGH NJW 2005, 2614, 2615.
65 BGH NJW 2010, 1072 f.
66 *Roßnagel/Pfitzmann*, NJW 2003, 1209, 1210, 1211 f.
67 *Mankowski*, NJW 2004, 1901.
68 *Mankowski*, NJW 2004, 1901, 1902.
69 Näher dazu *Armgrdt/Spalka*, K&R 2007, 26 ff.; *Roßnagel/Fischer-Dieskau*, NJW 2006, 806 ff.; *Schemmann*, ZZP 118 (2005), 161 ff.

Dagegen spricht bei der Absendung eines **Telefaxes** der Beweis des ersten Anscheins für den Zugang beim Empfänger, wenn auf dem Sendeprotokoll ein OK-Vermerk enthalten ist[70]. Mit dem technischen Fortschritt wird das Risiko von Übertragungsstörungen immer geringer. Dem Empfänger steht eine zumutbare Möglichkeit zur Verfügung, den Beweis des ersten Anscheins zu entkräften, indem er bei unterbliebenem Empfang das Empfangsjournal seines Geräts vorlegt (auf dem die Sendung dann nicht dokumentiert ist) und bei gestörtem Empfang den unleserlichen Ausdruck des Schriftstücks durch sein Faxgerät vorlegt. Dagegen kann kein Beweis des ersten Anscheins für den Zugang eines Schriftstücks anerkannt werden, das per **Einwurfeinschreiben** abgesendet wurde[71]: Es kann nie ausgeschlossen werden, dass es in den falschen Briefkasten geworfen wird.

Wird eine **ec-Karte** dem Inhaber gestohlen und hebt der Dieb in zeitlicher Nähe zu dem Diebstahl mit ihrer Hilfe mittels eines Geldautomaten Geld vom Konto des Inhabers ab, so spricht der Beweis des ersten Anscheins dafür, dass der Kunde diesen Diebstahl grob fahrlässig ermöglicht hat (vgl. § 675v BGB): Entweder er hat die persönliche Geheimnummer, ohne die vom Automaten nicht abgehoben werden kann, auf der Karte notiert oder diese zusammen mit der Karte verwahrt[72]. Daran hat sich auch nach Inkrafttreten des Zahlungsdienstrechts (§§ 675c ff. BGB) nichts geändert[73]. Der Beweis des ersten Anscheins ist erschüttert, wenn der Kunde nachweist, dass die ec-Karte im unmittelbaren Anschluss an denjenigen Zeitpunkt entwendet wurde, zu dem er persönlich seine Geheimnummer eingab; denn dann besteht die nahe liegende Möglichkeit, dass ein Unbefugter den Karteninhaber bei der Eingabe der Geheimnummer ausgespäht hat[74]. Der Beweis des ersten Anscheins ist jedoch noch *nicht* durch die allgemeine Möglichkeit erschüttert, dass Unbefugte den Geldautomaten durch Anbringung eines Lesegeräts (mit dessen Hilfe der Code auf dem Magnetstreifen kopiert wird) und einer Minikamera (zur Ausspähung der Geheimzahl) manipuliert haben könnten (sog. *Skimming*). Der Kunde muss vielmehr konkrete Umstände vortragen, die einen solchen Geschehensablauf gerade im Zeitpunkt der Abhebung als naheliegend erscheinen lassen[75]. Gänzlich ausscheiden muss ein Beweis des ersten Anscheins aber dann, wenn beim Abheben des Geldes nicht die Originalkarte, sondern eine Kopie verwendet worden ist[76]. Denn die Kopie kann durch Manipulation des Geldautomaten bei einer früheren Transaktion des Bankkunden (z. B. wiederum durch sog. *Skimming*) hergestellt worden sein. Ist streitig, ob die Originalkarte oder eine Kopie zum Abheben des Geldes eingesetzt wurde, trifft die Bank die Beweislast[77]. In der Literatur wird angesichts zahlreicher technischer Möglichkeiten, sich die Zugangsdaten bei einer ec-Karte unbefugt zu beschaffen, generell bezweifelt, ob die grob fahrlässige Ermöglichung der Transaktion durch den Kontoinhaber überhaupt noch mittels des ersten Anscheins bewiesen werden kann[78].

Beim **Online-Banking** hält der BGH einen Anscheinsbeweis für die Behauptung, ein Zahlungsvorgang sei vom Kontoinhaber tatsächlich autorisiert worden, nur unter engen Voraussetzungen für möglich: Die Bank muss nachweisen, dass das von ihr eingesetzte Sicherheitssystem allgemein praktisch nicht überwindbar ist und im konkreten Einzelfall ordnungsgemäß angewendet

---

70 OLG München NJW 1994, 527; MDR 1999, 286; AG Rudolstadt NJW-RR 2004, 1151, 1152; *Burgard*, AcP 195 (1995), 74, 129 ff.; *Jaeger*, CR 1994, 155 f.; *Riesenkampff*, NJW 2004, 3296, 3298 f.; anders aber BGH NJW 1995, 665, 666 f.; BGH NJW-RR 2002, 999; BGH NJW 2013, 2514 Rn. 11; *Mankowski*, NJW 2004, 1901, 1904.
71 LG Potsdam NJW 2000, 3722; AG Kempen NJW 2007, 1215; kritisch *Putz*, NJW 2007, 2450 ff.
72 BGHZ 160, 308 = BB 2004, 2484, 2486; BGH NJW 2012, 1277.
73 *Kollrus*, MDR 2012, 377, 378; anders AG Berlin/Mitte NJW-RR 2010, 407, 408 f.; *Franck/Massari*, WM 2009, 1117, 1126 f.
74 BGH BB 2004, 2484, 2487; zustimmend *Spindler*, BB 2004, 2766, 2768.
75 Im einzelnen OLG Karlsruhe WM 2008, 1549, 1550. Abweichend unter Hinweis auf die starke Zunahme des *Skimming* AG Berlin/Mitte NJW-RR 2010, 407, 408.
76 BGH NJW 2012, 1277.
77 BGH NJW 2012, 1277, 1278.
78 *Schulte von Hülse/Welchering*, NJW 2012, 1262 ff.

wurde und fehlerfrei funktioniert hat[79]. Vor allem der Nachweis, dass das Sicherheitssystem – z. B. unter Verwendung einer persönlichen Identifikationsnummer (PIN) und einer auf die konkrete Transaktion bezogene Ausführungsnummer (TAN) – praktisch unüberwindbar ist, wird die Banken vor fortwährend große Herausforderungen stellen. Denn der Kampf der Kreditinstitute gegen unbefugten Kontenzugriff gleicht einem Hase-und-Igel-Spiel: Jede Verschärfung der Sicherheitsvorkehrungen und jede Optimierung des Sicherheitssystems beflügelt die Phantasie von Kriminellen, auch die jeweils neu gesetzten Hürden zu überwinden.

Wenn jemand auf einer **Internetplattform** (eBay) Waren verkauft und sich dabei als **PowerSeller** bezeichnet, spricht der Beweis des ersten Anscheins dafür, dass der von ihm betriebene Warenhandel planmäßig und auf Dauer angelegt ist[80]. Damit ist der PowerSeller i. S. des § 14 BGB Unternehmer, solange es ihm nicht gelingt, den ersten Anschein zu erschüttern. Seinen Käufern, soweit sie Verbraucher sind, steht somit ein Widerrufsrecht nach § 312d BGB zu.

Schwierigkeiten bereitet die Figur des Anscheinsbeweises, wenn von objektiven Umständen auf **individuelle Willensentschlüsse** geschlossen werden soll. So hatte der BGH über einen Fall zu befinden, in dem ein Vermieter das Mietverhältnis wegen Eigenbedarfs kündigte, die Wohnung 2½ Jahre lang sanierte und schließlich an einen familienfremden Dritten vermietete. Der Mieter verlangte Schadensersatz nach § 280 I BGB wegen unberechtigter Eigenbedarfskündigung. Der BGH lehnte es ab, aus der lang andauernden Sanierung und der nachfolgenden Neuvermietung im Wege des Anscheinsbeweises zu folgern, dass der Vermieter die Neuvermietung an einen familienfremden Dritten von vornherein beabsichtigt hatte und der Eigenbedarf daher vorgeschoben war[81]. Dagegen wurde der Anscheinsbeweis in folgendem Fall anerkannt: Jemand beauftragte einen Rechtsanwalt mit der Führung eines Prozesses; dieser verschwieg ihm dabei anderweitige Mandatsbeziehungen seiner Sozietät zum Prozessgegner. Wenn der Mandant von diesen anderweitigen Beziehungen Kenntnis erlangt und alsbald danach das Mandat kündigt, spricht der Beweis des ersten Anscheins dafür, dass er das Mandat von Anfang an nicht erteilt hätte, wenn er (wie es geboten gewesen wäre) bei Mandatserteilung über die Interessenverflechtung der Sozietät mit der Gegenpartei aufgeklärt worden wäre[82].

d) Zur Abgrenzung: Anscheinsbeweis und Beweislastumkehr

▷ **Wichtiger Hinweis**   492 G

Der Anscheinsbeweis bewirkt *keine Umkehr der Beweislast*. Vielmehr ist er *selbst ein Mittel der Beweisführung*, um aus vorgetragenen Tatsachen Schlussfolgerungen an andere Tatsachen zu ziehen.

Aus diesem Grunde darf der Anscheinsbeweis auch *nicht zum Deckmantel dazu benutzt werden, Lücken in der Beweisführung zu überspielen*: Als Grundlage eines Anscheinsbeweises taugt nur ein Erfahrungssatz, der aufgrund empirischer Erkenntnis *mangels abweichender Anhaltspunkte zuverlässig den Schluss auf die zu beweisende Tatsache zulässt*. Erforderlich ist also ein *qualifizierter objektiver Beweiswert des Erfahrungssatzes*; überwiegende Wahrscheinlichkeit reicht nicht aus (dieses objektivierte Verständnis des Anscheinsbeweises entspricht der Rechtsprechung und einer verbreiteten Ansicht in der Literatur, ist allerdings keinesfalls unumstritten[83]).

---

79 BGH NJW 2016, 2024 Rn. 34 ff. mit umfangreichen Nachweisen ebenda Rn. 33.
80 LG Mainz NJW 2006, 783. Noch weitergehend OLG Koblenz NJW 2006, 1438: Beweislastumkehr, d. h. der PowerSeller muss beweisen, dass er nicht gewerblich oder selbständig beruflich handelt.
81 BGH NJW 2005, 2395, 2397 f.; zustimmend *Teichmann*, JZ 2006, 155, 156.
82 BGHZ 174, 186, 193.
83 Vgl. zum Meinungsstand und zu den wichtigsten Argumentationslinien *Misera/M.Schwab*, SAE 1994, 327, 331 f.

III. Beweislast

1. Grundsatz

G 493 Wer einen Anspruch erhebt, hat die anspruchsbegründenden Tatsachen, wer sich unter Berufung auf Einwendungen und Einreden gegen den Anspruch zur Wehr setzt, jene Einwendungen und Einreden begründenden Tatsachen zu beweisen.

- Beim vertraglichen Erfüllungsanspruch hat der Anspruchsteller zu beweisen, dass ein Vertrag zustande gekommen ist und dass nach diesem Vertrag der Gegner zur begehrten Leistung verpflichtet ist.
- Beim Anspruch aus § 823 I BGB muss der Anspruchsteller die Rechtsgutsverletzung, die haftungsbegründende Kausalität eines Verhaltens des Gegners, das Verschulden, die Entstehung eines Schadens und die haftungsausfüllende Kausalität zwischen Verletzungserfolg und Schaden beweisen. Dagegen ist die Rechtswidrigkeit der tatbestandsmäßigen Rechtsgutsverletzung regelmäßig indiziert; die Voraussetzungen von Rechtfertigungsgründen (z. B. §§ 227 bis 229 BGB) muss der Schädiger beweisen.
- Beim Anspruch aus ungerechtfertigter Bereicherung hat der Anspruchsteller zu beweisen, dass der Gegner etwas erlangt hat, dass dies ggf. durch die Leistung oder in sonstiger Weise auf Kosten des Anspruchstellers geschehen ist und dass der Rechtsgrund fehlt. *Ausnahmsweise* muss aber der *Empfänger* das *Bestehen* des Rechtsgrundes beweisen, wenn die Leistung als Abschlag auf eine Forderung erbracht worden ist, deren Höhe im Zeitpunkt der Leistung noch nicht feststand[84]; denn Abschlagszahlungen sind vorweggenommene Erfüllungshandlungen und dienen dazu, dem Gläubiger einer Forderung rasch Liquidität zuzuführen, nicht aber ihn von der Notwendigkeit zu entlasten, Anspruchsgrund und -höhe zu beweisen. Wer also zur Miete wohnt und seinem Vermieter Abschläge auf die Nebenkostenabrechnung zahlt, muss nicht etwa hernach beweisen, dass die Nebenkosten in Wahrheit geringer ausgefallen seien; die Höhe der Nebenkosten hat allein der Vermieter zu beweisen.
- Der Anspruchsgegner hat hingegen die Voraussetzungen rechthindernder (z. B. §§ 108 I, 125 S. 1, 142 I BGB) bzw. rechtvernichtender (z. B. §§ 362 I, 397 I BGB) Einwendungen sowie peremptorischer (z. B. § 214 BGB) oder dilatorischer (z. B. § 273 I BGB) Einreden zu beweisen.

2. Gesetzliche Beweislastregeln

a) Vertretenmüssen

G 494 **Fall 116:** K hat bei B Möbel bestellt, die am 12.2.2016 geliefert werden sollen. An jenem Datum bleibt B die Lieferung schuldig. Nach erfolgloser Fristsetzung verklagt K den B auf Schadensersatz statt der Leistung. B wendet ein, er sei infolge eines Lieferengpasses beim Hersteller H seinerseits nicht rechtzeitig beliefert worden; das Risiko unverschuldeter Nicht-

---

84 BGH NJW 2004, 2897.

belieferung habe er in seinen AGB wirksam ausgeschlossen. H sagt als Zeuge im Prozess zwischen K und B aus, er habe B deshalb nicht beliefert, weil B mit der Zahlung von Kaufpreisresten aus früheren Lieferungen im Rückstand sei. B wendet ein, zum vorgesehenen Liefertermin seien alle Forderungen des H gegen ihn beglichen gewesen. Das Gericht kann sich nicht davon überzeugen, ob H oder B die Wahrheit sagen.

Der Anspruch des K auf Schadensersatz statt der Leistung setzt nach § 280 I 1 BGB voraus, dass dem B eine Pflichtverletzung zur Last fällt. Diese ist hier eindeutig gegeben: Trotz Fälligkeit hat B die versprochenen Möbel nicht geliefert.

Schadensersatz statt der Leistung schuldet B freilich *nicht*, wenn er die Pflichtverletzung nicht zu vertreten hat (§ 280 I 2 BGB). Diese Vorschrift formuliert das Nichtvertretenmüssen als *negatives Tatbestandsmerkmal*:
* § 280 I 1 BGB: Die Pflichtverletzung des Schuldners führt zur Schadensersatzpflicht.
* § 280 I 2 BGB: Aber nicht, wenn der Schuldner die Pflichtverletzung nicht zu vertreten hat.

Diese Formulierung des Gesetzes ist kein Produkt der Beliebigkeit. Vielmehr sagt § 280 I BGB damit aus, dass die Pflichtverletzung als *positive Anspruchsvoraussetzung* vom Gläubiger zu beweisen ist; wenn er sie bewiesen hat, ist es Sache des Schuldners zu beweisen, dass er diese Pflichtverletzung nicht zu vertreten hat.

Hätte der Gesetzgeber dem Gläubiger auch insoweit die Beweislast auferlegen wollen, so hätte er formuliert: „Verletzt der Schuldner eine Pflicht (...) *und hat er dies zu vertreten*, so ist er zum Schadensersatz verpflichtet." Dann wäre das Vertretenmüssen ebenfalls positive Anspruchsvoraussetzung.

Ob B im **Fall 116** die Nichtlieferung bei Fälligkeit zu vertreten hat, ist nach dem Beweisergebnis unklar. Nach Ansicht des BGH darf sich der Verkäufer jedenfalls von der Haftung für *selbst verschuldete Nichtbelieferung* durch den Vorlieferanten nicht durch AGB freizeichnen[85]; für den kaufmännischen Geschäftsverkehr hat der BGH ausdrücklich ausgesprochen, dass die Freizeichnung für *nicht verschuldete* Nichtbelieferung zulässig ist[86]. Für den Verkauf an Endverbraucher ist die Frage insoweit noch offen. Unterstellt man, B habe sich insoweit wirksam freigezeichnet, so hat er nach seinem eigenen Vortrag die Verzögerung der Lieferung an K nicht zu vertreten; denn er war danach dem H nichts mehr schuldig geblieben. Trifft dagegen die Aussage des H zu, dass B mit Zahlungen aus früheren Lieferungen im Rückstand war, so hat B es selbst zu verantworten, dass H ihn nicht beliefert hat; er hätte dann auch die Verzögerung seiner eigenen Lieferung an K zu vertreten. Der Umstand, dass weder das eine noch das andere mit letzter Sicherheit bewiesen werden kann, geht nach § 280 I BGB zulasten des B: B hat nicht nachweisen können, dass er die verzögerte Lieferung an K nicht zu vertreten hat. Also hat er sie zu vertreten. K hat auch erfolglos eine Frist gesetzt und kann daher nach §§ 280 I, III, 281 I 1 BGB Schadensersatz statt der Leistung fordern.

495 G

---

85 BGH WM 1983, 308, 310.
86 BGHZ 92, 396, 398 f.

G 496 Zu beachten ist allerdings, dass die haftungsbegründende **Pflichtverletzung** nach wie vor vom **Gläubiger** zu beweisen ist. So hat der Mieter, der nach § 280 I BGB vom Vermieter Schadensersatz wegen unberechtigter Eigenbedarfskündigung verlangt (z. B. Ersatz der Umzugskosten), zu beweisen, dass die vom Vermieter zur Begründung des Eigenbedarfs geltend gemachten Tatsachen nicht zutreffen[87]. Denn die fehlende Berechtigung des Vermieters zur Eigenbedarfskündigung gehört bereits zum Tatbestandsmerkmal der Pflichtverletzung.

G 497 Schwierigkeiten bereitet die Verteilung Beweislast beim **Schadensersatz statt der Leistung wegen nachträglicher Unmöglichkeit** nach §§ 280 I, III, 283 BGB. Sie hängt davon ab, worin in diesem Fall die haftungsbegründende Pflichtverletzung besteht:

- Erblickt man die Pflichtverletzung allein schon darin, dass die geschuldete Leistung ausbleibt[88], so droht dem Gläubiger allerdings keine Beweisnot: Wenn jene Leistung ausbleibt, ist folglich die Pflichtverletzung bewiesen. Dem Schuldner obliegt sodann der Beweis, dass er das Ausbleiben der Leistung nicht zu vertreten hat.
- Erblickt man dagegen die Pflichtverletzung schon darin, dass der Schuldner durch positives Tun oder pflichtwidriges Unterlassen die Unmöglichkeit der Leistung *herbeigeführt* hat[89], so muss an sich der Gläubiger ein solches Verhalten des Schuldners darlegen und beweisen. Mangels Einblicks in den Herrschaftsbereich des Schuldners wird ihm dies selten gelingen. Gerade weil aber die Ursache des Hindernisses im Gefahrenbereich des Schuldners zu suchen ist, ist eine Beweislastumkehr gerechtfertigt: Der Schuldner hat zu beweisen, dass die Unmöglichkeit der Leistung *nicht* auf sein Fehlverhalten zurückzuführen ist. Für eine solche Vermutung spricht namentlich bei vertraglichen Verbindlichkeiten zudem, dass der Schuldner die Leistung einst versprochen hatte; dies Versprechen enthält die Zusage an den Gläubiger, für den Fall, dass die Leistung unmöglich wird, eine schlüssige Erklärung anzubieten[90].

G 498 Gänzlich eigenständige Grundsätze gelten für die Beweislast beim Schadensersatz wegen **Mängeln bzw. Schäden an Mietobjekten**, und zwar in beiderlei Richtung:

- Verlangt der *Vermieter* nach § 280 I BGB Ersatz wegen Schäden am Mietobjekt, so hat er zunächst zu beweisen, dass die Schäden nicht schon bei Übergabe vorhanden waren[91]. Des Weiteren muss er beweisen, dass die Ursache der Schäden nicht aus seinem Verantwortungsbereich herrührt[92]. Hat er diesen Beweis geführt, so liegt es nach § 280 I 2 BGB am Mieter, zu beweisen, dass er den Schaden nicht schuldhaft herbeigeführt hat. Insbesondere trifft den Mieter die Beweislast, wenn er geltend machen will, der Schaden beruhe auf dem vertragsmäßigen Gebrauch (§ 538 BGB).

---

87 BGH NJW 2005, 2395, 2396.
88 Begr. RegE zur Schuldrechtsreform, BT-Drs. 14/6040, S. 134 ff.; *Lorenz*, NJW 2002, 2497, 2500; MüKo/*Ernst*, BGB, 7. Aufl. 2016, § 280 Rn. 12, § 283 Rn. 4.
89 *Mattheus*, in: *Schwab/Witt* (Hrsg.), Examenswissen zum neuen Schuldrecht, 2. Aufl. 2003, S. 50, 70; *Schwab*, JuS 2002, 1, 3.
90 *Kohler*, ZZP 118 (2005), 25, 42 f.
91 BGH NJW 1994, 1880, 1881.
92 OLG Karlsruhe NJW 1985, 142 f.

- Verlangt der *Mieter* nach § 538 I, 2. Alt. BGB Schadensersatz wegen Mängeln, die erst nach Vertragsschluss entstanden sind, so ist das Vertretenmüssen des Vermieters positive Anspruchsvoraussetzung und daher vom Mieter (also vom *Gläubiger*) zu beweisen[93]. Erst wenn feststeht, dass die Schadensursache im Verantwortungsbereich des Vermieters gesetzt worden ist, muss der Vermieter beweisen, dass er den Schaden nicht zu vertreten hat[94].

b) Gutgläubiger Erwerb

Fall 117: K leiht dem X sein Fahrrad. X veräußert es an B weiter. K verklagt den B auf Herausgabe. B erwidert, er habe nicht gewusst, dass das Fahrrad dem K gehörte; es seien im Zeitpunkt der Einigung und der Übergabe keinerlei Anhaltspunkte dafür erkennbar gewesen, dass B nicht Eigentümer sei. Diese Behauptung des B kann im Prozess nicht widerlegt werden.

499 G

K macht den Herausgabeanspruch aus § 985 BGB geltend. Die Entscheidung hängt davon ab, ob er noch Eigentümer ist. Das wiederum hängt nach § 932 I 1 BGB vom guten Glauben des B beim Erwerb des Fahrrades ab. Ob dieser gegeben war, kann im **Fall 117** nicht bewiesen werden. Wieder ist daher die Beweislastverteilung anhand der Gesetzesfassung zu ermitteln: Durch eine nach § 929 BGB vollzogene Veräußerung wird der Erwerber auch dann Eigentümer, wenn die Sache nicht dem Veräußerer gehört, *es sei denn*, dass er nicht in gutem Glauben ist. Der gute Glaube ist keine vom Erwerber zu beweisende positive Voraussetzung für einen wirksamen gutgläubigen Erwerb; vielmehr muss der wahre Eigentümer den bösen Glauben beweisen. B wird daher die Herausgabeklage des K mit Erfolg abwehren können.

c) Mangel bei Gefahrübergang

Der Käufer, der wegen Mangels der Kaufsache Rechte aus §§ 434 ff. BGB geltend machen will, muss nach Entgegennahme der Kaufsache beweisen, dass die Sache bei Gefahrübergang mangelhaft war[95]. Das ergibt sich aus § 363 BGB[96]: Wer eine Sache als Erfüllung annimmt, muss beweisen, dass sie dem vereinbarten Leistungsprogramm nicht entsprach (unten d aa). Seit der Schuldrechtsreform wird beim **Verbrauchsgüterkauf** (§ 474 I BGB) vermutet, dass sich ein Mangel, der sich binnen 6 Monaten seit Gefahrübergang gezeigt hat, bereits bei Gefahrübergang vorhanden war und deshalb die Mängelrechte des Käufers nach §§ 434 ff. BGB auslöst (**§ 476 BGB**). Sofern diese Vermutung greift, muss also der Verkäufer den vollen Gegenbeweis erbringen: Er muss das Gericht davon überzeugen, dass die Kaufsache bei Gefahrübergang den Mangel noch nicht hatte[97]. Das ergibt sich indirekt aus § 292 ZPO: Danach ist bei gesetzlichen Vermutungen der Gegenbeweis zulässig; er muss dann aber auch geführt werden, um die Vermutung zu entkräften. Die Vermutung gilt freilich dann nicht, wenn sie mit der Art der Sache oder des Mangels unvereinbar ist.

500 G

---

93 BGH NJW 2006, 1061.
94 BGH NJW 2006, 1061.
95 BGH NJW 2004, 2299, 2300.
96 BGH NJW 2006, 434, 435 f.; *Lorenz*, NJW 2004, 3020; *Maultzsch*, NJW 2006, 3091, 3095.
97 OLG Stuttgart ZGS 2005, 36, 39; *Gsell*, JuS 2005, 967; *Witt*, NJW 2005, 3468, 3470.

Fall 118

a) V verkauft an K einen Elektroherd. Bereits vier Wochen nach Übergabe an K versagt das Gerät seinen Dienst, weil eine Leitung durchgeschmort ist.

b) V verkauft an K einen Hund, der bereits vier Tage nach Übergabe an K keine Nahrung mehr bei sich behält. Als Ursache wird eine Parvovirose-Erkrankung ermittelt.

c) Kfz-Händler V verkauft an K einen Gebrauchtwagen zum privaten Gebrauch. Vier Wochen nach Übergabe wird anlässlich einer Inspektion festgestellt, dass sich im Kühlsystem des Motors zuwenig Wasser befindet und dass die Zylinderkopfdichtung defekt ist. Eie sachverständige Begutachtung ergibt, dass zwei Verläufe möglich seien: Entweder K sei mit zuwenig Kühlwasser gefahren und habe dadurch eine thermische Überlastung des Motors herbeigeführt, die ihrerseits den Defekt in der Zylinderkopfdichtung verursacht habe. Oder der Defekt an der Zylinderkopfdichtung sei bereits bei Übergabe vorhanden gewesen und habe seinerseits dazu geführt, dass Kühlwasser aus dem System ausgetreten und somit eine thermische Überlastung des Motors entstanden sei. Welcher dieser beiden Verläufe zutrifft, kann der Sachverständige nicht mehr eindeutig ermitteln. K verlangt von V eine kostenlose Reparatur des Wagens.

d) Kfz-Händler V verkauft an K am 15.1.2015 einen Gebrauchtwagen zum privaten Gebrauch (km-Stand: 118 000). V hat im November 2013 den Zahnriemen bei einem km-Stand von 117 950 erneuert. Das Fahrzeug wird dem K am 18.1.2015 gegen Zahlung des Kaufpreises übergeben. Am 12.7.2015 erleidet das Fahrzeug bei einem km-Stand von 128 950 einen Motorschaden. Eine sachverständige Begutachtung ergibt, dass Ursache des Motorschadens das Überspringen eines zu lockeren Zahnriemens (nämlich des von V im November 2013 eingebauten) war, das eine Fehlsteuerung der Einlassventile am ersten Zylinderkopf ausgelöst hat. Dieses Ereignis könne, so der Sachverständige, wiederum durch zwei verschiedene Umstände ausgelöst worden sein: Entweder der Zahnriemen bestehe aus fehlerhaftem Material, das gemessen an der Laufleistung von zwischenzeitlich 11 000 km einen unangemessen hohen Verschleiß aufweise. Oder aber der Zahnriemen habe sich deshalb gelockert und sei übergesprungen, weil K beim Gangschalten einen Fehler begangen habe. Ob die eine oder die andere Ursache zum Überspringen des Zahnriemens geführt hat, kann nicht mehr geklärt werden. K verlangt von V eine kostenlose Reparatur des Wagens.

Unterstellt, bei V handele es sich um einen Unternehmer und K habe die Sachen zu privaten Zwecken erworben, erfüllen die Kaufverträge in allen Varianten von **Fall 118** die Voraussetzungen des Verbrauchsgüterkaufs. In allen Fällen traten die Mängel auch binnen sechs Monaten nach Gefahrübergang (= hier: Zeitpunkt der Übergabe, § 446 S. 1 BGB) ein.

G 501 Nach § 476 BGB wird daher im **Fall 118a** vermutet, dass im Zeitpunkt der Übergabe an K die elektrischen Leitungen innerhalb des Herdes bereits so desolat waren, dass es nur eine Frage der Zeit war, bis sie durchschmorten. Wenn dies aber der Fall war, war der Herd nach § 434 I 2 Nr. 2 BGB mangelhaft: K durfte erwarten, dass sich der Herd in einem technischen Zustand befand, in dem man ihn länger als bloß vier Wochen gebrauchen konnte. K kann daher von V Nacherfüllung nach §§ 437 Nr. 1, 439 I BGB verlangen, wenn V nicht beweist, dass sich die Leitungen im Zeitpunkt der Übergabe in nachhaltig einsatzfähigem Zustand befanden.

G 502 Im **Fall 118b** handelt es sich um einen Tierkauf. Nach der Vorstellung der Gesetzesbegründung zur Schuldrechtsreform ist dort die Anwendung der Mängelvermutung gemäß § 476 BGB nach der Art der Sache ausgeschlossen[98]. Dem ist das LG Essen in dieser Allgemeinheit mit Recht nicht gefolgt: Liegt zwischen der Übergabe des Tieres und dem Ausbruch der Krankheitssymptome eine Zeitspanne, die nicht länger ist als die übliche Inkubationszeit der betreffenden Krankheit, so bleibt Raum für die Vermutung, dass das Tier bereits im Zeitpunkt der Übergabe mit dem Erreger befallen war[99]. Dann aber war das Tier bereits bei Gefahrübergang i. S. des § 434 I 2 Nr. 2 BGB mangelhaft: der Tierkäufer darf ein gesundes, d. h. ein von Krankheitserregern freies Tier erwarten.

Die **Fälle 118c und 118d** wirken auf den ersten Blick ziemlich ähnlich: In beiden Fällen hat sich nachträglich ein Defekt gezeigt, bei dem unklar war, ob er bei Übergabe schon vorhanden war. Gleichwohl hat der BGH beide Fälle unterschiedlich entschieden: Im **Fall 118c** hat er § 476 BGB angewandt[100], im **Fall 118d** dagegen nicht[101]. Und in der Tat weisen beide Fälle bei näherem Hinsehen einen Unterschied auf:

503 G

* Im **Fall 118c** bestand der maßgebende Mangel in einem Defekt der Zylinderkopfdichtung. Es war *möglich*, dass *dieser* Mangel schon bei Übergabe vorlag; es konnte lediglich nicht abschließend geklärt werden. Es liegt also *nachweislich* ein Mangel vor, von dem *möglich* ist, dass er bereits *so, wie er ist*, bei Gefahrübergang vorgelegen hat. In diesem Fall wendet der BGH § 476 BGB zu Recht an[102]. Insbesondere ist die dort niedergelegte Vermutung nicht allein schon deswegen mit der Art des Mangels unvereinbar, weil ebenso gut der Käufer oder Dritte die Kaufsache beschädigt haben könnten[103]. Denn in diesem Fall liefe die Vermutung des § 476 BGB weitgehend leer[104]: Jeder Verkäufer würde sich im Prozess sogleich in die Schutzbehauptung flüchten, der Käufer habe den Mangel durch unsachgemäße Behandlung der Kaufsache selbst verursacht. Könnte er vor Gericht damit durchdringen, so würde der Käufer gerade in jene uneinlösbare Beweisnot gestürzt, vor der ihn § 476 BGB gerade bewahren wollte.
* Im **Fall 118d** stand dagegen lediglich ein Mangel fest: Der Wagen fuhr nicht mehr. *Dieser* Mangel war freilich ganz gewiss *nicht* bei Übergabe vorhanden gewesen; denn K war schließlich fast ein halbes Jahr lang mit dem Wagen gefahren. Als weiterer Mangel kommt nur noch in Betracht, dass der Zahnriemen aus zu verschleißanfälligem Material bestand. Ob das aber jemals der Fall war, konnte nicht mehr geklärt werden. Es liegt also nicht nachweislich, sondern nur *vielleicht* ein

98 So namentlich die Vorstellung der Gesetzesbegründung zur Schuldrechtsreform, BT-Drs. 14/6040, S. 245.
99 LG Essen NJW 2004, 527. Für Anwendbarkeit bei § 476 BGB auf den Tierkauf auch BGH ZGS 2006, 260, 263; NJW 2007, 2619, 2620; OLG Hamm NJW-RR 2005, 1369; *Augenhofer*, ZGS 2004, 385, 386; *Martis*, MDR 2010, 841, 843.
100 BGH NJW 2007, 2621, 2622 f.
101 BGHZ 159, 215, 217 ff.; ebenso – für andere Grund- und Folgemangel-Konstellationen – BGHZ 200, 1 Rn. 20 ff.; BGH NJW 2006, 434, 436. Dem BGH folgend *Keil*, DZWiR 2004, 385, 386; *Wertenbruch*, LMK 2004, 156; *v. Westphalen*, BB 2005, 1, 2.
102 Zustimmend auch *Gsell*, JZ 2008, 29 f.
103 BGH NJW 2005, 283, 284: § 476 BGB nicht schon deshalb unanwendbar, weil der Käufer die Sache durch einen Dritten einbauen lässt; ferner BGH NJW 2005, 3490, 3492. Ebenso *Frassek*, JR 2005, 204, 205; *Martis*, MDR 2010, 841, 843. Differenzierter mit Rücksicht auf die besseren Erkenntnismöglichkeiten des Käufers nach Gefahrübergang *Klöhn*, NJW 2007, 2811, 2813 f.
104 BGH NJW 2005, 3490, 3492; *Roth*, ZIP 2004, 2025; *Witt*, NJW 2005, 3468, 3469.

Mangel vor, der so, wie er ist, auch schon bei Gefahrübergang vorgelegen haben kann[105]. Und eben darauf hebt der BGH maßgeblich ab: § 476 BGB nehme dem Käufer nicht die Last, zu beweisen, dass *überhaupt ein Mangel vorliegt*. Lediglich *wenn* ein Mangel vorliege (und bewiesen sei), werde vermutet, dass dieser *zeitlich gesehen* schon bei Übergabe vorgelegen habe. Diese Handhabung und insbesondere die Unterscheidung der **Fälle 118c und 118d** ist damit phänomenologisch nachvollziehbar. Man mag die Position des BGH für **Fall 118** wie folgt beschreiben: *Das Problem liegt nicht darin, dass der Zeitpunkt des Mangels unsicher ist.* Im Gegenteil: *Wenn* es denn zutreffen sollte, dass das Material des Zahnriemens fehlerhaft war, *steht fest*, dass dies auch schon bei Gefahrübergang der Fall war. Das Problem liegt vielmehr darin, dass wir *nicht wissen, ob überhaupt jemals ein Mangel vorlag*. Gleichwohl bleibt zweifelhaft, ob damit auch ein Unterschied in der rechtlichen Bewertung gerechtfertigt ist. Nach verbreiteter Ansicht in der Literatur ist dies zu verneinen; § 476 BGB ist vielmehr auch auf **Fall 118d** anwendbar[106]: Die Beweislastumkehr rechtfertigt sich aus der typischerweise überlegenen Fachkenntnis des gewerblichen Verkäufers gegenüber dem privaten Käufer. Dann sollte die Ungewissheit über die Ursache des Folgemangels, sofern diese wenigstens aus dem Verantwortungsbereich des Verkäufers stammen *kann*, zu dessen Lasten gehen. Diese Ansicht hat durch ein Urteil des EuGH Aufwind erfahren. Danach ist Art. 5 III der Verbrauchsgüterkaufrichtlinie[107] – jene Norm also, zu dessen Umsetzung § 476 BGB dient – wie folgt auszulegen: „Das Auftreten dieser Vertragswidrigkeit in dem kurzen Zeitraum von sechs Monaten erlaubt die Vermutung, dass sie zum Zeitpunkt der Lieferung ‚zumindest im Ansatz‘ bereits vorlag, auch wenn sie sich erst nach der Lieferung des Guts herausgestellt hat"[108]. Deshalb, so der EuGH, müsse der Verbraucher (= Käufer) „weder den Grund der Vertragswidrigkeit noch den Umstand beweisen, dass deren Ursprung dem Verkäufer zuzurechnen ist"[109]. Der Beweislastumkehr könne der Verkäufer nur entrinnen, indem er „rechtlich hinreichend nachweist, dass der Grund oder Ursprung der Vertragswidrigkeit in einem Umstand liegt, der nach der Lieferung des Guts eingetreten ist"[110]. Diese Ausführungen lassen sich nur so deuten, dass nach Ansicht des EuGH die Beweislastumkehr dem Verbraucher (= Käufer) auch in Grund-und-Folgemangel-Konstellationen zugutekommen soll[111] – und damit auch in **Fall 118d**. Es ist daher zu

---

105 Dieses Verständnis des Sachverhalts erschließt sich nur bei sehr genauer Lektüre. Ich hatte – ebenso wie *Roth*, ZIP 2004, 2025, 2026 und nunmehr auch *Gsell*, JZ 2008, 29, 31 – den Sachverhalt selbst zunächst dahin verstanden, der Mangels des Zahnriemens als solchen sei durch sachverständige Begutachtung *bewiesen* gewesen; das war indes gerade nicht der Fall (vgl. auch *Frassek*, JR 2005, 204, 205: Sachmangel bei Gefahrübergang war im konkreten Fall wahrscheinlicher).

106 Im Ergebnis ebenso *Klöhn*, NJW 2007, 2811 f., 2814, 2815; *Lorenz*, NJW 2004, 3020, 3021. Für eine eingeschränkte Anwendung des § 476 BGB im **Fall 118d** *Gsell*, JuS 2005, 967, 971 f.; *dies.*, JZ 2008, 29, 32: Beweislastumkehr nur, wenn Folgeschaden wahrscheinlich auf Materialfehler beruht, Verursachung durch Fehlgebrauch aber nicht ausgeschlossen werden kann.

107 Richtlinie 1999/44/EG v. 25.5.1999 – ABl. EG Nr. L 171 v. 7.7.1999, S. 12.

108 EuGH NJW 2015, 2237 Rn. 72.

109 EuGH NJW 2015, 2237 Rn. 75.

110 EuGH NJW 2015, 2237 Rn. 75.

111 *Hübner*, NJW 2015, 2241; *Koch*, JZ 2015, 834, 836 f.

erwarten, dass sich für Fälle, in denen ein Folgemangel *möglicherweise* (aber nicht nachweislich) auf einen Grundmangel zurückzuführen ist, die Anwendung des § 476 BGB durchsetzen wird.

Die Anwendbarkeit der in § 476 BGB enthaltenen Vermutung setzt auch im Übrigen **504 G** nicht voraus, dass der Mangel seiner Art nach Rückschlüsse darauf zulässt, er könne schon bei Gefahrübergang vorgelegen haben[112]. § 476 BGB beruht nämlich *nicht* auf dem Erfahrungssatz, dass Mängel, die sich binnen sechs Monaten seit Übergabe zeigen, schon bei Übergabe vorgelegen haben[113]. Die Vermutung des § 476 BGB ist nicht empirisch, sondern, ihrem Ursprung in der Verbrauchsgüterkaufrichtlinie entsprechend, *politisch* motiviert: Es geht dem Gesetzgeber allein um die Stärkung des Verbrauchers. Die Beweislastumkehr rechtfertigt sich aus den **besseren Erkenntnismöglichkeiten** des Verkäufers, was den Zustand der Kaufsache bei Gefahrübergang anbelangt[114].

Wenn also nach Lage der Dinge in Betracht kommt, dass der Mangel durch eine **505 G** eigene Handlung des Käufers oder durch die Handlung eines Dritten *nach* Gefahrübergang verursacht wurde, hat der Verkäufer zu beweisen, dass der Mangel bei Gefahrübergang noch nicht vorlag. Mit der Art des Mangels unvereinbar ist die Vermutung des § 476 BGB erst dann, wenn die dieser Vorschrift zugrunde liegende Annahme, dass dem Verkäufer betreffend den Zustand der Sache bei Gefahrübergang bessere Erkenntnismöglichkeiten zur Verfügung stünden als dem Käufer, im Einzelfall nicht zutrifft. Deshalb hat der BGH mit Recht ausgesprochen, dass § 476 BGB keine Anwendung findet, wenn der Mangel in einer äußerlichen Beschädigung besteht, die auch einem fachlich nicht versierten Käufer hätten auffallen müssen[115]: Hier waren die Erkenntnismöglichkeiten des Käufers denen des Verkäufers nicht unterlegen. Und selbst eine rein empirische Betrachtungsweise spricht in solchen Fällen gegen die Anwendung des § 476 BGB: Nach der Lebenserfahrung rügt der Käufer Mängel, die bereits bei oberflächlicher Betrachtung erkennbar sind, sofort und nimmt die Kaufsache in diesem Fall nicht entgegen, ohne das Vorhandensein des Mangels wenigstens zu dokumentieren.

Denkbar ist freilich ebenso der umgekehrte Fall: Wenn der Mangel so beschaffen ist, **506 G** dass er – unterstellt, er habe bereits bei Gefahrübergang vorgelegen – für den Verkäufer selbst bei eingehender Prüfung nicht hätte entdeckt werden können, waren seine Erkenntnismöglichkeiten denen des Käufers nicht überlegen. Auch dann ist nach verbreiteter Ansicht die Vermutung des § 476 BGB mit der Art des Mangels unverein-

---

112 BGH NJW 2005, 3490, 3492; BB 2006, 686, 687; *Gsell*, JZ 2008, 29, 30; *Maultzsch*, NJW 2006, 3091, 3093; *Witt*, NJW 2005, 3469. *Anders* dagegen OLG Stuttgart ZGS 2005, 276, 277; *Lorenz*, NJW 2004, 3020, 3022; Bamberger/Roth-*Faust*, BGB, § 476 Rn. 4.
113 So aber OLG Stuttgart (10. Zivilsenat) ZGS 2005, 276, 277. Dagegen wie hier OLG Stuttgart (19. Zivilsenat) ZGS 2005, 36, 38; *Gsell*, JuS 2005, 967, 968 f.
114 *Augenhofer*, ZGS 2004, 385, 386; *Kieselstein*, ZGS 2006, 170, 171; *Maultzsch*, NJW 2006, 3091, 3092; *Wietoska*, ZGS 2004, 8, 10; *Witt*, NJW 2005, 3468, 3469.
115 BGH NJW 2005, 3490, 3492; ebenso *Grohmann/Guschinske*, ZGS 2005, 452, 454; *Kieselstein*, ZGS 2006, 170, 171; *Klöhn*, NJW 2007, 2811, 2813.

bar[116]. Der BGH ist dieser Ansicht freilich entgegengetreten: § 476 BGB beruhe auf einer *typisierenden Einschätzung*, dass der Verkäufer sich mit der Kaufsache *regelmäßig* besser auskenne. Die Vorschrift sei daher nicht schon dann unanwendbar, wenn sich diese Einschätzung im Einzelfall nicht erhärte[117]. Die Ansicht des BGH verdient Zustimmung. Das zeigt sich gerade bei neu hergestellten Sachen: Der Zwischenhändler ist nämlich regelmäßig nicht zur Überprüfung solcher Sachen verpflichtet und wird daher auch zur Erkennung solcher Mängel meist nicht die erforderlichen Kapazitäten (z. B. eigene Werkstatt) vorhalten. Viele neu hergestellte Waren werden in der Originalverpackung verkauft, die der Verkäufer zuvor nicht geöffnet hat. Würde man hier § 476 BGB deshalb nicht anwenden, weil der Verkäufer den Mangel nicht erkennen konnte, so liefe die Vermutung bei neu hergestellten Sachen weitgehend leer.

d) Weitere Fälle

G 507 **aa) § 363 BGB:** Wer eine Leistung als Erfüllung annimmt, hat zu beweisen, dass sie unvollständig oder eine andere als die geschuldete Leistung sei. Der Gedanke dieser Vorschrift steht auch unausgesprochen hinter der Rechtsprechung des BGH[118], wonach die Beweislast für Werkmängel dem Besteller aufgebürdet wird, sobald dieser das Werk abgenommen hat.

G 508 **bb) § 831 I 2 BGB:** Der Geschäftsherr haftet nach § 831 I 1 BGB für widerrechtliche Schädigung Dritter durch seine Verrichtungsgehilfen. Nach § 831 I 2 BGB tritt die Ersatzpflicht nicht ein, wenn der Geschäftsherr nachweisen kann, dass er den Gehilfen sorgfältig ausgewählt und überwacht hat. Das Gesetz normiert also als positive Anspruchsvoraussetzung nur die widerrechtliche Schädigung und weist dem Geschäftsherrn die Obliegenheit zu, darzulegen und zu beweisen, dass ihn kein Auswahl- oder Überwachungsverschulden trifft. Dem Geschäftsherrn obliegt m. a. W. der sog. *Exkulpations-* oder *Entlastungsbeweis*. Sein Verschulden wird mithin kraft Gesetzes widerlegich *vermutet*. Ähnliches ordnet das Gesetz in §§ 832 I 2, 833 S. 2, 834 S. 2, 836 I 2 BGB, 18 StVG an.

G 509 **cc) § 830 I 2 BGB:** Wenn nicht geklärt werden kann, welche von mehreren Personen durch unerlaubte Handlung einen Schaden verursacht hat, sind alle für den Schaden verantwortlich und haften daher nach § 840 I BGB als Gesamtschuldner. Damit wird dem Geschädigten der Nachweis abgenommen, wer seinen Schaden tatsächlich verursacht hat: Er kann wählen, an welche der beteiligten Personen er sich hält; diese müssen sodann untereinander ausfechten, wer wirklich für den Schaden verantwortlich ist.

---

116 OLG Stuttgart ZGS 2005, 36, 38; *Grohmann/Guschinske*, ZGS 2005, 452, 454 f.; *Kieselstein*, ZGS 2006, 170, 171; *von Westphalen*, ZGS 2005, 210, 212; *Wietoska*, ZGS 2004, 8, 10; *Witt*, NJW 2005, 3468, 3470 sowie Vorauflage Rn. 506.
117 BGH NJW 2007, 2619, 2620; ebenso schon *Maultzsch*, NJW 2006, 3091, 3094; zustimmend auch *Gsell*, JZ 2008, 29, 33 f.
118 BGHZ 61, 42, 47.

3. Beweislastregeln durch die Rechtsprechung

a) Pflichtverletzung

Gelegentlich schließt der BGH von einem Schaden auf eine **Pflichtverletzung**. Bedeutung erlangt dies vor allem dort, wo eine Partei der anderen ihr Eigentum anvertraut: So müssen der Verwahrer[119] und der Lagerhalter[120] die Sache in demjenigen Zustand herausgeben, in dem sie sie empfangen haben. Der BGH spricht hier von einer *erfolgsbezogenen Pflicht*: Verwahrer und Lagerhalter schulden den Erfolg, dass die Sache unversehrt bleibt. Geben sie die Sache in verschlechtertem Zustand heraus, so liegt eine Pflichtverletzung so nahe, dass ihnen der Beweis abverlangt werden kann, die Beschädigung der Sache hätten nicht sie, sondern Dritte herbeigeführt. Ebenso hat BGHZ 27, 236, 239 eine erfolgsbezogene Pflicht des Schiff-Abschleppunternehmers angenommen, den geschleppten Kahn unversehrt in den nächsten Hafen zu bringen; aus der Beschädigung hat der BGH auf eine Pflichtverletzung geschlossen. | 510 G

Diese Beweiserleichterung kommt dem Sacheigentümer freilich nur zugute, soweit er nachweisen kann, dass der Schaden nicht aus seinem eigenen Verantwortungsbereich stammt. Es gilt somit eine *zweistufige Beweislast*: | 511 G
- In erster Linie muss der Auftraggeber nachweisen, dass die Sache die betreffenden Schäden noch nicht hatte, als er sie dem Anderen anvertraute.
- **Erst wenn dieser Nachweis geführt ist,** obliegt es dem Verwahrer oder sonstigen Obhutsträger, zu beweisen, dass der zwischenzeitlich eingetretene Schaden nicht auf einer Pflichtverletzung durch ihn beruht[121].

Das Gleiche gilt für andere Obhutsverhältnisse, etwa für die *Miete*: Wenn der Vermieter nachweist, dass der Schaden nicht aus seinem Verantwortungsbereich stammen kann, so kann er nur noch aus dem des Mieters herrühren. Der Mieter muss dann beweisen, dass er diesen Schaden nicht pflichtwidrig herbeigeführt hat[122].

b) Kausalität

Der Gläubiger eines Schadensersatzanspruchs muss weiterhin die **Kausalität zwischen Pflichtverletzung und Schadensereignis** beweisen. Dazu gibt es drei wichtige Ausnahmen: | 512 G
- Bei einem **groben Behandlungsfehler** muss der Arzt beweisen, dass die nachfolgende Verschlechterung des Gesundheitszustandes nicht auf diesem Fehler beruht[123] (siehe jetzt § 630h V 1 BGB). Dabei reicht es aus, dass der grobe Behandlungsfehler *geeignet* ist, eine Gesundheitsbeschädigung der tatsächlich eingetretenen Art herbeizuführen; der Kausalzusammenhang zwischen Fehler und

---

119 BGHZ 3, 162, 174.
120 BGHZ 41, 151, 153.
121 BGHZ 3, 162, 174.
122 OLG Karlsruhe NJW 1985, 142.
123 BGHZ 72, 132, 136; 85, 212, 216; nunmehr besonders pronociert BGH NJW 2004, 2011, 2012 f.; des Weiteren BGH NJW 2005, 427, 428; BGH NJW 2008, 1304; BGH NJW 2008, 1381, 1382 f.; BGH NJW 2011, 3442, 344; BGH JR 2013, 366 Rn. 13.

Gesundheitsbeeinträchtigung muss nicht etwa besonders naheliegen oder wahrscheinlich sein. Eine Beweislastumkehr scheidet nur ausnahmsweise aus, wenn der Kausalzusammenhang äußerst unwahrscheinlich ist[124]. Der gedankliche Hintergrund dieser Rechtsprechung lässt sich am ehesten dahin beschreiben, dass der Arzt mit seinem Behandlungsfehler einerseits die *Gefahr* eines Schadens der eingetretenen Art maßgeblich *erhöht* und andererseits den zu dem Schaden führenden *Geschehensablauf* allein *beherrscht* hat[125]. Wann ein Behandlungsfehler in diesem Sinne schon als „grob" einzustufen ist, ist Gegenstand zahlreicher Gerichtsentscheidungen gewesen; es hat sich mittlerweile eine sehr kleinteilige Kasuistik herausgebildet[126]. Wenn feststeht, dass eine fehlerhafte Behandlung beim Patienten zu einem Gesundheitsschaden geführt hat, trifft den Arzt die Beweislast dafür, dass eine korrekte Behandlung den gleichen Schaden verursacht hätte[127].

- Ebenso tritt eine Beweislastumkehr ein, wenn ein Arzt es versäumt, vor der Behandlung des Patienten dessen **medizinische Befunde** zu erheben und zu sichern (siehe jetzt § 630h V 2 BGB[128]). Hintergrund dieser Beweislastumkehr ist die Einsicht, dass der Patient bei Beginn der Behandlung selbst nicht weiß, wie es in seinem Körper aussieht. Und woher soll er es auch wissen – er ist im Regelfall medizinischer Laie! Und natürlich gehört es zum Pflichtenprogramm eines Arztes, den Patienten erst einmal zu untersuchen, bevor er ihn behandelt. Wenn diese Untersuchung unterbleibt oder zwar stattfindet, aber naheliegende Ursachen für die Beschwerden des Patienten dabei ausgeblendet oder die Befunde nicht sicher dokumentiert werden, erschwert dies bei Arzthaftungsklagen die Prozessführung erheblich. Dann kann es geschehen, dass die Konstitution des Patienten zu Beginn der Behandlung später im Prozess nicht mehr nachweisbar ist und deshalb auch nicht zweifelsfrei ermittelt werden kann, ob aus diesem Grund der Patient anders hätte behandelt werden müssen. Wenn eine hinreichende Wahrscheinlichkeit besteht, dass sich bei ordnungsgemäßer Untersuchung ein solcher Befund ergeben hätte, auf den der Arzt hätte reagieren müssen, trägt der Arzt die Beweislast dafür, dass die gewählte Behandlungsmethode dennoch nicht ursächlich für den Schaden des Patienten war[129].

- Bei Verletzung einer **Aufklärungspflicht** hat der Pflichtige zu beweisen, dass sich der Geschädigte bei ordnungsgemäßer Aufklärung so verhalten hätte, dass der Schaden nicht eingetreten wäre, d. h. dass der Geschädigte aus der Aufklärung die gebotenen Konsequenzen für sein Verhalten gezogen hätte[130]. Wird eine solche Aufklärungspflicht bei der *Kapitalanlageberatung* verletzt, so gilt diese Vermutung

---

124 BGH NJW 2004, 2011, 2012 f.; BGH NJW 2005, 427, 428; BGH NJW 2008, 1304.
125 *Katzenmeier*, JZ 2004, 1030, 1032. Der Aspekt der Risikoerhöhung wird ferner ins Feld geführt von *Schärtl*, NJW 2014, 3601, 3604.
126 Umfangreiche Darstellung bei *Martis/Winkhart-Martis*, MDR 2011, 709 ff.; *dies.*, MDR 2013, 634 ff.
127 BGH NJW 2005, 2072, 2073.
128 Ob die bisherigen Rechtsprechungsgrundsätze in § 630h V 2 BGB präzise abgebildet sind, ist nicht eindeutig; bejahend *Katzenmeier*, NJW 2013, 817, 822; *Olzen/Kaya*, Jura 2013, 661, 670; *Schärtl*, NJW 2014, 3601, 3604; zweifelnd *Martis/Winkhart-Martis*, MDR 2013, 634, 640.
129 BGHZ 132, 47, 52 ff.; BGH NJW 2004, 1871, 1872; BGH NJW 2006, 69, 70; BGH NJW 2011, 2508 f.; BGH NJW 2011, 3441; BGH NJW 2014, 688 Rn. 14; BGH NJW 2015, 1601 Rn. 15; BGH NJW 2016, 1447 Rn. 4.
130 BGHZ 61, 118; BGHZ 72, 92, 106.

aufklärungsrichtigen Verhaltens selbst dann, wenn der Anleger selbst bei zutreffender Aufklärung vernünftige Gründe gehabt hätte, die Anlage zu zeichnen[131]. Die Kausalität zwischen der Pflichtverletzung und dem Schaden (der dann schlicht darin besteht, dass der Anleger die Anlage gezeichnet hat) wird mit anderen Worten selbst dann vermutet, wenn der Anleger sich im Falle ordnungsgemäßer Aufklärung in einem Entscheidungskonflikt befunden hätte, wenn also sowohl für als auch gegen die Zeichnung vernünftige Gründe sprachen. Der Anlageberater, der den Anleger nicht ordnungsgemäß aufklärt, hat die Ungewissheit darüber, wie sich der Anleger andernfalls entschieden hätte, pflichtwidrig provoziert und soll sich daher im Prozess nicht hinter eben dieser Ungewissheit verschanzen dürfen. Man sollte diese vom BGH aufgestellte Beweislastregel nicht mit der Begründung kritisieren, der BGH überschreite seine Rechtsfortbildungskompetenz[132]. Der Eingriff in das geschriebene Recht greift bei der Vermutung aufklärungsrichtigen Verhaltens – auch in der vom BGH nunmehr vertretenen Reichweite – nicht weiter als in anderen weithin gebilligten Fällen, insbesondere nicht weiter als bei der sogleich (Rn. 514 ff.) zu erörternden deliktsrechtlichen Produzentenhaftung.

Zur Vertiefung: 513

(1) Ausgerechnet im Falle der Anfechtung eines Vertrags wegen arglistiger Täuschung scheint der BGH diese Vermutung aufklärungsrichtigen Verhaltens nicht gelten lassen zu wollen. Hier soll vielmehr der Getäuschte die Beweislast dafür tragen, dass er durch die Täuschung zum Vertragsschluss bestimmt worden ist. Der Getäuschte soll m. a. W beweisen müssen, dass die Täuschung in ihm einen Irrtum erregt und er deshalb zum Vertragsschluss bestimmt worden ist; erst wenn er diesen Beweis geführt habe, obliege dem Täuschenden der Gegenbeweis, dass er den Irrtum durch zwischenzeitliche Aufklärung des Getäuschten beseitigt habe, bevor dieser seine Willenserklärung abgegeben habe[133]. Diese Rechtsprechung erscheint *nicht nachvollziehbar*: Wenn schon die fahrlässige Täuschung eine Vermutung aufklärungsrichtigen Verhaltens begründet, muss dies für die vorsätzliche erst recht gelten.

(2) In Fällen fehlerhafter anwaltlicher Beratung soll die Vermutung aufklärungsrichtigen Verhaltens nach Ansicht des BGH[134] ebenfalls nicht gelten; stattdessen soll dem Mandanten ggf. mithilfe eines Anscheinsbeweises geholfen werden können, wenn er sich nach Lage der Dinge bei fehlerfreier Beratung anders verhalten und seinen Schaden vermieden hätte. Dagegen wird zutreffend eingewandt, dass der Anwalt gerade für eine korrekte Belehrung des Mandanten bezahlt wird. Dann darf er sich im Haftpflichtprozess nicht hinter der nicht nachgewiesenen Kausalität seines Fehlers für den Schaden des Mandanten verschanzen[135]. Die Überlegungen, die den BGH im Kapitalanlagerecht veranlasst haben, eine echte Beweislastumkehr zugunsten des falsch beratenen Anlegers zu postulieren, greifen bei der Anwaltshaftung in gleicher Weise[136]. Immerhin ist der

---

131 Überzeugend BGHZ 193, 159 Rn. 33 ff.; zustimmend *Roth*, JZ 2015, 1081, 1083 ff.; *Schwab*, NJW 2012, 3274, 3276; anders noch BGHZ 124, 151, 161.
132 So aber *Laumen*, MDR 2015, 1, 4 f.
133 BGH NJW 2004, 1167, 1168.
134 BGH NJW 2014, 2795 Rn. 3 f. Dagegen spricht BGH NJW 2005, 3275, 3276 – und zwar unter Verweis auf BGHZ 123, 311 – von der dem Mandanten zugute kommenden „Vermutung beratungsgerechten Verhaltens". Noch verwirrender BGH NJW 2012, 2435, wo zunächst in Rn. 37 von der „Vermutung beratungsgerechten Verhaltens" die Rede ist, die zugunsten des klagenden Mandanten eingreife, und wo es dann in Rn. 44 heißt, die von den beklagten Anwälten vorgetragenen Umstände entkräfteten den „Anscheinsbeweis" nicht.
135 *Canaris*, FS Hadding, S. 1, 24.
136 So auch *Roth*, JZ 2015, 1081, 1083.

BGH bereit, zugunsten des Mandanten, der nicht nachweisen kann, wie er sich bei zutreffender rechtlicher Beratung verhalten hätte, § 287 ZPO anzuwenden und damit den Kausalitätsbeweis zu erleichtern[137].

c) Verschulden

G 514 Wenn bei der Benutzung eines Produkts ein Schaden entsteht und der Geschädigte den Hersteller des Produkts aus § 823 I BGB auf Ersatz in Anspruch nehmen will (sog. *deliktsrechtliche Produzentenhaftung*), gelten nach der Rechtsprechung des BGH folgende Beweislastregeln:

G 515 **aa)** Steht fest, dass das Produkt bereits bei Inverkehrbringen fehlerhaft war und daher der Produzent auf diese Weise eine Verkehrspflicht verletzt hat, so hat dieser im Schadensersatzprozess abweichend von der sonst im Rahmen des § 823 I BGB geltenden Beweislastverteilung zu beweisen, dass ihn an der Fehlerhaftigkeit kein Verschulden trifft[138]. Noch weitergehend hat der BGH zwischenzeitlich[139] dem Hersteller auch die Beweislast dafür auferlegt, dass er bei der Herstellung und vor Inverkehrbringen alle objektiv gebotenen Maßnahmen zur Verhinderung von Sicherheitsmängeln ergriffen hat, dass ihm m. a. W. keine *objektive Pflichtverletzung* zur Last fällt. Das ist vor dem Hintergrund der in BGHZ 51, 91 entfalteten Argumentation folgerichtig: Der Geschädigte überblickt den Herstellungsvorgang und die Organisation der betriebsinternen Kontrolle des Produkts vor Inverkehrbringen nicht und hat daher keine Anhaltspunkte für eine schlüssige Darlegung oder gar den Nachweis eines individuellen Fehlverhaltens eines Arbeitnehmers oder eines Organisationsmangels.

G 516 **bb)** Dass das Produkt im Zeitpunkt des Inverkehrbringens fehlerhaft war, muss demgegenüber der Geschädigte beweisen[140]. Der Hersteller kann jedoch im Einzelfall verpflichtet sein, vor Inverkehrbringen das Produkt gewissen Sicherheits- und Belastbarkeitsprüfungen zu unterziehen und die Befunde dieser Prüfung zu sichern, damit im Nachhinein geklärt werden kann, ob die erfolgten Sicherheitsvorkehrungen am Produkt ausreichten. Verletzt der Hersteller diese Pflicht und gerät dadurch der Verbraucher in Beweisnot bezüglich der Fehlerhaftigkeit bei Inverkehrbringen, so verlagert sich auch insoweit die Beweislast auf den Hersteller[141].

516a Grundsätzlich *keine Beweislastumkehr* ergibt sich aus spontanen Äußerungen von Unfallbeteiligten am Unfallort. Denn die Beteiligten stehen unter dem Eindruck des emotional belastenden Unfallgeschehens. Ihre Darstellungen am Unfallort können jedoch im Rahmen der Beweiswürdigung als Indiz für einen bestimmten vom Unfallgegner behaupteten Unfallhergang dienen[142]. Eine Beweislastumkehr ist erst dann gerechtfertigt, wenn sich aus dem Verhalten eines Unfallbeteiligten ergibt, dass dieser

---

137 BGH NJW 2005, 3275, 3276 f.; für die Steuerberaterhaftung ebenso BGH NJW 2013, 2345 Rn. 17. Vgl. zu § 287 ZPO näher unten V Rn. 529.
138 BGHZ 51, 91.
139 BGH BB 1996, 1796.
140 Vgl. nur BGH NJW 1998, 162, 163.
141 BGHZ 104, 323.
142 OLG Düsseldorf NJW 2008, 3366; OLG Saarbrücken NJW 2011, 1820, 1822.

sich der potentiellen künftigen Verwendung seiner Erklärung zu Beweiszwecken bewusst ist – etwa wenn ein Unfallbeteiligter am Unfallort seinem Unfallgegner eine schriftliche Erklärung übergibt, in der er seine eigene Schuld an dem Unfall einräumt[143].

d) Rechtsgrund

Wer Ansprüche aus ungerechtfertigter Bereicherung geltend macht, weil er angeblich etwas rechtsgrundlos geleistet habe (§ 812 I 1 1. Alt. BGB), hat grundsätzlich zu beweisen, dass die zugrunde liegende Forderung nicht bestand und die Leistung also ohne Rechtsgrund geflossen ist[144]. Die innere Rechtfertigung für diese Beweislastverteilung liegt nicht allein darin, dass der fehlende Rechtsgrund zu den Anspruchsvoraussetzungen des § 812 BGB gehört, sondern vor allem darin, dass der Leistende grundsätzlich mit seiner Zahlung das Anerkenntnis der Forderung zum Ausdruck bringt und nunmehr seinerseits zu beweisen hat, weshalb die einmal von ihm als gegeben anerkannte Forderung gleichwohl nicht bestehen soll. Konsequent hat der **Empfänger** nach der zutreffenden Ansicht des BGH der Leistung das **Bestehen** der zugrunde liegenden **Forderung** zu beweisen, wenn der Leistende lediglich eine **Abschlags- oder Vorauszahlung** im Hinblick auf eine künftig noch festzustellende Schuld erbringt[145].

517 G

> **Fall 119:** Mieter M entrichtet an seinen Vermieter V neben der Nettokaltmiete Vorauszahlungen auf die Nebenkosten in Höhe von monatlich 100 Euro. Als die Jahresnebenkostenabrechnung erstellt wird, rechnet V unter anderem anteilige Kosten für Gebäudereinigung in Höhe von 400 Euro für das gesamte Jahr ab und gelangt auf diesem Wege zu dem Ergebnis, dass zusammen mit den übrigen Posten Nebenkosten von 1400 Euro angefallen seien. V verlangt daher im Klagewege Nachzahlung von 200 Euro. M bestreitet, dass jemals eine Gebäudereinigungsfirma das vermietete Anwesen betreten hat. In Wahrheit seien daher nur 1000 Euro Nebenkosten angefallen. M fordert folglich im Wege der Widerklage 200 Euro zurück.

Der **Fall 119** belegt anschaulich die Richtigkeit der Rechtsprechung des BGH: Wenn V Nachzahlungen auf die Nebenkosten geltend macht, muss er beweisen, dass solche Kosten angefallen sind. Kann er nicht beweisen, dass Gebäudereinigungskosten angefallen sind, wird seine Nachforderungsklage abgewiesen. Müsste nun M für seine Rückforderungsklage beweisen, dass die Gebäudereinigungskosten *nicht* angefallen sind, so würde sich das paradoxe Ergebnis einstellen, dass in ein und demselben Rechtsstreit über eine und dieselbe Tatsache die Beweislast auseinanderfiele. Demgegenüber ist festzuhalten, dass die Nebenkostenvorauszahlung lediglich die Liquidität des Vermieters V sicherstellen sollte, aber selbstverständlich aus der Sicht beider Parteien unter dem Vorbehalt einer endgültigen Abrechnung stand. Dass V überhaupt Zahlungen für Mietnebenkosten verlangen konnte, stand *inter partes* zwischen V und M erst fest, wenn M die Abrechnung des V akzeptierte, was im **Fall 119** gerade nicht

518 G

---

143 BGH NJW 1984, 799.
144 Statt vieler BGHZ 128, 167, 171; BGH NJW 2014, 2275 Rn. 11.
145 BGH NJW 1989, 1606, 1607; NJW 2004, 2897 f. Vgl. bereits oben III. 1 Rn. 493.

geschehen ist; vor einer solchen Einigung über die Abrechnung musste daher V die Entstehung der Nebenkosten beweisen. Da M die Nebenkostenforderung aber in Höhe der Gebäudereinigungskosten nicht akzeptiert hat, bleibt es insoweit dabei, dass V die Entstehung dieser Kosten zu beweisen hat.

IV. Beweisvereitelung

519 Im **Fall 113f** macht K einen Anspruch auf Erlösherausgabe nach § 816 I 1 BGB geltend. Zu den Voraussetzungen dieses Anspruchs, die er beweisen muss, gehört die *Verfügung* des B über das Fahrrad. Eben diese Verfügung hat B bestritten, indem er behauptet hat, er übe weiterhin Mietbesitz an dem Fahrrad aus. K muss also für seine Behauptung, B habe über das Fahrrad verfügt, Beweis anbieten. Das hat er getan: Er hat die Einnahme eines gerichtlichen Augenscheins an der Wohnung des B beantragt.

1. Ausgangspunkt: Keine echte Rechtspflicht der Parteien zur Mitwirkung an der gegnerischen Beweisführung

520 Anders als die Strafgerichte verfügen die Zivilgerichte nicht über die Möglichkeit, zum Zwecke der Sachverhaltsermittlung die Durchsuchung von Wohnungen anzuordnen. B ist daher nicht verpflichtet, das Gericht in seine Wohnung hineinzulassen. Und schon gar nicht muss er dem K, der nach § 357 I ZPO das Recht hat, der Beweisaufnahme und damit auch dem Augenschein beizuwohnen, Zutritt zu seiner Wohnung gewähren. Gleichwohl kann das Gericht aus der Tatsache, dass B die Mitwirkung an der Beweiserhebung verweigert, Rückschlüsse ziehen.

2. Besondere gesetzliche Regeln zur Beweisvereitelung

521 Teilweise sieht bereits das Gesetz für den Fall der Beweisvereitelung entsprechende Regelungen vor. So kann das Gericht aus dem Schweigen des als Partei vernommenen Gegners folgern, dass die Behauptung des Beweisführers als erwiesen anzusehen sei (§ 446 ZPO). Ähnliches gilt für den Fall, dass eine Urkunde nicht vorgelegt (§ 427 S. 2 ZPO) oder gar beseitigt wird (§ 444 ZPO). Des Weiteren kann das Gericht nach § 371 III ZPO die Behauptungen des Gegners über die Beschaffenheit eines Augenscheinsobjekts als erwiesen ansehen, wenn eine Partei die Einnahme eines Augenscheins hieran vereitelt. Diese Vorschrift hilft freilich im **Fall 113f** nicht weiter; denn K will keinen Beweis zur Beschaffenheit, sondern zum *Verbleib* seines Fahrrades erheben. Er will beweisen, dass sich das Fahrrad nicht mehr in der Wohnung des B befindet. Für diesen Fall findet sich keine gesetzliche Regelung.

3. Allgemeiner Rechtsgrundsatz?

522 Es ist daher zu fragen, ob sich ein allgemeiner Grundsatz etablieren lässt, welche beweisrechtlichen Konsequenzen aus der Beweisvereitelung durch eine Partei zu ziehen sind.

a) Der Tatbestand der Beweisvereitelung

Anknüpfungspunkt der Beweisvereitelung kann zum einen das **Verhalten** einer Par-   **523**
tei **im Prozess** sein. So liegt es im **Fall 113f**: B weigert sich, an einer Beweisaufnahme mitzuwirken, die K im laufenden Rechtsstreit beantragt und die ohne die
Mitwirkung des B nicht denkbar ist. Ebenso aber kann die Beweisvereitelung auf
vorprozessuales Verhalten einer Partei zurückzuführen sein.

> **Fall 120:** K fordert von B Zahlungen zurück, die er an B rechtsgrundlos geleistet haben
> will. Zum Beweis der Tatsache, dass B diese Zahlungen empfangen hat, legt er Quittungen
> vor, welche die Unterschrift des B tragen. B beruft sich zur Begründung seines Klagabwei-
> sungsantrags darauf, diese Quittungen seien sämtlich gefälscht, und verweist auf den (in der
> Tat) höchst unterschiedlichen Schriftzug auf den Quittungen. Ein graphologisches Gutachten
> ergibt keinen eindeutigen Beweis, dass alle Unterschriften tatsächlich von B stammen.

Im **Fall 120** muss K zur Begründung seines Rückzahlungsanspruchs beweisen, dass B   **524**
etwas erlangt hat (§ 812 I 1 1. Alt. BGB). Diesen Nachweis kann er nicht führen; denn
es steht nicht fest, dass die Quittungen, die er vorgelegt hat, tatsächlich von B stammen. Die Quittungen vermögen daher ihre Beweiskraft (§ 416 ZPO) nicht zu entfalten; denn eine Urkunde kann niemals ihre eigene Echtheit beweisen. Danach scheint
es, als müsse die Klage des K abgewiesen werden.

Erweist sich aber nunmehr im Prozess, dass B im Rechtsverkehr seine Unterschriften
bewusst in einer so großen Vielfalt und Variationsbreite gestaltet, dass der Fälschungs-
einwand selbst von Sachverständigen nicht widerlegt werden kann, so trifft den B der
Vorwurf der Beweisvereitelung: B hat dann bewusst die Unterschriften so geleistet,
dass er hinterher nicht mehr beweiskräftig daran festgehalten werden kann. Einen
eben solchen Fall hat der BGH im **Fall 120** angenommen[146].

Aber nicht nur vorsätzliches, sondern ebenso fahrlässiges Verhalten des Gegners der   **525**
beweisbelasteten Partei kann den Tatbestand der Beweisvereitelung erfüllen.

> **Fall 121:** B verkauft an K einen Gebrauchtwagen, den K für private Zwecke benötigt. Der
> Wagen hat bei Übergabe einen km-Stand von 191 000. Bei km 197 000 bleibt der Wagen mit
> einem Defekt am Turbolader liegen. K fordert den B erfolglos unter Fristsetzung zur Nachbes-
> serung auf und lässt sodann bei D zum Preis von 1300 Euro einen neuen Turbolader einbauen.
> K verklagt den B nunmehr auf Ersatz dieses Betrags. Es kann nicht mehr geklärt werden, ob
> der Turbolader schon bei Übergabe des Wagens an K mangelhaft war; denn D hat den alten
> Turbolader mangels abweichender Anweisung des K entsorgt.

K macht gegen B einen Anspruch auf Schadensersatz statt der Leistung nach §§ 437
Nr. 3, 280 I, III, 281 BGB geltend: Die an sich von B geschuldete Nachbesserung hat
K nunmehr auf eigene Kosten selbst vornehmen lassen; K nimmt die Leistung des B
insoweit endgültig nicht mehr in Anspruch. Voraussetzung für den Anspruch ist, dass
der Wagen bei Gefahrübergang mangelhaft war. Der Turbolader (und damit der verkaufte Wagen) ist im **Fall 121** *jedenfalls jetzt* mangelhaft: Ein Defekt an ihm hat dazu

---

146 BGH NJW 2004, 222; zustimmend *Lauten*, MDR 2009, 177, 178.

geführt, dass der Wagen nicht mehr fährt[147]. Zweifelhaft ist nur, ob dieser Defekt auch schon bei Gefahrübergang, nämlich bei Übergabe an K (§ 446 BGB) vorlag. Da es sich um einen Verbrauchsgüterkauf handelt, hat B zu beweisen, dass der Mangel bei Gefahrübergang noch nicht gegeben war. Diesen Beweis hat ihm indes K schuldhaft abgeschnitten, indem er es unterließ, D anzuweisen, den alten Turbolader zu Beweiszwecken aufzuheben. Damit liegt auch im **Fall 121** eine Beweisvereitelung vor[148]. In gleicher Weise ist eine Beweisvereitelung gegeben, wenn der Besteller vor der Abnahme des Werks eigenmächtig Mängel beseitigt, ohne diese zuvor zu dokumentieren: Vor der Abnahme hat zwar der Unternehmer die Mangelfreiheit zu beweisen; dazu ist er aber angesichts der vom Besteller geschaffenen Situation nicht in der Lage. Deshalb muss der Besteller sich vorhalten lassen, dem Unternehmer treuwidrig die Chance zum Beweis der Mangelfreiheit genommen zu haben[149].

525a   **Fall 122:** K verklagte die Gemeinde B, weil sein Auto durch einen Ast beschädigt worden ist, der von einem Alleebaum herabgefallen war. K behauptet, der Baum sei schon vorher morsch gewesen und B sei dies infolge unzureichender Kontrollen verborgen geblieben. Während des Prozesses lässt B den betreffenden Baum fällen.

K macht einen Anspruch aus Art. 34 GG, § 839 BGB geltend. Zu diesem Zweck muss er beweisen, dass B eine Amtspflicht verletzt hat. Unter dem Gesichtspunkt der Verkehrssicherung war B verpflichtet, die Alleebäume regelmäßig darauf hin zu überprüfen, ob von ihnen Gefahren für den fließenden oder ruhenden Verkehr ausgingen. Ob B diese Amtspflicht verletzt hat, lässt sich aber nicht mehr klären, weil B den Baum hat fällen lassen. Hierin hat das OLG Bremen zu Recht eine treuwidrige Beweisvereitelung erblickt[150].

b) Die Rechtsfolge der Beweisvereitelung

526   Hat man einmal festgestellt, dass eine Partei die Wahrheitsfindung treuwidrig untergraben hat, so stellt sich die Frage nach den **Rechtsfolgen**. Hierüber herrscht in Rechtsprechung und Literatur Streit:

- Der **BGH** nimmt in Fällen der Beweisvereitelung eine **Beweislastumkehr** an[151]. Konsequenz dieser Ansicht wäre, dass im **Fall 113f** nunmehr B beweisen muss, *nicht* über das Fahrrad verfügt zu haben.
- Nach Ansicht eines erheblichen Teils der **Literatur**[152] ist diese Sicht zu starr. Die Beweisvereitelung soll keinen Einfluss auf die Beweis*last*, sondern auf die **Be-**

---

147 Der BGH zog im Originalfall, dem das Beispiel 2 nachgebildet ist, bereits das Vorliegen eines Sachmangels in Zweifel: Der Defekt könne ebenso gut auf normalem Verschleiß beruhen; dieser aber sei bei Gebrauchtwagen kein Sachmangel. § 476 BGB sei daher nicht anwendbar (BGH NJW 2006, 434, 436).
148 Zutreffend BGH NJW 2006, 434, 436; zustimmend *Laumen*, MDR 2009, 177, 178; dort auch weitere Beispiele.
149 BGH NJW 2009, 360, 361 f.
150 OLG Bremen MDR 2008, 1061, 1062.
151 BGH NJW 1998, 79, 81 m. w. N.; im gleichen Sinne zuletzt OLG Bremen MDR 2008, 1061, 1062.
152 *Braun*, Lehrbuch des Zivilprozeßrechts, 2014, S. 769 ff.; *Laumen*, MDR 2009, 177, 179 f.; *Thole*, JR 2011, 327, 331 ff.

weiswürdigung haben. Das Gericht soll nach freier Überzeugung Rückschlüsse zum Nachteil derjenigen Partei ziehen dürfen, der eine solche Beweisvereitelung zur Last fällt. Das *kann* im **Fall 113f** durchaus in die Annahme ausmünden, dass B das Fahrrad weiterveräußert hat. Das Gericht kann sich aber ebenso auf die Folgerung beschränken, dass das Fahrrad sich ganz einfach nicht mehr im Besitz des B befindet. Das muss noch nicht heißen, dass B über das Fahrrad verfügt hat; möglicherweise ist es ihm seinerseits gestohlen worden oder er hat es vorübergehend bei Dritten deponiert.

Die Ansicht der Literatur hat den Vorzug höherer Flexibilität. Sie entspricht auch eher der Rechtsfolge jener Normen, in denen Fälle der Beweisvereitelung ausdrücklich geregelt sind. Vergegenwärtigt man sich nämlich noch einmal die §§ 371 III, 446 ZPO, so erkennt man, dass dort als Folge der Beweisvereitelung gerade *keine* Beweislastumkehr normiert ist: Das Gericht *kann* vielmehr nach freier Überzeugung den – immer noch der beweispflichtigen Partei obliegenden – Beweis als geführt ansehen, *muss* aber keinesfalls zu diesem Ergebnis gelangen. Im **Fall 113f** wird man freilich mangels weiterer Anhaltspunkte aus dem Verhalten des B folgern müssen, dass B das Fahrrad veräußert hat: B hat ganz offensichtlich Angst davor, dass das Gericht das Nichtvorhandensein des Fahrrades feststellt und daraus den Schluss zieht, B habe das Fahrrad veräußert. B hat keine Sachverhaltsgestaltung aufgezeigt, welche diese Folgerung zu erschüttern vermöchte; insbesondere behauptet er nicht, das Fahrrad könnte ihm seinerseits gestohlen oder auf andere Weise an einen Ort außerhalb seiner Wohnung gelangt sein. Das Gericht wird daher auch auf dem Boden der Literaturansicht als erwiesen erachten, dass B das Fahrrad veräußert hat. **527**

Zur Vertiefung: Die Rechtsprechung ist in ihren Formulierungen nicht einheitlich. Gelegentlich spricht der BGH[153] für den Fall der Beweisvereitelung nur noch von „Beweiserleichterungen", welche die Tatsacheninstanz zugunsten des Prozessgegners in Betracht zu ziehen habe. Andernorts spricht er von „Beweiserleichterungen bis hin zur Umkehr der Beweislast"[154]. In noch einem anderen Urteil hat der BGH offen gelassen, ob an der bisherigen Rechtsprechung (Beweislastumkehr) überhaupt festzuhalten sei[155]. **528**

V. Die Schätzung nach § 287 ZPO

Es kommt gelegentlich vor, dass der geltend gemachte Anspruch zwar dem Grunde nach sicher gegeben ist, seine Höhe sich aber schwer ermitteln lässt. Bedeutung erlangt dies vor allem bei Schadensersatzansprüchen, bei denen zwar eine pflichtwidrige Handlung des Schädigers nachgewiesen werden kann, jedoch nicht gänzlich sicher ist, in welcher Höhe tatsächlich eine Einbuße entstanden ist und ob die Einbuße durch pflichtgemäßes Verhalten des Schädigers hätte vermieden werden können. **529 G**

---

153 BGH NJW 2004, 222.
154 BGH NJW 2009, 360, 362.
155 BGH NJW 2006, 434, 436.

> **Fall 123:** Architekt K wird in einen von B verschuldeten Verkehrsunfall verwickelt. Dabei wird er selbst verletzt und seine Kleidung zerrissen. K muss mehrere Wochen lang stationär behandelt werden. Dadurch versäumt er einen Geschäftstermin, bei dem er nach den bisherigen Gesprächen mit dem Bauherrn gute, wenn auch nicht sichere Aussichten hatte, den Zuschlag für die Betreuung eines großen Bauprojekts zu erhalten. Außerdem muss K sich neue Kleidung beschaffen.

G 530   Im **Fall 123** ist nur eines sicher: B hat die Gesundheit des K sowie dessen Eigentum an seiner Kleidung verletzt. K kann aber nicht mit letzter Sicherheit nachweisen, dass er, wenn die Verletzung unterblieben wäre, den Zuschlag für das Projekt erhalten und aus der Betreuung dieses Projekts entsprechende Einnahmen erzielt hätte. Insoweit ist die **haftungsausfüllende Kausalität**, also die Kausalität zwischen primärem Verletzungserfolg und eingetretenem Schaden, nicht bewiesen – auch nicht unter Berücksichtigung der Beweiserleichterung in § 252 S. 2 BGB: Es fehlt bei einem einmaligen Großprojekt eine Erfahrungsgrundlage für die Annahme, dass ein bestimmter Gewinn zu erwarten gewesen wäre. Desgleichen kann K die **Schadenshöhe** bezüglich der zerrissenen Kleidung nicht beweisen: Denn auf seinen Ersatzanspruch muss er sich anrechnen lassen, dass er nunmehr anstelle gebrauchter Kleidung neue bekommt (sog. *Ersatz neu für alt*). Diese Anrechnung ist nicht leicht in Geld zu bewerten: Gerade bei gebrauchter Kleidung ist der Marktwert schwer zu ermitteln.

K kann allenfalls *Anhaltspunkte* dafür vortragen, die es *überwiegend wahrscheinlich machen*, dass er den Auftrag für das Großprojekt erhalten hätte: Der Bauherr hatte ihn immerhin in die engere Wahl gezogen und ihm gute Aussichten für den Zuschlag prophezeit. Was die Kleidung anbelangt, so ist sogar sicher, dass *überhaupt* ein Schaden entstanden ist; wegen der unsicheren Höhe der Vorteilsausgleichung unter dem Gesichtspunkt „Ersatz neu für alt" fällt lediglich die Bestimmung der genauen Schadenshöhe schwer.

G 531   In einem solchen Fall darf das Gericht letzte Zweifel an der *Kausalität* zwischen Pflichtverletzung und Schaden beiseite schieben: Es darf nach *§ 287 I ZPO* eine *Schadensschätzung* vornehmen und die überwiegend wahrscheinliche Kausalität als gegeben unterstellen. K wird daher im Schadensersatzprozess gegen B in Ansehung der entgangenen Einnahmen aus dem Auftrag obsiegen. In Bezug auf die Kleidung darf das Gericht eine Schätzung vornehmen und denjenigen Betrag dem K zusprechen, der unter den gegebenen Umständen der ökonomischen Wirklichkeit am nächsten kommt.

532   Um die **Schadenshöhe**, für deren Ermittlung § 287 I ZPO eine Schätzung erlaubt, geht es etwa dann, wenn auf Schadensersatz wegen eines Eigentumsdelikts geklagt wird und der Schädiger einwendet, der Schaden habe sich dadurch verringert, dass der Geschädigte einige der gestohlenen Gegenstände zurückerlangt hat[156]. Die Schadenshöhe ist ferner betroffen, wenn der Unfallgeschädigte den Schaden anhand der Kosten der Beschaffung eines Ersatzfahrzeugs berechnet, dabei aber den Unfallwagen weiter benutzt und sich deshalb auf den Schadensersatzanspruch den Restwert anrechnen lassen muss: Dieser mag dann ebenfalls nach § 287 I ZPO geschätzt wer-

---

156 OLG Köln MDR 2006, 890.

den[157]. Ebenso ist eine Schätzung nach § 287 I ZPO möglich, wenn der Unfallgeschädigte für die Zeit der Reparatur ein Ersatzfahrzeug gemietet und dabei einen unwirtschaftlich hohen Tarif gewählt hat: Dann sind stattdessen die i. S. des § 249 II 1 BGB „erforderlichen" Mietwagenkosten zugrunde zu legen, und diese können nach § 287 ZPO geschätzt werden, etwa anhand von verkehrsüblichen, sachverständig erstellten Preistabellen[158].

Die **haftungsausfüllende Kausalität**, die unter den erleichterten Anforderungen des § 287 ZPO bewiesen werden kann, ist nach Ansicht des BGH ebenfalls betroffen, wenn der anwaltlich fehlerhaft beratene Mandant durch die ihm empfohlene Handlung einen Schaden erlitten hat und nicht beweisen kann, dass er bei zutreffender Beratung von dieser Handlung Abstand genommen hätte[159]. Dagegen bleibt für die Beweiserleichterung nach § 287 ZPO **kein Raum**, wenn das Gericht sich von der **haftungsbegründenden Kausalität** zwischen Verletzungshandlung und primärem Verletzungserfolg nicht überzeugen kann; hier bleibt es vielmehr beim strengeren Maßstab des § 286 ZPO[160]. Wer z. B. nicht zur vollen Überzeugung des Gerichts beweisen kann, dass die gesundheitlichen Beschwerden, die er im Anschluss an einen (von einem anderen verschuldeten) Verkehrsunfall erlitten hat, Folge dieses Unfalls sind, wird mit seiner Schadensersatzklage gegen den Unfallverursacher nicht durchdringen[161]. Anders liegt es indes bei sog. Sekundärschäden: Steht fest, dass eine Verletzungshandlung zu einer Gesundheitsbeeinträchtigung geführt hat, und streiten sich die Parteien nunmehr darum, ob eine *weitere* Gesundheitsbeeinträchtigung Folge der ersteren ist oder auf einer anderweitigen Ursache beruht: In diesem Fall steht nicht die haftungsbegründende, sondern die haftungsausfüllende Kausalität im Streit; § 287 ZPO ist anwendbar[162]. Der Bauunternehmer, der Schadensersatz vom Bauherrn mit der Begründung begehrt, dieser habe in zu vertretender Weise die Bauarbeiten behindert (§ 280 I BGB bzw. § 6 Nr. 6 VOB/B), muss beweisen, dass der eingetretene Schaden auf der Behinderung beruht. Die Kausalität zwischen Pflichtverletzung und Schaden gehört zum Haftungsgrund. Für sie genügt keine überwiegende Wahrscheinlichkeit nach § 287 ZPO; vielmehr muss sie zur vollen Überzeugung des Gerichts bewiesen werden[163].

In jüngerer Zeit hat § 287 I ZPO für die zivilrechtlichen Folgen fehlerhafter staatlicher **Prüfungsentscheidungen** Bedeutung erlangt. Ein Kandidat war im Frühjahr 1995 zum Wiederholungsversuch für die Zweite Juristische Staatsprüfung angetreten und hatte die Hürde für die Zulassung zur mündlichen Prüfung knapp verfehlt. Er focht die Bewertung einer Klausur mit Erfolg an, die sodann mit einer besseren Note bewertet wurde. Er wurde sodann zur mündlichen Prüfung auf den 9. 11. 1999 geladen und erreichte dort genügend Punkte, um das Examen insgesamt zu bestehen. Als Volljurist bezog er fortan ein höheres Einkommen, als es ihm zuvor ohne diese Qualifikation beschieden war. Die Differenz verlangte er vom beklagten Bundesland aus Art. 34 GG, § 839 BGB. Das OLG München räumte zwar ein, dass nicht mit letzter Sicherheit festzustellen sei, ob er die mündliche Prüfung ebenso bestanden hätte, wenn die Klausur von Anfang an korrekt bewertet worden wäre und er bereits im Herbst 1995 zur mündlichen Prüfung geladen worden wäre; denn wer weiß, auf welche Prüfer er dann gestoßen und welche Fragen ihm dann gestellt worden wären. Es existiere lediglich die Erfahrung, dass gerade auch Kandidaten mit schwächeren schriftlichen Ergebnissen in den meisten Fällen durch die mündliche Prüfung die geforderte Mindestpunktzahl noch erreichten. Verbleibende Zweifel hielt das OLG nach § 287 I ZPO für unüberwindbar[164].

---

157 BGH NJW 2010, 605, 606.
158 BGH NJW 2006, 2106, 2107; BGH NJW 2007, 1449, 1450; BGH NJW 2007, 3782, 3783; BGH NJW 2013, 1539 Rn. 10; OLG Saarbrücken NJW 2010, 541, 542.
159 BGH NJW 2005, 3275, 3276. Ebenso bereits BGHZ 129, 386, 399 mit der in dieser Allgemeinheit irreführenden Formulierung, die Kausalität zwischen Pflichtverletzung und Schaden könne unter den erleichterten Bedingungen des § 287 ZPO bewiesen werden.
160 Statt vieler BGH NJW 2014, 688 Rn. 13; BGH NJW-RR 2014, 1147 Rn. 5.
161 BGH NJW 2004, 777, 778 f.
162 BGH NJW 2008, 1381, 1382; OLG München NJW 2011, 396.
163 BGH NJW 2005, 1653, 1654.
164 OLG München NJW 2007, 1005, 1008.

Die vorstehende Entscheidung bildet einen Ausschnitt aus einem viel umfassenderen Problemfeld, das hier nur in groben Andeutungen behandelt werden kann: § 287 I ZPO erlangt erhebliche Bedeutung, wenn es den Schaden aus **vereitelten oder beeinträchtigten Erwerbsbiographien** zu ermitteln gilt. Denn einerseits kann niemand verlässliche Hypothesen aufstellen, wie sich die berufliche Karriere des Geschädigten ohne das Schadensereignis entwickelt hätte; andererseits darf dies nicht dazu führen, dass der Geschädigte gänzlich leer ausgeht. Dazu einige Beispiele aus der jüngeren Rechtsprechung: Wenn der Geschädigte bereits in einem bestimmten Beruf gearbeitet hatte, kann das in diesem Beruf erzielbare Einkommen auch der Schadensschätzung zugrunde gelegt werden, und zwar selbst dann, wenn der Geschädigte im Unfallzeitpunkt arbeitslos war, er aber vermutlich zu einem späteren Zeitpunkt wieder Arbeit gefunden hätte[165]. Dabei ist von einem voraussichtlich durchschnittlichen Erfolg des Geschädigten in seiner bisherigen bzw. (realistisch) beabsichtigten Tätigkeit auszugehen[166]. Wenn der Geschädigte im Schadenszeitpunkt noch ein junges Kind war und daher jegliche Anhaltspunkte für die hypothetische Erwerbsbiographie fehlen, versucht sich der BGH damit zu helfen, dass er auf die Vorbildung der Eltern und die schulische und berufliche Entwicklung der Geschwister des Geschädigten zurückgreift[167] – vereinfacht ausgedrückt: Wenn aus den Geschwistern etwas geworden ist, wäre auch aus dem Geschädigten etwas geworden, und zwar in einem vergleichbaren Arbeitsumfeld.

§ 287 II ZPO eröffnet die Möglichkeit, die Höhe des Anspruchs zu schätzen, auch für **andere als Schadensersatzprozesse**. Wenn etwa zwischen Vermieter und Mieter die Wasserverbrauchsabrechnung streitig ist und die vom Vermieter vorgelegten Messwerte mittels eines Geräts erfasst worden sind, dessen Eichgarantie bereits abgelaufen war, kann der Richter seine Überzeugung von der Höhe des Wasserverbrauchs nicht mehr allein auf diese Messwerte stützen. In diesem Fall mag in Anwendung des § 287 II ZPO der Wasserverbrauch des Mieters anhand der Verbrauchswerte aus der letzten unbeanstandeten Abrechnungsperiode geschätzt werden[168].

▶ **Wichtiger Hinweis**
§ 287 ZPO erlaubt keine Schätzung, wenn deren tatsächlichen Grundlagen gleichsam „in der Luft hängen". Der Kläger muss Tatsachen vortragen und beweisen, die wenigstens eine überwiegende Wahrscheinlichkeit für die begehrte Schadenshöhe oder für die Kausalität zwischen Pflichtverletzung und Schaden begründen[169].

---

165 OLG Düsseldorf NJW 2011, 1152, 1153.
166 BGH NJW 2011, 1145, 1147.
167 BGH NJW 2011, 1148, 1149.
168 BGH NJW 2011, 598.
169 BGH NJW 2004, 1945, 1946 f.

VI. Zusammenfassung: Wichtige Grundbegriffe 533 G

Beweiserhebungs-verbot	Das Gericht darf einen bestimmten Beweis nicht erheben, weil bestimmte überwiegende Interessen einer Partei oder eines Dritten (z. B. des Zeugen beim Zeugnisverweigerungsrecht nach § 383 I Nr. 1–3 ZPO) entgegenstehen.
Beweisverwertungs-verbot	Das Gericht darf einen bestimmten Beweis, den es entgegen einem Beweiserhebungsverbot erhoben hat, nicht bei der Entscheidungsfindung berücksichtigen. **Wichtig:** Nicht aus jedem Beweiserhebungsverbot folgt ein Beweisverwertungsverbot!
Anscheinsbeweis	Wenn aus einem bestimmten typischen Geschehensablauf nach der Lebenserfahrung auf eine bestimmte Tatsache geschlossen werden kann, spricht für sie der erste Anschein. Das Gericht *muss* in diesem Fall von dem ersten Anschein auf die betreffende Tatsache schließen, es sei denn, derjenigen Partei, zu deren Nachteil diese Tatsache gereichen würde, gelingt es, den ersten Anschein zu erschüttern. Der erste Anschein ist erschüttert, wenn die Partei Umstände darlegt und beweist, welche für den konkreten Fall die *Möglichkeit* eines Geschehensablaufs nahe legen, welcher vom typischen abweicht. Die Partei, zu deren Nachteil der erste Anschein spricht, ist also nicht mit dem vollen Gegenbeweis belastet: *Anscheinsbeweis ist nicht gleich Beweislastumkehr!*
Beweislast	Selbst wenn die Wahrheit im Prozess nicht zur Überzeugung des Gerichts geklärt werden kann, muss das Gericht eine Entscheidung treffen. Sie muss zum Nachteil derjenigen Partei entscheiden, welche für die betreffende Tatsache die Beweislast trägt. Beweislast ist damit die Verteilung des Risikos prozessualer Ungewissheit unter den Parteien.

§ 10 Die Wirkungen der notwendigen Streitgenossenschaft

534 Wenn mehrere Parteien notwendige Streitgenossen sind (dazu Rn. 45 ff.), sind sie zwar nach wie vor selbstständig befugt, Prozesshandlungen vorzunehmen; die gegenseitige Abhängigkeit der Streitgenossen macht aber einige Sonderregeln erforderlich, die teils im Gesetz niedergelegt sind, teilweise außerhalb des Gesetzes entwickelt werden müssen.

Fall 124: K und L sind Miteigentümer eines Einfamilienhauses, das sie an M vermietet haben. K und L kündigen das Mietverhältnis fristlos wegen Zahlungsverzugs und verklagen M auf Räumung.

a) Im Termin zur mündlichen Verhandlung erscheint der Anwalt des K; L dagegen erscheint weder persönlich, noch ist er anwaltlich vertreten. M beantragt, die Räumungsklage durch Versäumnisurteil abzuweisen.

b) Angenommen, K und L sind im Termin beide anwaltlich vertreten. M wehrt sich gegen die Klage mit der Behauptung, vor Ausspruch der Kündigung den gesamten rückständigen Mietzins bezahlt zu haben, kann dies aber nicht beweisen. Im Termin gibt L zu, dass M tatsächlich bereits alles bezahlt hatte.

c) M findet eine andere Wohnung; der Rechtsstreit wird durch Räumungsvergleich beendet. K und L erhalten am 31.12.2015 die Wohnung zurück. Am 11.6.2016 erhebt M seinerseits Klage gegen K auf Verwendungsersatz, weil er den schon bei Einzug erheblich abgenutzten Teppichboden durch einen neuen ersetzt hat, ohne aus dem Mietvertrag hierzu verpflichtet zu sein. Im Termin zur mündlichen Verhandlung am 7.9.2016 beruft sich K auf Verjährung. Zu Recht? Könnte M jetzt noch mit Aussicht auf Erfolg gegen L klagen? Ist ggf. L an ein stattgebendes Urteil gegen K gebunden?

d) Angenommen, die Räumungsklage wird abgewiesen. Das Urteil wird dem K am 13.4.2016, dem L am 17.4.2016 zugestellt. L legt am 14.5.2016 Berufung ein.

e) Angenommen, M wird durch erstinstanzliches Endurteil zur Räumung verurteilt. Das Urteil wird ihm am 28.4.2016 zugestellt. M legt am 5.5.2016 Berufung ein, bezeichnet aber als Berufungsgegner ausschließlich den K.

Der Räumungsanspruch von K und L folgt zum einen aus § 546 I BGB, zum anderen aus § 985 BGB. K und L sind in beiden Fällen Gläubiger einer unteilbaren Leistung (Rückgabe der Mietwohnung) und damit Bruchteilsgläubiger (§ 432 BGB bzw. §§ 1011, 432 BGB). Wenn man der Auffassung folgt, dass bei Einzelklage von K oder L die Rechtskraft des Urteils sich auf den jeweils anderen erstreckt (oben Rn. 405 ff.), sind K und L *prozessual* notwendige Streitgenossen, weil die Entscheidung nur einheitlich für oder gegen sie beide ergehen kann. Wenn man darüber hinaus annimmt, dass K und L, nun da sie gemeinsam klagen, aus gemeinschaftlicher Rechtszuständigkeit vorgehen, sind sie auch *materiellrechtlich* notwendige Streitgenossen. Auf dieser Annahme beruhen die nachfolgenden Lösungsvorschläge.

I. Vertretungsfiktion bei Säumnis eines Streitgenossen

Im **Fall 124a** ist L säumig, sodass gegen ihn ein Versäumnisurteil nach § 330 ZPO in Betracht kommt. Gegen K kann dagegen kein Versäumnisurteil erlassen werden; denn er ist im Termin zur mündlichen Verhandlung anwesend. Wenn man nun annimmt, dass die Entscheidung gegen K und L nur einheitlich ergehen kann, so bedeutet dies, dass nicht gegen L Versäumnisurteil und gegen K ein (möglicherweise inhaltlich abweichendes) Endurteil ergehen kann. § 62 I ZPO zieht daraus die Konsequenz, dass der Erlass eines Versäumnisurteils *überhaupt nicht in Betracht kommt*: Der säumige L *gilt als von K vertreten*, wird also so behandelt, als wäre er anwesend. Das Gericht wird also den Antrag des M auf Erlass eines Versäumnisurteils zurückweisen.

535

§ 62 ZPO erfüllt prozessual eine ähnliche Funktion wie § 432 I BGB auf der Ebene des materiellen Rechts: Die Vorschrift will *Störungen im Innenverhältnis der Mitberechtigten unschädlich machen* (wobei zu beachten ist, dass § 62 ZPO selbstverständlich auch bei notwendiger Streitgenossenschaft auf Beklagtenseite gilt!). Es soll nicht die Rechtsverfolgung oder -verteidigung daran scheitern, dass einer von mehreren Mitberechtigten oder Mitverpflichteten sich weigert, hieran mitzuwirken.

536

II. Die Einzelwirkung von Prozesshandlungen

§ 62 ZPO kann freilich nur verhindern, dass eine Partei, welche die gebotenen Mitwirkungshandlungen zur Rechtsverfolgung oder -verteidigung *unterlässt*, hierdurch die Rechtsstellung der übrigen notwendigen Streitgenossen beeinträchtigt. Gegen Maßnahmen der Rechtsvereitelung durch *positives Tun* eines Streitgenossen ist das Gesetz machtlos; denn jeder einzelne Streitgenosse ist und bleibt eigenständig zur Vornahme von Prozesshandlungen befugt. So ist jeder Streitgenosse berechtigt, Tatsachenbehauptungen der Gegenseite *zuzugestehen* mit der Folge, dass *er selbst* nach § 290 ZPO daran gebunden ist. Das ist im **Fall 124b** der Fall, soweit das Geständnis des L betroffen ist: L ist an seinen Vortrag, M habe K und L tatsächlich vor Ausspruch der Kündigung befriedigt (womit die Kündigung unwirksam wäre; vgl. § 543 II 2 BGB), nach § 290 ZPO gebunden.

537

Dies Geständnis kann freilich nicht gegen K wirken[1]; denn K tritt eigenständig im Prozess auf. K kann daher dem Geständnis des L widersprechen und auf seinem ursprünglichen Vortrag beharren. Das Gericht kann die Klage nicht ohne weiteres mit Rücksicht auf das Geständnis des L abweisen; vielmehr hat es das Geständnis des L frei zu würdigen. Wenn es dem L glaubt, wird es mangels wirksamer Kündigung die Klage von K und L abweisen. Wenn es dem L *nicht* glaubt, wird es auf entsprechenden Antrag des M Beweis erheben müssen; wenn M nicht beweisen kann, dass er die Mietrückstände vor Zugang der Kündigung ausgeglichen hat, wird er zur Räumung verurteilt werden.

538

---

1 BGH NJW 1996, 1060, 1061.

539   **Zur Vertiefung:** Ähnliche Grundsätze gelten für *Anerkenntnis* und *Klageverzicht*: Wenn einer von mehreren notwendigen Streitgenossen anerkennt bzw. verzichtet und ein anderer widerspricht, kann ein Anerkenntnis- oder Verzichtsurteil nach §§ 306, 307 ZPO nicht ergehen; denn die Entscheidung muss inhaltlich einheitlich ergehen, kann aber nicht gegen denjenigen Streitgenossen ergehen, welcher dem Anerkenntnis oder dem Verzicht widersprochen hat. Was die *Rücknahme* der Klage anbelangt, so ist zu unterscheiden: Ein *prozessual* notwendiger Streitgenosse kann die Klage ohne weiteres selbstständig zurücknehmen; er ist aber an die Rechtskraft des von den anderen Streitgenossen erstrittenen Urteils gebunden. Ein *materiellrechtlich* notwendiger Streitgenosse kann nach überwiegender Meinung seine Klage *nicht* allein zurücknehmen: Er habe an der gemeinschaftlichen Klage mitgewirkt. Die gemeinsame Prozessführungsbefugnis sei damit ausgeübt. Jene Ausübung könne der einzelne Streitgenosse nicht einseitig wieder rückgängig machen[2].

III. Einzelwirkung der Klage gegen einen Streitgenossen

540   Nach § 62 ZPO können zwar Prozesshandlungen eines Streitgenossen *für* die anderen wirken; *niemals* aber können Prozesshandlungen des *Gegners*, die *gegenüber* einem Streitgenossen vorgenommen werden, auch *gegen* die anderen wirken. Das ergibt sich nicht nur aus dem Wortlaut des § 62 ZPO, sondern auch aus Sinn und Zweck dieser Vorschrift: Danach soll die Rechtsverfolgung oder -verteidigung aller Streitgenossen nicht daran scheitern, dass einer von ihnen die Mitwirkung verweigert. Das rechtfertigt es, die Handlung eines Streitgenossen, welche die Verfolgung oder Verteidigung fördert, für und gegen die Übrigen wirken zu lassen; es rechtfertigt aber nicht umgekehrt die Annahme, dass alle Streitgenossen die Handlungen des Gegners gegen sich gelten lassen müssen, wenn sie auch nur einem gegenüber vorgenommen werden.

541   Hat der Gegner (im **Fall 124c**: M) trotz materiellrechtlich notwendiger Streitgenossenschaft nicht gegen alle Streitgenossen geklagt und trotzdem (verfahrenswidrig) ein ihm günstiges Urteil erstritten, so kann dieses ganz normal in formelle und materielle Rechtskraft erwachsen; es entfaltet aber keine Wirkung gegen den nicht verklagten Streitgenossen[3]. Ebenso wenig hemmt die (an sich ohnehin unzulässige!) Klageerhebung die *Verjährung* gegenüber dem nicht verklagten (materiellrechtlich notwendigen) Streitgenossen[4]. *Wenn* also im **Fall 124c** K und L bezüglich des von M geltend gemachten Anspruchs materiellrechtlich notwendige Streitgenossen sind, ist die Klage des M gegen K unzulässig. L ist in diesem Fall an ein gleichwohl ergehendes Urteil gegen K nicht gebunden und kann in einem weiteren Prozess Verjährung einwenden: M macht einen Anspruch auf Verwendungsersatz geltend (§§ 539, 683, 670 oder §§ 539, 684, 818 ff. BGB). Dieser Anspruch verjährt gemäß § 548 II BGB 6 Monate nach Ende des Mietverhältnisses, also am 30.6.2016.

542   Eine ganz andere Frage ist freilich, *ob* K und L im **Fall 124c** materiellrechtlich notwendige Streitgenossen sind. Der Anspruch auf Verwendungsersatz nach §§ 539,

---

2 Zöller/*Vollkommer*, ZPO, 31. Aufl. 2016, § 62 Rn. 25.
3 BGH NJW 1996, 1060, 1062.
4 BGH NJW 1996, 1060, 1061.

677 ff. BGB ist ein Geldanspruch. Im Zweifel haften K und L als Gesamtschuldner und können daher nach § 421 BGB einzeln verklagt werden (deshalb keine materiell-rechtlich notwendigen Streitgenossen) mit der Folge, dass das gegen einen von ihnen ergangene Urteil nicht gegen den anderen wirkt (§ 425 II BGB a.E.; sog. *Gesamt-schuldklage*); daher scheidet auch eine prozessual notwendige Streitgenossenschaft aus. *Anders* wäre es aber, wenn K und L bezüglich der Verwaltung des Mietobjekts eine *Gesellschaft bürgerlichen Rechts* gebildet hätten, und zwar eine *Innengesell-schaft*, die auch nach neuester Rechtsprechung des BGH nicht selbst rechtsfähig ist: Wenn M auf Zahlung aus dem Gesellschaftsvermögen klagt, muss er wegen § 719 I BGB K und L gemeinsam verklagen, weil nur sie beide gemeinschaftlich über das Gesellschaftsvermögen verfügen können (sog. *Gesamthandsklage*). K und L wären dann materiellrechtlich notwendige Streitgenossen.

IV. Vertretungsfiktion bei Rechtsmittel eines Streitgenossen

Die Berufungsfrist läuft für jeden Streitgenossen gesondert, da jeder von ihnen eigen- **543** ständiges Prozesssubjekt ist. Im **Fall 124d** hat L Berufung eingelegt, K dagegen nicht: In diesem Fall bewirkt das Rechtsmittel eines einzigen Streitgenossen (hier: des L), dass der gesamte Prozess gegen alle Streitgenossen in die höhere Instanz geht[5]; dies ergibt sich wiederum direkt aus § 62 ZPO. Von Bedeutung ist dies vor allem, wenn das angefochtene Urteil den einzelnen Streitgenossen zu unterschiedlichen Zeitpunkten zugestellt wird (hier: dem K am 13.4.2016, dem L am 17.4.2016); denn die Zustellung wirkt nur isoliert gegen den je einzelnen Adressaten, sodass für die Streitgenossen auch die Rechtsmittelfristen zu unterschiedlichen Zeitpunkten zu laufen beginnen[6]. Obwohl daher im **Fall 124d** die Berufung des K bereits verfristet ist, nimmt auch er als notwendiger Streitgenosse am Berufungsverfahren teil und hat die Chance, zusammen mit L im Berufungsrechtszug den Prozess doch noch zu gewinnen.

V. Einzelwirkung des Rechtsmittels gegen einen Streitgenossen

Wie sub III gezeigt wurde, wirkt die Klage des Gegners nur gegen den Streitgenossen, **544** gegen den sie erhoben wird. Das Gleiche gilt für alle übrigen Prozesshandlungen des Gegners und insbesondere auch für die Einlegung von Rechtsmitteln (**Fall 124e**). Daher hat BGHZ 23, 73, 75 die Berufung *gegen* einen notwendigen Streitgenossen (im **Fall 124e**: Berufung des M nur gegen K) für unzulässig erachtet, da ihr keine Wirkung gegenüber den anderen Streitgenossen (im **Fall 124e**: L) zukomme, die zu deren Gunsten ergangene Entscheidung der ersten Instanz daher in Rechtskraft er-wachsen sei und diese Rechtskraft auch zugunsten desjenigen Streitgenossen wirke, gegen den der Prozess weitergeführt worden sei.

---

5 Zöller/*Vollkommer*, ZPO, 31. Aufl. 2016, § 62 Rn. 32.
6 BGH NJW 1996, 1060, 1061; MüKo/*Schultes*, ZPO, 4. Aufl. 2013, § 62 Rn. 44; Zöller/*Vollkommer*, 31. Aufl. 2016, § 62 Rn. 24.

§ 11 Die Prozessaufrechnung

I. Rechtsnatur

G 545 Die Prozessaufrechnung ist zweierlei:
- Sie ist *materiellrechtliche Willenserklärung*, nämlich ein einseitiges Rechtsgeschäft nach § 388 S. 1 BGB.
- Sie ist *Prozesshandlung*, nämlich eine Handlung des Beklagten, die darauf gerichtet ist, die Sachentscheidung zu beeinflussen.

Man spricht daher von einem sog. **„Doppeltatbestand"**[1].

II. Insbesondere die Hilfs-(Eventual-)aufrechnung

G 546 Häufig bestreitet der Beklagte in erster Linie die Existenz der klageweise geltend gemachten Forderung und stellt *hilfsweise* für den Fall, dass das Gericht die Klageforderung dennoch für begründet erachtet, eine Gegenforderung zur Aufrechnung. Hier spricht man von einer *Hilfs- oder Eventualaufrechnung*.

1. Die Bedingungsfeindlichkeit der Aufrechnung

G 547 Nach **§ 388 S. 2 BGB** kann die Aufrechnung nicht unter einer Bedingung oder Zeitbestimmung erklärt werden. Diese Vorschrift steht indes nach materiellem Recht einer Aufrechnung, die unter die „Bedingung" gestellt wird, dass die geltend gemachte Hauptforderung bestehe, nicht entgegen. Bei Lichte besehen liegt nämlich *überhaupt keine Bedingung* vor: Entweder die Hauptforderung besteht – dann greift die Aufrechnung in dem Moment durch, in dem sie erklärt wird. Oder die Hauptforderung besteht nicht – dann geht die Aufrechnung von vornherein ins Leere. In jedem Fall steht *im Moment der Aufrechnungserklärung objektiv fest*, welche Wirkungen sie hat; die Aufrechnung unter „Bedingung" der Existenz der Hauptforderung zu erklären, kann sich der Aufrechnende getrost sparen, er kann ebenso gut ohne weiteren Zusatz einfach erklären: „Ich rechne mit der Forderung X auf". Das Bestehen der Hauptforderung ist mithin nicht *Bedingung* der Aufrechnung, sondern *Voraussetzung dafür, dass diese überhaupt wirksam werden kann*[2].

---

1 Statt vieler OLG Frankfurt NJW 2012, 2512 Rn. 4; *Roth*, JZ 2015, 495, 501; *Schreiber*, JA 1980, 344.
2 *Rosenberg/Schwab/Gottwald*, Zivilprozeßrecht, 17. Aufl. 2010, § 103 Rn. 19.

2. Eventualaufrechnung im Prozess als „bedingte" Aufrechnung?

Bei der Prozessaufrechnung macht der Beklagte jedoch mehr. Er erklärt die Aufrech- **548 G**
nung nicht für den Fall, dass die Hauptforderung besteht, sondern für den Fall, dass
das *Gericht zu der Überzeugung gelangt*, dass die Hauptforderung besteht. Einig ist
man sich darüber, dass auch in dieser Konstellation § 388 S. 2 BGB der Zulässigkeit
der Eventualaufrechnung im Prozess nicht entgegensteht. **Streitig** ist aber die dogmatische Begründung:

a) Zum Teil wird auch in dieser Konstellation das Vorliegen einer echten Bedingung **549 G**
geleugnet[3]. Da aus erkenntnistheoretischer Sicht ohnehin so getan werden müsse, als
sei die Entscheidung des Richters die einzig richtige Erkenntnis der wahren Rechtslage (dies ist notwendige Voraussetzung etwa für die Rechtskraft), sei es nicht sinnvoll,
zwischen der Existenz der Klageforderung und deren Feststellung durch den Richter
zu unterscheiden. Zwar sei die Erkenntnis des Richters für den Beklagten ein unge-
wisses Ereignis; die Tatsachen, auf die diese Erkenntnis gestützt seien, stünden jedoch
bereits gegenwärtig objektiv fest. Die Überzeugung des Richters von der Existenz der
Klageforderung sei somit ebenso wenig eine echte Bedingung wie die Existenz der
Klageforderung selbst. Einfacher formuliert: Die Existenz der Klageforderung ist
nicht etwa „Bedingung" der Aufrechnungserklärung, sondern Tatbestandsmerkmal
der Aufrechnungslage. Entweder die Klageforderung existiert; dann erlischt sie sofort
mit Zugang der Aufrechnungserklärung. Oder sie existiert nicht; dann bedarf es der
Aufrechnung nicht, um sie zum Erlöschen zu bringen. Die Aufrechnung greift dann
mangels Aufrechnungslage ins Leere. Da aber der Prozess die Rechtslage erst erweisen soll, muss die richterliche Überzeugung von der Existenz der Klageforderung mit
deren Existenz gleichgesetzt werden: Auch sie ist also nicht Bedingung der Aufrechnungserklärung, sondern Tatbestandsmerkmal der Aufrechnungslage.

b) Andere[4] sind demgegenüber der Ansicht, dass die Überzeugung des Gerichts von **550 G**
der Existenz der Klageforderung sehr wohl eine echte Bedingung darstelle. Der Beklagte, der nur hilfsweise aufrechne, wolle auf diese Weise das Gericht zwingen, sich
in erster Linie mit seinem Vorbringen gegen das Bestehen der Klageforderung zu
befassen. Dieses Ziel könne er nur erreichen, wenn er die richterliche Überzeugung
vom Bestand der Klageforderung zur Bedingung für die Aufrechnung erhebe. Die
Gleichsetzung der Existenz der Klagcfordcrung mit einer sie bejahenden richterlichen
Feststellung, wie sie von der sub a) referierten Ansicht postuliert werde, sei nur haltbar, wenn der Eintritt der sich aus den Zivilrechtsnormen sich ergebenden Rechtsfolgen an prozessuale Feststellungen geknüpft wäre. Dies werde indes von der ganz
h. M. zu Recht abgelehnt: Ob ein Recht entstehe oder untergehe, beurteile sich nach
der sich außerhalb des Prozesses vollziehenden Rechtslage.

---

3 *A. Blomeyer*, Zivilprozeßrecht, § 60 II; *Rosenberg/Schwab/Gottwald*, Zivilprozeßrecht, 17. Aufl. 2010,
   § 103 Rn. 20; *Häsemeyer*, FS Friedrich Weber, 1975, S.215 ff., 224; *Coester-Waltjen*, Jura 1990, 27, 28.
4 Z.B. *Musielak*, JuS 1994, 817, 818 f.; *Schreiber*, JA 1980, 344, 346; *ders.*, FS 50 Jahre BGH, 2000,
   S. 227, 233; wohl auch *Buß*, JuS 1994, 147, 151 f.

G 551 § 388 S. 2 BGB stehe indes aus einem anderen Grund der Eventualaufrechnung im Prozess nicht entgegen. Die Vorschrift trage dem Umstand Rechnung, dass die Aufrechnung ein Erfüllungssurrogat sei und daher nur dann der Erfüllung durch Erbringung der geschuldeten Leistung gleichgesetzt werden könne, wenn sie wie Letztere sofort ihre Tilgungswirkung entfalte. Dies diene auch der Schaffung klarer Verhältnisse. Im Prozess sei die Interessenlage eine andere: Die durch die Eventualaufrechnung geschaffene Ungewissheit sei nur vorübergehend (nämlich bis zu dem Zeitpunkt, zu dem sich das Gericht seine Überzeugung vom Bestand der Hauptforderung bilde) und dem Kläger zumutbar. (Ergänzen könnte man diese Argumentation noch mit dem Hinweis, dass der Kläger selbst eine Erfüllung im Sinne von § 362 BGB erst nach rechtskräftigem Abschluss des Prozesses zu erwarten habe und daher für die Aufrechnung als Erfüllungssurrogat nicht gefordert werden könne, dass sie sofort – noch während des Prozesses – wirksam werde.) Daher sei § 388 S. 2 BGB für die Prozessaufrechnung aufgrund einer *teleologischen Reduktion* unanwendbar[5].

G 552 Diese zweite Auffassung fußt auf der Prämisse, dass der Kläger nur durch eine bedingt erklärte Aufrechnung das Gericht dazu zwingen kann, zunächst den Bestand der Klageforderung zu klären, bevor es die zur Aufrechnung gestellte Gegenforderung prüft. Wie noch zu zeigen sein wird (unten III.), ist indes das Gericht auch ohnedies verpflichtet, zunächst den Bestand der Klageforderung zu untersuchen. Hierbei wird es entweder zu dem Ergebnis kommen, diese sei unbegründet – dann erübrigt sich eine Auseinandersetzung mit der Aufrechnungsforderung. Oder es wird die Klageforderung für begründet halten – dann wird es die Gegenforderung des B prüfen und, falls diese gegeben ist, die Klage des K abweisen. Daher ist diese zweite Ansicht abzulehnen.

III. Prozessaufrechnung und Rechtskraft

G 553 **Fall 125:** K behauptet, er habe B sein Auto geliehen und dieser es an den gutgläubigen X weiterverkauft und dabei einen Erlös von 5000 Euro erzielt. K klagt gegen B auf Herausgabe dieser Summe (§ 816 I 1 BGB). B bestreitet die Klageforderung und behauptet, seinerseits gegen K eine Forderung von 8000 Euro zu haben, die er in Höhe der Klageforderung hilfsweise (für den Fall, dass die Klageforderung besteht) zur Aufrechnung stelle.
a) Das Gericht hält die Klageforderung für begründet und die Gegenforderung des B für unbegründet; B wird daher zur Zahlung von 5000 Euro verurteilt. B klagt in einem Folgeprozess die 8000 Euro gegen K ein.
b) Das Gericht erachtet die Klageforderung für begründet, die Gegenforderung des B aber ebenfalls. Die Klage wird abgewiesen. B klagt wiederum in einem neuen Prozess 8000 Euro, also die volle Forderung gegen K ein.
c) Bezüglich der Klageforderung ist zwischen K und B streitig, ob das Auto jemals dem K gehört hat. Beide Parteien haben umfangreichen Beweis angeboten, den das Gericht erheben müsste, bevor es entscheiden kann, ob die Klageforderung besteht oder nicht. Das Gericht weiß aber schon jetzt, dass jedenfalls die Aufrechnungsforderung des B begründet und daher die Klage des K in jedem Fall abzuweisen ist.

---

5 *Musielak*, JuS 1994, 817, 820.

Nach § 322 II ZPO ist die Entscheidung des Gerichts, dass die zur Aufrechnung gestellte Forderung nicht besteht, der Rechtskraft fähig.

1. Die Aufrechnungsforderung besteht nicht

Aufgrund des gerichtlichen Urteils im **Fall 125a** steht jedenfalls bis zur Höhe von 5000 Euro (nur insoweit stand die Forderung des B zur Aufrechnung) rechtskräftig fest, dass die Forderung des B nicht besteht. Klagt B nun in einem neuen Prozess seinerseits diese Forderung ein, so steht dieser Klage jedenfalls in Höhe von 5000 Euro das Zulässigkeitshindernis anderweitiger rechtskräftiger Entscheidung entgegen (was für die übrigen 3000 Euro gilt, die ja nicht Gegenstand des Vorprozesses waren, hängt davon ab, wie man sich zum Problem der Rechtskraft bei Teilklagen stellt; vgl. dazu § 7 IV 4).

554 G

§ 322 II ZPO gilt schon nach seinem Wortlaut, wenn der Schuldner die Aufrechnungsforderung als Beklagter zur Verteidigung gegen die Klageforderung einsetzt. Die Vorschrift findet darüber hinaus entsprechende Anwendung, wenn der Schuldner die Aufrechnungsforderung als Angriffsmittel einsetzt, um zu erreichen, dass die Zwangsvollstreckung aus einem bereits existierenden Titel nach § 767 I ZPO für unzulässig erklärt wird[6].

Voraussetzung für den Eintritt der Rechtskraftwirkung nach § 322 II ZPO ist, dass das Gericht über die Aufrechnungsforderung *überhaupt in der Sache entschieden* hat. Wurde der Aufrechnungseinwand als Ganzes zurückgewiesen (z. B. wegen Verspätung, § 296 ZPO, oder mit Blick auf § 767 II ZPO), so hat sich das Gericht mit der Frage, ob die zur Aufrechnung gestellte Gegenforderung existiert, überhaupt nicht befasst und folglich auch nicht mit Rechtskraft darüber entschieden[7].

2. Die Aufrechnungsforderung besteht

Im **Fall 125b** ist zunächst unproblematisch eines festzuhalten: Die Klage des B ist in Höhe von 5000 Euro jedenfalls *unbegründet*. Denn die Forderung des B ist in dieser Höhe in jedem Fall durch die im Vorprozess erklärte Aufrechnung nach § 389 BGB erloschen. Muss man aber nicht – noch weitergehend – sagen, dass die Klage bereits *unzulässig* ist, weil über den Bestand der Aufrechnungsforderung bereits nach § 322 II ZPO rechtskräftig entschieden ist?

555 G

Die Subsumtion unter § 322 II ZPO bereitet auf den ersten Blick Schwierigkeiten, weil das Gericht ja nicht festgestellt hat, dass die Aufrechnungsforderung *nicht* besteht; vielmehr hat es Letztere für *begründet* erachtet. Andererseits ist nicht einzusehen, warum es dem B gestattet sein soll, das Gericht ein zweites Mal mit der Entscheidung über seine Aufrechnungsforderung zu bemühen. Und die Anwendung des § 322 II ZPO scheitert auch nicht zwingend an dessen Wortlaut; denn das Gericht

---

6 BGH NJW 1994, 2769, 2770; BGH NJW 2015, 955 Rn. 48.
7 BGH NJW 1994, 2769, 2770; BGH NJW 2015, 955 Rn. 48.

hat im Vorprozess nicht festgestellt, dass die Aufrechnungsforderung des B noch besteht, sondern es hat festgestellt, dass sie *ursprünglich bestand, aber wegen der von B selbst erklärten Aufrechnung erloschen ist* (also eben nicht mehr besteht). Die Klage ist daher in Höhe von 5000 Euro bereits *unzulässig.* Diese Interpretation des § 322 II ZPO – Rechtskraft auch einer das Bestehen der zur Aufrechnung gestellten Gegenforderung bejahenden gerichtlichen Feststellung – entspricht allgemeiner Meinung in Rechtsprechung und Schrifttum[8].

Zur Vertiefung: Zu beachten ist, dass die Entscheidung des Gerichts über die Aufrechnungsforderung ebenso Aussagen über die Klageforderung enthält: Wenn das Gericht die Klage mit der Begründung abweist, die Klageforderung bestehe, die Aufrechnungsforderung aber ebenso und die Klageforderung sei daher durch Aufrechnung erloschen, so hat es dem Grunde nach beide Forderungen zugesprochen. Das wirkt sich aus, wenn nur eine Partei Rechtsmittel einlegt: Legt nur der Kläger Rechtsmittel ein, so ist die Klageforderung als solche rechtskräftig festgestellt[9] und lediglich die Aufrechnungsforderung noch im Streit. Legt nur der Beklagte Rechtsmittel ein, so muss man die umgekehrte Konsequenz ziehen: Das Bestehen der Aufrechnungsforderung ist rechtskräftig festgestellt, und in der höheren Instanz geht es nur noch darum, ob der Beklagte diese Forderung opfern musste, um sich gegen die Klage zu verteidigen, oder ob die Klageforderung an sich schon nicht besteht. Das mutet freilich auf den ersten Blick etwas seltsam an; denn wenn das Rechtsmittelgericht feststellt, dass die Klageforderung nicht besteht, griff die Aufrechnung materiellrechtlich von vornherein ins Leere. Gleichwohl ist es aus Gründen der prozessualen Waffengleichheit geboten, dem Beklagten die Früchte eines erfolgreichen Prozesses über die Aufrechnungsforderung ebenso zu erhalten, wie dem Kläger die Früchte eines erfolgreichen Prozesses über die Klageforderung erhalten bleiben.

---

3. Entbehrlichkeit der Entscheidung über die Hauptforderung?

G 556 Im **Fall 125c** stellt sich die Frage, ob das Gericht das Beweisangebot der Parteien zur Klageforderung übergehen und die Klage sofort abweisen darf. Das ist in der Tat früher so vertreten worden (sog. Klagabweisungstheorie), wird aber heute zu Recht allgemein abgelehnt[10]: Das Gericht müsste die Klage mit der alternativen Begründung abweisen, entweder sei schon die Klageforderung unbegründet oder aber es greife jedenfalls die Aufrechnung durch, weil die zur Aufrechnung gestellte Forderung bestehe. Mit dieser Urteilsbegründung besteht Ungewissheit darüber, ob die Aufrechnungsforderung des Beklagten tatsächlich nach § 389 BGB erloschen ist. Dies ist nämlich nur dann er Fall, wenn K tatsächlich eine Forderung gegen B hatte, denn nur dann ist der Tatbestand des § 387 BGB – Bestehen zweier gegenseitiger Forderungen – tatsächlich erfüllt und die Forderung des B erloschen. Da somit im Vorprozess nicht festgestellt worden ist, dass die Aufrechnungsforderung des B *„nicht besteht"* (vgl. oben 2.: es ist zwar festgestellt worden, dass die Forderung des B besteht, nicht aber, dass sie nach § 389 BGB erloschen ist und dadurch nicht mehr besteht, daher ist

---

8 Vgl. BGHZ 36, 316, 319; *Coester-Waltjen*, Jura 1990, 27, 30; *Huber*, JuS 2008, 1050, 1051; *Jauernig/ Hess*, Zivilprozessrecht, 30. Aufl. 2011, § 63 Rn. 23 ; *Musielak*, JuS 1994, 817, 825; *Schreiber*, JA 1980, 344, 346.
9 OLG Düsseldorf MDR 2009, 1355.
10 BGH NJW 1974, 2000, 2002; *Jauernig/Hess*, Zivilprozessrecht, 30. Aufl. 2011, § 45 Rn. 5 ; *Musielak*, JuS 1994, 817, 826; *Schreiber*, FS 50 Jahre BGH, S. 227, 231.

in **Fall 125c**, anders als in **Fall 125b**, eine Subsumtion unter den Wortlaut des § 322 II ZPO nicht mehr möglich), kann B in einem neuen Prozess die vormals zur Aufrechnung gestellte Forderung gegen K einklagen. K wird sich in diesem Prozess darauf berufen, die Forderung des B sei in Höhe von 5000 Euro nach § 389 BGB erloschen, weil B sie im Vorprozess zur Aufrechnung gestellt habe. K wird mit diesem Einwand aber nur dann durchdringen, wenn seine eigene Forderung gegen B tatsächlich bestand. Da der Vorprozess diese Frage offen gelassen hat, müsste nun das über die Klage B gegen K erkennende Gericht den Bestand der Forderung des K klären. Die Entscheidung über die Forderung des K würde damit unnötig auf einen zweiten Prozess verlagert.

IV. Prozessaufrechnung und Rechtshängigkeit

> **Fall 126:** K verklagt B auf Zahlung einer Kaufpreisforderung in Höhe von 10 000 Euro. B rechnet in der Klageerwiderung mit einem angeblichen Schadensersatzanspruch in gleicher Höhe auf und verlangt von K ab dem Zeitpunkt der Zustellung der Klageerwiderung Prozesszinsen in Höhe von 5 % über dem Basiszinssatz.

557 G

Der Anspruch des B ist nach § 291 S. 1 BGB begründet, wenn der Ersatzanspruch tatsächlich besteht *und* wenn die Prozessaufrechnung diesen Anspruch *rechtshängig* gemacht hat. Gemäß § 322 II ZPO kann nach dem oben Rn. 553 ff. Gesagten über die Aufrechnungsforderung mit Rechtskraft entschieden werden. Zudem hemmt die Prozessaufrechnung nach § 204 I Nr. 5 BGB die Verjährung ebenso, wie dies nach § 204 I Nr. 1 BGB die Erhebung einer Klage tut. Die Erhebung einer Klage hat u. a. die Wirkung, dass sie den Streitgegenstand *rechtshängig* macht (§ 261 I ZPO). Es drängt sich die Frage auf, ob nicht dementsprechend auch die Prozessaufrechnung die Aufrechnungsforderung rechtshängig macht. Wäre diese Frage zu bejahen, so

- dürfte der Beklagte die Aufrechnungsforderung nicht mehr in einem neuen Prozess einklagen, § 261 III Nr. 1 ZPO, und umgekehrt wäre der Beklagte, falls über die Forderung bereits ein von ihm selbst initiierter Prozess anhängig wäre, gehindert, die Forderung im vom jetzigen Kläger initiierten Prozess zur Aufrechnung zu stellen;
- hätte der Beklagte seit Zustellung des die Aufrechnung enthaltenden Schriftsatzes oder seit Erhebung der Prozessaufrechnung in der mündlichen Verhandlung Anspruch auf Prozesszinsen, § 291 BGB;
- würde der Kläger, falls die Aufrechnungsforderung des Beklagten aus §§ 812 ff. BGB resultiert, ab dem soeben bezeichneten Zeitpunkt verschärft haften, § 818 IV BGB;
- könnte der Beklagte die zur Aufrechnung gestellte Forderung nicht mehr ohne Zustimmung des Klägers auswechseln, es sei denn, das Gericht hält die „Aufrechnungsänderung" für sachdienlich, § 263 ZPO;
- wäre es denkbar, dass der Beklagte mit dem Aufrechnungseinwand selbst dann durchdringt, wenn er die zur Aufrechnung gestellte Forderung während des Prozesses abtritt, § 265 II 1 ZPO;

- müsste man darüber hinaus wohl annehmen, dass der Beklagte den Aufrechnungseinwand nach Beginn der mündlichen Verhandlung nur mit Zustimmung des Klägers wieder zurücknehmen kann, § 269 ZPO.

G 558 Vor allem die letzten drei Konsequenzen haben den **BGH** dazu veranlasst, die Frage,
ob die Prozessaufrechnung die Aufrechnungsforderung rechtshängig macht, zu verneinen: Die §§ 263, 265, 269 ZPO seien nicht auf die Prozessaufrechnung zugeschnitten. Außerdem werde die Verteidigung des Beklagten unzumutbar erschwert, wenn er
die anderweitig bereits eingeklagte Forderung nicht mehr aufrechnen könnte und
umgekehrt. Insbesondere werde damit die bisher gängige Praxis unmöglich gemacht,
eine Forderung in erster Linie zur Aufrechnung zu stellen und hilfsweise für den Fall,
dass das Gericht den Aufrechnungseinwand aus prozessualen Gründen nicht berücksichtige, die zur Aufrechnung gestellte Forderung im Wege der Widerklage geltend zu
machen[11]. Diese Auffassung ist seither ständige Rechtsprechung[12]. Der BGH akzeptiert es folgerichtig auch, dass der Beklagte, der vom Kläger in zwei getrennten Verfahren wegen unterschiedlicher Ansprüche belangt wird, eine und dieselbe Forderung
in *beiden* Verfahren zur Aufrechnung stellt: Es sei nicht sicher, dass es in demjenigen
Verfahren, in dem die Aufrechnung erstmals erklärt werde, überhaupt zu einem Sachurteil komme; erst recht bleibe daher ungewiss, ob mit Rechtskraft (§ 322 II[13] ZPO)
über die Aufrechnungsforderung entschieden werde. Um die Gefahr widersprüchlicher Entscheidungen zu bannen, sei derjenige Rechtsstreit, in dem die Aufrechnung
erst später erklärt worden sei, nach § 148 ZPO auszusetzen[14]. Ebenso soll § 148 ZPO
zur Anwendung kommen, wenn jemand eine Forderung in einem Prozess einklagt und
später in einem anderen Prozess zur Aufrechnung stellt; zweifelhaft ist nur, ob der
erste oder der zweite Prozess auszusetzen ist[15]. Schließlich akzeptiert es der BGH,
dass eine Partei die einmal erklärte Prozessaufrechnung zurücknimmt[16]; jene Rücknahme unterliegt also nicht den Schranken des § 269 ZPO.

559 Demgegenüber verweist eine verbreitete Auffassung in der **Literatur**[17] – neben den
eingangs aufgeführten, denen einer Klage gleichkommenden Wirkungen der Prozessaufrechnung, die für Anerkennung der Rechtshängigkeit der Aufrechnungsforderung
sprächen – auf die Gefahr hin, dass zwei einander widersprechende rechtskräftige
Entscheidungen über die Forderung erlassen werden könnten, nämlich zum einen die
Entscheidung des Gerichts, das sich mit der Aufrechnung, und zum anderen diejenige

---

11 BGHZ 57, 242, 243 f.
12 Siehe z. B. BGH NJW 1986, 2767; aus der Literatur ebenso *Braun*, Lehrbuch des Zivilprozeßrechts,
2014, S. 528 f.; *Jauernig/Heß*, Zivilprozeßrecht, 30. Aufl. 2011, § 45 Rn. 8; *Leichsenring*, NJW 2913,
2155, 2156; *Musielak*, JuS 1994, 817, 825; *Rosenberg/Schwab/Gottwald*, Zivilprozeßrecht, 17. Aufl.
2010, § 103 Rn. 25.
13 *Skamel*, NJW 2014, 2460, 2461.
14 BGH, Urteil vom 8.1.2004 – III ZR 401/02, ohne Fundstelle zitiert bei *Gehrlein*, MDR 2004, 541, 544.
15 Die Rechtsprechung ist nicht einheitlich. Vgl. OLG Dresden NJW 1994, 139: Keine Aussetzung
des Prozesses, in dem die Forderung klageweise geltend gemacht wurde, bis zur Entscheidung des
Rechtsstreits, in dem sie zur Aufrechnung gestellt wurde. Vgl. dagegen OLG Frankfurt NJW 2015,
2512 f.: Keine Aussetzung des Rechtsstreits, in dem die Forderung zur Aufrechnung gestellt wurde, bis
zur Entscheidung des Rechtsstreits, in dem sie eingeklagt wurde.
16 BGH NJW-RR 1991, 156, 157; NJW 2009, 1071, 1072.
17 *Häsemeyer*, FS Friedrich Weber, 1975, S.215 ff., 232; *Schreiber*, JA 1980, 344, 347; *ders.*, FS 50 Jahre
BGH, S. 227, 243 ff.

des Gerichts, das sich mit der Klage auf Erfüllung der im anderen Prozess zur Aufrechnung gestellten Forderung zu befassen habe. Daher mache die Prozessaufrechnung die Aufrechnungsforderung rechtshängig. Allerdings soll dabei zu differenzieren sein: Die bereits im Prozess erklärte Aufrechnung stehe zwar einer *späteren* Leistungsklage des Beklagten gegen den Kläger wegen der Gegenforderung entgegen und ebenso einer zweiten Aufrechnung in einem weiteren Prozess; andererseits soll der Beklagte durch eine von ihm *früher* angestrengte und noch anhängige Leistungsklage auf die Gegenforderung nicht gehindert sein, mit eben dieser Gegenforderung im Prozess gegen den Kläger aufzurechnen. **Grund:** Die Wirkung der gerichtlichen Feststellung, dass die Aufrechnungsforderung bestehe, gehe weiter als ein der Klage auf Leistung auf die Gegenforderung stattgebendes Urteil. Mit jenem Urteil erwerbe der Beklagte nur ein Recht, gegen den Kläger wegen der Gegenforderung zu vollstrecken; demgegenüber bewirke die Aufrechnung, wenn sie vom Gericht akzeptiert werde, die Von-selbst-Vollstreckung der Gegenforderung, weil der Beklagte ihretwegen befriedigt sei, ohne erst Zugriff auf das Vermögen des Klägers nehmen zu müssen[18].

Nach **hier vertretener Ansicht** sprechen die besseren Gründe dafür, in sämtlichen **559a** hier diskutierten Konstellationen die **Rechtshängigkeit** einer Forderung durch Prozessaufrechnung zu bejahen. Denn nur diese Lösung gewährleistet, dass es über die Aufrechnungsforderung zu keinen einander widersprechenden Urteilen kommt. Die Idee, derartige Widersprüche auf dem Weg über die Aussetzung nach § 148 ZPO zu verhindern, führt demgegenüber in die Irre. Denn *beide* mit der Aufrechnungsforderung befassten Gerichte können sich mit Fug und Recht auf den Standpunkt stellen, die Entscheidung über den Rechtsstreit hänge vom Ausgang des jeweils anderen Prozesses ab[19]. Das gilt namentlich für die Konstellation, dass A gegen Z eine Forderung einklagt (im Folgenden: Klageverfahren), später seinerseits von Z verklagt wird und die bereits rechtshängige Forderung zur Aufrechnung stellt (im Folgenden: Aufrechnungsverfahren). Das Gericht des Klageverfahrens wird argumentieren, möglicherweise sei die streitige Forderung infolge der Aufrechnung im anderen Verfahren nach § 389 BGB erloschen. Das Gericht des Aufrechnungsverfahrens wird argumentieren, es werde sich mit der Aufrechnungsforderung erst befassen, wenn das Gericht des Klageverfahrens sich zum Bestand dieser Forderung geäußert habe. Es fällt schwer, zuverlässige rechtliche Determinanten herauszuarbeiten, um diese Pattsituation aufzulösen[20]. Allenfalls mag man sich mit einer Analogie zu § 36 I Nr. 6 ZPO behelfen: Wenn beide Gerichte das Verfahren aussetzen, mag das nächsthöhere Gericht bestimmen, welches Gericht sich zuerst mit der Aufrechnungsforderung in der Sache befassen muss. Aber auch dies enthebt den Rechtsanwender nicht von der Notwendigkeit, Kriterien für die Bestimmung dieses Gerichts zu entwickeln. Alles dies erspart man sich, wenn man mit der Korrelation von Rechtskraft (§ 322 II ZPO) und Rechtshängigkeit Ernst macht und die anerkennt, dass die Prozessaufrechnung die Rechtshängigkeit der Aufrechnungsforderung begründet.

---

18 *Schreiber*, JA 1980, 344, 347; *ders.*, FS 50 Jahre BGH, S. 227, 250 f.
19 Insoweit zutreffend *Skamel*, NJW 2015, 2460, 2462.
20 Differenzierende Zweckmäßigkeitserwägungen hierzu bei *Skamel*, NJW 2015, 2460, 2462 ff.

V. Prozessaufrechnung und Präklusion

G 560 **Fall 127:** K klagt gegen B aus § 816 I 1 BGB 5000 Euro ein, weil B sein Auto an einen gutgläubigen Dritten veräußert habe.

a) B bestreitet die Klageforderung und behauptet, er habe seinerseits gegen K eine Forderung
von 8000 Euro, die er im Umfang der Klageforderung zur Aufrechnung stelle. K bestreitet,
dass die Aufrechnungsforderung jemals entstanden sei. Das Gericht fordert den B auf, für
die Entstehung seiner Forderung Beweis anzubieten, und setzt ihm hierfür eine Frist von
drei Wochen. B bleibt jedoch zunächst jegliches Beweisangebot schuldig. Der Prozess
zieht sich in die Länge; nach einem Jahr bietet B Beweis an, als er sieht, dass der Prozess
für ihn ungünstig zu verlaufen droht. Das Gericht könnte, wenn es dieses Beweisangebot
unberücksichtigt ließe, sofort entscheiden, während es bei Erhebung des Beweises noch
einmal Beweistermin anberaumen müsste.

b) Das Gericht stellt dem B die Klage zu und setzt ihm eine Frist von 2 Wochen zur Klageerwiderung (§§ 275 I 1, 277 III ZPO). B erwidert fristgemäß, beschränkt sich aber in seinem Schriftsatz zunächst darauf, die Klageforderung zu bestreiten. In der mündlichen
Verhandlung erklärt er die Aufrechnung mit einer Gegenforderung, deren Existenz von K
bestritten wird. B bietet Beweis an. Das Gericht könnte erneut, wenn es dieses Beweisangebot unberücksichtigt ließe, sofort entscheiden, während es bei Erhebung des Beweises
noch einmal Beweistermin anberaumen müsste.

c) Wie **Fall b**, doch hat B die Aufrechnung bereits vor Prozessbeginn erklärt und wendet nun
diese vorprozessuale Aufrechnung verspätet ein.

d) Die Parteien verhandeln streitig zur Sache. Das Gericht schließt die mündliche Verhandlung und bestimmt Termin zur Verkündung einer Entscheidung. Bevor es zum Urteil
kommt, schiebt B noch schnell einen Schriftsatz nach, mit dem er seine Gegenforderung
darlegt und mit ihr die Aufrechnung erklärt.

e) B lässt in erster Instanz seine Aufrechnung überhaupt unerwähnt und bringt die Aufrechnungsforderung samt Beweisangebot erst in der Berufungsinstanz vor.

Der Aufrechnungseinwand des B wird in allen Fällen zurückgewiesen. B klagt nunmehr in
einem neuen Prozess die Forderung gegen K ein.

1. Die Präklusionsfälle im Überblick

a) In **Fall 127a** hat das Gericht das Beweisangebot des B als verspätet zurückzuweisen (§ 296 ZPO), wenn seine Berücksichtigung die Erledigung des Rechtsstreits
verzögern würde. Ob eine Verzögerung vorliegt, beurteilt sich grundsätzlich nach dem
sog. *absoluten Verzögerungsbegriff* (Rn. 220 f.): Es ist zu vergleichen, wann der
Rechtsstreit entschieden werden könnte, wenn das verspätet vorgebrachte Verteidigungsmittel jetzt noch berücksichtigt würde, und wann er entschieden werden könnte,
wenn das Verteidigungsmittel zurückgewiesen würde. Vorliegend könnte der Prozess
ohne Berücksichtigung des Beweisangebots des B sofort entschieden werden, bei
Berücksichtigung des Beweisangebots erst später. Daher ist das Beweisangebot des B
zu präkludieren; die Aufrechnung greift nicht durch, weil B hinsichtlich der Entstehung der Aufrechnungsforderung beweisfällig geblieben ist.

G 561 **b)** In **Fall 127b, c** ist die Aufrechnung selbst entgegen einer hierfür nach §§ 275 I 1,
277 I, III ZPO gesetzten Frist nicht rechtzeitig erklärt worden; B war gehalten, innerhalb der Klageerwiderungsfrist sämtliche ihm zu Gebote stehenden Angriffs- und

Verteidigungsmittel geltend zu machen. Der Aufrechnungseinwand ist daher als solcher überhaupt nicht erst zuzulassen, § 296 I ZPO.

c) In **Fall 127d** ist der Vortrag des B bezüglich der Aufrechnung nach § 296a ZPO **562 G** zurückzuweisen, da das Vorbringen erst nach dem Schluss der mündlichen Verhandlung erfolgt ist.

d) In **Fall 127e** ist der Vortrag des B bezüglich der Aufrechnung nach § 533 ZPO **563 G** zurückzuweisen, es sei denn, K willigt in die Geltendmachung in dem anhängigen Verfahren ein oder das Gericht hält sie für sachdienlich und das Berufungsgericht hat die Tatsachen, welche die Gegenforderung begründen, ohnehin nach § 529 ZPO zugrunde zu legen.

2. Materiellrechtlich wirksame Aufrechnung trotz prozessualer Zweckverfehlung?

Alle vorstehend genannten Fälle haben eine Problematik gemeinsam: B hat die Auf- **564 G** rechnung **materiellrechtlich wirksam** erklärt, damit aber sein **prozessuales Ziel nicht erreicht**, die Abweisung der Klage des K zu erwirken (siehe oben I.: Doppeltatbestand, materiellrechtliche Gestaltung und Prozesshandlung führen ein prinzipiell voneinander getrenntes Eigenleben). Danach scheint es, als hätte B trotz Aufrechnung an K zahlen müssen und seinerseits seine Gegenforderung durch Aufrechnung verloren. Dieses Ergebnis erscheint für B extrem hart. Im Einzelnen ist aber zu differenzieren:

a) Präklusion von Beweismitteln für die Aufrechnungsforderung

In **Fall 127a** hat B die Aufrechnung geltend gemacht, ist aber beweisfällig geblieben, **565 G** weil sein Beweisangebot in zulässiger Weise präkludiert worden ist. Damit ist ihm die Aufrechnungsforderung rechtskräftig aberkannt worden. Der Aufrechnungseinwand ist damit als solcher zwar zugelassen worden; die zur Aufrechnung gestellte Forderung des B wurde indes für nach materiellem Recht unbegründet erachtet[21]. Dies trifft den B nicht unbillig hart; denn die Situation ist keine andere, als wenn B die Forderung selbst eingeklagt hätte, sein Beweisangebot präkludiert und die Klage daher rechtskräftig abgewiesen worden wäre. Das Gericht hat sich mit der Frage, ob die Forderung des B nach materiellem Recht besteht, auseinandergesetzt und diese Frage verneint.

b) Präklusion des Aufrechnungseinwandes als solchem bei Aufrechnung im Prozess

In **Fall 127b** ist demgegenüber der Aufrechnungseinwand *als solcher* gar nicht erst **566 G** zugelassen worden. Das Gericht hat sich mit der Frage, ob diese Forderung besteht, überhaupt nicht erst auseinandergesetzt und – im Gegensatz zu Fall a) – insbesondere

---

21 BGHZ 33, 236, 242; *Musielak*, JuS 1994, 817, 820.

auch nicht nach § 322 II ZPO rechtskräftig über sie entschieden. Hier hält man es einhellig für unbillig, die Klage des B wegen § 389 BGB (wirksame materiellrechtliche Aufrechnung) abzuweisen, obwohl B seinerseits im Vorprozess verurteilt worden war[22] – zumal bei der Präklusion hinzukommt, dass es gewiss nicht Zweck der mit § 296 ZPO erstrebten Beschleunigung des laufenden Verfahrens sein kann, einen *weiteren* Prozess zu verhindern, indem die Aufrechnungsforderung auch materiellrechtlich vernichtet wird[23]. Die Begründung hierfür ist allerdings stark umstritten:

G 567 **aa)** Nach einer Ansicht hat sich die Lösung an den *Funktionen der Aufrechnung* zu orientieren. Diese ist durch zweierlei Komponenten charakterisiert: Einerseits durch die *Verteidigungsfunktion* – der Aufrechnende wehrt sich gegen eine fremde Forderung – und andererseits die *Durchsetzungsfunktion* – der Aufrechnende wird zugleich wegen seiner eigenen Forderung befriedigt. Schlage die Verteidigungsfunktion wegen der Präklusion des Aufrechnungseinwandes im Prozess fehl, so habe die Aufrechnung auch ihre Durchsetzungsfunktion nicht erfüllen können. Vielmehr müsse das Urteil, das den B ohne Berücksichtigung des Aufrechnungseinwandes verurteile, ihm die Gegenforderung zur anderweitigen Realisierung freigeben. Das bedeute, dass dem Beklagten die Möglichkeit offen stehen müsse, die präkludierte Aufrechnungsforderung in einem selbstständigen Prozess gesondert weiterzuverfolgen. Diese Folge lasse sich im Gesetz selbst festmachen: Die anderweitige Durchsetzung der Aufrechnungsforderung werde dem Beklagten nur dann verwehrt, wenn das Gericht sie ihm rechtskräftig aberkenne, also in den Fällen des § 322 II ZPO[24]. In eine ganz ähnliche Richtung geht die Überlegung des BGH, mit der Zurückweisung des Aufrechnungseinwandes wegen Verspätung sei nur die Aufrechnung als solche zurückgewiesen worden, nicht aber über Bestand oder Nichtbestand der Aufrechnungsforderung entschieden worden. Der Beklagte könne jene Forderung daher nach wie vor in einem späteren Prozess geltend machen[25].

G 568 **bb)** Eine sehr verbreitete Meinung will demgegenüber ungeachtet dessen, dass bei der Prozessaufrechnung die materiellrechtliche Willenserklärung und die Prozesshandlung ein prinzipiell voneinander unabhängiges Eigenleben führen (Doppeltatbestand), beides zu einer „Geschäftseinheit" im Sinne von § 139 BGB verbinden mit der Folge, dass im Falle der Präklusion des Aufrechnungseinwandes auch die materiellrechtliche Erklärung unwirksam werde[26].

G 569 **cc)** Eine dritte Ansicht geht demgegenüber – in Anlehnung an den oben Rn. 550 ff. referierten Ansatz – davon aus, dass B im Falle der Prozessaufrechnung auch in materiellrechtlicher Hinsicht die Aufrechnung unter der Bedingung erkläre, dass das Gericht seinen Aufrechnungseinwand nicht aus prozessualen Gründen zurückweist oder unberücksichtigt lässt[27]. Dem soll insbesondere § 388 S. 2 BGB nicht entgegen-

---

22 Statt vieler *Jauernig/Hess*, Zivilprozessrecht, 30. Aufl. 2011, § 45 Rn. 8 mwN.).
23 *Buß*, JuS 1994, 147, 148; Stein/Jonas/*Leipold*, ZPO, 22. Aufl. 2005, § 145 Rn. 64.
24 *Häsemeyer*, FS Friedrich Weber, 1975, S. 215 ff., 222 f.
25 BGHZ 16, 124, 140; kritisch dazu *A. Blomeyer*, Zivilprozeßrecht, § 60 II 4a.
26 *Zöller/Greger*, ZPO, 31. Aufl. 2016, § 145 Rn. 15; *Rosenberg/Schwab/Gottwald*, Zivilprozeßrecht, 17. Aufl. 2010, § 103 Rn. 45; wohl auch *Coester-Waltjen*, Jura 1990, 27, 29.
27 *Musielak*, JuS 1994, 817, 821.

stehen; denn diese Bestimmung passe für die Prozessaufrechnung nicht: Der Kläger könne, wenn er schon ohne Rücksicht auf die Aufrechnung den Prozess gewinne, vernünftigerweise nicht damit rechnen, auch noch den zusätzlichen Vorteil der ersatzlosen Freistellung von der Gegenforderung davonzutragen[28].

dd) Wieder anders argumentiert eine vierte Auffassung[29]: Zwar scheide die Annahme   **570 G**
aus, die materiellrechtliche Wirksamkeit unter die Bedingung zu stellen, dass die Aufrechnung prozessual berücksichtigt werde; dem stehe § 388 S. 2 BGB entgegen. Dasselbe gelte für die These, analog § 139 BGB seien materiellrechtliche und prozessuale Komponenten der Aufrechnung als „Geschäftseinheit" zu behandeln. Der Beklagte habe mithin in der Tat trotz der prozessualen Zurückweisung seine Forderung nach materiellem Recht verloren. Doch habe er gegen den Kläger einen Anspruch auf *Wiederbegründung* der Forderung aus *§ 812 I 2 2. Alt.* BGB (Zweckverfehlungskondiktion): Die Aufrechnung stelle eine Leistung an den Kläger dar, weil der Beklagte seine Forderung geopfert habe, um die Forderung des Klägers zu tilgen (solvendi causa). Der mit dieser Leistung verfolgte Zweck, die Forderung des Klägers zu tilgen und die Klage zur Abweisung zu bringen, sei aber nicht eingetreten; denn das Gericht habe mittels der Präklusion des Aufrechnungseinwandes verhindert, dass die Forderung des Klägers auf diese Weise erfüllt wurde. Folglich müsse der Kläger, der durch die Präklusion von seiner Verbindlichkeit befreit worden sei, ohne seinerseits seinen Anspruch zu verlieren, das Erlangte, d. h. die Befreiung von der Verbindlichkeit, wieder zurückgewähren[30].

ee) Schließlich wird eine Lösung des Problems über die *Rechtskraftlehre* gesucht: **571 G**
Werde die Aufrechnung aus prozessualen Gründen nicht beachtet, so schließe die Rechtskraft des der Klage stattgebenden Urteils die Feststellung ein, dass die Klageforderung nicht durch Aufrechnung erloschen und daher auch die Gegenforderung des Beklagten nicht durch Aufrechnung weggefallen sei[31].

ff) In einer **Klausur** ist ein ausführliches Referat dieses Streitstandes nicht erforder-   **572 G**
lich. Es genügt, die Kontroverse auf ihre *Grundlagen zurückzuführen* und nach der *Ursache* für die Schwierigkeiten bei der dogmatischen Bewältigung des Problems zu suchen.

Jene Schwierigkeiten liegen darin begraben, dass es auf dem Boden der heute völlig herrschenden sog. „zivilistischen" Erklärung der Prozessaufrechnung – Prozesshandlung und materiellrechtliche Erklärung zugleich (Doppeltatbestand, s. oben Rn. 545) – bis heute nicht gelungen ist, die wechselseitige Abhängigkeit der prozessualen und der materiellrechtlichen Komponente der Aufrechnungserklärung konstruktiv befriedigend in den Griff zu bekommen. Denn unser heutiges Rechtsdenken ist massiv geprägt durch eine scharfe *Trennung von materiellem Recht und dessen prozessualer Verwirklichung*. Die materielle Rechtslage wird allein durch die privatautonome Er-

---

28 MüKo/*v. Feldmann*, BGB, 3. Aufl. 1994, § 387 Rn. 24 (in den Folgeauflagen nicht fortgeführt).
29 *Buß*, JuS 1994, 147, 149 im Anschluss an *Habscheid*, ZZP 76 (1963), 371, 375.
30 Ablehnend zu diesem Ansatz *Coester-Waltjen*, Jura 1990, 27, 29.
31 Stein/Jonas/*Leipold*, ZPO, 22. Aufl. 2005, § 145 Rn. 67.

klärung gestaltet, unabhängig davon, ob sie im Prozess durchdringt oder nicht. Deutlich zum Vorschein kommt dies bei der Behandlung von objektiv unrichtigen Urteilen: Einem Urteil, das einer Klage zu Unrecht stattgibt, wohnt keine materiellrechtliche richterliche Gestaltung inne, es begründet also nicht die objektiv nicht existente Forderung; umgekehrt vernichtet ein die Klage zu Unrecht abweisendes Urteil nicht die nach materiellem Recht existierende Forderung. Die Rechtskraft solcher Urteile hat nach der heute herrschenden *prozessualen Rechtskrafttheorie* nur *verfahrensrechtliche Bedeutung*: Der Richter eines späteren Prozesses ist an die Feststellung im Vorprozess gebunden[32].

G 573 In der Konsequenz dieses Trennungsdenkens würde es aber eigentlich liegen, die Behandlung der Prozesshandlung „Aufrechnung" (wird als verspätet zurückgewiesen) und der materiellrechtlichen Erklärung „Aufrechnung" (bringt beide Forderungen, also auch die des Aufrechnenden selbst, zum Erlöschen) völlig voneinander zu isolieren: Die materiellrechtliche Gestaltungswirkung der Aufrechnung hängt eben danach nicht davon ab, ob diese auch im Prozess ihre Verwirklichung findet. Genau das will man aber bei der Prozessaufrechnung – wie ich meine, im Ergebnis mit Recht – gerade nicht, weil damit über den *Zweck der Vorschriften hinausgegangen würde, die zur Zurückweisung des Aufrechnungseinwandes geführt haben.* Wer das herausgearbeitet hat, hat seine Schuldigkeit getan; für die **Klausur** empfehle ich, der wohl bekanntesten Lösung – der Analogie zu § 139 BGB – zu folgen.

c) Präklusion des Aufrechnungseinwandes bei Aufrechnung vor Prozessbeginn

G 574 **aa)** In **Fall 127c** ist die Aufrechnung bereits vor Prozessbeginn erklärt worden. Weder lässt sich zwischen Prozesshandlung und materiellrechtlicher Aufrechnungserklärung eine Geschäftseinheit herstellen – die materiellrechtliche Erklärung geht dem Prozess voraus, ist also von B ersichtlich nicht mit der Prozesshandlung verknüpft worden – noch lässt sich in die vorprozessuale Aufrechnungserklärung eine stillschweigende Bedingung des Inhalts hineinlesen, dass sie nur gelten solle, wenn das Gericht sie später auch berücksichtige.

Danach hat B seine Forderung nach materiellem Recht verloren und muss sich dies in seinem Prozess gegen K entgegenhalten lassen, obwohl das Gericht im Vorprozess den Bestand der Aufrechnungsforderung nicht einmal geprüft hat[33]. Indes ist diese Folge nicht unbillig; denn die Situation ist keine andere, als wenn B vor Prozessbeginn nicht aufgerechnet, sondern *erfüllt* hätte und mit diesem Erfüllungseinwand nunmehr präkludiert worden wäre.

G 575 **bb)** Diese Handhabung ist freilich alles andere als unstreitig; in der Kontroverse spiegeln sich die oben a) referierten Ansichten wider. So wird auf dem Boden der Ansicht b) ee) argumentiert, die Rechtskraft des der Klage stattgebenden Urteils erfasse das Nichterlöschen von Forderung und Gegenforderung auch und gerade dann, wenn der

---

32 Vgl. dazu *Jauernig/Hess*, Zivilprozessrecht, 30. Aufl. 2011, § 62 Rn. 5 ff.
33 *Rosenberg/Schwab/Gottwald*, Zivilprozeßrecht, 17. Aufl. 2010, § 103 Rn. 49.

Beklagte vorprozessual die Aufrechnung erklärt habe und damit zurückgewiesen worden sei[34]. Die Ansicht b) aa) argumentiert wie folgt: Die Aufrechnung sei ein einseitiges empfangsbedürftiges Rechtsgeschäft (§ 388 S. 1 BGB). Sie müsse daher, wenn sie vorprozessual erklärt worden sei, dem Kläger irgendwann einmal zugegangen sein. Dann aber verstoße der Kläger gegen seine Wahrheitspflicht, wenn er die Forderung einklage, ohne auf die Aufrechnung hinzuweisen[35]. Aus diesem Verstoß dürfe er später keine Vorteile ziehen. Vielmehr setze er sich mit seinem eigenen Vortrag im Vorprozess um seine eigene Forderung in Widerspruch, wenn er sich, in einem späteren Prozess vom Beklagten auf die Gegenforderung in Anspruch genommen, darauf berufe, die Forderung sei durch Aufrechnung seitens des Beklagten erloschen[36].

d) Sonstige Fälle der prozessualen Zurückweisung

Die **Fälle 127d und e** beurteilen sich wie **Fall 127b**: Der Aufrechnungseinwand ist aus prozessualen Gründen zurückgewiesen worden. Daher hat – mit welcher Begründung auch immer – B, der die materiellrechtliche Aufrechnungserklärung erst im Prozess erklärt und dort mit der prozessualen Geltendmachung der Aufrechnungsforderung verknüpft hat, auch nach materiellem Recht seine Forderung gegen K nicht verloren[37].

576 G

VI. Die Gegenaufrechnung des Klägers

Befürchtet der Kläger, dass seine Klage mit Rücksicht auf eine vom Beklagten erklärte Aufrechnung abgewiesen wird, wird er versuchen, diese Aufrechnung zu Fall zu bringen, indem er seinerseits eine weitere Forderung gegen den Beklagten präsentiert und mit dieser *gegen die Aufrechnungsforderung aufrechnet*. Es sind dann *drei Forderungen* im Spiel, nämlich die Klageforderung, die Aufrechnungsforderung und die Gegenaufrechnungsforderung.

577

> **Fall 128:** K verklagt B auf Zahlung des Kaufpreises von 10 000 Euro. B rechnet mit einer Darlehensforderung auf, die er gegen K in gleicher Höhe zu haben glaubt. K rechnet nun *gegen die Darlehensforderung des B* seinerseits mit einer (ebenfalls 10 000 Euro betragenden) Schadensersatzforderung aus einem von B fahrlässig verursachten Verkehrsunfall auf.
> a) B bestreitet die Klageforderung nicht, sondern wehrt sich *nur* mit Hilfe der Aufrechnung.
> b) B bestreitet in erster Linie die Klageforderung und rechnet *hilfsweise* mit der Darlehensforderung auf.
> Wie wird das Gericht entscheiden, wenn sich am Ende der mündlichen Verhandlung alle drei Forderungen als begründet erweisen?

---

34 Stein/Jonas/*Leipold*, ZPO, 22. Aufl. 2005, § 145 Rn. 66 f.
35 *Häsemeyer*, FS Friedrich Weber, 1975, S. 219.
36 *Häsemeyer*, FS Friedrich Weber, 1975, S. 219, 225 f.; zustimmend Stein/Jonas/*Leipold*, ZPO, 22. Aufl. 2005, § 145 Rn. 68..
37 In diesem Sinne bezüglich der Präklusion des Aufrechnungseinwandes nach § 767 II ZPO zuletzt BGH NJW 2009, 1671, 1672.

578 Bei der Lösung solcher Fälle hat man sich zu vergegenwärtigen, dass die Prozessaufrechnung (auch) materiellrechtliche Willenserklärung ist und dass ihr rechtsgestaltende Wirkung zukommt: Sie bewirkt nach § 389 BGB das Erlöschen der wechselseitigen Forderungen, soweit sie sich decken. Im **Fall 128** bestehen nun mehrere Aufrechnungslagen: Sowohl die Kaufpreis- und die Darlehensforderung als auch die Schadensersatz- und die Darlehensforderung stehen einander aufrechenbar gegenüber. Daraus folgt zweierlei:

- Wenn B aufrechnet, kann er sich aussuchen, welche der beiden Forderungen des K er damit tilgen will. Das folgt aus § 396 I 1 BGB.
- Wenn B mit der Darlehens- gegen die Kaufpreisforderung und K mit der Schadensersatz- gegen die Darlehensforderung aufrechnet, ist die **zeitliche Reihenfolge** der Aufrechnungserklärungen maßgeblich. Es greift diejenige Aufrechnung durch, die zuerst wirksam erklärt wird. Denn diese Aufrechnung hat dann die von ihr betroffenen Forderungen endgültig zum Erlöschen gebracht.

Daraus ergibt sich im **Fall 128a** ohne weiteres, dass die Aufrechnung des B gegen die Kaufpreisforderung des K durchgreift und dadurch diese ebenso wie die Darlehensforderung des B erloschen sind. Die Gegenaufrechnung des K greift ins Leere; denn infolge der von B zuerst erklärten Aufrechnung ist die Darlehensforderung des B erloschen und steht daher der Schadensersatzforderung des K nicht mehr aufrechenbar gegenüber.

579 Die überwiegende Meinung entscheidet ebenso im **Fall 128b**: Auch hier komme es allein auf die zeitliche Reihenfolge der Aufrechnungserklärungen an[38]. Auf den vorliegenden Fall gemünzt bedeutet dies: B habe die Hilfsaufrechnung erklärt, bevor K die Gegenaufrechnung erklärt habe. Daher sei die Darlehensforderung des B bereits im Zeitpunkt der Aufrechnungserklärung nach § 389 BGB erloschen. Wenn K später gegen die Darlehensforderung mit der Schadensersatzforderung aufrechne, greife dies abermals ins Leere. Da nämlich die Darlehensforderung bereits erloschen sei, stehe sie wiederum der Schadensersatzforderung nicht mehr aufrechenbar gegenüber. Nach dieser Ansicht wäre die Klage des K mit Rücksicht auf die von B erklärte Aufrechnung abzuweisen. Diese Sicht ist indes im Schrifttum auf Kritik gestoßen[39]: Solange der Beklagte den Bestand der Klageforderung (hier also: der Kaufpreisforderung) bestreite, solle nach seinem Willen die – nur hilfsweise erklärte – Aufrechnung noch nicht wirksam werden. Sie stehe vielmehr unter der Bedingung, dass das Gericht die ursprüngliche Klageforderung am Schluss der mündlichen Verhandlung für begründet erachte. Ihre Wirkung sei daher nach dem Willen des Beklagten auf das Ende der mündlichen Verhandlung hinausgeschoben. Dann aber wirke das Prinzip der zeitlichen Reihenfolge in umgekehrter Richtung: Die Gegenaufrechnung des Klägers bringe die Aufrechnungsforderung des Beklagten *sofort* zum Erlöschen. Wenn nun am Ende der mündlichen Verhandlung das Bestehen der ursprünglichen Klageforderung feststehe und nunmehr die Aufrechnung des Beklagten Wirkung entfalten solle, existiere die Aufrechnungsforderung nicht mehr. Bezogen auf den hier vorliegenden

---

38 KG MDR 2006, 1252 f.; *Möller*, JA 2001, 49, 50 f.; Zöller/*Greger*, ZPO, 31. Aufl. 2016, § 145 Rn. 12.
39 *Braun*, ZZP 89 (1976), 93, 101 ff.; *Pawlowski*, ZZP 104 (1991), 249, 268 ff.

Fall würde dies bedeuten: Die Aufrechnung des K mit der Schadensersatzforderung hat die Darlehensforderung des B zum Erlöschen gebracht, *bevor* diese ihrerseits am Ende der mündlichen Verhandlung die Kaufpreisforderung des K zum Erlöschen bringen konnte. Die Darlehensforderung des B bestand also auf dem Boden dieser Ansicht am Ende der mündlichen Verhandlung, da sie ihre Wirkung hätte entfalten sollen, nicht mehr. B wäre danach zur Zahlung des begehrten Kaufpreises zu verurteilen.

Der Gang der Argumentation zeigt, dass es für die Entscheidung der Streitfrage auf **580** das dogmatische Grundverständnis der Eventualaufrechnung ankommt[40]: Begreift man sie als von vornherein *unbedingte* Aufrechnungserklärung, so zwingt dies dazu, der überwiegenden Meinung zu folgen: Dann hat die Aufrechnung des B die Klageforderung des K zu Fall gebracht, bevor sie ihrerseits von der Gegenaufrechnung des K getroffen werden konnte. Begreift man dagegen die Eventualaufrechnung als durch die Entscheidung des Gerichts über die Klageforderung aufschiebend bedingt, so erweist sich die Gegenmeinung als zutreffend: Dann ist die Aufrechnungsforderung erloschen, bevor sie ihrerseits die Klageforderung zu Fall bringen kann. Wie bereits gezeigt werden konnte, wird die Eventualaufrechnung entgegen ihrem äußeren Anschein gerade *nicht* unter einer Bedingung erklärt: Die Existenz der Klageforderung (und damit auch die dahin lautende richterliche Erkenntnis) ist nicht etwa Bedingung der Aufrechnungserklärung, sondern Tatbestandsmerkmal der Aufrechnungslage. *Wenn* die Klageforderung existiert, ist sie durch die Aufrechnung *sofort* zum Erlöschen gebracht worden. Wenn sie *nicht* existiert, hat die Aufrechnung mangels Aufrechnungslage bereits im Ansatz in Leere gegriffen. Diese Einsicht führt zu dem Ergebnis, dass der überwiegenden Meinung zuzustimmen ist: Die von B erklärte Aufrechnung hat die von K eingeklagte Kaufpreisforderung nach § 389 BGB zum Erlöschen gebracht. Das Gericht wird daher die Klage des K abweisen.

Die von K erklärte Gegenaufrechnung erweist sich gleichwohl als nicht völlig nutzlos: **580a** Wenn nämlich der Kläger versucht, den Aufrechnungseinwand des Beklagten durch Gegenaufrechnung zu Fall zu bringen, bewirkt dies die **Hemmung der Verjährung** nach § 204 I Nr. 5 ZPO. Das gilt sogar dann, wenn die Gegenaufrechnung nur hilfsweise erklärt wurde[41].

Fall 129: K verklagt B auf Zahlung des Kaufpreises. B bestreitet die Klageforderung nicht, rechnet aber mit einer Werklohnforderung auf. K seinerseits bestreitet, dass dem B eine Werklohnforderung zustehe, und rechnet gegen die Werklohnforderung hilfsweise mit einem Anspruch auf Rückgewähr eines Darlehens auf.

Wenn es nunmehr über die Darlehensforderung zu keiner Sachentscheidung kommt – etwa weil das Gericht der Meinung ist, die Werklohnforderung des B bestehe nicht, und der Klage schon deshalb stattgibt –, kann K die Darlehensforderung in einem neuen Prozess geltend machen. Die Verjährung dieser Forderung ist durch die hilfsweise erklärte Gegenaufrechnung nach § 204 I Nr. 5 ZPO gehemmt worden.

---

40 Dazu bereits oben II 2 Rn. 548 ff.
41 BGH JR 2009, 108, 109; zustimmend *Peters*, JR 2009, 110.

VII. Die Hemmung der Verjährung durch die Prozessaufrechnung

580b Bereits mehrfach wurde hier angedeutet, dass die Prozessaufrechnung nach **§ 204 I Nr. 5 BGB** zur Hemmung der Verjährung führt. Zu Problemen führt diese Vorschrift in Zessionsfällen.

Fall 130: Z berühmt sich einer Kaufpreisforderung gegen B und tritt diese an K ab. K klagt sie gegen B ein. B bestreitet die Existenz der Forderung und rechnet hilfsweise mit einer Werklohnforderung auf, die gegen Z zusteht und die schon vor der Kaufpreisforderung bestand und fällig war. Das Gericht weist die Klage ab, weil die Kaufpreisforderung des K nicht bestehe. B möchte nunmehr gegen Z aus der Werklohnforderung vorgehen. Z beruft sich darauf, die Werklohnforderung sei mittlerweile verjährt.

Da B die Werklohnforderung gegen Z schon zustand, bevor die angebliche Kaufpreisforderung zur Entstehung gelangte, konnte er diese Forderung nach § 406 BGB auch gegenüber K zur Aufrechnung stellen. Dies ändert freilich nichts daran, dass die Werklohnforderung sich nach wie vor gegen Z richtet. Es bestehen daher Zweifel, ob die *gegenüber K* erklärte Aufrechnung auch zur Hemmung der Verjährung *gegenüber Z* (der am Vorprozess gar nicht beteiligt war!) führt. Der BGH hat dies mit Recht bejaht[42]: § 406 BGB will sicherstellen, dass der Schuldner durch die Abtretung der gegen ihn gerichteten Forderung nicht schlechter steht, als er ohne die Abtretung stünde. Die Vorschrift ordnet deshalb an, dass die Aufrechnungs*lage*, die gegenüber dem alten Gläubiger bestand, auch dem neuen Gläubiger entgegengehalten werden kann. Der Schutz des Schuldners ist indes nur dann vollkommen, wenn umgekehrt die Aufrechnungs*erklärung*, die § 406 BGB gegen den neuen Gläubiger zulässt, auch gegen den alten Gläubiger wirkt. Die Aufrechnung des B im Prozess gegen K hat daher die Verjährung der Werklohnforderung auch im Verhältnis zu Z gehemmt.

---

42 BGH JR 2008, 108, 109 f.; zustimmend *Peters*, JR 2009, 110 f.

§ 12 Das Mahnverfahren

I. Der Ablauf des Mahnverfahrens

1. Statthaftigkeit

Das Mahnverfahren findet statt zur Durchsetzung von **bezifferten Geldforderungen** **581 G**
(§ 688 I ZPO), mit Ausnahme der in § 688 II ZPO genannten Ansprüche:
- **Kein Mahnverfahren** bei Ansprüchen des Unternehmers aus Verbraucherkredit-
  verträgen (§ 688 II Nr. 1 ZPO), wenn der effektive Jahreszins den Basiszinssatz um
  mehr als 12 % übersteigt.
- **Kein Mahnverfahren** bei Ansprüchen, deren Geltendmachung von einer noch
  nicht erbrachten Gegenleistung abhängig ist (§ 688 II Nr. 2 ZPO).
- **Kein Mahnverfahren,** wenn die Zustellung des Mahnbescheids durch öffentliche
  Bekanntmachung erfolgen müsste (§ 688 II Nr. 3 ZPO).

▷ **Wichtiger Hinweis**
Nach **§ 692 I Nr. 2 ZPO** enthält der Mahnbescheid den Hinweis, dass das Gericht nicht geprüft
hat, ob der Anspruch besteht. Das Gericht prüft daher auch nicht, ob die Forderung auf einem
Verbrauchervertrag nach §§ 491–504 BGB beruht oder ob der Antragsteller noch eine Gegenleistung erbringen muss; es *begnügt sich vielmehr mit den Angaben des Antragstellers* (vgl. für
die Frage der Gegenleistung § 690 I Nr. 4 ZPO). Der Mahnantrag wird also nur dann nach
§ 691 I Nr. 1 ZPO zurückgewiesen, wenn der Antragsteller *selbst zugibt, dass seine Forderung
auf einem Verbraucherkreditvertrag beruht oder er seine Gegenleistung noch erbringen muss.*

2. Mahnantrag

Das Mahnverfahren wird nur auf Antrag durchgeführt; auch hier gilt also die Dispo- **582 G**
sitionsmaxime. Was in einem Mahnantrag stehen muss, ist in § 690 ZPO niedergelegt.
Es müssen namentlich die Parteien und das angerufene Gericht bezeichnet werden
(entspricht § 253 II Nr. 1 ZPO bei der Klage), ebenso der geltend gemachte Anspruch
unter bestimmter Angabe der verlangten Leistung (entspricht dem „bestimmten Antrag" in § 253 II Nr. 2 ZPO). **Nicht erforderlich** ist die Angabe eines bestimmten
Sachverhalts; denn das Gericht prüft den Bestand des Anspruchs nicht. Das Gericht
prüft nicht einmal die Schlüssigkeit der Klage; es bedarf folglich keines Sachvortrags,
anhand dessen das Gericht beurteilen kann, ob die Forderung zu Recht geltend gemacht wird. Der Anspruch ist lediglich zum Zwecke der nach § 690 I Nr. 3 ZPO gebotenen Individualisierung grob zu typisieren (z. B. „Anspruch aus Darlehen", „Anspruch aus Mietvertrag" etc.). Der Mahnantrag ist handschriftlich zu unterzeichnen
(§ 690 II ZPO).

Zur Vertiefung: Wenn das Mahnantragsformular ein Service-Feld enthält, auf dem der Antrag- **583**
steller, der nach Widerspruch das Mahnverfahren weiter zu betreiben beabsichtigt, ankreuzen
kann: „Im Falle des Widerspruchs beantrage ich die Durchführung des streitigen Verfahrens", so
muss das Formular einen Hinweis darauf enthalten, dass im Falle des streitigen Verfahrens weite-

re Gerichtsgebühren anfallen, selbst wenn die Parteien sich zwischenzeitlich außergerichtlich einigen. Diese Notwendigkeit folgt aus dem Rechtsstaatsprinzip und dem daraus abgeleiteten Gebot eines fairen Verfahrens: Dem Antragsteller müssen die Kostenfolgen seines Prozessverhaltens deutlich vor Augen geführt werden. Wird dagegen verstoßen, so darf das Gericht die zusätzlichen Gebühren nicht erheben[1]. Das Gericht genügt aber seiner Hinweispflicht, wenn es ergänzend zum Antragsformular vorgedruckte Ausfüllhinweise zum Mahnantrag herausgibt, in denen auf die Kostenfolge hingewiesen wird[2].

G 584 Sachlich zuständig für das Mahnverfahren sind die Amtsgerichte (§ 689 I 1 ZPO); örtlich ausschließlich zuständig ist das Amtsgericht, an dem der Antrag*steller* (also derjenige, der die Forderung geltend macht!) seinen allgemeinen Gerichtsstand hat (§ 689 II 1 ZPO). Die Zuständigkeit für das Mahnverfahren kann also von derjenigen für das Klageverfahren abweichen.

Beispiel: K aus Bochum macht gegen B aus Dortmund einen Anspruch auf Erfüllung einer Werklohnforderung in Höhe von 4000 Euro geltend. Würde er klagen, so wäre nach §§ 12, 13 ZPO das AG Dortmund zuständig; das Mahnverfahren wird dagegen beim AG Bochum durchgeführt, weil K als Antragsteller in Bochum seinen allgemeinen Gerichtsstand hat.

3. Mahnbescheid

G 585 Sofern die rein formalen Anforderungen des § 690 ZPO erfüllt sind und kein Zurückweisungsgrund nach § 691 ZPO vorliegt, erlässt das Gericht den Mahnbescheid. Der Mahnbescheid wiederholt die Angaben des Mahnantrags (§§ 692 I Nr. 1, 690 I Nr. 1–5 ZPO) und enthält nach § 692 I Nr. 3 ZPO die **Aufforderung**, binnen 2 Wochen seit Zustellung entweder zu **zahlen** oder **Widerspruch** zu erheben. Der Mahnbescheid ist also noch **kein Vollstreckungstitel**.

G 586 Im Übrigen enthält der Mahnbescheid eine Fülle von **Hinweisen**:
- den Hinweis, dass das Gericht nicht geprüft hat, ob der Anspruch besteht (§ 692 I Nr. 2 ZPO)
- den Hinweis, dass ein dem Mahnbescheid entsprechender Vollstreckungsbescheid ergehen kann, wenn nicht rechtzeitig Widerspruch erhoben wird (§ 692 I Nr. 4 ZPO)
- die Ankündigung, an welches Gericht der Rechtsstreit im Falle des Widerspruchs abgegeben wird (§ 692 I Nr. 6 ZPO).

G 587 Die **Widerspruchsfrist** von 2 Wochen ist **keine Ausschlussfrist**. Vielmehr kann der Widerspruch so lange erhoben werden, als der Vollstreckungsbescheid nicht verfügt ist (§ 694 I ZPO). Die Widerspruchsfrist hat allein den Sinn, dass *vor ihrem Ablauf kein Vollstreckungsbescheid ergehen darf* (§ 699 I 2 ZPO). Wenn Widerspruch erhoben, der Vollstreckungsbescheid aber bereits verfügt ist, wird der Widerspruch nach § 694 II 1 ZPO als *Einspruch* behandelt (d. h. als Einspruch gegen den *Vollstreckungsbescheid*, §§ 700 I, 338 ZPO).

---

1 BVerfG NJW 2004, 1097, 1098.
2 BVerfG NJW 2004, 1098, 1099.

Die **Zustellung des Mahnbescheids** bewirkt die **Hemmung der Verjährung** (§ 204 I   **588 G**
Nr. 3 BGB). Sofern mit der Einleitung des Mahnverfahrens eine Frist gewahrt werden
soll, tritt diese Wirkung bereits mit der Einreichung des Mahnantrags ein, sofern die
Zustellung demnächst erfolgt (§ 691 II ZPO). Wenn Widerspruch gegen den Mahnbe-
scheid eingelegt und die Streitsache alsbald an das Gericht abgegeben wird, das im
Mahnbescheid als das zuständige Gericht bezeichnet wurde (§ 696 I 1 ZPO), gilt die
Streitsache als mit Zustellung des Mahnbescheids rechtshängig geworden (§ 696 III
ZPO). „Alsbald" ist dabei ebenso auszulegen wie „demnächst" im Rahmen des § 167
ZPO³. Fehlt es an einer „alsbaldigen" Abgabe, tritt Rechtshängigkeit in dem Moment
ein, in dem die Akten bei dem Prozessgericht eingehen, vor dem das streitige Verfahren (also das ordentliche Klageverfahren) durchgeführt werden soll⁴. Eine Fiktion
rückwirkend eingetretener Rechtshängigkeit gilt ebenso bei Erlass des Vollstreckungs-
bescheids (§ 700 II ZPO); dort kommt es allerdings nicht auf eine alsbaldige Abgabe
an das zuständige Gericht an, weil eine solche beim Vollstreckungsbescheid nicht
stattfindet: Der Vollstreckungsbescheid ist Teil des Mahnverfahrens und nicht des
ordentlichen Klageverfahrens.

Zur Vertiefung: **589**

(1) Zahlt der Schuldner zwischen Anbringung des Mahnantrags und Zustellung des Mahnbescheids, so besteht eine ähnliche Situation wie bei der Erledigung der Hauptsache zwischen Einreichung und Zustellung der Klageschrift. Es bietet sich daher an, **§ 269 III 3 ZPO** auf das
Mahnverfahren **analog** anzuwenden⁵: Der Mahnantrag wird in der Hauptsache zurückgenommen.
Wegen der bisher angefallenen Kosten, die der Schuldner nach billigem Ermessen zu tragen hat,
wird das Mahnverfahren fortgesetzt⁶. Die Kostenentscheidung nach § 269 III 3 ZPO wird jedoch
nicht im Mahnverfahren, sondern vom für das streitige Verfahren zuständigen Gericht getroffen⁷.

(2) Wenn der Schuldner (im Mahnverfahren: Antragsgegner) Widerspruch erhebt, die Sache daraufhin nach § 696 I 1 ZPO in das streitige Verfahren abgegeben wird und der Schuldner (im
streitigen Verfahren nunmehr: Beklagter) den Anspruch nunmehr im Klageverfahren anerkennt,
fragt sich, ob ihm wegen der Kosten noch das Privileg des **§ 93 ZPO** zugutekommen kann, wenn
er vor Einleitung des Mahnverfahrens keine Veranlassung zur Klage gegeben hatte. Eine verbreitete Meinung lehnt dies ab⁸: „Sofort" sei das Anerkenntnis nur, wenn es bei der ersten sich bietenden Gelegenheit abgegeben werde. Der Schuldner, der gegen einen Mahnbescheid unbeschränkt
(d. h. nicht bloß wegen der Kosten⁹, sondern auch in der Hauptsache) Widerspruch erhebe, gebe
zu erkennen, dass er zur Zahlung nicht bereit sei. Dadurch werde der Gläubiger zu erheblichem
Mehraufwand, insbesondere nach § 697 I ZPO zu einer Anspruchsbegründungsschrift genötigt.
Dieser Mehraufwand begründe materiellrechtlich sogar einen nach §§ 280 I, II, 286 BGB ersatzfähigen Verzögerungsschaden; denn spätestens mit der Zustellung des Mahnbescheids befinde
sich der Schuldner im Verzug. Dann könne nach erfolgtem Widerspruch ein späteres Anerkennt-

---

3 BGH NJW 2008, 1672, 1673; NJW 2009, 1213, 1214; *Roth*, JZ 2008, 895.
4 BGH NJW 2009, 1213, 1214 f.; OLG Düsseldorf MDR 2009, 1355, 1356.
5 BGH MDR 2005, 411.
6 Ausführlich dazu *Ruess*, NJW 2006, 1915 ff.; *Wolff*, NJW 2003, 553 ff.; ferner *Jooß*, JR 2010, 307, 308.
7 BGH NJW 2005, 512, 513.
8 OLG Frankfurt MDR 1984, 149 f.; OLG Hamm DB 1988, 959 f.; OLG Schleswig MDR 2006, 228 f.;
   Sonnentag, MDR 2006, 188 ff.; *Zöller/Herget*, ZPO, 31. Aufl. 2016, § 93 Rn. 6 bei „Mahnverfahren".
9 Ein bloß auf die Kosten beschränkter Widerspruch soll der Anwendung des § 93 ZPO bei späterem
   Anerkenntnis nicht entgegenstehen; vgl. Musielak/Voit/*Flockenhaus*, ZPO, 13. Aufl. 2016, § 93 Rn. 3;
   Rosenberg/Schwab/Gottwald, Zivilprozeßrecht, 17. Aufl. 2010, § 84 Rn. 25; *Zöller/Herget*, ZPO,
   31. Aufl. 2016, § 93 Rn. 6 bei „Mahnverfahren".

nis niemals ein „sofortiges" sein. Andere halten dagegen selbst nach vorherigem Widerspruch ein sofortiges Anerkenntnis noch für möglich[10]. Die zuletzt genannte Ansicht verdient aus denselben Gründen den Vorzug, die bereits oben[11] den Ausschlag für die Auffassung gegeben haben, dass selbst nach erfolgter Verteidigungsanzeige im schriftlichen Vorverfahren nach § 276 ZPO ein sofortiges Anerkenntnis möglich ist: Der Schuldner hat, wenn er sich gegen einen Vollstreckungsbescheid rechtsgewiss schützen will, nach § 692 I Nr. 3 ZPO ganze zwei Wochen Zeit, Widerspruch einzulegen. Wird er vorprozessual in Anspruch genommen, so gibt er nur „Veranlassung" zur Klage, wenn er nach vier bis sechs Wochen nicht leistet. Wird er sogleich gerichtlich in Anspruch genommen, so muss ihm folglich dieselbe Überlegungsfrist zustehen, bevor seine Weigerung, zu leisten, Kostenfolgen zu seinem Nachteil nach sich ziehen kann: Das Anerkenntnis ist selbst nach Abgabe ins Klageverfahren ein „sofortiges", wenn der Schuldner es vier bis sechs Wochen seit Zustellung des Mahnbescheids erklärt. Hat der Schuldner den Anspruch freilich bereits in der Widerspruchsbegründung in der Sache bestritten, scheidet ein „sofortiges" Anerkenntnis aus: Denn dann hat er sich schon vor Ablauf der Überlegungsfrist in der Lage gesehen, zum Anspruch in der Sache Stellung zu beziehen[12].

(3) Wenn die **Zustellung des Mahnbescheids scheitert**, weil der Antragsgegner unbekannt verzogen ist und nicht aufgefunden werden kann, ist der Erlass eines Mahnbescheids gemäß § 688 II Nr. 3 ZPO nicht statthaft; denn die Zustellung müsste durch öffentliche Bekanntmachung bewirkt werden (§§ 185 f. ZPO). Der BGH hat nunmehr mit Recht ausgesprochen, dass in diesem Fall das Mahnverfahren auch **nicht** (etwa analog § 696 I ZPO) in das **streitige Verfahren überführt** werden kann[13]. Vielmehr wird der Mahnantrag zurückgewiesen. Der Antragsteller ist nunmehr darauf verwiesen, die gerichtliche Verfolgung seines Anspruchs erneut einzuleiten und dabei sogleich den Weg zum ordentlichen Klageverfahren zu suchen. *Wichtige Konsequenz:* Da der Mahnantrag nie zugestellt wurde, kann mit seiner Hilfe auch *keine Hemmung der Verjährung* nach § 204 I Nr. 3 BGB herbeigeführt werden. Folglich versagt auch die Möglichkeit, die Hemmungswirkung nach § 167 ZPO bereits auf den Zeitpunkt der Antragstellung zurück zu beziehen; denn § 167 ZPO setzt eben voraus, dass die Zustellung hernach auch tatsächlich erfolgt, und zwar „demnächst".

(4) Die Zustellung des Mahnbescheids führt nur dann nach § 204 I Nr. 3 BGB zur **Hemmung der Verjährung**, wenn der streitige Anspruch im Mahnbescheid **hinreichend individualisiert** wird[14]; denn nur dann signalisiert er dem Antragsgegner mit hinreichender Deutlichkeit, dass es dem Antragsteller mit der Beitreibung der Forderung ernst ist. Wenn der Antragsteller Schadensersatz wegen Beschädigung des Mietobjekts durch den Antragsgegner geltend machen will und im Mahnbescheid als Grund des Anspruchs „Mietnebenkosten – auch Renovierungskosten" geschrieben steht, reicht dies nicht aus, um den Anspruch, um den es eigentlich geht, zu individualisieren. In diesem Fall tritt keine Hemmung nach § 204 I Nr. 3 BGB ein[15]. Macht der Besteller mehrere Mängel geltend und stützt er hierauf einen Zahlungsanspruch (z. B. Rückforderung nach Minderung, §§ 638 IV, 346 BGB, oder Ersatz von Kosten der Selbstvornahme, §§ 634 Nr. 2, 637 I BGB), so wird die Verjährung nur dann nach § 204 I Nr. 3 BGB gehemmt, wenn aus dem Mahnbescheid oder den beigeführten Anlagen deutlich wird, auf welche (angeblichen) Mängel sich das Zahlungsbegehren bezieht[16]. Ebenso wenig tritt die Hemmung nach § 204 I Nr. 3 BGB ein, wenn der Mahnbescheid durch die bewusst wahrheitswidrige Erklärung erschlichen wurde, dass der Anspruch von einer Gegenleistung abhänge, diese aber bereits erbracht sei (vgl. § 690 I Nr. 4 ZPO). In diesem Fall verhält sich der Antragsteller rechtsmissbräuchlich, wenn er sich auf die Hemmung der Verjährung beruft. Denn bei redlicher Vorgehensweise hätte er vor Erbringung

---

10 KG MDR 1980, 942; *Fischer*, MDR 2001, 1336 ff.; Stein/Jonas/*Bork*, ZPO, 22. Aufl. 2004, § 93 Rn. 9.
11 § 6 IV 2 b Rn. 287.
12 Ebenso *Fischer*, MDR 2001, 1336, 1337 f.
13 BGH NJW 2004, 2453, 2454.
14 BGH NJW 2009, 56, 57; BGH NJW 2016, 1083 Rn. 17.
15 LG Düsseldorf NJW 2007, 3009; *Klose*, MDR 2010, 11, 12.
16 OLG Celle NJW 2015, 90, 92; Grothe, NJW 2015, 17, 20.

der Gegenleistung den Mahnbescheid wegen § 688 II Nr. 2 ZPO überhaupt nicht mit Erfolg beantragen können[17]. Es gibt freilich Fälle, in denen der Gläubiger zwei alternative Ansprüche hat, von denen einer ohne Gegenleistung und der andere Zug um Zug gegen eine Gegenleistung zu erfüllen ist. Es sind dies all jene Situationen, in denen der Gläubiger vor der Wahl zwischen dem „kleinen" und dem „großen" Schadensersatz steht (dazu bereits oben Rn. 198). Wenn der Gläubiger in diesen Fällen innerhalb der Verjährungsfrist einen Mahnbescheid über den „kleinen" Schadensersatz erwirkt und nach Ablauf der Verjährungsfrist auf den „großen" Schadensersatz übergeht, handelt er nicht rechtsmissbräuchlich, wenn er sich auch für den großen Schadensersatz auf die Hemmung der Verjährung beruft[18]. Denn seine Angaben im Mahnantrag waren in diesem Fall zutreffend. Und dass die Hemmung der Verjährung für den kleinen Schadensersatz auch den großen Schadensersatz ergreift, lässt sich unschwer aus § 213 BGB ableiten[19].

4. Vollstreckungsbescheid

Wenn der Antragsgegner gegen den Mahnbescheid nicht rechtzeitig Widerspruch eingelegt hat, ergeht ein dem Mahnbescheid entsprechender **Vollstreckungsbescheid** (§ 699 I 1 ZPO). Dieser Vollstreckungsbescheid steht nach § 700 I ZPO einem für vorläufig vollstreckbar erklärten Versäumnisurteil gleich (vgl. § 708 Nr. 2 ZPO); er ist also **Vollstreckungstitel** (§ 794 I Nr. 4 ZPO). Der Antragsgegner kann diesen Vollstreckungsbescheid nach §§ 700 I, 338 ZPO ebenso wie ein Versäumnisurteil mit dem *Einspruch* anfechten. Tut er dies, so wird der Rechtsstreit an das Gericht abgegeben, das der Antragsteller im Mahnantrag für den Fall angegeben hat, dass es zum streitigen Verfahren kommt (§ 700 I 1 ZPO). Der Antragsteller wird nach §§ 700 II 2, 697 I ZPO aufgefordert, den erhobenen Anspruch zu begründen. Der Rechtsstreit geht anschließend so weiter, als hätte der Antragsteller von Anfang an Klage erhoben.

590 G

II. Der Vollstreckungsbescheid im Berufungsverfahren

Fall 131: K macht gegen B aus §§ 280 I, III, 281 BGB Schadensersatz statt der Leistung aus einem von B nicht erfüllten Kaufvertrag geltend.
a) K wählt für die Durchsetzung den ordentlichen Klageweg. In der Klageschrift trägt er vor, B habe bei Fälligkeit die Lieferung nicht erbracht, sodass er, K, sich zum Mehrpreis von 10 000 Euro bei einem Dritten habe eindecken müssen. Zur Fristsetzung finden sich in der Klageschrift keinerlei Hinweise; auch macht K keine Umstände deutlich, welche sie entbehrlich erscheinen lassen. B erscheint zum Termin nicht und wird durch Versäumnisurteil zur Zahlung von Schadensersatz verurteilt. B legt fristgerecht Einspruch ein, erscheint aber zum neuen Termin nicht.
b) K wählt für die Durchsetzung des Anspruchs das Mahnverfahren. Er beantragt einen Mahnbescheid über 10 000 Euro. Der Mahnbescheid wird erlassen. Da B nicht rechtzeitig Wi-

591

---

17 BGH NJW 2012, 995 Rn. 9 ff.; BGH NJW 2015, 3160 Rn. 24; BGH NJW 2015, 3162 Rn. 18. Noch weitergehend *Kähler*, NJW 2015, 3164 f.: Nach ihm reicht schon die objektiv falsche Angabe, der Anspruch sei nicht von einer Gegenleistung abhängig, für die Annahme rechtsmissbräuchlicher Berufung auf die Verjährungshemmung aus.
18 Im Ergebnis ebenso BGH NJW 2014, 3435 Rn. 11.
19 *Schwab*, JuS 2015, 261, 262.

derspruch erhebt, beantragt und erhält K einen Vollstreckungsbescheid gegen B über diese Summe. B legt Einspruch gegen den Vollstreckungsbescheid ein und macht geltend, ihm sei keine Frist gesetzt worden. K trägt nichts Zusätzliches zur Begründung seines Anspruchs vor. Im Termin zur mündlichen Verhandlung erscheint B nicht.
Das Gericht verwirft in beiden Fällen den Einspruch des B durch zweites Versäumnisurteil. B legt hiergegen Berufung ein. Wird sie Erfolg haben?

Die Zulässigkeit der Berufung könnte an § 514 I ZPO scheitern. Das gegen B ergangene Urteil ist ein Versäumnisurteil. Hiergegen ist nach § 514 I ZPO die Berufung grundsätzlich nicht statthaft. Doch könnte die Berufung nach § 514 II 1 ZPO zulässig sein.

1. Doppelte Säumnis und technisch zweites Versäumnisurteil

592 Voraussetzung ist, dass gegen B ein Versäumnisurteil ergangen ist, gegen das der Einspruch an sich nicht statthaft ist. Gegen ein erstmaliges Versäumnisurteil kann B nach § 338 ZPO Einspruch einlegen, der nach § 342 ZPO das Verfahren in den früheren Stand zurückversetzt. Erscheint B aber, wie hier, im neuen Termin wieder nicht, so wird der Einspruch durch sog. *technisch zweites Versäumnisurteil* verworfen. Dagegen ist nach § 345 ZPO der Einspruch nicht mehr statthaft.

2. Die Berufung nach § 514 II 1 ZPO

a) Berufung wegen unverschuldeter zweiter Säumnis

593 Gegen ein solches Urteil kann B nach § 514 II 1 ZPO mit der Begründung Berufung einlegen, es habe ein Fall der Versäumung nicht vorgelegen, d. h. er sei in dem Termin, auf den das zweite Versäumnisurteil ergangen sei, entweder in Wahrheit *anwesend* oder *schuldlos abwesend* gewesen. Insbesondere kann er einwenden, das zweite Versäumnisurteil hätte wegen § 335 ZPO nicht ergehen dürfen. Andere Einwände gegen das zweite Versäumnisurteil sind der unterlegenen Partei freilich verschlossen. Insbesondere kann sie nicht rügen, das erkennende Gericht sei beim Erlass des zweiten Urteils nicht vorschriftsmäßig besetzt gewesen[20]: Für diese Rüge muss sie die Wiederaufnahme des Verfahrens nach § 579 I Nr. 1 ZPO betreiben. Die unterlegene Partei kann nicht einmal geltend machen, beim Erlass des *ersten* Versäumnisurteils habe es an einer Säumnis gefehlt[21]: Diese Rüge hätte zuvor mittels Einspruchs geltend gemacht werden können und müssen.

b) Berufung wegen Unschlüssigkeit der Klage?

594 Einen solchen Fall hat B jedoch nicht vorgetragen; es sind aus dem Sachverhalt auch keine Tatsachen ersichtlich, die darauf hindeuten, dass das zweite Versäumnisurteil

---

20 BGH NJW 2016, 642 Rn. 7 ff.; zustimmend *Würdinger*, NJW 2016, 644, 645.
21 BGH NJW 1986, 2113 f.; BGH NJW 2016, 642 Rn. 13.

verfahrensordnungswidrig ergangen sein könnte. Vielmehr besteht der Fehler des ersten wie des zweiten Versäumnisurteils darin, dass B verurteilt worden ist, obwohl die *Klage nicht schlüssig* war und daher das Klagevorbringen den Klageantrag nicht i. S. des *§ 331 II ZPO* rechtfertigte. Denn um einen Ersatzanspruch aus §§ 280 I, III, 281 I 1 BGB schlüssig vorzutragen, muss der Kläger Tatsachen behaupten, aus denen sich ergab, dass K dem B erfolglos eine angemessene Nachfrist gesetzt hatte oder dass dies aus besonderen Gründen entbehrlich war. Das hat K nicht getan. Die Klage hätte folglich abgewiesen werden müssen.

aa) Klageverfahren

Fraglich ist, ob B mit dieser Begründung gegen das zweite Versäumnisurteil Berufung **595** einlegen kann. Dagegen spricht bereits der Wortlaut des Gesetzes: Die fehlende Schlüssigkeit der Klage ist in § 514 II 1 ZPO als Berufungsgrund nicht aufgeführt. Dagegen spricht aber auch der Umfang, in dem das Gericht die Rechtslage bei Erlass des zweiten Versäumnisurteils zu prüfen berechtigt und verpflichtet ist:

- Beim *ersten* Versäumnisurteil hat der Richter die Schlüssigkeit zu prüfen und, wenn sie nicht gegeben ist, die Klage abzuweisen (§ 331 II ZPO).
- **Legt der Beklagte Einspruch ein und erscheint er im neuen Termin,** so wird die Begründetheit der Klage voll durchgeprüft. Erweist sie sich als begründet, so wird das Versäumnisurteil *aufrechterhalten* (§ 343 S. 1 ZPO); erweist sie sich als unbegründet, so wird das Versäumnisurteil *aufgehoben* (§ 343 S. 2 ZPO) und die Klage abgewiesen. Das Urteil ist in diesem Fall *kein Versäumnisurteil*, sondern ein streitiges (kontradiktorisches) Endurteil.
- **Legt der Beklagte Einspruch ein und erscheint er im neuen Termin** *nicht*, so wird nach § 345 ZPO der Einspruch durch sog. technisch zweites Versäumnisurteil *verworfen*. Bereits diese Formulierung deutet, wie der BGH mit Recht hervorhebt[22], auf einen *reduzierten Prüfungsumfang* hin: Das Gericht *hat* die Schlüssigkeit der Klage bereits einmal geprüft. Der Beklagte kann nicht erwarten, dass das Gericht sie von Amts wegen nochmals prüft und dabei zu einem abweichenden Ergebnis gelangt. Vielmehr prüft das Gericht nur noch, ob der Beklagte *säumig*, d. h. der erneuten mündlichen Verhandlung schuldhaft ferngeblieben ist.

Das Gericht hat also im neuen Termin die Schlüssigkeit der Klage nicht nochmals zu prüfen. Dies gilt jedenfalls, wenn K bereits von vornherein das **ordentliche Klageverfahren** gewählt hat. Deshalb kann das technisch zweite Versäumnisurteil auch nicht dadurch fehlerhaft werden, dass das Gericht die Schlüssigkeit falsch beurteilt hat: Das Gericht musste sich über die Schlüssigkeit in dieser Lage des Verfahrens keine Gedanken mehr machen. Im **Fall 131a** ist damit das **technisch zweite Versäumnisurteil rechtmäßig ergangen**. Die Berufung des B wird zurückgewiesen.

---

22 BGH NJW 1999, 2599; *Adolphsen/Dickler*, ZZP 125 (2012), 463, 467; *Stadler/Jarsumbek*, JuS 2006, 134, 135.

bb) Mahnverfahren

596 Die Situation eines technisch zweiten Versäumnisurteils kann auch dann auftauchen, wenn vorher kein erstes Versäumnisurteil, sondern ein *Vollstreckungsbescheid* ergangen ist (**Fall 131b**); denn dieser steht nach § 700 I ZPO einem vorläufig vollstreckbaren Versäumnisurteil gleich. Es kann hier gleichfalls geschehen, dass der Beklagte Einspruch einlegt, im Termin aber nicht erscheint und daher sein Einspruch durch technisch zweites Versäumnisurteil verworfen wird. Für diesen Fall hat der BGH die Berufung gegen jenes Versäumnisurteil mit der Begründung zugelassen, die Klage sei unschlüssig[23]. Dies beruht darauf, dass das Gesetz in *diesem* Fall dem Gericht auch im Rahmen des technisch zweiten Versäumnisurteils die Verpflichtung auferlegt, die Schlüssigkeit der Klage zu prüfen (§ 700 VI ZPO), weil im Mahnverfahren eine solche Prüfung an keiner Stelle stattfindet.

597 Ist also ein **Vollstreckungsbescheid** ergangen, obwohl der Kläger **keine Tatsachen** vorzutragen vermag, welche den Anspruch **schlüssig begründen**, so ist ein gleichwohl ergangenes **technisch zweites Versäumnisurteil fehlerhaft**. In diesem Fall ist es geboten, in erweiternder Auslegung des § 514 II 1 ZPO einen *Gleichlauf zwischen Prüfungsumfang des Richters im zweiten Versäumnisurteil und der Berufungsfähigkeit dieses Urteils* herzustellen: Soweit den Erstrichter eine Prüfungspflicht trifft, kann der zu Unrecht Verurteilte bei fehlerhafter Prüfung Berufung einlegen. Eben dieser Gleichlauf *verbietet* es aber, auch demjenigen Beklagten die auf die Unschlüssigkeit der Berufung gestützte Berufung zu gestatten, der durch *erstes Versäumnisurteil* verurteilt worden ist: Denn dort *hat* vor Erlass des zweiten Versäumnisurteils schon einmal ein Richter die Schlüssigkeit der Klage geprüft. Im **Fall 131b** wird daher das Berufungsgericht das Urteil aufheben und die Klage des K abweisen.

597a Die vorstehenden Grundsätze bedeuten, dass das Prüfprogramm des Berufungsgerichts, das nach § 514 II 1 ZPO gegen ein technisch zweites Versäumnisurteil angerufen wird, unterschiedlich ausfällt. Bei vorangegangenem (erstem) Versäumnisurteil wird nur die Säumnis im Einspruchstermin geprüft; bei vorausgegangenem Vollstreckungsbescheid fragt demgegenüber das Berufungsgericht zusätzlich auch noch nach der Schlüssigkeit der Klage. Diese unterschiedliche Behandlung stößt in der Literatur auf ernst zu nehmende Kritik[24]. Es treffe zwar zu, dass nach vorausgegangenem Vollstreckungsbescheid das Gericht im ersten Rechtszug im Einspruchstermin auch die Schlüssigkeit des erhobenen Anspruchs zu prüfen habe und dass das technisch zweite Versäumnisurteil fehlerhaft sei, wenn es in Wirklichkeit an einem schlüssigen Vortrag der anspruchsbegründenden Tatsachen fehle. Doch sei nicht einzusehen, warum das Berufungsgericht bei einem technisch zweiten Versäumnisurteil, dem ein Vollstreckungsbescheid vorausgegangen sei, die Schlüssigkeit der Klage prüfen solle. Denn in Fällen, in denen ein erstes Versäumnisurteil vorausgegangen sei, frage hinterher auch niemand mehr, ob das Gericht seinerzeit (nämlich im ersten versäumten Termin) die Schlüssigkeit zu Recht bejaht habe. Es müsse vielmehr in beiden Fällen dabei bleiben, dass im Kontext des § 514 II 1 ZPO nur noch die Säum-

---

23 BGHZ 73, 87, 89 ff.; KG MDR 2007, 49.
24 Ausführlich zum Folgenden *Adolphsen/Dickler*, ZZP 125 (2012), 463, 471 ff.

nis im Einspruchstermin geprüft werde. Dieser Einwand ist schwer zu entkräften. Zu diskutieren wird sein, ob sich die unterschiedliche Behandlung der beiden Fälle – technisch zweites Versäumnisurteil nach erstem Versäumnisurteil einerseits, nach Vollstreckungsbescheid andererseits – aus der erhöhten Missbrauchsanfälligkeit des Mahnverfahrens (dazu sogleich Rn. 598 ff.) oder daraus rechtfertigt, dass der Beklagte im ersten Fall gleich *zwei* Termine zur mündlichen Verhandlung ungenutzt hat verstreichen lassen.

III. Der erschlichene Vollstreckungsbescheid

Fall 132: K hat die Partnervermittlungsgesellschaft B-GmbH beauftragt, ihm aus den vorhandenen Kontaktadressen individuell abgestimmte Partnervorschläge zu machen und ggf. bei Interesse ein Treffen mit einer vorgeschlagenen Person zu vermitteln. B und K vereinbaren hierfür ein Honorar von 3000 Euro. Die von B vorgelegten Partnervorschläge weichen durchweg von den Vorstellungen ab, die K von seiner zukünftigen Partnerin hegt und die er bei Vertragsschluss auch deutlich gemacht hat. K verweigert schließlich die Zahlung des Honorars. Den von B erwirkten Mahnbescheid lässt er ebenso unbeachtet wie den nachfolgenden Vollstreckungsbescheid; dieser wird daraufhin rechtskräftig. Als B vollstrecken will, fällt K aus allen Wolken: Über die Bedeutung dieser „Formulare", die ihm da „ins Haus geflattert" seien, sei er sich nicht im Klaren gewesen. K verlangt von B, die Vollstreckung aus dem Vollstreckungsbescheid zu unterlassen.

598 G

1. Die materielle Rechtskraft des Vollstreckungsbescheids

Nach **materiellem Recht** steht der B-GmbH ein Honoraranspruch nicht zu; denn für die Partnervermittlung gilt *§ 656 BGB analog* mit der Folge, dass ein Anspruch des Vermittlers gegen seinen Kunden nicht begründet wird[25]. Der Vollstreckungsbescheid ist daher entgegen der materiellen Rechtslage ergangen. Allein dieser Umstand kann freilich der Zwangsvollstreckung aus jenem Bescheid nicht entgegenstehen; denn dieser ist laut Sachverhalt rechtskräftig. Vollstreckungsbescheide sind, da sie nach § 700 I ZPO Versäumnisurteilen gleichstehen, ebenso wie diese der materiellen Rechtskraft fähig[26]. Einwendungen gegen den titulierten Anspruch sind nach § 796 II ZPO nur zulässig, soweit sie nach Zustellung jenes Bescheids ergangen sind. § 656 BGB analog begründet indes eine rechtshindernde Einwendung gegen den Honoraranspruch des Partnervermittlers; diese bestand mithin schon vor jener Zustellung.

2. Kriterien der sittenwidrigen Titelerschleichung

Indes erkennt die Praxis seit geraumer Zeit einen **Anspruch des Vollstreckungsschuldners aus § 826 BGB** auf Unterlassung der Zwangsvollstreckung an, wenn der Vollstreckungsgläubiger sich den **Titel sittenwidrig erschlichen** hat oder wenn er ihn

599 G

---

25 BGHZ 112, 122, 124 ff.
26 BGHZ 101, 380, 381 ff.

zwar ordnungsgemäß erlangt hat, aber **sittenwidrig ausnutzt**. Die Rechtskraft, so der BGH, müsse zurücktreten, wenn es mit dem Gerechtigkeitsgedanken schlicht unvereinbar wäre, dass der Gläubiger seine im Titel bezeichnete formale Rechtsposition unter Missachtung der materiellen Rechtslage zum Nachteil des Schuldners ausnutzt[27]. Die **Voraussetzungen** eines solchen Anspruchs sind in BGHZ 101, 380, 384 ff. instruktiv niedergelegt:

- Der Titel muss **materiell unrichtig sein**. Im **Fall 132** war dies deswegen der Fall, weil der B die Forderung aus *rechtlichen* Gründen zu Unrecht zuerkannt worden war. Auch eine so begründete Unrichtigkeit des Titels reicht aus: Da das Gericht den Bestand der Forderung nicht prüft, wird der Vollstreckungsbescheid allein durch die Rechtsauffassung des Gläubigers bestimmt.
- Der Gläubiger muss **Kenntnis** von der Unrichtigkeit des Titels haben. Dabei ist zu beachten, dass der Anspruch aus § 826 BGB im vorliegenden Fall auf ein *zukünftiges Unterlassen* (nämlich der Zwangsvollstreckung) gerichtet ist. In diesem Fall genügt es, wenn ihm die Kenntnis der Unrichtigkeit durch das Gericht vermittelt wird, das über den Anspruch nach § 826 BGB entscheidet.
- Es müssen **besondere Umstände** hinzutreten, welche es grob anstößig erscheinen lassen, dass der Gläubiger aus dem rechtskräftigen Titel vollstreckt. Solche Umstände sind namentlich dann gegeben, wenn der Gläubiger auf den Schuldner eingewirkt hat, er solle sich gegen den Titel nicht wehren, und sodann die Vollstreckung einleitet. Ausnahmsweise kann aber auch bereits die Wahl des Mahnverfahrens als solche den Vorwurf der Sittenwidrigkeit begründen. Das Mahnverfahren ist, wie gesehen, dadurch gekennzeichnet, dass der geltend gemachte Anspruch nicht einmal einer Schlüssigkeitsprüfung unterworfen wird. Wenn der Gläubiger in dem Zeitpunkt, da er den Vollstreckungsbescheid beantragt, *erkennen kann, dass der Anspruch nicht besteht,* und wenn eine *typisierbare Interessenlage* gegeben ist, in welcher der Schuldner *erkennbar geschäftlich unerfahren ist* und daher voraussichtlich seine prozessualen Möglichkeiten im Mahnverfahren (Widerspruch; Einspruch) nicht nutzen wird, ist die Wahl des Mahnverfahrens durch den Gläubiger mit dem Versuch gleichzusetzen, jene gerichtliche Schlüssigkeitsprüfung bewusst auszuschalten, um zu einem Titel zu gelangen, den er im ordentlichen Klageverfahren niemals erhalten hätte – nicht einmal im Versäumnisverfahren, da dort nach § 331 II ZPO eine Schlüssigkeitsprüfung stattfindet. Eine solche typisierbare Interessenlage ist gegeben, wenn mittels Vollstreckungsbescheid Forderungen aus einem *sittenwidrigen Ratenkreditvertrag* oder aus *Partnervermittlungsverträgen* tituliert werden: In diesen Fällen ist typischerweise von der geschäftlichen Unerfahrenheit des Schuldners auszugehen.

Daher liegen im **Fall 132** die Voraussetzungen eines Unterlassungsanspruchs nach § 826 BGB vor. K kann von B verlangen, die Zwangsvollstreckung aus dem Vollstreckungsbescheid zu unterlassen und alle vollstreckbaren Ausfertigungen an ihn herauszugeben.

---

27 BGHZ 101, 380, 383.

Im **Schrifttum** wird die soeben beschriebene Klage aus § 826 BGB verbreitet **abge-**   **599a**
lehnt, weil auf diese Weise ein Instrument zur Durchbrechung der Rechtskraft geschaffen werde, das im Gesetz nicht vorgesehen sei[28]. Die Kritik trifft den BGH indes
zu Unrecht. Sie beruht auf zwei zentralen Vorverständnissen: (1.) Wer im Mahnverfahren auf Zahlung belangt werde und sich nicht wehre, sei selbst schuld, wenn nunmehr gegen ihn ein rechtskräftiger Titel ergehe. (2.) Der Gläubiger hingegen habe zur
Durchsetzung seiner Forderung einen legitimen (weil vom Gesetz eröffneten) Weg
beschritten. Keines dieser beiden Vorverständnisse rechtfertigt indes die Bedenken
gegen die Rechtsprechung des BGH: Der Schuldner hat zwar in der Tat nachlässig
gehandelt, wenn er den Vollstreckungsbescheid hat ergehen und rechtskräftig werden
lassen. Demgegenüber aber hat der Gläubiger, der die Unerfahrenheit des Schuldners
ausgenutzt hat, nicht bloß nachlässig, sondern *vorsätzlich verwerflich* gehandelt.
Denn es mag zwar sein, dass jedermann das Mahnverfahren beschreiten kann; es wird
jedoch von dem Gläubiger in den oben beschriebenen Fällen *funktionswidrig einge-*
setzt. Das Mahnverfahren dient der Durchsetzung eindeutig gegebener Ansprüche und
erfüllt dort die Aufgabe, dem Gläubiger angesichts des Umstands, dass man über den
Bestand seiner Forderung nicht mehr ernstlich streiten kann, rasch zu einem Titel zu
verhelfen. Für Versuche, nicht bestehende Ansprüche in der Hoffnung auf die Unerfahrenheit des Schuldners titulieren zu lassen, ist das Mahnverfahren demgegenüber
nicht vorgesehen.

3. Weitere Einzelfälle

Bisher war davon die Rede, dass die Klage aus § 826 BGB eine typisierbare Inter-   **600**
essenlage voraussetzt, in der eine Partei die Unerfahrenheit der anderen ausnutzt, um
sich einen Titel zu erschleichen. Dies bedeutet aber keinesfalls, dass der Anwendungsbereich dieser Klage auf Ratenkredite, Partnervermittlungsverträge und ähnliche in
großer Zahl vorkommende Verbrauchergeschäfte begrenzt ist. Der Tatbestand der
vorsätzlichen sittenwidrigen Schädigung lässt vielmehr die Erweiterung der auf
Unterlassung der Zwangsvollstreckung gerichteten Klage zu.

> **Fall 133:** Arzt A hat den Patienten K behandelt und seine Honorarforderung ohne Zustim-
> mung des K an die Factorbank B abgetreten. B erwirkt gegen K einen Vollstreckungsbescheid
> über die Honorarforderung.

Die Abtretung der Honorarforderung begründete einen Anspruch der B gegen A auf   **601**
Herausgabe aller zur Durchsetzung der Forderung erforderlichen Urkunden (§ 402
BGB), damit auch der Patientenkartei. Mit einer solchen Abtretung aber verstieß A
gegen seine ärztliche Schweigepflicht (§ 203 I Nr. 1 StGB). Die Abtretung war aus
diesem Grunde nach § 134 BGB nichtig. In einem ordentlichen Klageverfahren hätte
B niemals einen Titel über die Honorarforderung erwirken können; denn die Nichtigkeit der Abtretung ist vom Gericht von Amts wegen zu beachten, sodass der B niemals

---

28 *Jauernig/Hess*, Zivilprozessrecht, 30. Aufl. 2011, § 64 Rn. 4; *Schreiber*, Jura 2008, 121, 124.

eine schlüssige Darlegung ihrer Forderung gelungen wäre. Wohl deshalb hatte B den Weg über das Mahnverfahren gewählt. Das LG Heilbronn[29] hat im **Fall 133** der auf § 826 BGB gestützten Klage des K gegen B auf Unterlassung der Zwangsvollstreckung aus dem Vollstreckungsbescheid mit Recht stattgegeben: Kommt es zur Vollstreckung, so ist K zur Begründung etwaiger Einwendungen möglicherweise gezwungen, Umstände aus seinem Verhältnis zum behandelnden Arzt A offen zu legen. In der Vollstreckung droht damit die Verletzung der ärztlichen Schweigepflicht zum Nachteil des K perpetuiert zu werden.

Fall 134: Versandhändler B wendet sich mit seinem Warenangebot gezielt an ältere, geschäftlich unerfahrene Menschen. So sendet er an die 77-jährige K Werbeschreiben über Haushaltsgegenstände, die mit Gewinnzusagen verbunden sind. Im Vertrauen auf diese Zusagen bestellt K bei B Waren, bezahlt diese aber nicht, als sie merkt, dass B nicht gewillt ist, die versprochenen Gewinne auszuzahlen. Auf Antrag des B ergeht gegen K zunächst Mahn- und sodann Vollstreckungsbescheid über die Forderungen aus den Bestellungen. Letzterer wird rechtskräftig.

602 Der BGH, der über diesen Fall zu befinden hatte, hielt die Geschäftspraxis des B und damit auch die zwischen K und B geschlossenen Kaufverträge für sittenwidrig: B habe gezielt geschäftlich unerfahrene Personen (und somit auch die K) angesprochen und mit Gewinnzusagen geködert, die von entsprechenden Bestellungen abhängig gewesen seien und die einzulösen B niemals beabsichtigt habe. Auf diese Weise habe er versucht, seinen Kunden (und so auch die K) ein Warenangebot aufzudrängen, für das die Kunden sich ansonsten nicht interessiert hätten[30]. Gleichwohl hielt der BGH im **Fall 134** die Klage aus § 826 BGB gegen die Vollstreckung aus dem Vollstreckungsbescheid für unbegründet. Denn das Mahnverfahren sei hier nicht missbräuchlich eingesetzt worden. Hätte nämlich B den ordentlichen Klageweg beschritten, so hätte er zur schlüssigen Darlegung seines Anspruchs aus § 433 II BGB lediglich Abschluss und Inhalt der Kaufverträge darzulegen brauchen. Es wäre dann Sache der K gewesen, die Umstände, unter denen die Bestellungen zustande kamen, ins Feld zu führen. Wäre K auf die Klage des B hin zum Verhandlungstermin nicht erschienen, so hätte – anders als in denjenigen Fällen, in denen die Klage aus § 826 BGB für begründet erachtet wurde – gegen sie ein Versäumnisurteil ergehen müssen. Dann aber könne man dem B nicht vorwerfen, er habe die gerichtliche Schlüssigkeitsprüfung zu umgehen versucht[31]. Die Entscheidung des BGH erweist sich vor dem Hintergrund seines gedanklichen Ausgangspunkts folgerichtig. Doch fragt sich, ob man den Missbrauch des Mahnverfahrens wirklich nur dann bejahen kann, wenn man dem Gläubiger eine Umgehung der Schlüssigkeitsprüfung vorwerfen kann. Das Besondere am vorliegenden Fall besteht nämlich darin, dass B bereits bei Begründung der Forderung aus dem Kaufvertrag und später bei deren Titulierung planmäßig die geschäftliche Unerfahrenheit der K ausgenutzt hat. Selbst unerfahrene Menschen wissen aber ggf. wenigstens

---

29 LG Heilbronn NJW 2003, 2389 ff.
30 BGH NJW 2005, 2991, 2992 f.
31 BGH NJW 2005, 2991, 2993 f.

um die Bedeutung einer Klage. Hätte B die K also im regulären Verfahren verklagt, so wäre vielleicht auch K auf die Idee gekommen, sich anwaltlich beraten zu lassen und Gegenwehr zu leisten. Eben dies hat B durch die Wahl des Mahnverfahrens gezielt unterbunden. Gestattet man ihm nunmehr die Vollstreckung aus dem Vollstreckungsbescheid, so lässt man ihn die Früchte seines sittenwidrigen Handelns ernten. Dafür sollte das Recht seine Instrumente nicht zur Verfügung stellen.

§ 13 Die Korrektur fehlerhafter Gerichtsentscheidungen

I. Einführung

603 Selbst das noch so sorgfältig organisierte und betriebene Verfahren bietet keine Gewissheit, dass das Gericht die Beweise richtig würdigt, die einschlägigen Rechtsvorschriften erkennt und zutreffend auslegt und die am Ende getroffene Entscheidung mit der materiellen Rechtslage übereinstimmt. Deshalb sieht die ZPO ein abgestuftes System von Rechtsbehelfen vor, mit deren Hilfe die Korrektur (angeblich) fehlerhafter Entscheidungen begehrt werden kann: die **Berufung** (§§ 511 ff. ZPO), die **Revision** (§§ 543 ff. ZPO), die **Beschwerde** (§§ 567 ff. ZPO) und die **Anhörungsrüge** (auch: Gehörsrüge, § 321a ZPO).

604 Ein weiterer Rechtsbehelf, der im weitesten Sinne auf die Korrektur einer gerichtlichen Entscheidung zielt, wurde bereits oben Rn. 278 ff. vorgestellt: der Einspruch gegen ein Versäumnisurteil. Dieser weist freilich die Besonderheit auf, dass mit ihm weder eine fehlerhafte Feststellung der entscheidungserheblichen Tatsachen noch eine Rechtsverletzung durch das Gericht gerügt wird, sondern lediglich die säumige Partei die Chance erhält, durch Nachholung versäumten mündlichen Vortrags das Endurteil noch zu ihren Gunsten zu beeinflussen.

II. Rechtsmittel und Rechtsbehelfe

605 Von einem **Rechtsbehelf** spricht man immer dann, wenn die Verfahrensordnung eine Prozesshandlung vorsieht, mit deren Hilfe die Korrektur einer Gerichtsentscheidung begehrt werden kann. Ein Rechtsbehelf erlangt die Qualität eines **Rechtsmittels** immer dann, wenn ihm zwei Eigenschaften zukommen:
- **Suspensiveffekt:** Die formelle Rechtskraft tritt nicht ein, solange das Rechtsmittel eingelegt werden kann.
- **Devolutiveffekt:** Mit der Einlegung des Rechtsmittels wird die Zuständigkeit eines Gerichts begründet, welches dem Gericht, das die angefochtene Entscheidung erlassen hat, übergeordnet ist (sog. *iudex ad quem*).

606 Der Suspensiveffekt kommt namentlich der Berufung und der Revision zu (§ 705 ZPO). Gleiches gilt für die sofortige Beschwerde (§ 567 ZPO) und die Rechtsbeschwerde: Dadurch, dass die Beschwerde in beiden Fällen befristet ist, ist die Entscheidung, welche auf die Beschwerde ergeht, der Rechtskraft fähig. Diese kann folglich nicht eintreten, solange die Frist zur Einlegung der Beschwerde nicht abgelaufen ist. Die Anhörungsrüge entfaltet dagegen **keinen Suspensiveffekt** (unten Rn. 768 ff.).

607 Der Berufung, der Revision und der Beschwerde eignet des Weiteren der Devolutiveffekt: Mit der Berufung wird die funktionelle Zuständigkeit des Berufungsgerichts, mit der Revision diejenige des Revisionsgerichts und mit der Beschwerde diejenige des Beschwerdegerichts, also immer solcher Gerichte begründet, die dem jeweiligen Ausgangsgericht im Instanzenzug übergeordnet sind. Für die Beschwerde ist freilich zu beachten, dass das Ausgangsgericht (der *iudex a quo* nach § 572 ZPO zur Abhilfe befugt ist und daher das Beschwerdegericht erst mit dem Fall befasst wird, wenn diese Abhilfe verweigert wird. Eine besondere Variante der Beschwerde, nämlich die Nichtzulassungsbeschwerde nach § 544 ZPO, begründet mit ihrer Einlegung ohne weiteres die Zuständigkeit des BGH und ist daher ebenfalls als Rechtsmittel zu qualifizieren. **Keinen Devolutiveffekt** entfaltet dagegen die **Anhörungsrüge**: Über sie entscheidet *immer* der Richter, der bereits die Ausgangsentscheidung erlassen hat. Die Anhörungsrüge ist damit *kein Rechtsmittel*.

III. Die Meistbegünstigungstheorie

Bereits oben in § 6 wurde eine beträchtliche Anzahl an Entscheidungsformen vorgestellt. Es mag somit geschehen, dass das Gericht eine Entscheidung an sich in einer bestimmten Form erlassen müsste, aber eine andere – falsche – Entscheidungsform wählt. Die dadurch benachteiligte Partei wird dadurch in Zweifel gestürzt, welches Rechtsmittel sie einlegen soll. Aus dem Rechtsstaatsprinzip folgt, dass ihr aus Fehlern des Gerichts keine Nachteile erwachsen dürfen. Dies ist der Hintergrund der sog. Meistbegünstigungstheorie:

1. Der Grundsatz

Fall 135: B ist im Besitz eines Fahrrades. Das Eigentum an diesem Fahrrad beansprucht K für sich. K möchte die Herausgabe erzwingen, hat aber keine Lust, sich mit B vor Gericht zu streiten. Daher ermächtigt er den E, für ihn den Rechtsstreit zu führen. E verklagt den B auf Herausgabe an K und trägt den Herausgabeanspruch schlüssig vor. Den Wert des Fahrrades beziffert er mit 3000 Euro, was dem tatsächlichen Marktwert auch entspricht. B ist im Termin säumig. Das Gericht weist die Klage durch „Versäumnisurteil" ab. Wie kann sich E dagegen wehren?

Die Klage ist im **Fall 135** zu Recht abgewiesen worden: E hat im eigenen Namen ein Recht des K eingeklagt und sich dabei auf eine Ermächtigung durch K berufen (gewillkürte Prozessstandschaft), ohne das dafür erforderliche eigene rechtliche Interesse am Ausgang des Rechtsstreits darzulegen[1]. Diesen Mangel hatte das Gericht ohne Rücksicht auf die Säumnis des B von Amts wegen zu berücksichtigen (§ 56 I ZPO).

Will E sich dennoch dagegen wehren, so ist zweifelhaft, welchen Rechtsbehelf er ergreifen muss. Das Urteil ist zwar nach § 313b I 2 ZPO als Versäumnisurteil bezeichnet. Es ist aber in Wahrheit keines, denn es erging nicht *wegen*, sondern *trotz* der Säumnis des B. Es ist daher ein sog. *quasikontradiktorisches Endurteil*[2], gegen das

608

609

610

---

1 Zu diesem Erfordernis oben § 1 V 2 Rn. 36 ff.
2 Vgl. oben § 6 III 1 Rn. 274 ff.

eigentlich die Berufung statthaft wäre. E ist sich daher infolge einer inkorrekten Entscheidung des Gerichts nicht sicher, ob er Einspruch binnen zwei Wochen (§ 339 ZPO) oder Berufung innerhalb eines Monats (§ 517 ZPO) einlegen soll. Aus einem solchen Fehler dürfen dem E keine Nachteile erwachsen. Daher muss das Rechtsmittelgericht denjenigen Rechtsbehelf akzeptieren, den E tatsächlich ergreift. E kann also **wahlweise Einspruch oder Berufung** einlegen. Diese Wahlmöglichkeit bezeichnet man als *Meistbegünstigungstheorie*[3].

---

611 **Zur Vertiefung:** Der Meistbegünstigungstheorie kommt in der Praxis ein breites Anwendungsfeld zu.

(1) Wird etwa der verfristete Einspruch einer Partei gegen ein Versäumnisurteil durch Beschluss statt wie nach § 341 II ZPO geboten durch Urteil verworfen, so kann die Partei wählen, ob sie hiergegen Berufung einlegt (die gegen ein nach § 341 II ZPO ergangenes Urteil zulässig wäre) oder sofortige Beschwerde (die nach § 567 I ZPO gegen Beschlüsse statthaft ist)[4].

(2) Ebenso findet die Meistbegünstigungstheorie Anwendung, wenn man der Entscheidung nicht ansehen kann, in welcher Form – etwa als Urteil oder als Beschluss – sie ergangen ist[5].

(3) Wenn das Gericht gegen den Beklagten, der erstmalig im Termin zur mündlichen Verhandlung nicht erscheint, zu Unrecht ein technisch zweites Versäumnisurteil (§ 345 ZPO) statt wie geboten ein erstes Versäumnisurteil erlässt, kann der Beklagte wählen, ob er Einspruch (der nach § 338 ZPO gegen ein erstes Versäumnisurteil zulässig wäre) oder Berufung (die nach § 514 II ZPO gegen ein technisch zweites Versäumnisurteil zulässig wäre) einlegt[6].

(4) Wenn eine Partei, die in erster Instanz vor dem Amtsgericht unterlegen ist, sich nicht sicher ist, ob nach § 72 GVG das Landgericht oder nach § 119 I GVG das OLG für die Berufung funktionell zuständig ist, sicherheitshalber bei beiden Gerichten Berufung einlegt und vom OLG signalisiert bekommt, es sei zuständig, darf auf diesen Hinweis vertrauen. Nimmt daher die Partei die Berufung beim LG zurück und erweist sich dann, dass das LG in Wahrheit doch zuständig gewesen wäre, so greift die Meistbegünstigungstheorie ein[7]: Die Berufung vor dem OLG ist gleichwohl als zulässig zu behandeln.

---

2. Die Grenzen

612 **Fall 136:** Angenommen, im **Fall 135** beziffert E den Wert des Fahrrades wahrheitsgemäß mit lediglich 400 Euro. Das Gericht weist die Klage abermals durch „Versäumnisurteil" ab. Wie sind die Möglichkeiten des E jetzt zu beurteilen?

Es liegt nahe, auch im **Fall 136** die Meistbegünstigungstheorie anzuwenden: Die Klage ist durch Versäumnisurteil abgewiesen worden, obwohl sie eigentlich durch quasi-kontradiktorisches Endurteil hätte abgewiesen werden müssen. Berufung kann aber nicht eingelegt werden: Nach § 511 II Nr. 1 ZPO nicht, weil E nur mit 400 Euro beschwert ist und daher die Berufungssumme nicht erreichen kann; nach § 511 II Nr. 2 ZPO nicht, weil das Gericht die Berufung nicht zugelassen hat. Hier zeigen sich

---

3 BGHZ 40, 265, 267.
4 OLG Celle NJW-RR 2003, 647, 648; *Schneider*, MDR 2004, 1269, 1272 f.
5 *Schenkel*, MDR 2003, 136, 137.
6 BGH NJW 1997, 1448; OLG Frankfurt NJW-RR 2011, 216.
7 BGH NJW 2004, 1049.

die Grenzen der Meistbegünstigungstheorie: *Die fehlerhafte Bezeichnung der Entscheidung darf der Partei kein Rechtsmittel eröffnen, wenn ein solches, hätte es sogleich die richtige Entscheidungsform gewählt, nicht statthaft gewesen wäre*[8]. Hätte das Gericht im **Fall 136**, dem objektiven Urteilsinhalt entsprechend, kein Versäumnisurteil, sondern ein streitiges Urteil erlassen, so wäre dem E jegliches Rechtsmittel abgeschnitten. Könnte er jetzt noch Einspruch einlegen, so würde er letztlich davon profitieren, dass das Gericht einen Fehler bei der Urteilsbezeichnung gemacht hat. Er könnte eine Abänderung des Urteils begehren, obwohl die ZPO bei Urteilen solcher Art – die richtige Entscheidungsform unterstellt – keinerlei Abänderungsmöglichkeit vorsieht. Daher darf dem E im **Fall 136** eine solche Möglichkeit auch nicht gewährt werden. Der Einspruch des E ist daher unzulässig.

IV. Die Korrekturfunktion der Rechtsbehelfe

1. „Beschwer" und „Beschwerdegegenstand"

Der Gesetzgeber verwendet namentlich in § 511 ZPO zur Begrenzung des Rechtsmittelzugangs zwei Begriffe, die ähnlich lauten, aber eine durchaus unterschiedliche Bedeutung haben: 613

- Die Berufung ist nach § 511 II Nr. 1 ZPO zulässig, wenn der **Wert des Beschwerdegegenstandes** 600 Euro übersteigt. Unter „Wert des Beschwerdegegenstandes" versteht man den Umfang des Betrages, um den der Berufungsführer das erstinstanzliche Urteil abgeändert haben will; er beurteilt sich daher aus der *Differenz zwischen erstinstanzlichem Urteil und Berufungsantrag.*
- Die Berufung ist ferner nach § 511 II Nr. 2 ZPO zulässig, wenn das Gericht sie im Urteil zugelassen hat. Über die Frage der Zulassung der Berufung entscheidet das Gericht nach § 511 IV 1 Nr. 2 ZPO nur, wenn die Partei durch das Urteil mit nicht mehr als 600 Euro beschwert ist, wenn also der **Wert der Beschwer** diesen Betrag nicht übersteigt. Die Beschwer ermittelt sich für den Kläger nach dem Umfang, in dem das erstinstanzliche Urteil hinter dem in dieser Instanz gestellten Antrag zurückbleibt; der Wert der Beschwer ist die *Differenz aus erstinstanzlichem Antrag und erstinstanzlichem Urteil* (sog. *formelle* Beschwer)[9]. Demgegenüber ist für den Beklagten die *materielle* Beschwer nachteilig: Er ist in dem Umfang beschwert, in dem er verurteilt wurde – ohne Rücksicht darauf, welche Anträge er zuvor gestellt hatte. Der Beklagte ist daher einerseits selbst dann beschwert, wenn er seinem Anerkenntnis gemäß verurteilt wurde, und andererseits selbst dann *nicht* beschwert, wenn die Klage trotz seines Anerkenntnisses (z. B. als unzulässig) abgewiesen wurde[10].

---

8 BGHZ 40, 265, 267 f.; BGHZ 46, 112, 113 f.; BGH MDR 2006, 1422.
9 BGHZ 140, 335, 338; BGH NJW-RR 2004, 102; BGH MDR 2016, 788 Rn. 6.
10 BGH NJW-RR 2015, 1203 Rn. 9.

> **Fall 137:** K klagt gegen B auf Zahlung von Schadensersatz in Höhe von 2000 Euro aus einem Verkehrsunfall. Das Gericht spricht ihm 500 Euro zu und weist die Klage im Übrigen ab. K beantragt in der Berufungsinstanz nur noch Zahlung von 1200 Euro.

Im **Fall 137** beträgt der Wert des Beschwerdegegenstandes 700 Euro: 500 Euro wurden dem K in erster Instanz zuerkannt; im Berufungsrechtszug beantragt er *jetzt noch* eine Aufstockung auf 1200 Euro. Der Wert der Beschwer beträgt dagegen 1500 Euro: 500 Euro wurden dem K in erster Instanz zuerkannt; 2000 Euro hatte er aber *ursprünglich* begehrt.

614   Hintergrund der in § 511 IV 1 Nr. 2 ZPO getroffenen Regelung ist, dass das Gericht, sofern der Wert der Beschwer 600 Euro übersteigt, nicht mehr über die Zulassung der Berufung nachzudenken braucht; denn wenn dieser Betrag überschritten ist, kann die beschwerte Partei die Berufung bereits nach § 511 II Nr. 1 ZPO erzwingen, indem sie das Urteil vollumfänglich oder eben in einer 600 Euro übersteigenden Höhe angreift[11].

615   **Zur Vertiefung:**

(1) Der Wert der Beschwer beurteilt sich im Falle der Verurteilung des Beklagten regelmäßig nach der Urteilssumme, wie sie im Urteilstenor zum Ausdruck kommt: Der Beklagte, der zur Zahlung von 500 Euro verurteilt worden ist, ist mit 500 Euro beschwert. Abweichendes gilt im Falle der **Prozessaufrechnung**: Wenn der Beklagte sich gegen die Verurteilung gewehrt hat, indem er mit einer Gegenforderung aufgerechnet hat, und das Gericht diese Forderung in der Sache geprüft und für unbegründet gehalten hat, ist dem Beklagten wegen § 322 II ZPO die Gegenforderung ebenfalls aberkannt worden. Dann ist der Betrag der Aufrechnungsforderung zur Beschwer hinzuzurechnen. Hatte beispielsweise der Kläger 500 Euro eingeklagt und der Beklagte mit einer nach Ansicht des Gerichts nicht bestehenden Gegenforderung von 500 Euro aufgerechnet, so beträgt die Beschwer 1000 Euro. Hatte dagegen der Beklagte lediglich ein **Zurückbehaltungsrecht** wegen eines nicht bestehenden Gegenanspruchs geltend gemacht, so erhöht sich der Wert der Beschwer *nicht* um den Wert dieses Gegenanspruchs. Denn die Feststellung des Gerichts, dass der Gegenanspruch nicht besteht, erwächst anders als die Entscheidung über eine Aufrechnungsforderung nicht in Rechtskraft[12]. Hat der *Kläger* die uneingeschränkte Verurteilung des Beklagten beantragt, aber nur ein Zug-um-Zug-Urteil erstritten, so bemisst sich die Beschwer des Klägers nach dem Zeit- und Kostenaufwand, der ihm dadurch entsteht, dass er die Gegenleistung erbringen muss[13]. Jedoch ist die Beschwer nach oben durch den Betrag der Klageforderung begrenzt[14]: Die Beschwer des Klägers kann bei einer Zug-um-Zug-Verurteilung des Beklagten nicht höher sein, als sie wäre, wenn das Gericht die Klage zur Gänze abgewiesen hätte.

(2) Hat der Besteller den Werklohn gemindert, die Überzahlung nach §§ 638 IV, 346 BGB zurückgefordert und hilfsweise nach § 637 III BGB einen Vorschuss auf die Kosten der Mängelbeseitigung begehrt, ist er, wenn nur der Hilfsantrag durchdringt, beschwert, und zwar selbst dann, wenn der Vorschuss auf die Mängelbeseitigungskosten den Betrag der Minderung erreicht oder übersteigt. Denn wenn die Minderung durchgedrungen wäre, hätte der Besteller den ihm

---

11 Diese Rechtsfolge des § 511 IV ZPO ist erst durch das am 1. 9. 2004 in Kraft getretene Justizmodernisierungsgesetz (BGBl. I S. 2198 vom 30.8.2004) in diesem Sinne klargestellt worden. Zur vorher umstrittenen Rechtslage BGH NJW 2002, 2720, 2721; *Althammer*, NJW 2003, 1079 ff.; *Fischer*, NJW 2002, 1551 ff.; *Fölsch*, NJW 2002, 3758 ff.; *Greger*, NJW 2002, 3049, 3051; *Huber*, ZRP 2003, 268, 289; *Jauernig*, NJW 2001, 3027 f.; *ders.*, NJW 2003, 465 ff.; *Stackmann*, NJW 2002, 781, 782.
12 BGH MDR 2005, 345.
13 BGH NJW-RR 2010, 1295, 1296.
14 BGH NJW 1973, 654, 655; NJW 1982, 1048, 1049; NJW-RR 2010, 492.

zugesprochenen Betrag ohne weiteres behalten dürfen; den Vorschuss auf die Mängelbeseitigungskosten muss er hingegen bestimmungsgemäß verwenden und hierüber anschließend mit dem Unternehmer abrechnen. Die Beschwer des Bestellers bemisst sich in diesem Fall nach dem Interesse des Bestellers, den Betrag endgültig behalten zu dürfen und nicht hierüber abrechnen zu müssen[15].

(3) Bei der **einseitigen Erledigung der Hauptsache** (dazu oben Rn. 294 ff.) ist zu berücksichtigen, dass es dem Kläger nicht mehr um den Anspruch geht, den er ursprünglich gerichtlich verfolgt hatte, sondern nur noch darum, von den Kosten des Rechtsstreits verschont zu bleiben. Folglich bemisst sich der Wert der Beschwer nach der Summe der bis zur Erledigungserklärung aufgelaufenen Kosten[16].

(4) Wenn es um die Frage der Beschwer geht, bleiben Nebenforderungen nach dem Gedanken des § 4 I HS 2 ZPO unberücksichtigt[17]. Wer also eine Forderung von 590 Euro nebst Zinsen einklagt und mit dieser Klage abgewiesen wird, ist auch dann nur um 590 Euro beschwert, wenn die Zinsen – unterstellt, die Forderung bestünde – auf insgesamt über 10 Euro aufgelaufen wären. Die Berufung ist in diesem Fall nur statthaft, wenn das Gericht des ersten Rechtszuges sie zugelassen hat.

2. Kein Rechtsmittel ohne Beschwer

Fall 138: Die B-GmbH ist von Klinikbetreiber K mit der Reinigung und Pflege der im Krankenhaus befindlichen Fußböden beauftragt worden. K verlangt von B Schadensersatz wegen unsachgemäßer Ausführung der Reinigungsarbeiten in Höhe von 140 000 Euro. B habe ein ungeeignetes Pflegemittel verwendet, wodurch die Lebensdauer des Fußbodens drastisch gesunken sei; durch die Notwendigkeit seiner vorzeitigen Auswechslung entstünden Kosten in der eingeklagten Höhe. Zumindest aber habe das von B eingesetzte Reinigungspersonal notwendige Desinfektionen nicht vorgenommen, weswegen K einem dadurch geschädigten Patienten in Höhe der eingeklagten Summe Schadensersatz habe leisten müssen. Das Gericht kann sich von einer unsachgemäßen Pflege der Fußböden nicht überzeugen, wohl aber von der mangelhaften Desinfektion; es verurteilt daher den B antragsgemäß. Mit der Berufung verlangt K 280 000 Euro, nämlich Schadensersatz für *beide* genannten Positionen. B wendet ein, K habe im ersten Rechtszug 140 000 Euro gewollt und bekommen; er habe keinen Grund, sich über das erstinstanzliche Urteil zu beschweren. Ist die Berufung zulässig?

616

Nimmt man im **Fall 138** die Vorschrift des § 511 II Nr. 1 ZPO beim Wort, so ist die Berufung hiernach zulässig: K beantragt im Berufungsrechtszug Zahlung von 280 000 Euro; in erster Instanz waren ihm 140 000 Euro zugesprochen worden. Der Wert des Beschwerdegegenstandes beträgt damit 140 000 Euro. Gleichwohl hat der **BGH** dies allein mit Recht nicht für die Zulässigkeit der Berufung ausreichen lassen[18]: Die Berufung hat die Korrektur der erstinstanzlichen Entscheidung zum Ziel. Sofern der Berufungsführer in erster Instanz alles bekommen hat, was er beantragt hat, besteht für eine solche Korrektur kein Anlass.

---

15 OLG Koblenz NJW 2011, 1373 f.
16 BGH NJW 2015, 3173 Rn. 3,
17 BGH NJW 2013, 3100 Rn. 6.
18 BGH NJW 1999, 3564.

617 Als **allgemeiner Rechtssatz** für **jegliches Rechtsmittel** lässt sich daher festhalten: **Kein Rechtsmittel ohne Beschwer**[19].

618 **Zur Vertiefung:**

(1) Die Berufung ist ebenso unzulässig, wenn der Berufungsführer mit ihrer Hilfe einen gänzlich neuen Streitgegenstand einführt, ohne sich gegen das ihm ungünstige Urteil in der Sache zu wehren. Wird etwa eine Werklohnklage mit der Begründung abgewiesen, es fehle ihr das Rechtsschutzbedürfnis, weil zugunsten des Klägers bereits eine vollstreckbare Urkunde existiere und der Kläger bloß noch die Erteilung der Vollstreckungsklausel (§§ 724 ff. ZPO) zu beantragen brauche, so ist die Berufung unzulässig, wenn der Kläger im Berufungsrechtszug nur noch die Erteilung der Vollstreckungsklausel beantragt, die Abweisung seiner ursprünglichen Klage aber gar nicht mehr in Frage stellt[20]. Gleiches gilt für die Revision: Zieht der Revisionsführer die Richtigkeit des Berufungsurteils nicht in Zweifel, sondern versucht er die Revisionsinstanz ausschließlich dazu zu nutzen, einen gänzlich neuen Streitgegenstand einzuführen, so ist die Revision unzulässig[21].

(2) Die Berufung mag allenfalls zulässig sein, wenn die Einführung eines neuen Streitgegenstands sich als nach § 264 Nr. 2, 3 ZPO zulässige Klageänderung darstellt. Selbst bei dieser Ausnahme ist indes Vorsicht geboten. So ist die Berufung unzulässig, wenn der Kläger in der Berufungsinstanz vom Rücktritt wegen Sachmangels auf die Minderung übergeht[22]. Solche Fälle können durchaus vorkommen: Es mag etwa geschehen, dass in erster Instanz zwar das Vorliegen eines Mangels nicht in Frage gestellt wurde und auch die übrigen Rücktrittsvoraussetzungen vorlagen, der Rücktritt des Käufers aber wegen Unerheblichkeit des Mangels nach § 323 V 2 BGB als unwirksam angesehen wurde. Dann mag der Käufer geneigt sein, auf Minderung überzugehen und das nunmehr auf § 441 IV 1 BGB gestützte Rückzahlungsbegehren im Berufungsrechtszug weiterzuverfolgen. Dieser Weg ist dem Käufer indes verschlossen: Die ursprüngliche Rücktritts- und die neuerliche Minderungserklärung begründen zwei verschiedene Lebenssachverhalte und die darauf gegründeten Rückgewähransprüche daher zwei unterschiedliche Streitgegenstände. Es handelt sich daher auch nicht um eine nach § 264 Nr. 2 ZPO zulässige Beschränkung der ursprünglichen Klage. Wenn der Käufer die Abweisung seiner auf den Rücktritt gestützten Klage akzeptiert, dient seine Berufung nicht mehr dem Ziel, die Beschwer durch das erstinstanzliche Urteil zu beseitigen, sondern der Verfolgung eines gänzlich neuen Klageziels mit neuem Streitgegenstand. Für dies neue Klageziel muss der Käufer zunächst die erste Instanz anrufen.

619 Im **Fall 138** liegt der Sachverhalt freilich noch etwas komplizierter. Denn es entspricht zwar der Tenor des Urteils dem Klageantrag. Doch hatte K das Klagebegehren alternativ auf zwei Sachverhalte gestützt: In erster Linie hatte er Schadensersatz wegen der unzureichenden Pflege des Fußbodens verlangt und erst in zweiter Linie Schadensersatz wegen der mangelhaften Desinfektion beantragt. Es lag folglich ein Fall der *eigentlichen eventuellen Klagenhäufung* vor[23] mit der Besonderheit, dass nicht zwei verschiedene Klageanträge im Eventualverhältnis unterbreitet wurden, sondern zwei verschiedene *Sachverhalte*: In erster Linie sollte über den Streitgegenstand „140 000 Euro wegen unzureichender Pflege", hilfsweise für den Fall, dass dieser Antrag nicht durchdrang, über den Streitgegenstand „140 000 Euro wegen unzureichender Desinfektion" entschieden werden. Den zur Klagebegründung *in erster*

---

19 Vgl. ferner BGH MDR 2006, 43; MDR 2006, 828 f.
20 BGH MDR 2004, 225, 226; *Gehrlein*, MDR 2004, 661 f. Vgl. ferner BGH NJW-RR 2006, 1502 (1503).
21 BGH NJW 2008, 3570, 3571.
22 BGH MDR 2006, 169, 170.
23 Dazu oben § 5 I 6.

Linie vorgetragene Sachverhalt hat das Gericht gerade *nicht* als zur Begründung einer Schadensersatzforderung geeignet erachtet, weil es den erforderlichen Beweis der die Ersatzpflicht der B begründenden Tatsachen nicht als geführt erachtete. Konsequent hat das Gericht die Klage wegen der mangelhaften Pflege des Fußbodens *abgewiesen*. Damit *ist* K um 140 000 Euro beschwert, die Berufung folglich nach § 511 II Nr. 1 ZPO zulässig[24].

Zur Vertiefung: Wenn eine Klage auf einen Haupt- und einen Hilfssachverhalt gestützt ist und das Gericht die Klage, soweit sie auf den Hauptsachverhalt gestützt ist, für unbegründet hält, muss es im Urteilstenor deutlich zum Ausdruck bringen, dass die Klage insoweit abgewiesen wird – selbst wenn sie in der vollen Höhe des Klageantrags mit Rücksicht auf den Hilfssachverhalt durchdringt[25].   **620**

Das Gericht darf sich namentlich nicht auf den Standpunkt zurückziehen, es könne offen bleiben, ob die Klage schon nach ihrem Hauptsachverhalt begründet sei, weil ihr jedenfalls aufgrund des Hilfssachverhalts stattzugeben sei: Es hat in seinem Urteil das Klagebegehren auszuschöpfen und daher bei Eventualklagen die Klagebegehren – sei es, dass sie in verschiedenen Anträgen oder in verschiedenen Sachverhalten zum Ausdruck kommen – in derjenigen Reihenfolge abzuarbeiten, in welcher der Kläger hierüber eine gerichtliche Entscheidung wünscht.   **621**

V. Die Berufung

1. Statthaftigkeit der Berufung

a) Grundvoraussetzungen

Die Berufung ist **statthaft** gegen im ersten Rechtszug ergangene Endurteile. Der Zugang zur Berufung wird in § 511 II ZPO beschränkt: Die Berufung ist nur statthaft, wenn   **622**

* der Wert des Beschwerdegegenstandes (dazu oben IV 1, Rn. 613 f.) 600 Euro übersteigt (§ 511 II Nr. 1 ZPO) – sog. **Wertberufung.**
* oder das erstinstanzliche Gericht die Berufung zugelassen hat (§ 511 II Nr. 2 ZPO) – sog. **Zulassungsberufung.**

b) Voraussetzungen für die Zulassung der Berufung

Über die Zulassung der Berufung entscheidet das Gericht nicht etwa nach eigenem Gutdünken. Vielmehr ist die Entscheidung insoweit durch **§ 511 IV 1 Nr. 1 ZPO** normativ determiniert. Danach **muss** das Gericht die Berufung zulassen, wenn **eine** der nachfolgenden drei Voraussetzungen erfüllt ist: **623**

* Die Rechtssache hat grundsätzliche Bedeutung.
* Die Fortbildung des Rechts erfordert eine Entscheidung des Berufungsgerichts.
* Die Sicherung einer einheitlichen Rechtsprechung erfordert eine Entscheidung des Berufungsgerichts.

---

24 BGH NJW 1999, 3564 f.
25 Möglicherweise hat das erstinstanzliche Gericht dies im Fall BGH NJW 1999, 3564 nicht berücksichtigt.

Es handelt sich hierbei um unbestimmte Rechtsbegriffe. Es könnte daher erwogen werden, § 511 IV 1 Nr. 1 ZPO wegen Verstoßes gegen das rechtsstaatliche Gebot der Rechtsmittelklarheit für verfassungswidrig zu halten. Das **BVerfG** ist dieser Annahme entgegengetreten: Zuerst mögen die Fachgerichte versuchen, jene Begriffe zu konkretisieren[26].

▶ **Wichtiger Hinweis**
Die nachfolgende Darstellung der **Zulassungsgründe** ist nicht allein für die Zulassung der **Berufung** (§ 511 IV 1 Nr. 1 ZPO), sondern ebenso für die Zulassung der **Revision** (§ 543 II ZPO) und der **Rechtsbeschwerde** (§ 574 II ZPO) von Bedeutung. Was an dieser Stelle im Kontext der Berufungszulassung hierzu ausgeführt wird, gilt daher unverändert auch für die Zulassung der anderen genannten Rechtsmittel. Zahlreiche der nachfolgend zitierten Gerichtsentscheidungen sind nicht im Berufungsverfahren, sondern im Verfahren der **Nichtzulassungsbeschwerde** (§ 544 ZPO) ergangen; denn dort überprüft der BGH, ob das Berufungsgericht die Zulassung der Revision zu Recht verweigert hat. Dagegen kann die Zulassung der Berufung und der Rechtsbeschwerde nicht mithilfe einer derartigen Beschwerde erzwungen werden.

aa) Grundsätzliche Bedeutung

624 Grundsätzliche Bedeutung hat eine Rechtssache dann, wenn sie eine (im anhängigen Verfahren entscheidungserhebliche!) klärungsbedürftige Rechtsfrage aufwirft, die
- vom BGH noch nicht entschieden worden ist
- und in einer unbestimmten Vielzahl von weiteren Fällen ebenso entscheidungserhebliche Bedeutung erlangen kann[27].

Grundsätzliche Bedeutung kann einer Rechtssache daher nicht bloß dann zukommen, wenn die Auslegung von Gesetzesbestimmungen in Frage steht, sondern ebenso dann, wenn es um die Auslegung oder Wirksamkeit typischer Vertragsbestimmungen, insbesondere von allgemeinen Geschäftsbedingungen geht[28].

625 Man sollte bereits im Berufungsverfahren darauf abstellen, ob die Frage vom *BGH* noch nicht entschieden worden ist, und nicht etwa den Umstand für maßgeblich erachten, ob sich das Berufungsgericht zu der Rechtsfrage bereits geäußert hat[29]. Denn entweder es hat sich geäußert und eine Klärung durch den BGH steht noch aus: Dann kann der Frage die grundsätzliche Bedeutung nicht abgesprochen werden, weil die Frage ebenso in anderen Gerichtsbezirken auftreten kann und dort anders entschieden werden mag, sodass eines Tages eine Intervention des BGH ohnehin unausweichlich erscheinen wird. Oder das Berufungsgericht hat sich noch nicht geäußert, wohl aber der BGH: Dann muss die Streitfrage im Berufungsverfahren als höchstrichterlich ge-

---

26 BVerfG NJW 2004, 1729, 1730.
27 BVerfG NJW 2011, 1276, 1277; NJW 2012, 1715, 1716; BGH MDR 2003, 1130 f.; JR 2004, 331, 332; *Gehrlein*, MDR 2004, 912, 913; *v. Gierke/Seiler*, JZ 2003, 403, 407; *Hinz*, WuM 2002, 3, 4; *Piekenbrock/Schulze*, JZ 2002, 911, 915; *Stackmann*, NJW 2002, 781, 782, 784; *Wenzel*, NJW 2002, 3353, 3354.
28 BGH NJW 2003, 65, 68; *Büttner*, MDR 2001, 1201, 1203. Vgl. aber BGH MDR 2004, 464 (LS): Grundsätzliche Bedeutung kommt dem Streit um die Auslegung einer Klausel in allgemeinen Versicherungsbedingungen nur zu, wenn jene Auslegung über den konkreten Rechtsstreit hinaus für die beteiligten Verkehrskreise von Bedeutung ist.
29 Insoweit wohl anders *Stackmann*, NJW 2002, 781, 782.

klärt angesehen werden. Will das Ausgangsgericht die Ansicht des BGH erneut in Frage stellen, so mag es die Berufung zur Fortbildung des Rechts zulassen (sogleich bb).

bb) Fortbildung des Rechts

Der Zulassungsgrund der Fortbildung des Rechts erweist sich im Ergebnis *de lege* **626** *ferenda* als weitgehend überflüssig. Denn es fällt schwer, ihn von den anderen Zulassungsgründen sinnvoll abzugrenzen:

- Nach Ansicht des BGH setzt dieser Zulassungsgrund voraus, dass der Einzelfall Veranlassung gibt, Leitsätze für die Auslegung von Gesetzesbestimmungen aufzustellen oder Gesetzeslücken auszufüllen, was namentlich dann der Fall sein soll, wenn es für die rechtliche Beurteilung verallgemeinerungsfähiger Lebenssachverhalte an einer richtungweisenden Orientierungshilfe fehle[30]. Wenn aber ein solcher Fall gegeben ist, dürften die zu klärenden Rechtsfragen *immer* so beschaffen sein, dass sie in einer unbestimmten Vielzahl von Fällen auftreten, sodass die Berufung schon wegen grundsätzlicher Bedeutung zuzulassen ist[31].
- Nach anderer Ansicht bleiben für den Zulassungsgrund der „Fortbildung des Rechts" lediglich diejenigen Fälle übrig, in denen eine Rechtsfrage, zu welcher der BGH bereits eine Entscheidung getroffen hat, *abweichend von der Rechtsprechung des BGH* beurteilt werden soll[32]. Indes verschwimmt bei dieser Begriffsbestimmung nunmehr die Grenze zum Zulassungsgrund der „Sicherung einer einheitlichen Rechtsprechung (sogleich cc): Diese Einheitlichkeit wird durch die Abweichung von einer Rechtsmeinung des BGH ganz besonders in Frage gestellt[33]. Und wenn das Ausgangsgericht gar feststellt, dass die Rechtsprechung des BGH im Schrifttum auf ernsthafte Bedenken stößt und vielleicht sogar selbst Instanzgerichte ihr die Gefolgschaft versagen, ist bereits wieder grundsätzliche Bedeutung gegeben[34].
- Am ehesten könnte man den Zulassungsgrund der „Fortbildung des Rechts" noch dann für einschlägig erachten, wenn das Gericht zwar nicht im Ergebnis, wohl aber in der Begründung von der Rechtsprechung anderer Gerichte abweicht oder wenn eine Divergenz in wirtschaftlich vergleichbaren, rechtlich aber verschiedenen Fragen besteht[35].

cc) Sicherung einer einheitlichen Rechtsprechung

Erhebliche Zweifel bestehen darüber, wann die Berufung zur Sicherung einer einheit- **627** lichen Rechtsprechung zuzulassen ist. Dieser Berufungsgrund dient dazu, die Verlässlichkeit gerichtlicher Entscheidungen zu steigern und damit das Vertrauen des Bürgers in die Institution der Gerichtsbarkeit zu stärken[36]. Andererseits zwingt nicht jede

---

30 BGH NJW-RR 2003, 132; JR 2004, 331, 333; *Gehrlein*, MDR 2003, 547, 549.
31 Ähnlich *v. Gierke/Seiler*, JZ 2003, 403, 407; *Weller*, ZZP 124 (2011), 343, 366. Nach *Wenzel*, NJW 2002, 3353, 3355 deckt sich der Zulassungsgrund „Fortbildung des Rechts" weitgehend mit demjenigen der „grundsätzlichen Bedeutung". In diese Richtung auch *Nassall*, NJW 2003, 1345, 1347.
32 *v. Gierke/Seiler*, JZ 2003, 403, 407; *Hinz*, WuM 2002, 3, 5.
33 Vgl. auch noch unten cc am Ende.
34 Vgl. *Büttner*, MDR 2001, 1201, 1203.
35 In diesem Sinne *Piekenbrock/Schulze*, JZ 2002, 911, 916.
36 *Wenzel*, NJW 2002, 3353, 3355.

„falsche" Entscheidung in erster Instanz dazu, die Berufung zuzulassen[37]. Wäre es anders, so müsste die Berufung *immer* zugelassen werden, da niemals auszuschließen sein wird, dass in erster Instanz ein Rechtsfehler unterlaufen ist. Das aber liefe der Funktion des § 511 IV 1 Nr. 1 ZPO zuwider, den Berufungszugang zu begrenzen. Es kommen daher lediglich die folgenden Fallgruppen in Betracht:

628 **(1) Divergenzfälle.** Wenn das Gericht des ersten Rechtszugs von der Rechtsprechung eines gleichgeordneten oder eines höherrangigen Gerichts abweicht, ist die Zulassung der Berufung zur Sicherung einer einheitlichen Rechtsprechung geboten[38]. Denn das Recht muss innerhalb seines territorialen Geltungsbereichs für alle ihm Unterworfenen in gleicher Weise gelten. Es darf nicht von Ort zu Ort verschieden gehandhabt werden. Die Einheit der Rechtsordnung ist im Kern bedroht, wenn gleiches Recht ungleich gesprochen wird[39]. Die Zulassung der Berufung ist namentlich geboten, wenn zu einer entscheidungserheblichen Rechtsfrage bereits Rechtsprechung des zuständigen Berufungsgerichts existiert und das Gericht des ersten Rechtszugs diese Frage abweichend hiervon beurteilt[40].

629 Wird das Bedürfnis nach einer Korrektur der erstinstanzlichen Entscheidung dadurch hervorgerufen, dass das Gericht des ersten Rechtszugs von der **Rechtsprechung des BGH abweicht**, so sind zwei Fälle zu unterscheiden:
- Das Gericht setzt sich ausführlich mit dieser Rechtsprechung auseinander und hält sie für überprüfungsbedürftig. Dann lässt es die Berufung – je nachdem, welcher Fallgruppe man diese Konstellation zuordnen mag – zur Fortbildung des Rechts bzw. zur Sicherung einer einheitlichen Rechtsprechung zu.
- Das Gericht übersieht die Rechtsprechung des BGH oder missachtet sie bewusst, ohne seine gegenteilige Auffassung zu begründen. Dann ist nach Ansicht des BGH die Zulassung zur Sicherung einer einheitlichen Rechtsprechung geboten, wenn das Ausgangsgericht in ständiger Praxis eine höchstrichterliche Rechtsprechung nicht berücksichtigt[41] oder wenn es die Rechtsprechung des BGH in einer Weise grundlegend missversteht, die Wiederholungen befürchten lässt[42]. Dagegen soll die Zulassung ausscheiden, wenn die höchstrichterliche Rechtsprechung lediglich im Einzelfall nicht beachtet wird; insbesondere liege dann kein Fall der Divergenz vor[43].

630 Die absurde Konsequenz dieser Handhabung besteht darin, dass die Divergenz zu einer Entscheidung eines *gleichgeordneten* oder übergeordneten Gerichts zur Zulassung der Berufung zwingt, die Divergenz zu einer Entscheidung des *höchsten* Gerichts aber *nicht*. Das entbehrt nicht nur jeglicher nachvollziehbaren Logik; vielmehr

---

37 So aber *Piekenbrock/Schulze*, JZ 2002, 911, 919.
38 BVerfG NJW 2011, 1276, 1277; BGH NJW 2002, 2473 f.; NJW 2003, 1943, 1945; NJW 2003, 2991; JR 2004, 331, 333; *Deubner*, JuS 2003, 270, 274 f.; *Gehrlein*, MDR 2003, 547, 549; *Hinz*, WuM 2002, 3, 5; *Nassall*, NJW 2003, 1345, 1347. Vgl. auch *Rimmelspacher*, FS Schumann, 2001, S. 327, 343: Bei Divergenz zwischen verschiedenen Gerichten ist grundsätzliche Bedeutung unwiderlegbar indiziert.
39 BVerfGE 54, 277, 291 ; *Nassall*, NJW 2003, 1345, 1347; *Piekenbrock/Schulze*, JZ 2002, 911, 919.
40 BVerfG NJW 2004, 2584, 2585.
41 BGH NJW 2002, 2473, 2474.
42 BGH NJW 2005, 154, 155.
43 BGH JR 2004, 331, 333; NJW 2005, 154, 155. Kritisch mit Recht *Ball*, FS Musielak, 2004, S. 27, 45.

wird exakt dasjenige Vertrauen des Bürgers, das mit den Zulassungsgründen des § 511 IV ZPO geschützt werden soll, geradewegs mit Füßen getreten: Ausgerechnet auf die Beachtung der höchstrichterlichen Rechtsprechung kann er sich nicht verlassen, wenn das Gericht des ersten Rechtszugs sich jener Rechtsprechung verweigert. Die **richtige Handhabung** kann hier nur darin liegen, dass **jeder Fall einer Abweichung von der Rechtsprechung des BGH** dazu **zwingt**, die Berufung **zuzulassen**, und zwar unter dem Gesichtspunkt der „Sicherung einer einheitlichen Rechtsprechung"[44]. Insoweit kann es auch nicht darauf ankommen, ob ein Instanzgericht von den Rechtssätzen des BGH aus fahrlässiger Ignoranz oder aufgrund bewusster Obstruktion abweicht[45]. Die „Fortbildung des Rechts" durch Entscheidungen des BGH in Sachen von „grundsätzlicher Bedeutung" nützt nichts, wenn der BGH sich weigert, die Einhaltung der von ihm aufgestellten Rechtssätze auch im Einzelfall zu überwachen[46].

Zur Vertiefung: 631

(1) Die Divergenz zweier Entscheidungen unterschiedlicher Gerichte zwingt **nicht** zur Zulassung der Berufung, wenn zwar die Sachverhalte in beiden Fällen völlig identisch sind, die unterschiedlichen Ergebnisse in beiden Verfahren aber auf einer abweichenden Würdigung der zugrunde liegenden Tatsachen (z. B. auf einer abweichenden Auslegung von bestimmten konkret abgegebenen Willenserklärungen) beruht[47].

(2) Ebenso wenig ist die Zulassung der Berufung zur Sicherung einer einheitlichen Rechtsprechung geboten, wenn mehrere Fehler des Ausgangsgerichts zu einer im Ergebnis richtigen Entscheidung führen[48]. Wer im Ergebnis bekommen hat, was ihm zusteht, kann sich nicht darüber beschweren, dass er zu Unrecht Vertrauen in die Gerichte investiert habe.

---

(2) **Wiederholungsgefahr.** Wenn eine Entscheidung in einer Weise fehlerhaft erscheint, die in künftigen gleich gelagerten Fällen ähnliche Fehlentscheidungen befürchten lässt, ist die Zulassung der Berufung ebenfalls zur Sicherung einer einheitlichen Rechtsprechung geboten[49] – sei es, dass die fehlerhafte Entscheidung vom Ausgangsgericht selbst wiederholt zu werden droht[50], sei es, dass sie Nachahmungseffekte bei anderen Gerichten zu erzeugen geeignet ist[51]. Die Nachahmungsgefahr besteht insbesondere dann, wenn die vom Ausgangsgericht zugrunde gelegten Rechts- 632

---

44 Wie hier *v. Gierke/Seiler*, JZ 2003, 403, 408; *Nassall*, NJW 2003, 1345, 1347. Im gleichen Sinne wohl BVerfG NJW 2007, 3118, 3119, wo aus der die Tatsache, dass das Berufungsgericht von der Rechtsprechung des BGH abgewichen ist, ein Verletzung des rechtsstaatlichen Anspruchs auf Justizgewähr gefolgert wurde, ohne dass die oben genannte Differenzierung überhaupt erwähnt wurde.
45 Zutreffend *Nassall*, NJW 2003, 1345, 1347.
46 Zutreffend *Nassall*, NJW 2003, 1345, 1347.
47 BGH NJW 2004, 1167.
48 BGH NJW 2004, 1167, 1168 f.
49 BGH NJW 2002, 2473, 2474; NJW 2003, 754, 755; NJW 2003, 1943, 1945; NJW 2003, 2319, 2320; JR 2004, 331, 334; NJW 2004, 1960, 1961; NJW 2004, 2222, 2223; *Gehrlein*, MDR 2004, 912, 913; *Hinz*, WuM 2002, 3, 5; *Wenzel*, NJW 2002, 3353, 3356. Nach *Stackmann*, NJW 2002, 781, 782 ist in diesen Fällen die Zulassung der Berufung bereits zur Fortbildung des Rechts geboten.
50 BGH JR 2004, 331, 334; NJW 2003, 1943, 1945; NJW 2003, 2319, 2320; NJW 2003, 3781, 3782; NJW 2004, 1960, 1961; NJW 2004, 2222, 2223; *Gehrlein*, MDR 2004, 912, 913.
51 BGH NJW 2002, 2473, 2474; NJW 2003, 1943, 1945; NJW 2003, 2319, 2320; NJW 2003, 3781, 3782; JR 2004, 331, 334; NJW 2004, 1960, 1961; NJW 2004, 2222, 2223; *Gehrlein*, MDR 2004, 912, 913; *Greger*, NJW 2002, 3049, 3052.

sätze und Argumente auf eine Vielzahl von Sachverhalten übertragbar sind[52]. Im Berufungsverfahren wird dieser Zulassungsgrund freilich kaum praktische Bedeutung erlangen, da das Gericht erster Instanz kaum jemals einräumen wird, fehlerhaft entschieden zu haben, und die Zulassung der Berufung nicht erzwungen werden kann (unten dd). Erhebliches Gewicht kommt der Fallgruppe der Wiederholungsgefahr aber im Revisionsverfahren zu; denn deren Zulassung kann nach § 544 ZPO erzwungen werden.

633 Vor einem allzu engen Verständnis der Fallgruppe „Wiederholungsgefahr" ist zu warnen. Wenn nämlich das Gericht von den Rechtssätzen überzeugt ist, die es – in Auslegung der einschlägigen Vorschriften – seiner Entscheidung zugrunde gelegt hat, besteht die tatsächliche Vermutung, dass es auch künftig nicht anders judizieren wird[53]. Freilich kann man vor diesem Hintergrund füglich bezweifeln, welche begrenzende Funktion dem Kriterium der „Wiederholungsgefahr" dann noch zukommen soll. Ferner erhebt sich mit Nachdruck die Frage, ob die Begrenzung der Rechtsmittelzulassung nicht durch zufällige, von den Parteien kaum vorhersehbare Umstände beeinflusst wird[54].

Zur Vertiefung: Dieses Bedenken tritt vor allem in folgendem Fall zutage: Das OLG folgt in seinem Urteil der Rechtsprechung des BGH und lässt die Revision nicht zu, weil die für den Ausgang des Prozesses maßgeblichen Rechtsfragen durch den BGH geklärt seien. Die unterlegene Partei legt Nichtzulassungsbeschwerde ein. Bevor über diese entschieden wird, ändert der BGH seine Rechtsprechung zu jenen Rechtsfragen. Es steht damit fest, dass die angefochtene Entscheidung des OLG nunmehr von der Rechtsprechung des BGH abweicht. Gleichwohl hat sich der BGH[55] – mit Billigung des BVerfG[56] – geweigert, der Nichtzulassungsbeschwerde stattzugeben. Denn es bestehe keine Wiederholungsgefahr: Es sei die Prognose gerechtfertigt, dass das OLG sich künftig an der geänderten Rechtsprechung des BGH orientieren, also eine Entscheidung wie die angefochtene künftig nicht mehr erlassen werde. Mit anderen Worten: Das Urteil sei zwar falsch; so etwas werde aber in Zukunft nicht mehr vorkommen. Damit *lässt der BGH ein Urteil passieren, das er selbst als fehlerhaft erkannt hat*. Dem rechtsuchenden Bürger ist eine solche Handhabung in keiner Weise zu vermitteln[57]. Immerhin verfolgt der BGH eine abweichende Linie, wenn die streitige Rechtsfrage in dem Zeitpunkt, da die Nichtzulassungsbeschwerde eingelegt wurde, noch *überhaupt nicht* vom BGH geklärt worden war: Wenn nun vor der Entscheidung über diese Beschwerde in einem anderen Verfahren eine Leitentscheidung des BGH ergeht, wird der BGH gleichwohl der Nichtzulassungsbeschwerde stattgeben, sofern sie in der Sache Aussicht auf Erfolg hat[58]. Im Klartext: Wenn der BGH *erstmals eingreifen musste*, um eine fehlerhafte Rechtsprechung der Vorinstanz zu korrigieren, wird die Revision zugelassen. Wenn der BGH zu den einschlägigen Fragen aber schon *vorher* Stellung genommen hatte, die Vorinstanz dem gefolgt war und der BGH nunmehr seine Rechtsprechung *ändert*, wird die Revision

---

52 BGH NJW 2003, 754, 755; NJW 2004, 1960, 1961.
53 *Gehrlein*, MDR 2003, 547, 549; *v. Gierke/Seiler*, JZ 2003, 403, 409; *Scheuch/Lindner*, NJW 2003, 728, 729. Gegen dieses Argument aber *Ball*, FS Musielak, S. 27, 44.
54 Ablehnend zum Kriterium der Wiederholungsgefahr deshalb *Scheuch/Lindner*, NJW 2003, 728, 729. Ebenso ablehnend, weil für die Besorgnis des Nachahmungseffekts verlässliche Maßstäbe fehlten, *Ahrens*, JR 2004, 336; *Schultz*, MDR 2003, 1392, 1397 ff. Kritisch ferner *Gehrlein*, MDR 2003, 547, 549.
55 BGH ZIP 2007, 1780 (nur Leitsatz).
56 BVerfG NJW 2008, 2493, 2494.
57 Zu Recht ablehnend auch *Derleder*, EWiR 2007, 543, 544.
58 BGH NJW 2004, 3188, 3188 f.; BGH NJW 2005, 154, 155 f.; BGH NJW 2010, 2812, 2813; ebenso *Baumert*, MDR 2014, 1181, 1182.

nicht zugelassen. Eine solche Differenzierung ist mit dem Gebot der Rechtsmittelklarheit nicht zu vereinbaren. Vielmehr gebietet *jede* Abweichung von der Rechtsprechung des BGH die Zulassung von Berufung, Revision und Rechtsbeschwerde zur Sicherung einer einheitlichen Rechtsprechung.

(3) **Willkür.** Wenn ausnahmsweise die Entscheidung im ersten Rechtszug so grob   634
fehlerhaft erscheint, dass es für sie keinen auch nur im Ansatz rechtlich nachvollziehbaren Grund gibt, müsste sie mit Rücksicht auf die Gesetzesbindung des Richters (Art. 20 III GG) und das Willkürverbot (Art. 3 I GG) vom BVerfG aufgehoben werden. Zwar prüft das BVerfG nur Verletzungen spezifischen Verfassungsrechts; doch ist diese Schwelle bei fehlerhafter Anwendung einfachgesetzlichen Rechts bei grob fehlerhafter Rechtsanwendung der soeben beschriebenen Art überschritten[59]. Bevor es so weit kommt, erscheint es angezeigt, den Fehler bereits auf der Ebene der Fachgerichtsbarkeit zu korrigieren. Deshalb ist auch in diesen Fällen die Zulassung der Berufung zur Sicherung einer einheitlichen Rechtsprechung geboten[60]. Willkürlich ist die angefochtene Entscheidung z. B. dann, wenn diese von der Auslegung einer nicht eindeutigen Vertragsklausel abhängt, das Ausgangsgericht jener Klausel ohne jede Begründung eine bestimmte Deutung beigemessen hat und dadurch die Entscheidung nicht verständlich ist[61].

Darüber hinaus wird man selbst unterhalb der Schwelle verfassungsrechtlich relevan-   635
ter Rechtsanwendungsfehler die Berufung dann zulassen müssen, wenn eine einzelne Entscheidung – ohne dass sich Widerholungsgefahr belegen ließe – **offensichtlich fehlerhaft** ist; denn selbst dann wird das Vertrauen des Bürgers in die Gerichte erschüttert[62]. Mangels Erzwingbarkeit der Zulassung wird freilich diese Fallgruppe erst recht praktische Bedeutung nur im Revisionsverfahren erlangen. Für das Revisionsverfahren wird in neuerer Zeit vorgeschlagen, die Erfolgsaussicht als selbständiges Zulassungskriterium anzuerkennen[63]: Die Revision ist danach immer zuzulassen, wenn ernsthaft in Betracht kommt, dass das Berufungsurteil (und zwar nicht bloß „offensichtlich") fehlerhaft ist. Eine Andeutung in diese Richtung enthalte das Gesetz in § 552a ZPO: Die Revision dürfe nur dann durch Beschluss zurückgewiesen werden, wenn in dem mit ihr befassten Senat des BGH unter anderem über die fehlende Erfolgsaussichten Einstimmigkeit bestehe. Für diese Handhabung spricht, dass letztlich *jede* falsche Entscheidung der Vorinstanzen das Vertrauen in die Justiz beschädigt. Allerdings ist spätestens mit der Anerkennung dieses Zulassungsgrundes das Anliegen der ZPO-Reform gescheitert, die Revisionsgerichte zu entlasten. Wenn allerdings der Reformgesetzgeber tatsächlich die Gerichte dazu anhalten wollte, den Recht suchen-

---

59 Vgl. dazu BVerfG NJW 2001, 1125 f.
60 BGH JR 2004, 331, 334; BGH NJW 2004, 2222, 2223; BGH NJW 2005, 153; BGH NJW 2007, 2702 f.;
   Deubner, JuS 2003, 270, 276; *Gehrlein*, MDR 2003, 547, 550; *Wenzel*, NJW 2002, 3353, 3356.
61 BGH NJW 2005, 153 f.
62 Ebenso *Hinz*, WuM 2002, 3, 5; *Scheuch/Lindner*, NJW 2003, 728, 729; *Winter*, NJW 2016, 922, 924.
   Anders aber BGH NJW 2002, 2473, 2474; NJW 2003, 65, 67; NJW 2003, 831; NJW 2003, 1943, 1945;
   NJW 2003, 2319, 2320; NJW 2003, 3781, 3782; *Gehrlein*, MDR 2004, 912, 913; *Wenzel*, NJW 2002,
   3353, 3355; gegen die Zulassung von Rechtsmitteln allein wegen offensichtlicher Unrichtigkeit der
   angefochtenen Entscheidung bereits *Rimmelspacher*, FS Schumann, S. 327, 347. Das BVerfG (NJW
   2005, 3345, 3346) hat die Rechtsprechung des BGH gebilligt.
63 *Seiler*, NJW 2005, 1689, 1691.

den Bürger sehenden Auges mit einer unabänderlich fehlerhaften Gerichtsentscheidung nach Hause zu schicken, so ist es nur zu begrüßen, wenn sich die Gerichte diesem widersinnigen Reformziel verweigern.

636 (4) **Verletzung fundamentaler Verfahrensgarantien.** Das Vertrauen des Bürgers in die Rechtsprechung wird nicht zuletzt dann erschüttert, wenn das Ausgangsgericht nicht einmal in der Lage gewesen ist, elementare Mindeststandards eines rechtsstaatlichen Verfahrens einzuhalten, etwa das Gebot des rechtlichen Gehörs (Art. 103 I GG) oder des gesetzlichen Richters (Art. 101 I 2 GG) zu beachten. Jedenfalls wenn eine solche Entscheidung, würde gegen sie kein Rechtsmittel zugelassen, auf Verfassungsbeschwerde ohnehin vom BVerfG aufgehoben werden müsste, ist der Verstoß so grob, dass die Zulassung der Berufung zur Sicherung einer einheitlichen Rechtsprechung geboten ist[64]. Abermals wird indes kaum ein Gericht bereit sein, sich selbst einzugestehen, dass ihm ein derart gravierender Fehler unterlaufen ist; deshalb wird auch unter dem Gesichtspunkt des Verfahrensfehlers die Berufungszulassung in der Praxis ins Leere laufen.

636a Wie schon mehrfach angedeutet, erlangt vor allem der Zulassungsgrund „Sicherung einer einheitlichen Rechtsprechung" häufig erst dann praktische Bedeutung, wenn es um die Zulassung der *Revision* geht (§ 543 II ZPO). Und ebenso konnte gezeigt werden, dass der BGH teils abenteuerliche Begründungswege wählt, um einer Partei, die im Berufungsverfahren unterlegen ist, den Zugang zur Revision zu verwehren. In der Tat wird der Umgang des BGH mit Nichtzulassungsbeschwerden in der Praxis als unangemessen restriktiv empfunden[65].

dd) Keine Korrektur fehlerhafter Zulassungsentscheidung

637 Die Entscheidung des Ausgangsgerichts über die Zulassung der Berufung ist in beiderlei Richtung endgültig:

- Wenn das Ausgangsgericht die Berufung **zulässt**, ist das Berufungsgericht nach § 511 IV 2 ZPO an die Zulassung gebunden. Es kann also eine Entscheidung nicht mehr mit der Begründung verweigern, die Voraussetzungen für die Zulassung nach § 511 IV 1 Nr. 1 ZPO hätten nicht vorgelegen.
- Wenn das Ausgangsgericht die Berufung **nicht zulässt**, hat es damit ebenfalls sein Bewenden; denn anders als im Revisionsverfahren (vgl. § 544 ZPO) gibt es im Berufungsverfahren keine Nichtzulassungsbeschwerde.

Wenn allerdings die Berufung nicht zugelassen ist, obwohl ein Zulassungsgrund auf der Hand liegt (z. B. zuvor Entscheidungen in der Fachpresse veröffentlicht wurden,

---

64 BGH NJW 2003, 831; NJW 2003, 1943, 1946; JR 2004, 331, 334 f.; NJW 2005, 1950, 1951; NJW 2005, 2710, 2711; NJW 2008, 923; *Ahrens*, JR 2004, 336, 337; NJW 2004, 2222, 2223; *Hinz*, WuM 2002, 3, 5; *Piekenbrock/Schulze*, JZ 2002, 911, 920 f; *Schultz*, MDR 2003, 1392, 1394 f.; *Seiler/Wunsch*, NJW 2003, 1840, 1845; *Stackmann*, NJW 2007, 9, 13; *Wenzel*, NJW 2002, 3353, 3356. Anders noch BGH NJW 2003, 65, 68: Bei Verletzung von Verfahrensgrundrechten Zulassung nicht zur Sicherung einer einheitlichen Rechtsprechung, sondern wegen grundsätzlicher Bedeutung. Diese Entscheidung ist durch den abweichenden Beschluss desselben Senats des BGH (NJW 2004, 2222, 2223) überholt.
65 Ausführlich *Baumert*, MDR 2014, 1181 ff.; *Winter*, NJW 2016, 922 ff.

in denen zu einer entscheidungserhebliche Rechtsfrage eine abweichende Rechtsansicht vertreten wird), rechtfertigt dies die Verfassungsbeschwerde wegen Verletzung des Art. 101 I 2 GG[66].

c) Die übergangene Zulassungsentscheidung

Sobald eine Partei mit nicht mehr als 600 Euro beschwert ist, *muss* das Gericht über 638 die Zulassung der Berufung entscheiden. Es fragt sich indes, was geschieht, wenn die **Entscheidung über die Zulassung versäumt wurde**: Darf das Gericht des ersten Rechtszugs diese Entscheidung nachholen?

Die Behandlung des Problems fällt deshalb schwer, weil die Entscheidung des Gerichts, die Berufung *nicht* zuzulassen, *nicht im Urteilstenor zum Ausdruck kommt*: Wenn dort die Zulassung nicht explizit ausgesprochen ist, hat das Gericht die Zulassung der Berufung entweder verweigert oder aber überhaupt keine Entscheidung über die Zulassung getroffen. Eine Korrektur durch das Ausgangsgericht erscheint unter drei rechtlichen Gesichtspunkten denkbar:

- **Urteilsberichtigung nach § 319 ZPO.** Sie kommt in Betracht, wenn ohne Beweisaufnahme festgestellt werden kann, dass das Gericht die Berufung zulassen wollte und dies versehentlich nicht mit ausgesprochen worden ist[67]. Eine solche Feststellung setzt voraus, wenn der Wille des Gerichts, die Berufung zuzulassen, nach außen hervorgetreten (z. B. in den Urteilsgründen) und selbst für Dritte ohne weiteres deutlich ist[68].
- **Urteilsergänzung nach § 321 ZPO.** Die Möglichkeit, auf diesem Wege eine unterbliebene Zulassungsentscheidung nachzuholen[69], wird zu Recht ganz überwiegend abgelehnt[70]: § 321 ZPO betrifft den Fall, dass das Urteil in der Hauptsache den Klageantrag nicht ausschöpft. Mit diesem Fall ist die unterbliebene Zulassung der Berufung nicht vergleichbar; denn über jene Zulassung wird nicht auf Antrag, sondern von Amts wegen entschieden. Des Weiteren nennt § 321 ZPO den Fall, dass der Kostenpunkt ganz oder teilweise übergangen wurde. Über die Kosten muss nun nach § 308 II ZPO ebenfalls von Amts wegen entschieden werden; insoweit erscheint die Interessenlage bei der Kostenentscheidung einerseits und bei der Rechtsmittelzulassung andererseits durchaus vergleichbar; denn über Letztere wird ebenfalls von Amts wegen entschieden[71]. Indes fehlt es an einer planwidrigen Gesetzeslücke: Die unterbliebene Rechtsmittelzulassung ist, anders als die unterbliebene Kostenentscheidung, in § 321 ZPO gerade nicht erwähnt.
- **Anhörungsrüge nach § 321a ZPO.** Mit dieser Rüge kann – über den Wortlaut der Vorschrift hinaus – nach vorzugswürdiger, wenngleich stark umstrittener Ansicht nicht bloß die Verletzung rechtlichen Gehörs, sondern ebenso die Verletzung son-

---

66 VerfGH Berlin NJW 2008, 3420.
67 *Greger*, NJW 2002, 3049, 3051; *Stackmann*, NJW 2009, 1537, 1539.
68 BGHZ 78, 22 f.; BGH NJW 2004, 779; NJW 2004, 2389; MDR 2005, 103, 104.
69 Dafür *Stackmann*, NJW 2002, 781, 782; *Zöller/Vollkommer*, ZPO, 31. Aufl. 2016, § 321 Rn. 5.
70 BGH NJW 2004, 779; BGH NJW 2004, 2529; BGH MDR 2009, 887, 888; BGH NJW-RR 2014, 1470 Rn. 7; *Greger*, NJW 2002, 3049, 3051; *Hüneke/Austermann*, Jura 2009, 50, 52.
71 Vgl. nur *Volland*, MDR 2004, 377 f.

stiger elementarer Verfahrensgrundrechte wie z. B. die Entziehung des gesetzlichen Richters (Art. 101 I 2 GG) gerügt werden[72]. Wenn die Nichtzulassung der Berufung so verfehlt erscheint, dass die Partei dadurch ihrem gesetzlichen Richter entzogen würde, kann das Gericht auf Anhörungsrüge der Partei die Zulassung nachholen[73].

Das Ausgangsgericht darf es freilich zu solchen Unklarheiten gar nicht erst kommen lassen. Es ist im Interesse der Rechtsmittelklarheit verpflichtet, sich, wenn schon nicht im Urteilstenor, so doch wenigstens in den Urteilsgründen zur Frage zu äußern, ob es die Berufung zulassen will[74]. Schweigen sich die Urteilsgründe über die Zulassung aus, enthält aber das Urteil eine Rechtsbehelfsbelehrung des Inhalts, dass Berufung eingelegt werden könne, so kommt darin nur ausnahmsweise der Wille des Gerichts zum Ausdruck, die Berufung zuzulassen[75]. Denn die Belehrung ist nicht vom Willen getragen, eine Entscheidung zu *treffen*, sondern über eine getroffene Entscheidung zu *informieren.*

Schwierigkeiten bereitet der Fall, dass das Ausgangsgericht die Berufung deshalb nicht ausdrücklich zulässt, weil es den Streitwert auf über 600 Euro festgesetzt hat und eine Partei in vollem Umfang unterlegen ist. Denn in diesem Fall hat es sich über die Voraussetzungen des § 511 IV ZPO keine Gedanken machen müssen: Die unterlegene Partei ist aus der Sicht des Ausgangsgerichts mit mehr als 600 Euro beschwert und kann daher die Berufung als Wertberufung einlegen, für die es auf eine Zulassung durch das Ausgangsgericht nicht ankommt (oben IV 1 bei Rn. 613 f., 622). Nun ist aber das Berufungsgericht zwar an die nach § 511 II Nr. 2 ZPO ausgesprochene *Zulassung* der Berufung gebunden, nicht aber an die Festsetzung des Streitwerts: Es kann – abweichend vom Ausgangsgericht – zum Ergebnis gelangen, dass jener Streitwert bei 600 Euro oder darunter liegt. In diesem Fall kann auch der Wert des Beschwerdegegenstandes 600 Euro nicht mehr übersteigen. Hätte freilich das Ausgangsgericht ahnen können, dass das Berufungsgericht den Streitwert herabsetzt, so hätte es ganz gewiss über die Zulassung der Berufung eine Entscheidung getroffen, ja treffen müssen. Daher steht der BGH mit Recht auf dem Standpunkt, dass das Berufungsgericht, das den Streitwert herabsetzt und damit der Wertberufung die Grundlage entzieht, ausnahmsweise *selbst darüber entscheiden muss*, ob die Voraussetzungen für die Zulassung der Berufung vorliegen[76].

---

72 Unten VIII 2 bei Rn. 766.
73 Vgl. BGH NJW 2004, 2529 f.; *Hartmann*, NJW 2001, 2577, 2590; *Hinz*, WuM 2002, 3, 8; *ders.*, WuM 2002, 352, 355. Einschränkend *Schur*, JR 2005, 177, 180: Nur wenn in der übergangenen Zulassungsentscheidung zugleich eine Verletzung rechtlichen Gehörs liegt. Gänzlich ablehnend BGH NJW 2011, 1516; NJW-RR 2012, 306, 307: Die Anhörungsrüge sei auf Verletzungen des Art. 103 I GG beschränkt, und eine solche Verletzung könne nicht allein in der Nichtzulassung eines Rechtsmittels liegen.
74 Zutreffend *Volland*, MDR 2004, 377, 378.
75 Im gleichen Sinne für die Zulassung der Rechtsbeschwerde BGH NJW-RR 2014, 639 Rn. 8.
76 BGH NJW 2008, 218, 219; BGH NJW-RR 2010, 934, 935; BGH NJW-RR 2010, 1582; BGH NJW-RR 2011, 998, 999; BGH NJW-RR 2011, 1079; BGH NJW-RR 2012, 126, 127; BGH NJW-RR 2014, 124 Rn. 12; BGH NJW-RR 2016, 509 Rn. 15.

2. Zulässigkeit der Berufung

Die Berufung ist nur zulässig, wenn sie form- und fristgerecht **eingelegt** (§§ 517, 519   **639**
ZPO) sowie form- und fristgerecht **begründet** wird (§ 520 ZPO).

a) Form- und fristgerechte Einlegung der Berufung

Die Berufung muss nach § 517 binnen eines Monats nach Zustellung des vollständig   **640**
abgefassten Urteils, spätestens aber binnen fünf Monaten nach dessen Verkündung
mittels eines Schriftsatzes eingelegt werden. Die Berufungsfrist ist eine **Notfrist**
(§ 224 I 2 ZPO), d. h. gegen ihre schuldlose Versäumung findet nach Maßgabe der
§§ 233 ff. ZPO die Wiedereinsetzung in den vorigen Stand statt.

Zur Vertiefung: **641**

(1) Wenn eine Partei verspätet Berufung einlegt und gegen die Versäumung der Berufungsfrist
Wiedereinsetzung in den vorigen Stand beantragt, so kann das Berufungsgericht schon vor seiner
Entscheidung über den Wiedereinsetzungsantrag verpflichtet sein, die selbst gewählte Verfahrensweise folgerichtig zu Ende zu führen. Wenn der Berufungsführer einen solchen Antrag stellt
und das Berufungsgericht, *ohne über den Antrag zu entscheiden*, die Verhandlung in der Sache
über zwei Jahre hinweg fortsetzt, hat es zu erkennen gegeben, dass es bereit ist, sich auf eine
Prüfung des erstinstanzlichen Urteils einzulassen. Wenn es nunmehr nach zwei Jahren den Wiedereinsetzungsantrag zurückweist, liegt darin ein Verstoß gegen das rechtsstaatliche Gebot eines
fairen Verfahrens[77]. Das Berufungsgericht *muss* die Berufung, über die es so lange in der Sache
hat verhandeln lassen, nunmehr in der Sache bescheiden, da es unmissverständlich den Eindruck
erweckt hat, es werde Wiedereinsetzung gewähren.

(2) Die Berufungsfrist beginnt auch dann mit der Zustellung des vollständig abgefassten Urteils,
wenn das Urteil später nach § 319 ZPO berichtigt wurde[78]: Wenn denn wirklich die Unrichtigkeit
„offenbar" war, hinderte sie den Berufungsführer auch nicht an einer sachgerechten Entscheidung darüber, ob Berufung eingelegt werden soll.

---

b) Form- und fristgerechte Begründung der Berufung

aa) Frist

Die Frist für die Einlegung der Berufung beträgt nach § 520 II 1 ZPO **zwei Monate**   **642**
und beginnt mit der Zustellung des in vollständiger Form abgefassten Urteils. Dieser
Fristbeginn ergibt einen guten Sinn: Denn erst wenn die Urteilsgründe vorliegen, kann
der Berufungsführer sich mit ihnen auseinandersetzen und sachgerecht darüber entscheiden, in welchen Punkten und aus welchen Gründen er das Urteil angreifen will.
Gleichwohl enthält § 520 II 1 ZPO eine Höchstfrist: Spätestens fünf Monate nach
Urteilsverkündung muss die Berufungsbegründung bei Gericht eingegangen sein. Ist
die Berufungsbegründung fristgerecht eingegangen, so kann der **Berufungsantrag**
auch nachträglich noch erweitert werden, soweit die Erweiterung von der fristgerecht
eingegangenen Berufungsbegründung gedeckt ist[79]. Das bedeutet: Der Berufungs-

---

77 BVerfG NJW 2004, 2149, 2150.
78 BGH NJW 2003, 2991, 2992.
79 BGH NJW 2005, 3067 f.

führer kann auch nachträglich noch erklären, er fechte das erstinstanzliche Urteil in größerem Umfang an als bisher.

> **Fall 139:** T studiert Jura. Ihr Vater M hat bisher das Studium finanziert. M kommt durch einen von B verschuldeten Verkehrsunfall ums Leben. T verklagt daraufhin B auf Schadensersatz in Gestalt entgangenen Unterhalts (§§ 823 I, 844 II BGB bzw. §§ 7 I, 10 II StVG) und obsiegt in Höhe von 600 Euro monatlich. B ficht das Urteil, soweit er zu mehr als 300 Euro monatlich verurteilt worden ist, mit der Berufung an und begründet diese fristgerecht wie folgt: Bei der Beurteilung der Leistungsfähigkeit des M (§ 1603 BGB) sei nicht ausreichend berücksichtigt worden, dass M noch 500 000 Euro Schulden aus der Insolvenz seines früheren einzelkaufmännischen Unternehmens drückten.

Gelangt B im **Fall 139** später – und sei es nach Ablauf der Berufungsbegründungsfrist – zu der Einschätzung, dass jene Schulden die Leistungsfähigkeit des M gänzlich beseitigten, so kann er den Berufungsantrag erweitern und nunmehr die Aufhebung des erstinstanzlichen Urteils insgesamt sowie vollständige Abweisung der Klage beantragen: Dieser erweiterte Antrag ist von seinem fristgerechten Vortrag in der Berufungsbegründung gedeckt. *Nicht gehört* würde B freilich, wenn er nach Ablauf der Berufungsbegründungsfrist erstmals vortrüge, in erster Instanz habe das Gericht die Verwirkung des Unterhaltsanspruchs nach § 1611 BGB verkannt: Auf diesen Aspekt könnte er, da er nicht fristgerecht mit der Berufungsbegründung vorgetragen wurde, die Erweiterung des Berufungsantrags nicht stützen.

643 Die Berufungsbegründungsfrist kann auf Antrag **verlängert** werden, und zwar
- mit (formloser[80]) Einwilligung des Gegners ohne zeitliche Begrenzung (§ 520 II 2 ZPO);
- ohne Einwilligung des Gegners bis zu einem Monat, sofern dadurch die Erledigung des Rechtsstreits nicht verzögert würde oder der Berufungsführer erhebliche Gründe darlegt (§ 520 II 3 ZPO). Als „erhebliche Gründe" kommen vor allem Arbeitsüberlastung des Anwalts[81], ausstehende Besprechungstermine oder – wenn die Berufung von einem anderen als dem bisherigen Anwalt geführt wird – die Notwendigkeit zeitintensiver Einarbeitung in den Fall in Betracht. Wird einer dieser Gründe angegeben, so *muss* das Gericht mit Rücksicht auf das Gebot eines fairen Verfahrens dem ersten Verlängerungsantrag stattgeben[82].

Wird freilich die erste Fristverlängerung nicht genutzt und weigert sich der Gegner, einer weiteren Fristverlängerung zuzustimmen, so ist die Berufungsbegründung verspätet und die Berufung nach § 522 I ZPO zu verwerfen; das Gericht hat hier keinen Ermessensspielraum zugunsten des Berufungsführers[83]. Bevor das Gericht die Berufung verwirft, hat es allerdings den Berufungsführer zu hören, um ihm ggf. Gelegenheit zu geben, gemäß §§ 233 ff. ZPO Wiedereinsetzung in den vorigen Stand zu beantragen[84]. Wenn das Gericht die Frist verlängert, weil es irrtümlich von der Ein-

---

80 BGH MDR 2005, 408, 409; kritisch *Rimmelspacher*, JZ 2005, 522, 523 f.
81 BVerfG NJW 2007, 3342 f.; BGH MDR 2005, 408, 409.
82 *Stackmann*, NJW 2002, 781, 783.
83 OLG Zweibrücken NJW 2003, 3210, 3211.
84 BGH NJW-RR 2010, 1075, 1076.

willigung des Gegners ausgegangen ist, so darf dies nicht zum Nachteil des Berufungsführers gereichen, der auf die Fristverlängerung vertraut und sich in seiner Zeitplanung darauf eingerichtet hat: Die Verfügung des Vorsitzenden, wonach die Begründungsfrist verlängert wird, ist gleichwohl wirksam[85].

bb) Form

Die Berufungsbegründung muss in einem **Schriftsatz** enthalten sein (§ 520 III 1   **644**
ZPO). Sie muss nach § 520 III 2 ZPO Folgendes enthalten:
- Die **Berufungsanträge**, d. h. die Angabe, *inwieweit* das Urteil angefochten und eine Abänderung des Urteils begehrt wird (Nr. 1).
- Die **Gründe**, *weswegen* jene Abänderung begehrt wird. Diese mögen liegen in einer **Rechtsverletzung** (Nr. 2), in einer **unrichtigen Tatsachenfeststellung** (Nr. 3) oder darin, dass nach §§ 529 I, 531 II ZPO **neue Angriffs- und Verteidigungsmittel** zuzulassen sind (Nr. 4).

Die Berufungsrügen nach § 520 III 2 Nr. 2–4 ZPO korrespondieren mit den Beru-   **645**
fungsgründen nach §§ 513 I, 529 I ZPO[86]. Die Rügen nach § 520 III 2 Nr. 2, 3 ZPO sind auf das Prüfprogramm des § 513 I ZPO sowie des § 529 I Nr. 1 ZPO gerichtet: Der Berufungsführer macht geltend, es sei das materielle Recht verletzt oder es seien die in erster Instanz getroffenen Feststellungen unrichtig oder unvollständig; auch Letzteres begründet eine Rechtsverletzung. Die Rüge nach § 520 III 2 Nr. 4 ZPO zielt darauf ab, die Zulassung neuer Tatsachen nach § 529 I Nr. 2 ZPO zu erwirken.

Die Rüge der Rechtsverletzung (§ 520 III 2 Nr. 2 ZPO) und der fehlerhaften Tatsa-   **646**
chenfeststellung (§ 520 III 2 Nr. 3 ZPO) muss so vorgetragen werden, dass sie eine **substantiierte Auseinandersetzung mit der Begründung des erstinstanzlichen Urteils** erkennen lässt[87]. Es genügt z. B. im Rahmen des § 520 III 2 Nr. 2 ZPO nicht die pauschale Behauptung, die Rechtsauffassung des Ausgangsgerichts sei „unzutreffend"[88] bzw. „erschließe sich nicht und finde keine Stütze in Literatur und Rechtsprechung"[89]. Ebenso wenig reicht es im Zusammenhang mit § 520 III 2 Nr. 3 ZPO aus, das in erster Instanz unterbreitete Beweisangebot zu wiederholen, ohne sich mit den Gründen näher zu befassen, warum das Ausgangsgericht diese Beweise nicht erhoben hat[90]. Eine pauschale Bitte, die erstinstanzliche Beweisaufnahme zu wiederholen, wird im Berufungsverfahren nicht mehr berücksichtigt[91]. Die Rüge nach § 520 III 2 Nr. 3 ZPO erfordert vielmehr die Darlegung, dass i. S. des § 529 I Nr. 1 ZPO infolge konkreter Anhaltspunkte Zweifel an den erstinstanzlichen Feststellungen angezeigt sind[92]. Ganz allgemein genügt es nicht, pauschal auf das erstinstanzliche

---

85 BGH MDR 2004, 589, 590.
86 BGH MDR 2003, 1192.
87 *Fellner*, MDR 2009, 126; *Rixecker*, NJW 2004, 705: *Stackmann*, NJW 2003, 169, 171.
88 BGH NJW-RR 2002, 209, 210.
89 BGH NJW 2013, 174 Rn. 15.
90 BGH NJW-RR 2002, 209, 210.
91 *Stackmann*, NJW 2002, 781, 787.
92 BGH MDR 2003, 1192; BGH NJW 2004, 1876, 1877; BGH NJW 2012, 3581 Rn. 9; BGH NJW 2015, 1458 Rn. 9.

Vorbringen zu verweisen[93]. Wohl aber reicht es für einen formgerechten Berufungsangriff i. S. des § 520 III 2 Nr. 3 ZPO aus, wenn gerügt wird, das erstinstanzliche
Gericht habe entgegen § 355 I 1 ZPO den angebotenen Zeugen nicht persönlich vernommen[94].

647   Sofern eine Rechtsverletzung durch das Gericht des ersten Rechtszugs gerügt wird,
muss die Berufungsbegründung nicht nur diese dartun, sondern ebenso zu belegen
suchen, warum das Urteil auf der Rechtsverletzung *beruht*[95]; denn nur dann kann die
Berufung nach § 513 I 1. Alt. ZPO Erfolg haben.

647a   **Fall 140:** K begehrt von B Rückzahlung des Kaufpreises wegen Mangels der Kaufsache. Das
Gericht weist die Klage ab, weil es bei Gefahrübergang an einem Sachmangel gefehlt habe:
Die Sache entspreche der vereinbarten Beschaffenheit.

Wenn K nunmehr im **Fall 140** gegen das klageabweisende Urteil Berufung einlegt,
genügt es nicht darzulegen, welche Beschaffenheit i. S. des § 434 I 1 BGB vereinbart
war und dass das Gericht den Inhalt dieser Vereinbarung verkannt habe. Vielmehr
muss K außerdem in der Berufungsbegründung herausarbeiten, warum er im Ergebnis
Recht bekommen hätte, wenn das Gericht den Sachmangel bejaht hätte: Er muss mithin streng genommen die Fristsetzung nach §§ 437 Nr. 2, 323 I BGB oder deren
Entbehrlichkeit, sowie eine wirksame Rücktrittserklärung behaupten. Nur dann hätte
seine Klage auf der Basis des § 346 I BGB Erfolg.

Der BGH verfährt hier jedoch zu Recht nachsichtig mit der Partei, welche die Berufung eingelegt hat: Es sei „nicht geboten, noch einmal ausdrücklich das gesamte
erstinstanzliche Vorbringen (…) zu wiederholen und auf diese Weise die Entscheidungserheblichkeit des Berufungsangriffs darzutun"[96]. Wenn etwa eine Klage allein
mit der Begründung abgewiesen wurde, der geltend gemachte Anspruch stehe – wenn
er denn überhaupt existiere – nicht dem Kläger, sondern einem Dritten zu (sog. fehlende Aktivlegitimation), so muss sich die Berufungsbegründung nur mit den Ausführungen des Gerichts zur Aktivlegitimation auseinandersetzen[97]. Denn es erklärt
sich von selbst, dass der Kläger, der mit dieser Begründung Berufung einlegt, damit
zugleich behauptet, sie hätte den Prozess schon in erster Instanz gewonnen, wenn das
Gericht die Forderungszuständigkeit des Klägers bejaht hätte. Ganz ähnlich wird man
auch im **Fall 140** argumentieren müssen: Der Kläger muss das, was er schon in erster
Instanz zu Fristsetzung und Rücktrittserklärung vorgetragen hat, nicht noch einmal in
der Berufungsbegründung aufgreifen.

Ähnliche Erleichterungen gelten auf der Seite des Beklagten: Wenn jemand zur Zahlung einer bestimmten Geldsumme nebst Zinsen verurteilt worden ist und mit der
Berufung die Ausführungen des Gerichts zur Hauptforderung substantiiert angreift,

---

93   BGH NJW 2002, 682.
94   BGH NJW 2015, 1458 Rn. 11.
95   *Rimmelspacher*, NJW 2002, 1897, 1900; *Stackmann*, NJW 2003, 169, 170.
96   BGH NJW 2015, 1684 Rn. 10.
97   BGH NJW 2012, 3581 Rn. 12.

muss er keinen separaten Berufungsangriff gegen seine Verurteilung zur Zahlung von Zinsen vortragen[98]. Denn die Verurteilung wegen der Zinsen steht und fällt mit der Verurteilung wegen der Hauptforderung.

> **Fall 141:** K begehrt von B Rückzahlung des Kaufpreises wegen Mangels der Kaufsache. Das Gericht weist die Klage ab, weil es bei Gefahrübergang an einem i. S. des § 323 V 2 BGB erheblichen Sachmangel gefehlt habe. Das Sachverständigengutachten, das K als Beweis dafür angeboten hatte, dass die Sache infolge des Mangels 20 % weniger wert sei, hat es nicht eingeholt.

648

Im **Fall 141** ist das klageabweisende Urteil in erster Instanz verfahrensfehlerhaft zustande gekommen, weil das von K angebotene Sachverständigengutachten pflichtwidrig nicht eingeholt wurde. Damit wurde das rechtliche Gehör des K verletzt[99]. Nun kann K aber im Zeitpunkt der Berufungseinlegung keine gesicherte Hypothese darüber aufstellen, wie das Urteil ausgefallen wäre, wenn das Sachverständigengutachten eingeholt worden wäre; denn dies Gutachten hätte den Vortrag des K ebenso widerlegen können. Deshalb reicht es aus, wenn K in der Berufungsbegründung dartut, es *könne nicht ausgeschlossen werden*, dass im Falle prozessordnungsgemäßen Verfahrens das Urteil im Ergebnis anders gelautet hätte. Mit diesem Vortrag zeigt die Berufungsbegründung des K einen Berufungsgrund nach § 529 I Nr. 1 ZPO auf und genügt damit den Erfordernissen des § 520 III 2 Nr. 3 ZPO[100]: Die Nichterhebung des angebotenen Sachverständigenbeweises erweckt Zweifel an der Richtigkeit und Vollständigkeit der tatsächlichen Feststellungen in erster Instanz[101].

Wenn die Berufung darauf gestützt wird, das erstinstanzliche Gericht habe einen nach § 139 ZPO gebotenen **Hinweis versäumt** und dadurch das rechtliche Gehör verletzt, genügt es nicht, dieses Versäumnis vorzutragen. Vielmehr muss auch hier dargetan werden, dass das erstinstanzliche Urteil auf diesem Versäumnis beruht. Dies wiederum erfordert, dass in der Berufungsbegründung ausgeführt wird, was die Partei vorgetragen hätte, wenn dieser Hinweis erteilt worden wäre[102].

▶ **Wichtiger Hinweis**
Zur Erfüllung der Anforderungen aus § 520 III 2 Nr. 2 bis 4 ZPO ist **nicht erforderlich**, dass die Angriffe des Berufungsführers auch **sachlich berechtigt** sein müssen. Vom Berufungsführer wird insoweit nicht einmal ein schlüssiger Vortrag erwartet[103], d. h. die Berufungsbegründung genügt nicht etwa erst dann der gesetzlichen Form, wenn das Berufungsvorbringen, seine Richtigkeit unterstellt, zur Aufhebung des angefochtenen Urteils zwingt. Die Berechtigung der Berufungsrügen ist eine Frage der Begründetheit, nicht der Zulässigkeit.

Im Fall des § 520 III 2 Nr. 4 ZPO muss außerdem nur angegeben werden, warum das neue Angriffs- bzw. Verteidigungsmittel nicht bereits im ersten Rechtszug vorgetragen

649

---

98 BGH NJW 2012, 2796 Rn. 16.
99 Vgl. nur *Stackmann*, NJW 2002, 781, 786.
100 BGH NJW 2004, 1876, 1878; *Ball*, WuM 2002, 296, 299; *Rimmelspacher*, NJW 2002, 1897, 1902.
101 *Hinz*, WuM 2002, 352, 355; *Rimmelspacher*, NJW 2002, 1897, 1902; *Stackmann*, NJW 2003, 169, 172.
102 BGH NJW-RR 2015, 511 Rn. 12; BGH NJW-RR 2015, 757 Rn. 8; *Fischer*, JuS 2014, 799, 801.
103 BGH NJW 2002, 682; BGH MDR 2003, 1130, 1131; BGH MDR 2003, 1246, 1247; BGH NJW 2012, 3581 Rn. 8; BGH NJW-RR 2015, 756 Rn. 7; BGH NJW 2015, 1458 Rn. 8; BGH NJW 2015, 1684 Rn. 7.

wurde[104]. Geschieht dies, so ist die Berufung zulässig. Ob das Angriffs- bzw. Verteidigungsmittel infolge einer Nachlässigkeit der Partei nicht vorgetragen wurde, ist abermals eine Frage nicht der Zulässigkeit, sondern der Begründetheit des Rechtsmittels[105]. Wenn die Berufung allein auf neue Angriffs- bzw. Verteidigungsmittel gestützt wird, die ausnahmsweise nach § 531 II ZPO zuzulassen sind, darf die Berufungsbegründung sich darauf beschränken, diese vorzutragen und darzutun, warum es auf sie ankommt und warum sie zuzulassen sind; der Berufungsführer muss in diesem Fall nicht auch noch die Gründe des angefochtenen Urteils angreifen[106].

Beispiel: Eine Partei legt gegen das ihr nachteilige erstinstanzliche Urteil Berufung ein und begründet diese, indem sie eine Zeugin anbietet, die mit ihrer Aussage belegen soll, dass sich der Sachverhalt anders zugetragen habe als vom Ausgangsgericht festgestellt. Die Zeugin war im ersten Rechtszug nicht angeboten worden. Hier genügt es, wenn der Berufungsführer darlegt, warum er die Zeugin nicht schon in erster Instanz benannt hat (z. B. die ladungsfähige Anschrift habe ihm damals noch nicht zur Verfügung gestanden). Ob dem Berufungsführer ein Verschulden daran zur Last fällt, dass er die Zeugin erst jetzt benannt wird, muss das Gericht im Rahmen der Begründetheit entscheiden[107].

650 Ist das Urteil fünf Monate nach der Verkündung immer noch nicht zugestellt, so befindet sich der Berufungsführer in einem Dilemma: Einerseits muss er nach §§ 517, 520 II 1 ZPO spätestens jetzt Berufung einlegen und diese begründen; andererseits weiß er nicht, mit welcher Begründung er das Urteil angreifen soll. Hier darf er sich darauf beschränken, die fehlende Zustellung des erstinstanzlichen Urteils wegen Verstoßes gegen § 317 I 1 ZPO als prozessordnungswidrig (und damit als Rechtsverletzung, § 520 III 2 Nr. 2 ZPO) zu rügen[108].

▶ **Wichtiger Hinweis**
Wenn die Berufungsbegründung einmal den Formerfordernissen des § 520 III ZPO *entspricht*, darf das Gericht das erstinstanzliche Urteil auch dann abändern, wenn es dort Fehler entdeckt, die in der Berufungsbegründung nicht oder bloß in einer dem § 520 III ZPO nicht genügenden Form gerügt wurden[109]. An die geltend gemachten Berufungsgründe ist das Berufungsgericht nach § 529 II 2 ZPO nicht gebunden.

651 Diesen Rechtssatz gilt es namentlich im Rahmen des § 529 I Nr. 1 ZPO zu beachten: Wenn konkrete Anhaltspunkte, welche Zweifel an den erstinstanzlichen Feststellungen gebieten, sich als Folge eines Verfahrensmangels darstellen, so darf das Gericht diesen Zweifeln selbst dann nachgehen, wenn der Verfahrensmangel nicht gerügt wurde. Dem steht § 529 II 1 ZPO nicht entgegen[110]: Diese Vorschrift betrifft lediglich die Kontrolle *fehlerhafter Rechtsanwendung* und lässt den in § 529 I ZPO niedergelegten Umfang, in welchem die dem Urteil zugrunde gelegten *Tatsachen* überprüft werden, unberührt.

---

104 BGH MDR 2003, 1192.
105 BGH NJW-RR 2004, 361; *Gehrlein*, MDR 2004, 661, 662. Vgl. auch BGH MDR 2005, 1127 f.
106 BGH MDR 2007, 966, 967.
107 BGH MDR 2003, 1192, 1193.
108 *Gehrlein*, MDR 2004, 661, 663.
109 BGH NJW 2004, 1876, 1878; *Stackmann*, NJW 2003, 169, 174.
110 Zutreffend BGH NJW 2004, 1876, 1878 f. Anders noch *Ball*, WuM 2002, 296, 298.

Wenn die Zweifel des Berufungsgerichts an den erstinstanzlichen Feststellungen dar-   **652**
auf beruhen, dass das Gericht des ersten Rechtszugs entscheidungserheblichen **Tatsachenvortrag übergangen** hat, darf es nach **heutiger Rechtsprechung des BGH**[111] in
die erneute Feststellung des Sachverhalts selbst dann eintreten, wenn der übergangene
Vortrag nicht im Tatbestand des erstinstanzlichen Urteils enthalten ist. Denn der Tatbestand liefert nach seiner Auffassung zwar gemäß § 314 ZPO Beweis dafür, dass das
erstinstanzliche Parteivorbringen, soweit es dort *tatsächlich wiedergegeben ist*, von
der Partei in dieser Weise vorgetragen wurde. Der Tatbestand liefert jedoch keinen
Beweis dafür, dass die Partei *nur* wie dort wiedergegeben vorgetragen hat: Der Tatbestand verbürgt m. a. W. nur die Richtigkeit, nicht aber die Vollständigkeit der Wiedergabe jenes Parteivorbringens. Die (einleuchtende!) Begründung für diese Ansicht ist
die Folgende: Würde der Tatbestand tatsächlich Beweis dafür erbringen, dass dasjenige Parteivorbringen, das dort *nicht* aufgeführt ist, *nicht* vorgetragen wurde, so müsste
dies mit einer Pflicht des Ausgangsgerichts korrespondieren, das gesamte Parteivorbringen im Tatbestand zu dokumentieren. Der Annahme einer solchen Pflicht steht
indes § 313 II ZPO entgegen: Danach beschränkt sich der Tatbestand auf eine knappe
Darstellung des wesentlichen Inhalts des Parteivorbringens. Die wichtige **praktische
Konsequenz** dieser Rechtsprechung besteht darin, dass eine Partei, die feststellt, dass
ihr Vorbringen im Tatbestand ganz oder teilweise unerwähnt geblieben ist, und sich
nunmehr die Chance erhalten möchte, dass ihr Vortrag in zweiter Instanz Berücksichtigung findet, **nicht** mehr gezwungen ist, zu diesem Zwecke **Tatbestandsberichtigung** zu beantragen[112]. Auf diesen Rechtsbehelf ist sie mithin nur noch angewiesen,
wenn das erstinstanzliche Urteil ihren Vortrag *erwähnt* und *unrichtig* darstellt[113].

Die Bindung an den Tatbestand des Urteils tritt im Übrigen auch dann nicht ein, wenn
die Wiedergabe des Parteivortrags im Tatbestand im Widerspruch zur Wiedergabe des
Parteivortrags in den Urteilsgründen steht[114]. Nehmen wir etwa an, im Tatbestand ist
notiert, dass zwischen den Parteien unstreitig ein Kaufvertrag zustande gekommen
sei. In den Urteilsgründen ist sodann zu lesen, dass der Kläger den Beweis des Vertragsschlusses durch Vorlage der Vertragsurkunde geführt habe und die Einwände des
Beklagten gegen die Echtheit seiner Unterschrift auf dem Vertrag nicht durchgriffen.
Hier weiß der Leser nicht, ob nun der Beklagten den Vertragsschluss bestritten oder
unstreitig gestellt hat. Eine Bindung des Rechtsmittelgerichts an den Tatbestand des
Urteils aus der Vorinstanz kann in einer solchen Situation nicht anerkannt werden.
Vielmehr ist zu ermitteln, ob der Beklagte den Vertragsschluss wirklich bestritten hat
oder nicht; wenn ja, ist zu prüfen, ob die tatsächlichen Feststellungen der Vorinstanz
zum Vertragsschluss ausreichen oder ob eine erneute Feststellung geboten ist.

---

111 BGH NJW 2004, 1876, 1879; ebenso schon *Gaier*, NJW 2004, 110, 111; *Rixecker*, NJW 2004, 705,
     708; des Weiteren *Dräger*, MDR 2015, 131, 132; *Roth*, JZ 2005, 174, 175; *Einsiedler*, MDR 2011,
     1454, 1458.
112 *Gaier*, NJW 2004, 110, 111 f.; *Roth*, JZ 2005, 174, 175. Kritisch *Wach/Kern*, NJW 2006, 1315, 1316 f.
113 *Gaier*, NJW 2004, 110, 112. Für gänzliche Entbehrlichkeit vorangegangener Tatbestandsberichtigung
     im Rahmen des § 529 I Nr. 1 ZPO offenbar *Gehrlein*, MDR 2003. 421, 427.
114 BGH NJW 2014, 1529 Rn. 6.

cc) Die Notwendigkeit des Angriffs gegen sämtliche tragenden Entscheidungsgründe

653 Sofern das angefochtene Urteil auf mehrere rechtliche Erwägungen gestützt ist, die je für sich die Entscheidung zu tragen geeignet sind, muss die Berufungsbegründung für jede von ihnen darlegen, warum sie nach Ansicht des Berufungsführers keinen Bestand haben kann[115].

654 **Fall 142:** Die Schadensersatzklage des K gegen B wird in erster Instanz mit der Begründung abgewiesen, der Beklagte habe an der Rechtsgutsverletzung nicht mitgewirkt; jedenfalls aber fehle es an einem ersatzfähigen Schaden. K möchte gegen das Urteil Berufung einlegen.

Im **Fall 142** hat das Gericht die Abweisung der Klage auf zwei Erwägungen gestützt, welche die Entscheidung bereits je für sich zu tragen vermögen: Für eine Rechtsgutsverletzung, an der B nicht mitgewirkt hat, ist B nicht verantwortlich; und ohne Schaden gibt es keinen Schadensersatz. Wenn also K mit der Berufung gegen dieses Urteil vorgehen will, muss er sich in seiner Berufungsbegründung mit beiden Punkten beschäftigen. Er muss sich *sowohl* dazu äußern, warum B doch mitgewirkt habe (Rüge der fehlerhaften Tatsachenfeststellung, § 520 III 2 Nr. 3 ZPO), *als auch* dazu, warum eben doch ein ersatzfähiger Schaden entstanden sei (je nach Urteilsbegründung Rüge der fehlerhaften Tatsachenfeststellung, § 520 III 2 Nr. 3 ZPO, oder einer fehlerhaften Gesetzesanwendung, § 520 III 2 Nr. 2 ZPO). Denn nur mit dem Vortrag beider Angriffe kann er das Urteil insgesamt in Frage stellen. Würde K z. B. die Feststellung des erstinstanzlichen Gerichts hinnehmen, dass B nicht an der Verletzungshandlung mitgewirkt hat, so kann er noch so viel zum ersatzfähigen Schaden ausführen: Wenn B ihm nichts getan hat, wird *er* dem K jedenfalls nichts ersetzen müssen.

655 **Fall 143:** Der Psychiater K verlangt von seinem Patienten B die Bezahlung von Leistungen, die er an B erbracht haben will. Das Landgericht weist die Klage ab, weil die Forderung mangels Zugangs einer prüffähigen Rechnung derzeit noch nicht fällig und außerdem verwirkt sei. K legt dagegen form- und fristgerecht Berufung ein; in der ebenfalls fristgerecht eingereichten Berufungsbegründung setzt sich K ausführlich mit den Ausführungen des Landgerichts zur Verwirkung auseinander und rügt insoweit die fehlerhafte Anwendung des Gesetzes, versäumt es aber, zur fehlenden Fälligkeit Stellung zu nehmen. Das OLG möchte die Berufung als unzulässig verwerfen, weil ihre Begründung nicht den gesetzlichen Anforderungen genüge. Mit Recht?

Nach dem soeben zu **Fall 142** Gesagten scheint es, als wäre im **Fall 143** die Berufung unzulässig: Sowohl die fehlende Fälligkeit als auch die eingetretene Verwirkung rechtfertigen bereits je für sich die Abweisung der Klage. K hätte danach *beide* Urteilserwägungen in der Begründung seiner Berufung in Frage stellen müssen. Gleichwohl

---

115 BGH NJW 2000, 590, 591; BGH NJW 2002, 682, 683; BGH MDR 2006, 466; BGH NJW 2007, 1534; BGH NJW-RR 2013, 509 Rn. 8; BGH NJW 2013, 2584 Rn. 23; BGH NJW-RR 2015, 511 Rn. 8; BGH NJW-RR 2015, 756 Rn. 8; BGH NJW 2015, 3040 Rn. 12; *Fellner*, MDR 2009, 126, 127; *Vossler*, MDR 2015, 442, 444.

hat der BGH im vorliegenden Fall mit Recht die Berufung zugelassen[116]. Denn der Fall weist eine wichtige Besonderheit auf: Die fehlende Fälligkeit rechtfertigte nur die Abweisung als *zur Zeit unbegründet*, die Verwirkung demgegenüber die Abweisung als *endgültig unbegründet*. Die Abweisung als endgültig unbegründet war somit ein Ergebnis, das *allein durch die Verwirkung getragen werden konnte*. Dann konnte die Berufung selbst dann einen sinnvollen Zweck erfüllen, wenn K allein die Annahme einer Verwirkung durch das Ausgangsgericht bekämpfte. Hatte dieser Angriff nämlich Erfolg, so war aus einer Abweisung als endgültig unbegründet eine Abweisung als zur Zeit unbegründet geworden, die dem K die Möglichkeit offen ließ, eine ordnungsgemäße Rechnung zu stellen, damit die Fälligkeit herbeizuführen und schließlich die Forderung erneut, und zwar diesmal mit Erfolg, einzuklagen. Die Abweisung wegen Verwirkung bedeutete für K m. a. W. im Verhältnis zur Abweisung wegen fehlender Fälligkeit eine *selbstständige Beschwer*. Die Berufung, die sich allein gegen die Verwirkung wendete, war geeignet, diese Beschwer zu beseitigen. Damit entsprach die Berufungsbegründung, mit deren Hilfe K allein die Verwirkung in Frage gestellt und insoweit eine Rechtsverletzung i. S. des § 520 III 2 Nr. 2 ZPO gerügt hat, den Anforderungen des § 520 III 2 Nr. 2–4 ZPO.

Zur Vertiefung: Die Notwendigkeit, jeden für sich allein tragenden Grund der Ausgangsentscheidung anzugreifen, wird in der forensischen Praxis häufig verkannt. **656**

(1) Das gilt vor allem, wenn das Gericht in den Entscheidungsgründen **sowohl die Unzulässigkeit als auch die Unbegründetheit der Klage** feststellt: Wer z. B. erfolglos auf Rückzahlung eines Darlehens klagt, weil es am Rechtsschutzbedürfnis fehle und der Anspruch auch nach materiellem Recht nicht existiere, muss sich in der Berufungsbegründung mit beiden Erwägungen auseinandersetzen[117].

(2) Gleiches gilt, wenn das Gericht die Klage aus **mehreren Gründen** als **unzulässig** abweist. Wird etwa eine Klage auf Feststellung der Schadensersatzpflicht abgewiesen, weil es an der Wahrscheinlichkeit eines künftigen Schadenseintritts und damit an einem Feststellungsinteresse fehle und weil wegen der belegbaren Schäden bereits Leistungsklage erhoben werden könne, so muss der Kläger, der hiergegen Berufung einlegen will, die Unrichtigkeit beider Überlegungen darzutun suchen[118].

(3) *Weitere Fälle*: Wenn eine Arzthaftungsklage mit der Begründung abgewiesen wird, die Behandlung des Patienten sei nicht fehlerhaft, jedenfalls aber nicht kausal für die gerügten Beschwerden, jedenfalls aber sei der Schadensersatzanspruch verjährt, so liegen drei selbständig tragende Urteilsgründe vor. Die Berufungsbegründung muss daher einen Angriff gegen das Urteil in allen drei Punkten enthalten[119]. Wenn ein Architekt zur Zahlung von Schadensersatz an den Bauherrn verurteilt wird mit der Begründung, er habe das Bauwerk fehlerhaft geplant, jedenfalls aber die Bauaufsicht mangelhaft geführt, so muss die Berufungsbegründung das erstinstanzliche Urteil in diesen beiden Punkten angreifen und darf sich nicht auf den Vortrag beschränken, entgegen der Ansicht der Vorinstanz habe der Architekt eine mangelfreie Planung vorgelegt[120].

---

116 BGH NJW 2000, 590, 591 f.
117 *Gehrlein*, MDR 2004, 661, 662.
118 *Gehrlein*, MDR 2004, 661, 662.
119 BGH NJW-RR 2015, 511 Rn. 8 ff.; ebenso *Vossler*, MDR 2015, 442, 444.
120 OLG Naumburg NZBau 2015, 37 f.

3. Der Prozessstoff des Berufungsverfahrens

a) Die Kette §§ 513 I, 529 I, 531 II ZPO

657 Das Berufungsverfahren ist im Ausgangspunkt keine vollwertige Tatsacheninstanz, sondern ein Verfahren der **Fehlerkontrolle** und **Fehlerbeseitigung**[121]. Nach § 513 I 1. Alt. ZPO darf die Berufung nur darauf gestützt werden, dass das angefochtene Urteil auf einer Rechtsverletzung beruht. Eine Tatsachenprüfung findet nur noch in eingeschränktem Umfang statt – nämlich nach § 513 I 2. Alt. ZPO dann, wenn nach § 529 ZPO zu berücksichtigende Tatsachen eine abweichende Entscheidung rechtfertigen.

aa) Angriffe gegen die bereits in erster Instanz getroffenen Feststellungen

658 Nach **§ 529 I Nr. 1 ZPO** hat das Berufungsgericht die vom Gericht des ersten Rechtszugs festgestellten Tatsachen zugrunde zu legen, soweit nicht konkrete Anhaltspunkte Zweifel an der Richtigkeit und Vollständigkeit der entscheidungserheblichen Feststellungen begründen und deshalb eine erneute Feststellung gebieten. Derartige Zweifel sind, wie im Schrifttum zu Recht konstatiert wird[122], z. B. angebracht, wenn das Gericht des ersten Rechtszugs

- entscheidungserheblichen Tatsachenvortrag einer Partei übergangen hat[123];
- angebotene Beweise zu entscheidungserheblichen Tatsachen nicht erhoben hat[124];
- übersehen hat, dass eine Partei entscheidungserhebliches Vorbringen der anderen bestritten hatte;
- die Beweislast verkannt hat;
- bei der Beweiswürdigung gegen Denkgesetze oder allgemeine Erfahrungssätze verstoßen, Feststellungen entgegen gerichtsbekannten Tatsachen getroffen hat oder wenn die erstinstanzliche Beweiswürdigung Lücken oder Widersprüche enthält[125];
- Tatsachen verwertet hat, die von den Parteien nicht vorgetragen worden waren[126];
- widersprüchliche Feststellungen getroffen hat[127];
- Widersprüchen im Gutachten eines gerichtlich bestellten Sachverständigen nicht nachgegangen ist[128];
- einen Zeugen zu bedeutsamen Punkten nicht befragt, gleichwohl aber anhand seiner Aussage einen bestimmten Sachverhalt als erwiesen angesehen hat[129];
- in den Urteilsgründen nichts zur Glaubwürdigkeit eines Zeugen schreibt, auf dessen Aussage es sein Urteil maßgeblich stützt[130];

---

121 *Ball*, WuM 2002, 296, 299; *Fellner*, MDR 2003, 721; *Rixecker*, NJW 2004, 705, 707.
122 Aufzählungen der einschlägigen Fallgruppen finden sich – mit unterschiedlichem Akzent – bei *Ball*, WuM 2002, 296, 297; *Fellner*, MDR 2003, 721 ff.; *Gehrlein*, MDR 2003, 421, 427 f.; *Hinz*, WuM 2002, 352, 355; *Roth*, JZ 2005, 174, 177; *Stöber*, NJW 2005, 3601.
123 BGH NJW 2004, 2152, 2153; NJW 2007, 2414, 2416.
124 Vgl. bereits oben 2 b bb, bei Fall 100.
125 So jetzt auch BGH NJW 2004, 1876. Vgl. ferner *Stackmann*, JuS 2004, 878, 881.
126 BGH NJW 2004, 2152, 2153.
127 *Crückeberg*, MDR 2003, 199.
128 BGH NJW 2014, 74 Rn. 8.
129 BGH NJW 2014, 2797 Rn. 11 ff.
130 BGH NJW 2014, 2797 Rn. 16.

- entgegen §§ 402, 397 I ZPO dem Antrag einer Partei auf mündliche Anhörung des Sachverständigen nicht entsprochen hat[131].

Wenn das Berufungsgericht tatsächlich die Zweifel des Berufungsführers an den erst- **659** instanzlichen Feststellungen teilt, muss es ggf. in eine **Wiederholung der Beweisaufnahme** eintreten. Wenn das Berufungsgericht z. B. die Aussagen von Zeugen, welche das Ausgangsgericht für glaubwürdig gehalten hat, in Frage stellen will, muss es die betreffenden Zeugen erneut vernehmen[132]. Wenn allerdings der Zeuge, dessen Glaubwürdigkeit das Berufungsgericht möglicherweise anders beurteilen will als das Ausgangsgericht, erstmals in der Berufungsinstanz (berechtigt) das Zeugnis verweigert, bleibt dem Berufungsgericht gar nichts anderes übrig, als sich aus dem Akteninhalt ein Bild von jener Glaubwürdigkeit zu erschließen: Die Zeugnisverweigerung führt nicht etwa dazu, dass das Berufungsgericht die Einschätzung der Glaubwürdigkeit durch das Ausgangsgericht kritiklos hinnehmen muss[133]. Die erneute Vernehmung eines Zeugen ist außerdem erforderlich, wenn es die Zeugenaussagen zwar als solche nicht in Frage stellt, aber anders interpretieren und würdigen will als das Gericht des ersten Rechtszugs dies getan hat[134]. Das Berufungsgericht muss die Zeugen aber nicht erneut vernehmen, wenn es deren Glaubwürdigkeit ebenso beurteilt wie das Ausgangsgericht[135]. Wenn freilich in der Berufungsinstanz ein neuer Zeuge vernommen wird, muss das Berufungsgericht die Aussagen sämtlicher Zeugen in ihrer Gesamtheit würdigen[136]. Sofern in erster Instanz eine Beweisaufnahme, obwohl sie geboten gewesen wäre, unterblieben ist, muss sie erstmals in der Berufungsinstanz stattfinden[137]. Einen in erster Instanz entgegen § 397 I ZPO nicht geladenen Sachverständigen muss das Berufungsgericht zur mündlichen Anhörung laden[138].

bb) Neuer Tatsachenvortrag

Neue Tatsachen darf das Berufungsgericht nach **§ 529 I Nr. 2 ZPO** nur zugrunde **660** legen, soweit deren Berücksichtigung zulässig ist. Ob die Berücksichtigung zulässig ist, bemisst sich nach § 531 II ZPO. Danach sind neue Angriffs- und Verteidigungsmittel zuzulassen, wenn sie

- vom Gericht des ersten Rechtszugs erkennbar übersehen oder für unerheblich gehalten worden sind (Nr. 1)
- infolge eines Verfahrensmangels im ersten Rechtszug nicht geltend gemacht wurden (Nr. 2)
- oder im ersten Rechtszug ohne Nachlässigkeit der Partei nicht geltend gemacht wurden (Nr. 3).

---

131 BGH MDR 2005, 1308 f.
132 BVerfG NJW 2003, 2524; NJW 2005, 1487; BVerfG NJW 2011, 49 f.; BGH NJW 2004, 1876, 1877; NJW-RR 2006, 283; NJW 2007, 2919, 2921; MDR 2009, 1126; NJW 2011, 1364; NJW 2011, 3780, 3782; NJW-RR 2012, 704
133 BGH NJW 2007, 2919, 2921.
134 BGH NJW-RR 2015, 1200 Rn. 15; *Rixecker*, NJW 2004, 705, 709.
135 BGH NJW 2014, 550 Rn. 22.
136 BGH NJW 2014, 550 Rn. 22.
137 *Ball*, WuM 2002, 296, 298.
138 BGH MDR 2005, 1308 f.; NJW-RR 2006, 1503, 1504.

Nur in diesem Umfang dürfen neue Tatsachen berücksichtigt werden; nur nach Maßgabe der so zugrunde zu legenden Tatsachen darf das Berufungsgericht entscheiden.

661   **Zur Vertiefung:** Bei der Anwendung des § 531 II ZPO ist darauf zu achten, dass nicht alles, was in der Berufungsinstanz erstmals vorgetragen wird, zwingend „neue" Angriffs- oder Verteidigungsmittel enthält, sondern sich in einer unbeschränkt zulässigen Konkretisierung des erstinstanzlichen Vorbringens erschöpfen kann. Greift etwa eine Partei die ihr nachteiligen Ergebnisse des in erster Instanz erhobenen Sachverständigenbeweises erstmals im Berufungsverfahren mit Hilfe eines Privatgutachtens an, so ist dies Privatgutachten kein „neues" Vorbringen. Denn eine Partei ist nicht gehalten, das Gutachten des Sachverständigen bereits in erster Instanz mit Hilfe selbst eingeholten sachverständigen Rates zu bekämpfen[139].

b)   Erneute Feststellung erstinstanzlich zugrunde gelegter Tatsachen (§ 529 I Nr. 1 ZPO)

662   § 529 I Nr. 1 ZPO will verhindern, dass die erstinstanzliche Beweisaufnahme im Berufungsverfahren in vollem Umfang wiederholt werden muss. Deshalb muss der Berufungsführer, der die vom Gericht des ersten Rechtszugs festgestellten Tatsachen in Zweifel ziehen möchte, einen „Anfangsverdacht" dartun – konkrete Anhaltspunkte nämlich, *warum* an dem in erster Instanz zugrunde gelegten Sachverhalt etwas nicht stimmt.

663   **Fall 144:** K verklagt den B auf Schadensersatz aus einem Verkehrsunfall. B wehrt sich gegen die Inanspruchnahme mit der Behauptung, die von K geltend gemachten Schäden an seinem PKW seien bereits vor dem Unfall vorhanden gewesen; K wolle sich an B nur „gesundstoßen". Der vom Gericht bestellte Sachverständige S kann nicht ausschließen, dass der Vortrag des B stimmt. Die Klage des K wird daher abgewiesen. K legt Berufung ein und wendet gegen das Gutachten des S ein, S habe dem (von ihm durchaus berücksichtigten) Umstand, dass B immerhin mit einer Wucht von 20 km/h auf ihn aufgeprallt sei, zu wenig Bedeutung beigemessen.

Die Klage des K ist im **Fall 144** zu Recht abgewiesen worden, weil K die Kausalität zwischen der Verletzungshandlung des B und dem Verletzungserfolg an seinem Eigentum am PKW nicht hat beweisen können. Seine Berufung wird keinen Erfolg haben: Es genügt für § 529 I Nr. 1 ZPO nicht, dass gegen das erstinstanzliche Gutachten substantiierte Einwände erhoben werden. Zweifel an der Richtigkeit der tatsächlichen Feststellungen durch das Gericht des ersten Rechtszugs sind erst dann angebracht, wenn das Gutachten in sich widersprüchlich oder unvollständig ist, wenn der Sachverständige erkennbar nicht sachkundig war, sich die Tatsachengrundlage durch zulässigen neuen Sachvortrag geändert hat oder wenn es neue wissenschaftliche Erkenntnismöglichkeiten zum Beweisthema gibt[140]. Derartige Anhaltspunkte hat K nicht aufgezeigt. Seine Berufung ist daher unbegründet.

---

139 BGH MDR 2006, 531, 532; NJW 2007, 1531, 1532; *Fellner*, MDR 2009, 126, 128.
140 BGH NJW 2003, 3480, 3481.

Ebenso wenig kann die Berufung durchdringen, wenn die unterlegene Partei pauschal **664** behauptet, der in erster Instanz vernommene Zeuge habe gelogen: Es müssen vielmehr konkrete Anhaltspunkte für eine objektiv wahrheitswidrige Aussage in erster Instanz vorgetragen werden. Die abstrakte Möglichkeit, dass das Berufungsgericht die Beweise anders würdigen könnte als das Gericht des ersten Rechtszugs, kann bereits deshalb für § 529 I Nr. 1 ZPO nicht ausreichen, weil sonst die Berufung *immer* zu einer vollständigen neuen Tatsachenprüfung führen müsste: Durch das in § 286 I ZPO verankerte Prinzip der freien Beweiswürdigung ist eine solche Möglichkeit geradezu vorgezeichnet. Sie soll aber nach § 529 I Nr. 1 ZPO gerade nicht ausreichen, um das erstinstanzliche Urteil nochmals in Frage stellen zu können[141]. Eine erneute Feststellung ist andererseits nicht erst dann geboten, wenn die Feststellungen der ersten Instanz an Verfahrensfehlern leiden. Vielmehr mag es geschehen, dass das Berufungsgericht schon nach Durchsicht der Akten *in der Sache* Zweifel an der Richtigkeit der erstinstanzlichen Beweiswürdigung hegt. Dann muss es in eine neue, eigene Beweisaufnahme eintreten[142]. Gegen diese Deutung des § 529 I Nr. 1 ZPO ist freilich eingewandt worden, sie verzichte gesetzwidrig auf „konkrete Anhaltspunkte" für die Notwendigkeit einer erneuten Tatsachenfeststellung; außerdem unterlaufe sie das vom Gesetzgeber mit den §§ 513, 529, 531 ZPO angestrebte Ziel, die Berufungsinstanz auf die Funktion der Fehlerkontrolle und Fehlerbeseitigung zu reduzieren[143]. Diese Kritik trifft den BGH jedoch im Ergebnis zu Unrecht. Denn der BGH hat das Erfordernis, dass *konkrete Anhaltspunkte* für die Notwendigkeit einer erneuten Feststellung sprechen müssen, keinesfalls ignoriert. Er hält lediglich solche Anhaltspunkte bereits dann für gegeben, wenn die erstinstanzliche Beweiswürdigung bereits *aus sich heraus* nicht überzeugend erscheint – ohne deswegen bereits die Grenze zum Rechtsfehler überschritten zu haben. Das vom BGH befürwortete Verständnis des § 529 I Nr. 1 ZPO wirkt sich auch auf Schmerzensgeldklagen aus: Dort hat das Berufungsgericht die in erster Instanz zugesprochene Summe nicht bloß auf ihre Plausibilität und rechtliche Vertretbarkeit zu prüfen, sondern ohne jede Bindung an die Feststellungen im erstinstanzlichen Urteil in vollem Umfang selbst zu beurteilen, welches Schmerzensgeld angemessen ist[144].

c) Neue Angriffs- und Verteidigungsmittel (§§ 529 I Nr. 2, 531 II ZPO)

aa) Übersehene oder für unerheblich gehaltene Angriffs- und Verteidigungsmittel (§ 531 II 1 Nr. 1 ZPO)

Die Berücksichtigung neuen Vorbringens nach § 531 II 1 Nr. 1 ZPO hängt eng mit der **665** Rüge einer Rechtsverletzung nach § 513 I 1. Alt. ZPO zusammen: Die Vorschrift impliziert nämlich, dass das Gericht des ersten Rechtszugs den Umstand, auf den sich das neue Angriffs- bzw. Verteidigungsmittel bezieht, *zu Unrecht* nicht als entscheidungserheblich erkannt hat.

---

141 Zutreffend *Greger*, NJW 2003, 2882, 2883.
142 BGH NJW 2005, 1583, 1584; MDR 2006, 531; zustimmend *Deubner*, JuS 2005, 797, 800; *Wolff*, ZZP 118 (2005), 488 ff.; in diese Richtung bereits *Roth*, JZ 2005, 174, 178.
143 *Rimmelspacher*, JZ 2005, 1061, 1062.
144 BGH MDR 2006, 1123.

666 **Fall 145:** K verklagt B nach § 985 BGB auf Herausgabe eines PKW sowie nach §§ 990 I 1, 987 I BGB auf Ersatz von Nutzungen seit Inbesitznahme des PKW. In erster Instanz wird B antragsgemäß verurteilt, ohne dass die Frage erörtert wird, ob B in der Zeit vor Klageerhebung gutgläubig auf sein Besitzrecht vertraut hat. B legt gegen das Urteil Berufung ein.

Im ersten Rechtszug wurde B im **Fall 145** verurteilt, ohne dass die für den Nutzungsherausgabeanspruch nach § 990 I 1 BGB entscheidungserhebliche Frage erörtert wurde, ob B sein fehlendes Besitzrecht kannte oder grob fahrlässig nicht kannte (§ 932 II BGB). Wenn B dies im Berufungsverfahren als Rechtsverletzung rügt (§ 513 I 1. Alt. ZPO), muss K selbstverständlich im Berufungsverfahren Beweis dafür anbieten dürfen, dass B insoweit bösgläubig war. Das Gericht des ersten Rechtszugs hat diesen Umstand infolge fehlerhafter Rechtsanwendung übersehen.

Für die Zulassung neuen Vorbringens nach § 531 II 1 Nr. 1 ZPO ist es *unerheblich*, ob die Partei es *schuldhaft versäumt* hat, bereits in der ersten Instanz entsprechend vorzutragen[145]. Da das Gericht Parteivortrag zu dem fraglichen Punkt ohnehin nicht zu berücksichtigen trachtete, würde das rechtliche Gehör der Parteien im Berufungsverfahren unverhältnismäßig beschnitten, wenn aus einem – gleichviel ob schuldhaften oder schuldlosen – Versäumnis in erster Instanz nachteilige Konsequenzen für sie gezogen würden.

667 **Fall 146:** K verklagt B nach § 985 BGB auf Herausgabe eines PKW sowie nach §§ 990 I 1, 987 I BGB auf Ersatz von Nutzungen seit Inbesitznahme des PKW. In der erstinstanzlichen mündlichen Verhandlung bestreitet B seine Bösgläubigkeit; K kündigt daraufhin zu dieser Frage Beweisantritt an. Das Gericht weist den K darauf hin, dass nach seiner Ansicht B den Besitz unentgeltlich erlangt habe und nach § 988 BGB auch im Falle seiner Gutgläubigkeit zum Nutzungsersatz verpflichtet sei. B wird antragsgemäß verurteilt und legt Berufung ein. Das Berufungsgericht erteilt richterlichen Hinweis, dass es die Unentgeltlichkeit der Besitzerlangung nicht für gegeben halte.

Im **Fall 146** ist K vom Vortrag eines entscheidungserheblichen Beweismittels abgehalten worden, weil das Gericht ihm bedeutet hat, dass es auf die unter Beweis gestellte Tatsache nicht ankomme. In einem solchen Fall kann dem K nicht zugemutet werden, sozusagen Beweis „auf Vorrat" anzubieten für den Fall, dass das Berufungsgericht die Rechtslage anders beurteilt. Vielmehr gilt: Wenn ein Beweisantrag in erster Instanz deshalb nicht gestellt oder aber zurückgezogen wurde, weil das Gericht der Partei bedeutet hat, es komme auf die betreffende Tatsache nicht an, darf das Beweisangebot in zweiter Instanz (neu) vorgetragen werden[146]. Oder noch allgemeiner ausgedrückt: Wenn jemand in erster Instanz gewonnen hat, darf er erwarten, dass das Berufungsgericht ihm *erstens* mitteilt, dass das Urteil der Vorinstanz mit der gegebe-

---

145 BGH NJW-RR 2012, 341 Rn. 18; BGH NJW-RR 2015, 1278 Rn. 12; BGH NJW 2015, 3455 Rn. 23.
146 BGH MDR 2007, 971, 972; *Ball*, WuM 2002, 296, 299; *Deubner*, JuS 2007, 817, 822; *Fellner*, MDR 2004, 241, 242; *Gaier*, NJW 2004, 110, 113; *Rimmelspacher*, NJW 2002, 1897, 1903; *Tiedemann*, MDR 2008, 237, 240. In diese Richtung auch BGH NJW-RR 2004, 927 f.; NJW-RR 2006, 1292, 1293: Neues Vorbringen nach § 531 II Nr. 1 zulässig, wenn das Gericht es mit zu verantworten hat, dass dieses Vorbringen in erster Instanz unterblieben ist.

nen Begründung nicht aufrechterhalten bleiben kann, und ihm *zweitens* Gelegenheit gewährt, seinen Sachvortrag sachdienlich zu ergänzen[147]. K darf daher nach § 531 II 1 Nr. 1 ZPO den Beweisantritt zur Bösgläubigkeit des B im Berufungsverfahren nachholen.

> **Fall 147:** K verklagt B nach § 985 BGB auf Herausgabe eines PKW sowie nach §§ 990 I 1, 987 I BGB auf Ersatz von Nutzungen seit Inbesitznahme des PKW und bietet zum Beweis der Tatsache, dass B sein fehlendes Besitzrecht von Anfang an kannte, den Zeugen Z an. Das Gericht weist die Klage auf Nutzungsersatz ohne Beweisaufnahme ab, weil B weder Nutzungen gezogen noch deren Ziehung schuldhaft versäumt (§ 987 II BGB!) habe: Er habe den Wagen lediglich für gelegentliche Spritztouren benutzt. K legt gegen das Urteil Berufung ein.

668

Die Abweisung der Klage aus § 987 I BGB ist im **Fall 147** mit dieser Begründung fehlerhaft, weil selbstverständlich auch mit der Nutzung eines PKW für Vergnügungsfahrten Gebrauchsvorteile und damit i. S. des § 100 BGB Nutzungen gezogen werden. Es kam daher entgegen der Ansicht des Ausgangsgerichts auf die Frage an, ob B hinsichtlich seines fehlenden Besitzrechts i. S. der §§ 990 I 1, 932 II BGB bösgläubig war. Das Gericht hat diesen Umstand zu Unrecht für unerheblich gehalten. K darf daher den Beweis zur Bösgläubigkeit des B im Berufungsverfahren nach § 531 II 1 Nr. 1 ZPO anbieten.

Zweifel an diesem Ergebnis scheinen sich freilich daraus herleiten zu lassen, dass K, indem er im Berufungsverfahren zur Bösgläubigkeit des B vorträgt, keine „neuen Tatsachen" ins Feld führt. Nach Ansicht des BGH ist ein Angriffs- oder Verteidigungsmittel dann „neu", wenn es in erster Instanz bis zum Schluss der mündlichen Verhandlung nicht vorgetragen wurde und daher im erstinstanzlichen Urteil nach § 296a ZPO unberücksichtigt geblieben ist[148]. Den Beweis zum Thema der Bösgläubigkeit des B hatte K jedoch schon in erster Instanz angeboten. Gleichwohl besteht Einigkeit darüber, dass jedenfalls dem Grunde nach der Beweisantritt des K in der Berufungsinstanz berücksichtigt werden muss; alles andere würde den K in seinem rechtlichen Gehör unzulässig beschneiden.

669

Die rechtliche Begründung dieses Ergebnisses ist indes heillos **umstritten**:
- Teilweise versucht man das Problem dadurch zu lösen, dass man die Wiederholung erstinstanzlichen Vorbringens in der Berufungsinstanz analog § 559 I 1 ZPO zulässt, sofern dies Vorbringen aus dem Tatbestand des erstinstanzlichen Urteils oder aus dem Sitzungsprotokoll ersichtlich ist[149].
- Andere meinen, bereits mit § 529 I Nr. 1 ZPO helfen zu können: Die Feststellung des Sachverhalts durch das Gericht des ersten Rechtszugs sei infolge fehlerhafter Rechtsanwendung unvollständig geblieben, sodass Zweifel an der Vollständigkeit eine erneute Feststellung geböten[150].

670

---

147 BGH NJW 2010, 363, 365; BGH NJW-RR 2014, 177 Rn. 8.
148 BGH NJW 2004, 2382. Auf den Umstand, dass das betreffende Angriffs- oder Verteidigungsmittel in erster Instanz noch nicht vorgetragen war, stellen auch ab: BGH NJW 2004, 2152, 2153; *Gaier*, NJW 2004, 110, 112.
149 *Grunsky*, NJW 2002, 800, 801.
150 *Barth*, NJW 2002, 1702, 1703.

- Teilweise wird die Lösung in § 531 II 1 Nr. 2 ZPO gesucht: Die Tatsachenfeststellung in erster Instanz beruhe auf einem Verfahrensfehler, weil das entscheidungserhebliche Vorbringen der Partei in erster Instanz nicht berücksichtigt worden sei[151].
- Der **BGH** und Teile der Literatur wollen den nicht berücksichtigten Vortrag im Berufungsverfahren ohne besondere Rechtsgrundlage zulassen, weil § 529 ZPO den Prozessstoff des Berufungsverfahrens nicht abschließend festlege[152]. Die Vorschrift beschränke zwar diejenigen *Tatsachen*, welche im Berufungsverfahren zugrunde gelegt werden dürften, nicht aber das *Parteivorbringen*, welches dort Berücksichtigung finden dürfe[153]. Vielmehr falle der gesamte aus den Akten ersichtliche Prozessstoff automatisch im Berufungsverfahren an[154]. Dazu gehöre auch das übergangene Parteivorbringen.

671 Namentlich die Rechtsprechung des BGH mutet in der Terminologie gekünstelt an: Es ergibt keinen rechten Sinn, zwischen berücksichtigungsfähigen Tatsachen einerseits und berücksichtigungsfähigem Parteivorbringen andererseits zu unterscheiden, zielt doch jenes Vorbringen darauf, dass das Gericht bestimmte Tatsachen seiner Entscheidung zugrunde legen möge. Mit solchen Wortspielen lässt sich das Problem nicht aus der Welt schaffen. Nach **hier vertretener Auffassung** ist vielmehr der Fall bereits **unmittelbar von § 531 II 1 Nr. 1 ZPO erfasst**: Die Tatbestandsvariante, dass das „neue" Vorbringen einen Gesichtspunkt betrifft, der vom Gericht des ersten Rechtszugs „für unerheblich gehalten" wurde, impliziert zwingend, dass zu diesem Gesichtspunkt in erster Instanz schon einmal vorgetragen und dieser Vortrag vom Gericht lediglich – bewusst! (sonst läge die Variante „übersehen" vor) – übergangen worden ist. § 531 II 1 Nr. 1 ZPO ist also gerade auch für diejenigen Fälle gedacht, in denen eine Partei zum „für unerheblich gehaltenen" Gesichtspunkt bereits in erster Instanz eine gerichtliche Tatsachenfeststellung begehrt hat. Unter den Wortlaut des § 531 II 1 Nr. 1 ZPO lässt sich der Fall subsumieren, wenn man den Begriff der „neuen" Angriffs- und Verteidigungsmittel nicht danach interpretiert, ob die Partei sie in erster Instanz schon einmal vorgetragen hatte, sondern stattdessen fragt, ob die Partei in erster Instanz schon einmal eine Chance erhalten hatte, dass zum Thema des Angriffs- bzw. Verteidigungsmittels tatsächliche Feststellungen getroffen wurden. Diese Chance hatte K im **Fall 147** nicht, da das Gericht des ersten Rechtszugs den Beweisantritt zur Bösgläubigkeit des B für unerheblich hielt. Deshalb hat K, indem er jenen Beweisantritt im Berufungsverfahren wiederholt hat, ein „neues" Angriffsmittel vorgetragen.

672 Aus dem hier vertretenen Ansatz folgt, dass Angriffs- und Verteidigungsmittel, welche das „für unerheblich gehaltene" Vorbringen betreffen, **nicht** schon aus dem Urteils-

---

151 *Rimmelspacher*, NJW 2002, 1897, 1901 mit Fn. 29. Diese Deutung erscheint durchaus angreifbar: Der Fehler liegt hier nicht so sehr im Verfahren als vielmehr darin, dass das Gericht des ersten Rechtszuges einen unzutreffenden materiellrechtlichen Ausgangspunkt zugrunde gelegt hat. Es stimmt auch nicht, dass die Angriffs- und Verteidigungsmittel im hier interessierenden Fall infolge eines Verfahrensmangels nicht „geltend gemacht" wurden; sie wurden lediglich nicht *berücksichtigt*.

152 *Greger*, NJW 2002, 3049, 3051; im Ergebnis ebenso *Ball*, WuM 2002, 296, 297; *Crückeberg*, MDR 2003, 199, 200 f.

153 *Gaier*, NJW 2004, 110 f.

154 BGH NJW 2004, 1876, 1878; BGH NJW 2007, 2414, 2416.

tatbestand oder aus dem Sitzungsprotokoll ersichtlich sein müssen[155]. Es ist für die Berücksichtigung nach § 531 II 1 Nr. 1 ZPO nicht einmal erforderlich, dass das Gericht des ersten Rechtszuges die betreffende Rechtsfrage überhaupt erörtert und die Partei überhaupt hierzu in erster Instanz vorgetragen hat. Dann darf man dort, *wo* sie zu dieser Rechtsfrage vorgetragen hat, keine besondere Form der Dokumentation jenes Vortrags fordern.

bb) Infolge Verfahrensmangels nicht geltend gemachte Angriffs- und Verteidigungsmittel (§ 531 II 1 Nr. 2 ZPO)

Die Zulassung neuer Angriffs- und Verteidigungsmittel nach § 531 II 1 Nr. 2 ZPO ist ebenfalls eng mit dem Berufungsgrund der Rechtsverletzung (§ 513 I 1. Alt. ZPO) verwoben. Die neue Tatsache darf nämlich nach dieser Vorschrift deshalb berücksichtigt werden, weil sie in erster Instanz infolge eines Verfahrensmangels nicht geltend gemacht wurde.

673

Fall 148: K verklagt B auf Herausgabe eines PKW. B wehrt sich zunächst unter Berufung auf ein angebliches vertragliches Besitzrecht. In der mündlichen Verhandlung erläutert der Vorsitzende Richter, dass B das Besitzrecht bislang nicht schlüssig vorgetragen habe, und gewährt ihm nach § 283 S. 1 ZPO ein Schriftsatzrecht. Erstmals mit nachgelassenem Schriftsatz wendet B gegen seine Herausgabepflicht ein, ihm stehe nach §§ 1000, 994 I BGB ein Zurückbehaltungsrecht zu, weil er nach einem Getriebeschaden eine Autoreparatur veranlasst habe. Das Gericht verurteilt B auf Herausgabe Zug um Zug gegen Erstattung der Reparaturkosten. K legt dagegen Berufung ein: Die Autoreparatur habe er dem B längst bezahlt.

674

Das erstinstanzliche Urteil ist im **Fall 148** schon deshalb verfahrensfehlerhaft zustande gekommen, weil der Vortrag des B zur Autoreparatur nach § 296a ZPO hätte präkludiert werden müssen: Zu jener Reparatur wurde erstmals nach dem Schluss der mündlichen Verhandlung vorgetragen. Zwar war dem B ein Schriftsatzrecht nach § 283 S. 1 ZPO gewährt worden; dies Schriftsatzrecht hätte jedoch allein zur Vervollständigung des Vortrags zum von B behaupteten vertraglichen Besitzrecht genutzt werden dürfen, nicht aber für den Vortrag gänzlich neuer Gesichtspunkte[156]. Mindestens aber hätte nach § 156 ZPO die mündliche Verhandlung wieder eröffnet werden müssen, um dem K Gelegenheit zur Stellungnahme auf das neue Vorbringen des B zu geben. Nun da der Vortrag des B aber verfahrensfehlerhaft berücksichtigt wurde und K keine Chance zur Erwiderung erhielt, muss K wenigstens im Berufungsverfahren vortragen dürfen, er habe den Anspruch des B bereits erfüllt. Dazu hatte er infolge des Verfahrensmangels in erster Instanz keine Gelegenheit. Daher darf K nach § 531 II 1 Nr. 2 ZPO den Vortrag zur Erfüllung des von B behaupteten Anspruchs auf Verwendungsersatz im Berufungsverfahren nachholen.

---

155 Im Ergebnis wie hier *Barth*, NJW 2002, 1701, 1703. Anders *Grunsky*, NJW 2002, 800, 801; *Rimmelspacher*, NJW 2002, 1897, 1901.
156 Für den Vortrag gänzlich neuer Gesichtspunkte steht der nachgelassene Schriftsatz nicht zur Verfügung; vgl. nur *Katzenstein*, ZZP 121 (2008), 41, 50 f.; Zöller/*Greger*, ZPO, 31. Aufl. 2016, § 283 Rn. 5.

675 Im Übrigen wird § 531 II 1 Nr. 2 ZPO häufig dann erfüllt sein, wenn eine Partei in erster Instanz zu einem bestimmten Punkt deshalb nicht vorgetragen hat, weil das Gericht es pflichtwidrig versäumt hat, einen richterlichen Hinweis nach § 139 ZPO zu erteilen[157].

cc) Im ersten Rechtszug schuldlos nicht geltend gemachte Angriffs- und Verteidigungsmittel (§ 531 II 1 Nr. 3 ZPO)

676 Erhebliche praktische Bedeutung kommt der Vorschrift des § 531 II 1 Nr. 3 ZPO zu. Mit dem Vortrag von Angriffs- und Verteidigungsmitteln, die ohne Nachlässigkeit in erster Instanz nicht geltend gemacht wurden, wird ein Prozessstoff eingeführt, der in erster Instanz nicht notwendig infolge gerichtlicher Versäumnisse, sondern vor allem aus Gründen ausgeblendet geblieben war, welche in der Sphäre der Parteien liegen.

677 **Fall 149:** K verklagt B auf Ersatz seiner Heilbehandlungskosten aus einem Verkehrsunfall. Das Gericht weist die Klage ab, weil es sich, sachverständig beraten, nicht davon überzeugen kann, dass die aufgetretenen Symptome auf den Unfall zurückzuführen sind. Nach Verkündung des Urteils treten neue Symptome auf, welche die erlittenen Verletzungen im Zusammenwirken mit den bisherigen Symptomen nach medizinischer Erkenntnis eindeutig als Folge des Unfalls erscheinen lassen.

Die neuerlichen Symptome stellen ein neues Beweismittel dar, weil sie den Gegenstand neuerlicher sachverständiger Begutachtung bilden können. Dies Beweismittel stand in erster Instanz nicht zur Verfügung und konnte daher dort auch nicht geltend gemacht werden. Angriffs- und Verteidigungsmittel, die in erster Instanz noch nicht existierten, sind stets nach § 531 II 1 Nr. 3 ZPO zuzulassen[158]; das gilt mithin auch für den Vortrag des K im **Fall 149**.

678 **Fall 150:** K verklagt B auf Zahlung des Kaufpreises. B wehrt sich in erster Instanz erfolglos mit der Behauptung, er habe die Forderung längst erfüllt. B legt Berufung ein und bietet den Zeugen Z zum Nachweis des Erfüllungseinwands an; dessen ladungsfähige Anschrift habe er, so trägt er in der Berufungsbegründung vor, nicht früher ermitteln können, da Z unbekannt verzogen gewesen sei.

B führt ein Verteidigungsmittel ins Feld, das bereits in erster Instanz objektiv existierte, ihm aber nach seiner Behauptung nicht zugänglich war. Der Vortrag des B in der Berufungsbegründung genügt im **Fall 150** den Anforderungen des § 520 III 2 Nr. 4 ZPO: Dort muss nur vorgetragen werden, warum das Beweismittel nicht früher vorgebracht wurde. Das Gericht wird den Z vernehmen und ihn namentlich fragen, ob er tatsächlich nicht auffindbar war. Bestätigt Z diesen Vortrag, ist er zur Sache zu vernehmen und seine Aussage nach § 531 II 1 Nr. 3 ZPO im Berufungsurteil zu berücksichtigen. **Allgemein** gelten freilich bei § 531 II 1 Nr. 3 ZPO **strenge Anforderungen**: Wer

---

157 BGH NJW 2004, 2152, 2153; NJW-RR 2004, 927; NJW 2005, 2624; *Ball*, WuM 2002, 296, 299; *Deubner*, JuS 2005, 223, 226; *Rimmelspacher*, NJW 2002, 1897, 1904; *Stöber*, NJW 2005, 3601, 3603 f.
158 *Fellner*, MDR 2004, 241, 243.

im Berufungsverfahren neue Angriffs- oder Verteidigungsmittel platzieren will, muss dartun, dass er die ihm zur Verfügung stehenden Möglichkeiten der Informationsbeschaffung in erster Instanz ausgeschöpft hat[159].

> **Fall 151:** K verklagt B auf Rückzahlung des Kaufpreises, weil der gekaufte Gebrauchtwagen   **679**
> entgegen den Zusagen des B weder unfallfrei noch bisher lediglich 20 000 km gefahren sei;
> die tatsächliche Fahrleistung liege vielmehr bei 100 000 km. Für den zweiten Mangel bietet er
> Beweis an, für den ersten Mangel nicht, obwohl ihm ein Zeuge bekannt ist, der bei dem frü-
> heren Unfall mit im Auto gesessen war. Das Gericht gibt der Klage bereits deshalb statt, weil
> es die von K behauptete Fahrleistung für erwiesen hält; die Frage eines früheren Unfalls lässt
> es daher ausdrücklich offen. B legt gegen das Urteil Berufung ein.

Sollte das Berufungsgericht im **Fall 151** entgegen dem Ausgangsgericht die Behauptung des K, der Wagen sei in Wahrheit mehr als 20 000 km gefahren, für nicht erwiesen halten, kann die auf § 346 I BGB gestützte Klage auf Rückerstattung des Kaufpreises nur noch Erfolg haben, wenn K den anderen von ihm behaupteten Mangel beweist. Dem K ist es hier nach § 531 II 1 Nr. 3 ZPO gestattet, das Beweisangebot zum früheren Unfallschaden in zweiter Instanz nachzuholen. Zwar hätte K den Zeugen zu diesem Beweisthema schon in erster Instanz benennen können. Der Vorwurf der Nachlässigkeit bezieht sich jedoch nicht nur auf die Verfügbarkeit des Angriffs- bzw. Verteidigungsmittels in erster Instanz, sondern ebenso auf dessen Bedeutung für den Ausgang des Rechtsstreits[160]. Nach diesem Maßstab fällt dem K im **Fall 151** keine Nachlässigkeit zur Last; denn er musste die *Entscheidungserheblichkeit* dieses Beweises nicht kennen: Er hatte den Prozess in erster Instanz schließlich auch ohnedies gewonnen[161].

dd) Keine „Flucht in die Berufung"

Nach § 531 I ZPO bleiben Angriffs- und Verteidigungsmittel, die im ersten Rechtszug   **680**
zu Recht zurückgewiesen worden sind (insbesondere nach §§ 283 S. 2, 296, 296a ZPO), auch im Berufungsverfahren ausgeschlossen. Diese Regelung könnte eine Partei, die erkennt, dass sie Angriffs- bzw. Verteidigungsmittel verspätet vorgetragen hat und deren Zurückweisung nach § 296 ZPO befürchten muss, dazu verleiten, sie in erster Instanz gar nicht mehr vorzutragen, sondern erstmals mit der Berufungsbegründung. Dort können sie die Erledigung des Rechtsstreits nicht mehr verzögern, weil ohnehin nach § 523 I 2 ZPO Termin zur mündlichen Verhandlung bestimmt werden muss. Diesem Versuch, Angriffs- und Verteidigungsmittel zur Vermeidung der Präklusion für das Berufungsverfahren „aufzubewahren" (sog. **Flucht in die Berufung**), schiebt § 531 II 1 Nr. 3 ZPO einen Riegel vor[162]: Was schon in erster Instanz präklusionsreif war, wurde dort infolge von Nachlässigkeit nicht vorgetragen und muss daher nach § 531 II 1 Nr. 3 ZPO auch im Berufungsverfahren unberücksichtigt bleiben.

---

159 OLG Hamm NJW 2003, 2325.
160 BGH NJW 2004, 2152, 2154.
161 *Rimmelspacher*, NJW 2002, 1897, 1904.
162 *Ball*, WuM 2002, 296, 299.

681 Ebenso wenig wird die Partei im Berufungsverfahren mit der Begründung gehört, sie habe sich bestimmte Beweismittel aus prozesstaktischen Gründen für das Berufungsverfahren aufgehoben: Für solche Erwägungen lässt § 531 II 1 Nr. 3 ZPO keinen Raum[163]. Eine Partei muss daher in der Berufungsinstanz die Zurückweisung eines Zeugen gewärtigen, wenn sie ihn schon in erster Instanz hätte benennen können, ihn aber zurückgehalten und erst einmal abgewartet hat, wie sich das Gericht zum bisherigen Prozessstoff äußert[164]. Gleiches gilt, wenn eine Partei den Sachvortrag der Gegenseite lediglich „für die erste Instanz unstreitig gestellt" hat: Versucht diese Partei, jenen Vortrag der Gegenseite nunmehr in zweiter Instanz zu bestreiten, so wird sie an der Hürde des § 531 II 1 Nr. 3 ZPO scheitern[165].

ee) Berücksichtigung unstreitigen neuen Vorbringens?

682 **Umstritten** ist die Frage, ob neue Tatsachen, auch wenn die Voraussetzungen der §§ 529 I Nr. 2, 531 II ZPO nicht vorliegen, wenigstens dann berücksichtigt werden dürfen (müssen), wenn sie im Laufe des Berufungsverfahrens **unstreitig** werden[166]. Die Frage ist zu **bejahen**: Aus dem Beibringungsgrundsatz folgt, dass der Tatsachenstoff von den Parteien in den Prozess eingeführt wird[167]. Was die Parteien übereinstimmend vortragen, muss daher der Richter der Entscheidung zugrunde legen. § 531 II ZPO bietet keine Handhabe, diese zwingende Konsequenz aus dem Beibringungsgrundsatz aufzuweichen: Die Begrenzung der Zulassung neuer Angriffs- und Verteidigungsmittel soll einer mangelhaften Vorbereitung des Prozesses in erster Instanz vorbeugen, nicht aber das Berufungsgericht dazu zwingen, Tatsachen zu ignorieren, wenn das Versäumnis, sie in erster Instanz vorzutragen, sich evident nicht nachteilig auf das Berufungsverfahren auswirken kann. Eben dies ist aber bei unstreitigen Tatsachen der Fall: Diese können ohne weiteren Aufwand in die Entscheidung des Berufungsgerichts einfließen. Es besteht kein Anlass, die erst im Berufungsverfahren geständige Partei vor den Folgen ihres Geständnisses zu schützen; dies umso weniger, als in solchen Fällen der Verdacht nicht fern liegt, dass die betreffende Tatsache in erster Instanz unter Verstoß gegen die prozessuale Wahrheitspflicht (§ 138 I ZPO) bestritten wurde. Für die hier vertretene Auffassung spricht des Weiteren, dass die in *§ 531 I ZPO* niedergelegte Präklusion von Parteivorbringen, das im ersten Rechtszug bereits *zu Recht ausgeschlossen war*, anerkanntermaßen nicht Platz greift, wenn jenes

---

163 *Gehrlein*, MDR 2003, 421, 428; *ders.*, MDR 2004, 661, 665; *Stackmann*, NJW 2002, 781, 786.
164 KG MDR 2009, 1244.
165 BGH NJW 2010, 376.
166 Verneinend OLG Oldenburg NJW 2002, 3556 f.; *Ostermeier*, ZZP 120 (2007), 219, 220 f.; bejahend BGHZ 161, 138 = NJW 2005, 291, 292 f.; BGH MDR 2005, 527 f.; BGH NJW 2009, 2532, 2533; NJW 2010, 2270, 2272; OLG Düsseldorf NJW 2005, 833, 834; OLG Nürnberg MDR 2003, 1133; *Crückeberg*, MDR 2003, 10 f.; *Deubner*, JuS 2005, 512, 514; *Fellner*, MDR 2004, 241, 243; *Fölsch*, NJW 2006, 3521, 3522; *Gehrlein*, MDR 2003, 421, 428; *Kroppenberg*, NJW 2009, 642, 643; *Noethen*, MDR 2006, 1024, 1025; *Rixecker*, NJW 2004, 705, 707; *Roth*, JZ 2005, 174, 175; *ders.*, JZ 2009, 106; *Schmidt*, NJW 2007, 1172 f.; *Schneider*, NJW 2003, 1434; *Stackmann*, NJW 2013, 2929, 2931; *Timme/Hülk*, MDR 2005, 528, 529; ebenso, aber mit unter der einschränkenden Voraussetzung, dass die Zurückweisung zu einer evident unrichtigen Entscheidung führen würde, OLG Hamm NJW 2003, 2325 f.
167 Vgl. dazu bereits oben § 4 II Rn. 156.

Vorbringen im Berufungsverfahren unstreitig wird[168]; dann kann erst Recht solches unstreitiges Vorbringen nicht präkludiert sein, das in erster Instanz noch nicht ausgeschlossen worden ist.

Zur Vertiefung: Die dargestellten Grundsätze gelten ohne jede Einschränkung auch dann, wenn **683** der Beklagte sich erstmals in zweiter Instanz auf **Verjährung** beruft und die zugrunde liegenden Tatsachen unstreitig sind[169]. Denn auch hier könnte eine Zurückweisung des Verjährungseinwands dem Beschleunigungszweck des § 531 II ZPO in keiner Weise dienen; im Gegenteil: Wenn dieser Einwand durchgreift, kann sich das Berufungsgericht all jenen Arbeitsaufwand sparen, den es ansonsten zur Prüfung der erstinstanzlichen Ausführungen zu Anspruchsgrund und -höhe betreiben müsste. Freilich wird die hier vertretene Ansicht gerade für den Fall der Verjährung verbreitet bekämpft[170]. Gegen sie wird vorgetragen, sie könne sich, anders als dies in sonstigen Fällen unstreitigen neuen Vorbringens in der Berufungsinstanz der Fall sei, nicht auf den Gedanken materieller Gerechtigkeit stützen. Denn die Ausgangsentscheidung erweise sich nicht schon deshalb als unrichtig, weil der Anspruch sich aufgrund neuer Tatsachen nunmehr als verjährt erweise. Die Ausgangsentscheidung sei vielmehr ungeachtet dessen materiell richtig, weil die Verjährungseinrede ausdrücklich erhoben werden müsse und in erster Instanz nun einmal nicht erhoben worden sei: Ohne Erhebung jener Einrede hätte das Ausgangsgericht selbst dann nicht anders als geschehen entscheiden können, wenn die zugrunde liegenden Tatsachen bereits in erster Instanz vorgetragen worden wären[171]. Mit dieser Überlegung wird indes die Funktion des Berufungsgerichts systemwidrig auf die bloße Kontrolle von *Rechtsfehlern* beschränkt. Das ist mit dem Gesetz nicht zu vereinbaren: Nach § 529 I Nr. 1 ZPO hat das Berufungsgericht vielmehr auch zweifelhafte *Tatsachenfeststellungen* zu korrigieren bzw. zu ergänzen. In dieser Vorschrift kommt das Anliegen des Gesetzgebers zum Ausdruck, dass das Gericht ganz allgemein für eine materiell richtige Entscheidung selbst dort zu sorgen hat, wo dem Ausgangsgericht keine Rechtsfehler zur Last fallen.

Davon zu trennen ist die Frage, ob eine Partei nach § 138 II ZPO verpflichtet ist, sich **684** auf neues Vorbringen zu erklären, das nach § 531 II ZPO nicht mehr berücksichtigt werden darf. Diese Frage ist zu verneinen[172]. Die Partei darf darauf vertrauen, dass das Gericht die Prüfung des Berufungsvorbringens auf den gesetzlich zulässigen Prüfungsumfang beschränkt. Daraus ergibt sich die wichtige praktische Konsequenz, dass das **Schweigen** der Partei auf **unzulässiges neues Vorbringen** des Gegners **nicht** die **Geständnisfiktion** nach § 138 III ZPO auslöst. Im Ergebnis darf daher neues Vorbringen, welches nach § 531 II ZPO an sich nicht mehr berücksichtigt werden darf, nur dann als „unstreitig geworden" dem Berufungsurteil zugrunde gelegt werden, wenn der Gegner es *ausdrücklich zugestanden* hat.

---

168 BGH NJW 1980, 945, 947 zu § 528 III ZPO a.F.; diese Rechtsprechung ist auf § 531 I ZPO übertragbar (vgl. BGH MDR 2005, 527, 528; *Crückeberg*, MDR 2003, 10).

169 So vor allem die Entscheidung des Großen Senats des BGH für Zivilsachen, BGHZ 177, 212 = NJW 2008, 3434 ff.; seither ferner BGH NJW 2011, 842; ebenso zuvor schon BGH NJW 2008, 1312, 1314 ff.; OLG Karlsruhe MDR 2005, 412, 413; *Deubner*, JuS 2007, 528, 530; *ders.*, JuS 2008, 504, 508; *ders.*, JuS 2009, 221, 225; *Meller-Hannich*, NJW 2006, 3385, 3386 f.; *Noethen*, MDR 2006, 1024, 1026 f.

170 Gegen die Zulassung des Verjährungseinwands auf der Basis neuen unstreitigen Tatsachenvortrags BGH GRUR 2006, 401, 404; OLG Karlsruhe NJW 2008, 925, 928; *MüKo/Grothe*, BGB, 7. Aufl. 2015, § 214 Rn. 4; *Ostermeier*, ZZP 120 (2007), 219, 224 ff.; *Roth*, JZ 2005, 174, 176; *ders.*, JZ 2006, 9, 15; *ders.*, JZ 2009, 106, 107; *ders.*, JZ 2015, 554 f.; *Schenkel*, MDR 2005, 726 f.

171 *Schenkel*, MDR 2005, 726 f.; anders *Schmidt*, NJW 2007, 1172, 1173.

172 Ebenso *Schenkel*, MDR 2004, 121, 122 f.

685 **Nicht zu berücksichtigen** ist selbst unstreitiges neues Vorbringen dann, wenn seine Berücksichtigung dazu führt, dass nunmehr über weitere Tatsachen Beweis zu erheben ist, über die schon in erster Instanz Beweis hätte erhoben werden können[173].

> **Fall 152:** K verklagt B auf Rückgewähr des Kaufpreises, weil die Kaufsache mangelhaft sei. Das Gericht weist die Klage ab, weil K nicht einmal vorgetragen habe, dem B eine Frist zur Nacherfüllung gesetzt zu haben. In der Berufungsinstanz gesteht B den Vortrag des K zu, dass K ihm mündlich eine Nachfrist gesetzt habe. Er bestreitet aber wie bereits in erster Instanz, dass der Kaufsache ein Mangel anhafte.

Im **Fall 152** ist zwar für einen wirksamen Rücktritt die Hürde der Fristsetzung nach § 323 I BGB überwunden, wenn man den neuen unstreitigen Vortrag der Parteien in diesem Punkt berücksichtigt. Würde man dies aber tun, so müsste nunmehr über die streitige Behauptung des K Beweis erhoben werden, dass die Kaufsache mangelhaft sei. Wäre die Fristsetzung bereits in erster Instanz unstreitig vorgetragen worden, hätte das Gericht die Feststellungen zum Mangel der Kaufsache bereits in erster Instanz treffen können. Deshalb findet der Vortrag zur Fristsetzung im **Fall 152** im Berufungsverfahren kein Gehör. Die Berufung des K ist als unbegründet zurückzuweisen.

686 Der BGH ist freilich der hier befürworteten Ansicht entgegengetreten[174]: Die Beschränkung der Zulassung neuen Vorbringens in § 531 II ZPO diene nicht unmittelbar der Verfahrensbeschleunigung; das Berufungsgericht könne Verzögerungen nach §§ 530, 296 ZPO angemessen begegnen. Deshalb sei neues unstreitiges Vorbringen selbst dann zu berücksichtigen, wenn dadurch in der Berufungsinstanz eine Beweisaufnahme erforderlich wäre. Danach wäre im **Fall 152** das Berufungsgericht gezwungen, zur Frage des Sachmangels Beweis zu erheben. Die Argumentation des BGH greift indes zu kurz. § 531 II ZPO, namentlich Nr. 3 dieser Vorschrift, will die Parteien dazu anhalten, sich entscheidungserhebliches Vorbringen nicht für die Berufungsinstanz aufzuheben, sondern bereits in erster Instanz umfassend vorzutragen. Müsste das Berufungsgericht aufgrund unstreitigen neuen Vorbringens Beweis zu anderen für die Entscheidung maßgeblichen Fragen erheben, so würde dem Berufungsführer in begrenztem Umfang – entgegen dem Sinn des § 531 II 1 Nr. 3 ZPO – die Flucht in die Berufung gestattet. Entgegen der Ansicht des BGH darf daher unstreitiges neues Vorbringen in der Berufungsinstanz nicht mehr berücksichtigt werden, wenn dies die Notwendigkeit einer Beweisaufnahme nach sich zöge, die bereits in erster Instanz hätte stattfinden können. Allerdings ist zuzugeben, dass die gleichen Grundsätze konsequent auch auf jenes Vorbringen übertragen werden müssen, das in erster Instanz zu Recht zurückgewiesen worden war: Wird solches Vorbringen in zweiter Instanz un-

---

173 *Crückeberg*, MDR 2003, 10, 11; *Kroppenberg*, NJW 2009, 642, 643 f.; *Roth*, JZ 2009, 106 f.; wohl auch OLG Nürnberg MDR 2003, 1133. Vermittelnd *Jacoby*, ZZP 122 (2009), 358, 362 f.: Das Vorbringen sei selbst in diesem Fall zuzulassen, wenn dadurch die Erledigung des Rechtsstreits insgesamt beschleunigt werde (was etwa möglich ist, wenn das Gericht die Chance sieht, sich zu einem anderen streitigen Punkt eine aufwendige Beweisaufnahme zu ersparen).

174 BGH MDR 2005, 527, 528; NJW 2009, 685, 687.

streitig gestellt, so bleibt es gleichwohl ausgeschlossen, wenn seine Berücksichtigung eine Beweisaufnahme erfordern würde[175].

ff) Keine revisionsrechtliche Überprüfung der Zulassung neuen Vorbringens

Wenn einmal das Berufungsgericht neue Angriffs- und Verteidigungsmittel zugelassen hat und nunmehr die unterlegene Partei gegen das Berufungsurteil Revision einlegt, ist das **Revisionsgericht nicht befugt**, das Berufungsurteil **allein deshalb aufzuheben**, weil das Berufungsgericht den neuen Vortrag **zu Unrecht zugelassen** hat[176]. Dem Prozessbeschleunigungszweck des § 531 II ZPO kann in diesem Stadium des Verfahrens nicht mehr Rechnung getragen werden, da das neue Vorbringen nun einmal in das Berufungsurteil eingeflossen ist. Das Berufungsgericht seinerseits kann nicht verpflichtet sein, die Augen vor dem wirklichen Sachverhalt zu verschließen, nur weil es ihn nicht hätte erheben dürfen: Es wäre dann gezwungen, sehenden Auges ein Urteil entgegen der materiellen Rechtslage zu fällen.

687

Wohl aber kann die Revision darauf gestützt werden, nach § 531 II ZPO *zulässiges* neues Vorbringen sei zu Unrecht *zurückgewiesen* worden[177]: In diesem Fall liegt eine Rechtsverletzung nach § 545 I ZPO vor, weil Tatsachenstoff von der Berufungsverhandlung ausgeschlossen war, dessen Berücksichtigung *möglicherweise* nach materiellem Recht zu einem anderen Urteil gezwungen hätte. Hier bedeutet eben der Verfahrensfehler, dass das Urteil möglicherweise auch dem materiellen Recht widerspricht. Dann aber muss die Berufungsverhandlung neu aufgerollt werden, damit nunmehr die versäumte Möglichkeit, der Ermittlung des wahren Sachverhalts näher zu kommen, vom Berufungsgericht ergriffen wird.

688

Zur Vertiefung: Ähnliche Überlegungen gelten im Verhältnis zwischen der ersten und der zweiten Instanz: Wenn das Ausgangsgericht verspätetes Vorbringen, das es nach § 296 I ZPO hätte zurückweisen müssen, gleichwohl zugelassen hat, so hat es dabei auch für die Berufungsinstanz sein Bewenden. Denn selbst wenn man jenes Vorbringen jetzt noch zurückweisen würde, ließe sich damit die bereits eingetretene Verzögerung der Erledigung des Rechtsstreits nicht mehr rückgängig machen[178]. Mehr noch: Hat das Ausgangsgericht verspätetes Vorbringen mit rechtsfehlerhafter Begründung zurückgewiesen, hätte dies Vorbringen aber mit anderer Begründung rechtmäßig zurückgewiesen werden dürfen oder gar müssen, so darf das Berufungsgericht nach Ansicht des BGH die Zurückweisung nicht mit der an sich fehlerfreien Begründung nachholen: Mit fehlerhafter Begründung zurückgewiesenes Vorbringen sei so zu behandeln, als wäre es in erster Instanz zugelassen worden. Dann aber greife abermals der Grundsatz ein, dass einmal zugelassenes Vorbringen in der Berufungsinstanz nicht zurückgewiesen werden dürfe[179]. Diese Auffassung verdient für die Fälle, in denen das erstinstanzliche Vorbringen nach § 296 I ZPO hätte zurückgewiesen werden *müssen*, keine Zustimmung. Denn sie widerspricht § 513 I ZPO:

689

---

175 Auch insoweit anders, aber konsequent BGH MDR 2005, 527, 528.
176 BGH NJW 2004, 1458, 1459 f.; NJW 2004, 2382, 2383; *Gehrlein*, MDR 2004, 661, 665. Für Aufhebung des Berufungsurteils in diesem Fall aber *Ostermeier*, ZZP 120 (2007), 219, 227 ff.; *Schenkel*, MDR 2004, 121, 122; *Schmidt*, NJW 2007, 1172, 1173 ff.
177 *Gehrlein*, MDR 2004, 661, 665.
178 BGH NJW 2006, 1741, 1742.
179 BGH MDR 2005, 1006, 1007 (für § 296 II ZPO); BGH NJW 2006, 1741, 1742 (für § 296 I ZPO); ebenso schon BGH NJW 1992, 1965. Kritisch zur im Text wiedergegebenen Argumentation des BGH *Deubner*, JuS 2006, 792, 795.

Danach darf das Urteil der ersten Instanz vom Berufungsgericht nur aufgehoben werden, wenn es auf einem Rechtsfehler *beruht*. Wenn im Ergebnis feststeht, dass das Vorbringen hätte zurückgewiesen werden müssen, beruht das erstinstanzliche Urteil nicht darauf, dass das Ausgangsgericht für die Zurückweisung eine falsche Begründung gewählt hat. Lagen allerdings in erster Instanz lediglich die Voraussetzungen des § 296 II ZPO vor, d. h. war das Ausgangsgericht bloß berechtigt, aber nicht verpflichtet, das verspätete Vorbringen zu berücksichtigen, so kann die Ermessensentscheidung des Ausgangsgerichts im Berufungsverfahren nicht korrigiert werden: Wurde das Vorbringen mit ermessensfehlerhafter Begründung nicht zugelassen, so kann das Berufungsgericht jene Begründung nicht fehlerfrei nachholen. Dann muss in der Tat das betreffende Vorbringen so behandelt werden, als sei es in erster Instanz zugelassen worden.

gg) Perpetuierung von Verstößen gegen § 531 II ZPO nach Aufhebung und Zurückverweisung?

690 Wird das Berufungsurteil – aus welchem Grund auch immer – aufgehoben und die Sache an das Berufungsgericht zurückverwiesen (§ 563 I 1 ZPO), ist das Berufungsgericht auch in der neuen Verhandlung nur in den Grenzen des § 531 II ZPO befugt, neue Angriffs- und Verteidigungsmittel zuzulassen. Das gilt namentlich auch dann, wenn das Berufungsgericht in der ursprünglichen Berufungsverhandlung zu Unrecht neues Vorbringen zugelassen hatte: Die Aufhebung und Zurückverweisung berechtigt das Berufungsgericht nicht, den Fehler zu perpetuieren.

> **Fall 153:** Die K-OHG verklagt B auf Zahlung des Kaufpreises aus einem Kaufvertrag. B wird in erster Instanz antragsgemäß verurteilt und wehrt sich erst in der Berufungsinstanz mit der Behauptung, die OHG dürfe kraft einer entsprechenden Anordnung im Gesellschaftsvertrag nur von den geschäftsführenden Gesellschaftern R und S gemeinschaftlich vertreten werden (§ 125 II HGB). Der Vertrag sei aber nur von R unterzeichnet worden; die OHG sei von B erfolglos nach § 177 II BGB zur Erteilung der Genehmigung aufgefordert worden. Die im Prozess durch R und S vertretene K-OHG erwidert im Berufungsverfahren, die Aufforderung des B sei ihr niemals zugegangen; sofern denn der Vertrag ursprünglich von R ohne Vertretungsmacht unterzeichnet worden sei, liege jedenfalls in der von R und S namens der K-OHG erhobenen Kaufpreisklage eine Genehmigung nach § 177 I BGB. Das Berufungsgericht übergeht den Vortrag der K-OHG, ändert das erstinstanzliche Urteil und weist die Klage der K-OHG ab.

Wenn die K-OHG im **Fall 153** nunmehr Revision einlegt, muss sie damit Erfolg haben: Die Aufforderung zur Erteilung der Genehmigung nach § 177 II BGB ist eine einseitige empfangsbedürftige geschäftsähnliche Handlung. Sie bedarf daher des Zugangs nach § 130 I BGB, wenn sie unter Abwesenden erklärt wird. Eben diesen Zugang hatte die K-OHG im Berufungsverfahren bestritten. Indem das Berufungsgericht dies Bestreiten übergangen hat, hat es das rechtliche Gehör der K-OHG verletzt. Das Revisionsgericht wird daher nach § 563 I ZPO das Berufungsurteil aufheben und die Sache an das Berufungsgericht zurückverweisen.

691 Zweifelhaft erscheint nun, wie das Berufungsgericht in der nunmehr notwendigen neuen Verhandlung verfahren soll:
* Wenn B nunmehr Beweis dafür anbietet, dass seine Aufforderung an die OHG, sich über die Genehmigung des Vertrags zu erklären, der OHG zugegangen ist, stellt sich dies als ein neues Verteidigungsmittel dar. Dies Verteidigungsmittel darf nach

§ 531 II 1 Nr. 3 ZPO nicht mehr berücksichtigt werden: Alles, was B zum Vertragsschluss vorträgt, hätte er auch schon in erster Instanz vortragen können und müssen.

- Nun hatte aber das Berufungsgericht in der *ursprünglichen* Verhandlung bereits den – ebenfalls nach § 531 II 1 Nr. 3 ZPO gesperrten! – Vortrag zugelassen, die K-OHG sei bei Vertragsschluss nicht wirksam vertreten gewesen und B habe die OHG zur Genehmigung aufgefordert. An der Zulassung dieses Vortrags vermochte auch das Revisionsverfahren nichts mehr zu ändern; denn die unberechtigte Berücksichtigung neuen Tatsachenvortrags bleibt nach dem oben ff) Gesagten im Revisionsverfahren folgenlos. Auch in der neuen Berufungsverhandlung steht mithin die Behauptung des B im Raum, er habe die OHG nach § 177 II BGB aufgefordert, sich über die Genehmigung zu erklären.

- Daraus könnte man nun folgern, das Berufungsgericht müsse dem B, wenn es dessen Tatsachenvortrag nun einmal (unberechtigt) berücksichtigt habe, ihm nunmehr in der neuen Verhandlung auch die Chance geben, hierzu Beweis anzubieten. Eine solche Verfahrensweise hat der BGH indes mit Recht beanstandet[180]: Damit würde der einmal vorgefallene Verstoß gegen § 531 II ZPO weiter vertieft. Das Berufungsgericht darf dem einmal geschehenen Verstoß gegen diese Vorschrift keinen weiteren folgen lassen. Wenn m. a. W. ein Verstoß gegen § 531 II ZPO schon folgenlos bleibt, so erlaubt dies doch gleichwohl keinen „Konsequenzfehler". B darf mithin zum Zugang der Aufforderung nach § 177 II BGB nicht mehr vortragen. Seine Berufung wird vielmehr als unbegründet zurückgewiesen.

d) Neuer Streitgegenstand in der Berufungsinstanz

Die obigen Ausführungen zu § 531 II ZPO waren auf den Fall gemünzt, dass das neue Vorbringen sich im Rahmen des ursprünglichen Streitgegenstands hielt. Wenn schon in diesem Rahmen die Berücksichtigung neuer Tatsachen beschränkt ist, muss erst recht die Einführung neuer Streitgegenstände in das Berufungsverfahren engen Grenzen unterliegen. **§ 533 ZPO** zieht daraus die gebotenen Konsequenzen: Klageänderung und Widerklage sind in der Berufungsinstanz nur zulässig, wenn **692**

- der Gegner einwilligt oder das Berufungsgericht sie für sachdienlich erachtet (Nr. 1). Das bereits in erster Instanz geltende Prinzip, dass in den Fällen des § 264 Nr. 2, 3 ZPO die Sachdienlichkeit immer zu bejahen ist[181], gilt ebenso in der Berufungsinstanz, weil der Klagegrund unverändert bleibt und die erstinstanzlichen Feststellungen daher auch für die nach diesen Vorschriften modifizierte Klage von Ertrag sind[182];

- und der zur Begründung von geänderter Klage oder Widerklage erforderliche Tatsachenvortrag nach §§ 529 I, 531 II ZPO zuzulassen ist (Nr. 2). Auch hier genügt stattdessen die Unstreitigkeit des Tatsachenvortrags[183].

---

180 BGH NJW 2004, 2382, 2384.
181 Vgl. dazu bereits oben § 5 I 8 b Rn. 195 ff.
182 Ausführlich BGH NJW 2004, 2152, 2154 ff.; ebenso BGH NJW 2015, 2812 Rn. 24; vgl. ferner OLG Saarbrücken MDR 2006, 227, 228. Für § 264 Nr. 1 ZPO ebenso BGH MDR 2006, 646, 647.
183 BGH MDR 2005, 588, 589; *Fellner*, MDR 2004, 241, 243.

693 Da über die Aufrechnungsforderung mit Rechtskraft entschieden wird (§ 322 II ZPO), gelten nach § 533 ZPO die gleichen Grenzen für die Prozessaufrechnung in zweiter Instanz. Die Aufrechnungsforderung wird *de facto* behandelt wie ein eigener neuer Streitgegenstand.

694 Sachdienlich ist die Klageänderung in der Berufungsinstanz z. B. dann, wenn der Kläger in erster Instanz Leistung an sich selbst begehrt hatte und nunmehr in zweiter Instanz offen legt, dass er aus fremdem Recht klagt, und folglich Leistung an den Rechtsinhaber begehrt[184]. Die Aufrechnung ist sachdienlich etwa in folgendem Fall: Ein Unternehmer klagt gegen den Besteller auf Zahlung des Werklohns. Der Besteller wehrt sich in erster Instanz, indem er wegen Mängeln des Werkes ein Zurückbehaltungsrecht nach § 641 III BGB geltend macht. In erster Instanz wird der Besteller nach Beweisaufnahme über die Mängel antragsgemäß verurteilt. In der Zwischenzeit läuft eine Frist fruchtlos ab, die der Besteller dem Unternehmer zur Beseitigung der Mängel gesetzt hatte. Der Besteller legt Berufung ein und rechnet nunmehr mit dem Schadensersatzanspruch aus §§ 634 Nr. 4, 280 I, III, 281 BGB auf. Da der einzige Streitpunkt bezüglich der Aufrechnungsforderung in der Frage besteht, ob das Werk mangelhaft war, und die Beweisaufnahme hierüber ohnehin schon zum Prozessstoff der Vorinstanz gehört hatte, ist die Aufrechnung in der Berufungsinstanz als sachdienlich zuzulassen[185].

694a Sachdienlich ist die Widerklage ferner dann, wenn sie auf Tatsachen gestützt wird, die der Beklagte bereits in erster Instanz vorgetragen hatte, vom Gericht des ersten Rechtszuges aber für unerheblich gehalten wurden[186]. *Beispiel:* Der Käufer verlangt Nachbesserung. In erster Instanz erhebt der Verkäufer die Einrede nach § 320 BGB, weil der Kaufpreis noch nicht vollständig bezahlt sei. Das Gericht verurteilt den Verkäufer nach dem Antrag des Käufers und bescheidet den Verkäufer dahin, dass die Einrede des nichterfüllten Vertrags dem Nacherfüllungsbegehren des Käufers bereits im Ansatz nicht entgegengehalten werden könne. der Frage, ob der Kaufpreis schon bezahlt sei oder nicht, sei daher nicht nachzugehen. Der Verkäufer legt Berufung ein und erhebt Widerklage auf Zahlung des Restkaufpreises. Diese Widerklage ist sachdienlich, weil sie auf denselben Vortrag gestützt wird, der auch der zuvor erhobenen Einrede aus § 320 BGB zugrunde lag: Jener Einrede liegt ebenso wie dem nunmehr erhobenen Zahlungsbegehren die Rechtsbehauptung zugrunde, dass der Kaufpreis nicht vollständig bezahlt sei. Die Widerklage ist damit zulässig.

695 Wenn freilich das Berufungsgericht die Voraussetzungen des § 522 II ZPO als gegeben ansieht und die Berufung daher durch Beschluss als unbegründet zurückweist, verliert nach verbreiteter Ansicht jegliche Erweiterung des Streitgegenstands in der Berufungsinstanz ihre Wirkung. Das soll für die Klageerweiterung[187] und ebenso für

---

184 BGH NJW 2004, 2152, 2154 hält diese Änderung für nach § 264 Nr. 2 *oder* Nr. 3 ZPO für zulässig. Kritisch *Greger*, JZ 2004, 805, 812.
185 OLG München NJW 2012, 1518, 1519.
186 BGH NJW-RR 2012, 429 Rn. 12.
187 OLG Rostock NJW 2003, 3211, 3212.

die Widerklage[188] gelten. Für derartige Erweiterungen soll die gleiche Handhabung geboten sein wie im Falle einer Anschlussberufung, die ebenfalls durch den Zurückweisungsbeschluss nach § 524 IV ZPO ihre Wirkung verliert (dazu sogleich Rn. 696 ff.). Nach der Gegenansicht sollen hingegen Klageerweiterung und Widerklage möglich sein und, falls bezüglich dieser neuen Streitgegenstände eine mündliche Verhandlung geboten erscheint, einer Zurückweisung der Berufung durch Beschluss gemäß § 522 II ZPO entgegenstehen[189]. Zu folgen ist der zuletzt genannten Ansicht[190]. Zwar ist die Logik der zuerst genannten Ansicht durchaus nachvollziehbar: § 524 IV ZPO regelt einen Sachverhalt, in dem der Versuch des Rechtsmittelführers, mit der Berufung eine Korrektur der Ausgangsentscheidung zu erwirken, bereits im Ansatz scheitert. Dann erscheint es auf den ersten Blick befremdlich, das Berufungsverfahren allein um des Gegenangriffs der anderen Partei willen durchzuführen. Diese Überlegung lässt sich gewiss auch für die Widerklage anstellen. Indes ist folgendes zu berücksichtigen: § 522 II ZPO dient dem Interesse des Berufungsgegners an einer zügigen Erledigung des Rechtsmittelverfahrens, enthält aber keine Beschränkung der Dispositionsmaxime. Letztere wird für das Berufungsverfahren allein durch § 533 ZPO begrenzt. Streitgegenstände, die nach dieser Vorschrift zulässigerweise in das Berufungsverfahren eingeführt werden können, müssen dort auch in der Sache beschieden werden. Die Idee, derartige Erweiterungen des Streitgegenstands analog § 524 IV BGB für wirkungslos zu erklären, scheitert an einer Vergleichbarkeit der Interessenlage: Die Wirkungslosigkeit der Anschlussberufung erklärt sich daraus, dass sie – vom Rechtsmittelführer gewollt! – als unselbständiges Rechtsmittel eingelegt wurde. Klageerweiterung und Widerklage enthalten demgegenüber selbständige Angriffe.

4. Die Anschlussberufung

Wenn in erster Instanz keine Partei in vollem Umfang Recht bekommen hat, sondern **696** beide Parteien teilweise obsiegt haben und teilweise unterlegen sind, werden sie je für sich zu entscheiden haben, ob sie das Urteil mit der Berufung angreifen wollen. Wenn **jede Partei für sich gesehen** innerhalb der für sie geltenden Frist **Berufung einlegt** und dies Rechtsmittel für jede von ihnen nach § 511 II ZPO statthaft ist, handelt es sich um **zwei selbstständige Hauptberufungen**, über die das Berufungsgericht zu entscheiden hat. Das Schicksal der einen Berufung ist von demjenigen der anderen völlig unabhängig: Wenn etwa der Kläger die Berufung zurücknimmt oder auf sie verzichtet, hat das Gericht über die Berufung des Beklagten nach wie vor zu entscheiden. Dieser Fall bedarf keiner besonderen rechtlichen Regelung und hat eine solche auch nicht erfahren.

Freilich wird die Entscheidung einer Partei, ob sie Rechtsmittel einlegen will, nicht **697** selten davon abhängen, wie sich der Gegner verhält: Es mag eine Partei **gerade des-**

---

188 BGH NJW 2014, 151 Rn. 19 ff.; OLG Frankfurt NJW 2004, 165, 167 f.; *Kaiser*, NJW 2014, 154; *Roth*, JZ 2015, 554, 555.
189 OLGR Koblenz 2004, 17; OLGR Köln 2004, 154, OLG Nürnberg MDR 2003, 770.
190 Im Ergebnis wie hier und mit eingehender Begründung *Bub*, MDR 2011, 84 ff. Meine in den Vorauflagen vertretene gegenteilige Auffassung halte ich nicht aufrecht.

halb Berufung einlegen wollen, weil es die andere tut. Diese Möglichkeit eröffnet das Gesetz in **§ 524 ZPO**, indem es dem Berufungsgegner die **Anschlussberufung** gestattet: Es handelt sich hierbei um eine Berufung, die nur für den Fall eingelegt wird, dass über die Hauptberufung entschieden wird. Diese Anschlussberufung ist nach § 524 II 1 ZPO selbst dann statthaft, wenn diejenige Partei, welche die Anschlussberufung einlegen möchte, sich die Chance einer selbstständigen Berufung durch Rücknahme oder Verzicht abgeschnitten hat. Und obwohl dies nicht ausdrücklich im Gesetz steht, ist die Anschlussberufung selbst dann zulässig, wenn eine selbstständige Berufung nach § 511 II ZPO unzulässig wäre[191]: Das Rechtsinstrument der Anschlussberufung ist Ausfluss des Gebots *prozessualer Waffengleichheit.* Eine Partei soll nicht die Gefahr einer Abänderung des Urteils zu ihrem Nachteil gewärtigen müssen, ohne zugleich die Chance einer Abänderung zu ihren Gunsten zu erhalten. Dann darf die Anschlussberufung nicht vom Wert des Beschwerdegegenstandes oder von der Zulassung durch das Ausgangsgericht abhängen[192]. Wohl aber muss die Partei, die Anschlussberufung eingelegt hat, *überhaupt beschwert sein*[193]: Wer in erster Instanz in vollem Umfang obsiegt hat, hat keinen Anlass, das Urteil in Frage zu stellen. Die Anschlussberufung darf ebenso wenig wie die Hauptberufung dazu eingesetzt werden, ein weitergehendes Prozessziel als in erster Instanz zu verfolgen oder einen gänzlich neuen Streitgegenstand einzuführen. Konsequent fordert § 524 III ZPO eine Begründung der Anschlussberufung und dabei insbesondere die Beachtung der Erfordernisse des § 520 III ZPO: Auch derjenige, der Anschlussberufung einlegt, muss substantiierte Rügen gegen das erstinstanzliche Urteil vortragen. Gelingt ihm dies, so kann er den Umfang, mit dem er das Ausgangsurteil anficht (also den Anschlussberufungsantrag) auch nach Ablauf der Berufungsbegründungsfrist erweitern, soweit dies durch die Gründe gedeckt ist, die er in der Berufungsbegründung vorgetragen hat[194]. Es gilt insoweit das gleiche wie für die Hauptberufung[195].

698 **Zur Vertiefung:** Äußerst zweifelhaft erscheint, ob der Berufungsgegner, der durch das erstinstanzliche Urteil nicht beschwert ist, unter den Voraussetzungen § 533 ZPO seinerseits die Klage ändern, insbesondere sie erweitern kann. Es möchte etwa sein, dass der Kläger in erster Instanz voll obsiegt hat, der Beklagte Berufung einlegt und der Kläger in der Berufungsinstanz seinen Klageantrag erweitern will. Ebenso möchte es sein, dass der in erster Instanz siegreiche Kläger in der Berufungsinstanz auf Sekundäransprüche (z. B. Schadensersatz statt bisher Erfüllung) umschwenken will.

(1) Die Zulässigkeit einer solchen Erweiterung wird mit der Begründung bestritten, der Kläger müsse zu diesem Zweck Anschlussberufung einlegen[196]. Dieser Auffassung ist zu widersprechen, da sie zu einer Verletzung des Gebots prozessualer Waffengleichheit führt: Die Anschlussberufung steht nämlich der in erster Instanz vollumfänglich siegreichen Partei mangels Beschwer gerade nicht zu. Die hier abgelehnte Ansicht nimmt es mithin in Kauf, dass der unterlegenen Partei

---

191 Im Ergebnis ebenso *Heiderhoff*, NJW 2002, 1402.
192 *Piekenbrock*, MDR 2002, 1143, 1144,
193 *Heiderhoff*, NJW 2002, 1402. Anders aber BGH NJW 2008, 1953 Rn. 24; NJW 2011, 1455, 1457. Der BGH setzt damit seine Rechtsprechung zur Rechtslage vor der ZPO-Reform 2002 fort; vgl. zur früheren Rechtslage BGH NJW 1952, 384; 1974, 1551.
194 BGH NJW 2005, 3067 f.; *Born*, NJW 2005, 3038, 3039.
195 Vgl. dazu oben V 2 b aa Rn. 624 f.
196 So *Münch*, MDR 2004, 781, 784 im Anschluss an eine unveröffentlichte Entscheidung des KG.

unter den Voraussetzungen des § 533 ZPO *immer* die Einführung eines neuen Streitgegenstands erlaubt ist, der obsiegenden Partei jedoch nur im Falle einer Beschwer.

(2) Der BGH ist der unter (1) wiedergegebenen Auffassung denn auch zunächst (und mit Recht) nicht gefolgt. In dem von ihm entschiedenen Fall hatte der Kläger in erster Instanz einen Vorschuss auf die Mängelbeseitigungskosten verlangt (§ 637 III BGB) und zugesprochen bekommen. Gegen dieses Urteil hatte der Beklagte Berufung eingelegt. Inzwischen hatte der Kläger die Mängel am vom Beklagten hergestellten Werk selbst beseitigt und verteidigte das erstinstanzliche Urteil mit der Begründung, der ihm zugesprochene Betrag stehe ihm nunmehr als Aufwendungsersatz für berechtigte Selbstvornahme zu (§§ 634 Nr. 2, 637 I BGB). Damit hatte der Kläger in der Berufungsinstanz den Streitgegenstand ausgewechselt – freilich in einer nach § 264 Nr. 3 ZPO zulässigen Weise. Der BGH hielt in diesem Fall die Einlegung einer Anschlussberufung für entbehrlich: Der Kläger sei jedenfalls dann auch ohne Anschlussberufung zur Anpassung des Klagebegehrens berechtigt, wenn die im Berufungsrechtszug geforderte Summe die in erster Instanz begehrte nicht übersteige[197]. Für den Fall, dass mit dem neuen Antrag eine *höhere* als die bisherige Summe begehrt wird, hält der BGH nunmehr aber eine Anschlussberufung für erforderlich, und zwar selbst dann, wenn die Klageerweiterung die Voraussetzungen des § 264 ZPO erfüllt[198].

(3) Nach der hier vertretenen Ansicht steht die selbstständige Klageerweiterung oder Widerklage dem Berufungsgegner immer dann zu, wenn er das damit verfolgte Prozessziel mithilfe der Anschlussberufung nicht erreichen kann. Hier gilt es zu beachten, dass die Anschlussberufung ebenso wie die Hauptberufung nur zulässig ist, sofern mit ihrer Hilfe die Beseitigung einer nachteiligen Entscheidung begehrt wird, nicht aber mit dem Ziel, einen gänzlich neuen Streitgegenstand einzuführen, der nicht Gegenstand des Vorprozesses war[199]. Kann der neue Streitgegenstand also nicht Gegenstand der Anschlussberufung sein, so kann er unter den Voraussetzungen des § 533 ZPO auch vom Berufungsgegner im Wege der Klageänderung oder Widerklage in das Berufungsverfahren eingeführt werden.

(4) Ist freilich der *Kläger* in erster Instanz *teilweise unterlegen*, so wird man ihm eine auf denselben Sachverhalt gestützte Klage*erweiterung* nach § 264 Nr. 2 ZPO nur gestatten dürfen, wenn er zugleich Anschlussberufung einlegt und dadurch den vollen Erfolg seiner ursprünglichen Klage zu erreichen sucht. Lässt er es nämlich bei der Teilabweisung bewenden, so steht rechtskräftig fest, dass er über den ihm zugesprochenen Betrag hinaus nichts verlangen kann. Der Kläger verhält sich widersprüchlich, wenn er diese Feststellung rechtskräftig werden lässt, *zugleich* aber einen höheren als den bisherigen Betrag verlangt. Will also der Kläger gegen das erstinstanzliche Urteil weder Berufung noch Anschlussberufung einlegen, so muss er den Mehrbetrag in einem selbstständigen neuen Prozess verfolgen, sofern ihm dies Unterfangen nicht seinerseits nach den Grundsätzen über die Rechtskraft bei verdeckter Teilklage[200] ebenfalls verschlossen ist.

Die Abhängigkeit der Anschluss- von der Hauptberufung zeigt sich in **§ 524 IV ZPO:** **699** Die Anschlussberufung **verliert ihre Wirkung**, wenn die **Hauptberufung zurückgenommen**, d. h. wenn nicht mehr in der Sache über sie entschieden wird. Sie verliert ihre Wirkung ferner dann, wenn die Hauptberufung als unzulässig verworfen (§ 522 I ZPO) oder durch einstimmigen Beschluss des Berufungsgerichts als unbegründet zurückgewiesen wird (§ 522 II ZPO). Derjenigen Partei, die Anschlussberufung eingelegt hat, wird mithin dies Rechtsmittel auch dann genommen, wenn über die Hauptberufung nicht mündlich verhandelt wird, weil sie – grob gesprochen – in qualifi-

---

197 BGH MDR 2006, 586, 587.
198 BGH NJW 2015, 2812 Rn. 28 ff.
199 Vgl. bereits oben IV 2 Rn. 616 ff.
200 Dazu oben § 7 IV 4 Rn. 423 ff.

zierter Weise aussichtslos erscheint. In diesem Zusammenhang erhebt sich die Frage, ob die Anschlussberufung, sofern sie *zugleich die Voraussetzungen einer zulässigen Hauptberufung erfüllt*, in eine solche *umgedeutet* werden kann:

700   **Fall 154:** K verklagt B auf Schadensersatz in Höhe von 2000 Euro aus einem Verkehrsunfall, weil er an der Kreuzung, an der die Autos beider Parteien kollidierten, bei Grün und B bei Rot durchgefahren sei. B behauptet, er habe Grün und K Rot gehabt, und erhebt Widerklage auf Ersatz seines Schadens (1500 Euro). Das Gericht weist Klage und Widerklage ab, weil es sich nicht mit letzter Sicherheit vom Unfallhergang überzeugen kann. Das Urteil wird beiden Parteien am 1.3.2016 zugestellt. K legt am 8.3.2016 Berufung, B am 15.3.2016 Anschlussberufung ein. Beide Parteien begründen ihre Berufungen im Einklang mit den Erfordernissen des § 520 III ZPO und halten ihre erstinstanzlichen Anträge in vollem Umfang aufrecht. Im weiteren Verlauf des Rechtsstreits nimmt K seine Berufung zurück.

Im **Fall 154** wäre die Anschlussberufung des B ebenso als Hauptberufung zulässig gewesen: Der Wert des Beschwerdegegenstandes erreicht 1500 Euro, weil B mit dieser Forderung in erster Instanz abgewiesen wurde und die Forderung im Berufungsverfahren in voller Höhe aufrechterhält. Da aber K seine Berufung zurückgenommen hat, hat die Anschlussberufung des B nach § 524 IV ZPO ihre Wirkung verloren. Somit erhebt sich die Frage, ob die Anschlussberufung des B nunmehr, nachdem K die Hauptberufung zurückgenommen hat, als Hauptberufung weitergeführt werden kann. Diese Möglichkeit gab es in der Tat vor In-Kraft-Treten des ZPO-Reformgesetzes am 1. 1. 2002 (§ 522 II ZPO a.F.); man sprach insoweit von einer sog. selbstständigen Anschlussberufung.

701   Diese Möglichkeit ist indes durch jenes Reformgesetz entfallen[201]: Die Partei, zu deren Nachteil erkannt wurde, muss sich nach heutigem Recht sogleich darüber klar werden, ob sie
- sogleich selbstständig Berufung einlegt; dann ist ihr Rechtsmittel von demjenigen des Gegners völlig unabhängig;
- oder aber Anschlussberufung einlegt; dann ist ihr Rechtsmittel von Beginn an von demjenigen des Gegners abhängig und verliert mit Rücknahme der Hauptberufung endgültig ihre Wirkung. Derjenigen Partei, die sich auf die Anschlussberufung beschränkt hat, ist dann jede weitere Chance verwehrt, das erstinstanzliche Urteil nochmals zur Prüfung durch das Berufungsgericht zu stellen.

Ob der Berufungsgegner sich für das eine oder das andere entschieden hat, hängt allein davon ab, welches Verständnis er dem von ihm erhobenen Rechtsmittel beigelegt hat: Will er es als Hauptberufung verstanden wissen, so ist es als eine solche unabhängig von der Berufung des Gegners zu bescheiden; will er es als Anschlussberufung verstanden wissen, so erledigt es sich mit Rücknahme der Hauptberufung. Dagegen ist nicht entscheidend, ob das Rechtsmittel inner- oder außerhalb der Berufungsfrist eingelegt wurde: Man kann also nicht pauschal behaupten, die innerhalb der Berufungsfrist eingelegte Berufung sei stets Haupt-, die danach eingelegte Be-

---

201 Vgl. nur *Heiderhoff*, NJW 2002, 1402, 1403.

rufung stets Anschlussberufung[202]. Vielmehr hat der Berufungsgegner innerhalb der für ihn laufenden Berufungsfrist die Wahl, ob er selbstständige (also Haupt-) Berufung oder bloß Anschlussberufung einlegen möchte[203]. Allerdings ist nach Ansicht des BGH im *umgekehrten Fall* – also wenn jemand Hauptberufung einlegt und diese unzulässig ist – eine Umdeutung in eine unselbständige Anschlussberufung zulässig[204].

▶ **Wichtiger Hinweis**

In der Praxis wird häufig der Terminus „Anschlussberufung" verlangt, obwohl eigentlich nur gemeint ist, dass man das Urteil eigenständig und unabhängig vom Rechtsmittel des Gegners angreifen möchte. Von einer solchen Formulierung ist zur Vermeidung von Missverständnissen künftig abzuraten[205]: Es besteht die Gefahr, dass das Berufungsgericht die „Anschlussberufung" als eine solche des § 524 I ZPO interpretiert und nach Rücknahme der gegnerischen Berufung für nach § 524 IV ZPO erledigt hält. Eine Partei, die erklärt, sie wolle „selbstständige Anschlussberufung" einlegen, will damit im Zweifel eine eigenständige, vom Rechtsmittel des Gegners unabhängige Hauptberufung erheben[206]. Der BGH hat freilich mit Recht ausgesprochen, dass ein als „Anschlussberufung" bezeichnetes Rechtsmittel nicht schon wegen dieser Bezeichnung als unselbständige Anschlussberufung ausgelegt werden darf: Es müssen vielmehr alle Umstände des jeweiligen Falles herangezogen werden, um zum richtigen Verständnis des konkret eingelegten Rechtsmittels zu gelangen[207]. Die Berufungsgerichte haben im Falle einer unzulässigen (z. B. verfristeten) Hauptberufung außerdem zu prüfen, ob diese in eine (zulässige) Anschlussberufung umgedeutet werden kann[208].

Zur Vertiefung: 702

(1) Der so verstandene § 524 IV ZPO ermöglicht dem **Berufungsführer, sein Kostenrisiko** im Rechtsmittelzug deutlich **einzuschränken**: Er kann, sobald er merkt, dass seiner Berufung kein Erfolg beschieden sein wird, diese zurücknehmen und damit endgültig dem Gegner, der lediglich Anschlussberufung eingelegt hat, die Chance einer Abänderung des Urteils zu seinen Gunsten nehmen. Im Extremfall mag er noch während der Urteilsverkündung, d. h. bevor die Urteilsformel vollständig verlesen ist, die Berufung zurücknehmen[209]. Die ZPO bietet keine Handhabe, dem Berufungsführer diese taktische Maßnahme abzuschneiden. Namentlich lässt sich der Vorschlag, die Berufungsrücknahme nach Beginn der mündlichen Berufungsverhandlung analog § 269 II ZPO an die Zustimmung des Berufungsgegners zu binden[210], nicht halten: § 269 II ZPO stellt klar,

---

202 So aber *v. Olshausen*, NJW 2002, 802, 803; zutreffend dagegen *Heiderhoff*, NJW 2002, 1402 f.
203 Zutreffend BGH NJW 2003, 2388; *Piekenbrock*, MDR 2002, 675, 677.
204 BGH NJW-RR 2004, 1502 f. (dort hatte der Berufungsführer freilich ausdrücklich erklärt, seine Berufung, falls sie unzulässig sein sollte, als unselbständige Anschlussberufung zu behandeln); BGH NJW 2009, 442, 443.
205 Zutreffend *Grunsky*, NJW 2002, 800 mit Fn. 7; *Heiderhoff*, NJW 2002, 1402, 1403; *Piekenbrock*, MDR 2002, 675, 677.
206 BGH NJW 2003, 2388 f. Dort hatte der Berufungsgegner sein Rechtsmittel „zur Fristwahrung" eingelegt und Anträge „innerhalb der Berufungsbegründungsfrist" angekündigt, was darauf schließen ließ, dass er nicht die Privilegien des § 524 II 1 ZPO in Anspruch nehmen, sondern sein Rechtsmittel unter das Regime der normalen Zulässigkeitsvoraussetzungen für die gewöhnliche (selbstständige) Berufung gestellt wissen wollte. Für die Annahme, dass die Partei, die innerhalb der Berufungsfrist „Anschlussberufung" einlegt, im Zweifel eine selbständige Berufung einlegen möchte, auch schon *Gerken*, NJW 2002, 1095; *Piekenbrock*, MDR 2002, 675, 677.
207 Ausführlich dazu BGH NJW 2011, 1455, 1456 f.
208 BGH NJW 2009, 442 Rn. 10 ff.; BGH NJW-RR 2015, 700 Rn. 15; BGH NJW-RR 2016, 445 Rn. 6.
209 *Doms*, NJW 2002, 777, 780.
210 In diesem Sinne *Doms*, NJW 2002, 777, 780. An späterer Stelle hat *Doms* selbst erkannt, dass sein Vorschlag lediglich als *rechtspolitisches* Postulat überzeugen kann (NJW 2004, 189, 191 mit Gesetzesvorschlag).

dass der Beklagte in erster Instanz nach Beginn der mündlichen Verhandlung einen Anspruch auf ein Urteil hat. Vor einer vergleichbaren Interessenlage steht der Berufungsgegner in zweiter Instanz nicht; denn in diesem Stadium des Verfahrens *ist* bereits ein Urteil ergangen, das durch die Rücknahme der Berufung sogar in Rechtskraft erwächst. Die Regelung des § 515 ZPO a.F., wonach die Berufung nach Beginn der mündlichen Verhandlung nur noch mit Einwilligung des Gegners zurückgenommen werden darf, ist durch § 516 ZPO der jetzigen Fassung gerade beseitigt worden[211].

(2) Was das **Kostenrisiko des Anschlussberufungsführers** anbelangt, so ist zu differenzieren: Wenn die Hauptberufung zurückgenommen wird, trägt der Berufungsführer auch die Kosten der Anschlussberufung, weil er dieser willentlich die Grundlage entzogen hat[212]. Wird aber die Hauptberufung nach § 522 II ZPO durch Beschluss als unbegründet zurückgewiesen wird und verliert aus *diesem* Grunde die Anschlussberufung nach § 524 IV ZPO ihre Wirkung, sollen nach überwiegender Meinung die Kosten des Berufungsverfahrens beiden Parteien nach dem Verhältnis der Werte von Berufung und Anschlussberufung zur Last fallen[213]. Diese Auffassung stützt sich auf eine Entscheidung des BGH zum früheren Revisionsrecht[214]; sie erscheint indes gleichwohl problematisch[215]: Der Berufungsgegner hat, was die *Hauptberufung* anbelangt, *obsiegt*; über seine Anschlussberufung ist *keine Entscheidung* ergangen. Die h. M. behandelt ihn in der Sache nach aber so, als wäre er mit der Anschlussberufung *unterlegen*[216]; dann nämlich hätte er nach § 97 ZPO die Kosten der Anschlussberufung zu tragen. Wenigstens sollte man daher den Hauptberufungsführer **entsprechend § 91a ZPO** nach Maßgabe des Sach- und Streitstandes an den Kosten der Anschlussberufung beteiligen. Noch weitergehend wird vertreten, der Hauptberufungsführer habe, wenn seine Berufung nach § 522 II ZPO zurückgewiesen werde, *immer* auch die Kosten der wirkungslos gewordenen Anschlussberufung zu tragen. Denn vor der Zurückweisung nach § 522 II ZPO ergehe stets zunächst ein richterlicher Hinweis (§ 522 II 2 ZPO). Wenn der Hauptberufungsführer daraufhin einsehe, dass seine Berufung keine Aussicht auf Erfolg habe, trage er in jedem Fall auch die Kosten der Abschlussberufung. Dann dürfe es nicht geschehen, dass der weniger einsichtige Hauptberufungsführer, der trotz des gerichtlichen Hinweises an seiner Berufung festhalte, bezüglich der Kosten der Anschlussberufung besser stehe[217]. Mit dieser sehr rigorosen Haltung wird indes die Stoßrichtung des § 522 II 2 ZPO verkannt. Der Hinweis, der nach dieser Vorschrift ergehen muss, bevor die Berufung durch Beschluss als unbegründet zurückgewiesen werden darf, dient nicht dazu, den Weg für die spätere „Bestrafung" des „hartleibig" bleibenden Berufungsführers zu ebnen, sondern dem rechtlichen Gehör des Berufungsführers selbst. Eine Argumentation des Inhalts „Der Einsichtige darf nicht schlechter stehen als der Uneinsichtige" zielt in Wirklichkeit darauf ab, die Parteien dazu zu bewegen, von dem ihnen eingeräumten rechtlichen Gehör keinen Gebrauch zu machen. Für derartige Steuerungsimpulse kann und darf das Kostenrecht der ZPO keinen Raum bieten.

(3) Wenn die **Anschlussberufung unzulässig**, z. B. nicht den Erfordernissen der §§ 524 III, 520 III ZPO entsprechend begründet ist und nunmehr die Hauptberufung zurückgenommen wird, wird die Anschlussberufung nach § 524 IV ZPO wirkungslos; da sie aber als unzulässig zu verwerfen gewesen wäre, trägt der Berufungsgegner die durch sie veranlassten Kosten[218].

---

211 Vgl. *Hartmann*, NJW 2001, 2577, 2591.
212 BGH MDR 2005, 704, 705; BGH MDR 2006, 586; *Katzenstein*, NJW 2007, 737; *Pape*, NJW 2003, 1150, 1151; *Schellenberg*, MDR 2005, 610, 614. Ebenso für die Revision BGH NJW 2013, 875 Rn. 16 ff.
213 OLG Celle NJW 2003, 2755, 2756; OLG Düsseldorf NJW 2003, 1260; KG MDR 2008, 1062; OLG Stuttgart MDR 2009, 585; *Fölsch*, NJW 2006, 3521, 3523 f.; *Pape*, NJW 2003, 1150, 1151; *Schellenberg*, NJW 2005, 610, 614.
214 BGHZ 80, 146. Danach hatte nämlich diejenige Partei, welche Anschlussrevision eingelegt hatte, die Kosten dieses Rechtsmittels selbst zu tragen, wenn die Hauptrevision nicht angenommen wurde.
215 Zu Recht ablehnend auch *Doms*, NJW 2004, 189, 190.
216 Deutlich in diesem Sinne OLG Stuttgart MDR 2009, 585.
217 OLG Frankfurt NJW 2011, 2671, 2672; ähnlich OLG Hamm NJW 2011, 1520, 1521 f.
218 OLG Köln NJW 2003, 1879 f.

(4) Wenn das Berufungsgericht ein Rechtsmittel als unselbständige Anschlussberufung auslegt, obwohl es bei zutreffender Deutung als selbständige Berufung zu verstehen war, und nunmehr die Hauptberufung als unzulässig verwirft, wird es – konsequent, aber eben fehlerhaft – die Anschlussberufung gemäß § 524 IV ZPO für wirkungslos erklären. Sofern die „Anschlussberufung" aber ihrerseits als selbständige Berufung gewollt und als solche auch zulässig war, hätte das Gericht in der Sache hierüber entscheiden müssen. Hier hilft der BGH mit einer **Analogie zu § 522 I 4 ZPO**: Gegen den Beschluss, wonach die Anschlussberufung für wirkungslos erklärt wird, kann Rechtsbeschwerde eingelegt werden mit der Begründung, das Rechtsmittel sei in Wirklichkeit eine selbständige Berufung gewesen. Für den Rechtsmittelführer stellt sich die Entscheidung des Berufungsgerichts nämlich im Ergebnis nicht anders dar, als wenn seine Berufung als unzulässig verworfen worden wäre[219].

5. Die Entscheidung über die Berufung

a) Unzulässige Berufung

Die **unzulässige** Berufung wird nach § 522 I ZPO **verworfen**. Die Entscheidung ergeht entweder durch Urteil oder durch Beschluss (§ 522 I 3 ZPO). Im ersteren Fall unterliegt sie der Revision, im letzteren Fall der Rechtsbeschwerde (§ 522 I 4 ZPO). Bevor freilich das Gericht die Berufung wegen Versäumung der Berufungsbegründungsfrist verwirft, hat es dem Berufungsführer rechtliches Gehör zu gewähren[220].

703

b) Unbegründete Berufung

Die **unbegründete** Berufung wird **zurückgewiesen**. Dabei kommt eine Zurückweisung zum einen durch Urteil, zum anderen durch Beschluss in Betracht.

704

Die Berufung wird durch Urteil zurückgewiesen, wenn eine mündliche Berufungsverhandlung stattgefunden hat. Eine solche ist nach § 523 I 2 ZPO grundsätzlich erforderlich. Unter besonderen Voraussetzungen wird freilich die Berufung ohne mündliche Verhandlung durch Beschluss zurückgewiesen (§ 522 II ZPO). Das ist der Fall, wenn

705

- die Berufung offensichtlich keine Aussicht auf Erfolg hat; wenn das Gericht erwägt, das erstinstanzliche Urteil abzuändern, ist also immer eine mündliche Verhandlung vonnöten;
- weder die Rechtssache grundsätzliche Bedeutung hat noch die Fortbildung des Rechts oder die Sicherung einer einheitlichen Rechtsprechung eine Entscheidung des Berufungsgerichts erfordert;
- und eine mündliche Verhandlung nicht geboten ist. Wenn einer der soeben genannten Fälle vorliegt, ist eine mündliche Verhandlung ohnehin *immer* geboten, weil das Berufungsgericht dann sogar verpflichtet ist, die Revision zuzulassen. Es kommen aber auch Konstellationen in Betracht, in denen eine mündliche Verhandlung geboten erscheint, *obwohl* die soeben aufgelisteten Zulassungsgründe *nicht* vorliegen – so etwa, wenn der Rechtsstreit für eine Partei existentielle Bedeutung hat[221]

---

219 BGH NJW 2011, 1455, 1456.
220 BGH MDR 2006, 44, 45.
221 *Stackmann*, JuS 2011, 1287, 1288.

oder wenn das Berufungsgericht das erstinstanzliche Urteil zwar nicht in der Begründung, wohl aber im Ergebnis für richtig hält[222]. In der Literatur ist darauf hingewiesen worden, dass eine mündliche Verhandlung dem Verfahren nach § 522 II ZPO in sehr vielen Fällen, ja sogar grundsätzlich vorzuziehen ist[223]: Das Berufungsgericht vermeidet so die Notwendigkeit, in einem frühen Verfahrensstadium einen bestimmten Rechtsstandpunkt nach außen (nämlich im Hinweisbeschluss) zu dokumentieren. Beim Berufungsführer entsteht im Falle einer mündlichen Verhandlung nicht der Eindruck, seine Berufung sei eine solche „zweiter Klasse". Und wenn die Nichtzulassungsbeschwerde gegen die Entscheidung des Berufungsgerichts erfolgreich sein sollte, ist es besser, wenn das Berufungsgericht vorher *nicht* nach § 522 II ZPO durch Beschluss entschieden hatte. Denn es stellt für das Berufungsgericht eine peinliche Blamage dar, wenn es die Berufung als „offensichtlich" aussichtslos zurückgewiesen hatte und nun vom BGH darüber belehrt wird, dass am Berufungsvorbringen sehr wohl „etwas dran" ist.

706 Liegen diese Voraussetzungen vor, so darf das Berufungsgericht nicht nur ohne mündliche Verhandlung durch Zurückweisungsbeschluss entscheiden; es ist sogar grundsätzlich (vgl. Wortlaut: „soll") hierzu *verpflichtet*. Das Verfahren nach § 522 II ZPO kommt freilich nicht mehr in Betracht, wenn bereits ein Termin zur mündlichen Verhandlung stattgefunden hat; dann ist vielmehr zwingend durch Urteil zu entscheiden. Streitig ist, ob die Berufung noch durch Beschluss nach § 522 II ZPO zurückgewiesen werden darf, wenn schon Termin zur mündlichen Verhandlung anberaumt war, aber noch nicht stattgefunden hat[224]. Nach vorzugswürdiger Ansicht ist diese Frage zu verneinen. Das ergibt sich aus dem Wortlaut des § 523 I 2 ZPO: Danach muss das Gericht sich erst darüber klar werden, ob es die Berufung nach § 522 II ZPO zurückweist, und dann, wenn es dies nicht tut, Termin zur mündlichen Verhandlung bestimmen. Wenn das Gericht also einen solchen Termin bestimmt, hat es bereits entschieden, dass es nicht nach § 522 II ZPO vorgehen will. Damit schafft es bei den Parteien für das weitere Verfahren einen Vertrauenstatbestand, an dem es sich festhalten lassen muss. Sofern die Zurückweisung der Berufung teilweise auf § 522 II ZPO gestützt werden kann, kann, sofern die Voraussetzungen eines Teilurteils nach § 301 ZPO vorliegen, die Berufung in diesem Umfang durch *Teilbeschluss* nach § 522 ZPO zurückgewiesen werden[225]; diese Verfahrensweise steht nach § 301 II ZPO freilich im Ermessen des Gerichts.

707 Das Berufungsgericht ist nicht gehalten, von einem Zurückweisungsbeschluss nach § 522 II ZPO allein deswegen abzusehen, weil der Fall besondere Schwierigkeiten rechtlicher und tatsächlicher Art aufweist[226]; in diesem Fall kann aber i. S. des

---

222 *Baumert*, MDR 2011, 1145, 1146; *Stackmann*, JuS 2011, 1287, 1288.
223 Zum Folgenden *Gehrlein*, NJW 2014, 3393, 3396 f.
224 Dafür OLG Celle MDR 2009, 1303; OLG Düsseldorf NJW 2005, 833 f.; gebilligt von BVerfG NJW 2011, 3356, 3357. Dagegen mit der sogleich im Text wiedergegebenen Argumentation *Fölsch*, NJW 2006, 3521; 3522; *Knops*, ZZP 120 (2007), 403, 414; *Schellenberg*, MDR 2005, 610; *Vossler*, MDR 2008, 722, 723.
225 OLG Rostock NJW 2003, 2574, 2755; *Vossler*, MDR 2008, 722, 724. Dagegen *Stackmann*, NJW 2007, 9, 11.
226 Zutreffend OLG Celle NJW 2002, 2400, 2401.

§ 522 II 1 Nr. 4 ZPO eine mündliche Verhandlung geboten und *deshalb* eine Zurückweisung der Berufung durch Beschluss unangebracht sein. Andererseits darf das Gericht, das die Berufung nach § 522 II ZPO zurückweisen will, sich nicht etwa auf eine bloß „summarische" Prüfung des Streitstoffs beschränken[227]: Die rechtliche Auseinandersetzung des Gerichts mit dem Berufungsvorbringen muss eine Qualität erreichen, die derjenigen eines Endurteils entspricht. Das Gericht darf von einer Begründung des Beschlusses nach § 522 II 3 ZPO nur insoweit absehen, als die Gründe, auf denen die Zurückweisung beruht, nicht bereits aus den Hinweisen ersichtlich ist, die das Gericht dem Berufungsführer nach § 522 II 2 ZPO im Vorfeld des Beschlusses geben musste und gegeben hat.

Wenn die **Voraussetzungen des § 522 II ZPO nicht vorliegen**, ergeht die Entscheidung über die Berufung durch **Endurteil** (§ 540 ZPO). Sofern das Gericht die Berufung für unbegründet hält, wird diese durch jenes Urteil **zurückgewiesen**.

Wenn das Berufungsgericht die Berufung durch **Beschluss zurückweist**, obwohl die **Voraussetzungen des § 522 II ZPO nicht vorliegen**, und wenn außerdem die Voraussetzungen für eine Nichtzulassungsbeschwerde nach § § 522 III ZPO nicht vorliegen (insbesondere die Beschwer nach § 26 Nr. 8 EGZPO nicht erreicht wird), schneidet das Berufungsgericht dem unterlegenen Berufungsführer zu Unrecht den Zugang zur Revision ab[228]. Dadurch wird der Berufungsführer nach Ansicht des BVerfG in seinem rechtsstaatlichen Anspruch auf Justizgewähr verletzt[229]; andernorts hält das BVerfG (was in der Sache näher liegt) bei fehlerhafter Anwendung des § 522 II ZPO eine Verletzung des **Art. 101 I 2 GG** für gegeben[230]. Die fehlerhafte Anwendung des § 522 II ZPO kann daher mit der **Verfassungsbeschwerde** gerügt werden. Ein Verfassungsverstoß ist freilich nicht schon dann anzunehmen, wenn das Berufungsgericht fehlerhaft unter die Voraussetzungen des § 522 II ZPO subsumiert hat, sondern erst dann, wenn die Anwendung dieser Vorschrift nicht mehr verständlich und unter keinem denkbaren Gesichtspunkt vertretbar ist und sich dadurch der Schluss aufdrängt, dass die Entscheidung auf sachfremden und damit willkürlichen Erwägungen beruht[231]. Eine willkürliche Handhabung des § 522 II ZPO liegt vor, wenn das Berufungsgericht von höchstrichterlicher Rechtsprechung abweicht und daher zur Sicherung einer einheitlichen Rechtsprechung die Revision zulassen müsste. Weist es in einer solchen Situation die Berufung durch Beschluss als unbegründet zurück, kann dieser Beschluss erfolgreich mit der Verfassungsbeschwerde angefochten werden[232].

c) Begründete Berufung

Wenn das Berufungsgericht feststellt, dass das erstinstanzliche Urteil tatsächlich fehlerhaft oder infolge zu berücksichtigender neuer Tatsachen nicht zu halten ist, kommen für das weitere Verfahren zwei Möglichkeiten in Betracht: **708**

227 OLG Koblenz NJW 2003, 2100, 2101.
228 Zur Verfassungsmäßigkeit des § 522 III ZPO vgl. BVerfG NJW 2008, 3419 f.
229 BVerfG NJW 2007, 3118, 3119.
230 BVerfG NJW 2008, 1938.
231 BVerfG NJW 2008, 1938; *Vossler*, MDR 2008, 722, 726.
232 BVerfG NJW 2007, 3118, 3119.

- *Aufhebung und Zurückverweisung.* Diese Verfahrensweise ist nach § 538 II ZPO die Ausnahme; die dort genannten Fallgruppen sind abschließend. Selbst wenn eine dieser Fallgruppen vorliegt, erfolgt die Zurückverweisung – abgesehen vom Fall des § 538 II 1 Nr. 7 ZPO – nur auf Antrag einer Partei.
- *Entscheidung in der Sache selbst.* Diese Verfahrensweise ist nach § 538 I ZPO die Regel. Das Berufungsgericht muss zu diesem Zwecke u. U. in eine Beweisaufnahme eintreten – ggf. sogar in eine solche, die in erster Instanz noch nicht stattgefunden hat, falls nämlich das Gericht des ersten Rechtszugs infolge fehlerhafter materiellrechtlicher Würdigung oder fehlerhaften Verfahrens tatsächliches Vorbringen und/oder Beweisantritte einer Partei übergangen hat.

709   Aus § 538 I ZPO folgt zugleich, dass *nicht jeder Fehler, der in erster Instanz passiert ist, für sich allein die Berufung begründet erscheinen lässt*: Wenn nämlich das Gericht, z. B. nachdem es eine in erster Instanz versäumte Beweisaufnahme wiederholt, einen erstinstanzlichen Verfahrensfehler korrigiert oder eine neue rechtliche Würdigung vorgenommen hat, zu dem Ergebnis gelangt, dass das erstinstanzliche Urteil jedenfalls *im Ergebnis stimmt*, wird die Berufung trotz des Fehlers *zurückgewiesen*[233].

> **Fall 155:** K verklagt B auf Zahlung des Kaufpreises. B wehrt sich mit der Behauptung, er sei bei Vertragsschluss nicht wirksam vertreten worden. K kann in erster Instanz nicht nachweisen, dass B demjenigen, der für ihn gehandelt hat, tatsächlich Vollmacht erteilt hatte; die Klage wird abgewiesen. In zweiter Instanz gelingt dem K zwar der Nachweis eines wirksamen Vertragsschlusses; doch hat sich inzwischen ein unbehebbarer Mangel der Kaufsache gezeigt, dessentwegen B während des Berufungsverfahrens wirksam vom Kaufvertrag zurückgetreten ist.

710   Im **Fall 155** ist das erstinstanzliche Urteil zwar fehlerhaft, weil ein wirksamer Vertragsschluss zu Unrecht verneint wurde; gleichwohl wird die Berufung zurückgewiesen, weil der einmal entstandene Kaufpreisanspruch nach § 346 I BGB erloschen ist.

> **Fall 156:** K verklagt B auf Zahlung des Werklohns. Das Gericht verurteilt B in erster Instanz, weil es den Vortrag des B, das Werk sei mangelhaft und er biete dafür Sachverständigenbeweis an, kommentarlos übergeht. B legt Berufung ein. Das Berufungsgericht holt den Sachverständigenbeweis nach und gelangt zu der Überzeugung, dass das Werk mangelfrei ist.

711   Im **Fall 156** ist das erstinstanzliche Urteil zwar in verfahrensrechtlicher Hinsicht fehlerhaft, weil das Gericht den von B angebotenen Sachverständigenbeweis hätte erheben müssen. Gleichwohl wird die Berufung des B zurückgewiesen, weil die Beweisaufnahme zu einem dem B nachteiligen Ergebnis geführt hat.

---

233 Dieser Rechtssatz geht so weit, dass das Berufungsgericht sogar einen *Zurückweisungsbeschluss* nach § 522 II ZPO erlassen kann, wenn es erkennt, dass das erstinstanzliche Urteil zwar einen Rechtsfehler enthält, sich aber mit anderer Begründung aufrechterhalten lässt (OLG Frankfurt NJW 2004, 165, 167; OLG Rostock NJW 2003, 1676, 1677).

d) Verbot der reformatio in peius

Das Berufungsgericht ist nach § 528 ZPO an die Berufungsanträge gebunden: Soweit   712
eine Abänderung des erstinstanzlichen Urteils nicht beantragt wird, darf das Gericht
sie auch nicht vornehmen. Soweit nur eine Partei Berufung einlegt, folgt aus § 528
ZPO ein **Verbot der reformatio in peius** (auch sog. **Schlechterstellungsverbot**): Das
Urteil darf in diesem Fall nicht zum Nachteil des Berufungsführers abgeändert werden. Das Verbot der *reformatio in peius* bezieht sich freilich nur auf den Urteilstenor,
nicht auf die Begründung. Hierin können sich für den Berufungsführer böse Fall-
stricke verbergen:

> **Fall 157:** K erhebt gegen B Klage auf Feststellung, dass B ihm zum Ersatz sämtlicher künfti-   713
> gen Schäden aus einem Verkehrsunfall verpflichtet sei. Das Gericht weist die Klage in erster
> Instanz ab, weil die Entstehung künftiger Schäden nach Lage der Dinge ausgeschlossen sei
> und dem K daher das Feststellungsinteresse fehle. K legt hiergegen Berufung ein. Das Beru-
> fungsgericht weist die Berufung mit der Begründung zurück, B sei für den Unfall nicht verant-
> wortlich und hafte daher bereits dem Grunde nach nicht für den Schaden des K.

Im **Fall 157** weicht das Berufungsurteil in seinem Tenor nicht zum Nachteil vom
Ausgangsurteil ab: Beide Urteile enthalten die Abweisung der Klage. Gleichwohl
wird K durch das Berufungsurteil schlechter gestellt als er nach Abschluss der ersten
Instanz stand: In erster Instanz war die Klage als unzulässig abgewiesen worden; bei
Behebung des Sachurteilshindernisses hätte K erneut klagen können. Dagegen wird
dem K durch das Berufungsurteil der geltend gemachte Schadensersatzanspruch bereits dem Grunde nach aberkannt. Wenn das Urteil rechtskräftig wird, steht jeglicher
weiterer Klage des K gegen B, welche auf diesen Unfall gestützt ist, der Einwand
einer anderweitigen rechtskräftigen Entscheidung entgegen. Gleichwohl ist das Berufungsurteil in zulässiger Weise, insbesondere ohne Verstoß gegen das Schlechterstellungsverbot ergangen[234]. Den K trifft dies nicht unbillig: Er hatte eine Sachentscheidung über seine Ersatzforderung begehrt; diese hat er nunmehr bekommen.

> **Fall 158:** K verklagt B auf Schadensersatz, weil B ihn bei einer Schlägerei vorsätzlich verletzt   714
> habe; B wehrt sich, indem er mit einer Kaufpreisforderung gegen K aufrechnet. In erster Ins-
> tanz wird der Aufrechnungseinwand des B mit Rücksicht auf § 393 BGB zurückgewiesen. B
> legt Berufung ein. Das Berufungsgericht kann sich vom Vorsatz des B nicht überzeugen, legt
> ihm lediglich Fahrlässigkeit zur Last und verurteilt ihn aus diesem Grunde aus § 823 I BGB.
> Den Aufrechnungseinwand weist es zurück, weil der Kaufvertrag nichtig sei.

Der soeben beschriebene **Fall 158** enthält gewissermaßen das Spiegelbild zum vorangehenden **Fall 157**: B steht nach dem Urteilstenor in der Berufungsinstanz nicht
schlechter als nach demjenigen in erster Instanz; er ist in beiden Fällen antragsgemäß
verurteilt worden. Während aber die Aufrechnung im Ausgangsverfahren als unstatthaft zurückgewiesen wurde und dem B daher die Möglichkeit beließ, jene Forderung
in einem separaten Prozess selbstständig einzuklagen, hat das Berufungsgericht dem

---

234 BGH MDR 2004, 705, 706; *Gehrlein*, MDR 2004, 661, 665.

B die Aufrechnungsforderung in der Sache aberkannt – und zwar nach § 322 II ZPO mit Rechtskraftfähigkeit. Diese Schlechterstellung muss B ebenso hinnehmen, wie K sie im **Fall 157** erleiden musste[235].

VI. Die Revision

715   Die Revision ist ein Instrument der reinen **Rechtskontrolle**. Sie kann nach § 545 I ZPO nur darauf gestützt werden, dass das Berufungsurteil auf einer Rechtsverletzung beruht.

1. Statthaftigkeit der Revision

716   Die Revision findet nach **§ 542 I ZPO** gegen Berufungsurteile statt. Ausgenommen sind in § 542 II ZPO unter anderem Arrest- und Verfügungsurteile nach §§ 916 ff., 935 ff. ZPO. Die Revision bedarf freilich der **Zulassung**, die entweder durch das Berufungsgericht oder auf Beschwerde des Revisionsführers durch das Revisionsgericht ausgesprochen wird.

717   An eine vom Berufungsgericht ausgesprochene Zulassung der Revision ist das Revisionsgericht gebunden (§ 543 II 2 ZPO). Diese Bindung greift lediglich dann nicht ein, wenn sich im Gesetz eine Anordnung findet, wonach das Berufungsurteil *keinem Rechtsmittel unterliegt*[236]. Wenn etwa im Arrestverfahren ein Berufungsurteil ergeht und das Berufungsgericht die Revision zulässt, ändert dies nichts daran, dass die Revision nach § 542 II ZPO unstatthaft ist; das Revisionsgericht wird daher die Revision ungeachtet der Zulassung nach § 552 I ZPO verwerfen[237].

718   **Zur Vertiefung:** Des Weiteren ist das Revisionsgericht nicht an die Zulassung gebunden, wenn das Berufungsgericht die Revision mit der Begründung zugelassen hat, die Frage der örtlichen oder sachlichen Zuständigkeit des erstinstanzlichen Rechts habe grundsätzliche Bedeutung (bzw. müsse zur Fortbildung des Rechts oder zur Sicherung einer einheitlichen Rechtsprechung geklärt werden). Denn jene Zuständigkeit ist nach § 545 II ZPO einer Überprüfung im Revisionsverfahren gänzlich entzogen. Das Revisionsgericht könnte also im Revisionsverfahren die ihm zugedachte Aufgabe, die Frage höchstrichterlich zu klären, bereits im Ansatz nicht erfüllen[238]. Der BGH verneint außerdem eine Bindung an die Zulassung, wenn das Berufungsgericht die Revision zunächst nicht zugelassen hatte und diese Entscheidung auf eine Anhörungsrüge (§ 321a ZPO) hin ändert, obwohl es bei seiner ursprünglichen Entscheidung, die Revision *nicht* zuzulassen, das rechtliche Gehör der Parteien in Wirklichkeit nicht verletzt hatte[239].

---

235 BGH MDR 2004, 705 f.; *Gehrlein*, MDR 2004, 661, 665.
236 *Gehrlein*, MDR 2003, 547.
237 BGH MDR 2003, 41, 42.
238 BGH MDR 2006, 1126, 1127.
239 BGH NJW-RR 2014, 1470 Rn. 8 ff.

a) Zulassungsgründe

Die Gründe für die Zulassung der Revision – grundsätzliche Bedeutung (§ 543 II   **719**
Nr. 1 ZPO), Fortbildung des Rechts, Sicherung einer einheitlichen Rechtsprechung
(§ 543 II Nr. 2 ZPO) – decken sich mit denjenigen für die Zulassung der Berufung
nach § 511 IV 1 Nr. 1 ZPO; auf die Darlegung oben Rn. 622 ff. wird daher verwiesen.

b) Die Nichtzulassungsbeschwerde

aa) Voraussetzungen

Wenn das Berufungsgericht die Revision zulässt, ist das Revisionsgericht nach   **720**
§ 543 II 2 ZPO hieran gebunden. Wenn es die Revision dagegen **nicht zulässt**, kann
der Revisionsführer eine Korrektur dieser Entscheidung erzwingen, indem er nach
§ 544 ZPO **Nichtzulassungsbeschwerde** erhebt. Diese Beschwerde hat Erfolg, wenn
ein Zulassungsgrund nach § 543 II 1 ZPO vorliegt; denn dann hätte das Berufungsgericht die Revision zulassen *müssen*. Die in § 26 Nr. 8 EGZPO enthaltene zusätzliche
Voraussetzung (Beschwer über 20 000 Euro) war zunächst bis zum 31.12.2006 befristet gewesen, wurde aber zwischenzeitlich bis zum 31.12.2011 und nunmehr bis zum
31.12.2016 verlängert.

Die Nichtzulassungsbeschwerde ist ein Rechtsmittel mit nur eingeschränktem Devolu-   **721**
tiveffekt[240]: Mit ihr fällt dem Revisionsgericht noch nicht die Prüfung des Berufungsurteils in der Sache zu, sondern lediglich die Frage, ob überhaupt ein Revisionsverfahren durchgeführt werden soll.

bb) § 26 Nr. 8 EGZPO: Wert der Beschwer

Nicht eindeutig erscheint, was unter dem Begriff der „mit der Revision geltend zu   **722**
machenden Beschwer" gemeint ist. Nach dem oben IV 1 Gesagten ist die Bezugs-
größe „Wert der Beschwer" daran zu messen, inwieweit das Urteil der Vorinstanz
hinter dem vom Rechtsmittelführer in der Vorinstanz verfolgten Prozessziel zurück-
geblieben ist. Wer etwa Verurteilung des Beklagten in Höhe von 55 000 Euro begehrt und lediglich 30 000 Euro zugesprochen bekommen hat, ist mit 25 000 Euro
beschwert; der Beklagte, der Klagabweisung beantragt hat, ist in diesem Fall mit
30 000 Euro beschwert. Danach scheint es für die Zulässigkeit der Nichtzulassungsbeschwerde allein darauf anzukommen, inwiefern der Revisionsführer im Berufungsverfahren sein Prozessziel verfehlt hat. Zweifel an dieser Auslegung ergeben sich
freilich, wenn man sich den Wortlaut im Ganzen betrachtet: Es ist in § 26 Nr. 8
EGZPO die Rede von der „mit der Revision *geltend zu machenden* Beschwer". Das
scheint eher auf eine Auslegung der Vorschrift hinzudeuten, wonach der Umfang maßgeblich ist, in dem das Berufungsurteil vom Revisionsführer angefochten wird. Der
„Wert der mit der Revision geltend zu machenden Beschwer" wäre dann mit dem
„Wert des Beschwerdegegenstandes" gleichzusetzen.

---

240 Zutreffend Zöller/*Gummer*, ZPO, 31. Aufl. 2016, § 544 Rn. 5. Nach *Wenzel*, NJW 2002, 3353, 3357
fehlt es gänzlich an einem Devolutiveffekt.

723 In der Tat steht der **BGH** auf dem Standpunkt, dass es auf den **Wert des Beschwerdegegenstandes** ankommen soll[241]. Das hat eine wichtige praktische Konsequenz: Demjenigen Revisionsführer, der mit der Revision eine Korrektur des Berufungsurteils um nicht mehr als 20 000 Euro zu seinen Gunsten erstrebt, soll daher die Nichtzulassungsbeschwerde verschlossen sein[242]. Diese Auffassung ist indes **abzulehnen**[243]: Sie widerspricht nicht nur dem klaren Gesetzeswortlaut, sondern verkehrt auch die Reihenfolge der Prozesshandlungen, welche der Revisionsführer vorzunehmen hat, in ihr Gegenteil. Denn die Angabe, inwiefern eine Änderung des Berufungsurteils angestrebt wird, hat der Revisionsführer nach § 551 III Nr. 1 ZPO erst mit der Revisionsbegründung zu fixieren. Erst aus dieser Angabe ergibt sich der „Wert des Beschwerdegegenstandes". Für die Anfertigung einer Revisionsbegründung besteht aber erst Anlass, wenn die Revision als solche zugelassen wurde; ob dies geschehen soll, gilt es im Beschwerdeverfahren nach § 544 ZPO aber erst zu klären. Mit gutem Grund hat daher der Gesetzgeber in § 544 VI 3 ZPO angeordnet, dass erst mit Zustellung der stattgebenden Beschwerdeentscheidung die Revisionsbegründungsfrist zu laufen beginnt. Im Beschwerdeverfahren unterliegt nicht der prozessuale Anspruch als solcher der revisionsgerichtlichen Beurteilung; es geht lediglich darum, ob einer der Zulassungsgründe nach § 543 II 1 ZPO vorliegt. Dann kann der Revisionsführer nicht schon im Verfahren der Nichtzulassungsbeschwerde verpflichtet sein, sich darauf festzulegen, in welchem Umfang er das Berufungsurteil anzugreifen gedenkt.

cc) Zulässigkeit der Nichtzulassungsbeschwerde

724 Die Beschwerde gegen die Nichtzulassung der Revision muss nach § 544 I 2 ZPO innerhalb eines Monats eingelegt werden. Die Frist beginnt mit der Zustellung des vollständig abgefassten Berufungsurteils. Die Beschwerde muss aber spätestens sechs Monate nach Verkündung des Berufungsurteils bei Gericht eingegangen sein. Es handelt sich hierbei um eine Notfrist; gegen ihre Versäumung ist Wiedereinsetzung in den vorigen Stand nach §§ 233 ff. ZPO möglich.

725 **Zur Vertiefung:** Der Lauf der Frist für die Einlegung der Nichtzulassungsbeschwerde wird nicht dadurch beeinflusst, dass das Berufungsgericht das Berufungsurteil nach § 319 ZPO berichtigt[244]. Insoweit gilt das zur Berufungsfrist (oben Rn. 640 f.) Gesagte entsprechend.

726 Des Weiteren muss die Beschwerde innerhalb von zwei Monaten seit Zustellung des in vollständiger Form abgefassten Berufungsurteils, spätestens aber sieben Monate nach dessen Verkündung **begründet** werden (§ 544 II 1 ZPO). Eine Verlängerung der Frist ist im gleichen Umfang zulässig wie bei der Revisionsbegründung (§ 551 II 5, 6 ZPO; vgl. dazu unten Rn. 733).

---

241 BGH NJW-RR 2013, 1402 Rn. 3.
242 BGH NJW 2002, 2720 f.; BGH NJW 2005, 224; *Gehrlein*, MDR 2003, 547 f.
243 Im Ergebnis wie hier auch *v. Gierke/Seiler*, JZ 2003, 403, 404; *Jauernig*, NJW 2003, 465 ff.; *ders.*, NJW 2007, 3615 ff.
244 BGH NJW-RR 2004, 712, 713.

dd) Verfahrensfehler als Zulassungsgrund

Erhebliche Unsicherheit besteht über die Beurteilung der Frage, ob das Revisions- **727** gericht die Revision auf die Beschwerde des Revisionsführers hin zulassen muss, wenn es erkennt, dass das Verfahren in der Berufungsinstanz nicht den Vorschriften der ZPO entspricht.

Für den Fall, dass das Berufungsurteil die **Tatsachengrundlage**, auf der es ergangen ist, **nicht erkennen lässt**, hat der BGH mit Recht ausgesprochen, dass die Revision allein schon deshalb zuzulassen ist[245]. In einem solchen Fall genügt es, wenn der Beschwerdeführer das bloße Fehlen der Tatsachengrundlage rügt; er muss also nicht selbst den maßgeblichen Sachverhalt vortragen[246]. Teilt nämlich das Berufungsgericht den zur Entscheidung vorliegenden Sachverhalt nicht selbst mit, wird dem Revisionsgericht bereits die Basis für die verlässliche Beurteilung vorenthalten, ob überhaupt ein Zulassungsgrund gegeben ist. Das Revisionsgericht wird im Revisionsverfahren selbst ebenfalls nicht in eine Sachprüfung eintreten, sondern das Berufungsurteil nach § 563 I 1 ZPO aufheben und die Sache an das Berufungsgericht zurückverweisen[247]. Ebenso verfährt das Revisionsgericht, wenn der Revisionsführer mit der Nichtzulassungsbeschwerde erfolgreich die Verletzung rechtlichen Gehörs durch das Berufungsgericht rügt: Der BGH lässt dann nicht etwa die Revision zu, um ein Revisionsverfahren durchzuführen, sondern hebt das Berufungsurteil sofort auf und verweist die Sache an das Berufungsgericht zurück[248]. Diese Möglichkeit ist durch § 544 VII ZPO eröffnet.

Dagegen soll die Zulassung der Revision selbst dann nicht geboten sein, wenn das Revisionsgericht aus den Akten erkennt, dass das Berufungsurteil an einem Verfahrensmangel leidet, der – *wäre* die Revision zugelassen – zur Aufhebung des Berufungsurteils *von Amts wegen* führen würde[249]. Nach einer im Schrifttum vertretenen Ansicht soll nicht einmal ein vom Revisionsgericht erkannter absoluter Revisionsgrund (oben Rn. 743) die Zulassung der Revision rechtfertigen[250]. Dem ist der BGH mit Recht entgegengetreten und lässt in einem solchen Fall die Revision zur Sicherung einer einheitlichen Rechtsprechung zu[251]: Absolute Revisionsgründe sind dadurch gekennzeichnet, dass das Urteil an einem Verfahrensfehler leidet und kraft unwiderleglicher gesetzlicher Vermutung auch auf diesem Fehler beruht. Wenn einem Urteil ein solch gravierender Mangel anhaftet und das Revisionsgericht dies erkennt, kann es nicht gezwungen sein, sehenden Auges ein solchermaßen eindeutiges Fehlurteil passieren zu lassen.

---

245 BGH NJW 2003, 3352, 3353 f. Diese noch zum vor dem 31.12.2001 geltenden Recht ergangene Entscheidung ist auf den seit 1.1.2002 neu gefassten § 540 I ZPO übertragbar; vgl. *Lindner*, NJW 2003, 3320, 3321. *Anders* aber BGH NJW 2003, 3208: Das Fehlen tatbestandlicher Darstellungen rechtfertige für sich allein noch *nicht* die Zulassung der Revision.
246 BGH NJW 2014, 3583 Rn. 9.
247 BGH NJW-RR 2014, 124 Rn. 5; *Fellner*, MDR 2004, 981.
248 BGH NJW 2005, 1950, 1951; NJW 2005, 2710, 2711.
249 *Wenzel*, NJW 2002, 3353, 3356.
250 *Wenzel*, NJW 2002, 3353, 3356.
251 BGH NJW 2007, 2702 f.: Jedenfalls für die Revisionsgründe des § 547 Nr. 1-4 ZPO. Für zwingende Zulassung beim Vorliegen absoluter Revisionsgründe auch *Piekenbrock/Schulze*, JZ 2002, 911, 921; Zöller/*Gummer*, ZPO, 31. Aufl. 2016, § 543 Rn. 15b.

ee) Prüfungsumfang im Beschwerdeverfahren

728 Das Revisionsgericht prüft auf die Nichtzulassungsbeschwerde hin nur diejenigen Zulassungsgründe, die der Revisionsführer darlegt[252].

> **Fall 159:** K verklagt B am 24.11.2015 auf Schadensersatz: Er habe am 2.3.2013 bei B einen Elektroherd gekauft, innerhalb dessen im Mai 2014 die elektrischen Leitungen infolge eines Kurzschlusses durchgeschmort seien, weil sie beim Einbau nicht richtig isoliert gewesen seien. Dadurch seien andere Sachen des K beschädigt worden. In erster Instanz wird die Klage abgewiesen, weil B den Mangel als Zwischenhändler nicht zu vertreten, sich aber jedenfalls mit Erfolg auf Verjährung berufen habe. Die Berufung des K wird durch Urteil zurückgewiesen; die Zulassung der Revision unterbleibt. K legt Nichtzulassungsbeschwerde ein, weil er die rechtsgrundsätzliche Klärung der Frage erstrebt, inwiefern der Zwischenhändler bei Elektrogeräten zu deren Prüfung verpflichtet ist, bevor er sie an den Endabnehmer abliefert.

Auf die Beschwerde des K darf der BGH als Revisionsgericht (§ 133 GVG) nur prüfen, ob die Frage nach einer Untersuchungspflicht des Zwischenhändlers grundsätzliche Bedeutung hat[253]. Der BGH darf die Revision dagegen *nicht* mit der Begründung zulassen, es komme der Frage grundsätzliche Bedeutung zu, innerhalb welcher Frist der Anspruch auf Ersatz von Mangelfolgeschäden verjährt[254]; denn diesen Zulassungsgrund hat K nicht dargelegt. Die Nichtzulassungsbeschwerde ist im **Fall 159** zurückzuweisen, weil K für *jede* entscheidungserhebliche Frage einen Zulassungsgrund nach § 543 II ZPO hätte darlegen müssen[255], also *sowohl* für die Untersuchungspflicht *als auch* für die Verjährung: Nur wenn *beide* Fragen zugunsten des K zu entscheiden sind, kann seine Revision auch in der Sache Erfolg haben.

729 **Zur Vertiefung:** Wenn das Berufungsurteil alternativ auf zwei Rechtsfehlern beruht und nur einer davon so beschaffen ist, dass seine Bereinigung im Revisionsverfahren nach den Maßstäben des § 543 II ZPO geboten erscheint, ist die Nichtzulassungsbeschwerde nach Ansicht des BGH zurückzuweisen[256]. Hätte etwa im vorgenannten **Fall 159** K mithilfe der Nichtzulassungsbeschwerde die grundsätzliche Bedeutung sowohl der Frage einer Untersuchungspflicht des Zwischenhändlers als auch derjenigen nach der Verjährung von Mangelfolgeschäden reklamiert und käme der BGH zu dem Ergebnis, die erstere Frage sei bereits höchstrichterlich geklärt bzw. entziehe sich einer allgemein gültigen Klärung, so würde er die Nichtzulassungsbeschwerde des K zurückweisen – ganz unabhängig davon, ob die Auffassung des Berufungsgerichts zutrifft und ob wenigstens die Frage nach der Verjährung von Ansprüchen auf Ersatz von Mangelfolgeschäden eine höchstrichterliche Klärung verdient.

---

252 BGH NJW 2002, 3334 f.; NJW 2003, 1125, 1126.
253 Eine solche Pflicht ist im Regelfall zu verneinen; vgl. BGH NJW 1968, 2238, 2239.
254 In Betracht kommen die kurze Verjährung nach § 438 I Nr. 3, II BGB oder die regelmäßige Verjährung nach §§ 195, 199 BGB. Die grundsätzliche Bedeutung dieser im Schrifttum gerade seit Inkrafttreten der Schuldrechtsreform hoch umstrittenen Frage (vgl. dazu m. w. N. *Schwab*, in: *ders./Witt* (Hrsg.), Examenswissen zum neuen Schuldrecht, 2. Aufl. 2003, S. 121, 138 ff.) lässt sich kaum in Abrede stellen.
255 BGH NJW 2003, 1125, 1126.
256 BGH NJW 2004, 72, 73; MDR 2006, 346, 347. Anders mit beachtlichen Gründen *v. Gierke/Seiler*, JZ 2003, 403, 406.

Äußerst zweifelhaft erscheint, in welchem Umfang der BGH im Beschwerdeverfahren 730
nach § 544 ZPO bereits die **Erfolgsaussichten des Rechtsmittels in der Sache** prüfen darf und muss. Dem System der Nichtzulassungsbeschwerde entspricht es an sich,
dass bei der Entscheidung über sie nur die Zulassungsgründe als solche eine Rolle
spielen dürfen, nicht aber die Frage, ob der Revision im Ergebnis Erfolg beschieden
sein wird[257]. Gleichwohl hat der BGH in mehreren Konstellationen die Erfolgsaussichten in die Prüfung mit einbezogen:

- Die Zulassung der Revision ist danach zur Sicherung einer einheitlichen Rechtsprechung nicht geboten, wenn mehrere Fehler des Berufungsgerichts im Ergebnis
  zu einer richtigen Entscheidung geführt haben[258].
- Die Nichtzulassungsbeschwerde bleibt des Weiteren dann ohne Erfolg, wenn das
  Berufungsurteil zwar an einem Rechtsfehler leidet, dessentwegen die Zulassung
  der Revision geboten wäre, aber aus anderen Gründen richtig ist, um derentwillen
  die Zulassung nicht geboten erscheint[259].
- Die Zulassung der Revision zur Sicherung einer einheitlichen Rechtsprechung soll
  ferner dann ausscheiden, wenn das Berufungsgericht zwar das rechtliche Gehör
  einer Partei verletzt hat, dieser Fehler sich aber auf das Ergebnis des Berufungsurteils nicht ausgewirkt haben kann[260].

2. Zulässigkeit der Revision

a) Form- und fristgerechte Einlegung der Revision

Die Revision muss form- und fristgerecht eingelegt werden. Das geschieht durch Ein 731
reichung einer Revisionsschrift, § 549 I ZPO. Die **Frist** beträgt nach § 548 ZPO einen
Monat ab Zustellung des vollständig abgefassten Berufungsurteils, spätestens fünf
Monate ab dessen Verkündung. Es handelt sich um eine wiedereinsetzungsfähige
Notfrist (§§ 224 I 2, 233 ff. ZPO).

Wenn die Revision erst dadurch statthaft wurde, dass das Revisionsgericht sie auf eine 732
erfolgreiche Nichtzulassungsbeschwerde hin zugelassen hat, wäre es überflüssige
Förmelei, dem Revisionsführer – der durch die Nichtzulassungsbeschwerde seine
Absicht, das Berufungsurteil anzugreifen, bereits deutlich gemacht hat! – noch abzuverlangen, eigens Revision einzulegen. Vielmehr wird nach erfolgreicher Nichtzulassungsbeschwerde das Verfahren als Revisionsverfahren fortgesetzt (§ 544 VI 1 ZPO)
und die Einlegung der Nichtzulassungsbeschwerde wie eine Einlegung der Revision
selbst behandelt (§ 544 VI 2 ZPO).

---

257 Für eine solche strikte Trennung insbesondere *Seiler*, JR 2004, 356, 357.
258 BGH NJW 2004, 1167, 1168 f.
259 BGH NJW-RR 2011, 211.
260 BGH NJW 2003, 3205, 3206; *Gehrlein*, MDR 2004, 912, 913. Ablehnend *Seiler*, JR 2004, 356, 358.

b) Form- und fristgerechte Begründung der Revision

733 Da die Revision nur darauf gestützt werden kann, dass das Berufungsurteil auf einer Rechtsverletzung beruhe, ist es Aufgabe des Revisionsführers, darzulegen, worin er diese Rechtsverletzung erblickt. Dies geschieht in der Revisionsbegründung (§ 551 ZPO). Sie hat diejenigen Umstände zu bezeichnen, aus denen sich die Verletzung des materiellen Rechts (§ 551 III 1 Nr. 2a ZPO) oder des Verfahrensrechts (§ 551 III 1 Nr. 2b ZPO) ergibt.

3. Der Prozessstoff des Revisionsverfahrens

a) Keine Prüfung der erstinstanzlichen örtlichen Zuständigkeit

734 Nach § 545 II ZPO kann die Revision nicht darauf gestützt werden, dass das Gericht des *ersten* (!) Rechtszugs seine Zuständigkeit zu Unrecht angenommen oder verneint hat. Wenn ein Verfahren einmal in die dritte Instanz gelangt ist, soll eine Sachentscheidung nicht an einer solchen Frage scheitern; zu große wäre die Gefahr, dass nach Entscheidung des wahrhaftig zuständigen Ausgangsgerichts die Sache schließlich irgendwann wieder im Revisionsverfahren zu erörtern wäre.

735 Die Anwendung des § 545 II ZPO bereitet Schwierigkeiten, wenn die Frage Zuständigkeit zwischen Ausgangs- und Berufungsgericht streitig war.

> **Fall 160:** Rechtsanwalt K aus Köln verklagt seinen Mandanten B aus Berlin auf Zahlung des Honorars. Er klagt an seinem Kanzleisitz in Köln. Das dortige Landgericht weist die Klage ab, weil es nicht örtlich zuständig sei. K legt Berufung ein. Das OLG verweist die Sache auf Antrag des K nach § 538 II Nr. 3 ZPO an das Landgericht zurück, weil es die Zuständigkeit nach § 29 ZPO für gegeben hält. Dagegen wiederum legt B Revision ein: Das OLG hätte die Zuständigkeit nach § 29 ZPO nicht bejahen dürfen.

Der gesamte Streitstoff im Revisionsverfahren beschränkt sich im **Fall 160** allein auf die Frage der örtlichen Zuständigkeit. Genau das will § 545 II ZPO eigentlich vermeiden. Die Vorschrift ist ihrem Wortlaut nach jedoch nicht anwendbar. Denn B rügt *nicht* etwa, dass das LG seine Zuständigkeit *zu Unrecht verneint* habe; im Gegenteil: Er ist der Ansicht, das LG Köln habe *in erster Instanz völlig richtig entschieden*; es habe nämlich die Klage zutreffend als unzulässig abgewiesen, weil für anwaltliche Honorarklagen ein besonderer Gerichtsstand nach § 29 ZPO am Kanzleisitz nicht anzuerkennen sei[261]. Der Angriff des B richtet sich vielmehr gegen die *Berufungsentscheidung*, welche die örtliche Zuständigkeit des *Ausgangsgerichts* zu Unrecht *bejaht* habe. Gleichwohl ist § 545 II ZPO von seinem Normzweck her einschlägig: Im Revisionsverfahren soll nicht mehr über die erstinstanzliche örtliche Zuständigkeit gestritten werden. Deshalb hat der BGH mit Recht ausgesprochen, dass die Revision selbst dann, wenn die erstinstanzliche Zuständigkeit des Ausgangsgerichts vom *Berufungsgericht* zu Unrecht angenommen oder verneint worden ist, nicht auf diesen Mangel

---

261 Vgl. dazu oben § 3 III 2 b cc Rn. 111 ff.

gestützt werden kann[262]. Die Revision des B wird daher als unbegründet zurückgewiesen.

b) Prüfung des in der Berufungsinstanz angewandten Verfahrens

Nach **§ 557 III 1 ZPO** ist das Revisionsgericht nicht an die geltend gemachten Revisionsgründe gebunden. Wenn es also einen Fehler entdeckt, den der Revisionsführer nicht gerügt hat, darf und muss es das Urteil gleichwohl nach § 563 I 1 ZPO aufheben, sofern es auf dem Fehler beruht. Dies gilt namentlich auch dann, wenn die Revision auf eine erfolgreiche Nichtzulassungsbeschwerde hin zugelassen wurde: Das Gericht ist dann namentlich nicht auf die Prüfung derjenigen Rechtsfragen beschränkt, derentwegen die Revision zugelassen wurde. Das folgt bereits aus § 544 VI 3 ZPO: Wenn mit Zustellung der stattgebenden Beschwerdeentscheidung die Revisionsbegründungsfrist neu zu laufen beginnt, so zwingt dies zu der Folgerung, dass der Revisionsführer nunmehr Gelegenheit erhält, seine Angriffe gegen das Berufungsurteil in vollem Umfang vorzutragen[263].

736

Verfahrensfehler werden nach § 557 III 2 ZPO nur auf die Rüge einer Partei geprüft, sofern sie nicht von Amts wegen zu berücksichtigen sind. Diese letztere Ausnahme erlangt gewichtige praktische Bedeutung. So prüft das Revisionsgericht von Amts wegen, ob die Berufung zulässig war; ist dies nicht der Fall gewesen, so handelt es sich i. S. des § 557 III 2 ZPO um einen Verfahrensmangel, der von Amts wegen zu berücksichtigen ist[264]. Hat das Berufungsgericht über sie in der Sache entschieden, obwohl sie nach § 522 I ZPO zu verwerfen gewesen wäre, gibt es nur eine richtige Entscheidung: Es ist das erstinstanzliche Urteil wiederherzustellen. Ohne zulässige Berufung fehlt es an jeglicher Legitimation, jenes Urteil – und sei es nunmehr in einem Revisionsverfahren – erneut in Frage zu stellen.

737

4. Die Entscheidung über die Revision

Das Berufungsurteil wird aufgehoben, wenn eine Rechtsnorm nicht oder nicht richtig angewendet worden ist (so die Definition des Begriffs „**Rechtsverletzung**" in § 546 ZPO) und das Berufungsurteil auf dieser Verletzung **beruht**.

738

a) Verletzung materiellen Rechts

Wird die Verletzung materiellen Rechts gerügt, so ist die Revision gleichwohl unbegründet, wenn bereits im Revisionsverfahren geklärt werden kann, dass die Entscheidung des Berufungsgerichts sich im Ergebnis gleichwohl als richtig darstellt; in diesem Fall hat das Revisionsgericht in der Sache selbst zu entscheiden und die Revision zurückzuweisen (§ 561 ZPO). Ergibt sich andererseits bereits im Revisionsverfahren endgültig, dass bei zutreffender Rechtsanwendung die Entscheidung im Ergebnis zu-

739

---

262 BGH NJW 2003, 2917 f.
263 BGH MDR 2004, 48; *Gehrlein*, MDR 2004, 912, 914.
264 BGHZ 102, 37, 38; BGH NJW 2004, 1112, 1113.

gunsten des Revisionsführers hätte ausfallen müssen, so wird das Revisionsgericht nicht bloß das Berufungsurteil aufheben (§ 562 I ZPO), sondern ebenfalls sogleich in der Sache selbst entscheiden (§ 563 III ZPO).

> **Fall 161:** K verklagt B, der eine Illustrierte vertreibt, auf Widerruf ehrverletzender Tatsachenbehauptungen, welche B über jene Illustrierte verbreitet habe. B bestreitet den Vortrag des K in tatsächlicher Hinsicht nicht, meint aber, die Äußerungen seien durch die Pressefreiheit gedeckt und daher von K hinzunehmen. Mit diesem Rechtsstandpunkt hat B in den ersten beiden Instanzen Erfolg. K legt Revision ein.

740 Materiellrechtlich hängt der Erfolg der Klage im **Fall 161** davon ab, ob K von B rechtswidrig in seinem allgemeinen Persönlichkeitsrecht verletzt wurde; in diesem Fall ist der Widerrufsanspruch entsprechend § 1004 I 1 BGB begründet. Die Rechtswidrigkeit muss anhand einer einzelfallbezogenen Interessenabwägung positiv festgestellt werden; dabei stehen aufseiten des K das Recht der persönlichen Ehre und aufseiten des B das Grundrecht der Pressefreiheit zu Buche. Wenn nun das Revisionsgericht angesichts des unstreitigen Tatsachenvortrags zu einer abweichenden rechtlichen Würdigung gelangt und die Behauptungen des B *nicht* für gerechtfertigt hält, wird es das Berufungsurteil aufheben und ohne weiteres den B antragsgemäß zum Widerruf verurteilen.

741 Den Regelfall bildet allerdings die Konstellation, dass es infolge des Rechtsfehlers auf weitere Feststellungen des Berufungsgerichts ankommt. Dann muss das Revisionsgericht das Berufungsurteil aufheben (§ 562 I ZPO) und die Sache an das Berufungsgericht zurückverweisen (§ 563 I ZPO).

> **Fall 162:** K verklagt B auf Räumung der Wohnung, die er an B vermietet hat. Zur Begründung trägt er vor, er habe fristlos gekündigt, weil B in zwei aufeinander folgenden Terminen mit der Zahlung der gesamten Miete in Verzug geraten sei. Jedenfalls aber reklamiere er Eigenbedarf. B wird in erster Instanz verurteilt; seine Berufung bleibt erfolglos. In beiden Instanzen messen die Gerichte seiner – unstreitigen – Behauptung, er habe vor Zugang der Kündigung die rückständige Miete vollumfänglich bezahlt, keine Bedeutung bei. Der von K behauptete und schlüssig vorgetragene Eigenbedarf ist in beiden Instanzen streitig geblieben.

In beiden Vorinstanzen wurde im **Fall 162** das Gesetz verletzt, weil die an sich nach § 543 II 1 Nr. 3a BGB zulässige Kündigung ausgeschlossen ist, wenn der Vermieter vorher – d. h. vor Wirksamwerden der Kündigung – wegen der rückständigen Miete befriedigt worden ist (§ 543 II 2 BGB). Damit steht fest, dass die Kündigung des K als *fristlose* Kündigung *unwirksam* ist. Jedoch bleibt die Möglichkeit bestehen, sie nach § 140 BGB in eine ordentliche Kündigung nach § 573 BGB umzudeuten. Dazu muss K ein berechtigtes Interesse dartun. Ein solches hat er in Gestalt des Eigenbedarfs (§ 573 II Nr. 2 BGB) schlüssig vorgetragen. Ob dieser Vortrag zutrifft, kann im Revisionsverfahren nicht geklärt werden, da die Revisionsinstanz nicht für ergänzende tatsächliche Feststellungen zur Verfügung steht. Das Revisionsgericht wird daher das Berufungsurteil aufheben und die Sache an das Berufungsgericht zurückverweisen.

b) Verfahrensfehler

Im Falle eines **Verfahrensfehlers** beruht das Urteil bereits dann auf der Rechtsver- 742
letzung, wenn **nicht ausgeschlossen werden kann**, dass bei ordnungsgemäßem Verfahren im Ergebnis anders entschieden worden wäre[265].

Darüber hinaus kennt das Gesetz Fälle, in denen sich bereits im Ansatz jegliche Dis- 743
kussion darüber erübrigt, ob das Berufungsgericht, wäre es im Einklang mit den gesetzlichen Vorschriften verfahren, möglicherweise eine abweichende Entscheidung
getroffen hätte. Man spricht hier von sog. **absoluten Revisionsgründen**. Sie sind in
§ 547 ZPO niedergelegt. In § 547 Nr. 1 bis 3 ZPO sind Fälle angesprochen, in denen
einer Partei der gesetzliche Richter vorenthalten wurde. § 547 Nr. 4 ZPO bezeichnet
einen Fall, in dem einer Partei das rechtliche Gehör nicht gewährt wurde; denn wenn
sie nicht ordnungsgemäß vertreten war, hat sie vermutlich auch keine ausreichende
Gelegenheit gehabt, im Verfahren ihren Rechtsstandpunkt darzulegen. Ebenfalls um
das rechtliche Gehör rankt sich § 547 Nr. 6 ZPO: Wenn eine Entscheidung nicht mit
Gründen versehen ist, kann man ihr nicht entnehmen, ob der Richter sich mit dem
Vorbringen der Parteien angemessen auseinandergesetzt hat. § 547 Nr. 5 ZPO knüpft
an die Verletzung der §§ 169 ff. GVG an.

c) Die erneute Entscheidung des Berufungsgerichts

Wenn das Revisionsgericht das Berufungsurteil aufhebt und die Sache an das Be- 744
rufungsgericht zurückverweist, ist das Berufungsgericht nach § 563 II ZPO für die
erneute Verhandlung und Entscheidung an diejenige rechtliche Beurteilung des Revisionsgerichts gebunden, welche der Aufhebung zugrunde liegt. Das Revisionsverfahren könnte seine Korrekturfunktion nicht erreichen, wenn das Berufungsgericht bei
seiner erneuten Entscheidung abermals nach eigenem Gutdünken judizieren könnte.

VII. Die Beschwerde

Berufung und Revision sind Rechtsmittel, die dazu dienen, *Urteile* einer Fehlerkon- 745
trolle zu unterziehen. Sofern das Gericht durch **Beschluss** entschieden hat, scheiden
diese beiden Rechtsmittel dagegen aus. Das bedeutet indes nicht, dass Gerichts-
beschlüsse jeglicher Kontrolle entzogen wären. Vielmehr hat das Gesetz für solche
Fälle die Rechtsmittel der **sofortigen Beschwerde** und der **Rechtsbeschwerde** eingerichtet.

---

265 So für die Verletzung des rechtlichen Gehörs z. B. BGH NJW 2003, 3205.

1. Statthaftigkeit der Beschwerde

a) Sofortige Beschwerde

746 Die **sofortige Beschwerde** ist nach § 567 I ZPO in zwei Fällen statthaft, nämlich wenn

- sie durch besondere gesetzliche Bestimmung vorgesehen ist (Nr. 1);
- oder es sich um eine Entscheidung ohne obligatorische mündliche Verhandlung handelt, durch die ein das Verfahren betreffendes Gesuch zurückgewiesen worden ist (Nr. 2).

747 Ausdrücklich vorgesehen ist die Beschwerde z. B. in § 387 III ZPO: Wenn sich ein Zeuge auf ein Zeugnisverweigerungsrecht beruft und es hierüber zum Streit kommt, entscheidet das Gericht durch Zwischenurteil, das mit der sofortigen Beschwerde anfechtbar ist. Die Fallgruppe der Zurückweisung eines Verfahrensgesuchs ist z. B. erfüllt, wenn eine Partei ohne Erfolg die Ablehnung eines Richters wegen Befangenheit (§ 42 ZPO) geltend macht oder erfolglos Wiedereinsetzung in den vorigen Stand beantragt (§§ 233 ff. ZPO). Unstatthaft ist die sofortige Beschwerde, sofern sie gegen Entscheidungen eines OLG gerichtet ist. Über diese Beschwerde müsste der BGH entscheiden; dieser ist aber nach § 133 GVG nur für die Rechtsbeschwerde funktionell zuständig. Deshalb kann die Ablehnung eines Befangenheitsantrags gegen einen Richter am OLG nicht mit der sofortigen Beschwerde angefochten werden[266].

b) Rechtsbeschwerde

748 Die **Rechtsbeschwerde** ist nach § 574 I ZPO statthaft, wenn

- sie durch besondere gesetzliche Bestimmung vorgesehen ist (Nr. 1);
- oder das Gericht, dessen Entscheidung mittels der Rechtsbeschwerde überprüft werden soll, sie durch Beschluss zugelassen hat (Nr. 2).

aa) Gesetzliche Anordnung

749 Ein wichtiger Fall, in dem die Rechtsbeschwerde kraft ausdrücklicher gesetzlicher Anordnung vorgesehen ist, ist in § 522 I 4 ZPO niedergelegt: Wenn die Berufung unzulässig ist, muss das Berufungsgericht sie verwerfen. Diese Entscheidung kann nach § 522 I 3 ZPO durch Beschluss ergehen; gegen diesen ist dann die Rechtsbeschwerde statthaft.

750 Man beachte, dass die **Rechtsbeschwerde** nach § 522 I 4 ZPO **ohne Rücksicht** darauf stattfindet, ob die in § 26 Nr. 8 EGZPO bestimmte Wertgrenze erreicht ist. Gegen einen Verwerfungsbeschluss kann daher ohne Rücksicht auf den Wert der Beschwer Rechtsbeschwerde erhoben werden[267]. Diese Handhabung muss sich auch auf den Fall auswirken, dass die Berufung nicht durch Beschluss, sondern durch Urteil verworfen wird: Es könnte kaum einleuchten, wenn die vom Berufungsgericht gewählte Ent-

---

266 BGH MDR 2005, 409 f.
267 BGH NJW 2003, 2531; NJW-RR 2003, 132; *Seiler/Wunsch*, NJW 2003, 1840, 1841. In diesem Sinne jetzt auch § 26 Nr. 8 S. 2 EGZPO.

scheidungsform den Ausschlag dafür gäbe, ob der Berufungsführer die Chance erhält, dass die Verwerfung der Berufung als unzulässig nochmals von einer höheren Instanz kontrolliert wird. § 26 Nr. 8 EGZPO ist daher *teleologisch zu reduzieren*: Die Vorschrift findet auf Verwerfungsurteile nach § 522 I ZPO keine Anwendung[268].

Zu beachten ist, dass selbst die gesetzlich vorgesehene Rechtsbeschwerde nur zulässig ist, wenn die Sache grundsätzliche Bedeutung hat oder die Fortbildung des Rechts oder die Sicherung einer einheitlichen Rechtsprechung eine Entscheidung des Rechtsbeschwerdegerichts erfordert (§ 574 II ZPO). Es handelt sich um die gleichen Gründe, die auch für die Zulassung von Berufung und Revision maßgeblich sind. Auf das hierzu Ausgeführte kann daher verwiesen werden[269]. Ist die sofortige Beschwerde aus mehreren, die Zurückweisung selbständig tragenden Gründen zurückgewiesen worden, ist die Rechtsbeschwerde nach Ansicht des BGH nur statthaft, wenn der Beschwerdeführer für jeden dieser Gründe einen Zulassungsgrund nach § 574 I ZPO darlegt[270]; es gilt also dasselbe wie für die Nichtzulassungsbeschwerde nach § 544 ZPO[271]. **751**

bb) Zulassung

Die Rechtsbeschwerde ist nach § 574 III 1 ZPO zuzulassen, wenn einer der in § 574 II ZPO bezeichneten Zulassungsgründe vorliegt. Wird die Zulassung ausgesprochen, so ist das Rechtsbeschwerdegericht nach § 574 III 2 ZPO daran gebunden; wird sie versagt, so ist hiergegen kein Rechtsbehelf mehr gegeben. **752**

Die **Bindung** des Rechtsbeschwerdegerichts an die einmal ausgesprochene Zulassung unterliegt freilich einer bedeutsamen **Grenze**: Wenn die Rechtsbeschwerde kraft gesetzlicher Anordnung unstatthaft ist, ist sie selbst dann nach § 577 I 2 ZPO zu verwerfen, wenn die Vorinstanz sie zugelassen hat. Die Rechtsbeschwerde müsste daher z. B. verworfen werden, wenn **753**

- das Beschwerdegericht Wiedereinsetzung in die in erster Instanz versäumte Einspruchsfrist gegen ein Versäumnisurteil gewährt und gegen den Wiedereinsetzungsbeschluss die Rechtsbeschwerde zugelassen hat. Wenn nun diejenige Partei, zu deren Gunsten das erstinstanzliche Versäumnisurteil ergangen war, gegen den Wiedereinsetzungsbeschluss Rechtsbeschwerde einlegt, wird sie trotz der Zulassung keinen Erfolg haben. Denn die Gewährung der Wiedereinsetzung ist nach § 238 III ZPO unanfechtbar; hiergegen ist folglich auch keine Rechtsbeschwerde gegeben[272];
- das Berufungsgericht die Berufung nach § 522 II ZPO durch Beschluss zurückgewiesen, die dagegen gerichtete Anhörungsrüge (§ 321a ZPO) für statthaft befunden, aber ebenfalls zurückgewiesen und gegen die Zurückweisung der *Anhörungsrüge* die Rechtsbeschwerde zugelassen hat[273]. Die Zurückweisung der Anhörungs-

---

268 Zutreffend *Wenzel*, NJW 2002, 3353, 3357.
269 Vgl. oben V 1 b Rn. 623 ff.
270 BGH MDR 2006, 1304 f.
271 Dazu oben VI 1 b dd Rn. 727.
272 BGH NJW 2003, 211, 212; *Kunkel*, MDR 2006, 486 mit Fn. 4; *Löhnig/Althammer*, ZZP 117 (2004), 217, 222.
273 BGH NJW 2005, 73, 74.

rüge ist nach § 321a IV 4 ZPO unanfechtbar. Die Rechtsbeschwerde ist folglich abermals trotz Zulassung nicht statthaft.

754 Gleiches müsste an sich gelten, wenn das Berufungsgericht die Berufung nach § 522 II ZPO durch Beschluss zurückgewiesen hat. Dieser Beschluss ist unanfechtbar, sofern nicht (bei ausreichender Beschwer, § 26 Nr. 8 EGZPO) nach § 522 III ZPO die Nichtzulassungsbeschwerde stattfindet. Die Rechtsbeschwerde gegen einen unanfechtbaren Zurückweisungsbeschluss müsste konsequent nach dem bisher Gesagten in diesem Fall trotz Zulassung als unstatthaft verworfen werden. Indes gilt es eines zu beachten: Wenn das Berufungsgericht einen Grund für gegeben hält, nach § 543 II ZPO die Revision zuzulassen, gesteht es damit zugleich selbst ein, dass es nicht durch Beschluss nach § 522 II ZPO hätte entscheiden dürfen. Denn wenn die Sache grundsätzliche Bedeutung hat oder die Fortbildung des Rechts oder die Sicherung einer einheitlichen Rechtsprechung eine Entscheidung durch das *Revisionsgericht* erfordern, erscheint ebenso und erst recht eine Entscheidung des Berufungsgerichts durch Urteil nach mündlicher Verhandlung angezeigt (vgl. § 522 I Nr. 2, 3 ZPO). Wenn also das Berufungsgericht die Berufung durch Beschluss zurückweist und anschließend die Revision zulässt, wendet es insgesamt ein in sich widersprüchliches Verfahren an. Würde man es in dieser Situation dabei bewenden lassen, dass die Rechtsbeschwerde als unstatthaft verworfen wird, so müsste der Zurückweisungsbeschluss auf Verfassungsbeschwerde der unterlegenen Partei hin wegen Verstoßes gegen Art. 101 I 2 GG zwingend aufgehoben werden. Da die Verfassungsbeschwerde einen nur subsidiär zu ergreifenden Rechtsbehelf verkörpert, verdient eine Lösung den Vorzug, mit deren Hilfe der Fehler bereits in der Fachgerichtsbarkeit behoben werden kann: Der Zurückweisungsbeschluss kann analog § 522 I 4 ZPO mit der Rechtsbeschwerde angefochten werden[274]. Das Rechtsbeschwerdegericht wird den Beschluss nach § 577 IV 1 ZPO aufheben und die Sache an das Berufungsgericht zurückverweisen.

755 Die Rechtsbeschwerde ist zu verwerfen, wenn schon die sofortige Beschwerde unstatthaft oder unzulässig war: Dann hätte die erstinstanzliche Entscheidung bereits im Ansatz gar nicht auf Fehler überprüft werden dürfen und darf es folglich auch im Rechtsbeschwerdeverfahren nicht, selbst wenn die Rechtsbeschwerde vom Gericht der sofortigen Beschwerde zugelassen worden war. Das Rechtsbeschwerdegericht prüft von Amts wegen, ob die *sofortige Beschwerde* statthaft und zulässig war, weil es sonst an einer tauglichen Grundlage für das Rechtsbeschwerdeverfahren fehlt[275].

756 Zweifelhaft erscheint, ob das Rechtsbeschwerdegericht an die Zulassung gebunden ist, wenn die Rechtsbeschwerde unabhängig von der Zulassung bereits kraft Gesetzes statthaft war.

---

274 Ebenso *Seiler/Wunsch*, NJW 2003, 1840, 1842.
275 BGH NJW 2004, 1112, 1113.

Fall 163: Das Berufungsgericht verwirft nach § 522 I ZPO die Berufung wegen nicht formgerechter Berufungsbegründung und lässt dagegen die Rechtsbeschwerde zu, weil es eine rechtsgrundsätzliche Klärung der Frage für notwendig hält, was der Berufungsführer tun muss, um den Anforderungen des § 520 III ZPO zu genügen. Das Rechtsbeschwerdegericht hält die Frage für in dieser Allgemeinheit nicht klärungsfähig.

Nach Ansicht des **BGH** ist das Rechtsbeschwerdegericht in diesem Fall nicht an die Zulassung der Rechtsbeschwerde durch das Berufungsgericht gebunden[276]. Denn die Rechtsbeschwerde sei unabhängig von jener Zulassung bereits kraft Gesetzes, nämlich gemäß § 522 I 4 ZPO statthaft. Das Rechtsbeschwerdegericht habe daher selbstständig zu prüfen, ob die Voraussetzungen des § 574 II ZPO vorliegen. Dieser Ansicht ist indes im Schrifttum mit Recht widersprochen worden[277]: Die gesetzliche Zulassung eines Rechtsmittels soll die Position der Rechtsmittelkläger *stärken*. Sie darf also in keinem Fall schwächer ausfallen als in denjenigen Fällen, in denen das Rechtsmittel erst vom Ausgangsgericht zugelassen werden muss. Wenn schon dort das Rechtsmittelgericht an die vom Ausgangsgericht ausgesprochene Zulassung gebunden ist, muss dies erst recht dort gelten, wo das Rechtsmittel bereits kraft Gesetzes zulässig war. Im **Fall 163** hat das Rechtsbeschwerdegericht mithin in der Sache zu prüfen, ob die Berufung zu Recht verworfen wurde. Es darf die Zulassungsvoraussetzungen nicht eigens in Frage stellen.

2. Zulässigkeit der Beschwerde

a) Sofortige Beschwerde

Die sofortige Beschwerde muss nach § 569 II ZPO mittels Einreichung einer Beschwerdeschrift und nach § 569 I ZPO binnen einer Notfrist von zwei Wochen seit Zustellung, spätestens von fünf Monaten seit Verkündung der angefochtenen Entscheidung eingelegt werden. Die Besonderheit der sofortigen Beschwerde liegt darin, dass der Beschwerdeführer die Wahl hat, ob er sie beim Ausgangs- oder beim Beschwerdegericht einlegt. Der Grund dafür liegt darin, dass das Ausgangsgericht – in jedem Fall, also egal wo die sofortige Beschwerde eingelegt wurde! – nach § 572 I ZPO zur Abhilfe befugt ist, wenn es die Beschwerde für begründet erachtet.   **757**

Das weitere Verfahren unterliegt wesentlich weniger strengen Formvorschriften als das Berufungsverfahren. Die Beschwerde „soll" nach § 571 I ZPO nur begründet werden, ohne dass besondere Anforderungen an den Inhalt der Begründung gestellt werden. Sie kann nach § 571 II 1 ZPO auf alle denkbaren Rügen, auch – unbeschränkt! – auf neue Tatsachen gestützt werden. Ausgeschlossen ist nach § 571 II 2 ZPO bloß die Rüge, das erstinstanzliche Gericht habe seine Unzuständigkeit zu Unrecht angenommen.   **758**

---

276 BGH NJW-RR 2003, 784, 785.
277 *Seiler/Wunsch*, NJW 2003, 1840, 1842 f. Vgl. auch *Löhnig/Althammer*, ZZP 117 (2004), 217, 233: Die Rechtsbeschwerde, die bereits kraft Gesetzes zulässig ist, bleibt dies auch bei Zulassungsverweigerung durch den iudex a quo.

b) Rechtsbeschwerde

759 Die Rechtsbeschwerde muss nach § 575 I ZPO mittels Einreichung einer Beschwerdeschrift binnen einer Notfrist von einem Monat seit Zustellung des angefochtenen Beschlusses eingelegt werden. Eine Abhilfebefugnis der Vorinstanz existiert insoweit nicht; daher muss die Beschwerdeschrift sogleich beim Rechtsbeschwerdegericht eingereicht werden.

Innerhalb der gleichen Frist muss die Rechtsbeschwerde nach § 575 II ZPO begründet werden. Die in § 575 III ZPO niedergelegten Anforderungen an die Beschwerdebegründung gleichen denjenigen Anforderungen, welche in § 552 III ZPO an die Revisionsbegründung gestellt werden. Dies erweist sich in der Sache auch als folgerichtig; denn in beiden Verfahren wird die angefochtene Entscheidung nur darauf überprüft, ob sie eine Gesetzesverletzung enthält und hierauf beruht (vgl. für die Revision § 545 I ZPO, für die Rechtsbeschwerde § 576 I ZPO).

3. Die Entscheidung über die Beschwerde

a) Sofortige Beschwerde

760 Die Entscheidung über die sofortige Beschwerde ergeht durch Beschluss (§ 572 IV ZPO). Zunächst entscheidet das Ausgangsgericht darüber, ob es die Beschwerde für begründet erachtet; in diesem Fall hilft es ihr ab (§ 572 I 1 HS 1 ZPO). Geschieht dies, so fällt die Sache gar nicht mehr erst beim Beschwerdegericht an; das Beschwerdeverfahren ist vielmehr abgeschlossen.

761 Wenn aber das Ausgangsgericht *nicht* abhilft, hat es die Beschwerde dem Beschwerdegericht vorzulegen. Das Beschwerdegericht verwirft die Beschwerde nach § 572 II ZPO als unzulässig, wenn sie unstatthaft oder nicht form- oder nicht fristgerecht eingelegt worden ist. Eine zulässige, aber unbegründete Beschwerde wird zurückgewiesen. Eine zulässige und begründete Beschwerde führt in jedem Fall dazu, dass die angefochtene Entscheidung aufgehoben wird. Das Beschwerdegericht hat nunmehr nach § 572 III ZPO die Wahl, ob es in der Sache selbst entscheidet oder ob es die Entscheidung, welche an die Stelle der ursprünglichen und nunmehr aufgehobenen Entscheidung treten soll, dem Ausgangsgericht überlässt. Das Verfahren nach § 572 III ZPO gleicht somit der Sache nach einer „Aufhebung und Zurückverweisung".

b) Rechtsbeschwerde

762 Die unstatthafte oder nicht form- und fristgerecht eingelegte und begründete Rechtsbeschwerde wird nach § 577 I 1 ZPO verworfen. Die unbegründete Rechtsbeschwerde ist zurückzuweisen. Unbegründet ist die Rechtsbeschwerde nicht schon dann, wenn die angefochtene Entscheidung eine Gesetzesverletzung enthält, sondern nur dann, wenn sie auch auf jener Verletzung beruht. Erweist sich die angefochtene Entscheidung aus anderen Gründen als richtig, so ist die Rechtsbeschwerde unbegründet und nach § 577 III ZPO zurückzuweisen. Wenn die Beschwerde sich aber als begründet erweist, wird die angefochtene Entscheidung nach § 574 II ZPO aufgehoben und die Sache an die Vorinstanz zurückverwiesen; erlangt die Sache im Rechtsbeschwerdeverfahren Entscheidungsreife, so entscheidet das Rechtsbeschwerdegericht in der Sache selbst (§ 577 V ZPO).

Auch im Rechtsbeschwerdeverfahren gilt das **Verbot der reformatio in peius**. Dies **763** folgt aus § 577 II 1 ZPO[278]: Danach ist das Rechtsbeschwerdegericht an die gestellten Anträge gebunden. Wenn also nur eine Partei die Korrektur der angefochtenen Entscheidung erstrebt, darf das Gericht diese allenfalls zugunsten der beschwerdeführenden Partei, nicht aber zu ihrem Nachteil abändern.

VIII. Die Anhörungsrüge

1. Das Verfassungsgebot eines Rechtsbehelfs zur Bereinigung von Gehörsverstößen

Die bisherigen Darlegungen haben gezeigt, dass nicht alle Entscheidungen, die poten **764** ziell Fehler enthalten, einer Kontrolle durch Rechtsmittelgerichte unterliegen. Nun mag es aber auch bei an sich nicht anfechtbaren Entscheidungen geschehen, dass durch sie fundamentale, verfassungsrechtlich verbürgte Verfahrensgewährleistungen verletzt werden, die eine Korrektur dringend angezeigt erscheinen lassen. Namentlich kommt eine Verletzung des rechtlichen Gehörs oder des Gebots des gesetzlichen Richters in Betracht. Wenn derartige Verfahrensfehler nicht in einer höheren Instanz – bei einem *iudex ad quem* – korrigiert werden können, muss das Gesetz einen Rechtsbehelf zur Verfügung stellen, mittels dessen der Fehler in der Ausgangsinstanz – beim *iudex a quo* – behoben werden kann. Der Gesetzgeber ist verfassungsrechtlich gehalten, eine solche Korrekturmöglichkeit bereitzustellen. Für das rechtliche Gehör hat das BVerfG dies mit Deutlichkeit ausgesprochen[279]; für das Gebot des gesetzlichen Richters dürfte kaum etwas anderes gelten.

2. Statthaftigkeit der Anhörungsrüge

Um die Bereinigung von Gehörsverstößen in der Ausgangsinstanz zu ermöglichen, **765** hat der Gesetzgeber in § 321a ZPO die Anhörungsrüge bereitgestellt. In der seit 1. 1. 2005 geltenden Fassung[280] eröffnet diese Vorschrift die Anhörungsrüge gegen sämtliche Entscheidungen, gegen die ein Rechtsmittel oder ein anderer Rechtsbehelf nicht gegeben ist. Die Rüge nach § 321a ZPO kann damit z. B.[281] erhoben werden gegen

---

278 BGH NJW 2004, 2521.
279 BVerfG NJW 2003, 1924, 1926 f.; NJW 2003, 3687, 3688.
280 Anhörungsrügengesetz vom 9. 12. 2004, BGBl. I S. 3220.
281 Weitere Beispiele bei *Rieble/Vielmeier*, JZ 2011, 923, 924 f.

- nicht berufungsfähige Urteile erster Instanz;
- die Zurückweisung der Berufung durch Beschluss nach § 522 II ZPO[282], soweit sie nicht nach § 522 III ZPO mit der Nichtzulassungsbeschwerde anfechtbar ist;
- die Verwerfung oder Zurückweisung der Nichtzulassungsbeschwerde nach § 544 ZPO[283];
- die Verwerfung oder Zurückweisung der Revision[284];
- die Zurückweisung der Nichtzulassungsbeschwerde nach § 544 ZPO[285];
- Entscheidungen über eine sofortige Beschwerde, sofern nicht die Rechtsbeschwerde zulässig ist;
- die Zurückweisung eines Befangenheitsantrags, wenn gegen die Entscheidung in der Hauptsache kein Rechtsmittel zu einer höheren Instanz gegeben ist und daher die Verletzung rechtlichen Gehörs bei Bescheidung des Antrags nicht mehr von einer höheren Instanz korrigiert werden kann[286];
- die nach § 99 I ZPO nicht isoliert anfechtbare Kostenentscheidung, wenn die Gehörsverletzung allein sie betrifft[287].

766 Sobald freilich die Verfahrensordnung ein Rechtsmittel zu einem höheren Gericht zur Verfügung stellt, muss dieses ergriffen werden. So ist die Anhörungsrüge gegen einen Beschluss, durch den die Berufung gemäß § 522 I ZPO verworfen wird, unstatthaft; denn gegen diesen Beschluss findet die Rechtsbeschwerde statt[288]. Die Zurückweisung einer Berufung durch *Urteil* kann mit der Revision angefochten werden; sofern diese nicht zugelassen wurde, ist in den Grenzen des § 26 Nr. 8 EGZPO die Nichtzulassungsbeschwerde nach § 544 ZPO statthaft. Sofern das rechtliche Gehör verletzt wurde, ist die Zulassung der Revision zur Sicherung einer einheitlichen Rechtsprechung geboten; die in ihrem rechtlichen Gehör verletzte Partei kann die Zulassung der Revision mithin erzwingen. Konsequent steht die Anhörungsrüge auch gegen Berufungsurteile nur dann zur Verfügung, wenn die Revision im Urteil nicht zugelassen ist und außerdem der Wert der Beschwer 20 000 Euro nicht übersteigt und deshalb die Nichtzulassungsbeschwerde an der Hürde des § 26 Nr. 8 EGZPO scheitert[289]. Will eine Partei mit der Begründung, sie sei in ihrem rechtlichen Gehör verletzt worden, **Verfassungsbeschwerde** einlegen, muss sie nach § 90 II 1 BVerfGG zunächst den

---

282 Vgl. nur *Bloching/Kettinger*, JR 2005, 441, 442; *Huber*, JuS 2005, 109, 111; *Knops*, ZZP 120 (2007), 404, 420; *Rensen*, MDR 2005, 181, 182; *Schellenberg*, MDR 2005, 610, 615; *Ulrici*, Jura 2005, 368, 370; *Zuck*, NJW 2006, 1703, 1704.
283 Gegen die Statthaftigkeit der Anhörungsrüge in diesem Fall noch BGH NJW 2004, 1531.
284 So bereits für die Rechtslage vor dem 1. 1. 2005 *Müller*, NJW 2002, 2743, 2746; *Rimmelspacher*, JZ 2003, 797, 799; *Schneider*, ZAP 2001, 1079, 1091 = Fach 13, S. 1075; *M. Schwab*, JR 2004, 113, 114; dagegen aber OLG Rostock JR 2004, 111, 113. Auch diese Kontroverse ist heute überholt.
285 *Bloching/Kettinger*, JR 2005, 441, 442.
286 BVerfG NJW 2009, 833 f.; ebenso *Fölsch*, NJW 2007, 3787; *Huber*, JuS 2014, 402, 404; anders noch BGH NJW 2007, 3786 Rn. 2.
287 OLG Frankfurt NJW 2005, 517.
288 Zutreffend BGH NJW 2004, 1598 f.
289 BGH NJW 2005, 680 f.; *Müller*, NJW 2002, 2743, 2745 f.; *M. Schwab*, JR 2004, 113, 114, 116. Anders aber – Statthaftigkeit der Anhörungsrüge trotz Möglichkeit einer Nichtzulassungsbeschwerde – OLG Jena NJW 2003, 3495 ff. Die Ansicht des OLG Jena ist spätestens seit der Neufassung des § 321a ZPO nicht mehr haltbar. Gleiches gilt für die Auffassung des OLG Oldenburg (NJW 2003, 149, 150), wonach gegen Berufungsurteile unterhalb der Schwelle des § 26 Nr. 8 EGZPO die Anhörungsrüge *überhaupt nicht* statthaft ist.

Rechtsweg erschöpft haben. Dazu gehört auch, dass sie zuvor, soweit statthaft, vom Rechtsbehelf der Anhörungsrüge Gebrauch gemacht hat. Hat sie dies versäumt, so ist die Verfassungsbeschwerde unzulässig[290]. Die Verfassungsbeschwerde kann ihrerseits nur auf Gehörsverletzungen gestützt werden, die der Beschwerdeführer mit dem letzten möglichen Rechtsbehelf (etwa mit der Anhörungsrüge, mit der Revision oder mit der Nichtzulassungsbeschwerde) erfolglos gerügt hat[291]. Will der Beschwerdeführer die Verfassungsbeschwerde allerdings auf Verfassungsverletzungen stützen, für deren Geltendmachung die Anhörungsrüge offensichtlich nicht zur Verfügung steht (dazu sogleich), so kann er jene Beschwerde ohne vorherige Anhörungsrüge einlegen: Der Beschwerdeführer darf unter dem Gesichtspunkt der Subsidiarität der Verfassungsbeschwerde nicht auf offensichtlich aussichtslose Rechtsbehelfe verwiesen werden[292]. Andererseits: *Wenn* eine Verletzung des rechtlichen Gehörs in Betracht kommt, genügt es nicht, *pro forma* die Rüge nach § 321a ZPO zu erheben. Vielmehr folgt aus dem Grundsatz der Subsidiarität der Verfassungsbeschwerde, dass der Beschwerdeführer, bevor er sich an das BVerfG wendet, zuvor alle prozessualen und materiellrechtlichen Möglichkeiten ausgeschöpft haben muss, damit der Mangel vor den Fachgerichten behoben wird. Die Rüge der Verletzung des Art. 103 I GG muss daher qualitativ so hochkarätig begründet sein, dass sie das aufrichtige Bestreben erkennen lässt, der Beschwerdeführer habe alles versucht, um den Gehörsverstoß noch in der Fachgerichtsbarkeit zu bereinigen[293].

In § 321a ZPO stellt das Gesetz einen Rechtsbehelf bereit, um die Verletzung rechtlichen Gehörs in derselben Instanz zu rügen, wenn kein Rechtsmittel zu einem höheren Gericht zur Verfügung steht. Nach Ansicht des BGH ist diese Vorschrift strikt auf die Rüge der Verletzung rechtlichen Gehörs zu beschränken und nicht entsprechend anwendbar, wenn andere Verfahrensverstöße geltend gemacht werden[294]. Denn mit der Einfügung des § 321a ZPO habe der Gesetzgeber nur der Forderung des BVerfG nach einer Möglichkeit der fachgerichtlichen Korrektur von Gehörsverletzungen entsprechen wollen. Demgegenüber sprechen nach hier vertretener Ansicht die besseren Gründe für die Annahme, dass *analog § 321a ZPO* auch die Verletzung anderer verfassungsrechtlich relevanter Verfahrensverstöße wie z. B. der Verstoß gegen das Gebot des gesetzlichen Richters (Art. 101 I 2 GG), gegen das Gebot der prozessualen Waffengleichheit (abgeleitet aus Art. 3 I GG) oder gegen das Gebot eines fairen Verfahrens gerügt werden kann[295]. Denn die Anhörungsrüge dient zum einen der Effek-

---

290 BVerfG NJW 2005, 3059 f.; BVerfG NJW 2007, 3054 f.; BVerfG NJW 2013, 3506 Rn. 22; VerfGH Berlin JR 2009, 367, 368; *Desens*, NJW 2006, 1243, 1244; *Heinrichsmeier*, NVwZ 2010, 228 f.; *Zuck*, MDR 2011, 399.

291 BVerfG NJW 2007, 3054 f.; NJW 2007, 3418, 3419.

292 BVerfG NJW 2010, 1587, 1588; BVerfG NJW 2013, 3506 Rn. 23.

293 Ähnlich *Zuck*, NJW 2012, 479.

294 BGH NJW 2008, 2126, 2127; NJW 2011, 1516; NJW-RR 2012, 306, 307; ebenso *Desens*, NJW 2006, 1243, 1244; *Hinz*, WuM 2002, 3, 7; *Rensen*, MDR 2005, 181, 182 f.; *Rugullis*, KTS 2004, 15, 36 f.; *Ulrici*, Jura 2005, 368, 370. Freilich soll für andere Verfahrensverstöße nach wie vor die – dann aber analog § 321a II ZPO fristgebundene – Gegenvorstellung als außerordentlicher Rechtsbehelf statthaft sein (OLG Bremen MDR 2009, 889; *Roth*, JZ 2015, 554, 557).

295 Dafür auch *Kroppenberg*, ZZP 116 (2003), 421, 434 ff.; *Lipp*, NJW 2002, 1700, 1702; *Müller*, NJW 2002, 2743, 2747; *Poelzig*, ZZP 121 (2008), 233, 238 ff.

tuierung der Justizgewährleistungen, zum anderen der Entlastung des BVerfG, das andernfalls auf Verfassungsbeschwerde einer Partei hin den Verstoß beheben müsste. Beide Normzwecke sind bei Verfassungsverstößen außerhalb des in Art. 103 I GG abgesteckten Gewährleistungsfeldes in gleicher Weise einschlägig. Die Überlegung des BGH, der Gesetzgeber habe mit § 321a ZPO nur die besagte Forderung des BVerfG erfüllen wollen, ist bereits deshalb nicht schlüssig, weil § 321a ZPO zum 1.1.2002 in Kraft trat, jene Entscheidung des BVerfG aber aus dem Jahr 2003 datiert.

767 § 321a ZPO enthält nicht nur einen gesetzlich ausgeformten Rechtsbehelf, sondern zugleich die Absage an die frühere Rechtsprechung, wonach Entscheidungen, die nach der Verfahrensordnung zwar unanfechtbar, aber *greifbar gesetzwidrig* waren, auf eine – nicht fristgebundene! – *Gegenvorstellung* einer Partei hin abgeändert werden konnten. Die ZPO kennt seit dem 1.1.2002 nur noch Rechtsbehelfe, deren Einlegung an bestimmte Fristen gebunden ist. Für eine fristlose Gegenvorstellung bleibt hiernach kein Raum[296].

3. Zulässigkeit der Anhörungsrüge

768 Die Rüge ist nach § 321a II 1 ZPO binnen einer **Notfrist** von **zwei Wochen** zu erheben. Die Besonderheit der Anhörungsrüge besteht darin, dass diese Frist *nicht* etwa bereits mit der *Zustellung der angefochtenen Entscheidung*, sondern erst mit *Kenntnis von der Verletzung des rechtlichen Gehörs* beginnt. Spätestens nach Ablauf von einem Jahr seit Bekanntgabe der angefochtenen Entscheidung ist freilich die Rüge ausgeschlossen, § 321a II 2 ZPO. Der Kenntnis steht es gleich, wenn sich die Partei, die sich auf eine Verletzung des rechtlichen Gehörs beruft, jener Kenntnis bewusst verschließt[297]. Ein solcher Fall liegt insbesondere vor, wenn die Entscheidung der Partei förmlich (nach §§ 166 ff. ZPO) zugestellt wird, jene Partei die Entscheidung aber nicht liest: Dann wird sie so behandelt, als habe sie am Tag der Zustellung Kenntnis von der Gehörsverletzung erlangt[298]. Freilich kann dies nur gelten, wenn sich die Verletzung rechtlichen Gehörs aus dem Urteil ergibt[299].

---

769 **Zur Vertiefung:** Die gesetzliche Anordnung, wonach allein die Kenntnis von der Gehörsverletzung für den Fristbeginn maßgeblich ist, könnte zu dem Schluss verleiten, dass die Rüge schon *vor* Erlass der Entscheidung erhoben werden muss, wenn die Partei jene Kenntnis bereits während des ursprünglichen Verfahrens erlangt. Indes ist festzuhalten, dass die Frist *niemals vor Erlass der angefochtenen Entscheidung* zu laufen beginnen kann. Denn die Partei muss nach § 321a I Nr. 2, II 5 ZPO mit ihrer Rüge dartun, dass das Gericht das rechtliche Gehör in *entscheidungserheblicher* Weise verletzt hat. Sie muss also vortragen, dass die Verletzung sich wenigstens *potenziell* auf die Entscheidung ausgewirkt hat. Das kann sie erst darlegen, wenn die

---

296 Zutreffend BGH NJW 2002, 1577; NJW 2007, 3786 f.; OLG Rostock NJW 2004, 111, 113; OLG Köln MDR 2005, 1070; *Lipp*, NJW 2002, 1700, 1701. Kritisch *Bloching/Kettinger*, NJW 2005, 860, 861 ff.; *dies*, JR 2005, 441, 334; *Schneider*, MDR 2006, 969, 975; *Seiler/Wunsch*, NJW 2002, 1840, 1843; *Zuck*, NJW 2005, 1226, 1227.
297 BVerfG NJW-RR 2010, 1215, 1216.
298 OLG Jena NJW-RR 2011, 1694 f.; OLG Oldenburg MDR 2009, 764.
299 Diese Einschränkung findet sich bei OLG Oldenburg MDR 2009, 764 leider nicht.

angefochtene Entscheidung ergangen ist. Nach der zutreffenden Ansicht des BGH genügt nicht einmal die Bekanntgabe des Urteilstenors, um die Frist in Lauf zu setzen[300]; denn ohne Kenntnis der Entscheidungsgründe kann keine Partei mit Substanz zur Frage vortragen, ob sich die Gehörsverletzung auf den Ausgang des Rechtsstreits ausgewirkt haben kann.

▶ **Wichtiger Hinweis**   770
Die in § 321a II 1, 2 ZPO getroffene Fristenregelung kann dazu führen, dass selbst nach geraumer Zeit das Verfahren nochmals aufgerollt wird. Bis dahin wird die Entscheidung potentiell in der Schwebe gehalten. Für die *Vollstreckung* aus der Entscheidung ist es aber wichtig zu wissen, ob sie bereits formell rechtskräftig ist oder nicht; denn solange dies nicht der Fall ist, muss der Vollstreckungsgläubiger ggf. Sicherheiten nach §§ 709, 711 ZPO leisten. Deshalb ist aus gutem Grund die Anhörungsrüge in § 705 ZPO nicht erwähnt; sie hemmt daher den Eintritt der formellen Rechtskraft nicht[301]. **Die nicht mehr mit Rechtsmitteln anfechtbare Entscheidung wird m. a. W. ohne Rücksicht auf die Möglichkeit einer Anhörungsrüge sofort rechtskräftig.**

Die Rüge muss nach § 321a II 4 ZPO **schriftlich** bei dem Gericht erhoben werden, das die angegriffene Entscheidung erlassen hat. In der **Begründung** der Rüge muss nach § 321a II 5 ZPO dargelegt werden, worin die Partei die Gehörsverletzung und ihre Auswirkung auf die Entscheidung erblickt. Sofern für das Verfahren selbst Anwaltszwang besteht (§ 78 ZPO), gilt dieser auch für die Anhörungsrüge[302].

4. Die Entscheidung über die Anhörungsrüge

a) Erfolglose Anhörungsrüge

Die **unzulässige**, insbesondere die verfristete Anhörungsrüge wird nach § 321a IV 2   771
ZPO **verworfen**, die **unbegründete** Anhörungsrüge nach § 321a IV 3 ZPO **zurückgewiesen**. Beide Entscheidungen ergehen durch Beschluss; dieser ist seinerseits nach § 321a IV 4 ZPO nicht anfechtbar. Insbesondere steht gegen die Verwerfung/Zurückweisung der Anhörungsrüge keine weitere Anhörungsrüge zur Verfügung[303]: Anderenfalls könnte das Verfahren vor den Zivilgerichten niemals rechtsgewiss beendet werden.

b) Erfolgreiche Anhörungsrüge

Wenn dagegen die Anhörungsrüge **begründet** ist, ergeht überhaupt **keine förmliche**   772
Entscheidung. Vielmehr hilft das Gericht ihr nach § 321a V 1 ZPO ab, indem es das Verfahren fortführt. Das weitere Verfahren erinnert stark an das Verfahren nach Einspruch gegen ein Versäumnisurteil:

---

300 BGH v. 15. 7. 2010 – I ZR 160/07, juris Rn. 16 f.; ebenso *Rensen*, MDR 2007, 695, 697; *Zuck*, NJW 2005, 1226, 1228; anders *Rieble/Vielmeier*, JZ 2011, 923, 925.
301 BGH NJW 2005, 1432; OLG Köln MDR 2005, 1070; *Treber*, NJW 2005, 97, 99. Anders, aber seit der Neufassung des § 321a ZPO zu Unrecht OLG Saarbrücken NJW-RR 2006, 1579, 1580; *Schneider*, MDR 2005, 248, 249.
302 BGH MDR 2005, 1182.
303 BayVerfGH NJW-RR 2011, 430.

- Das Verfahren wird nach § 321a V 2 ZPO in den Stand vor dem Schluss der mündlichen Verhandlung zurückversetzt (vergleichbar § 342 ZPO: Rückversetzung in den Stand vor Eintritt der Säumnis).
- Das Gericht entscheidet den Rechtsstreit nunmehr neu in der Sache: Wenn es an der bisherigen Entscheidung festhält, spricht es aus, dass diese aufrechtzuerhalten sei; andernfalls wird sie aufgehoben und an ihre Stelle eine neue, abweichende Entscheidung gesetzt. Dies alles ergibt sich aus §§ 321a V 3, 343 ZPO. Hier wird also ausdrücklich auf die Parallelvorschrift aus dem Versäumnisverfahren verwiesen. § 321a ZPO entpuppt sich damit – neben den §§ 319 bis 321 ZPO – als eine weitere **Ausnahme von der innerprozessualen Bindung** des Gerichts an seine bisherige Entscheidung nach § 318 ZPO. Gebunden ist das Gericht freilich an seine Entscheidung, auf die Anhörungsrüge hin das Verfahren fortzusetzen. Auch wenn über die erfolgreiche Anhörungsrüge für sich gesehen keine förmliche Entscheidung ergeht, so muss doch das gesamte nachfolgende Verfahren auf einer unumstößlichen prozessualen Grundlage stehen[304].

773 **Begründet** ist die Rüge, wenn die **Voraussetzungen des § 321a I Nr. 2 ZPO** vorliegen[305]: Das Gericht muss das rechtliche Gehör einer Partei verletzt haben, und diese Verletzung muss entscheidungserheblich sein, d. h. es darf nicht ausgeschlossen werden können, dass das Gericht ohne die Gehörsverletzung anders entschieden hätte[306]. Die Gehörsverletzung muss in einem Verfahrensfehler *in derselben Instanz*, also gerade desjenigen Gerichts bestehen, das über die Anhörungsrüge entscheidet. Die Anhörungsrüge kann also nicht darauf gestützt werden, das Gericht habe es versäumt, Gehörsverletzungen aus *Vorinstanzen* zu beheben[307]. Wenn also etwa das Berufungsgericht die Berufung nach § 522 II ZPO zurückweist und hiergegen keine Nichtzulassungsbeschwerde nach § 522 III ZPO statthaft ist, kann die Anhörungsrüge zwar darauf gestützt werden, das Berufungsgericht selbst habe zuvor kein rechtliches Gehör gewährt. Sie kann aber *nicht* darauf gestützt werden, bereits das *Ausgangsgericht* habe kein rechtliches Gehör gewährt und das Berufungsgericht habe dies *zu Unrecht nicht beanstandet*. Man spricht insoweit auch vom *Verbot der sekundären Anhörungsrüge*.

c) Reformatio in peius?

774 Die Anhörungsrüge kann für diejenige Partei, welche sie erhebt, die nachteilige Konsequenz haben, dass die Entscheidung zu ihrem Nachteil abgeändert wird. Es gibt **kein Verbot der reformatio in peius**[308].

---

304 VerfGH Rh.-Pf., MDR 2007, 544; zustimmend *Petry*, MDR 2007, 497, 498.
305 Vgl. nur *Hinz*, WuM 2002, 3, 7.
306 *Hinz*, WuM 2002, 3, 8; *Zuck*, NJW 2005, 1226, 1228.
307 BVerfG NJW 2008, 2635, 2636; BGH NJW 2008, 923 f.; NJW 2008, 2126, 2127; NJW-RR 2010, 274, 275; *Zuck*, NJW 2008, 2636, 2637; *ders.*, MDR 2011, 399, 400.
308 *Fölsch*, JR 2004, 1029, 1031; *Greger*, NJW 2002, 3049, 3051; *Hinz*, WuM 2002, 3, 9; *Ulrici*, Jura 2005, 368, 370; *Zöller/Vollkommer*, ZPO, 31. Aufl. 2016, § 321a Rn. 18.

Fall 164: K verklagt B auf Zahlung von (der Höhe nach unstreitigen) 1200 Euro, weil B ihn bei einem Verkehrsunfall rechtswidrig geschädigt habe. B bestreitet jegliche Verantwortlichkeit für den Unfall; jedenfalls aber treffe den K ein Mitverschulden. B bietet für seine Unfallversion den Zeugen Z an. Das Gericht verurteilt, ohne Z zu vernehmen, B zur Zahlung von 300 Euro, weil es von einem 75%igen Mitverschulden des K ausgeht. Die Berufung wird nicht zugelassen.

Wenn B im **Fall 164** Anhörungsrüge erhebt, muss das Gericht das Verfahren fortsetzen; denn die Rüge ist begründet: Das Gericht hat, indem es von der Vernehmung des Z abgesehen hat, das rechtliche Gehör des B verletzt. Diese Verletzung ist auch entscheidungserheblich; denn es kann nicht ausgeschlossen werden, dass Z Tatsachen bekundet hätte, welche jegliche Verantwortlichkeit des B für den Unfall hätten entfallen lassen, und dass das Gericht dem Z geglaubt hätte. Wenn aber nun Z entgegen der Erwartung des B die Unfallversion des *K* bestätigt, sich aus jener Version die alleinige Verantwortlichkeit des B ergibt und das Gericht die Aussage des Z für glaubhaft hält, muss es B zum vollen Schadensersatz verurteilen. Das ist auch allein sachgerecht: Denn *hätte das Gericht von vornherein das rechtliche Gehör des B beachtet und hätte es daher den Z vernommen, so wäre die Entscheidung von vornherein nicht anders ausgefallen*; dann wäre B von vornherein in voller Höhe verurteilt worden. Die Anhörungsrüge aber soll die Partei nicht besser stellen, als sie stünde, wenn das rechtliche Gehör beachtet worden wäre.

Zur Vertiefung: In diesem Punkt unterscheidet sich das Verfahren nach erfolgreicher Anhörungsrüge vom Verfahren nach Einspruch gegen ein Versäumnisurteil. Bildet man für das Versäumnisverfahren eine dem **Fall 164** äquivalente Konstellation, so muss diese lauten: K klagt 1200 Euro ein, erwirkt gegen den säumigen B ein Versäumnisurteil in Höhe von 300 Euro und wird im Übrigen mangels Schlüssigkeit nach § 331 II ZPO mit seiner Klage abgewiesen. Wenn B nunmehr Einspruch einlegt, *darf das Gericht den B nicht zu einer höheren Summe als 300 Euro verurteilen*. Denn soweit die Klage trotz der Säumnis des B abgewiesen worden war, handelt es sich um ein *quasikontradiktorisches Endurteil*[309], das mit Berufung und Revision angefochten werden kann und daher der Abänderungskompetenz des Ausgangsgerichts entzogen ist. Es kommt im Versäumnisverfahren m. a. W. zur *Rechtsmittelspaltung*: Gegen das Versäumnisurteil ist der Einspruch, gegen die Klagabweisung durch quasikontradiktorisches Endurteil die Berufung statthaft.

775

---

d) Konkurrenz zwischen Anhörungsrüge und Berufung

Wenn aber, wie soeben c) beschrieben, das Urteil auf die Anhörungsrüge hin in vollem Umfang – auch soweit zugunsten des Rügenden entschieden worden ist – wieder in Frage steht, erhebt sich das Problem, was geschieht, wenn der Gegner seinerseits Rechtsmittel eingelegt hat. Das lässt sich am **Fall 164** illustrieren: K ist mit über 600 Euro beschwert und kann daher, sofern er das Urteil in einer diesen Betrag übersteigenden Höhe angreifen will, nach § 511 II Nr. 1 ZPO *Berufung* einlegen. Tut er dies und erhebt zugleich B Anhörungsrüge, so fragt sich, über welchen Rechtsbehelf zuerst zu entscheiden ist.

776

---

309 Vgl. oben § 6 III 1 Rn. 274 ff.

Die Antwort kann nur lauten, dass das Berufungsverfahren bis zur Entscheidung über die Anhörungsrüge auszusetzen ist[310]. Die zulässige und begründete Anhörungsrüge führt dazu, dass das angefochtene Urteil vom *iudex a quo* noch abgeändert werden kann. Das Berufungsverfahren kann aber sinnvoll nur darauf gerichtet sein, das erstinstanzliche Urteil in seiner endgültigen Fassung zu überprüfen. Solange diese Fassung noch nicht feststeht, weil noch über eine Anhörungsrüge zu entscheiden ist, steht der Prüfgegenstand des Berufungsverfahrens nicht fest.

e) Fortsetzung des Berufungsverfahrens nach erfolgter reformatio in peius zu Lasten des Anhörungsrügeführers

777 Im Extremfall kann sich ergeben, dass die *reformatio in peius*, die in erster Instanz zum Nachteil derjenigen Partei vorgenommen wurde, welche die Anhörungsrüge erhoben hatte, Auswirkungen auf die Zulässigkeit der vom Gegner eingelegten Berufung hat.

> **Fall 165:** Angenommen, im **Fall 165** bestätigt der von B benannte Zeuge Z tatsächlich die Unfallversion des K und es ergibt sich daraus
> a) die volle und ausschließliche Haftung des B für die Unfallfolgen, also die Verpflichtung des B, an K die beantragte Summe von 1200 Euro zu zahlen
> b) die Haftung des B auf Zahlung von 900 Euro wegen (bloß) 25%igen Mitverschuldens des K.

Im **Fall 165a** muss das Gericht den B antragsgemäß zur Zahlung von 1200 Euro verurteilen. Die Berufung des K wird dann unzulässig, weil die Beschwer durch das erstinstanzliche Urteil weggefallen ist. Konsequent müsste das Berufungsgericht die Berufung des K nach § 522 I ZPO verwerfen.

778 Wenn B gegen das neuerliche Urteil seinerseits Berufung einlegt (er ist nunmehr mit 1200 Euro beschwert!), ist der Fall unproblematisch: K trägt zwar an sich nach § 97 I ZPO die Kosten der von ihm eingelegten Berufung. Doch führt sie zu keiner Erhöhung der Verfahrenskosten insgesamt, wenn B seinerseits das erstinstanzliche Urteil in vollem Umfang angreift. Das erlaubt es, die Kosten des Berufungsverfahrens ausschließlich danach zu bemessen, wie über die Berufung des B entschieden wird: Soweit B obsiegt, trägt K die Kosten; soweit K obsiegt, hat sie B zu tragen. Die Berufung des K wird zwar verworfen, aber ohne Folgen für die Kostenentscheidung.

779 Schwieriger ist der Fall zu beurteilen, wenn B das neuerliche Urteil rechtskräftig werden lässt. Dann wird *nur* über die Berufung des K entschieden und diese verworfen. Konsequent müsste eigentlich K nach § 97 I ZPO die Kosten des Berufungsverfahrens tragen. Um diese missliche Folge zu vermeiden, ist dem K analog § 269 III ZPO zu gestatten, die Berufung mit der Folge zurückzunehmen, dass das Berufungsgericht nach billigem Ermessen über die Kosten entscheidet. Es wird im hier gebildeten Fall die Kosten dem B auferlegen, weil sich am Ende herausgestellt hat, dass K im

---

310 So im Ergebnis auch *Greger*, NJW 2002, 3049, 3051; *Hinz*, WuM 2002, 3, 6.

Ergebnis Recht hatte und nur durch einen – ursprünglich erfolgreichen – wahrheitswidrigen Tatsachenvortrag des B in das Berufungsverfahren getrieben wurde.

Im **Fall 165b** ist K durch das neuerliche Urteil nur noch in Höhe von 300 Euro beschwert und kann es daher auch nur in diesem Umfang angreifen. Wenn das neuerliche Urteil die Berufung nicht zulässt, wird die von K eingelegte Berufung nach § 511 II ZPO unstatthaft, weil der Wert des Beschwerdegegenstandes 600 Euro nicht übersteigt. Die Berufung müsste daher ebenfalls nach § 522 I ZPO verworfen und dem K die Kosten des Berufungsverfahrens auferlegt werden. Auch hier ist indes zugunsten des K § 269 III 3 ZPO analog anzuwenden: K kann die Berufung zurücknehmen; das Gericht wird nach billigem Ermessen über die Kosten des Berufungsverfahrens entscheiden. Auch hier wird es dem B die Kosten des Berufungsverfahrens in vollem Umfang auferlegen: Zwar hat B im Ergebnis in Höhe von 300 Euro Recht bekommen. Das Berufungsverfahren hat aber er allein mit seinem unwahren Tatsachenvortrag aus erster Instanz provoziert; es wäre insgesamt unterblieben, wenn B von vornherein sein überwiegendes Verschulden eingeräumt hätte.

780

IX. Zusammenfassung: Wichtige Grundbegriffe

781

Rechtsbehelf	Von der Verfahrensordnung zur Verfügung gestellte Prozesshandlung, mit deren Hilfe die Korrektur einer gerichtlichen Entscheidung begehrt werden kann.
Rechtsmittel	Rechtsbehelfe mit *Suspensiveffekt* und *Devolutiveffekt*.
Suspensiveffekt	kommt einem Rechtsbehelf zu, wenn seine Einlegung die Rechtskraft der angefochtenen Entscheidung hemmt.
Devolutiveffekt	kommt einem Rechtsbehelf zu, wenn seine Entscheidung die Zuständigkeit einer höheren Instanz begründet.
iudex a quo	Gericht, das die angefochtene Entscheidung erlassen hat.
iudex ad quem	Gericht, das demjenigen, welches die angefochtene Entscheidung erlassen hat, im Rechtsmittelzug übergeordnet ist.
Beschwer	Geldbetrag bzw. Geldeswert, um den die angefochtene Entscheidung vom Prozessziel des Rechtsmittelführers *in dieser Instanz* abweicht. Vergröbernd gesprochen: *Differenz zwischen vorinstanzlichem Antrag und vorinstanzlicher Entscheidung.*
Beschwerdegegenstand	Geldbetrag bzw. Geldeswert, um den der Rechtsmittelführer eine Korrektur der angefochtenen Entscheidung erstrebt. Vergröbernd gesprochen: *Differenz zwischen vorinstanzlicher Entscheidung und Rechtsmittelantrag.*
Prinzip der Meistbegünstigung	Wenn ein Gericht eine falsche Entscheidungsform wählt, kann die Partei sich aussuchen, ob sie denjenigen Rechtsbehelf einlegt, der gegen die tatsächlich getroffene Entscheidung statthaft ist, oder denjenigen, der gegen diejenige Entscheidung statthaft ist, die eigentlich hätte ergehen müssen.

Grundsätzliche Bedeutung	kommt einer Rechtsfrage zu, wenn sie vom BGH noch nicht entschieden (d. h. klärungsbedürftig) ist und in einer Vielzahl ähnlich gelagerter Fälle entscheidungserhebliche Bedeutung erlangen kann.
Sicherung einer einheitlichen Rechtsprechung	Die Zulassung eines Rechtsmittels ist zur Sicherung einer einheitlichen Rechtsprechung geboten, wenn das Gericht, dessen Entscheidung angefochten wird, von der Rechtsprechung eines gleich- oder übergeordneten Gerichts abweicht (Divergenz), wenn die Gefahr besteht, dass das Ausgangsgericht einen bestimmten Rechtsanwendungsfehler in künftigen Fällen wiederholen wird (Wiederholungsgefahr), wenn die Entscheidung willkürlich ist oder wenn das Gericht elementare Verfahrensgrundrechte einer Partei verletzt hat.
reformatio in peius	Abänderung einer Entscheidung zum Nachteil des Rechtsmittelklägers.
Verwerfung eines Rechtsbehelfs	wird ausgesprochen, wenn der Rechtsbehelf unzulässig ist.
Zurückweisung eines Rechtsbehelfs	wird ausgesprochen, wenn der Rechtsbehelf unbegründet ist.
Statthaftigkeit eines Rechtsbehelfs	Die Verfahrensordnung stellt gegen *Entscheidungen dieser Art* einen Rechtsbehelf *überhaupt* zur Verfügung.
Zulässigkeit eines Rechtsmittels	Der statthafte Rechtsbehelf wird form- und fristgerecht und auch sonst im Einklang mit den gesetzlichen Zulässigkeitserfordernissen eingelegt.

Stichwortverzeichnis

Die Angaben beziehen sich auf die Randziffern.